资源描述与检索(RDA)

Resource Description and Access

RDA 发展联合指导委员会　主编

美国图书馆协会、澳大利亚编目委员会、英国国家图书馆
加拿大编目委员会、英国图书馆与情报专业人员协会、美国国会图书馆　联合编写

RDA 翻译工作组 译

图书在版编目（CIP）数据

资源描述与检索：RDA / RDA发展联合指导委员会主编；RDA翻译工作组译. --北京：国家图书馆出版社，2014.4
ISBN 978 – 7 – 5013 – 5343 – 9

Ⅰ. ①资… Ⅱ. ①R… ②R… Ⅲ. ①编目规则 Ⅳ. ①G254.3

中国版本图书馆CIP数据核字（2014）第050759号

著作权合同登记号：01 – 2013 – 9235

书　名	资源描述与检索（RDA）
著　者	RDA发展联合指导委员会主编；RDA翻译工作组译
责任编辑	金丽萍　高　爽
出　版	国家图书馆出版社（100034 北京市西城区文津街7号） （原书目文献出版社　北京图书馆出版社）
发　行	010-66114536　66126153　66151313　66175620 66121706（传真），66126156（门市部）
E-Mail	btsfxb@nlc.gov.cn（邮购）
Website	www.nlcpress.com→投稿中心
经　销	新华书店
印　装	北京科信印刷有限公司
版　次	2014年4月第1版 2014年4月第1次印刷
开　本	880×1230（毫米）　1/16
印　张	69.25
字　数	2600千字
书　号	ISBN 978 – 7 – 5013 – 5343 – 9
定　价	480.00元

RDA 翻译工作组名单
（按姓氏音序排列）

翻译组

组　　长：罗　翀
翻译人员：

姓名	翻译章节
胡小菁	第 3 章
黄　亮	第 8 章、第 10—11 章
廖永霞	第 17—18 章、第 20—22 章
林　明	第 5—6 章
刘　丹	第 11 章
罗　翀	第 1 章、第 29—32 章
齐东峰	第 16 章、索引
沈正华	附录 A、附录 D—K、术语表
王　静	第 4 章、附录 B—C
王绍平	第 2 章
吴晓静	第 0 章、第 24—28 章
张蕾累	第 9 章
赵丹丹	第 7 章、第 9 章
朱青青	第 19 章

专家审定委员会

主　　任：王绍平　沈正华
成　　员：顾　犇　胡小菁　林　明　罗　翀　沈正华　王　静　王绍平　吴晓静

编辑组

主　　编：罗　翀
成　　员：齐东峰　赵丹丹

翻译工作组总协调人

顾　犇

翻译工作组秘书

齐东峰

译者前言

《资源描述与检索》（Resource Description and Access，简称 RDA）是应数字环境的发展而制定的最新国际编目规则，其目标在于满足数字环境下资源著录与检索的新要求，成为数字世界的通行标准。RDA 以统一的《国际编目原则声明》（Statement of International Cataloguing Principles，简称 ICP）为纲领，以传统的《英美编目条例（第 2 版）》（Anglo-American Cataloguing Rules，Second edition，简称 AACR2）为基础，以现代的《书目记录的功能需求》（Functional Requirements for Bibliographic Records，简称 FRBR）和《规范数据的功能需求》（Functional Requirements for Authority Data，简称 FRAD）概念模型为框架，创造性地提供了一套更为综合、能覆盖所有内容和媒介类型资源的描述与检索的原则和说明，其包容性与可扩展性、一致性与连贯性、灵活性与便利性、继承性与协调性以及经济性与高效性等诸多特点为国际编目界所瞩目。

RDA 的编制肇始于 1997 年英美编目条例修订联合指导委员会（Joint Steering Committee for Revision of AACR，简称 JSC）举办的“AACR 原则与未来发展国际会议”，会上提议将 AACR2R 进一步国际化，扩展到更广泛的范围内使用。2004 年，JSC 的主管机构“负责人委员会”（Committee of Principals of RDA，简称 CoP）宣布编制 AACR3。2005 年，出于对 AACR3 可以成为超越图书馆界的世界性规则的期望，AACR3 被更名为 RDA。2009 年，RDA 编制完成。在此期间，RDA 对传统编目理念和编目规则的改变是激进还是保守，屡屡引发编目界的质疑与争论。尽管如此，RDA 的编制依然前行，同时也不断吸收各方的意见和建议，日臻完善。2010 年 6 月，RDA 工具套件（RDA Toolkit）正式发布，标志着 RDA 的正式诞生。同年 11 月，RDA 活页印刷版出版。2012 年 4 月，RDA 第一次更新版发布。2013 年 7 月，RDA 第二次更新版发布。

RDA 虽然是美国、英国、加拿大、澳大利亚等英语国家合作开发，但由于其目的是成为国际性的资源描述与检索的内容标准，所以受到国际编目界的普遍关注。在编制阶段，很多图书馆就积极参与了 RDA 完整草案的机构评估。此后，对 RDA 的测试工作也陆续展开，从而把对 RDA 的理论性研究推进到实践化的进程中来。2008 年 5 月至 2010 年 12 月，美国国会图书馆、美国国家医学图书馆和美国国家农业图书馆对 RDA 进行了联合测试。2011 年 6 月，RDA 的测试报告正式发布。2012 年 2 月，美国国会图书馆宣布将于 2013 年 3 月 31 日全部采用 RDA 编目，这一天就是 RDA 的实施切换日（Day One）。甚至在编目传统与英美传统有很大差异的欧洲，以德国为首的几个国家也对 RDA 抛来了橄榄枝，表达了“欢迎”的态度。

消弭语言障碍是宣传普及外来新事物的必要之举，翻译工作正是破除屏障、促进认知的重要桥梁。因此，在对 RDA 的研究和实践过程中，翻译是最基础、最重要而且不可或缺的环节。目前，已有不少国家完成了 RDA 的翻译工作，例如法语版、德语版都已能通过 RDA Toolkit 的官方网站获取，西班牙语版也即将完成。

在数据交换日益频繁的今天，编目工作愈发国际化的趋势不可逆转。作为国际编目界的重要一员，我国编目界也始终密切关注 RDA 的发展走向。为推动 RDA 在我国的研究，2012 年 7 月，国家图书馆出版社与美国图书馆协会出版社（ALA Publishing）签署了中文译本的翻译协议，标志着 RDA 中文译本翻译工作的正式启动。为保证翻译工作的顺利开展，由国家图书馆牵头成立了“RDA 中文译本翻译组”，邀请国家图书馆、中国高等教育文献保障系统（CALIS）、上海交通大学、华东师范大学等机构的编目专家承担此项工作，同时还吸纳了国家图书馆的青年业务骨干参与其中。RDA 中文译本于 2012 年 11 月完成初稿，2013 年 4 月，完成第一次统稿，2013 年 9 月，完成第二次统稿。期间，翻译组召开了三次专家会议，就术语表、高频词和难译点进行了讨论，并确定了最终的翻译方案。

在 RDA 翻译工作启动之时，RDA 简化版的改写工作刚刚开始，因此中文译本是以 2012 年更新后的版本（详版）为基础进行翻译的。在语言风格上，作为规则，RDA 的语言难免晦涩冗长；采用 FRBR 和 FRAD 概念模型的结构也完全颠覆了编目员传统的思维模式；在内容上也不乏一些新思想和新理念，与传统编目规则既有交织也有区别；RDA 的设计是独立于通讯格式之外的，即不是为 MARC 而编制，因此所有实例都没有采用 MARC21 的表示。上述种种增加了对 RDA 理解的难度，也使翻译工作面临着各种挑战。尽管如此，翻译组全体成员以高度的责任感对翻译工作倾注了全部的热情，幸不辱命。纵观 RDA 中文译本，具有如下特点：

首先，翻译以“信、达、雅”为原则。对于 RDA 中文译本的翻译原则，翻译组最初有两种不同的意见：一种是直译，即严格尊重原文；另一种是意译，即通过对 RDA 原文的理解完全用符合中文的习惯予以表达。直译虽然最能原汁原味地反映原文的含义，但是不利于编目员的实践应用，从而降低中文译本的利用率。意译虽然能增加 RDA 的可读性，但是如果理解不对，就会使译文有所偏颇。翻译组最后综合了两种意见，决定在直译和意译中间找到一种适度的平衡，对行文通顺且不造成歧义的内容主要采用直译，对于较长的英文句式或不符合中文语言习惯的内容，在尽量做到“信”与“达”的基础上加以灵活表达。

其次，翻译兼顾“旧”与“新”。在术语的翻译上，中文译本尽量与 ISBD、AACR2 等其他国际上普遍认可的既定规则相统一，使用约定俗成的术语，以保持规则的延续性，也便于编目员理解和接受。但有一些术语虽然在既定规则中已经存在，且有较为固定的含义，但是在 RDA 里却被赋予了新含义，翻译组则根据 RDA 中新的含义进行翻译。例如，“卷/册”（Volume）在 AACR2 中有两个含义，“卷”是指书目单位，“册”是指文献单位，但是在 RDA 术语表中仅指文献单位。因此在 volume 出现最多的第三章（描述载体）中，翻译采用了表示文献单位的“册”，而不采用“卷”。

第三，增加中英对照。为了方便大家更好地理解 RDA 的内容，译者在中文译本中添加了中英对照的形式，主要包括：术语部分采用中英对照形式，将原文术语置于圆括号内；用于著录的术语在正文中用斜体英文表示，但将中文翻译置于其后的圆括号内，例如，*Place of production not identified*（制作地未能识别）；对于部分不常见的专有名词采用中英对照形式，在中文后将原文置于圆括号内，例如，《塔木德》（Talmud）；样例说明中的题名和责任者等保留了原文，但对于广为人知的作者或作品均添加了中文翻译，置于圆括号内，例如，Johann Wolfgang von Goethe（歌德）所作的 Faust（《浮士德》）一个组成部分的首选题名。

第四，增加了译者注。在 RDA 中文译本的翻译过程中，译者发现了多处 RDA 英文原文的错误或逻辑不清的地方，并随时向 JSC 反映。JSC 采纳并在 2013 年 7 月第二次更新版中更正的，翻译则按最新的情况处理。例如，2012 年 4 月版的术语表中 “Related Body”和“Related Corporate Body”存在重复问题，JSC 接受了翻译组的意见，两个术语已合并，中文译本就与此保持一致。而对 JSC 已接受但未更新或未反馈的错误，原文中按正确的进行翻译，同时添加译者注，以说明错误的情况。

第五，尽量体现 RDA 的最新进展。为自我完善，RDA 正处于不断更新中。为了保持稳定的翻译环境，同时又兼顾 RDA 的时新性，翻译组在以 2012 年 4 月更新后的版本为基础进行翻译的同时，术语表则不断跟进更新，将直至 2013 年 7 月底第三次专家会定稿之前新增的术语都纳入了中文译本。

RDA 分为导言（第 0 章）、10 个部分（共 37 章）、附录、术语表和索引。顾犇负责总协调，罗翀负责翻译组工作，审定专家组由王绍平、沈正华、顾犇、林明、胡小菁、罗翀、吴晓静、王静组成。翻译具体分工如下：吴晓静负责导言、第 24—28 章，罗翀负责第 1 章、第 29—32 章，王绍平负责第 2 章，胡小菁负责第 3 章，王静负责第 4 章、附录 B—C，林明负责第 5—6 章，赵丹丹负责第 7 章，黄亮负责第 8、10 章，张蕾累、赵丹丹负责第 9 章，刘丹、黄亮负责第 11 章，齐东峰负责第 16 章、索引，廖永霞负责第 17—18 章、第 20—22 章，朱青青负责第 19 章，沈正华负责附录 A、附录 D—K、术语表。罗翀负责统稿。

需要说明的是，RDA 的第 12—15 章、第 23 章、第 33—37 章以及附录 L 由于与《主题规范数据的功能需求》（Functional Requirements for Subject Authority Data，简称 FRSAD）相关，在 RDA 编制时，该概念模型还未编制完成，因此这些章节的内容有待以后进行补充。

RDA 为我所用才是最终目的，因此出版 RDA 中文译本仅是 RDA 研究工作的第一步。译者希望能够在不久的将来再推出 RDA 简化版的中文译本。同时借助国家图书馆重点科研项目“《资源描述与检索》（RDA）在国家图书馆的实施方向及应用策略研究”的契机，推出一系列与 RDA 本地化操作密切相关的实用指南。望中文译本能够起到抛砖引玉的作用，在国内图书馆界同仁的共同努力下，RDA 能够与中国编目实践真正有机融合，促进我国编目工作的国际化、规范化和标准化，推动我国编目事业的长足发展。

在翻译过程中，翻译组得到了芭芭拉•蒂利特（Barbara Tillett，JSC 主席）、戴夫•芮瑟（Dave Reser，JSC 美国国会图书馆代表）、詹姆斯•亨耐利（James Hennelly，ALA 数字参考部执行编辑）等国外同仁对英文原文的解释和帮助，在此一并表示感谢。

经过一年多的努力，RDA 中文译本终有幸付梓，但囿于时间及译者能力，错误与纰漏在所难免，敬请大家提出宝贵意见，以便今后修订翻译时纠正。

译　者

2013 年 10 月 24 日

目　录

第三部分　记录个人、家族和团体的属性

第五部分　记录作品、内容表达、载体表现和单件之间的基本关系

第六部分　记录个人、家族和团体的关系

第九部分 记录个人、家族和团体之间的关系

第十部分　记录概念、物体、事件和地点之间的关系

附　　录

0
导言

0.0 目的和范围

RDA 提供了一套用于形成支持资源发现的数据的规则和说明。

用 RDA 创建描述资源的数据，旨在帮助用户执行如下任务：[1]

查找——即查找符合用户检索条件的资源；

识别——即确认所描述的资源与所查找的资源相符，或者区分具有相似特征的两个或两个以上的资源；

选择——即选择符合用户需求的资源；

获取——即获得或访问所描述的资源。

用 RDA 创建描述与资源相关的实体（个人、家族、团体、概念等）的数据，旨在帮助用户执行如下任务：[2]

查找——即查找实体信息和与该实体相关资源的信息；

识别——即确认所描述的实体与所查找的实体相符，或者区分具有相似名称等共性的两个或两个以上的实体；

阐明关系——即澄清两个或两个以上的此类实体之间的关系，或澄清所描述的实体与其为人所知的名称之间的关系；

理解——即理解为什么某个特定的名称或题名，或者名称或题名的形式被选作实体的首选名称或首选题名。

RDA 提供了一套涵盖所有内容类型和媒介类型的综合性规则和说明。

---

1. 基于 IFLA 书目记录的功能需求研究组在《书目记录的功能需求（最终报告）》中定义的用户任务，见 *Functional Requirements for Bibliographic Records: Final Report* (München: K.G. Saur, 1998), 82。在线获取地址: http://archive.ifla.org/VII/s13/frbr/frbr.pdf
2. 基于 IFLA 规范记录的功能需求与编号工作组在《规范数据的功能需求（概念模型）》中定义的用户任务，见 *Functional Requirements for Authority Data: A Conceptual Model,* edited by Glenn E. Patton (München: K.G. Saur, 2009)

0.1 主要特征

RDA 提供了一个灵活且可扩展的框架，既能描述利用数字技术制作和传播的资源，又能满足对非数字格式制作的资源进行组织。

RDA 旨在充分利用由新的数据库技术所提供的在数据获取、存储、检索和显示等方面的高效率和灵活性，并与在资源发现的许多应用中仍在使用的传统技术相兼容。[3]

为优化用 RDA 制作的数据在存储和显示方面的灵活性，在记录数据与显示数据的规则和说明之间设置了清晰的分界线。记录数据的规则和说明包含于第 **1** 章至第 **37** 章，显示数据的规则和说明包含于附录 **D** 和附录 **E**。

---

3. RDA数据可存储为关系数据库结构、面向对象数据库结构或目前许多图书馆仍在应用的传统数据库结构，相关纲要见*RDA Database Implementation Scenarios*, http://www.rda-jsc.org/docs/5editor2.pdf

0.2 与其他资源描述与检索标准的关系

RDA 建立在《英美编目规则》（*Anglo-American Cataloguing Rules，AACR*）及其遵循的编目传统的基础之上。[4,5,6,7]

为了使制订的标准易于使用、适应性强、经济合算，源自 AACR 的规则已做修改。将用 RDA 所制作的数据整合进现有的用 AACR 及相关标准所开发的数据库，是 RDA 设计中的一个关键因素。

RDA 开发中所采用的其他关键标准包括《国际标准书目著录》（*International Standard Bibliographic Description，ISBD*）、[8]《MARC21 书目数据格式》（*MARC 21 Format for Bibliographic Data*）和《MARC21 规范数据格式》（*MARC 21 Format for Authority Data*）。[9]

RDA 元素集与 ISBD、MARC21、都柏林核心 [10] 相兼容。RDA 元素集与 ISBD 和 MARC21 的映射表分别见附录 D 和附录 E。

RDA 还符合 *RDA/ONIX 资源分类框架*。[11]

RDA 参考了其他领域（档案界、博物馆界、出版界、语义网等）所用的元数据标准，以期实现 RDA 与这些标准的有效协调。

---

4. Charles A. Cutter, *Rules for a Dictionary Catalog*, 4th ed., rewritten (Washington, D.C.: Government Printing Office, 1904)
5. International Conference on Cataloguing Principles, *Report* (London: International Federation of Library Associations, 1963), 91–96
6. Seymour Lubetzky, *Principles of Cataloging: Final Report: Phase I: Descriptive Cataloging* (Los Angeles, Calif.: University of California, Institute of Library Research, 1969)
7. Antonio Panizzi, "Rules for the Compilation of the Catalogue," in *The Catalogue of Printed Books in the British Museum*, vol. 1 (London, 1841), [v]–ix
8. *International Standard Bibliographic Description (ISBD)*, preliminary consolidated ed. (München: K.G. Saur, 2007)
9. *MARC 21 Format for Authority Data*, 1999 ed. (Washington: Library of Congress, 1999–)
10. *Dublin Core Metadata Element Set,* version 1.1 ([Dublin, Ohio]: Dublin Core Metadata Initiative, 2006), http://dublincore.org/documents/dces/
11. *RDA/ONIX Framework for Resource Categorization*, version 1.0 (Released August 1, 2006), http://www.rda-jsc.org/docs/5chair10.pdf

0.3 作为 RDA 基础的概念模型

0.3.1 概要

RDA 设计的一个关键因素是与国际图书馆协会和机构联合会（IFLA）开发的书目数据模型和规范数据模型相一致。FRBR[12] 和 FRAD 模型为 RDA 提供了基础框架，它具有全面支持各种内容类型和媒介类型所需的覆盖面，具有接纳新生资源特点所需的灵活性和扩展性，以及在各种技术环境下数据制作运行所需的适应性。

---

12. IFLA Study Group on the Functional Requirements for Bibliographic Records, *Functional Requirements for Bibliographic Records: Final Report* (München: K.G. Saur, 1998)。在线获取地址：http://archive.ifla.org/VII/s13/frbr/frbr.pdf

0.3.2 与 FRBR 相一致

RDA 所涵盖的描述资源的数据元素，通常反映了与 FRBR 定义的作品、内容表达、载体表现和单件这些实体相关的属性和关系。这些实体在 RDA 中定义如下：[13]

作品——独特的知识或艺术创作（即知识或艺术内容）；

内容表达——作品的知识或艺术创作得以实现的方式，包括字母-数字、音符或舞谱、声音、图像、物体、动作等或上述形式的任何组合；

载体表现——作品的一个内容表达的物理体现；

单件——载体表现的一个样例或实例。

RDA 的范围将来可扩展，以便涵盖与作品、内容表达、载体表现和单件这些实体相关的、支持资源发现的，但在当前 FRBR 中尚未定义的附加属性和关系。

目前的范围不包括与作品、内容表达、载体表现和单件这些实体相关，而主要功能为支持资源管理（例如，获取、保存）方面用户任务的属性和关系。

13. 属性的定义见*FRBR*的 4.2– 4.5，关系的定义见*FRBR*的 5.2– 5.3。RDA元素与FRBR属性和关系的对照详见 *RDA to FRBR Mapping*, http://www.rda-jsc.org/docs/5rda-rdafrbrmappingrev2.pdf

0.3.3 与 FRAD 相一致

RDA 所涵盖的描述与资源相关的实体的数据元素，通常反映了与 FRAD[14] 定义的个人、家族、团体和地点这些实体相关的属性和关系。这些实体在 RDA 中定义如下：

个人—— 一个个人或是由个人建立的识别身份（单独的或和其他一个或多个个人的合作）；

家族——通过出生、婚姻、收养、民事结合或类似的法律身份发生关系的，或以一个家庭的方式呈现的两个或两个以上的人；

团体——由特定名称识别，并作为一个单位进行或可能进行活动的一个组织或一群人和/或组织；

地点——通过名称识别的位置。

RDA 还涵盖 FRAD 所定义的实体作品的附加属性，这些属性是 FRBR 中所没有的。

RDA 有选择地涵盖 FRAD 定义的与名称、标识符、受控检索点、规则这些实体相关的属性。

RDA 的范围将来可扩展，以便涵盖与个人、家族、团体、地点、作品、内容表达、名称、标识符、受控检索点、规则这些实体相关的、支持资源发现，但在当前 FRAD 中尚未定义的附加属性和关系。

FRAD 定义的与概念、物体和事件这些实体相关的属性和关系，不在当前 RDA 的范围内。

FRAD 定义的受控检索点之间的关系，也不在当前 RDA 的范围内。

目前的范围还不包括与个人、家族、团体、作品和内容表达这些实体相关，而主要功能为支持资源管理方面用户任务的属性和关系。

14. 属性的定义见*FRAD*的 4.1– 4.7，关系的定义见*FRAD*的 5.3–5.4。RDA元素与FRAD属性和关系的对照详见*RDA to FRAD Mapping*，http://www.rda-jsc.org/docs/5rda-rdafradmappingrev.pdf

0.4 资源描述与检索的目标和原则

0.4.1 概要

RDA 的规则和说明依 **0.4.2–0.4.3** 所提出的目标和原则而设计。

IFLA《国际编目原则声明》（*Statement of International Cataloguing Principles*）[15] 提出的编目原则在 RDA 中贯彻始终。

尽管目标和原则声明是研发 RDA 总的指导方针，但某些时候也会在原则之间做出权衡。

15. *Statement of International Cataloguing Principles* (2009), http://www.ifla.org/files/cataloguing/icp/icp_2009-en.pdf

0.4.2 目标

0.4.2.1 响应用户需求

数据应能使用户：

查找 符合用户检索条件的资源；

查找 体现某一特定作品或该作品特定内容表达的所有资源；

查找 与特定个人、家族或团体相关的所有资源；

查找 给定主题的所有资源；

查找 与响应用户检索而获得的结果有关的作品、内容表达、载体表现和单件；

查找 符合用户检索条件的个人、家族和团体；

查找 与响应用户检索而获得的数据所代表的个人、家族或团体有关的个人、家族或团体；

识别 所描述的资源 （即确定所描述的资源与所查找的资源相符，或者区分具有相同或相似特征的两个或两个以上的资源）；

识别 数据所代表的个人、家族或团体 （即确定所描述的实体与所查找的实体相符，或者区分具有相同或相似名称等的两个或两个以上的实体）；

选择 在载体的物理特征和存储在载体上的信息的格式和编码方面符合用户需求的资源；

选择 在形式、读者对象、语言等方面符合用户需求的资源；

获取 资源（即通过购买、借阅等获得资源，或通过在线连接远程计算机以电子方式访问资源）

理解 两个或两个以上的实体之间的关系；

理解 所描述的实体与其为人所知的名称（例如，名称的不同语言形式）之间的关系；

理解 为什么某个特定的名称或题名被选作该实体的首选名称或首选题名。

0.4.2.2 成本效率

数据应以成本经济合算的方式满足支持用户任务的功能要求。

0.4.2.3 灵活性

数据应独立于存储或交流数据的格式、媒体或系统而运行。它们在各种环境下均应可用。

0.4.2.4 连续性

数据应能整合进现有的数据库（特别是用 AACR 和相关标准开发的数据库）。

0.4.3 原则

0.4.3.1 区分性

描述资源的数据应将该资源与其他资源相区分。

描述与资源相关的实体的数据应将该实体与其他实体以及同一实体的其他身份相区分。

0.4.3.2 充分性

描述资源的数据应充分，以便满足用户选择适当资源的需求。

0.4.3.3 相关性

描述资源的数据应说明所描述的资源与其他资源的重要关系。

描述与资源相关的实体的数据应反映该实体与其他同类实体之间所有重要的书目关系。

0.4.3.4 表达性

描述资源的数据应反映资源本身的表达性。

被选作个人、家族或团体首选名称的名称或名称形式，应是与该个人、家族或团体相关的资源中最常见的名称或名称形式，或是创建数据的机构首选的语言和文字中广为接受的名称或名称形式。与个人、家族或团体相关的资源或参考源中出现的，或用户在检索时可能采用的其他名称或名称形式，应作为变异名称予以记录。

确定为作品首选题名的题名应是体现原文语言作品的资源中最常见的题名、参考源中所见的题名或体现作品的资源中最常见的题名。体现作品的资源或参考源中出现的，或用户在检索时可能采用的其他题名，应作为变异题名予以记录。

0.4.3.5 准确性

描述资源的数据应提供补充信息，以便更正或澄清作为资源本身一部分的信息源上出现的不明确的、难以理解或引起误解的表达。

0.4.3.6 责任归属

记录资源和与该资源相关的个人、家族或团体之间关系的数据应反映资源本身或参考源中的责任归属，无论这种责任归属是否准确。

0.4.3.7 通用性或实践性

非转录自资源本身的数据应体现创建数据的机构首选的语言和文字的通常用法。

在记录个人或家族首选名称时用作第一元素的个人或家族名称的部分，应反映与该个人或家族关系最为密切的国家和语言的习惯用法。

0.4.3.8 一致性

关于大写、缩写、元素顺序、标点符号等的附录应有利于促进描述资源或与资源相关实体的数据的显示的一致性。

0.5 结构

RDA 分为十个部分：第 1– 4 部分涵盖与 FRBR 和 FRAD 所定义的实体属性相一致的元素；第 5–10 部分涵盖与 FRBR 和 FRAD 所定义的关系相一致的元素。[16]

各部分的首章阐述该部分的规则和说明所蕴含的功能性目标和原则，并指定支持这些功能性目标的核心元素。

各部分的后续章节所涵盖的支持特定用户任务的属性或关系如下：[17]

属性

第一部分 涵盖最常用于识别资源（第 2 章）、选择在格式和编码方面符合用户需求的资源（第 3 章）和获取资源（第 4 章）的载体表现和单件的属性。

第二部分 涵盖最常用于识别作品或内容表达（第 6 章）和选择在内容方面满足用户需求的作品或内容表达（第 7 章）的作品和内容表达的属性。

第三部分 涵盖最常用于识别个人（第 9 章）、家族（第 10 章）和团体（第 11 章）这些实体的属性。

第四部分 涵盖最常用于识别概念（第 13 章*[17]）、物体（第 14 章*[17]）、事件（第 15 章*[17]）和地点（第 16 章）这些实体的属性。

关系

第五部分 涵盖作品、内容表达、载体表现和单件之间的基本关系（第 17 章）。

第六部分 涵盖用于查找与特定个人、家族或团体相关的作品（第 19 章）、内容表达（第 20 章）、载体表现（第 21 章）和单件（第 22 章）的关系。

第七部分 涵盖用于查找特定主题作品的关系（第 23 章*[17]）。

第八部分 涵盖用于查找相关作品（第 25 章）、相关内容表达（第 26 章）、相关载体表现（第 27 章）和相关单件（第 28 章）的关系。

第九部分 涵盖用于查找相关个人（第 30 章）、相关家族（第 31 章）和相关团体（第 32 章）的关系。

第十部分 涵盖用于查找相关概念（第 34 章*[17]）、物体（第 35 章*[17]）、事件（第 36 章*[17]）和地点（第 37 章*[17]）的关系。

附录中的补充规则和说明如下：[18]

附录 A 对转录特定元素时所采用的英语和某些其他语言的大写提供规则。

附录 B 列出记录特定元素时所采用的英语和某些其他语言的缩写。

附录 C 列出多种语言的冠词，它们在用交替规则记录作品首选题名和个人与团体的名称时应省略。

附录 D 提供 RDA 用于描述资源的数据元素与某些相关元数据方案的映射，这些元数据方案是资源描述数据的显示或编码方案（例如，ISBD、 MARC21、都柏林核心）。

附录 E 提供 RDA 用于描述与资源相关实体的数据元素与某些相关元数据方案的映射，这些元数据方案是检索点和规范数据的显示或编码方案（例如，MARC 21）。

附录 F 提供关于选择与记录某些特定语言的个人名称的说明，对第 9 章中的一般性规则和说明进行补充。

附录 G 提供某些特定行政管辖区所使用的贵族头衔、等级称号等信息。

附录 H 提供记录公历日期的信息。

附录 I 列出用作关系说明语的术语，这些术语比关系元素本身所定义的范围更为专指地指示资源和与该资源相关的个人、家族或团体之间关系的本质。该附录还提供关系说明语术语的定义及其使用说明。

附录 J 列出用作关系说明语的术语，这些术语比关系元素本身所定义的范围更为专指地指示作品、内容表达、载体表现和单件之间关系的本质。该附录还提供关系说明语术语的定义及其使用说明。

附录 K 列出用作关系说明语的术语，这些术语比关系元素本身所定义的范围更为专指地指示个人、家族和团体之间关系的本质。该附录还提供关系说明语术语的定义及其使用说明。

*附录 L**[18] 列出用作关系说明语的术语，这些术语比关系元素本身所定义的范围更为专指地指示概念、物体、事件和地点之间关系的本质。该附录还提供关系说明语术语的定义及其使用说明。

---

16. 涵盖 FRAD 定义的*概念*、*物体* 和*事件* 的属性与 FRBR 定义的“主题”关系的部分和章节将在 RDA 首次发布后研订。
17. 标星号的各章将在 RDA 首次发布后研订。
18. 标星号的附录将在 RDA 首次发布后研订。

0.6 核心元素

0.6.1 概要

RDA 中某些特定元素被指定为核心元素。

RDA 中描述资源的核心元素选自反映 FRBR 中所指定的属性和关系的元素，用于支持如下用户任务：[19]

*识别*和*选择*载体表现；

*识别*体现在载体表现中的作品和内容表达；

*识别*作品的一个或多个创作者。

RDA 中描述与资源相关的实体的核心元素选自反映 FRAD 中所指定的属性和关系的元素，用于支持如下用户任务：[20]

*查找*与资源相关的个人、家族或团体；

*识别*个人、家族或团体。

RDA 中指定为核心元素的特定元素列于 **0.6.2–0.6.9**。

作品、内容表达、载体表现或单件的资源描述应至少包括适用且易于确定的所有核心元素。特定情况下，描述还应包括任何必要的附加元素，以便将该资源与一个或多个载有相似识别信息的其他资源相区分。

与资源相关的实体的描述应包括适用且易于确定的所有核心元素。特定情况下，描述还应包括任何必要的附加元素，以便将该实体与一个或多个具有相同名称或题名的其他实体相区分。

是否包括其他特定元素可自行决定。对创建数据负责的机构可制定著录等级和规范控制的政策和规则，这些政策和规则既可广泛使用，也可用于特定类别的资源和其他实体，或将细节交由创建数据的个人判断决定。

---

19. 见 FRBR，第 6 章。
20. 见 FRAD，第 6 章。

0.6.2 第一部分：记录载体表现和单件的属性

当记录识别和描述载体表现或单件的数据时，应至少包括适用且易于确定的下列所有元素。

题名

正题名

责任说明

与正题名相关的责任说明（如果有多个，则仅第一个所记录的说明是必需的）

版本说明

版本标识

特定修订版标识

连续出版物编号

序列首期或第一部分的数字和/或字母标识（对于第一个或唯一的序列）

序列首期或第一部分的年代标识（对于第一个或唯一的序列）

序列末期或最后一部分的数字和/或字母标识（对于最后一个或唯一的序列）

序列末期或最后一部分的年代标识（对于最后一个或唯一的序列）

制作说明

制作日期（适用于非出版形式资源）

出版说明

出版地（如果有多个，则仅第一个所记录的地点是必需的）

出版者名称（如果有多个，则仅第一个所记录的名称是必需的）

出版日期

发行说明

发行地（适用于出版地未能识别的已出版资源；如果发行地有多个，则仅第一个所记录的地点是必需的）

发行者名称（适用于出版者未能识别的已出版资源；如果发行者有多个，则仅第一个所记录的名称是必需的）

发行日期（适用于出版日期未能识别的已出版资源）

生产说明

生产地（适用于出版地和发行地均未能识别的已出版资源；如果生产地有多个，则仅第一个所记录的地点是必需的）

生产者名称（适用于出版者和发行者均未能识别的已出版资源；如果生产者有多个，则仅第一个所记录的名称是必需的）

生产日期（适用于出版日期、发行日期和版权日期均未能识别的已出版资源）

版权日期

版权日期（如果出版日期、发行日期均未能识别）

丛编说明

丛编正题名

丛编编号

分丛编正题名

分丛编编号

载体表现标识符

载体表现标识符（如果有多个，在适用的情况下，首选国际公认的标识符）

载体类型

载体类型

数量

数量（仅当资源完整或全部数量已知）

0.6.3 第二部分：记录作品和内容表达的属性

当记录识别作品的数据时，应至少包括适用且易于确定的下列元素。

作品首选题名

作品标识符

当首选题名记录为代表作品的规范检索点的一部分时，依 **6.27.1** 所列的说明，首选题名酌情前置以代表对作品负有责任的个人、家族或团体的规范检索点。

如果作品首选题名与不同作品的题名，或者与个人、家族或团体的名称相同或相似，则根据需要记录下列附加识别元素进行区分。将这些元素作为代表作品的检索点的附加成分，或作为独立元素，或兼作两者予以记录。

作品形式

作品日期

作品原创地

作品的其他区别特征

当识别带有非区别性题名的音乐作品时，下列适用元素都可记录。对于带有区别性题名的音乐作品，根据需要记录下列元素以区分具有相同题名的其他作品。将这些元素作为代表作品的检索点的附加成分，或作为独立元素，或兼作两者予以记录。

表演媒介

音乐作品的数字标识

调

当识别双边条约等时，需为签署双方记录下列元素。将这些元素作为代表作品的检索点的组成部分，或作为独立元素，或兼作两者予以记录。

条约等的签署方

当记录识别内容表达的数据时，应至少包括适用于该内容表达的下列元素。

内容表达标识符

内容类型

内容表达的语言

根据需要记录下列附加识别元素，以便将作品的一个内容表达与其他内容表达相区分。将这些元素作为代表内容表达的检索点的附加成分，或作为独立元素，或兼作两者予以记录。

内容表达的日期

内容表达的其他区别特征

当描述地图的内容表达时，应至少包括适用于该内容表达的下列附加元素。

地图内容的水平比例尺

地图内容的垂直比例尺

0.6.4 第三部分：记录个人、家族和团体的属性

当记录识别个人、家族或团体的数据时，应至少包括适用且易于确定的下列所有元素。将这些元素作为代表个人、家族或团体的规范检索点的组成部分，或作为独立元素，或兼作两者予以记录。

个人首选名称

个人头衔

出生日期

死亡日期

与个人相关的其他标识

职业或工作（适用于其名称由不能表达个人概念的短语或称呼组成的个人）

个人标识符

家族首选名称

家族类型

与家族相关的日期

家族标识符

团体首选名称

会议等的地点

与团体相关的日期

相关机构（适用于会议等，如果机构名称比本地地名更易于识别，或者本地地名未知或不易确定）

会议等的届次

与团体相关的其他标识（适用于其名称不能表达团体概念的团体）

团体标识符

如果个人、家族或团体的首选名称与另一个个人、家族或团体为人所知的名称相同或相似，则根据需要记录下列附加识别元素进行区分。将这些元素作为代表个人、家族或团体的规范检索点的组成部分，或作为独立元素，或兼作两者予以记录。

名称的更完整形式

职业或工作

个人活跃期

与家族相关的地点

家族的著名成员

总部所在地等

相关机构

与团体相关的其他标识

0.6.5 第五部分：记录作品、内容表达、载体表现和单件之间的基本关系

当记录作品、内容表达、载体表现和单件之间的基本关系时，应至少包括被表现的作品。如果该作品有多个内容表达，则记录被表现的内容表达。

如果多个作品体现在某个载体表现中，则仅主要的或第一个被表现的作品是必需的。

如果多个内容表达体现在某个载体表现中，则仅主要的或第一个被表现的内容表达是必需的。

0.6.6 第六部分：记录与资源相关的个人、家族和团体的关系

当记录资源和与该资源相关的个人、家族和团体之间的关系时，应至少包括适用且易于确定的下列所有元素。

创作者（如果有多个，则仅在体现作品的资源或参考源中名列首位的、负有主要责任的创作者是必需的；如果主要责任未指明，则仅名列首位的创作者是必需的）

其他与作品相关的个人、家族或团体（如果代表该个人、家族或团体的规范检索点用于构建代表作品的规范检索点）

0.6.7 第七部分：记录主题关系

当记录作品与该作品的主题这一实体之间的关系时，应至少包括一个主题关系元素。[21]

21. 当用检索点代表主题实体时，既可用实体的首选名称、题名或术语，也可用代表该实体的分类号构成检索点。构成代表主题实体的检索点须遵照创建数据的机构所使用的主题检索点和分类号标准。

0.6.8 第八部分：记录作品、内容表达、载体表现和单件之间的关系

除 0.6.5 中说明的基本关系之外，记录作品、内容表达、载体表现和单件之间的关系不是必需的。

0.6.9 第九部分：记录个人、家族和团体之间的关系

记录个人、家族和团体之间的关系不是必需的。

0.7 检索点

RDA 提供了关于构建代表作品、内容表达、个人、家族和团体的规范检索点和变异检索点的说明。

RDA 还提供了关于用规范检索点记录下列各种类型的关系的说明。

载体表现与体现在载体表现中的作品或内容表达之间的基本关系

资源和与该资源相关的个人、家族和团体之间的关系

作品、内容表达、载体表现和单件之间的关系

个人、家族和团体之间的关系

此外，RDA 还提供了用题名（正题名、并列题名、变异题名等）作为检索点的规则。

RDA 不提供用其他数据元素作为检索点的规则。使用 RDA 数据的机构可根据各自的用户需求和数据管理系统的性能，决定为哪些附加元素做索引。

0.8 交替和选择

RDA 包括许多交替或选择的规则和说明。

交替规则和说明提供其前面刚提及的规则和说明的替代做法。

选择规则提供：

a)　数据的可选择的附加，用以补充前面刚提及的说明所规定的内容

或

b)　特定数据的可选择的省略，该数据是前面刚提及的说明要求提供的

对创建数据负责的机构可就交替和选择的应用制定政策和规则, 也可交由创建数据的个人判断决定。

0.9 例外

RDA 包含一些标注为例外的说明。

对于特定类型的资源等，在适用的情况下，用一个标注为例外的说明取代前面刚提及的说明。

0.10 实例

RDA 中的实例阐释其前面的特定说明如何应用。它们仅阐释该说明所涉及的数据。

如果另一个元素与举例说明的元素直接相关，则相关元素一般在注释中提及。例如，在记录其他题名信息的条款中，有一个说明其他题名信息的实例，随同该实例给出了记录为正题名的形式的说明性附注，如下：

Applesoft command editor
正题名: A.C.E.

实例一般不给出 ISBD 规定的前置符和结束符（ISBD 规定的前置符和结束符，见附录 D）。但是，如果实例是说明对相关资源提供结构化描述的元素，则显示 ISBD 规定的标识符。例如，在引用相关载体表现的说明后，给出相关资源结构化描述的实例如下：

> *Reproduced as:* Lacey, WA : OCLC Preservation Service Center on behalf of University of Washington Libraries, 2005. — 1 microfilm reel ; 10 cm, 35 mm. — On reel with other titles

ISBD 规定的标识符还显示在包括两个或两个以上的数据元素的说明性附注中。例如，在关于构建代表音乐作品的改编、改写等的规范检索点的说明后，给出的实例如下：

> Berlioz, Hector, 1803–1869. Corsaire; arranged
> *所描述资源:* The corsaire : overture for concert band / transcribed by Gunther Schuller。*最初用于管弦乐队*

用 AACR 规定的标识符构建的规范检索点和变异检索点的实例（见附录 E）。

> Smith, John, 1832–1911
>
> Catholic Church. Pope (1978–2005 : John Paul II)

在阐释用规范检索点或结构化描述参照相关作品、内容表达、载体表现或单件的实例中，规范检索点或结构化描述前置以与适用的关系说明语（见附录 J）并列的导语。

> *Parody of:* Tolkien, J. R. R. (John Ronald Reuel), 1892–1973. Lord of the rings

实例中的音译体系遵照美国图书馆协会（American Library Association）、加拿大图书馆协会（Canadian Library Association）、美国国会图书馆（Library of Congress）共同采用的音译表，见美国国会图书馆网站 http://hdl.loc.gov/loc.standards/docs.roman。

所有实例假定记录元素的机构首选的语言为英语。

0.11 国际化

0.11.1 概要

RDA 是为使用于国际化环境而设计的。

RDA 关于语言和文字、数字、日期、计量单位等惯例的概述，见 **0.11.2– 0.11.5**。

0.11.2 语言和文字

特定元素按获取数据的信息源上出现的语言和文字转录。但是，如果不能用其信息源上的文字进行记录，则允许用音译形式记录数据，也可在原始文字形式之外附加音译形式记录数据。

其他元素一般用创建数据的机构首选的语言和文字记录。

然而，有一些说明规定采用英语的术语（例如，*publisher not identified*）或提供了英语的受控术语表（例如，用于指示媒介类型、载体类型、基底材料的术语）。为不同的语言和文字环境创建数据的机构可对这样的说明进行修改，以反映他们自己语言和文字的偏好，并用适合他们使用环境的术语替代 RDA 中规定的英语术语。RDA 的授权译本亦可如此。

0.11.3 数字

特定元素中的数字按获取数据的信息源上出现的形式转录。但是，允许用创建数据的机构首选的形式记录数据，所选形式既可替代资源上的数据形式，又可作为其补充。

其他某些特定元素中的数字一般也按获取数据的信息源上出现的形式记录。但是，允许用创建数据的机构首选的文字替代或添加对应的数字。

0.11.4 日期

特定元素中的日期按获取数据的信息源上出现的形式转录。但是，允许用创建数据的机构首选的形式记录数据，所选形式既可替代原形式的数据，又可作为原形式数据的补充。

其他某些特定元素中的日期一般也按获取数据的信息源上出现的形式记录。但是，允许用创建数据的机构首选的文字替代对应的数字。如果信息源上的日期不是格里历或儒略历，还可添加格里历或儒略历的日期。

关于记录公历日期的信息，见附录 H。

0.11.5 计量单位

特定元素中的计量单位按获取数据的信息源上出现的形式转录。

载体和容器的尺寸采用公制计量单位记录。但是，允许用创建数据的机构首选的计量体系记录尺寸。

播放速度一般用公制单位（例如，米每秒）或用转每分、帧每秒等术语记录。但是，允许用英寸每秒记录模拟磁带的播放速度。

0.12 编码 RDA 数据

RDA 的设计使它能运用于图书馆经常采用的各种编码方案。附录 D 和附录 E 提供了 RDA 元素与 MARC 21 书目数据格式和规范数据格式以及都柏林核心元数据方案的映射。

对于某些元素，RDA 的说明参照了外部词汇编码方案（例如，关于记录用于表达资源语言内容的文字的说明参照了 ISO 15924 的术语列表）。

对于其他元素，RDA 的说明包括一个内部的词汇编码方案（即专门为使用 RDA 而定义的受控术语表）。对于这些元素，数据可用替代的词汇编码方案，只要该编码方案可被识别。

第一部分　记录载体表现和单件的属性

1
记录载体表现和单件属性的一般性规则

1.0 范围

本章阐述第 2– 4 章记录载体表现和单件属性的规则和说明中所蕴含的功能性目标和原则，并指定描述这些实体的核心元素。

本章还提供适用于第 2– 4 章中不同元素的转录、记录编号和日期以及编制附注的规则和说明。

1.1 术语

1.1.1 关键术语的说明

本章及第 2– 4 章中使用了一些在 RDA 中承载特定含义的术语。一些关键术语的含义在 **1.1.2–1.1.5** 中进行了说明。用作数据元素名称的术语在特定元素说明的开始处进行了定义。此外，具有特定技术含义的所有术语在术语表中进行了定义。

1.1.2 资源

第 2– 4 章中所用的术语***资源***是指载体表现或单件（见 **1.1.5**）。

当用于第 2– 4 章所涵盖的描述性元素时，术语*资源*通常是指载体表现。但是，对于这些章节所涵盖的某些元素（例如，单件保管历史、单件的直接获取来源），资源是指单件。

如适用，术语*资源*应理解为不仅包括单独的实体，还包括此类实体的集合和组成部分（例如，三张地图、作为一套发行的二十张幻灯片中的一张幻灯片、学术期刊一期中的一篇文章）。

术语*资源*可以指有形实体（例如，一盘卡式录音带）或无形实体（例如，一个网站）。

1.1.3 发行方式

第 2– 4 章中的某些规则和说明专门针对以特定方式发行的资源。

术语*作为独立单元发行的资源*是指作为独立的物理单元（例如，作为单卷本的专著），或对于无形的资源是指作为独立的逻辑单元（例如，作为网络上载的一个 PDF 文件）发行的资源。

术语***多部分专著***是指以两个或两个以上的部分（同时或陆续）发行、已经出齐或计划以有限的部分出齐的资源（例如，一部两卷本的词典、 作为一套发行的三盒卡式录音带）。

术语***连续出版物***是指以连续性分部方式发行的资源，通常载有编号，没有事先确定的终止期限（例如，期刊、专著丛编、报纸）。

术语***集成性资源***是指以更新的方式进行增补或更改的资源，更新部分与整体不是分离的而是融为一体的。集成性资源可以是有形的（例如，通过换页方式进行更新的活页手册）或无形的（例如，通过持续或循环方式进行更新的网站）。

第 2–4 章适用于连续出版物的规则和说明同样适用于显示连续的卷期、编号和频率等连续出版物特征的，但其持续期是有限的资源（例如，事件通报），以及连续出版物的复制品。

1.1.4 综合、分析和分级著录

第 2– 4 章的一些规则和说明针对描述资源的特定方法（见 **1.5**）。

术语***综合著录***是指将资源作为一个整体（例如，一张地图，一种期刊，一个由图书馆收集的海报集，包含幻灯卷片、录音带和教师手册的配套教材）进行描述的著录。

术语***分析著录***是指对较大资源中的一部分（例如，一套三卷本传记中的一卷、一套系列地图中的一张地图）进行描述的著录。

术语***分级著录***是指将描述整个资源的综合著录和描述资源的一个或多个部分的分析著录相结合的著录。[1]

1. RDA 中*分级著录*的著录类型在一些资源著录标准中用术语*多层次著录*表示。

1.1.5 作品、内容表达、载体表现和单件

术语*作品*、*内容表达*、*载体表现*和*单件*的使用如下：

术语***作品***是指独特的知识或艺术创作（即知识或艺术内容）。

术语***内容表达***是指作品的知识或艺术创作得以实现的方式，包括字母–数字、音符或舞谱、声音、图像、物体、动作等或上述形式的任何组合。

术语***载体表现***是指作品的一个内容表达的物理体现。

术语***单件***是指载体表现的一个样例或实例。

如适用，上述术语应理解为不仅包括单独的实体，还包括此类实体的集合和组成部分（即术语*作品*应理解为除单独的作品等之外，还包括作品集合和作品的组成部分）。

1.2 功能性目标和原则

描述载体表现或单件的数据应能使用户：

a) *查找*符合用户检索条件的载体表现和单件

b) *识别*所描述的资源（即确认所描述的资源与所查找的资源相符，或者区分具有相同或相似特征的两个或两个以上的资源）

c) *选择*在载体的物理特征和存储在载体上的信息的格式和编码方面符合用户需求的资源

d) *获取*资源（即通过购买、借阅等获得资源，或通过在线连接远程计算机以电子方式访问资源）

为确保使用 RDA 创建的数据能实现上述功能性目标，在制订第 **1–4** 章的规则和说明时应用了下列原则。

区分性。数据应将所描述的资源与其他资源相区分。

充分性。数据应充分，以便满足用户选择适当资源的需求。

表达性。数据应反映资源本身的表达性。

准确性。数据应提供补充信息，以便更正或澄清作为资源本身一部分的信息源上出现的不明确的、难以理解或引起误解的表达。

通用性。非转录自资源本身的数据应体现通常用法。

在 RDA 中，如适用，从信息源转录数据是确保数据反映资源本身表达性的一种手段。转录还经常作为区分资源的一种手段。

1.3 核心元素

当描述载体表现或单件时，应至少包括适用且易于确定的下列所有元素。

题名

正题名

责任说明

与正题名相关的责任说明（如果有多个，则仅第一个所记录的说明是必需的）

版本说明

版本标识

特定修订版标识

连续出版物编号

序列首期或第一部分的数字和/或字母标识（对于第一个或唯一的序列）

序列首期或第一部分的年代标识（对于第一个或唯一的序列）

序列末期或最后一部分的数字和/或字母标识（对于最后一个或唯一的序列）

序列末期或最后一部分的年代标识（对于最后一个或唯一的序列）

制作说明

制作日期（适用于非出版形式资源）

出版说明

出版地（如果有多个，则仅第一个所记录的地点是必需的）

出版者名称（如果有多个，则仅第一个所记录的名称是必需的）

出版日期

发行说明

发行地（适用于出版地未能识别的已出版资源；如果发行地有多个，则仅第一个所记录的地点是必需的）

发行者名称（适用于出版者未能识别的已出版资源；如果发行者有多个，则仅第一个所记录的名称是必需的）

发行日期（适用于出版日期未能识别的已出版资源）

生产说明

生产地（适用于出版地和发行地均未能识别的已出版资源；如果生产地有多个，则仅第一个所记录的地点是必需的）

生产者名称（适用于出版者和发行者均未能识别的已出版资源；如果生产者有多个，则仅第一个所记录的名称是必需的）

生产日期（适用于出版日期、发行日期和版权日期均未能识别的已出版资源）

版权日期

版权日期（如果出版日期、发行日期均未能识别）

丛编说明

丛编正题名

丛编编号

分丛编正题名

分丛编编号

载体表现标识符

载体表现标识符（如果有多个，在适用的情况下，首选国际公认的标识符）

载体类型

载体类型

数量

数量（仅当资源完整或全部数量已知）

在需要将载体表现或单件与具有相似识别信息的一个或多个其他载体表现或单件相区分的特定情况下，包括任何附加元素。

1.4 语言和文字

用来源上出现的语言和文字记录下列元素。

题名

正题名

并列正题名

其他题名信息

并列其他题名信息

变异题名

较早正题名

较晚正题名

识别题名

缩略题名

责任说明

与正题名相关的责任说明

与正题名相关的并列责任说明

版本说明

版本标识

并列版本标识

与版本相关的责任说明

与版本相关的并列责任说明

特定修订版标识

并列特定修订版标识

与特定修订版相关的责任说明

与特定修订版相关的并列责任说明

连续出版物编号

序列首期或第一部分的数字和/或字母标识

序列首期或第一部分的年代标识

序列末期或最后一部分的数字和/或字母标识

序列末期或最后一部分的年代标识

序列首期或第一部分的交替数字和/或字母标识

序列首期或第一部分的交替年代标识

序列末期或最后一部分的交替数字和/或字母标识

序列首期或最后一部分的交替年代标识

制作说明

制作地

并列制作地

制作者名称

并列制作者名称

制作日期

出版说明

出版地

并列出版地

出版者名称

并列出版者名称

出版日期

发行说明

发行地

并列发行地

发行者名称

并列发行者名称

发行日期

生产说明

生产地

并列生产地

生产者名称

并列生产者名称

生产日期

丛编说明

从编正题名

从编并列正题名

从编其他题名信息

从编并列其他题名信息

与从编相关的责任说明

与从编相关的并列责任说明

从编编号

分从编正题名

分从编并列正题名

分从编其他题名信息

分丛编并列其他题名信息
与分丛编相关的责任说明
与分丛编相关的并列责任说明
分丛编编号

> ***交替规则***
>
> 如果上述元素不能用来源上所使用的文字记录，则记录其音译形式。

> ***可选择的附加***
>
> 上述元素除了用来源上所使用的文字记录之外，还可用音译形式记录。

当在上述元素中添加数据时，用该元素中其他数据所用的语言和文字记录添加的数据，除非对特定元素另有规定。

当将上述元素作为提供的元素予以记录时，用最适合的语言和文字记录提供的元素。

用创建数据的机构首选的一种或多种语言和文字记录所有其他元素（包括附注）。

> ***例外***
>
> 用来源上出现的语言和文字记录包含在附注中的名称、题名或引文。
>
> > ***交替规则***
> >
> > 用音译形式记录包含在附注中的名称、题名或引文。

1.5 著录类型

1.5.1 描述资源的不同方法

可采用下列任何一种适用于著录目的的方法描述资源：

a) 采用综合著录（见 1.5.2）
b) 采用分析著录（见 1.5.3）
c) 采用分级著录（见 1.5.4）

1.5.2 综合著录

综合著录可用于将下列任何资源类型作为一个整体进行描述：

a) 作为独立单元发行的资源（例如，一个单独的唱片、一个 PDF 文件）
b) 多部分专著（例如，作为一套发行的三盘卡式录像带，包括一个数字视盘、一个模型和一本指南手册的多载体配套资料）
c) 连续出版物（例如，一种每月发行的杂志、一种电子期刊）
d) 集成性资源（例如，一个不断更新的活页出版物、一个定期更新的网站）
e) 由私人收集者、交易商、图书馆、档案馆等搜集的两个或两个以上单元的收藏（例如，纸质

戏剧节目单个人收藏、由博物馆编辑的数字图像数据库、个人文件的档案）

当采用综合著录时，如适用，与资源各部分相关的细节可按下列任何方式记录：

a)　作为载体描述的一部分（见 3.1.4）

b)　作为相关作品的参照（见 25.1）

c)　作为相关载体表现的参照（见 27.1）

1.5.3 分析著录

分析著录可用于对下列任何分部类型进行描述：

a)　作为独立单元发行的更大资源的一部分（例如，由十二首歌的乐谱组成的一卷中的一首歌的乐谱、包含三百张图像的数据库中的一张遥感影像）

b)　多部分专著的一部分（例如，由幻灯卷片、录音带和小册子组成的多载体配套资料中的一个幻灯卷片）

c)　连续出版物的一部分（例如，从编单独的卷、期刊单独的期、杂志或电子期刊中的一篇文章）

d)　集成性资源的一部分（例如，作为不断更新的活页出版物发行的管理手册中的一章、定期更新的网站上的讨论文章）

e)　由私人收集者、交易商、图书馆、档案馆等搜集的收藏的一部分（例如，艺术作品收藏中的一套平版印刷品、由轮演剧院编辑的演出数据库中表演的一个电子记录）

可为更大资源的任何数量的部分（即仅为资源的一个部分，选择两个或两个以上的部分，或为所有部分）创建单独的分析著录。

当采用分析著录时，如适用，与更大资源或与资源其他部分相关的细节可按下列任何方式记录：

a)　作为丛编说明（见 2.12）

b)　作为相关作品的参照（见 25.1）

c)　作为相关载体表现的参照（见 27.1）

1.5.4 分级著录

包含两个或两个以上部分的任何资源可以同时采用描述整体的综合著录和描述部分的分析著录。如果资源的部分被进一步分为它们自己的部分，则可为那些进一步复分的部分创建分析著录。

关于记录作品、内容表达、载体表现和单件之间关系的说明，见第 24–28 章。

关于以分级著录的形式显示描述整体的综合著录与描述一个或多个部分的分析著录相结合的规则，见附录 D（D.1.3）。

1.6 需要一种新著录的变化

1.6.1 多部分专著

1.6.1.1 多部分专著发行方式的变化

如果多部分专著变为连续出版物或集成性资源，或者连续出版物或集成性资源变为多部分专著，则创建一种新著录（见 2.13）。

1.6.1.2 多部分专著媒介类型的变化

如果多部分专著的媒介类型（见 3.2）发生变化，则创建一种新著录。

1.6.2 连续出版物

1.6.2.1 连续出版物发行方式的变化

如果连续出版物变为多部分专著或集成性资源，或者多部分专著或集成性资源变为连续出版物，则创建一种新著录（见 2.13）。

1.6.2.2 连续出版物媒介类型的变化

如果连续出版物的媒介类型（见 3.2）发生变化，则创建一种新著录。

1.6.2.3 连续出版物正题名的主要变化

如果连续出版物的正题名发生主要变化（见 2.3.2.12.2），则创建一种新著录。

1.6.2.4 连续出版物责任的变化

如果连续出版物的责任发生变化，该变化使得连续出版物作为作品的识别也发生变化（见 6.1.3.2），则创建一种新著录。

1.6.2.5 版本说明的变化

当版本说明的变化指示连续出版物的范围发生了显著变化，则创建一种新著录。

1.6.3 集成性资源

1.6.3.1 集成性资源发行方式的变化

如果集成性资源变为多部分专著或连续出版物，或者多部分专著或连续出版物变为集成性资源，则创建一种新著录（见 2.13）。

1.6.3.2 集成性资源媒介类型的变化

如果集成性资源的媒介类型（见 3.2）发生变化，则创建一种新著录。

1.6.3.3 集成性资源重新确定基础

如果为不断更新的活页出版物发行了一套新的基础卷，则为集成性资源创建一种新著录。

1.6.3.4 版本说明的变化

当版本说明的变化指示集成性资源的范围发生了显著变化，则创建一种新著录。

1.7 转录

1.7.1 转录的一般性规则

当第 2–4 章的说明规定某个元素按信息源上所见形式转录时，应用 1.7.2–1.7.9 所列的关于大写、标点符号、标志、缩写等的一般性规则。当1.7.2–1.7.9 所列的规则参照某一附录时，应用该附录中所列的适用于所转录元素的附加说明。

交替规则

如果创建数据的机构已制订了关于大写、标点符号、数字、标志、缩写等的本地规则，或指定了已出版的格式手册等 [例如，《芝加哥格式手册》（*The Chicago Manual of Style*）] 作为首选规则，则采用这些规则或格式手册，而不必依 **1.7.2–1.7.9** 和附录所列的说明。

如果使用由其他机构创建的著录，或数据衍生自采用自动化扫描、复制或下载程序（例如，通过收割嵌入的元数据或自动生成元数据）的数字信息源，则接受该数据而无需修改。

关于用数字或词表达的数的转录规则，见 **1.8.1**。

1.7.2 大写

应用附录 A 所列的关于大写的说明。

1.7.3 标点符号

按来源上出现的形式转录标点符号，来源上用于分隔作为一个元素记录的数据和作为不同元素或作为一个元素的第二个或随后样例记录的数据的标点符号应省略。

...and then there were none

What is it?...what is it not?

Vessels on the Northwest coast between Alaska and California -- 1543 –1811

I don't do dishes!

DDC 21
DDC21 出现在来源上，并带有用于分隔其他题名信息的标点符号： DDC 21: International perspectives

Vanderbilt University
Vanderbilt University 出现在来源上，并带有用于分隔出版地的标点符号： Vanderbilt University, Nashville

为清晰表达，必要时添加标点符号。

Marcel Marceau, ou, L'art du mime

关于以 ISBD 形式显示描述性数据的规定标识符的使用说明，见附录 D(D.1.2)。

1.7.4 变音符号

按信息源上出现的形式转录重音等变音符号。

可选择的附加

信息源上未出现的变音符号应依数据所用语言的标准用法添加。

Les misérables
信息源显示为： LES MISERABLES

1.7.5 标志

对于不能用现有设备复制的标志或其他字符等，对其进行描述时，将描述语置于方括号内。

> Robust H [proportional to] stabilization of stochastic hybrid systems with Wiener process
> *信息源上出现的是“比例”的标志*
>
> My name is Brain [crossed out] Brian
> *信息源上出现的是单词“Brain”上面有个“叉”*

如果必要，编制一个说明性附注（见 2.20）。

忽略用作分隔符等的印刷标志。

1.7.6 首字母缩写和可拼读的首字母缩略词之间的空格

如果出现在信息源上的单独的字母或首字母之间没有句点，则不管信息源上是否有空格，转录字母时中间没有空格。

> ALA rules for filing catalog cards
>
> prepared by members of the AIAA Technical Committees on Space Systems and Space Atmosphere Physics

如果这样的字母或首字母之间有句点，省略任何中间的空格。

> T.U.E.I. occasional papers in industrial relations
>
> The most of S.J. Perelman
>
> edited by P.C. Wason and P.N. Johnson-Laird
>
> W.W. Norton & Company
> *出版社名称*

1.7.7 本应出现一次以上的字母或词

如果一个字母或词仅出现一次，但是从信息源的设计能清晰地看出，该字母或词需要出现多次，则重复该字母或词。

> Canadian citations
> Citations canadiennes
> *信息源显示为*：Canadian CITATIONS canadiennes。*该词作为正题名和并列正题名分别予以记录*

1.7.8 缩写

应用附录 B(B.4)所列的关于转录元素中使用缩写的说明。

1.7.9 差错

当要求按信息源上出现的形式转录元素时，按信息源转录差错或拼写错误的单词，除非另有规定。

> The wolrd of television
>
> A comprehensive law book on proceedings under every statute/ordinance with upt-to-date case law by superior courts

如果对识别或检索重要，则为差错的订正编制一个附注（见 **2.20**）。

如果差错出现在题名中，且对识别或检索重要，则将题名的正确形式作为变异题名（见 **2.3.6**）予以记录。

1.8 用数字或词表达的数

1.8.1 一般性规则

当下列元素中记录用数字或词表达的数时，应用 **1.8.2–1.8.5** 所列的规则。

序列首期或第一部分的数字和/或字母标识

序列首期或第一部分的年代标识

序列末期或最后一部分的数字和/或字母标识

序列末期或最后一部分的年代标识

序列首期或第一部分的交替数字和/或字母标识

序列首期或第一部分的交替年代标识

序列末期或最后一部分的交替数字和/或字母标识

序列末期或最后一部分的交替年代标识

制作日期

出版日期

发行日期

生产日期

版权日期

从编编号

分丛编编号

学位授予年

> ***交替规则***
>
> ***早期印刷型资源***。对于早期印刷型资源，在丛编编号、制作日期、出版日期、发行日期或生产日期中出现的用数字或词表达的数，按它们在信息源上出现的形式转录。

当在转录元素中记录用数字或词表达的数时，按它们在信息源上出现的形式转录。如适用，应用关于转录的一般性规则（见 1.7）。

Fifty key literary theorists
正题名

55 places to discover your favourite tea
其他题名信息

1.8.2 数字形式

用创建数据的机构首选的形式记录数字，除非该形式会导致数字信息不清晰。

tome 3
信息源上的丛编编号显示为：tome III

交替规则

按信息源上出现的形式记录数字。

tome III
丛编编号

按来源上出现的形式记录数字。用创建数据的机构首选的形式添加数字对应词，依 2.2.4 所列的说明，指示该信息取自资源本身之外的来源。

tome III [3]
信息源上的丛编编号显示为：tome III

1.8.3 用词表达的数

将用词表达的数替换成数字。

1.8.4 起讫数字

当记录起讫日期或其他起讫数字时，记录完整的第一和最后一个数字。

1967–1972
信息源显示为：1967–72

1.8.5 序数词

当记录英语信息源中的序数词（用数字或词表达）时，以 *1st*、*2nd*、*3rd*、*4th* 等形式记录。

当记录汉语、日语或朝鲜语信息源中的序数词（用数字或词表达）时，用数字附带表示序数词的字符予以记录。

> **第 8**
> *用中文表示的 8th*

当记录除英语、汉语、日语或朝鲜语之外的语言的信息源中的序数词（用数字或词表达）时，如果易于确定，依该语言的用法。[2]

> 1er, 1re, 2^{e}, 3^{e}, etc.
> *法语*
>
> 1., 2., 3., etc.
> *德语*
>
> 1°, 1^{a}, 2°, 2^{a}, 3°, 3^{a}, etc.
> *意大利语*

如果某语言的用法不能确定，则用 *1.*、*2.*、*3.*等的形式。

---

2. 欧洲语言序数词形式的参考信息源：C.G. Allen, *A Manual of European Languages for Librarians,* 2nd ed.(London; New Providence, NJ: Bowker-Saur, ©1999)

1.9 日期

1.9.1 一般性规则

当记录信息源上出现的日期时，应用 **1.8** 的规则。当记录下列任何提供的日期时，应用 **1.9.2** 所列的说明：

a) 制作日期（见 **2.7.6.6**）

b) 出版日期（见 **2.8.6.6**）

c) 发行日期（见 **2.9.6.6**）

d) 生产日期（见 **2.10.6.6**）

关于记录公历日期的附加说明，见附录 **H**。

1.9.2 提供的日期

如适用，依 **1.9.2.1–1.9.2.5** 所列的说明，记录一个或多个提供的日期。依 **2.2.4** 所列的说明，指示该日期取自资源本身之外的来源。

1.9.2.1 已知实际的年

如果实际的年已知，则记录该年。

> [2003]

1.9.2.2 两个连续的年之一

如果日期已知是两个连续的年之一，则记录两个年，中间用 *or*（或）分隔。

[1971 or 1972]

1.9.2.3 可能的年

如果可能的年已知，则记录该年，其后随以一个问号。

[1969?]

1.9.2.4 可能的年范围

如果可能的日期在若干年的范围内，则记录最早可能的年，前置以 *between*，其后随以 *and*，然后记录最后可能的年，其后随以一个问号。

[between 1846 and 1853?]
[between 1800 and 1899?]
[between 1970 and 1979?]
[between 1400 and 1600?]

1.9.2.5 已知最早和/或最后的可能日期

如果最早可能的日期已知，在该日期前记录 *not before*（不早于）。

如果最后可能的日期已知，在该日期前记录 *not after*（不晚于）。

[not after August 21, 1492]

如果最早和最后可能的日期都已知，则在最早可能的日期之前记录 *between*，之后记录 *and* 及最后可能的日期。

[between August 12, 1899 and March 2, 1900]

1.10 附注

1.10.1 附注的一般性规则

当第 2–7 章的规则涉及附注的编制时，应用 1.10.2–1.10.5 所列的关于大写、引语、参照等的一般性规则。

1.10.2 大写

应用附录 A (A.8)所列的关于附注大写的说明。

交替规则

如果创建数据的机构已制订了关于大写的本地规则，或指定了已出版的格式手册等［例如，《芝加哥格式手册》（*The Chicago Manual of Style*）］作为首选规则，则采用这些规则或格式手册，而不必依附录 A。

如果使用由其他机构创建的著录，或数据衍生自采用自动化扫描、复制或下载程序（例如，通过收割嵌入的元数据或自动生成元数据）的数字信息源，则按来源上出现的形式记录信息，无需修改大写。

1.10.3 引语

在引号内记录从资源或其他来源获取的引语，其后随以引语的来源，除非该来源是识别资源的首选信息源（见 2.2.2）。

"Published for the Royal Institute of Public Administration"

"A textbook for 6th form students"—Preface

"Generally considered to be by William Langland"—Oxford companion to English literature

1.10.4 参照

如果资源或其他来源中的段落有助于著录时作出判断，或避免重复那些可从其他来源方便获取的信息，则为这些段落做参照。

Introduction (page xxix) refutes attribution to John Bodenham

1.10.5 附注中所记录信息的适用性

如果已知附注不适用于整个资源，则注明其适用的部分或更新后的整体。

1.11 摹真品和复制品

当描述摹真品或复制品时，以适合的元素记录与摹真品或复制品相关的数据。如适用，将与原始载体表现相关的任何数据作为相关作品或相关载体表现的元素予以记录。

2
识别载体表现和单件

2.0 目的和范围

本章提供记录载体表现和单件某些属性的一般性规则和说明，这些属性经常用于识别某一资源。

相关元素反映一般由资源制作者用来识别其产品的信息——题名、责任说明、版本说明等。用户时常要借助这些元素确定所描述的资源是否是其所查找的，或区分载有相似识别信息的资源。

并非本章所涵盖的所有元素均用于一个特定资源的描述。对于那些适用的元素，资源的描述应至少包括指定为核心元素的那些元素（见 **1.3**）。如果那些元素不足以区分载有相似识别信息的资源，则根据需要添加选自本章或第 **3** 章（描述载体）和/或第 **4** 章（提供获取和检索信息）的附加元素。

2.1 识别资源的依据

2.1.1 一般性规则

当选择信息源作为识别资源的依据时，根据著录的类型和资源的类型，应用 **2.1.2**（综合著录）或 **2.1.3**（分析著录）所列的规则。

2.1.2 综合著录

2.1.2.1 一般性规则

当进行综合著录时，依 **2.1.2.2**（独立单元）、**2.1.2.3**（多部分）或 **2.1.2.4**（集成性资源）所列的说明，选择与发行方式相适应的信息源。

2.1.2.2 作为独立单元发行的资源

当对作为独立单元发行的资源（例如，单卷的教科书）进行综合著录时，选择识别资源整体的信息源。

如果没有识别资源整体的信息源（例如，一张包含多部故事影片的视盘没有识别资源整体的信息源），则将识别单独内容的信息源作为资源整体的集合性信息源。

2.1.2.3 以多部分发行的资源

当对以多部分发行的资源（例如，科学论文丛书、期刊）进行综合著录时，酌情选择下列一项作为识别资源整体的依据：

a) 如果卷期或部分顺序编号，则选择可识别已有编号最小的卷期或部分的信息源

b) 如果卷期或部分未编号或非顺序编号，则选择可识别具有最早发行日期的卷期或部分的信息源

c) 如果各部分顺序发行的概念不适用（例如，多载体配套资料），则选择可识别资源整体的信息源；否则，将识别单独部分的来源作为资源整体的集合性信息源

d) 如果资源不适用各部分有序排列的概念，且没有识别资源整体的信息源（例如，一套本地制作的视盘没有识别该套视盘整体的信息源），如果存在可视为资源主要部分的一部分，则选择可识别主要部分的信息源。否则，将识别单独部分的来源作为资源整体的集合性信息源

如果识别各部分有序排列的资源不以首期或第一部分为依据，则编制一个附注，说明识别该资源所依据的卷期或部分（见 **2.20.13.3**）。

关于识别连续出版物末期或最后一部分（或独立编号序列的首期或末期）编号的信息源，见 **2.6.1.2**。

关于多部分专著或连续出版物末期或最后一部分的制作、出版、发行和/或生产日期的信息源，分别见 **2.7.6.2**、**2.8.6.2**、**2.9.6.2** 和 **2.10.6.2**。

2.1.2.4 集成性资源

当对集成性资源（例如，不断更新的网站）进行综合著录时，选择可识别资源整体的当前更新后的整体的信息源。

如果没有可识别集成性资源整体的当前更新后的整体的信息源，则将可识别其单独内容的当前更新后的整体的信息源作为整个当前更新后的整体的集合性信息源。

编制一个附注，说明描述时所查阅的最新更新后的整体（见 **2.20.13.4**）。

关于集成性资源第一个更新后的整体的制作、出版、发行和/或生产日期的信息源，分别见 **2.7.6.2**、**2.8.6.2**、**2.9.6.2** 和 **2.10.6.2**。

2.1.3 分析著录

2.1.3.1 一般性规则

当对资源进行分析著录时，依 **2.1.3.2**（单部分）、**2.1.3.3**（多部分）或 **2.1.3.4**（集成性资源）所列的说明，选择与所描述部分的发行方式相适应的信息源。

2.1.3.2 单部分

当对资源的单部分（例如，杂志中的一篇文章、多卷史书的一卷、专业杂志中有单独题名的一期）进行分析著录时，选择识别所描述特定部分的信息源。

2.1.3.3 多部分

当对资源的多部分（例如，关于英国戏剧的多卷专著中涉及文艺复兴时期戏剧的两卷、专著所附的连续更新部分）进行分析著录时，依 **2.1.2.3** 所列的说明，选择适用于所描述部分的信息源。

2.1.3.4 集成性资源

当对作为集成性资源发行的一个或多个部分（例如，作为不断更新的活页出版物发行的多卷集的一卷、包含多个更新栏目的网站的一个栏目）进行分析著录时，选择识别所描述部分的当前更新后的整体的一个或多个信息源。

2.2 信息源

2.2.1 应用

当为本章所涵盖的所有元素选择信息源时，应用 **2.2.2–2.2.4** 所列的说明，除非对元素信息源另有规定。

2.2.2 首选信息源

2.2.2.1 一般性规则

将与下列各项相适应的构成资源本身一部分的来源作为首选信息源：

a) 著录的类型（见 **2.1**）

和

b) 资源的呈现格式（见 **2.2.2.2–2.2.2.4**）

当选择首选信息源时，将与资源融为一体的存储媒介（例如，纸、磁带、胶片）和任何装置（例如，双轴盒、单轴盒）作为资源本身的一部分处理。

当用综合著录对资源整体进行描述时，将附件作为资源本身的一部分处理。当对资源的一个或多个组成部分进行分析著录时，将附件作为资源本身之外的来源处理（即作为相关资源）。

将发行时安置游戏或多载体配套资料的盒子之类的容器作为资源本身的一部分处理。将并非作为资源一部分发行的容器（例如，拥有者制作的盒子或箱子）作为资源本身之外的来源处理。

如果对于 **2.2.2.2–2.2.2.4** 指定的资源存在多个符合首选信息源要求的信息源，则应用 **2.2.3** 所列的附加说明。

如果构成资源本身一部分的来源上没有识别资源所需的信息，则从 **2.2.4** 所列的其他来源获取。

2.2.2.2 由一个或多个页、叶、张或卡片（或一个或多个页、叶、张或卡片的图像）组成的资源

如果资源由下列部分组成：

a) 一个或多个页、叶、张或卡片（例如，一本书、一期期刊、一张招贴、一系列单张地图、一套闪视卡）

或

b) 一个或多个页、叶、张或卡片的图像（例如，乐谱的缩微复制品、文本的 PDF 文档、一套单张地图的缩微复制品、照片的 JPEG 图像）

则将题名页、题名张或题名卡片（或其图像）作为首选信息源。

> ***交替规则***
>
> 如果资源由一个或多个页、叶、张或卡片的缩微或计算机图像组成，则选择永久印制于或固定于资源的载有题名的肉眼可读标签，而不用题名页、题名张或题名卡片的图像。

如果资源缺少题名页、题名张或题名卡片（或其图像），则将载有题名的下列来源的第一个作为首选信息源：

a) 封面（或封面的图像）

b) 文首（或文首的图像）

c) 刊头（或刊头的图像）

d) 书末出版说明（或书末出版说明的图像）

> ***例外***
>
> ***早期印刷型资源。***如果早期印刷型资源（或其复制品）缺少题名页、题名张或题名卡片（或其图像），则将载有题名的下列来源的第一个作为首选信息源：
>
> a) 书末出版说明（或书末出版说明的图像）
>
> b) 封面（或封面的图像）
>
> c) 文首（或文首的图像）

如果上述来源都未载有题名，则将载有题名的资源内的另一来源作为首选信息源，优先考虑信息以正规形式出现的来源。

如果资源未包含上述任何来源，则将构成资源本身一部分的另一来源作为首选信息源，优先考虑信息以正规形式出现的来源。

2.2.2.3 由动态图像组成的资源

如果资源由动态图像组成（例如，开盘电影胶片、视盘、视频游戏、MPEG 视频文件），则将一个或多个题名帧，或一个或多个题名屏，作为首选信息源。

> ***交替规则***
>
> 选择永久印制于或固定于资源的载有题名的肉眼可读标签（不包括所附的文字资料或容器），而不用一个或多个题名帧，或者一个或多个题名屏。

如果资源没有题名帧或题名屏，则将下列适用的一项作为首选信息源：

a) 永久印制于或固定于资源的载有题名的标签，不包括所附的文字资料或容器（例如，视盘上的标签）

或

b) 包含题名的文本形式的嵌入元数据（例如，嵌入 MPEG 视频文件的元数据）

如果资源既没有题名帧或题名屏，又没有属于上述 a)或 b)两类的信息源，则将构成资源本身一部分的另一来源作为首选信息源，优先考虑信息以正规形式出现的来源。

2.2.2.4 其他资源

对于 **2.2.2.2–2.2.2.3** 未涵盖的其他资源，将下列适用的一项作为首选信息源：

a) 永久印制于或固定于资源的载有题名的标签，不包括所附的文字资料或容器（例如，录音盘或模型上的标签）

或

b) 包含题名的文本形式的嵌入元数据（例如，嵌入 MP3 音频文件的元数据）

如果资源没有属于上述 a)或 b)两类的信息源，则将构成资源本身一部分的另一来源作为首选信息源，优先考虑信息以正规形式出现的来源。

2.2.3 多个首选信息源

如果对于某资源存在多个符合首选信息源要求的信息源（如 **2.2.2** 所示），则将最先出现的来源作为首选信息源，除非适用于 **2.2.3.1** （不同语言或文字）、**2.2.3.2**（不同日期）或 **2.2.3.3**（复制品和原件的信息源）所列的一种情况。

2.2.3.1 不同语言或文字的首选信息源

如果资源包含多种语言或文字的首选信息源，则将下列来源作为首选信息源（按如下优先顺序）：

a) 语言或文字与内容的语言或文字，或与资源内容中占主要地位的语言或文字相对应的来源

b) 语言或文字与译文相同的来源，如果资源包含多种语言或文字的同一作品，且已知资源的目的是翻译

c) 语言或文字与内容原文相同的来源，如果资源包含多种语言或文字的同一内容，且可以确定原文的语言或文字

d) 最先出现的来源

2.2.3.2 载有不同日期的首选信息源

如果除多部分专著或连续出版物之外的一个资源包含载有不同日期的首选信息源，则将载有较近或最近日期的

来源作为首选信息源。

2.2.3.3 复制品和原件的首选信息源

如果资源是一个原始资源的摹真品或复制品，且包含复制品的首选信息源以及原件的首选信息源，则将复制品的来源作为首选信息源。

2.2.4 其他信息源

如果识别资源所需的信息未在构成资源本身一部分的来源上出现（见 **2.2.2.1**），则从下列来源之一获取（按优先顺序）：

a) 附件（例如，散页印刷品、“说明”文件）

b) 并非作为资源本身一部分发行的容器（例如，拥有者制作的盒子、箱子）

c) 其他出版的资源描述资料

d) 任何其他可获得的来源（例如，参考源）

如果取自资源本身之外来源的信息是供下列任何一个元素所用的，则用附注或其他方式（例如，通过编码或用方括号）加以说明。

题名

正题名

并列正题名

其他题名信息

并列其他题名信息

责任说明

与正题名相关的责任说明

与正题名相关的并列责任说明

版本说明

版本标识

并列版本标识

与版本相关的责任说明

与版本相关的并列责任说明

特定修订版标识

并列特定修订版标识

与特定修订版相关的责任说明

与特定修订版相关的并列责任说明

连续出版物编号

序列首期或第一部分的数字和/或字母标识

序列首期或第一部分的年代标识

序列末期或最后一部分的数字和/或字母标识

序列末期或最后一部分的年代标识

序列首期或第一部分的交替数字和/或字母标识

序列首期或第一部分的交替年代标识

序列末期或最后一部分的交替数字和/或字母标识

序列末期或最后一部分的交替年代标识

制作说明

制作地

并列制作地

制作者名称

并列制作者名称

制作日期

出版说明

出版地

并列出版地

出版者名称

并列出版者名称

出版日期

发行说明

发行地

并列发行地

发行者名称

并列发行者名称

发行日期

生产说明

生产地

并列生产地

生产者名称

并列生产者名称

生产日期

丛编说明

丛编正题名

丛编并列正题名

丛编其他题名信息

丛编并列其他题名信息

与丛编相关的责任说明

与丛编相关的并列责任说明

丛编编号

分丛编正题名

分丛编并列正题名

分丛编其他题名信息

分丛编并列其他题名信息

与分丛编相关的责任说明

与分丛编相关的并列责任说明

分丛编编号

例外

如果资源属于通常没有识别信息的类型（例如，照片、自然物体、收藏），则省略指示信息取自资源本身之外来源的附注或其他方式。

2.3 题名

核心元素

正题名是核心元素。其他题名是可选择的。

2.3.1 记录题名的基本说明

2.3.1.1 范围

题名是指为资源或资源中所包含的作品命名的一个词、字符或一组词和/或字符。

在资源本身（例如，在题名页、题名帧上；作为文首题名、逐页题名；在封面、书脊上；在题名栏上）、护封、唱片套、容器等处，或资源所附资料上，可能有多个题名。

资源通过参考源，通过注册机构的分配（例如，识别题名）或资源著录机构的分配（例如，编目员对题名进行翻译），还可能拥有与其相联系的一个或多个题名。

为资源描述，题名分为下列类型：

a) 正题名（见 **2.3.2**）

b) 并列正题名（见 **2.3.3**）

c) 其他题名信息（见 **2.3.4**）

d) 并列其他题名信息（见 **2.3.5**）

e) 变异题名（见 **2.3.6**）

f) 较早正题名（见 **2.3.7**）

g) 较晚正题名（见 **2.3.8**）

h) 识别题名（见 **2.3.9**）

i) 缩略题名（见 **2.3.10**）

2.3.1.2 信息源

关于选择题名信息源的规则，见下列特定类型题名的说明：

a) 关于正题名，见 **2.3.2.2**

b) 关于并列正题名，见 **2.3.3.2**

c) 关于其他题名信息，见 **2.3.4.2**

d) 关于并列其他题名信息，见 **2.3.5.2**

e) 关于变异题名，见 **2.3.6.2**

f) 关于较早正题名，见 **2.3.7.2**

g) 关于较晚正题名，见 **2.3.8.2**

h) 关于识别题名，见 **2.3.9.2**

i) 关于缩略题名，见 **2.3.10.2**

2.3.1.3 摹真品和复制品

当描述的摹真品或复制品既具有与其原始载体表现相关又具有与其自身相关的一个或多个题名时，记录与该摹真品或复制品相关的一个或多个题名。将与原始载体表现相关的任何题名作为相关载体表现（见 **27.1**）的题名予以记录。

> *例外*
>
> 如果原始载体表现的题名出现于与摹真品或复制品的题名相同的信息源，则应用 **2.3.2.3** 所列的说明。

2.3.1.4 记录题名

按信息源上出现的形式转录题名。应用 **1.7** 所列的关于转录的一般性规则。

StarOffice

The 1919/1920 Breasted Expedition to the Far East

Sechs Partiten für Flöte

Drawing a blank, or, How I tried to solve a mystery, end a feud, and land the girl of my dreams

Instructor's guide and key for The American economy

IV informe de gobierno

4.50 from Paddington

I due Foscari

When Frank was four

Visitrend + visiplot

Tables of the error function and its derivative, [reproduction of equations for the functions]

The most of P.G. Wodehouse

Heirarchy in organizations
题名拼写错误，应为： Hierarchy in organizations

new translations, interpretive notes, backgrounds, commentaries
其他题名信息

an encyclopedia of domestic architectural detail
其他题名信息

可选择的省略

只要节略后不损失其基本信息，可节略一个冗长题名。用省略号（…）表示所做的省略。不能省略前五个词中的任何一个。

BWV 29, Ratswahl-Kantate, für Soli SATB, Chor SATB und Orchester …
节略的其他题名信息。信息源显示为：Wir danken dir, Gott, wir danken dir, BWV 29, Ratswahl-Kantate, für Soli SATB, Chor SATB und Orchester: 3 Trombe, Timpani, 2 Oboi, Violino solo, Organo obligato, 2 Violini, Viola e Basso continuo

A booke of cookerie and the order of meates to bee serued to the table …
信息源显示为：A booke of cookerie and the order of meates to bee serued to the table, both for flesh and fish dayes, with many excellent wayes for the dressing of all vsuall sortes of meates, both bak't, boyld or rosted, of flesh, fish, fowle, or others, with their proper sawces, as also many rare inuentions in cookery for made dishes, with most notable preserue of sundry sorts of fruits, likewise for making many precious waters, with diuers approved medicines for grieuous diseases, with certaine points of husbandry how to order oxen, horses, sheepe, hogges, &c., with many other necessary points for husbandmen to know

例外

引导语。关于不作为题名一部分的引导语的说明，见 **2.3.1.6**。

差错。当转录连续出版物或集成性资源的正题名时，更正明显的排印错误，并编制一个附注，提供该题名在信息源上出现的形式（见 **2.20.2.4**）。如果对一个词的拼写是否正确有疑问，则按所见拼写转录。

Housing starts
第 1 卷第 1 期的信息源显示为：Housing sarts

如果对检索重要，则将题名在信息源上出现的形式作为变异题名予以记录（见 **2.3.6**）。

各期不同的日期、名称、编号等。如果连续出版物的题名在各期中包含不同的日期、名称、编号等，则省略这些日期、名称、编号等。用省略号（…）表示所做的省略。

Report on the … Conference on Development Objectives and Strategy
信息源显示为：Report on the 4th Conference on Development Objectives and Strategy

Supply estimates for the year ending …
信息源显示为：Supply estimates for the year ending 1997

Frommer's Washington, D.C. on $… a day
信息源显示为：Frommer's Washington, D.C. on $35 a day

The annual report of Governor …
信息源显示为：The annual report of Governor Rhodes。*州长的名称随每一特定的任期而变化*

… annual report
信息源显示为：1st annual report

较早题名等。 如果连续出版物或集成性资源的题名包含任何有关较早题名、被吸收的题名等的说明，且这些提及的题名可能与题名的其他部分有或没有语法联系，均不必将此说明作为题名的一部分转录。不用省略号（…）表示所做的省略。将较早题名、被吸收的题名等作为相关作品（见 **25.1**）的题名予以记录。

International gas report
信息源显示为: International gas report, including World gas report

2.3.1.5 个人、家族和团体的名称

如果题名仅由个人、家族或团体的名称组成，则将该名称作为题名予以记录。

Georges Brassens

Conference on Industrial Development in the Arab Countries

Woody Guthrie

如果题名包含的名称通常作为责任说明的一部分，或作为出版者、发行者等的名称处理，而该名称与题名融为一体（例如，由表示格的词尾相连接），则将其作为题名的一部分予以记录。

Marlowe's plays

Eileen Ford's a more beautiful you in 21 days

Ernst Günther läser Balzac

La route Shell

Larousse's French-English dictionary

a selection of the bitter definitions of Ambrose Bierce
其他题名信息

proceedings of the Robert Owen Bicentennial Conference, Thrall Opera House, New Harmony, Indiana, October 15 and 16, 1971
其他题名信息

official scientific journal of the European Society of Agricultural Engineers
其他题名信息

2.3.1.6 引导语等

不用转录作为引导且不作为题名一部分的词语。

Sleeping Beauty
信息源显示为: Disney presents Sleeping Beauty

Selections from The desert song
信息源显示为: Decca Records presents selections from The desert song

Southern mountain guitar
信息源显示为: Mel Bay presents Southern mountain guitar

Oklahoma's official Web site
信息源显示为: Welcome to Oklahoma's official Web site

可选择的附加

如果题名在信息源上出现的形式对于识别或检索重要，则将该题名形式作为变异题名（见 2.3.6）予以记录。

2.3.1.7 部分、卷期和补编的题名

如果某资源是另一资源单独发行的部分或卷期，或是其补编，且信息源上出现的题名包含：

a) 所有部分或卷期通用的题名（或较大资源的题名）

和

b) 部分、卷期或补编的题名

且如果这两部分题名在语法上是相互独立的，则先记录共同题名，然后是部分、卷期或补编的题名。不考虑题名各部分在信息源上出现的顺序。共同题名和部分、卷期或补编的题名之间用句点分隔。

Advanced calculus. Student handbook

Acta Universitatis Carolinae. Philologica

Key abstracts. Industrial power and control systems

Journal of the American Leather Chemists' Association. Supplement

Études et documents tchadiens. Série B

Art of advocacy. Structured settlements

Mary Tyler Moore. Chuckles bites the dust

如果部分、卷期或补编有序列或字母标识，则先记录共同题名，然后是序列或标识，最后是部分、卷期或补编的题名。不考虑序列和题名在信息源上出现的顺序。共同题名和序列或字母标识之间用句点分隔，序列或字母标识和部分、卷期或补编的题名之间用逗号分隔。

Journal of polymer science. Part A, General papers

Progress in nuclear energy. Series II, Reactors

Der Ring des Nibelungen. Zweiter Tag, Siegfried

如果诸如 *new series*（新编）、*second series*（第二编）之类的短语与未编号专著丛编的正题名一起出现，则将该短语作为分部题名予以记录。

Cambridge studies in international and comparative law. New series

如果部分、卷期或补编的题名出现在信息源上，且没有各部分或卷期通用的题名，则将部分、卷期或补编的题名作为题名予以记录。对于某一部分或卷期而言，将各部分或卷期通用的题名作为丛编说明（见 **2.12**）的一部分予以记录。对于某一补编而言，将主要资源的题名作为相关作品（见 **25.1**）的题名予以记录。

> British journal of applied physics
> *部分的题名记录为正题名。共同题名记录为丛编正题名：* Journal of physics

2.3.2 正题名

核心元素

2.3.2.1 范围

正题名是指资源的主要名称（即引用该资源时通常采用的题名）。

交替题名作为正题名的一部分处理。

正题名不包括任何并列正题名（见 **2.3.3**）、其他题名信息（见 **2.3.4**）和并列其他题名信息（见 **2.3.5**）。

文件名或数据集名不作为正题名，除非是唯一出现于资源的题名。

2.3.2.2 信息源

正题名取自 **2.2.2–2.2.3** 所规定的识别资源的首选信息源。

如果资源本身没有提供题名，则从 **2.2.4** 所规定的一个来源获取正题名。

如果必要，应用 **2.20.2.3** 所列的说明，为正题名的来源编制一个附注。

选择正题名

2.3.2.3 摹真品和复制品

当描述具有与原始载体表现不同题名的摹真品或复制品时，选择该摹真品或复制品的题名作为正题名。

> Pugin's ecclesiastical ornament
> *摹真品的题名记录为正题名。原始载体表现的题名：* Glossary of ecclesiastical ornament and costume

如果原始载体表现的题名出现在与摹真品或复制品的题名相同的信息源上，则将其：

a) 作为并列正题名予以记录，如果其所用语言或文字与摹真品的题名不同（见 **2.3.3**）

或

b) 作为其他题名信息予以记录（见 **2.3.4**）

或

c) 作为相关载体表现的题名予以记录（见 **27.1**）

如果原始载体表现的题名出现在资源的其他位置，则将其作为相关载体表现（见 **27.1**）的题名予以记录。

2.3.2.4 多种语言或文字的题名

如果正题名的信息源载有多种语言或文字的题名，则选择资源的主要书写、演说或演唱内容所用的语言或文字的题名作为正题名。如果此准则不适用，则按信息源上题名的序列、版面或字体设计选择正题名。

2.3.2.5 多种形式的题名

如果正题名的信息源载有多种形式的题名，且所有两个或多个题名都为同一种语言和文字，则按信息源上题名的序列、版面或字体设计选择正题名。如果序列、版面和字体设计不能提供明确选择的依据，则选择最完整的题名。

> MapEasy's guidemap to Philadelphia
> *信息源上两种形式的题名：* MapEasy's guidemap to Philadelphia *和* Welcome to Philadelphia。*按信息源的版面设计，选择第一种形式为正题名*

例外

连续出版物和集成性资源。 如果连续出版物或集成性资源的题名以全称以及可拼读的首字母缩略词或首字母缩略词的形式出现在正题名的信息源上，则选择全称形式作为正题名。将可拼读的首字母缩略词或首字母缩略词作为其他题名信息（见 **2.3.4**）予以记录。

> Linguistics and language behavior abstracts
> *题名以全称和 LLBA 出现在信息源上*

如果其他题名对识别或检索重要，则将其：

a) 作为其他题名信息予以记录（见 **2.3.4**）

或

b) 作为变异题名予以记录（见 **2.3.6**）

2.3.2.6 总题名和单独内容的题名

如果资源正题名的信息源同时载有总题名和资源内单独内容的题名，则在对其进行综合著录时，将总题名作为正题名予以记录。

> Three notable stories
> *信息源还载有该资源所包含的三篇小说的题名：Marquis of Lorne 所作的* Love and peril 、*Mrs. Alexander 所作的* To be or not to be *和 Thomas Hardy 所作的* The melancholy hussar
>
> Six Renoir drawings
> *信息源还载有该资源所包含的六幅画的题名：* La danse à la campagne、Les deux baigneuses、Pierre Renoir、Enfants jouant à la balle、Baigneuse assise *和* Étude d'une enfant

可选择的附加

将单独内容的题名作为相关作品（见 **25.1**）的题名予以记录。

如果正题名的信息源同时载有所描述内容的题名和较大资源的总题名，则在对其进行分析著录时，将所描述内容的题名作为正题名予以记录。

English history, 1914–1945
信息源还载有丛编题名： The Oxford history of England

Miss Mapp
信息源还载有较大作品的总题名： All about Lucia

将较大资源的总题名作为从编题名（见 **2.12.2**）予以记录。

> *可选择的附加*
>
> 将较大资源的总题名作为相关作品（见 **25.1**）的题名予以记录。

<u>记录正题名</u>

2.3.2.7 记录正题名

应用 **2.3.1** 所列的关于记录题名的基本说明，记录正题名。

Speedball technique charts

Supplement to The conquest of Peru and Mexico

Why a duck?

Digital shaded-relief image of Alaska

Marcel Marceau, ou, L'art du mime

Sunday school edition of New songs of the gospel

Lost by a hare on my terra pin pin λ-calculus and computer theory Fourteen hours

U-boat operations of the Second World War

Records of the Socialist Labor Party of America

L'éducation 25 ans plus tard! Et après?

4 days in the Queen Charlottes

Revised Washington State flood damage reduction plan

Listening to popular music, or, How I learned to stop worrying and love Led Zeppelin

WorldVitalRecords.com

2.3.2.8 作为正题名的一部分记录的其他元素

如适用，依 **2.3.2.8.1**（作曲类型、表演媒介、调等）或 **2.3.2.8.2**（比例尺）所列的说明，将其他元素作为正题名的一部分予以记录。

2.3.2.8.1 作曲类型、表演媒介、调等

如果音乐作品的题名仅由一个或多个作曲类型的名称组成，或者由一个或多个作曲类型的名称和下列一项或多

项组成：

a) 表演媒介

b) 调

c) 作曲日期

d) 编号

则将所有元素（按其在信息源上出现的顺序）作为正题名处理。

Rhapsody

Songs & dances

Piano concertos 1 & 2

Sonate en ré majeur, op. 3, no. IX, pour flûte traversière (ou hautbois, ou violon) et basse continue

Scherzo for two pianos, four hands

Symphony no. 3, A minor, opus 56

Zwei Praeludien und Fugen für Orgel, op. posth. 7

Musik für Saiteninstrumente, Schlagzeug, und Celesta

Sinfonia I (1970)

VIII. Symphonie c-Moll

在其他所有情况下，如果信息源上可找到表演媒介、调、作曲日期和/或编号的一个或多个说明，则将这些元素作为其他题名信息（见 **2.3.4**）处理。

Fugue on Hey diddle diddle
其他题名信息: for SATB unaccompanied

Sinfonia mazedonia
其他题名信息: Nr. 4 für grosses Orchester

如有疑问，则将表演媒介、调、作曲日期和编号作为正题名的一部分处理。

2.3.2.8.2 比例尺

如果地图资源的正题名包含有关比例尺的说明，则将该说明作为正题名的一部分。

Topographic 1:500,000 low flying chart

New "half-inch" cycling road maps of England and Wales

2.3.2.9 缺少总题名的资源

当对缺少总题名的资源进行综合著录时，将各部分的正题名按其在资源整体的信息源上出现的形式予以记录。

Lord Macaulay's essays and Lays of ancient Rome

La maison Tellier, Une partie de campagne, et autres contes

如果将识别单独部分的信息源作为资源整体的集合性信息源处理（见 **2.1.2**），则将各部分的正题名按其在资源上出现的顺序予以记录。

Clock symphony
Surprise symphony

Saudades do Brasil
Le carnival de Londres
Trois rag-caprices

Henry Esmond
Bleak House

The Wilson papers
The Cole-Hatt papers

London pageant
Concertante for three wind instruments and orchestra
Suite from "Tamara"
Cathaleen-ni-Hollihan

交替规则

应用 **2.3.2.11** 所列的说明，自拟一个总题名。

如果重要，可将单独部分的题名作为相关载体表现（见 **27.1**）的正题名予以记录。

2.3.2.10 没有题名的资源

如果资源本身没有题名，则将下列一项作为正题名予以记录：

a) 从另一来源获取的题名（见 **2.2.4**）

或

b) 自拟题名（见 **2.3.2.11**）

依 **2.20.2.3** 所列的说明编制一个附注，指示正题名的来源。

2.3.2.11 记录自拟题名

如果资源本身没有题名（见 **2.3.2.10**），且不能从 **2.2.4** 所规定的任何其他信息源找到题名，则自拟一个说明下列内容的简短的描述性题名：

a) 资源的性质（例如地图、文学手稿、日记、广告）

或

b) 其主题（例如个人、团体、物体、活动、事件、地理区域和日期的名称）

或

c) 酌情结合上述两项

除已有规定的专门术语之外，用与所描述资源内容相适应的语言和文字。

Anarchist bombing, Union Square, New York City, March 1908

Pleasure boat on the Murray River, Mildura, Victoria

Sydney Bicycle Club badge

Dance poster collection

Posters of World War I

Portrait of General Emiliano Zapata and his staff, Puebla, Mexico

Letters from Don Banks to Suzanne Gleeson

> *交替规则*
>
> 用著录机构所用的语言和文字自拟一个题名。

如果资源属于通常具有识别信息的类型（例如出版的图书），则编制一个附注，说明题名是自拟的（见 2.20.2.3）。

如适用，应用 2.3.2.11.1（音乐）、2.3.2.11.2（地图资源）、2.3.2.11.3（动态图像资源）或 2.3.2.11.4（档案资源和收藏）所列的附加说明。

2.3.2.11.1 音乐的自拟题名

如适用，音乐的自拟正题名包括表演媒介、数字标识（例如系列号、作品号）、调和/或其他区别特征。

Trio for piano and strings, no. 2, op. 66, C minor

Sämmtliche Lieder, Balladen und Romanzen, 4. Heft. Erster Verlust

2.3.2.11.2 地图资源的自拟题名

地图资源的自拟题名总是包括所覆盖区域的名称或一个识别标识；如适用，还包括描述的主题。

Gravity anomaly map of Canada

Relief model of California showing vegetation

Lunar globe

Ontario county and district maps colour series

Nautical chart of the coast of Maine from Cape Elizabeth to Monhegan Island

Street maps of the incorporated cities and towns of Maryland

2.3.2.11.3 动态图像资源的自拟题名

广告短片或视频的自拟题名包括所宣传产品、服务等的名称或一个识别标识以及 *advertisement* （广告）一词。

> Manikin cigar advertisement
>
> Road safety campaign advertisement

未经编辑的动态图像资料、储备拷贝或新闻片的自拟题名包括按其在影片中出现的顺序排列的所有主要元素（例如地点、事件日期、拍摄日期（如果不同）、人物和主题）。

> Phantom jet landing at R.A.F. Leuchars, July 1971

交替规则

将对每个镜头的动作和长度的描述作为相关载体表现（见 **27.1**）予以记录。

2.3.2.11.4 档案资源和收藏的自拟题名

档案资源或收藏的自拟题名包括创作者、收集者，或酌情增加来源。

> Bessye B. Bearden papers
>
> St. Paul African Methodist Episcopal Zion Church records
>
> William Gedney photographs and writings
>
> The Jascha Heifetz collection
>
> Daniel Murray Collection of W.E.B. Du Bois photographs displayed at the International Exposition in Paris, 1900
>
> Photograph of Theodore Roosevelt

<u>正题名的变化</u>

2.3.2.12 记录正题名的变化

如适用，依 **2.3.2.12.1**（多部分专著）、**2.3.2.12.2**（连续出版物）或 **2.3.2.12.3**（集成性资源）所列的说明，记录正题名的变化。

2.3.2.12.1 多部分专著

如果多部分专著的后继部分所载的正题名有变化，且该变化对识别或检索重要，则将较晚题名作为较晚正题名（见 **2.3.8**）予以记录。

2.3.2.12.2 连续出版物

如果连续出版物的后继卷期或部分所载的正题名有主要变化（依 **2.3.2.13.1** 的定义），则为以新题名出现的卷期或部分做新著录，并将此两种著录作为相关作品（见 25.1）的著录处理。

如果该变化是次要变化（依 2.3.2.13.2 的定义），但对识别或检索重要，则将较晚题名作为较晚正题名（见 2.3.8）予以记录。

2.3.2.12.3 集成性资源

如果集成性资源的后继更新后的整体所载的正题名有变化，则更改正题名以反映当前更新后的整体。

如果该变化对识别或检索重要，则将较早题名作为较早正题名（见 2.3.7）予以记录。

2.3.2.13 连续出版物正题名的主要和次要变化

依 2.3.2.13.1（主要变化）和 2.3.2.13.2（次要变化）所列的说明，区分连续出版物正题名的主要和次要变化。

2.3.2.13.1 主要变化

一般来说，将下列变化视为正题名的主要变化：

i. 增加、删除、改变或重新排列前五个词（如果起首为冠词，则为前六个词）中任何一个，除非该变化属于次要变化中所列的一种或多种类别（见 2.3.2.13.2）

ii. 增加、删除或改变前五个词（如果起首为冠词，则为前六个词）后的任何词，由此改变了题名的含义，或揭示了不同的主题内容

iii. 题名中任何一处的团体名称有变化，如果该变化指示一个不同的团体

2.3.2.13.2 次要变化

一般来说，将下列变化视为正题名的次要变化：

i. 题名中任何一处的一个或多个词的表现形式有差异［例如：一种拼写对另一种拼写；缩略词或符号或标记对完全拼写形式；阿拉伯数字对罗马数字；数字或日期对完全拼写形式；带连字符的词对不带连字符的词；单词复合词对带连字符或不带连字符的双词复合词；可拼读的首字母缩略词或首字母缩略词对全称形式；或语法形式的变化（例如单数对复数）］

ii. 增加、删除或改变题名中任何一处的冠词、介词或连接词

iii. 题名中任何一处有涉及同一团体的名称与其层级单元或语法联系的差异（例如，增加、删除或重新安排同一团体的名称，替换成变异形式）

iv. 增加、删除或改变题名中任何一处的标点符号，包括有标点符号分隔的首字母缩略词和字母对无标点符号分隔的首字母缩略词和字母

v. 信息源上题名采用多种语言时题名的顺序有差异，只要选作正题名的题名仍作为并列正题名出现

vi. 增加、删除或改变题名中任何一处将题名与编号相连接的词

vii. 按固定的形式在连续出版物的不同卷期使用了两个或两个以上的正题名

viii. 题名中任何一处所罗列的词有增加、删除或顺序的改变，只要主题内容没有重大变化

ix. 增加、删除或重新安排题名中任何一处说明资源类型的词，诸如“杂志”“期刊”或“通报”，或其他语言的对应词

如有疑问，则将该变化视为次要变化。

2.3.3 并列正题名

2.3.3.1 范围

并列正题名 是指另一种语言和/或文字的正题名。

另一种语言和/或文字的交替题名作为并列正题名的一部分处理。

用不同于正题名的语言，并作为正题名呈现的原题名作为并列正题名处理。

2.3.3.2 信息源

并列正题名取自资源内的任何来源。

2.3.3.3 记录并列正题名

应用 **2.3.1** 所列的关于记录题名的基本说明，记录并列正题名。

> Les Cris des forêts
> *正题名：* Wood Cree
>
> Introduction to the morphology of blood
> *正题名*：Einführung in die Blutmorphologie

如果有多个并列正题名，则按一个或多个信息源上题名的序列、版面或字体设计所指示的顺序记录这些题名。

> Carte routière de la Suisse
> Road map of Switzerland
> *正题名*：Strassenkarte der Schweiz

如果原题名用不同于正题名的语言，并作为正题名呈现，则将其作为并列正题名予以记录。

> 20 poemas de amor y una canción desesperada
> *正题名：* Twenty love poems and a song of despair
>
> À bout de souffle
> *正题名：* Breathless

如果并列正题名取自与正题名不同的来源，且该事实重要，则编制一个关于来源的附注（见 **2.20.2.3**）。

2.3.3.4 表演媒介、调等

如果信息源包含作为正题名一部分处理的表演媒介、调、作曲日期和/或编号的说明（见 **2.3.2.8.1**），并用多种语言或文字，则将这些说明按其在信息源上出现的顺序，作为并列正题名的一部分予以记录。

> D major, for horn and orchestra
> ré majeur, pour cor etorchestre
> *正题名：* Concerto, D-Dur, für Horn und Orchester

2.3.3.5 记录并列正题名的变化

如适用，依 **2.3.3.5.1**（多部分专著）、**2.3.3.5.2**（连续出版物）或 **2.3.3.5.3**（集成性资源）所列的说明，记录并列正题名的变化。

2.3.3.5.1 多部分专著

如果在多部分专著的后继部分增加或改变了一个并列正题名，且该变化对识别或检索重要，则将增加或改变的并列正题名作为变异题名（见 **2.3.6**）予以记录。

如果在后继部分删除了一个并列正题名，则在重要的情况下，编制一个关于删除的附注（见 **2.20.2.4**）。

2.3.3.5.2 连续出版物

如果在连续出版物的后继卷期或部分增加或改变了一个并列正题名，且该变化对识别或检索重要，则将增加或改变的并列正题名作为变异题名（见 **2.3.6**）予以记录。

如果在后继卷期或部分删除了一个并列正题名，则在重要的情况下，编制一个关于删除的附注（见 **2.20.2.4**）。

2.3.3.5.3 集成性资源

如果在集成性资源的后继更新后的整体增加或改变了一个并列正题名，则记录该增加或改变的并列正题名以反映当前更新后的整体。

如果较早并列正题名对识别或检索重要，则将其作为变异题名（见 **2.3.6**）予以记录。

如果在后继更新后的整体删除了一个并列正题名，则删除该并列正题名以反映当前更新后的整体。

如果删除的并列正题名对识别或检索重要，则将其作为变异题名（见 **2.3.6**）予以记录。

2.3.4 其他题名信息

2.3.4.1 范围

其他题名信息是指与资源正题名一同出现并附属于正题名的信息。

其他题名信息可包含任何与正题名一起出现的短语，这些短语指示资源的性质、内容等，或其制作、出版等的动机或背景。

其他题名信息包括副题名、题上信息等，但不包括正题名的变异形式，如书脊题名、封套题名等（见 **2.3.6**），或部分、卷期或补编的标识和/或名称（见 **2.3.1.7**）。

可为地图资源（见 **2.3.4.5**）和动态图像资源（见 **2.3.4.6**）提供其他题名信息。

2.3.4.2 信息源

其他题名信息取自与正题名相同的来源（见 **2.3.2.2**）。

2.3.4.3 记录其他题名信息

应用 **2.3.1** 所列的关于记录题名的基本说明，记录出现在与正题名相同的信息源上的其他题名信息。

> analyzing the communication environment
> *正题名:* A.C.E.
>
> works from the Phillips Collection
> *正题名*：A collection in the making
>
> the maple sugar paintings of Eastman Johnson

正题名：Sugaring off

the definitive biography
正题名：Kerouac

for SATB unaccompanied
正题名：Fugue on Hey diddle diddle

a new edition of Tokyo up-to-date
正题名：A complete map of Tokyo

Nr. 4 für grosses Orchester
正题名：Sinfonia mazedonia

the fourteenth exhibition of the Council of Europe
正题名：The age of neo-classicism

newsletter of the Somerset and Dorset Family History Society
正题名：The greenwood tree

LLBA
正题名：Linguistics and language behavior abstracts

例外

连续出版物和集成性资源。将与连续出版物或集成性资源的内容时新性或更新频率相关的信息作为频率（见 **2.14**）予以记录。

如果记录的其他题名信息有多个元素，则按信息源上这些元素的序列、版面或字体设计所指示的顺序记录这些元素。

acute care of at-risk newborns
a resource and learning tool for health care professionals
正题名：ACoRN

如果原题名出现在与正题名相同的信息源上，且与正题名的语言相同，则将其作为其他题名信息予以记录。

L'anima del filosofo
信息源除正题名 Orfeo ed Euridice *之外，还载有原题名*

Cantates françaises à voix seule, mêlées de symphonies, oeuvre cinquième
信息源除正题名 Les quatre saisons *之外，还载有原题名*

2.3.4.4 多种语言或文字的其他题名信息

如果其他题名信息以多种语言或文字出现，则记录采用正题名的语言或文字的其他题名信息。如果此准则不适用，则记录首先出现的其他题名信息。

for piano solo and woodwind choir
正题名：Variations on a Czech love song。*其他题名信息还以法语形式出现*

2.3.4.5 为地图资源提供其他题名信息

如果地图资源的正题名没有说明所覆盖的地理区域和/或所描述的主题，且

a) 其他题名信息没有这样的说明

或

b) 没有其他题名信息

则提供一个说明所覆盖区域的词或简略的短语作为其他题名信息，如适用，还可提供所描述的主题。依 **2.2.4** 所列的说明，指示该信息取自资源本身之外的来源。

> [in Botswana]
> *正题名：* Vegetation

2.3.4.6 为动态图像资源提供其他题名信息

如果资源是预告片，该预告片由一个较大的动态图像资源中的片段构成，而正题名对此没有说明，则将 *trailer*（预告片）作为其他题名信息。依 **2.2.4** 所列的说明，指示该信息取自资源本身之外的来源。

> [trailer]
> *正题名：* Annie Hall

2.3.4.7 记录其他题名信息的变化

如适用，依 **2.3.4.7.1**（多部分专著）、**2.3.4.7.2**（连续出版物）或 **2.3.4.7.3**（集成性资源）所列的说明，记录其他题名信息的变化。

2.3.4.7.1 多部分专著

如果在多部分专著的后继部分增加或改变了其他题名信息，且这样的增加或改变对识别或检索重要，则将增加或改变的其他题名信息作为变异题名（见 **2.3.6**）予以记录。

如果在后继卷期或部分删除了其他题名信息，则编制一个关于删除的附注（见 **2.20.2.4**）。

2.3.4.7.2 连续出版物

如果在连续出版物的后继卷期或部分增加或改变了其他题名信息，且这样的增加或改变对识别或检索重要，则将增加或改变的其他题名信息作为变异题名（见 **2.3.6**）予以记录。

如果在后继卷期或部分删除了曾被记录的其他题名信息，则编制一个关于删除的附注（见 **2.20.2.4**）。

2.3.4.7.3 集成性资源

如果在集成性资源后继更新后的整体增加了其他题名信息，且这样的增加对识别或检索重要，则记录该增加的其他题名信息以反映当前更新后的整体。

如果在后继更新后的整体改变了曾被记录的其他题名信息，且该改变的信息对识别或检索重要，则记录该改变的其他题名信息以反映当前更新后的整体。

如果改变的其他题名信息对识别或检索不重要，则删除该其他题名信息。

如果较早其他题名信息对识别或检索重要，则将其作为变异题名（见 **2.3.6**）予以记录。

如果在后继更新后的整体删除了曾被记录的其他题名信息，则删除该其他题名信息以反映当前更新后的整体。

如果删除的其他题名信息对识别或检索重要，则将其作为变异题名（见 **2.3.6**）予以记录。

2.3.5 并列其他题名信息

2.3.5.1 范围

并列其他题名信息是指不同于其他题名信息元素中记录的语言和/或文字的其他题名信息。

2.3.5.2 信息源

并列其他题名信息取自与对应的并列正题名相同的来源（见 **2.3.3.2**）。

如果没有对应的并列正题名，则并列其他题名信息取自与正题名相同的来源（见 **2.3.2.2**）。

2.3.5.3 记录并列其他题名信息

按与并列正题名对应的相同顺序记录并列其他题名信息。

Eskimo women's music of Povungnituk
musique des Esquimaudes de Povungnituk
*正题名为因纽特语：*Arnait puvirnitumiut katutjatut amalu qanirpalututut。*并列正题名为英语：*Inuit throat and harp songs *和法语：*Chants inuit-gorge et guibarde

Meisterwerke der botanischen Illustration
masterpieces of botanical illustration
chefs-d'oeuvre
*正题名为德语：*Ein Garten Eden。*并列正题名为英语：*Garden Eden *和法语：*Un jardin d'Eden

如果没有并列正题名，且其他题名信息以与正题名不同的一种或多种语言或文字出现，则将首先出现的其他题名信息作为其他题名信息予以记录（见 **2.3.4.4**），并将其他语言的其他题名信息作为并列其他题名信息予以记录。

pour piano soliste et ensemble de bois
*正题名为英语。没有并列正题名。法语的其他题名信息记录为其他题名信息**

2.3.5.4 记录并列其他题名信息的变化

如适用，依 **2.3.5.4.1**（多部分专著）、**2.3.5.4.2**（连续出版物）或 **2.3.5.4.3**（集成性资源）所列的说明，记录并列其他题名信息的变化。

2.3.5.4.1 多部分专著

如果在多部分专著的后继部分增加或改变了并列其他题名信息，且这样的增加或改变对识别或检索重要，则将增加或改变的并列其他题名信息作为变异题名（见 **2.3.6**）予以记录。

如果在后继卷期或部分删除了并列其他题名信息，则编制一个关于删除的附注（见 **2.20.2.4**）。

2.3.5.4.2 连续出版物

如果在连续出版物的后继卷期或部分增加或改变了并列其他题名信息，且这样的增加或改变对识别或检索重要，则将增加或改变的并列其他题名信息作为变异题名（见 **2.3.6**）予以记录。

如果在后继卷期或部分删除了曾被记录的并列其他题名信息，则编制一个关于删除的附注（见 **2.20.2.4**）。

*译者注：原文为“英语的其他题名信息记录为其他题名信息”，该说明与条款不符，有误。译文按正确修改。

2.3.5.4.3 集成性资源

如果在集成性资源的后继更新后的整体增加了并列其他题名信息，且增加的信息对识别或检索重要，则记录该增加的并列其他题名信息以反映当前更新后的整体。

如果在后继更新后的整体改变了并列其他题名信息，且改变的信息对识别或检索重要，则记录该改变的并列其他题名信息以反映当前更新后的整体。

如果较早并列其他题名信息对识别或检索重要，则将其作为变异题名（见 **2.3.6**）予以记录。

如果改变的并列其他题名信息对识别或检索不重要，则删除该并列其他题名信息。

如果在后继更新后的整体删除了曾被记录的并列其他题名信息，则删除所记录的并列其他题名信息以反映当前更新后的整体。

如果删除的并列其他题名信息对识别或检索重要，则将其作为变异题名（见 **2.3.6**）予以记录。

2.3.6 变异题名

2.3.6.1 范围

变异题名是指与资源相联系的题名，它不同于作为正题名记录的题名、并列正题名、其他题名信息、并列其他题名信息、较早正题名、较晚正题名、识别题名或缩略题名。

变异题名包括下列类型：

a) 出现于资源本身（例如：在题名页、题名帧、题名屏上；作为文首题名、逐页题名；在封面、书脊上）、护封、唱片套、容器等处或附件上的题名

b) 通过参考源与资源相联系的题名

c) 对资源进行注册或描述的机构所分配的题名（例如，知识库所分配的题名、编目员对题名的翻译或音译）

d) 资源的创作者或资源以前的拥有者或保管者等所分配的题名

e) 对资源上以错误形式出现的题名所作的更正

f) 题名的一部分（例如，作为正题名一部分记录的交替题名或分部题名）

g) 出现于集成性资源较早更新后的整体或者多部分专著或连续出版物后来卷期或部分的并列正题名、其他题名信息或并列其他题名信息的变异形式

出现于集成性资源较早更新后的整体的正题名变异形式作为较早正题名（见 **2.3.7**）处理。

出现于多部分专著或连续出版物后来卷期或部分的正题名变异形式作为较晚正题名（见 **2.3.8**）处理。

2.3.6.2 信息源

变异题名取自任何来源。

2.3.6.3 记录变异题名

应用 **2.3.1** 所列的关于记录题名的基本说明，记录对识别或检索重要的变异题名。

Good mousekeeping
正题名记录为：Little Roquefort in Good mousekeeping

The world of television
正题名记录为：The wolrd of television

Arranging and describing archives and manuscripts
正题名记录为：Arranging & describing archives & manuscripts

National Football League rocks
正题名记录为：NFL rocks

Aging in the Americas into the twenty-first century
正题名记录为：Aging in the Americas into the XXI century

Quatre danses de Terpischore
正题名记录为：4 danses de Terpischore

Strategic sustainable planning
封面上的题名。正题名记录为：SSP, a civil defense manual for cultural survival

How I learned to stop worrying and love Led Zeppelin
交替题名。正题名记录为：Listening to popular music, or, How I learned to stop worrying and love Led Zeppelin

We're still standing
容器上的题名。正题名记录为：Four the moment

Law & strategy for businesses and corporations
1997—2000 年更新后的整体上的较早其他题名信息。当前更新后的整体的其他题名信息：Business transactions and Brownfield redevelopment

Site du Web des noms géographiques officiels du Canada
出现于 1995—2000? 年更新后的整体上的较早并列正题名

An online guide for amphibians in the United States and Canada
1998 年 8 月 11 日浏览的较早其他题名信息。当前更新后的整体的其他题名信息：An online guide for the identification of amphibians in North America north of Mexico

Glossario del Banco Mundial
同时出现于第 2 卷的较晚并列正题名。正题名：The World Bank glossary。*第 1 卷上的法语并列正题名*：Glossaire de la Banque mondiale

Meisterwerke der Makonde
出现于第 2—3 卷的较晚并列正题名。正题名：Masterpieces of the Makonde。*第 1 卷上无并列正题名*

Inter-American review of bibliography
出现于自 1952 年起各期的较晚并列正题名

Studies in educational administration
出现于自第 1 卷第 3 期起各期的较晚其他题名信息

如果对识别或检索重要，则编制一个附注，说明变异题名的来源或依据（见 2.20.2.3）。

2.3.6.4 正题名的翻译或音译

应用 2.3.1 所列的关于记录题名的基本说明，将著录机构所创建的正题名的翻译或音译形式作为变异题名予以记录。

Plant physiology
俄语正题名的翻译

2.3.7 较早正题名

2.3.7.1 范围

较早正题名是指出现于集成性资源较早更新后的整体上的正题名，它不同于当前更新后的整体上的正题名。

2.3.7.2 信息源

较早正题名取自 **2.3.2.2** 所规定的正题名来源中集成性资源较早更新后的整体上的来源。

2.3.7.3 记录较早正题名

对于集成性资源的正题名的变化，应用 **2.3.2.12.3** 所列的说明。

如果对识别或检索重要，则将集成性资源当前更新后的整体上不再出现的正题名作为较早正题名予以记录。应用 **2.3.1** 所列的关于记录题名的基本说明。

> Taxation of intangible assets
> *出现于 1997－1998 年各个更新后的整体上的较早正题名。当前正题名：* Federal income taxation of intellectual properties and intangible assets
>
> Washington newspapers database
> *1999 年 10 月 6 日浏览的较早正题名。当前正题名：* Washington state newsstand
>
> Environmental liability
> *出现于 1990－2001 年各个更新后的整体上的较早正题名。当前正题名：* Managing environmental liability
>
> Euroinfo international
> *1998 年 5 月 10 日浏览的较早正题名。当前正题名：* Infobel world telephone directories
>
> Telephone directories international
> *1999 年 9 月 9 日浏览的较早正题名。当前正题名：* Infobel world telephone directories

编制一个附注，说明与较早正题名（见 **2.20.2.3**）相对应的出版日期，或对联机资源而言，则为较早正题名的浏览日期（见 **2.20.13.5**）。

> ***交替规则***
>
> 如果变化较多，则编制一个一般性附注（见 **2.20.2.4**）。

2.3.8 较晚正题名

2.3.8.1 范围

较晚正题名 是指出现于多部分专著或连续出版物后来卷期或部分的正题名，它不同于第一或最早卷期或部分的正题名。

2.3.8.2 信息源

较晚正题名取自 **2.3.2.2** 所规定的正题名来源中多部分专著或连续出版物后来卷期或部分上的来源。

2.3.8.3 记录较晚正题名

对于正题名的变化，如果是多部分专著，应用 **2.3.2.12.1** 所列的说明；如果是连续出版物，应用 **2.3.2.12.2** 所列的说明。

如果对识别或检索重要，则记录多部分专著的正题名的变化，或出现于后来卷期或部分的连续出版物正题名的次要变化。应用 **2.3.1** 所列的关于记录题名的基本说明。

Annual report on pipeline safety
出现于自 1999 年起各期的较晚正题名。正题名记录为： Annual report of pipeline safety

Eminent Indian mathematicians of the twentieth century
出现于自第 5 卷起多部分专著的较晚正题名。正题名记录为： Some eminent Indian mathematicians of the twentieth century

Dictionnaire des églises de France, Belgique, Luxembourg, Suisse
出现于多部分专著第 2 卷的较晚正题名。正题名记录为： Histoire générale des églises de France, Belgique, Luxembourg, Suisse

Dictionnaire des églises de France
出现于多部分专著第 3－5 卷的较晚正题名。正题名记录为： Histoire générale des églises de France, Belgique, Luxembourg, Suisse

The magazine antiques
出现于连续出版物 1928 年 1 月－1952 年 7 月以及 1971 年 3 月各期的较晚正题名。正题名记录为： Antiques

编制一个附注，说明与正题名（见 **2.20.2.3**）的变化相对应的编号或出版日期。

交替规则

如果变化较多，则编制一个一般性附注（见 **2.20.2.4**）。

2.3.9 识别题名

2.3.9.1 范围

识别题名是指由 ISSN 注册机构分配给资源的唯一性名称。

2.3.9.2 信息源

识别题名取自下列来源（按优先顺序）：

a) ISSN 注册机构

b) 资源本身内的来源

c) 任何其他来源

2.3.9.3 记录识别题名

按其在来源上出现的形式记录识别题名。

IFLA journal

Volunteer (Washington)

British Library Bibliographic Services Division newsletter

Image (Niagara ed.)

2.3.10 缩略题名

2.3.10.1 范围

缩略题名是指为编制索引或识别的目的而缩写的题名。

缩略题名可由著录机构创建，或由另一机构（例如，ISSN 注册机构、文摘或索引服务机构）创建。

2.3.10.2 信息源

缩略题名取自任何来源。

2.3.10.3 记录缩略题名

按其在来源上出现的形式记录缩略题名。

> Can. j. infect. dis. med. microbiol.

2.4 责任说明

核心元素

与正题名相关的责任说明是核心元素。其他责任说明是可选择的。

2.4.1 记录责任说明的基本说明

2.4.1.1 范围

责任说明是指与任何对资源的知识或艺术内容的创作负有责任或对其实现作出贡献的个人、家族或团体的识别和/或职能相关的说明。

责任说明可包含既非名称又非连接词的词或短语。

责任说明可能与题名（见 **2.4.2–2.4.3**）、版本标识（见 **2.5.4–2.5.5**）、特定修订版标识（见 **2.5.8 –2.5.9**）、丛编题名（见 **2.12.6 –2.12.7**）或分丛编题名（见 **2.12.14–2.12.15**）结合在一起。

关于识别仅参与表演、执行或解说的音乐表演者的说明，见 **7.23**。

关于识别表演者、旁白者和/或出品人的说明，见 **7.23**。

关于识别对资源的艺术和/或技术制作作出贡献的个人的说明，见 **7.24**。

关于识别对资源的制作、出版、发行或生产负有责任的个人、家族或团体的说明，分别见 **2.7.4–2.7.5**、 **2.8.4–2.8.5**、**2.9.4–2.9.5** 和 **2.10.4–2.10.5**。

2.4.1.2 信息源

关于选择责任说明信息源的规则，见下列特定类型责任说明的说明：

a) 关于与正题名相关的责任说明，见 **2.4.2.2**

b) 关于与正题名相关的并列责任说明，见 **2.4.3.2**

c) 关于与版本相关的责任说明，见 **2.5.4.2**

d) 关于与版本相关的并列责任说明，见 **2.5.5.2**

e) 关于与特定修订版相关的责任说明，见 **2.5.8.2**

f) 关于与特定修订版相关的并列责任说明，见 **2.5.9.2**

g) 关于与丛编相关的责任说明，见 **2.12.6.2**

h) 关于与丛编相关的并列责任说明，见 **2.12.7.2**

i) 关于与分丛编相关的责任说明，见 **2.12.14.2**

j) 关于与分丛编相关的并列责任说明，见 **2.12.15.2**

2.4.1.3 摹真品和复制品

当描述的摹真品或复制品既具有与其原始载体表现相关又具有与其自身相关的一个或多个责任说明时，记录与该摹真品或复制品相关的一个或多个责任说明。将与原始载体表现相关的任何责任说明作为相关载体表现（见 **27.1**）的责任说明予以记录。

2.4.1.4 记录责任说明

按信息源上出现的形式转录责任说明。应用 **1.7** 所列的关于转录的一般性规则。

by Walter de la Mare

Fats Waller

by Dr. Johnson

by Sir Richard Acland

by Alfred, Lord Tennyson

by a Lady of Quality

par Charles M. Schultz

directed and produced by the Beatles

af Martin A. Hansen

edited and introduced by Mrs. C.F. Leyel

created by the fourth grade class of Washington Elementary School, Berkeley, CA

authorized by the United Lutheran Church of America

by [E.B.C.]
信息源上用乐谱标记代表创作者的首字母缩写

chosen for this edition by the author
正题名： Selected poetry of W.H. Auden

text, translation, inroduction and commentary by Joseph Rabbinowitz
第 3 个词拼写错误，应为： introduction

可选择的省略

只要节略后不损失其基本信息，可节略一个责任说明。不用省略号（...）表示所做的省略。总是记录出现于说明的第一个名称。从列出多个个人等名称的责任说明中省略名称时，应用 **2.4.1.5** 所列的说明。

by Harry Smith
信息源显示为： by Dr. Harry Smith

Charles F. Hoban, Jr.
信息源显示为： Charles F. Hoban, Jr., Special Assistant, Division of Visual Education, Philadelphia Public Schools

sponsored by the Library Association
信息源显示为： sponsored by the Library Association (founded 1877)

例外

连续出版物。仅在编者的名称是识别连续出版物的重要手段时（例如，如果某人在连续出版物存在的整个或大部分时期承担其编辑工作；如果该人的名称可能比连续出版物的题名更知名），才记录识别连续出版物编者的责任说明。

editor: Wyndham Lewis

founded, edited, and published by Jean-Paul Sartre

compiled and edited by Richard L. Coulton with the assistance of voluntary aid

2.4.1.5 列出多个个人等名称的说明

将列出多个个人等名称的责任说明作为单一的说明予以记录，不必考虑所列出的个人、家族或团体承担的是相同或不同的职能。

edited by P.C. Wason and P.N. Johnson-Laird

compiled from the best authorities of both languages by Professors De Lolme and Wallace, and Henry Bridgeman

prepared for the Ethical Union by Mass-Observation

Jane Austen and another lady

developed by Dale Kahn with Laurie Fenster

Duke Ellington and his orchestra

compiled and edited by Richard L. Coulton with the assistance of voluntary aid

L.H. Booth, P. Fisher, V. Heppelthwaite, and C.T. Eason

可选择的省略

如果单一的责任说明列出三个以上承担相同职能的或具有相同程度责任的个人、家族或团体，则对每一组这样的个人、家族或团体，省略第一个之外的其他名称。用著录机构首选的语言和文字总括地说明所做的省略。依 2.2.4 所列的说明，指示该总括说明取自资源本身之外的来源。

Roger Colbourne [and six others]
信息源显示为： Roger Colbourne, Suzanne Bassett, Tony Billing, Helen McCormick, John McLennan, Andrew Nelson and Hugh Robertson

如果列出一个组合、表演团体、公司等的成员名称以及该组合等的名称，则在责任说明中省略成员名称。如果重要，将成员名称记录于识别表演者、旁白者和/或出品人的说明（见 **7.23**）。

> Gerry Mulligan Quartet
> *信息源上还列出组合成员的名称：* Gerry Mulligan, baritone; Chet Baker, trumpet; Henry Grimes, bass; Dave Bailey, drums

2.4.1.6 多个责任说明

如果有多个责任说明，则在获取相联系的题名、版本标识、特定修订版标识、丛编题名或分丛编题名的信息源上，按序列、版面和字体设计所指示的顺序记录这些说明。

> by F. Scott and Zelda Fitzgerald
> selected by Scottie Fitzgerald Smith and Matthew J.Bruccoli
> with a foreword by Scottie Fitzgerald Smith
>
> prepared by members of the AIAA Technical Committees on Space Systems and Space Atmosphere Physics
> edited by Arthur Henderson, Jr., and Jerry Grey
>
> ABC News
> producer and writer, James Benjamin
> director, Al Niggemeyer
> director, Dan Bessie
> writer, Phyllis Harvey
> animation, B. Davis
> editor, I. Dryer
>
> Raymond C. Kammerer and Carl R. Steinbecker
> made by Creative Sights & Sounds

如果序列、版面设计和字体安排不明确或不足以确定顺序，则按最合理的顺序记录这些说明。

如果出现责任说明的来源不同于获取相联系的题名、版本标识、特定修订版标识、丛编题名或分丛编题名的来源，则按最合理的顺序记录这些说明。

2.4.1.7 责任方式的明确

如果题名、版本标识等与责任说明中列出的任何个人、家族或团体之间的关系不明确，则添加一个明确其关系的词或短语。依 **2.2.4** 所列的说明，指示该信息取自资源本身之外的来源。

> [collected by] Chet Williams
> *正题名：* Baijun ballads
>
> **但是**
>
> Charles Dickens
> *正题名：* Bleak House
>
> National Gallery of Art
> *正题名：* Brief guide
>
> the Rolling Stones
> *正题名：* Beggars banquet

2.4.1.8 责任说明中出现的名词短语

如果名词或名词短语与责任说明一起出现，则将该名词或名词短语作为责任说明的一部分处理。

> research and text by Colin Barham
> *正题名：* Roman Britain
>
> dramatised adaptations by Barry Campbell
> *正题名：* Characters from Dickens

2.4.1.9 责任说明中未列出个人、家族或团体的名称

记录责任说明，即使该说明中未列出个人、家族或团体的名称。

> by a group of students with a Korean resource person
>
> with a spoken commentary by the artist

2.4.1.10 记录责任说明的变化

如适用，依 2.4.1.10.1（多部分专著）、2.4.1.10.2（连续出版物）或 2.4.1.10.3（集成性资源）所列的说明，记录责任说明的变化。

2.4.1.10.1 多部分专著

如果在多部分专著的后继部分增加、删除或改变了一个责任说明，且这样的增加、删除或改变对识别或检索重要，则编制一个附注（见 2.20.3.6.1）。

2.4.1.10.2 连续出版物

如果在连续出版物的后继卷期或部分增加、删除或改变了一个责任说明，且这样的增加、删除或改变不需要新著录（见 1.6.2），则编制一个附注（见 2.20.3.6.2）。如果仅是个人、家族或团体名称表现形式的变化，则在该变化对识别或检索重要的情况下，编制一个附注。

2.4.1.10.3 集成性资源

如果在集成性资源的后继更新后的整体增加或改变了一个责任说明，则修改该责任说明以反映当前更新后的整体。

如果较早责任说明对识别或检索重要，则编制一个附注，提供较早说明（见 2.20.3.6.3）。

如果在后继更新后的整体删除了一个责任说明，则删除该责任说明以反映当前更新后的整体。如果对识别或检索重要，则编制一个关于删除的附注（见 2.20.3.6.3）。

2.4.2 与正题名相关的责任说明

<u>核心元素</u>

如果在信息源上出现多个与正题名相关的责任说明，则仅第一个所记录的说明是必需的。

2.4.2.1 范围

与正题名相关的责任说明是指与资源的正题名相联系的说明，该说明与任何对资源的知识或艺术内容的创作负有责任或对其实现作出贡献的个人、家族或团体的识别和/或职能有关。

2.4.2.2 信息源

与正题名相关的责任说明取自下列来源（按优先顺序）：

a) 与正题名相同的来源（见 2.3.2.2）

b) 资源本身内的另一来源（见 2.2.2）

c) 2.2.4 指定的其他信息源之一

2.4.2.3 记录与正题名相关的责任说明

应用 2.4.1 所列的关于记录责任说明的基本说明，记录与正题名相关的责任说明。

by James Clavell

edited, with an introduction, by Royal A. Gettmann

by Mrs. Charles H. Gibson

Jacques Offenbach
music adapted and arranged by Ronald Hanmer
new book and lyrics by Phil Park

University of London Audio Visual Centre
produced, directed, and edited by N.C. Collins

by Miss Read

by the late T.A. Rennard

prólogo del Excmo. Sr. D. Manuel Fraga Iribarne

translated from the German by Carolyn Gammon

[edited by] John Paxton
正题名： Everyman's dictionary of abbreviations

by John Malo
正题名： Malo's complete guide to canoeing and canoe-camping。*创作者名称单独出现于信息源，同时出现于正题名*

herausgegeben in dem Ministerium der Geistlichen, Unterrichts- und Medizinal-Angelegenheiten

如果不将出现于一个或多个信息源的责任说明全部予以记录，则优先选择那些识别知识或艺术内容创作者的说明。如有疑问，则记录第一个说明。

2.4.2.4 多种语言或文字的与正题名相关的责任说明

如果与正题名相关的责任说明在信息源上以多种语言或文字出现，则记录采用正题名的语言或文字的说明。如果此准则不适用，则记录首先出现的说明。

International Tin Council
正题名：Tin prices。*责任说明以英语、法语、西班牙语和俄语形式出现*

edited by Dr. Zoltán Pipics
正题名： Dictionarium bibliothecarii practicum。*责任说明以英语和德语形式出现*

2.4.3 与正题名相关的并列责任说明

2.4.3.1 范围

与正题名相关的并列责任说明是指不同于与正题名相关的责任说明元素中记录的语言和/或文字的与正题名相关的责任说明（见 **2.4.2.1**）。

2.4.3.2 信息源

与正题名相关的并列责任说明取自与对应的并列正题名相同的来源（见 **2.3.3.2**）。

如果没有对应的并列正题名，则与正题名相关的并列责任说明取自与正题名相同的来源（见 **2.3.2.2**）。

2.4.3.3 记录与正题名相关的并列责任说明

应用 **2.4.1** 所列的关于记录责任说明的基本说明，记录与正题名相关的并列责任说明。

> Mary E. Bond, rédactrice et réviseure
> *与正题名相关的责任说明:* Mary E. Bond, compiler and editor

如果有多个与正题名相关的并列责任说明，则按与并列正题名对应的相同顺序记录各个说明；如不适用，则按资源上所见的顺序记录。

> Conseil international de l 'etain
> Consejo Internacional del Estaño
> Международный совет по олову
> *与正题名相关的责任说明:* International Tin Council

2.5 版本说明

<u>核心元素</u>

版本标识和特定修订版标识是核心元素。版本说明的其他子元素是可选择的。

2.5.1 记录版本说明的基本说明

2.5.1.1 范围

版本说明是指识别资源所属版本的说明。

版本说明还可包括特定修订版标识。

版本说明还可包括与版本和/或与特定修订版相关的一个或多个责任说明。

对于非出版形式的资源（例如，手稿的草稿、未通过商业途径发行或广播的录像制品），将标识资源所含作品的版本的说明作为版本说明处理。

2.5.1.2 信息源

关于选择版本说明信息源的规则，见下列责任说明特定子元素的说明：

a) 关于版本标识，见 **2.5.2.2**

b) 关于并列版本标识，见 **2.5.3.2**

c) 关于与版本相关的责任说明，见 **2.5.4.2**

d) 关于与版本相关的并列责任说明，见 **2.5.5.2**

e) 关于特定修订版标识，见 **2.5.6.2**

f) 关于并列特定修订版标识，见 **2.5.7.2**

g) 关于与特定修订版相关的责任说明，见 **2.5.8.2**

h) 关于与特定修订版相关的并列责任说明，见 **2.5.9.2**

2.5.1.3 摹真品和复制品

当描述的摹真品或复制品既具有与其原始载体表现相关又具有与其自身相关的一个或多个版本说明时，记录与该摹真品或复制品相关的一个或多个版本说明。将与原件相关的任何版本说明作为相关载体表现（见 **27.1**）的版本说明予以记录。

2.5.1.4 记录版本说明

按信息源上出现的形式转录版本说明。应用 **1.7** 所列的关于转录的一般性规则。

Draft

Interactive version

Household ed.

Facsim. ed.

Neue Aufl.

Deuxième edition revue et augmentée

Rev. et corr.

Nouvelle édition

World's classics ed., New ed. rev.

1st standard ed.

Wyd. 2-gie

6. Aufl.

2e éd. du recueil noté

Second edition

52nd edition

Director's cut

Editio secunda auctior et correctior

2.5.1.5 与卷期或部分相关的版本说明

如果资源由包括附件在内的若干卷期或部分组成，且载有与整个资源及其各部分相关的版本说明，则仅记录与整个资源相关的版本说明。

如果对识别重要，则编制一个附注，提供与卷期或部分相关的版本说明（见 **2.20.4.3**）。

2.5.1.6 记录版本说明的变化

如适用，依 **2.5.1.6.1**（多部分专著）、**2.5.1.6.2**（连续出版物）或 **2.5.1.6.3**（集成性资源）所列的说明记录版本说明的变化。

2.5.1.6.1 多部分专著

如果多部分专著各部分的版本说明有差异，则在该差异对识别或检索重要的情况下，编制一个附注（见 **2.20.4.5.1**）。

2.5.1.6.2 连续出版物

如果在连续出版物的后继卷期或部分增加、删除或改变了一个版本说明，则在该变化对识别或检索重要的情况下编制一个附注（见 **2.20.4.5.2**）。

2.5.1.6.3 集成性资源

如果在集成性资源的后继更新后的整体增加、删除或改变了一个版本说明，且该变化不需要一个新著录，则修改该版本说明以反映当前更新后的整体。

如果较早版本说明对识别或检索重要，则编制一个附注，提供较早说明（见 **2.20.4.5.3**）。

2.5.2 版本标识

核心元素

2.5.2.1 范围

版本标识是指识别资源所属版本的一个词、字符或一组词和/或字符。

需注意，在某些语言中，同一个或同一些术语可能同时用于标识版本和印刷。对印刷复本数量细节的说明不是版本标识。

如果对某说明是否为版本标识有疑问，则将出现的诸如 *edition*（版本）、*issue*（发行）、*release*（发布）、*level*（等级）、*state*（阶段）或 *update*（更新）（或其他语言中的对应词）之类的词，或指示下列情况的说明：

a) 内容有差异

b) 地理覆盖范围有差异

c) 语言有差异

d) 使用对象有差异

e) 特定的格式或物理表现形式

f) 与内容相联系的日期有差异

g) 乐谱的特定音域或格式

作为此类说明是版本标识的依据。

2.5.2.2 信息源

版本标识取自下列来源（按优先顺序）：

a) 与正题名相同的来源（见 **2.3.2.2**）

b) 资源本身内的另一来源（见 **2.2.2**）

c) **2.2.4** 指定的其他信息源之一

2.5.2.3 记录版本标识

应用 **2.5.1** 所列的关于记录版本说明的基本说明，记录版本标识。

Ny udgave

1st ed.

New ed., rev. and enl.

1st American ed.

Urtextausg.

NORC test ed.

Rev. ed. 10/2/82

*** ed.

Somerset ed.

World Cup ed.

Abridged

Corr. 2nd print.

Draft, May 2000

Version 2.5

Northern ed.

Éd. pour le médecin

New edition

Second college edition

Troisième édition revue et augmentée

Canadian edition

Widescreen version

Nunc primum in lucem aedita

Full score

Vollständiger Klavierauszug

Klavierauszug zu 2 Händen mit Singstimme und Text

如果版本标识由一个或多个字母和/或一个或多个数字（以数字或词的形式表达）组成，而没有其他词，则添加一个适合的词。依 **2.2.4** 所列的说明，指示该信息取自资源本身之外的来源。

3e [édition]

[State] B

[Version] 1.1

First [edition]

如果记录的版本标识有多个，则按信息源上说明的序列、版面和字体设计所指示的顺序记录这些说明。

> 1. Auflage
> Partitur, zugleich Orgelstimme
>
> 1. vyd.
> partitura a hlasy

2.5.2.4 多种语言或文字的版本标识

如果版本标识在信息源上以多种语言或文字出现，则记录采用正题名的语言和/或文字的说明。如果此准则不适用，则记录首先出现的说明。

> 6th revised and enlarged edition
> *正题名为拉丁语。版本标识以英语和德语形式出现*
>
> 4th edition
> *正题名为英语。版本标识以英语和法语形式出现*

2.5.2.5 指示定期修订或编号的说明

对于连续出版物和集成性资源，将指示定期修订的说明［例如，*Revised edition issued every 6 months*（每 6 个月发行的修订版）、*Frequently updated*（经常更新）］作为频率（见 **2.14**）予以记录。

对于连续出版物，将指示编号的说明（例如，*First edition*（第 1 版）、*1916 edition*（1916 年版））作为编号（见 **2.6**）予以记录。

2.5.2.6 与正题名等融为一体的版本标识

如果版本标识与正题名、其他题名信息或责任说明融为一体，或在语法上与前述任何一部分相连接，则按所见的形式记录，不必再记录版本标识。

> The compact edition of the Oxford English dictionary
> *版本标识与正题名融为一体。不记录版本标识*
>
> Tenth anniversary edition of Economic justice for all
> *版本标识与正题名融为一体。不记录版本标识*
>
> Bullarum diplomatum et privilegiorum sanctorum Romanorum pontificum Taurinensis editio
> *版本标识与正题名融为一体。不记录版本标识*
>
> a revised and augmented edition of the Glossary of biotechnology and genetic engineering
> *版本标识与其他题名信息融为一体。不记录版本标识*
>
> édition française revue par Germaine Meyer-Noire
> *版本标识与责任说明融为一体。不记录版本标识*

2.5.3 并列版本标识

2.5.3.1 范围

并列版本标识是指不同于版本标识元素中记录的语言和/或文字的版本标识（见 **2.5.2.1**）。

2.5.3.2 信息源

并列版本标识取自下列来源（按优先顺序）：

a) 与版本标识相同的来源（见 2.5.2.2）

b) 资源本身的另一来源（见 2.2.2）

c) 2.2.4 指定的其他信息源之一

2.5.3.3 记录并列版本标识

应用 2.5.1 所列的关于记录版本说明的基本说明，记录并列版本标识。

Révision 1980
版本标识： Rev. 1980

2e éd., rev. et corr.
版本标识： 2de herziene en verb. uitg.

Éd. canadienne
版本标识： Canadian ed.

6. verbesserte und erweiterte Auflage
版本标识： 6th revised and enlarged edition

如果有多个并列版本标识，则按一个或多个信息源上说明的序列、版面和字体设计所指示的顺序记录这些说明。

2^{a} edizione
2. Auflage
版本标识： 2e edition

2.5.4 与版本相关的责任说明

2.5.4.1 范围

与版本相关的责任说明是指识别任何对所描述的版本而不是对所有版本负有责任的个人、家族或团体的相关说明。

2.5.4.2 信息源

与版本相关的责任说明取自与版本标识相同的来源（见 2.5.2.2）。

2.5.4.3 记录与版本相关的责任说明

应用 2.4.1 所列的关于记录责任说明的基本说明，记录与版本相关的责任说明。

revised collectively by the Peking Opera Troupe of Peking
版本标识： May 1970 script

introduction by J. Hillis Miller
notes by Edward Mendelson
版本标识： New Wessex ed.

edited by J.S. Sykes
版本标识: Seventh edition

revised and updated by Alan Powers
版本标识: New edition

with maps redrawn by N. Manley
版本标识: 3rd ed.

arrangement by Otto Singer
版本标识: Vocal score

by the composer
版本标识: Piano/vocal score

如果对责任说明是否适用于所有版本或仅一些版本有疑问，或没有版本标识，则将这样的说明作为与正题名相关的责任说明（见 2.4.2）予以记录。

当描述第 1 版时，将所有责任说明都作为与正题名相关的责任说明（见 2.4.2）予以记录。

2.5.4.4 多种语言或文字的与版本相关的责任说明

如果与版本相关的责任说明在信息源上以多种语言或文字出现，则记录采用正题名的语言或文字的说明。如果此准则不适用，则记录首先出现的说明。

reviderade og udvidet af David Hohnen
正题名: Høst's Engelsk-Danske og Dansk-Engelske lommeordbog。*版本标识:* 14. Opl。*与版本相关的责任说明还以英语形式出现*

2.5.5 与版本相关的并列责任说明

2.5.5.1 范围

与版本相关的并列责任说明是指不同于与版本相关的责任说明元素中记录的语言和/或文字的与版本相关的责任说明（见 2.5.4.1）。

2.5.5.2 信息源

与版本相关的并列责任说明取自与对应的并列版本标识相同的来源（见 2.5.3.2）。

如果没有对应的并列版本标识，则与版本相关的并列责任说明取自与版本标识相同的来源（见 2.5.2.2）。

2.5.5.3 记录与版本相关的并列责任说明

应用 2.4.1 所列的关于记录责任说明的基本说明，记录与版本相关的并列责任说明。

rédigé par Larry C. Lewis
与版本相关的责任说明: edited by Larry C. Lewis

revised and enlarged by David Hohnen
与版本相关的责任说明: reviderade og udvidet af David Hohnen

如果有多个与版本相关的并列责任说明，则按与并列版本标识对应的相同顺序记录各个说明；如不适用，则按资源上所见的顺序记录。

2.5.6 特定修订版标识

<u>核心元素</u>

2.5.6.1 范围

特定修订版标识是指识别某版本的特定修订的一个词、字符或一组词和/或字符。

2.5.6.2 信息源

特定修订版标识取自下列来源（按优先顺序）：

a)　与版本标识相同的来源（见 **2.5.2.2**）

b)　资源本身的另一来源（见 **2.2.2**）

c)　**2.2.4** 指定的其他信息源之一

2.5.6.3 记录特定修订版标识

如果信息源载有指示某一版本的修订版的说明（例如，某一特定版本有特定名称的重新发行本，内容与该版本有差异），则应用关于记录版本标识的说明（见 **2.5.2.3**），记录与该修订版相关的说明。

> reprinted with corrections
> *版本标识：*4th ed.
>
> new edition, revised, reset, and illustrated
> *版本标识：*World's classics edition
>
> 2nd (corr.) impression
> *版本标识：*3rd ed.
>
> Roads revised
> *版本标识：*4th ed.
>
> OSIRIS IV version
> *版本标识：*ICPSR ed.

除非资源对著录机构有特别的重要性，否则不必记录内容没有变化的与某版本重新发行本相关的说明。

2.5.6.4 多种语言或文字的特定修订版标识

如果特定修订版标识在信息源上以多种语言或文字出现，则记录采用正题名的语言或文字的说明。如果此准则不适用，则记录首先出现的说明。

> 3rd corr. impression
> *正题名为英语。特定修订版标识还以法语形式出现*

2.5.7 并列特定修订版标识

2.5.7.1 范围

并列特定修订版标识 是指不同于特定修订版标识元素中记录的语言和/或文字的特定修订版标识（见

2.5.6.1）。

2.5.7.2 信息源

并列特定修订版标识取自下列来源（按优先顺序）：

a) 与特定修订版标识相同的来源（见 2.5.6.2）
b) 资源本身的另一来源（见 2.2.2）
c) 2.2.4 指定的其他信息源之一

2.5.7.3 记录并列特定修订版标识

应用 2.5.1 所列的关于记录版本说明的基本说明，记录并列特定修订版标识。

> 3e réimpr. corr.
> *特定修订版标识:* 3rd corr. Impression

如果有多个并列特定修订版标识，则按一个或多个信息源上说明的序列、版面和字体设计所指示的顺序记录这些并列说明。

2.5.8 与特定修订版相关的责任说明

2.5.8.1 范围

与特定修订版相关的责任说明是指识别任何对特定修订版负有责任的个人、家族或团体的相关说明。

2.5.8.2 信息源

与特定修订版相关的责任说明取自与特定修订版标识相同的来源（见 2.5.6.2）。

2.5.8.3 记录与特定修订版相关的责任说明

应用 2.4.1 所列的关于记录责任说明的基本说明，记录与一个或多个特定修订版相关的责任说明。

> with the assistance of Eleanor Gould Packard
> *版本标识:* Rev. ed. 。*与版本相关的责任说明:* with revisions, an introduction, and a chapter on writing by E.B. White。*特定修订版标识 :* 2nd ed.
>
> programmed by W.G. Toepfer
> *版本标识:* 3rd ed. 。*特定修订版标识:* Version 1.2

2.5.8.4 多种语言或文字的与特定修订版相关的责任说明

如果与特定修订版相关的责任说明在信息源上以多种语言或文字出现，则记录采用正题名的语言或文字的说明。如果此准则不适用，则记录首先出现的说明。

> by N. Schmidt
> *正题名为英语。与特定修订版相关的责任说明还以德语形式出现*

2.5.9 与特定修订版相关的并列责任说明

2.5.9.1 范围

与特定修订版相关的并列责任说明是指不同于与特定修订版相关的责任说明元素中记录的语言和/或文字的与特定修订版相关的责任说明（见 **2.5.8.1**）。

2.5.9.2 信息源

与特定修订版相关的并列责任说明取自与对应的并列特定修订版标识相同的来源（见 **2.5.7.2**）。

如果没有对应的并列特定修订版标识，则与特定修订版相关的并列责任说明取自与特定修订版标识相同的来源（见 **2.5.6.2**）。

2.5.9.3 记录与特定修订版相关的并列责任说明

应用 **2.4.1** 所列的关于记录责任说明的基本说明，记录与特定修订版相关的并列责任说明。

> af N. Schmidt
> *与特定修订版相关的责任说明:* by N. Schmidt

如果有多个与特定修订版相关的并列责任说明，则按与并列特定修订版标识对应的相同顺序记录各个说明。

2.6 连续出版物编号

核心元素

序列首期或第一部分的数字和/或字母标识、序列首期或第一部分的年代标识、序列末期或最后一部分的数字和/或字母标识和序列末期或最后一部分的年代标识是核心元素。其他编号是可选择的。

2.6.1 记录连续出版物编号的基本说明

2.6.1.1 范围

连续出版物编号是指连续出版物各期或各部分的标识。

连续出版物编号可包括附带或不附带标识性词语 [*volume*（卷）、*number*（期）等] 的数字、字母、任何其他字符或前述形式的组合和/或年代标识。

一种连续出版物可有一个或多个编号序列，新的编号序列一般在采用新的数字和/或字母标识体系时开始。

一种连续出版物可有多个并行的数字和/或字母标识体系。

关于丛编编号和分丛编编号，分别见 **2.12.9** 和 **2.12.17**。

2.6.1.2 信息源

关于选择连续出版物编号信息源的规则，见下列连续出版物编号特定子元素的说明：

a) 关于序列首期或第一部分的数字和/或字母标识，见 **2.6.2.2**

b) 关于序列首期或第一部分的年代标识，见 **2.6.3.2**

c) 关于序列末期或最后一部分的数字和/或字母标识，见 **2.6.4.2**

d) 关于序列末期或最后一部分的年代标识，见 **2.6.5.2**

e) 关于序列首期或第一部分的交替数字和/或字母标识，见 **2.6.6.2**

f) 关于序列首期或第一部分的交替年代标识，见 **2.6.7.2**

g) 关于序列末期或最后一部分的交替数字和/或字母标识，见 **2.6.8.2**

h) 关于序列末期或最后一部分的交替年代标识，见 **2.6.9.2**

2.6.1.3 摹真品和复制品

当描述的摹真品或复制品既具有与其原始载体表现相关又具有与其自身相关的编号时，记录与该摹真品或复制品相关的编号。将与原始载体表现相关的编号作为相关载体表现（见 **27.1**）的编号予以记录。

2.6.1.4 记录连续出版物编号

应用 **1.8** 所列的一般性规则，记录用数字或词表达的数。

按信息源上出现的形式转录其他若干词、字符或若干组词和/或字符。应用 **1.7** 所列的关于转录的一般性规则。

July/August 2005

1

Vol. 1, no. 1

Summer 1978

4th issue

例外

为清晰起见，必要时用斜线代替连字符。

1961/1962
某期出现的标识为 1961–2

1999/2000
某期出现的标识为 1999–2000

记录首期或第一部分的编号（见 **2.6.2–2.6.3**）。当描述已停止出版的连续出版物时，记录末期或最后一部分的编号（见 **2.6.4–2.6.5**）。

Vol. 3, no. 6
首期的数字标识

Aug./Sept. 1970
首期的年代标识

volume 5, number 3
末期的数字标识

Mar. 1972
末期的年代标识

如果编号以不同的体系开始新的序列，则记录每个序列的首期或第一部分的编号（见 **2.6.2–2.6.3**）和每个序列的末期或最后一部分的编号（见 **2.6.4–2.6.5**）。按所见的顺序记录每个编号序列。

Vol. 1, no. 1
第一个序列的首期数字标识

November 1943
第一个序列的首期年代标识

volume 10, number 12
第一个序列的末期数字标识

June 1953
第一个序列的末期年代标识

number 1
新序列的首期数字标识

July 1974
新序列的首期年代标识

标识的其他变异形式未构成新的序列时，如果该变异形式重要，则编制关于其他变异形式的附注（见 **2.20.5.4**）。

如果连续出版物有多个并行的编号体系，则按所见的顺序将第二个或后继体系作为交替的编号（见 **2.6.6–2.6.9**）*予以记录。

Vol. 3, no. 7
序列首期的第一数字标识体系

No. 31
序列首期的交替数字标识体系

2.6.2 序列首期或第一部分的数字和/或字母标识

核心元素

对于第一个或唯一的序列，序列首期或第一部分的数字和/或字母标识是核心元素。

2.6.2.1 范围

序列首期或第一部分的数字和/或字母标识 是指连续出版物某一编号序列的首期或第一部分上以数字和/或字母形式展现的编号（见 **2.6.1.1**）。

2.6.2.2 信息源

序列首期或第一部分的数字和/或字母标识取自下列来源（按优先顺序）：

a) 该序列首期或第一部分上载有正题名的来源（见 **2.3.2.2**）

b) 该序列首期或第一部分内的另一来源（见 **2.2.2**）

c) **2.2.4** 指定的其他信息源之一

2.6.2.3 记录序列首期或第一部分的数字和/或字母标识

如果连续出版物某序列的首期或第一部分由数字和/或字母标识识别，则应用 **2.6.1** 所列的关于记录编号的基本说明记录该标识。

* 译者注：原文为“（见 2.6.5–2.6.9）”，经核查，参见条款号有误，应为“（见 2.6.6–2.6.9）”，译文按正确修改。

Number 1

Issue no. 1

Pt. 1

#01

Volume 1, issue 1

RP 1

如果该标识由年和表示该年内一部分的编号组成，则将年记录于编号前。

97-1
某部分出现的标识为： 1–97

1998-1
某期出现的标识为： 1–1998

如果数字和/或字母标识序列继承自前一连续出版物，则记录新著录的连续出版物的首期或第一部分的数字和/或字母标识。

Vol. 1, no. 6
前一连续出版物末期出现的标识为： vol. 1, no. 5

如果第二或后继编号序列附带诸如 *new series*（新编）之类区分该序列的措辞，则包括此类措辞。

new series, v. 1, no. 1

如果新序列采用与以前相同的体系，而未附带诸如 *new series*（新编）之类的措辞，则提供 *new series*（新编）或其他适用的术语。依 **2.2.4** 所列的说明，指示该信息取自资源本身之外的来源。

[new series], no. 1

[3rd series], no. 1
前一序列： [new series] no. 1–no. 3

[2nd series], number 1
前一序列： number 1–number 6。*后继序列：* 3rd series, 4th series

如果某序列的首期或第一部分缺少任何数字和/或字母标识，但后继各期或部分为该序列确立了一个数字和/或字母标识模式，则依该模式为该序列的首期或第一部分提供一个数字和/或字母标识。依 **2.2.4** 所列的说明，指示该信息取自资源本身之外的来源。

[Part 1]
后继各期有编号： Part 2, Part 3 等

如果资源的识别以某序列首期或第一部分之外的部分为依据，则在易于确定的情况下，为该序列的首期或第一部分提供一个数字和/或字母标识。依 **2.2.4** 所列的说明，指示该信息取自资源本身之外的来源。

> ***交替规则***
>
> 编制一个关于该序列首期或第一部分编号的附注（见 **2.20.5.3**）。

2.6.2.4 多种语言或文字的序列首期或第一部分的数字和/或字母标识

如果某序列首期或第一部分的数字和/或字母标识在信息源上以多种语言或文字出现，则记录采用正题名的语言或文字的标识。如果此准则不适用，则记录首先出现的标识。

> Band 1
> *正题名为德语。标识还以英语形式出现*

2.6.3 序列首期或第一部分的年代标识

<u>核心元素</u>

对于第一个或唯一的序列，序列首期或第一部分的年代标识是核心元素。

2.6.3.1 范围

序列首期或第一部分的年代标识是指连续出版物某一编号序列的首期或第一部分上以日期形式（例如，年，年和月，月、日和年）展现的编号（见 **2.6.1.1**）。对于由年和表示该年内一部分的编号组成的标识，见 **2.6.2.3**。

2.6.3.2 信息源

序列首期或第一部分的年代标识取自下列来源（按优先顺序）：

a) 该序列首期或第一部分上载有正题名的来源（见 **2.3.2.2**）

b) 该序列首期或第一部分内的另一来源（见 **2.2.2**）

c) **2.2.4** 指定的其他信息源之一

2.6.3.3 记录序列首期或第一部分的年代标识

如果连续出版物某序列的首期或第一部分由年代标识识别，则应用 **2.6.1** 所列的关于记录编号的基本说明记录该标识。

> 1975
>
> Jan./Feb. 1964
>
> September 2003
>
> spring 2004

> ***可选择的附加***
>
> 如果年代标识包含非格里历或非儒略历的日期，则添加对应的格里历或儒略历日期。依 **2.2.4** 所列的说明，指示该信息取自资源本身之外的来源。

如果某序列的首期或第一部分缺少任何年代标识，但后继各期或部分为该序列确立了一个年代标识模式，则依该模式为该序列的首期或第一部分提供一个年代标识。依 **2.2.4** 所列的说明，指示该信息取自资源本身之外的来源。

> [november 2006]
> *某期出现的标识为：* Vol. 01, no 01；*后继各期包括年代标识*

如果资源的识别以某序列首期或第一部分之外的部分为依据，则在易于确定的情况下，为该序列的首期或第一部分提供一个年代标识。依 **2.2.4** 所列的说明，指示该信息取自资源本身之外的来源。

> ***交替规则***
>
> 编制一个关于该序列首期或第一部分编号的附注（见 **2.20.5.3**）。

2.6.3.4 多种语言或文字的序列首期或第一部分的年代标识

如果某序列首期或第一部分的年代标识在信息源上以多种语言或文字出现，则记录采用正题名的语言或文字的标识。如果此准则不适用，则记录首先出现的标识。

> May 1977
> *正题名为英语。年代标识还以法语形式出现*

2.6.4 序列末期或最后一部分的数字和/或字母标识

<u>核心元素</u>

对于最后一个或唯一的序列，序列末期或最后一部分的数字和/或字母标识是核心元素。

2.6.4.1 范围

序列末期或最后一部分的数字和/或字母标识是指连续出版物某一编号序列的末期或最后一部分上以数字和/或字母形式展现的编号（见 **2.6.1.1**）。

2.6.4.2 信息源

序列末期或最后一部分的数字和/或字母标识取自下列来源（按优先顺序）：

a) 该序列末期或最后一部分上载有正题名的来源（见 **2.3.2.2**）

b) 该序列末期或最后一部分内的另一来源（见 **2.2.2**）

c) **2.2.4** 指定的其他信息源之一

2.6.4.3 记录序列末期或最后一部分的数字和/或字母标识

如果某序列的末期或最后一部分由数字和/或字母标识识别，则应用 **2.6.1** 所列的关于记录编号的基本说明记录该标识。

no. 10

volume 10, number 12

v. 4, no. 12

如果该标识由年和表示该年内一部分的编号组成，则将年记录于编号前。

如果某序列的末期或最后一部分缺少任何数字和/或字母标识，但先前各期或部分为该序列确立了一个数字和/或字母标识模式，则依该模式为该序列的末期或最后一部分提供一个数字和/或字母标识。依 **2.2.4** 所列的说明，指示该信息取自资源本身之外的来源。

[issue 12]
序列末期无数字和/或字母标识。前一期的标识为: issue 11

如果资源的识别以某序列末期或最后一部分之外的部分为依据，则在易于确定的情况下，为该序列的末期或最后一部分提供一个数字和/或字母标识。依 **2.2.4** 所列的说明，指示该信息取自资源本身之外的来源。

> ***交替规则***
>
> 编制一个关于该序列末期或最后一部分编号的附注（见 **2.20.5.3**）。

2.6.4.4 多种语言或文字的序列末期或最后一部分的数字和/或字母标识

如果某序列末期或最后一部分的数字和/或字母标识在信息源上以多种语言或文字出现，则记录采用正题名的语言或文字的标识。如果此准则不适用，则记录首先出现的标识。

Band 162
正题名为德语。标识还以英语形式出现

2.6.5 序列末期或最后一部分的年代标识

核心元素

对于最后一个或唯一的序列，序列末期或最后一部分的年代标识是核心元素。

2.6.5.1 范围

序列末期或最后一部分的年代标识是指连续出版物某一编号序列的末期或最后一部分上以日期形式（例如，年，年和月，月、日和年）展现的编号（见 **2.6.1.1**）。

2.6.5.2 信息源

序列末期或最后一部分的年代标识取自下列来源（按优先顺序）：

a) 该序列末期或最后一部分上载有正题名的来源（见 **2.3.2.2**）

b) 该序列末期或最后一部分内的另一来源（见 **2.2.2**）

c) **2.2.4** 指定的其他信息源之一

2.6.5.3 记录序列末期或最后一部分的年代标识

如果某序列的末期或最后一部分由年代标识识别，则应用 **2.6.1** 所列的关于记录编号的基本说明记录该标识。

> Dec. 31, 1999

如果某序列的末期或最后一部分缺少任何年代标识，但先前各期或部分为该序列确立了一个年代标识模式，则依该模式为该序列的末期或最后一部分提供一个年代标识。依 **2.2.4** 所列的说明，指示该信息取自资源本身之外的来源。

> [2005]
> *序列末期无年代标识。前一期的标识为：*2004

如果资源的识别以某序列末期或最后一部分之外的部分为依据，则在易于确定的情况下，为该序列的末期或最后一部分提供一个年代标识。依 **2.2.4** 所列的说明，指示该信息取自资源本身之外的来源。

> ***交替规则***
>
> 编制一个关于该序列末期或最后一部分编号的附注（见 **2.20.5.3**）。

2.6.5.4 多种语言或文字的序列末期或最后一部分的年代标识

如果某序列末期或最后一部分的年代标识在信息源上以多种语言或文字出现，则记录采用正题名的语言或文字的标识。如果此准则不适用，则记录首先出现的标识。

> January 1978
> *正题名为英语。年代标识还以法语形式出现*

2.6.6 序列首期或第一部分的交替数字和/或字母标识

2.6.6.1 范围

序列首期或第一部分的交替数字和/或字母标识是指连续出版物某一编号序列的首期或第一部分上以数字和/或字母形式展现的第二种或后继编号（见 **2.6.1.1**）体系。

2.6.6.2 信息源

序列首期或第一部分的交替数字和/或字母标识取自下列来源（按优先顺序）：

a) 该序列首期或第一部分上载有正题名的来源（见 **2.3.2.2**）

b) 该序列首期或第一部分内的另一来源（见 **2.2.2**）

c) **2.2.4** 指定的其他信息源之一

2.6.6.3 记录序列首期或第一部分的交替数字和/或字母标识

如果某序列的首期或第一部分由交替的数字和/或字母标识识别，则应用 **2.6.1** 所列的关于记录编号的基本说明记录该标识。

> 85
>
> Issue # 156

2.6.6.4 多种语言或文字的序列首期或第一部分的交替数字和/或字母标识

如果某序列首期或第一部分的交替数字和/或字母标识在信息源上以多种语言或文字出现，则记录采用正题名的语言或文字的标识。如果此准则不适用，则记录首先出现的标识。

2.6.7 序列首期或第一部分的交替年代标识

2.6.7.1 范围

序列首期或第一部分的交替年代标识 是指连续出版物某一编号序列的首期或第一部分上以日期形式（例如，年，年和月，月、日和年）展现的第二种或后继编号（见 **2.6.1.1**）体系。

2.6.7.2 信息源

序列首期或第一部分的交替年代标识取自下列来源（按优先顺序）：

a) 该序列首期或第一部分上载有正题名的来源（见 **2.3.2.2**）

b) 该序列首期或第一部分内的另一来源（见 **2.2.2**）

c) **2.2.4** 指定的其他信息源之一

2.6.7.3 记录序列首期或第一部分的交替年代标识

如果某序列的首期或第一部分由交替的年代标识识别，则应用 **2.6.1** 所列的关于记录编号的基本说明记录该标识。

2.6.7.4 多种语言或文字的序列首期或第一部分的交替年代标识

如果某序列首期或第一部分的交替年代标识在信息源上以多种语言或文字出现，则记录采用正题名的语言或文字的标识。如果此准则不适用，则记录首先出现的标识。

2.6.8 序列末期或最后一部分的交替数字和/或字母标识

2.6.8.1 范围

序列末期或最后一部分的交替数字和/或字母标识 是指连续出版物某一编号序列的末期或最后一部分上以数字和/或字母形式展现的第二种或后继编号（见 **2.6.1.1**）体系。

2.6.8.2 信息源

序列末期或最后一部分的交替数字和/或字母标识取自下列来源（按优先顺序）：

a) 该序列末期或最后一部分上载有正题名的来源（见 **2.3.2.2**）

b) 该序列末期或最后一部分内的另一来源（见 **2.2.2**）

c) 2.2.4 指定的其他信息源之一

2.6.8.3 记录序列末期或最后一部分的交替数字和/或字母标识

如果某序列的末期或最后一部分由交替的数字和/或字母标识识别，则应用 **2.6.1** 所列的关于记录编号的基本说明记录该标识。

number 57

2.6.8.4 多种语言或文字的序列末期或最后一部分的交替数字和/或字母标识

如果某序列末期或最后一部分的交替数字和/或字母标识在信息源上以多种语言或文字出现，则记录采用正题名的语言或文字的标识。如果此准则不适用，则记录首先出现的标识。

2.6.9 序列末期或最后一部分的交替年代标识

2.6.9.1 范围

序列末期或最后一部分的交替年代标识是指连续出版物某一编号序列的末期或最后一部分上以日期形式（例如，年，年和月，月、日和年）展现的第二种或后继编号（见 **2.6.1.1**）体系。

2.6.9.2 信息源

序列末期或最后一部分的交替年代标识取自下列来源（按优先顺序）：

a) 该序列末期或最后一部分上载有正题名的来源（见 **2.3.2.2**）

b) 该序列末期或最后一部分内的另一来源（见 **2.2.2**）

c) **2.2.4** 指定的其他信息源之一

2.6.9.3 记录序列末期或最后一部分的交替年代标识

如果某序列的末期或最后一部分由交替的年代标识识别，则应用 **2.6.1** 所列的关于记录编号的基本说明记录该标识。

2.6.9.4 多种语言或文字的序列末期或最后一部分的交替年代标识

如果某序列末期或最后一部分的交替年代标识在信息源上以多种语言或文字出现，则记录采用正题名的语言或文字的标识。如果此准则不适用，则记录首先出现的标识。

2.7 制作说明

<u>核心元素</u>

对于以非出版形式发行的资源，制作日期是核心元素。制作说明的其他子元素是可选择的。

2.7.1 记录制作说明的基本说明

2.7.1.1 范围

制作说明是指识别非出版形式资源的制作地、制作者和制作日期的说明。

制作说明包括与非出版形式资源的镌刻、制造、构建等有关的说明。

2.7.1.2 信息源

关于选择制作说明信息源的规则，见下列制作说明特定子元素的说明：

a) 关于制作地，见 **2.7.2.2**

b) 关于并列制作地，见 **2.7.3.2**

c) 关于制作者名称，见 **2.7.4.2**

d) 关于并列制作者名称，见 **2.7.5.2**

e) 关于制作日期，见 **2.7.6.2**

2.7.1.3 摹真品和复制品

当描述的摹真品或复制品既具有与其原始载体表现相关又具有与其自身相关的一个或多个制作说明时，记录与该摹真品或复制品相关的一个或多个制作说明。将与原件相关的任何制作说明作为相关载体表现（见 **27.1**）的制作说明予以记录。

2.7.1.4 记录制作说明

记录非出版形式资源（例如，手稿、绘画、雕塑、本地制作的录音）的一个或多个制作说明。

按信息源上出现的形式转录制作地和制作者名称。应用 **1.7** 所列的关于转录的一般性规则。

> ***可选择的省略***
>
> 省略团体等级中非识别制作者所必备的层级。不用省略号（...）表示所做的省略。

应用 **1.8** 所列的关于用数字或词表达的数的一般性规则记录制作日期。

2.7.1.5 记录制作说明的变化

如适用，依 **2.7.1.5.1**（多部分专著）、**2.7.1.5.2**（连续出版物）或 **2.7.1.5.3**（集成性资源）所列的说明记录制作说明的变化。

2.7.1.5.1 多部分专著

如果多部分专著的某期或某部分的制作地有变化，则在对识别或检索重要的情况下，编制一个关于该变化的附注（见 **2.20.6.4.1**）。如果仅是地名表现形式的变化，则在该变化重要的情况下，编制一个附注。

> ***交替规则***
>
> 如果变化较多，则编制一个一般性附注（见 **2.20.6.4.1**）。

如果后继某期或某部分上制作者的名称有变化，或列出了不同的制作者，则为对识别或检索重要的任何后来的名称编制一个附注（见 **2.20.6.4.1**）。如果仅是名称表现形式的变化，则在该变化重要的情况下，编制一个附注。

> ***交替规则***
>
> 如果变化较多，则编制一个一般性附注（见 **2.20.6.4.1**）。

2.7.1.5.2 连续出版物

如果连续出版物后来的某期或某部分的制作地有变化，则在对识别或检索重要的情况下，编制一个关于该变化的附注（见 2.20.6.4.2）。如果仅是地名表现形式的变化，则在该变化重要的情况下，编制一个附注。

> ***交替规则***
>
> 如果变化较多，则编制一个一般性附注（见 2.20.6.4.2）。

如果后继某期或某部分上制作者的名称有变化，或列出了不同的制作者，则为对识别或检索重要的任何后来的名称编制一个附注（见 2.20.6.4.2）。如果仅是名称表现形式的变化，则在该变化重要的情况下，编制一个附注。

> ***交替规则***
>
> 如果变化较多，则编制一个一般性附注（见 2.20.6.4.2）。

2.7.1.5.3 集成性资源

如果集成性资源后继某一更新后的整体的制作地有变化，则修改该制作地以反映当前更新后的整体，并在对识别或检索重要的情况下，编制一个关于较早地点的附注（见 2.20.6.4.3）。

如果后继某一更新后的整体的制作者名称有变化，或列出了不同的制作者，则修改该制作者名称以反映当前更新后的整体，并为对识别或检索重要的任何较早名称编制一个附注（见 2.20.6.4.3）。

> ***交替规则***
>
> 如果变化较多，则编制一个一般性附注（见 2.20.6.4.3）。

2.7.2 制作地

2.7.2.1 范围

制作地 是指与非出版形式资源的镌刻、制造、构建等相联系的地点。

2.7.2.2 信息源

制作地取自下列来源（按优先顺序）：

a) 与制作者名称相同的来源（见 2.7.4.2）

b) 资源本身内的另一来源（见 2.2.2）

c) 2.2.4 指定的其他信息源之一

2.7.2.3 记录制作地

应用 2.7.1 所列的关于记录制作说明的基本说明记录制作地。如果在信息源上可找到，包括本地地名（市、镇等）以及一个或多个上级行政管辖区（州、省等和/或国家）的名称。

可选择的附加

如果对识别或检索重要，则将完整地址作为本地地名的一部分。

如果对识别或检索重要，则提供上级行政管辖区（州、省等和/或国家）的名称作为本地地名的一部分。依 **2.2.4** 所列的说明，指示该信息取自资源本身之外的来源。

包括任何与地名一起出现、使该说明有意义的介词。

如果已知转录的地名系虚构，或需要明确，则编制一个附注，提供实际的地名等（见 **2.20.6.3**）。

2.7.2.4 多个制作地

如果信息源上列出多个制作地，则按信息源上名称的序列、版面和字体设计所指示的顺序记录这些地名。

如果有两个或两个以上的制作者，且与其中的一个或多个制作者相联系的地点有两个或两个以上，则按信息源上地名的序列、版面和字体设计所指示的顺序记录与每一制作者相联系的地名。

2.7.2.5 多种语言或文字的制作地

如果制作地在信息源上以多种语言或文字出现，则记录采用正题名的语言或文字的形式。如果此准则不适用，则记录首先出现的语言或文字的地名。

2.7.2.6 资源中未能识别的制作地

如果制作地在资源中未能识别，则依 **2.7.2.6.1**（已知的地点）、**2.7.2.6.2**（可能的地点）、**2.7.2.6.3**（已知的国家、州、省等）或 **2.7.2.6.4**（可能的国家、州、省等）所列的说明，按优先顺序，提供制作地或可能的制作地。依 **2.2.4** 所列的说明，指示该信息取自资源本身之外的来源。

如果已知或可能的本地或国家、州、省等的制作地都不能确定，则记录为 *Place of production not identified*（制作地未能识别）。

2.7.2.6.1 已知的制作地

如果制作地已知，则提供本地地名（市、镇等）。如为识别所必需，则包括上级行政管辖区名称。

> [Salem, Mass.]

2.7.2.6.2 可能的制作地

如果制作地不明，则提供可能的本地制作地名称。如为识别所必需，则包括上级行政管辖区名称。如果仅提供本地地名，则在后面添加一个问号。如果包括上级行政管辖区名称，且已知该制作地在此行政管辖区内，但区域内的具体地点不明，则在可能的本地地名后添加一个问号。否则，在上级行政管辖区名称后添加一个问号。

> [Port Alberni, British Columbia?]

2.7.2.6.3 已知的国家、州、省等制作地

如果可能的本地地点未知，则提供国家、州、省等制作地名称。

> [Denmark]

2.7.2.6.4 可能的国家、州、省等制作地

如果国家、州、省等制作地不明，则提供可能的国家、州、省等制作地名称，后面添加一个问号。

> [France?]

2.7.2.7 制作地的变化

关于记录制作地变化的说明，见 **2.7.1.5**。

2.7.3 并列制作地

2.7.3.1 范围

并列制作地是指不同于制作地元素中记录的语言和/或文字的制作地（见 **2.7.2.1**）。

2.7.3.2 信息源

并列制作地取自下列来源（按优先顺序）：

a) 与制作地相同的来源（见 **2.7.2.2**）

b) 资源本身内的另一来源（见 **2.2.2**）

c) **2.2.4** 指定的其他信息源之一

2.7.3.3 记录并列制作地

应用 **2.7.1** 所列的关于记录制作说明的基本说明记录并列制作地。

如果有多个并列制作地，则按一个或多个信息源上名称的序列、版面和字体设计所指示的顺序记录这些名称。

2.7.4 制作者名称

2.7.4.1 范围

制作者名称是指对非出版形式资源的镌刻、制造、构建等负有责任的个人、家族或团体的名称。

2.7.4.2 信息源

制作者名称取自下列来源（按优先顺序）获取：

a) 与正题名相同的来源（见 **2.3.2.2**）

b) 资源本身内的另一来源（见 **2.2.2**）

c) **2.2.4** 指定的其他信息源之一

2.7.4.3 记录制作者名称

应用 **2.7.1** 所列的关于记录制作说明的基本说明记录制作者名称。

如果已知转录的名称系虚构，或需要明确，则编制一个附注，提供实际的名称等（见 **2.20.6.3**）。

2.7.4.4 职能说明

按信息源上出现的形式，记录指示个人、家族或团体所承担职能的词或短语。

> *可选择的附加*
>
> 如果制作者名称子元素记录的个人、家族或团体的职能没有明确说明，或不能根据上下文来确定，则添加一个指明职能的术语。依 **2.2.4** 所列的说明，指示该信息取自资源本身之外的来源。

2.7.4.5 多个制作者

如果列出多个个人、家族或团体作为资源的制作者，则按信息源上名称的序列、版面和字体设计所指示的顺序记录这些制作者名称。

2.7.4.6 多种语言或文字的制作者名称

如果制作者名称在信息源上以多种语言或文字出现，则记录采用正题名的语言或文字的形式。如果此准则不适用，则记录首先出现的语言或文字的名称。

2.7.4.7 制作者不可识别

如果资源本身未列出制作者，则记录为 *producer not identified*（制作者未能识别）。

2.7.4.8 制作者名称的变化

关于记录制作者名称变化的说明，见 **2.7.1.5**。

2.7.5 并列制作者名称

2.7.5.1 范围

并列制作者名称是指不同于制作者名称元素中记录的语言和/或文字的制作者名称（见 **2.7.4.1**）。

2.7.5.2 信息源

并列制作者名称取自下列来源（按优先顺序）：

a) 与制作者名称相同的来源（见 **2.7.4.2**）

b) 资源本身内的另一来源（见 **2.2.2**）

c) **2.2.4** 指定的其他信息源之一

2.7.5.3 记录并列制作者

依 **2.7.1** 所列的关于记录制作说明的基本说明，记录并列制作者名称。

如果有多个并列制作者名称，则按一个或多个信息源上名称的序列、版面和字体设计所指示的顺序记录这些名称。

2.7.6 制作日期

<u>核心元素</u>

对于以非出版形式发行的资源，制作日期是核心元素。

2.7.6.1 范围

制作日期是指与非出版形式资源的镌刻、制造、构建等相联系的日期。

对于档案资源，制作日期是制作资源的日期，或者是存档活动的一个或多个日期。

对于收藏（例如，私人收集者、交易商、图书馆等搜集的藏品），制作日期是该收藏所含资源的制作或出版日期。

2.7.6.2 信息源

制作日期取自任何来源。

2.7.6.3 记录制作日期

应用 **2.7.1** 所列的关于记录制作说明的基本说明记录制作日期。

> 2006

可选择的附加

如果资源上出现的日期不是格里历或儒略历，则添加对应的一个或多个格里历或儒略历日期。依 **2.2.4** 所列的说明，指示该信息取自资源本身之外的来源。

如果已知资源上出现的日期系虚构或不正确，则编制一个附注，提供实际的日期（见 **2.20.6.3**）。

2.7.6.4 纪年铭

如果信息源上出现的制作日期采用纪年铭的形式，则转录所见的纪年铭。

可选择的附加

添加数字形式的日期（用著录机构首选的文字和历法）。依 **2.2.4** 所列的说明，指示该信息取自资源本身之外的来源。

交替规则

不用纪年铭，记录提供的数字形式的日期（用著录机构首选的文字和历法）。依 **2.2.4** 所列的说明，指示该信息取自资源本身之外的来源。

如果对识别重要，则编制一个提供纪年铭的附注（见 **2.20.6.3**）。

2.7.6.5 多部分专著、连续出版物和集成性资源

如果可获得多部分专著、连续出版物或集成性资源的首期、第一部分或第一个更新后的整体，则记录该期、该部分或该更新后的整体的制作日期，其后随以连字符。

> 1999–

如果资源已停止或已完成制作，且可获得第一和最后卷期、部分或更新后的整体，则记录这些卷期、部分或更新后的整体的制作日期，用连字符分隔。

1982–2001

如果资源已停止或已完成制作，且可获得末期、最后一部分或最后一个更新后的整体，但不能得到首期、第一部分或第一个更新后的整体，则记录末期、最后一部分或最后一个更新后的整体的制作日期，前置以连字符。

–2002

对于集成性资源，如果重要，提供最后更新的日期。

如果所有卷期、部分或更新后的整体的制作日期都相同，则只需将该日期作为单一日期予以记录。

1967

如果不能获得第一和/或最后卷期、部分或更新后的整体，则应用 **2.7.6.6** 所列的说明，提供一个或多个大约的日期。

2.7.6.6 单部分资源中未能识别的制作日期

如果制作日期在单部分资源中未能识别，则提供制作日期或大约日期。应用 **1.9.2** 所列的关于提供日期的说明。

如果不能合理地断定单部分资源的制作日期或大约日期，则记录为 *date of production not identified*（制作日期未能识别）。

2.7.6.7 档案资源和收藏

如果档案资源的制作日期在某一年之内，则记录该日期或某期间更专指的日期。对于单一资源，记录一个或多个确切的日期。

1906 March 17

如果档案资源或收藏跨越某一时间段，则记录起讫日期（例如，资源制作或存档活动的最早和最后日期）。

1849–1851

可选择的附加

所描述资源中大多数单件涉及的日期与起讫日期有明显差异时，在起讫日期后加上绝大部分或主要部分的日期，并如实说明。

1785–1960, bulk 1916–1958

如果不能从资源上找到日期，或不能根据任何其他来源确定日期，则尽可能精确地估计最接近的年、十年、世纪或其他时间段。

probably 1867
1952–1978
before 1867

记录估计的日期会引起误解时，记录为 *date of production not identified*（制作日期未能识别）。

2.8 出版说明

核心元素

对于已出版的资源，出版地、出版者名称和出版日期是核心元素。出版说明的其他子元素是可选择的。

2.8.1 记录出版说明的基本说明

2.8.1.1 范围

出版说明是指识别资源的一个或多个出版地、出版者和出版日期的说明。

出版说明包括与资源的出版、发布或发行有关的说明。

关于有关非出版形式资源的制作的说明，见 **2.7**。

2.8.1.2 信息源

关于选择出版说明信息源的规则，见下列出版说明特定子元素的说明：

a) 关于出版地，见 **2.8.2.2**

b) 关于并列出版地，见 **2.8.3.2**

c) 关于出版者名称，见 **2.8.4.2**

d) 关于并列出版者名称，见 **2.8.5.2**

e) 关于出版日期，见 **2.8.6.2**

2.8.1.3 摹真品和复制品

当描述的摹真品或复制品既具有与其原始载体表现相关又具有与其自身相关的一个或多个出版说明时，记录与该摹真品或复制品相关的一个或多个出版说明。将与原件相关的任何出版说明作为相关载体表现（见 **27.1**）的出版说明予以记录。

2.8.1.4 记录出版说明

按信息源上出现的形式转录出版地和出版者名称。应用 **1.7** 所列的关于转录的一般性规则。

可选择的省略

省略团体等级中非识别出版者所必备的层级。不用省略号（…）表示所做的省略。

应用 **1.8** 所列的关于用数字或词表达的数的一般性规则，记录出版日期。

2.8.1.5 记录出版说明的变化

如适用，依 **2.8.1.5.1**（多部分专著）、**2.8.1.5.2**（连续出版物）或 **2.8.1.5.3**（集成性资源）所列的说明记录出版说明的变化。

2.8.1.5.1 多部分专著

如果多部分专著的某期或某部分的出版地有变化，则在重要的情况下，编制一个关于该变化的附注（见 **2.20.7.5.1**）。如果仅是地名表现形式的变化，则在该变化重要的情况下，编制一个附注。

> ***交替规则***
>
> 如果变化较多，则编制一个一般性附注（见 **2.20.7.5.1**）。

如果后继某期或某部分上出版者的名称有变化，或列出了不同的出版者，则为对识别或检索重要的任何后来的名称编制一个附注（见 **2.20.7.5.1**）。

> ***交替规则***
>
> 如果变化较多，则编制一个一般性附注（见 **2.20.7.5.1**）。

2.8.1.5.2 连续出版物

如果连续出版物后来的某期或某部分的出版地有变化，则在重要的情况下，编制一个关于该变化的附注（见 **2.20.7.5.2**）。如果仅是地名表现形式的变化，则在该变化重要的情况下，编制一个附注。

> ***交替规则***
>
> 如果变化较多，则编制一个一般性附注（见 **2.20.7.5.2**）。

如果后继某期或某部分上出版者的名称有变化，或列出了不同的出版者，则为对识别或检索重要的任何后来的名称编制一个附注（见 **2.20.7.5.2**）。如果只是名称表现形式的变化，则在该变化重要的情况下，编制一个附注。

> ***交替规则***
>
> 如果变化较多，则编制一个一般性附注（见 **2.20.7.5.2**）。

2.8.1.5.3 集成性资源

如果集成性资源后继的某一更新后的整体的出版地有变化，则修改该出版地以反映当前更新后的整体，并在对识别或检索重要的情况下，编制一个关于较早地点的附注（见 **2.20.7.5.3**）。

如果后继某一更新后的整体出版者的名称有变化，或列出了不同的出版者，则修改该出版者名称以反映当前更新后的整体，并为对识别或检索重要的任何较早名称编制一个附注（见 **2.20.7.5.3**）。

> ***交替规则***
>
> 如果变化较多，则编制一个一般性附注（见 **2.20.7.5.3**）。

2.8.2 出版地

<u>核心元素</u>

如果信息源上出现多个出版地，则仅第一个所记录的地点是必需的。

2.8.2.1 范围

出版地 是指与资源的出版、发布或发行相联系的地点。

2.8.2.2 信息源

出版地取自下列来源（按优先顺序）：

a) 与出版者名称相同的来源（见 **2.8.4.2**）

b) 资源本身内的另一来源（见 **2.2.2**）

c) **2.2.4** 指定的其他信息源之一

2.8.2.3 记录出版地

应用 **2.8.1** 所列的关于记录出版说明的基本说明记录出版地。如果信息源上可找到，则包括本地地名（市、镇等）以及一个或多个上级行政管辖区（州、省等和/或国家）名称。

Köln

Westport, Connecticut

Lugduni Batavorum

Wellington, New Zealand

Tolworth, England

Carbondale, Ill.

Den Haag

Taunton, Somerset

Christiania

Mpls

Santiago

Aldershot, Hampshire, England

Burlington, VT, USA

可选择的附加

如果对识别或检索重要，则将完整地址作为本地地名的一部分。

6 Ludgate Hill, London

如果对识别或检索重要，则提供上级行政管辖区（州、省等和/或国家）的名称作为本地地名的一部分。依 **2.2.4** 所列的说明，指示该信息取自资源本身之外的来源。

Dublin [Ireland]

Dublin [Ohio]

包括任何与地名一起出现、使该说明有意义的介词。

V Praze

如果已知转录的地名系虚构，或需要明确，则编制一个附注，提供实际的地名等（见 2.20.7.3）。

2.8.2.4 多个出版地

如果信息源上列出多个出版地，则按信息源上名称的序列、版面和字体设计所指示的顺序记录这些地名。

Ann Arbor, Mich.
Tylers Green, Buckinghamshire

Toronto
Buffalo
London

Lanham, Maryland
Toronto
Oxford

London, UK
Lawrence, KS, USA

Kassel
Basel
London
New York
Prag

Toronto
Montréal
*信息源显示为：*Montréal, Toronto。*Toronto 字体设计突出*

London
New York
Sydney
*信息源显示为：*New York, London, Sydney。*London 字体设计突出*

如果有两个或两个以上的出版者，且与其中的一个或多个出版者相联系的地点有两个或两个以上，则按信息源上地名的序列、版面和字体设计所指示的顺序记录与每一出版者相联系的地名。

2.8.2.5 多种语言或文字的出版地

如果出版地在信息源上以多种语言或文字出现，则记录采用正题名的语言或文字的形式。如果此准则不适用，则记录首先出现的语言或文字的地名。

Genf
*正题名为德语。出版地还以如下形式出现：*Genève

2.8.2.6 资源中未能识别的出版地

如果出版地在资源中未能识别，则依 **2.8.2.6.1**（已知的地点）、**2.8.2.6.2**（可能的地点）、**2.8.2.6.3**（已知的国家、州、省等）或 **2.8.2.6.4**（可能的国家、州、省等）所列的说明，按优先顺序，提供出版地或可能的出版地。依 **2.2.4** 所列的说明，指示该信息取自资源本身之外的来源。

如果已知或可能的本地或国家、州、省等的出版地都不能确定，则记录为 *Place of publication not identified*（出版地未能识别）。

2.8.2.6.1 已知的出版地

如果出版地已知，则提供本地地名（市、镇等）。如为识别所必需，则包括上级行政管辖区名称。

> [Toronto]

2.8.2.6.2 可能的出版地

如果出版地不明，则提供可能的本地出版地名称。如为识别所必需，则包括上级行政管辖区名称。如果仅提供本地地名，则在后面添加一个问号。如果包括上级行政管辖区名称，且已知该出版地在此行政管辖区内，但区域内的具体地点不明，则在可能的本地地名后添加一个问号。否则，在上级行政管辖区名称后添加一个问号。

> [Munich?]
>
> [Lake Placid?, New York]
>
> [Sofia, Bulgaria?]

2.8.2.6.3 已知的国家、州、省等出版地

如果已知国家、州、省等出版地，则提供其名称。

> [Canada]

2.8.2.6.4 可能的国家、州、省等出版地

如果国家、州、省等出版地不明，则提供可能的国家、州、省等出版地名称，后面添加一个问号。

> [Spain?]

2.8.2.7 出版地的变化

关于记录出版地变化的说明，见 **2.8.1.5**。

2.8.3 并列出版地

2.8.3.1 范围

并列出版地是指不同于出版地元素中记录的语言和/或文字的出版地（见 **2.8.2.1**）。

2.8.3.2 信息源

并列出版地取自下列来源（按优先顺序）：

a) 与出版地相同的来源（见 **2.8.2.2**）

b) 资源本身内的另一来源（见 **2.2.2**）

c) **2.2.4** 指定的其他信息源之一

2.8.3.3 记录并列出版地

应用 **2.8.1** 所列的关于记录出版说明的基本说明，记录并列出版地。

> Genève
> *出版地：* Genf

如果有多个并列出版地，则按一个或多个信息源上名称的序列、版面和字体设计所指示的顺序记录这些名称。

2.8.4 出版者名称

<u>核心元素</u>

如果信息源上出现多个出版者名称，则仅第一个所记录的名称是必需的。

2.8.4.1 范围

出版者名称是指对资源的出版、发布或发行负有责任的个人、家族或团体的名称。

对于早期印刷型资源，印刷者和书商作为出版者处理。

2.8.4.2 信息源

出版者名称取自下列来源（按优先顺序）：

a) 与正题名相同的来源（见 **2.3.2.2**）

b) 资源本身内的另一来源（见 **2.2.2**）

c) **2.2.4** 指定的其他信息源之一

2.8.4.3 记录出版者名称

应用 **2.8.1** 所列的关于记录出版说明的基本说明记录出版者名称。

> Oxford University Press
>
> World Health Organization
>
> University of Leeds, Dept. of Spanish
> *来源上* Dept.*为缩写*
>
> Universal Edition
>
> University of Toronto Press
>
> Penguin Books
>
> McGraw-Hill

Grolier

Bridge Records, Inc.

H.M.S.O.

John Lane, the Bodley Head

Institut géographique international

A. Hébert

Supraphon

Tactus

Educational Productions

Public Works and Government Services Canada

如果已知转录的名称系虚构，或需要明确，则编制一个附注，提供实际的名称等（见 2.20.7.3）。

2.8.4.4 职能说明

按信息源上出现的形式，记录指示个人、家族或团体所承担职能（单纯出版除外）的词或短语。

SAGE Publications on behalf of McGill University
信息源显示为： Published by SAGE Publications on behalf of McGill University

In Komission by O. Harrassowitz

可选择的附加

如果出版者名称子元素记录的个人、家族或团体的职能没有明确说明，或不能根据上下文来确定，则添加一个指示职能的术语。依 2.2.4 所列的说明，指示该信息取自资源本身之外的来源。

2.8.4.5 多个出版者

如果列出多个个人、家族或团体作为资源的出版者，则按信息源上名称的序列、版面和字体设计所指示的顺序记录这些出版者名称。

McClelland and Stewart
World Crafts Council

Gauthier-Villars
University of Chicago Press

Dutton
Clarke, Irwin

Baedeker
Allen & Unwin

2.8.4.6 多种语言或文字的出版者名称

如果出版者名称在信息源上以多种语言或文字出现，则记录采用正题名的语言或文字的形式。如果此准则不适用，则记录首先出现的语言或文字的名称。

> Éditions du peuple
> *正题名为法语。出版者名称还以英语形式出现*
>
> Health Canada, Pest Management Regulatory Agency
> *正题名为英语。出版者名称还以法语形式出现*

2.8.4.7 出版者不可识别

对于出版形式的资源，如果资源本身未列出出版者，且不能从 **2.2.4** 指定的其他来源确定出版者，则记录为 *publisher not identified*（出版者未能识别）。

2.8.4.8 出版者名称的变化

关于记录出版者名称变化的说明，见 **2.8.1.5**。

2.8.5 并列出版者名称

2.8.5.1 范围

并列出版者名称是指不同于出版者名称元素中记录的语言和/或文字的出版者名称（见 **2.8.4.1**）。

2.8.5.2 信息源

并列出版者名称取自下列来源（按优先顺序）：

a) 与出版者名称相同的来源（见 **2.8.4.2**）

b) 资源本身内的另一来源（见 **2.2.2**）

c) **2.2.4** 指定的其他信息源之一

2.8.5.3 记录并列出版者名称

应用 **2.8.1** 所列的关于记录出版说明的基本说明记录并列出版者名称。

> Commoner's Publishing
> *出版者名称记录为：* Éditions du people
>
> Santé Canada, Agence de réglementation de la lutte antiparasitaire
> *出版者名称记录为：* Health Canada, Pest Management Regulatory Agency

如果有多个并列出版者名称，则按一个或多个信息源上名称的序列、版面和字体设计所指示的顺序记录这些名称。

2.8.6 出版日期

<u>核心元素</u>

2.8.6.1 范围

出版日期是指与资源的出版、发布或发行相联系的日期。

2.8.6.2 信息源

出版日期取自下列来源（按优先顺序）：

a) 与正题名相同的来源（见 2.3.2.2）

b) 资源本身内的另一来源（见 2.2.2）

c) 2.2.4 指定的其他信息源之一

对于多部分专著和连续出版物，起始和/或终止的出版日期取自已发布的首期或第一部分和/或末期或最后一部分，或取自另一来源。

对于集成性资源，起始和/或终止的出版日期取自第一个和/或最后一个更新后的整体，或取自另一来源。

2.8.6.3 记录出版日期

应用 2.8.1 所列的关于记录出版说明的基本说明记录出版日期。

1975

May 2000

1733
信息源显示为： MDCCXXXIII

可选择的附加

如果资源上出现的日期不是格里历或儒略历，则添加对应的一个或多个格里历或儒略历日期。依 2.2.4 所列的说明，指示该信息取自资源本身之外的来源。

4308 [1975]

Minguo 28 [1939]

5730 [1969 or 1970]

Heisei 1 [1989]

anno 18 [1939]

如果已知资源上出现的日期系虚构或不正确，则编制一个附注，提供实际的日期（见 2.20.7.3）。

2.8.6.4 纪年铭

如果信息源上出现的出版日期采用纪年铭的形式，则转录所见的纪年铭。

Ipso anno tertIo saeCVLarI typographIae DIVIno aVXILIo a gerManIs InVentae

可选择的附加

添加数字形式的日期（用著录机构首选的文字和历法）。依 2.2.4 所列的说明，指示该信息取自资源本身之外的来源。

Ipso anno tertIo saeCVLarI typographIae DIVIno aVXILIo a gerManIs InVentae [1740]

文替规则

不用纪年铭，记录提供的数字形式的日期（用著录机构首选的文字和历法）。依 **2.2.4** 所列的说明，指示该信息取自资源本身之外的来源。

[1740]

如果对识别重要，则编制一个提供纪年铭的附注（见 **2.20.7.3**）。

2.8.6.5 多部分专著、连续出版物和集成性资源

如果可获得多部分专著、连续出版物或集成性资源的首期、第一部分或第一个更新后的整体，则记录该期、该部分或该更新后的整体的出版日期，其后随以连字符。

1988–

如果资源已停止或已完成出版，且可获得第一和最后卷期、部分或更新后的整体，则记录这些卷期、部分或更新后的整体的出版日期，用连字符分隔。

1968–1973

如果资源已停止或已完成出版，且可获得末期、最后一部分或最后一个更新后的整体，但不能得到首期、第一部分或第一个更新后的整体，则记录末期、最后一部分或最后一个更新后的整体的出版日期，前置以连字符。

–1997

对于集成性资源，如果重要，提供最后更新的日期。

1995–1998 [updated 1999]
可获得不断更新的活页出版物的第一个和最后一个出版的更新后的整体；已知最后更新的日期

如果所有卷期、部分或更新后的整体的出版日期都相同，则仅需将该日期作为单一日期予以记录。

1997

如果不能获得第一和/或最后卷期、部分或更新后的整体，则应用 **2.8.6.6** 所列的说明，提供一个或多个大约的日期。

[1998]–
可获得最早一期: v. 1, no. 3, July 1998

1997–[2000]
不能获得最后一部分，但已知终止日期的信息

[1988–1991]
不能获得首期和末期，但已知起讫日期的信息

如果不能大致估计一个或多个日期，则不必记录出版日期。

2.8.6.6 单部分资源中未能识别的出版日期

如果出版日期在单部分资源中未能识别，则提供出版日期或大约日期。应用 **1.9.2** 所列的关于提供日期的说明。

如果不能合理地断定单部分资源出版的大约日期，则记录为 *date of publication not identified*（出版日期未能识别）。

2.9 发行说明

核心元素

对于出版形式的资源，如果出版地未能识别，发行地是核心元素。对于出版形式的资源，如果出版者未能识别，发行者名称是核心元素。对于出版形式的资源，如果出版日期未能识别，发行日期是核心元素。发行说明的其他子元素是可选择的。

2.9.1 记录发行说明的基本说明

2.9.1.1 范围

发行说明 是指识别出版形式资源的一个或多个发行地、发行者和发行日期的说明。

2.9.1.2 信息源

关于选择发行说明信息源的规则，见下列发行说明特定子元素的说明：

a) 关于发行地，见 **2.9.2.2**

b) 关于并列发行地，见 **2.9.3.2**

c) 关于发行者名称，见 **2.9.4.2**

d) 关于并列发行者名称，见 **2.9.5.2**

e) 关于发行日期，见 **2.9.6.2**

2.9.1.3 摹真品和复制品

当描述的摹真品或复制品既具有与其原始载体表现相关又具有与其自身相关的一个或多个发行说明时，记录与该摹真品或复制品相关的一个或多个发行说明。将与原始载体表现相关的任何发行说明作为相关载体表现（见 **27.1**）的发行说明予以记录。

2.9.1.4 记录发行说明

按信息源上出现的形式转录发行地和发行者名称。应用 **1.7** 所列的关于转录的一般性规则。

可选择的省略

省略团体等级中非识别发行者所必备的层级。不用省略号（...）表示所做的省略。

应用 **1.8** 所列的关于用数字或词表达的数的一般性规则记录发行日期。

2.9.1.5 记录发行说明的变化

如适用，依 **2.9.1.5.1**（多部分专著）、**2.9.1.5.2**（连续出版物）或 **2.9.1.5.3**（集成性资源）所列的说明记录发行说明的变化。

2.9.1.5.1 多部分专著

如果多部分专著的某期或某部分的发行地有变化，则在重要的情况下，编制一个关于该变化的附注（见 **2.20.8.4.1**）。如果仅是地名表现形式的变化，则在该变化重要的情况下，编制一个附注。

交替规则

如果变化较多，则编制一个一般性附注（见 **2.20.8.4.1**）。

如果后继某期或某部分上发行者的名称有变化，或列出了不同的发行者，则为对识别或检索重要的任何后来的名称编制一个附注（见 **2.20.8.4.1**）。如果仅是名称表现形式的变化，则在该变化重要的情况下，编制一个附注。

交替规则

如果变化较多，则编制一个一般性附注（见 **2.20.8.4.1**）。

2.9.1.5.2 连续出版物

如果连续出版物后来的某期或某部分的发行地有变化，则在重要的情况下，编制一个关于该变化的附注（见 **2.20.8.4.2**）。如果仅是地名表现形式的变化，则在该变化重要的情况下，编制一个附注。

交替规则

如果变化较多，则编制一个一般性附注（见 **2.20.8.4.2**）。

如果后继某期或某部分上发行者的名称有变化，或列出了不同的发行者，则为对识别或检索重要的任何后来的名称编制一个附注（见 **2.20.8.4.2**）。如果仅是名称表现形式的变化，则在该变化重要的情况下，编制一个附注。

交替规则

如果变化较多，则编制一个一般性附注（见 **2.20.8.4.2**）。

2.9.1.5.3 集成性资源

如果集成性资源后继的某一更新后的整体的发行地有变化，则修改该发行地以反映当前更新后的整体，并在对识别或检索重要的情况下，编制一个关于较早地点的附注（见 **2.20.8.4.3**）。

如果后继某一更新后的整体发行者的名称有变化，或列出了不同的发行者，则修改该发行者名称以反映当前更新后的整体，并为对识别或检索重要的任何较早名称编制一个附注（见 2.20.8.4.3）。

> ***交替规则***
>
> 如果变化较多，则编制一个一般性附注（见 2.20.8.4.3）。

2.9.2 发行地

核心元素

对于出版形式的资源，如果出版地未能识别，发行地是核心元素。如果信息源上出现多个发行地，则仅第一个所记录的地点是必需的。

2.9.2.1 范围

发行地是指与出版形式资源的发行相联系的地点。

2.9.2.2 信息源

发行地取自下列来源（按优先顺序）：

a) 与发行者名称相同的来源（见 2.9.4.2）

b) 资源本身内的另一来源（见 2.2.2）

c) 2.2.4 指定的其他信息源之一

2.9.2.3 记录发行地

应用 2.9.1 所列的关于记录发行说明的基本说明记录发行地。如果信息源上可找到，则包括本地地名（市、镇等）以及一个或多个上级行政管辖区（州、省等和/或国家）名称。

> Oshawa, Ontario

> ***可选择的附加***
>
> 如果对识别或检索重要，则将完整地址作为本地地名的一部分。
>
> 如果对识别或检索重要，则提供上级行政管辖区（州、省等和/或国家）的名称作为本地地名的一部分。依 2.2.4 所列的说明，指示该信息取自资源本身之外的来源。

包括任何与地名一起出现、使该说明有意义的介词。

如果已知转录的地名系虚构，或需要明确，则编制一个附注，提供实际的地名等（见 2.20.8.3）。

2.9.2.4 多个发行地

如果信息源上列出多个发行地，则按信息源上名称的序列、版面和字体设计所指示的顺序记录这些地名。

> Frederick, MD, USA
> Letchworth, Herts, United Kingdom
> *出版地：* The Hague, The Netherlands

如果有两个或两个以上的发行者，且与其中的一个或多个发行者相联系的地点有两个或两个以上，则按信息源上地名的序列、版面和字体设计所指示的顺序记录与每一发行者相联系的地名。

2.9.2.5 多种语言或文字的发行地

如果发行地在信息源上以多种语言或文字出现，则记录采用正题名的语言或文字的形式。如果此准则不适用，则记录首先出现的语言或文字的地名。

2.9.2.6 资源中未能识别的发行地

如果发行地在资源中未能识别，则依 **2.9.2.6.1**（已知的地点）、**2.9.2.6.2**（可能的地点）、**2.9.2.6.3**（已知的国家、州、省等）或 **2.9.2.6.4**（可能的国家、州、省等）所列的说明，按优先顺序，提供发行地或可能的发行地。依 **2.2.4** 所列的说明，指示该信息取自资源本身之外的来源。

如果已知或可能的本地或国家、州、省等的发行地都不能确定，则记录为 *Place of distribution not identified*（发行地未能识别）。

2.9.2.6.1 已知的发行地

如果发行地已知，则提供本地地名（市、镇等）。如为识别所必需，则包括上级行政管辖区名称。

[Berlin]

2.9.2.6.2 可能的发行地

如果发行地不明，则提供可能的本地发行地名称。如为识别所必需，则包括上级行政管辖区名称。如果仅提供本地地名，则在后面添加一个问号。如果包括上级行政管辖区名称，而且已知该发行地在此行政管辖区内，但区域内的具体地点不明，则在可能的本地地名后添加一个问号。否则，在上级行政管辖区名称后添加一个问号。

[Chicago?]

2.9.2.6.3 已知的国家、州、省等发行地

如果可能的本地地点未知，则提供国家、州、省等发行地名称。

[Prince Edward Island]

2.9.2.6.4 可能的国家、州、省等发行地

如果国家、州、省等发行地不明，则提供可能的国家、州、省等发行地名称，后面添加一个问号。

[Netherlands?]

2.9.2.7 发行地的变化

关于记录发行地变化的说明，见 **2.9.1.5**。

2.9.3 并列发行地

2.9.3.1 范围

并列发行地是指不同于发行地元素中记录的语言和/或文字的发行地（见 **2.9.2.1**）。

2.9.3.2 信息源

并列发行地取自下列来源（按优先顺序）：

a) 与发行地相同的来源（见 **2.9.2.2**）

b) 资源本身内的另一来源（见 **2.2.2**）

c) **2.2.4** 指定的其他信息源之一

2.9.3.3 记录并列发行地

应用 **2.9.1** 所列的关于记录发行说明的基本说明记录并列发行地。

如果有多个并列发行地，则按一个或多个信息源上名称的序列、版面和字体设计所指示的顺序记录这些名称。

2.9.4 发行者名称

核心元素

对于出版形式的资源，如果出版者名称未能识别，发行者名称是核心元素。如果信息源上出现多个发行者名称，则仅第一个所记录的名称是必需的。

2.9.4.1 范围

发行者名称是指对出版形式资源的发行负有责任的个人、家族或团体的名称。

2.9.4.2 信息源

发行者名称取自下列来源（按优先顺序）：

a) 与正题名相同的来源（见 **2.3.2.2**）

b) 资源本身内的另一来源（见 **2.2.2**）

c) **2.2.4** 指定的其他信息源之一

2.9.4.3 记录发行者名称

应用 **2.9.1** 所列的关于记录发行说明的基本说明记录发行者名称。

> Hachette
>
> Columbia University Press
>
> Diffusion Interlivres

如果已知转录的名称系虚构，或需要明确，则编制一个附注，提供实际的名称等（见 **2.20.8.3**）。

2.9.4.4 职能说明

按信息源上出现的形式，记录指示个人、家族或团体所承担职能（单纯出版除外）的词或短语。

Distributed by New York Graphic Society

Sold by Longman

Distributed by Independent Publishers Group

Distribution by: MapArt Publishing Corporation

Distributed by Coach House Records Ltd.

可选择的附加

如果发行者名称子元素记录的个人、家族或团体的职能没有明确说明，或不能根据上下文来确定，则添加一个指示职能的术语。依 **2.2.4** 所列的说明，指示该信息取自资源本身之外的来源。

Guild Sound and Vision [distributor]

Voluntary Committee on Overseas Aid & Development [distributor]

2.9.4.5 多个发行者

如果列出多个个人、家族或团体作为资源的发行者，则按信息源上名称的序列、版面和字体设计所指示的顺序记录这些发行者名称。

Sold and distributed in North, Central and South America by: Aspen Publishers, Inc. Sold and distributed in all other countries by: Extenza-Turpin Distribution Services
出版者名称: Kluwer Law International

2.9.4.6 多种语言或文字的发行者名称

如果发行者名称在信息源上以多种语言或文字出现，则记录采用正题名的语言或文字的形式。如果此准则不适用，则记录首先出现的语言或文字的名称。

2.9.4.7 发行者不可识别

如果资源本身未列出发行者，且不能从 **2.2.4** 指定的其他来源确定发行者，则记录为 *distributor not identified*（发行者未能识别）。依 **2.2.4** 所列的说明，指示该信息取自资源本身之外的来源。

2.9.4.8 发行者名称的变化

关于记录发行者名称变化的说明，见 **2.9.1.5**。

2.9.5 并列发行者名称

2.9.5.1 范围

并列发行者名称是指不同于发行者名称元素中记录的语言和/或文字的发行者名称（见 **2.9.4.1**）。

2.9.5.2 信息源

并列发行者名称取自下列来源（按优先顺序）：

a) 与发行者名称相同的来源（见 2.9.4.2）

b) 资源本身内的另一来源（见 2.2.2）

c) 2.2.4 指定的其他信息源之一

2.9.5.3 记录并列发行者名称

应用 2.9.1 所列的关于记录发行说明的基本说明，记录并列发行者名称。

如果有多个并列发行者名称，则按一个或多个信息源上名称的序列、版面和字体设计所指示的顺序记录这些名称。

2.9.6 发行日期

核心元素

对于出版形式的资源，如果出版日期未能识别，发行日期是核心元素。

2.9.6.1 范围

发行日期是指与出版形式资源的发行相联系的日期。

2.9.6.2 信息源

发行日期取自下列来源（按优先顺序）：

a) 与正题名相同的来源（2.3.2.2）

b) 资源本身内的另一来源（见 2.2.2）

c) 2.2.4 指定的其他信息源之一

对于多部分专著和连续出版物，起始和/或终止的发行日期取自已发布的首期或第一部分和/或末期或最后一部分，或取自另一来源。

对于集成性资源，起始和/或终止的发行日期取自第一个和/或最后一个更新后的整体，或取自另一来源。

2.9.6.3 记录发行日期

如果发行日期与出版日期不同，则在重要的情况下，应用 2.9.1 所列的关于记录发行说明的基本说明记录发行日期。

> 1973
> *出版日期:* 1971

可选择的附加

如果资源上出现的日期不是格里历或儒略历，则添加对应的一个或多个格里历或儒略历日期。依 2.2.4 所列的说明，指示该信息取自资源本身之外的来源。

如果已知资源上出现的日期系虚构或不正确，则编制一个附注，提供实际的日期（见 2.20.8.3）。

2.9.6.4 纪年铭

如果信息源上出现的发行日期采用纪年铭的形式，则转录所见的纪年铭。

> *可选择的附加*
>
> 添加数字形式的日期（用著录机构首选的文字和历法）。依 **2.2.4** 所列的说明，指示该信息取自资源本身之外的来源。

> *交替规则*
>
> 不用纪年铭，记录提供的数字形式的日期（用著录机构首选的文字和历法）。依 **2.2.4** 所列的说明，指示该信息取自资源本身之外的来源。
>
> 如果对识别重要，则编制一个提供纪年铭的附注（见 **2.20.8.3**）。

2.9.6.5 多部分专著、连续出版物和集成性资源

如果可获得多部分专著、连续出版物或集成性资源的首期、第一部分或第一个更新后的整体，则记录该期、该部分或该更新后的整体的发行日期，其后随以连字符。

如果资源已停止或已完成发行，且可获得第一和最后卷期、部分或更新后的整体，则记录这些卷期、部分或更新后的整体的发行日期，用连字符分隔。

如果资源已停止或已完成发行，且可获得末期、最后一部分或最后一个更新后的整体，但不能得到首期、第一部分或第一个更新后的整体，则记录末期、最后一部分或最后一个更新后的整体的发行日期，前置以连字符。

对于集成性资源，如果重要，提供最后更新的日期。

如果所有卷期、部分或更新后的整体的发行日期都相同，则仅需将该日期作为单一日期予以记录。

如果不能获得第一和/或最后卷期、部分或更新后的整体，则应用 **2.9.6.6** 所列的说明，提供一个或多个大约的日期。如果不能大致估计一个或多个日期，则不必记录发行日期。

2.9.6.6 单部分资源中未能识别的发行日期

如果发行日期在单部分资源中未能识别，则提供发行日期或大约日期。应用 **1.9.2** 所列的关于提供日期的说明。

如果不能合理地断定单部分资源发行的大约日期，则记录为 *date of distribution not identified*（发行日期未能识别）。

如果资源以非出版形式存在（例如，手稿、绘画、雕塑），则不必在发行日期元素记录任何内容。

2.10 生产说明

核心元素

对于出版形式的资源，如果出版地和发行地都未能识别，生产地是核心元素。对于出版形式的资源，如果出版者和发行者都未能识别，生产者名称是核心元素。对于出版形式的资源，如果出版日期、发行日期和版权日期都未能识别，生产日期是核心元素。生产说明的其他子元素是可选择的。

2.10.1 记录生产说明的基本说明

2.10.1.1 范围

生产说明是指识别出版形式资源的一个或多个生产地、生产者和生产日期的说明。

生产说明包括与出版形式资源的印刷、复制、铸造等有关的说明。

2.10.1.2 信息源

关于选择生产说明信息源的规则，见下列生产说明特定子元素的说明：

a) 关于生产地，见 **2.10.2.2**

b) 关于并列生产地，见 **2.10.3.2**

c) 关于生产者名称，见 **2.10.4.2**

d) 关于并列生产者名称，见 **2.10.5.2**

e) 关于生产日期，见 **2.10.6.2**

2.10.1.3 摹真品和复制品

当描述的摹真品或复制品既具有与其原始载体表现相关又具有与其自身相关的一个或多个生产说明时，记录与该摹真品或复制品相关的一个或多个生产说明。将与原件相关的任何生产说明作为相关载体表现（见 **27.1**）的生产说明予以记录。

2.10.1.4 记录生产说明

对于出版形式的资源，如果出版者名称和发行者名称都未能识别，和/或出版日期和发行日期都未能识别，则记录一个或多个生产说明。

> ***可选择的附加***
>
> 如果生产说明与出版说明和/或发行说明不同，且著录机构认为重要，则记录生产说明。

按信息源上出现的形式转录生产地和生产者名称。应用 **1.7** 所列的关于转录的一般性规则。

> ***可选择的省略***
>
> 省略团体等级中非识别生产者所必备的层级。不用省略号（...）表示所做的省略。

应用 **1.8** 所列的关于用数字或词表达的数的一般性规则记录生产日期。

2.10.1.5 记录生产说明的变化

如适用，依 **2.10.1.5.1**（多部分专著）、**2.10.1.5.2**（连续出版物）或 **2.10.1.5.3**（集成性资源）所列的说明记录生产说明的变化。

2.10.1.5.1 多部分专著

如果多部分专著的某期或某部分的生产地有变化，则在对识别或检索重要的情况下，编制一个关于该变化的附注（见 **2.20.9.4.1**）。如果仅是地名表现形式的变化，则在该变化重要的情况下，编制一个附注。

交替规则

如果变化较多，则编制一个一般性附注（见 **2.20.9.4.1**）。

如果后继某期或某部分上生产者的名称有变化，或列出了不同的生产者，则为对识别或检索重要的任何后来的名称编制一个附注（见 **2.20.9.4.1**）。如果仅是名称表现形式的变化，则在该变化重要的情况下，编制一个附注。

交替规则

如果变化较多，则编制一个一般性附注（见 **2.20.9.4.1**）。

2.10.1.5.2 连续出版物

如果连续出版物后来的某期或某部分的生产地有变化，则在对识别或检索重要的情况下，编制一个关于该变化的附注（见 **2.20.9.4.2**）。如果仅是地名表现形式的变化，则在该变化重要的情况下，编制一个附注。

交替规则

如果变化较多，则编制一个一般性附注（见 **2.20.9.4.2**）。

如果后继某期或某部分上生产者的名称有变化，或列出了不同的生产者，则为对识别或检索重要的任何后来的名称编制一个附注（见 **2.20.9.4.2**）。如果仅是名称表现形式的变化，则在该变化重要的情况下，编制一个附注。

交替规则

如果变化较多，则编制一个一般性附注（见 **2.20.9.4.2**）。

2.10.1.5.3 集成性资源

如果集成性资源后继的某一更新后的整体的生产地有变化，则修改该生产地以反映当前更新后的整体，并在对识别或检索重要的情况下，编制一个关于较早地点的附注（见 **2.20.9.4.3**）。

如果后继某一更新后的整体生产者的名称有变化，或列出了不同的生产者，则修改该生产者名称以反映当前更新后的整体，并为对识别或检索重要的任何较早名称编制一个附注（见 **2.20.9.4.3**）。

交替规则

如果变化较多，则编制一个一般性附注（见 **2.20.9.4.3**）。

2.10.2 生产地

核心元素

对于出版形式的资源，如果出版地和发行地都未能识别，生产地是核心元素。如果信息源上出现多个生产地，则仅第一个所记录的地点是必需的。

2.10.2.1 范围

生产地是指与出版形式资源的印刷、复制、铸造等相联系的地点。

2.10.2.2 信息源

生产地取自下列来源（按优先顺序）：

a) 与生产者名称相同的来源（见 **2.10.4.2**）

b) 资源本身内的另一来源（见 **2.2.2**）

c) **2.2.4** 指定的其他信息源之一

2.10.2.3 记录生产地

应用 **2.10.1** 所列的关于记录生产说明的基本说明记录生产地。如果信息源上可找到，则包括本地地名（市、镇等）以及一个或多个上级行政管辖区（州、省等和/或国家）名称。

> Twickenham
>
> Long Beach Island
>
> West Hill, Ont.

可选择的附加

如果对识别或检索重要，则将完整地址作为本地地名的一部分。

如果对识别或检索重要，则提供上级行政管辖区（州、省等和/或国家）的名称作为本地地名一部分。依 **2.2.4** 所列的说明，指示该信息取自资源本身之外的来源。

包括任何与地名一起出现、使该说明有意义的介词。

如果已知转录的地名系虚构，或需要明确，则编制一个附注，提供实际的地名等（见 **2.20.9.3**）。

2.10.2.4 多个生产地

如果信息源上列出多个生产地，则按信息源上名称的序列、版面和字体设计所指示的顺序记录这些地名。

如果有两个或两个以上的生产者，且与其中的一个或多个生产者相联系的地点有两个或两个以上，则按信息源上地名的序列、版面和字体设计所指示的顺序记录与每一生产者相联系的地名。

2.10.2.5 多种语言或文字的生产地

如果生产地在信息源上以多种语言或文字出现，则记录采用正题名的语言或文字的形式。如果此准则不适用，则记录首先出现的语言或文字的地名。

2.10.2.6 资源中未能识别的生产地

如果生产地在资源中未能识别，则依 **2.10.2.6.1**（已知的地点）、**2.10.2.6.2**（可能的地点）、**2.10.2.6.3**（已知的国家、州、省等）或 **2.10.2.6.4**（可能的国家、州、省等）所列的说明，按优先顺序，提供生产地或可能的生产地。依 **2.2.4** 所列的说明，指示该信息取自资源本身之外的来源。

如果已知或可能的本地或国家、州、省等的生产地都不能确定，则记录为 *Place of manufacture not identified*（生产地未能识别）。

2.10.2.6.1 已知的生产地

如果生产地已知，则提供本地地名（市、镇等）。如为识别所必需，则包括上级行政管辖区名称。

> [Brisbane, Queensland]

2.10.2.6.2 可能的生产地

如果生产地不明，则提供可能的本地生产地名称。如为识别所必需，则包括上级行政管辖区名称。如果仅提供本地地名，则在后面添加一个问号。如果包括上级行政管辖区名称，且已知该生产地在此行政管辖区内，但区域内的具体地点不明，则在可能的本地地名后添加一个问号。否则，在上级行政管辖区名称后添加一个问号。

> [San Diego, California?]

2.10.2.6.3 已知的国家、州、省等的生产地

如果可能的本地地点未知，则提供国家、州、省等生产地名称。

> [China]

2.10.2.6.4 可能的国家、州、省等的生产地

如果国家、州、省等生产地不明，则提供可能的国家、州、省等生产地名称，后面添加一个问号。

> [Italy?]

2.10.2.7 生产地的变化

关于记录生产地变化的说明，见 **2.10.1.5**。

2.10.3 并列生产地

2.10.3.1 范围

并列生产地是指不同于生产地元素中记录的语言和/或文字的生产地（见 **2.10.2.1**）。

2.10.3.2 信息源

并列生产地取自下列来源（按优先顺序）：

a) 与生产地相同的来源（见 **2.10.2.2**）

b) 资源本身内的另一来源（见 **2.2.2**）

c) **2.2.4** 指定的其他信息源之一

2.10.3.3 记录并列生产地

应用 **2.10.1** 所列的关于记录生产说明的基本说明记录并列生产地。

如果有多个并列生产地，则按一个或多个信息源上名称的序列、版面和字体设计所指示的顺序记录这些名称。

2.10.4 生产者名称

核心元素

对于出版形式的资源，如果出版者和发行者都未能识别，生产者名称是核心元素。如果信息源上出现多个生产者名称，则仅第一个记录的名称是必需的。

2.10.4.1 范围

生产者名称是指对出版形式资源的印刷、复制、铸造等负有责任的个人、家族或团体的名称。

2.10.4.2 信息源

生产者名称取自下列来源（按优先顺序）：

a) 与正题名相同的来源（见 **2.3.2.2**）

b) 资源本身内的另一来源（见 **2.2.2**）

c) **2.2.4** 指定的其他信息源之一

2.10.4.3 记录生产者名称

应用 **2.10.1** 所列的关于记录生产说明的基本说明记录生产者名称。

> CTD Printers
>
> Tip. de las Huérfanos
>
> UDO (Litho)

如果已知转录的名称系虚构，或需要明确，则编制一个附注，提供实际的名称等（见 **2.20.9.3**）。

2.10.4.4 职能说明

按信息源上出现的形式，记录指示个人、家族或团体所承担职能的词或短语。

> Manufactured and marketed by PolyGram Video, a division of PolyGram Records, Inc.

可选择的附加

如果生产者名称子元素记录的个人、家族或团体的职能没有明确说明，或不能根据上下文来确定，则添加一个指示职能的术语。

依 **2.2.4** 所列的说明，指示该信息取自资源本身之外的来源。

2.10.4.5 多个生产者

如果列出多个个人、家族或团体作为资源的生产者，则按信息源上名称的序列、版面和字体设计所指示的顺序记录这些生产者名称。

2.10.4.6 多种语言或文字的生产者名称

如果生产者名称在信息源上以多种语言或文字出现，则记录采用正题名的语言或文字的形式。如果此准则不适用，则记录首先出现的语言或文字的名称。

2.10.4.7 生产者不可识别

如果资源本身未列出生产者，则记录为 *manufacturer not identified*（生产者未能识别）。

2.10.4.8 生产者名称的变化

关于记录生产者名称变化的说明，见 **2.10.1.5**。

2.10.5 并列生产者名称

2.10.5.1 范围

并列生产者名称 是指不同于生产者名称元素中记录的语言和/或文字的生产者名称（见 **2.10.4.1**）。

2.10.5.2 信息源

并列生产者名称取自下列来源（按优先顺序）：

a) 与生产者名称相同的来源（见 **2.10.4.2**）

b) 资源本身内的另一来源（见 **2.2.2**）

c) **2.2.4** 指定的其他信息源之一

2.10.5.3 记录并列生产者名称

应用 **2.10.1** 所列的关于记录生产说明的基本说明记录并列生产者名称。

如果有多个并列生产者名称，则按一个或多个信息源上名称的序列、版面和字体设计所指示的顺序记录这些名称。

2.10.6 生产日期

<u>核心元素</u>

对于出版形式的资源，如果出版日期、发行日期和版权日期都未能识别，生产日期是核心元素。

2.10.6.1 范围

生产日期 是指与出版形式资源的印刷、复制、铸造等相联系的日期。

2.10.6.2 信息源

生产日期取自任何来源。

2.10.6.3 记录生产日期

应用 **2.10.1** 所列的关于记录生产说明的基本说明记录生产日期。

2006

可选择的附加

如果资源上出现的日期不是格里历或儒略历，则添加对应的一个或多个格里历或儒略历日期。依 **2.2.4** 所列的说明，指示该信息取自资源本身之外的来源。

如果已知资源上出现的日期系虚构或不正确，则编制一个附注，提供实际的日期（见 **2.20.9.3**）。

2.10.6.4 纪年铭

如果信息源上出现的生产日期采用纪年铭的形式，则转录所见的纪年铭。

可选择的附加

添加数字形式的日期（用著录机构首选的文字和历法）。依 **2.2.4** 所列的说明，指示该信息取自资源本身之外的来源。

交替规则

不用纪年铭，记录提供的数字形式的日期（用著录机构首选的文字和历法）。依 **2.2.4** 所列的说明，指示该信息取自资源本身之外的来源。

如果对识别重要，则编制一个提供纪年铭的附注（见 **2.20.9.3**）。

2.10.6.5 多部分专著、连续出版物和集成性资源

如果可获得多部分专著、连续出版物或集成性资源的首期、第一部分或第一个更新后的整体，则记录该期、该部分或该更新后的整体的生产日期，其后随以连字符。

1999–

如果资源已停止或已完成生产，且可获得第一和最后卷期、部分或更新后的整体，则记录这些卷期、部分或更新后的整体的生产日期，用连字符分隔。

1982–2001

如果资源已停止或已完成生产，且可获得末期、最后一部分或最后一个更新后的整体，但不能得到首期、第一部分或第一个更新后的整体，则记录末期、最后一部分或最后一个更新后的整体的生产日期，前置以连字符。

–2002

对于集成性资源，如果重要，提供最后更新的日期。

如果所有卷期、部分或更新后的整体的生产日期都相同，则仅需将该日期作为单一日期予以记录。

> 1967

如果不能获得第一和/或最后卷期、部分或更新后的整体，则应用 **2.10.6.6** 所列的说明，提供一个或多个大约的日期。如果不能大致估计一个或多个日期，则不必记录生产日期。

2.10.6.6 单部分资源中未能识别的生产日期

如果生产日期在单部分资源中未能识别，则提供生产日期或大约日期。应用 **1.9.2** 所列的关于提供日期的说明。

如果不能合理地断定单部分资源生产的大约日期，则记录为 *date of manufacture not identified*（生产日期未能识别）。

2.11 版权日期

<u>核心元素</u>

如果出版日期和发行日期都未能识别，版权日期是核心元素。

2.11.1 记录版权日期的基本说明

2.11.1.1 范围

版权日期是指与受版权或类似制度保护的声明相联系的日期。

版权日期包括录音版权日期（即与录音资料的保护声明相联系的日期）。

2.11.1.2 信息源

关于版权日期的信息取自任何来源。

2.11.1.3 记录版权日期

应用 **1.8** 所列的关于用数字或词表达的数的一般性规则记录版权日期。日期前加版权记号（©）或录音版权记号（℗），如果不能复制相应的记号，则添加 *copyright*（版权）或 *phonogram*（录音版权）字样。

> ©2002
>
> copyright 2005
>
> ℗1983
>
> phonogram 1993

如果资源有适用于不同方面（例如，文字、声音、图像）的多个版权日期，则仅记录最近的版权日期。

可选择的附加

编制一个附注，提供其他版权日期（见 **2.20.10.3**），或将其他日期作为相关载体表现（见 **27.1**）的版权日期予以记录。

2.12 丛编说明

核心元素

丛编正题名、丛编编号、分丛编正题名和分丛编编号是核心元素。丛编说明的其他子元素是可选择的。

2.12.1 记录丛编说明的基本说明

2.12.1.1 范围

丛编说明是指识别资源所属丛编以及资源在该丛编内编号的说明。

从编说明还可包括识别所描述的资源所属的一个或多个分丛编的信息。

丛编说明还可包括与丛编或分丛编相关的责任说明。

与一个丛编，或与一个丛编和一个或多个分丛编有关的信息构成一个丛编说明。

关于将所描述的资源所属的丛编或分丛编作为相关作品记录的说明，见 **25.1**。

2.12.1.2 信息源

关于选择丛编说明信息源的规则，见下列丛编说明特定子元素的说明：

a) 关于丛编正题名，见 **2.12.2.2**

b) 关于丛编并列正题名，见 **2.12.3.2**

c) 关于丛编其他题名信息，见 **2.12.4.2**

d) 关于丛编并列其他题名信息，见 **2.12.5.2**

e) 关于与丛编相关的责任说明，见 **2.12.6.2**

f) 关于与丛编相关的并列责任说明，见 **2.12.7.2**

g) 关于丛编的 ISSN，见 **2.12.8.2**

h) 关于丛编编号，见 **2.12.9.2**

i) 关于分丛编正题名，见 **2.12.10.2**

j) 关于分丛编并列正题名，见 **2.12.11.2**

k) 关于分丛编其他题名信息，见 **2.12.12.2**

l) 关于分丛编并列其他题名信息，见 **2.12.13.2**

m) 关于与分丛编相关的责任说明，见 **2.12.14.2**

n) 关于与分丛编相关的并列责任说明，见 **2.12.15.2**

o) 关于分丛编的 ISSN，见 **2.12.16.2**

p) 关于分丛编编号，见 **2.12.17.2**

2.12.1.3 摹真品和复制品

当描述的摹真品或复制品既具有与其原始载体表现相关又具有与其自身相关的一个或多个丛编说明时，记录与该摹真品或复制品相关的一个或多个丛编说明。将与原始载体表现相关的任何丛编说明作为相关载体表现（见 **27.1**）的丛编说明予以记录。

2.12.1.4 记录丛编说明

按信息源上出现的形式转录丛编说明的子元素。应用 **1.7** 所列的关于转录的一般性规则。

关于转录丛编编号和分丛编编号的附加说明，分别见 **2.12.9** 和 **2.12.17**。

2.12.1.5 多个丛编的资源

如果资源属于多个丛编和/或多个丛编与分丛编，则应用 **2.12.2–2.12.17** 所列的说明分别记录每个丛编说明。

> Video marvels
> *第一个丛编的正题名*
>
> no. 33
> *第一个丛编的编号*
>
> Educational progress series
> *第二个丛编的正题名*
>
> no. 3
> *第二个丛编的编号*

如果资源的各部分属于不同的丛编，而在丛编说明中不能清晰地表达这种关系，则编制一个附注，提供该丛编的细节（见 **2.20.11.3**）。

2.12.1.6 记录丛编说明的变化

如适用，依 **2.12.1.6.1**（多部分专著和连续出版物）或 **2.12.1.6.2**（集成性资源）所列的说明记录丛编说明的变化。

关于指示资源属于多个丛编的变化，应用 **2.12.1.5** 所列的说明。

2.12.1.6.1 多部分专著和连续出版物

如果在多部分专著或连续出版物的后继卷期或部分增加、删除或改变了一个丛编说明，且在丛编说明中不能清晰地表达这一变化，则在该变化重要的情况下，编制一个附注（见 **2.20.11.5.1**）。

2.12.1.6.2 集成性资源

如果在集成性资源的后继更新后的整体增加、删除或改变了一个丛编说明，则修改该丛编说明以反映当前更新后的整体。

如果该变化重要，则编制一个附注（见 **2.20.11.5.2**）。

2.12.2 丛编正题名

<u>核心元素</u>

2.12.2.1 范围

从编正题名是指丛编的主要名称（即引用该丛编时通常采用的题名）。

2.12.2.2 信息源

丛编正题名取自下列来源（按优先顺序）:

a) 丛编题名页

b) 资源本身内的另一来源（见 **2.2.2**）

c) **2.2.4** 指定的其他信息源之一

2.12.2.3 记录丛编正题名

如果资源在某一丛编内发行，则应用 **2.3.1** 所列的关于记录题名的基本说明，记录丛编正题名。

> Bartholomew world travel series
>
> Great sacred choruses
>
> Allstate simulation film library
>
> Sahitya Akademi archives of Indian literature film series
>
> Listening, looking, and feeling
>
> An anthology of South-East Asian music
>
> Practicorp no-nonsense software
>
> PCMI collection
>
> How the health are you?
>
> H.C.
>
> Journal of physics
>
> The Oxford history of England
>
> A1 street atlas series

如果丛编正题名包含的编号与题名融为一体，则将该编号作为丛编正题名的一部分转录。

> Publication #122 of the Social Science Education Consortium
>
> The twenty-sixth L. Ray Buckendale lecture
>
> Cuaderno número G del instituto

> ***例外***
>
> 如果所描述的资源由两个或两个以上的卷期或部分组成，且与丛编正题名融为一体的编号随各卷期或部分而变化，则在丛编正题名中省略该编号，用省略号（…）表示所做的省略。将该编号作为丛编编号（见 **2.12.9**）予以记录。

Publication ... of the Indiana University Research Center in Anthropology, Folklore, and Linguistics

2.12.2.4 多种语言或文字的丛编题名

如果丛编正题名的信息源载有多种语言或文字的丛编题名，则应用 **2.3.2.4** 所列的说明选择丛编正题名。

Mercury series
丛编题名还以该形式出现： Collection Mercure。*资源为英语*

2.12.2.5 多种形式的丛编题名

如果丛编正题名的信息源载有多种形式的丛编题名，且所有两个或多个题名都为同一种语言和文字，则应用 **2.3.2.5** 所列的说明选择丛编正题名。

Collection "À pleine vie"
丛编题名还以该形式出现： À pleine vie

2.12.3 丛编并列正题名

2.12.3.1 范围

丛编并列正题名是指另一种语言和/或文字的丛编正题名。

2.12.3.2 信息源

丛编并列正题名取自资源内的任何来源。

2.12.3.3 记录丛编并列正题名

应用 **2.3.3.3** 所列的关于记录并列正题名的说明记录丛编并列正题名。

Regional development series
丛编正题名： Série sur le développement regional

Statistiques de la Suisse
丛编正题名： Statistische Quellenwerke der Schweiz

2.12.4 丛编其他题名信息

2.12.4.1 范围

丛编其他题名信息是指与丛编正题名一同出现并附属于该正题名的信息。

2.12.4.2 信息源

从编其他题名信息取自与从编正题名相同的来源。

2.12.4.3 记录丛编其他题名信息

仅在对识别丛编是必需时，才记录丛编其他题名信息。记录丛编其他题名信息时，应用 **2.3.4.3** 所列的关于记录其他题名信息的说明。

> a collection of facsimile reprints
> *丛编正题名：* English linguistics, 1500 –1750
>
> their origin, use, and spelling
> *丛编正题名：* Words

2.12.4.4 多种语言或文字的丛编其他题名信息

如果丛编其他题名信息在信息源上以多种语言或文字出现，则记录采用丛编正题名的语言或文字的信息。如果此准则不适用，则记录首先出现的其他题名信息。

2.12.5 丛编并列其他题名信息

2.12.5.1 范围

丛编并列其他题名信息是指不同于丛编其他题名信息元素中记录的语言和/或文字的丛编其他题名信息。

2.12.5.2 信息源

从编并列其他题名信息取自与对应的丛编并列正题名相同的来源（见 **2.12.3.2**）。

如果没有对应的丛编并列正题名，则丛编并列其他题名信息取自与丛编正题名相同的来源（见 **2.12.2.2**）。

2.12.5.3 记录丛编并列其他题名信息

应用 **2.3.5.3** 所列的关于记录并列其他题名信息的说明记录丛编并列其他题名信息。

2.12.6 与丛编相关的责任说明

2.12.6.1 范围

与丛编相关的责任说明是指识别任何对丛编负有责任的个人、家族或团体的相关说明。

2.12.6.2 信息源

与丛编相关的责任说明取自与丛编正题名相同的来源（见 **2.12.2.2**）。

2.12.6.3 记录与丛编相关的责任说明

仅在对识别丛编是必需时，才记录与丛编相联系的责任说明。

记录与丛编相关的责任说明时，应用 **2.4.1** 所列的关于记录责任说明的基本说明。

Association of American Geographers
丛编正题名: Map supplement

Beach Erosion Board
丛编正题名: Technical memorandum

Thomas Mann
丛编正题名: Sämtliche Werke

Maurice Le Lannou
丛编正题名: Nouvelle collection

University of Sussex Centre for Continuing Education
丛编正题名: Occasional papers

Universidad de Chile, Departamento de Geologia
丛编正题名: Publicación

2.12.6.4 多种语言或文字的与丛编相关的责任说明

如果与丛编相关的责任说明在信息源上以多种语言或文字出现，则记录采用丛编正题名的语言或文字的说明。如果此准则不适用，则记录首先出现的说明。

2.12.7 与丛编相关的并列责任说明

2.12.7.1 范围

与丛编相关的并列责任说明是指不同于与丛编相关的责任说明元素中记录的语言和/或文字的与丛编相关的责任说明（见 **2.12.6.1**）。

2.12.7.2 信息源

与丛编相关的并列责任说明取自与对应的丛编并列正题名相同的来源（见 **2.12.3.2**）。

如果没有对应的丛编并列正题名，则与丛编相关的并列责任说明取自与丛编正题名相同的来源（见 **2.12.2.2**）。

2.12.7.3 记录与丛编相关的并列责任说明

应用 **2.4.1** 所列的关于记录责任说明的基本说明记录与丛编相关的并列责任说明。

如果有多个与丛编相关的并列责任说明，则按与丛编的并列正题名对应的相同顺序记录各个说明。

2.12.8 丛编的 ISSN

2.12.8.1 范围

丛编的 ISSN（国际标准连续出版物号）是指由 ISSN 注册机构分配给丛编的标识符。

2.12.8.2 信息源

丛编的 ISSN 取自资源内的任何来源。

2.12.8.3 记录丛编 ISSN

如果丛编的 ISSN（国际标准连续出版物号）出现于资源内，则按所见形式予以记录。

ISSN 0317-3127

可选择的省略

如果资源中出现分丛编的 ISSN（见 **2.12.16.2**），则省略主丛编的 ISSN。

2.12.9 丛编编号

核心元素

2.12.9.1 范围

丛编编号是指丛编内一个或多个部分顺序的标识。

丛编编号可包括附带或不附带标识性词语（卷、期等）的数字、字母、任何其他字符或前述形式的组合，和/或年代标识。

2.12.9.2 信息源

丛编编号取自资源内的任何来源。

2.12.9.3 记录丛编编号

按信息源上出现的形式记录丛编内的资源编号。应用 **1.7** 所列的关于转录的一般性规则和 **1.8** 所列的关于用数字或词表达的数的一般性规则。

no. 8

v. 12

4

63-2

tome 3, partie 2

v. 12, part 3, fasc. 1–2

例外

为清晰起见，必要时用斜线代替连字符。

作为丛编编号一部分的术语不必大写，除非所涉及的语言根据附录 A 的说明要求大写（例如，德语名词大写）。根据资源的使用习惯，大写作为编号体系一部分的其他词语和字母标识。

set 1

reel A-4

imleabhar 11

Bd. 8

May 1996

album 15

A
该丛编各部分编号为 A、B、C、D *等*

NSRDS-

NBS 5

MCE 329

1245A L-

510

如果该编号由年和表示该年内一部分的编号组成，则将年记录于编号前（见 **2.6.2.3**）。

2000, no. 3
信息源上出现的编号为：no. 3, 2000；*编号每年重新起始*

编号在语法上是从编题名不可分割的一部分时，应用 **2.12.2.3** 所列的说明。

如果已知出现于信息源的编号有差错，则按所见形式转录。编制一个附注，提供正确的编号（见 **2.20.11.4**）。

Bd. 24
编号应为： Bd. 25

2.12.9.4 年代标识

如果资源既有数字和/或字母标识，又有年代标识（见 **2.6.3.3**），则记录此两种标识。不能将制作、出版、发行或生产的日期作为年代标识。

v. 3, no. 2
Sept. 1981

2.12.9.5 多种语言或文字的编号

如果编号在信息源上以多种语言或文字出现，则记录采用丛编正题名的语言或文字的编号。如果此准则不适用，则记录首先出现的编号。

2.12.9.6 新的编号序列

如果新的编号序列附带区分该序列的措辞，诸如 *new series*（新编），则包括这些措辞。

new series, v. 3

4th series, 30

如果新的编号序列采用与以前相同的体系，而未附带 *new series*（新编）之类的措辞，则提供 *new series*（新编）或其他适用的术语。依 **2.2.4** 所列的说明，指示该信息取自资源本身之外的来源。

> [new series], no. 1
>
> [neue Folge], Heft 1

2.12.9.7 交替编号体系

如果丛编有多个单独的编号体系，则按其出现的顺序记录这些体系。

> 1
> 235
> *从编题名改变时，出版者从 1 开始新的编号体系，并以 235 继续使用较早题名的体系*

2.12.9.8 单独编号的卷期或部分

当描述由两个或两个以上的卷期或部分组成的资源时，如适用，依 **2.12.9.8.1**（多部分专著）或 **2.12.9.8.2**（连续出版物）所列的说明记录丛编编号。

2.12.9.8.1 多部分专著

如果多部分专著的各部分在丛编内单独编号，则在编号连续的情况下，记录第一个和最后一个编号，用连字符分隔。否则，记录所有的编号。

> v. 11–15
>
> v. 131, 145, 152
>
> disc 3 – 4

2.12.9.8.2 连续出版物

当描述连续出版物时，仅在连续出版物的所有卷期或部分载有相同的丛编编号的情况下，才记录丛编编号。

> no. 1124
> *连续出版物的各期载有相同的丛编编号*

2.12.10 分丛编正题名

核心元素

2.12.10.1 范围

分丛编正题名是指分丛编的主要名称（即引用该分丛编时通常采用的题名）。

2.12.10.2 信息源

分丛编正题名取自下列来源（按优先顺序）：

a) 丛编题名页

b) 资源本身内的另一来源（见 **2.2.2**）

c) **2.2.4** 指定的其他信息源之一

2.12.10.3 记录分丛编正题名

应用 **2.12.2** 所列的关于丛编正题名的说明，记录分丛编正题名。

> East Asian and Pacific series
> *主丛编正题名：* Department of State publication
>
> Stockholm studies in the history of literature
> *主丛编正题名：* Acta Universitatis Stockholmiensis
>
> Trains
> *主丛编正题名：* Standard radio super sound effects
>
> English, 1642–1700
> *主丛编正题名：* Three centuries of drama

2.12.10.4 "新编" "第二编"等

如果诸如 *new series*（新编）、*second series*（第二编）之类的短语与一未编号丛编一起出现于信息源，则将该短语作为分丛编题名予以记录。如果与一编号丛编一起出现，则应用 **2.12.9.6** 所列的说明，将该短语作为丛编编号的一部分予以记录。

> New series
> *分丛编正题名*
> *未编号主丛编正题名：* Cambridge studies in international and comparative law

2.12.10.5 分丛编或另一丛编

如果对某一丛编题名是分丛编还是另一丛编有疑问，则将其作为另一丛编处理（见 **2.12.1.5**）。

2.12.10.6 分丛编的数字和/或字母标识

如果分丛编有数字和/或字母标识而无题名，则将该标识作为分丛编题名记录。如果分丛编有题名以及标识，则将题名记录于标识之后。

> Series 2
> *主丛编正题名：* Music for today
>
> 4, Physics
> *主丛编正题名：* Viewmaster science series
>
> Series D, Geophysical bulletin
> *主丛编正题名：* Communications of the Dublin Institute for Advanced Studies

2.12.11 分丛编并列正题名

2.12.11.1 范围

分丛编并列正题名是指另一种语言和/或文字的分丛编正题名。

2.12.11.2 信息源

分丛编并列正题名取自资源内的任何来源。

2.12.11.3 记录分丛编并列正题名

应用 **2.3.3.3** 所列的关于记录并列正题名的说明记录分丛编并列正题名。

> La France d'aujourd'hui
> *分丛编正题名：* France today
> *主丛编正题名：* World films
>
> Série C, Bibliographies
> *分丛编正题名：* Series C, Bibliographies
> *主丛编正题名：* Papers and documents of the I.C.I.
> *主丛编并列正题名：* Travaux et documents de l'I.C.I.

2.12.12 分丛编其他题名信息

2.12.12.1 范围

分丛编其他题名信息是指与分丛编正题名一同出现并附属于该正题名的信息。

2.12.12.2 信息源

分丛编其他题名信息取自与分丛编正题名相同的来源。

2.12.12.3 记录分丛编其他题名信息

应用 **2.12.4** 所列的关于记录丛编其他题名信息的说明记录分丛编其他题名信息。

2.12.13 分丛编并列其他题名信息

2.12.13.1 范围

分丛编并列其他题名信息是指不同于分丛编其他题名信息元素中记录的语言和/或文字的分丛编其他题名信息。

2.12.13.2 信息源

分丛编并列其他题名信息取自与对应的分丛编并列正题名相同的来源（见 **2.12.3.2**）。

如果没有对应的分丛编并列正题名，则分丛编并列其他题名信息取自与分丛编正题名相同的来源（见 **2.12.10.2**）。

2.12.13.3 记录分丛编并列其他题名信息

应用 **2.3.5.3** 所列的关于记录并列其他题名信息的说明记录分丛编并列其他题名信息。

2.12.14 与分丛编相关的责任说明

2.12.14.1 范围

与分丛编相关的责任说明是指识别任何对分丛编负有责任的个人、家族或团体的相关说明。

2.12.14.2 信息源

与分丛编相关的责任说明取自与分丛编正题名相同的来源（见 **2.12.10.2**）。

2.12.14.3 记录与分丛编相关的责任说明

仅在对识别分丛编是必需时，才记录与分丛编题名相联系的责任说明。

记录与分丛编相关的责任说明时，应用 **2.4.1** 所列的关于记录责任说明的基本说明。

2.12.14.4 多种语言或文字的与分丛编相关的责任说明

如果与分丛编相关的责任说明在信息源上以多种语言或文字出现，则记录采用分丛编正题名的语言或文字的说明。如果此准则不适用，则记录首先出现的说明。

2.12.15 与分丛编相关的并列责任说明

2.12.15.1 范围

与分丛编相关的并列责任说明是指不同于与分丛编相关的责任说明元素中记录的语言和/或文字的与分丛编相关的责任说明（见 **2.12.14.1**）。

2.12.15.2 信息源

与分丛编相关的并列责任说明取自与对应的分丛编并列正题名相同的来源（见 **2.12.11.2**）。

如果没有对应的分丛编并列正题名，则与分丛编相关的并列责任说明取自与分丛编正题名相同的来源（见 **2.12.10.2**）。

2.12.15.3 记录与分丛编相关的并列责任说明

应用 **2.4.1** 所列的关于记录责任说明的基本说明记录与分丛编相关的并列责任说明。

如果有多个与分丛编相关的并列责任说明，则按与分丛编的并列正题名对应的相同顺序记录各个说明。

2.12.16 分丛编的 ISSN

2.12.16.1 范围

分丛编的 ISSN（国际标准连续出版物号）是指由 ISSN 注册机构分配给分丛编的标识符。

2.12.16.2 信息源

分丛编的 ISSN 取自资源内的任何来源。

2.12.16.3 记录分丛编的 ISSN

如果分丛编的 ISSN（国际标准连续出版物号）出现于资源内，则按所见形式予以记录。

> ISSN 0319-9470

> ***可选择的省略***
>
> 记录分丛编的 ISSN 时，省略主丛编的 ISSN。
>
> ISSN 0826-6875
> *不记录主丛编的 ISSN（0316-1854）*

2.12.17 分丛编编号

核心元素

2.12.17.1 范围

分丛编编号是指分丛编内一个或多个部分顺序的标识。

分丛编编号可包括附带或不附带标识性词语（卷、期等）的数字、字母、任何其他字符或前述形式的组合，和/或年代标识。

2.12.17.2 信息源

分丛编编号取自资源内的任何来源。

2.12.17.3 记录分丛编编号

应用 **2.12.9** 所列的关于丛编编号的说明记录分丛编编号。

> TSP 1
> *分丛编正题名：*Physics
> *主丛编正题名：*Sciences
>
> 1
> *分丛编正题名：*Artes aplicadas
> *主丛编正题名：*Biblioteca de arte hispánico。*主丛编编号：*8

2.13 发行方式

2.13.1 记录发行方式的基本说明

2.13.1.1 范围

发行方式是指反映资源以一个还是以多个部分发行、更新方式以及计划终止情况的类别。

2.13.1.2 信息源

用资源本身（或者其任何附件或容器）所呈现的依据作为确定该资源发行方式的基础。如果必要，可从任何来源获取补充依据。

2.13.1.3 记录发行方式

用表 2.1 所列的一个或多个术语记录资源的发行方式。只要适用于所描述资源的术语都可予以记录。

表 2.1	
独立单元（single unit）	作为独立的物理单元（例如，作为单卷本的专著），或一个无形的资源作为独立的逻辑单元（例如，作为网络上登载的一个 PDF 文件）发行的资源。
多部分专著（multipart monograph）	以两个或两个以上的部分（同时或陆续）发行、已经出齐或计划以有限的部分出齐的资源（例如，一部两卷本的词典、作为一套发行的三盒卡式录音带）。
连续出版物（serial）	以连续性分部方式发行的资源，通常载有编号，没有事先确定的终止期限（例如，期刊、专著丛编、报纸）。包括显示连续的卷期、编号和频率等连续出版物特征，但其持续期是有限的资源（例如，事件通报）以及连续出版物的复制品。
集成性资源（integrating resource）	以更新的方式进行增补或更改的资源，更新部分与整体不是分离的而是融为一体的。集成性资源可以是有形的（例如，通过换页方式进行更新的活页手册）或无形的（例如，通过持续或循环的方式进行更新的网站）。

2.14 频率

2.14.1 记录频率的基本说明

2.14.1.1 范围

频率是指连续出版物各期或各部分，或集成性资源更新的发行间隔。

2.14.1.2 信息源

关于频率的信息取自任何来源。

2.14.1.3 记录频率

如果已知，用下表中适用的术语记录连续出版物各期或各部分的发布频率或集成性资源的更新频率。

daily（每日）

three times a week（每周三次）

biweekly（双周）

weekly（每周）

semiweekly（每半周）

three times a month（每月三次）

bimonthly（双月）

monthly（每月）

semimonthly（每半月）

quarterly（每季度）

three times a year（每年三次）

semiannual（每半年）

annual（每年）

biennial（双年）

triennial（每三年）

irregular（不定期）

如果上述术语均不适用或不够专指，则编制一个附注，提供频率的细节（见 **2.20.12.3**）。

2.14.1.4 记录频率的变化

编制一个关于频率变化的附注（见 **2.20.12.4**）。

2.15 载体表现标识符

核心元素

如果有多个载体表现标识符，则在适用的情况下，首选国际公认的标识符。附加的载体表现标识符是可选择的。

2.15.1 记录载体表现标识符的基本说明

2.15.1.1 范围

载体表现标识符是指与载体表现相联系的字符串，它可将该载体表现与其他载体表现相区分。

载体表现标识符包括应用国际公认的体系（例如，ISBN、ISSN、URN）进行注册的标识符，以及依据内部设计的体系，由出版者、发行者、政府出版物机构、文献交换中心、档案馆等分配的其他标识符。

载体表现标识符包括“指纹”（即由取自印刷型资源特定页码的若干组字符组合而成的标识符）。

载体表现标识符还包括乐谱出版者编号（见 **2.15.2**）和版号（见 **2.15.3**）。

关于用标准的互联网浏览器为资源提供联机访问的标识符，见 **4.6**。

2.15.1.2 信息源

载体表现标识符取自任何来源。

2.15.1.3 摹真品和复制品

当描述摹真品或复制品时，将与摹真品或复制品相联系的一个或多个标识符作为载体表现标识符予以记录。将与原始载体表现相联系的任何标识符作为相关载体表现（见 27.1）的标识符予以记录。

2.15.1.4 记录载体表现标识符

如果载体表现标识符有规定的显示格式（例如，ISBN、ISSN、URN），则按其格式予以记录。

> ISBN 0-552-67587-3
>
> ISBN 978-90-70002-34-3
>
> ISSN 0046-225X
>
> ISMN M-705015-05-8
>
> ISBN 978 1 85604 693 0
>
> doi:10.3133/of 2007-1047
> *数字对象标识符用于:* U.S. Geological Survey open-file report 2007-1047
>
> urn:nbn:de:gbv:089-3321752945
> *统一资源名称用于:* Oliver Schmachtenberg's online dissertation Nitric oxide in the olfactory epithelium
>
> doi:10.1145/1462198.1462199
> *数字对象标识符用于:* Marko A. Rodriguez, Johan Bollen, and Herbert Van de Sompel. Automatic metadata generation using associative networks. In: ACM transactions on information systems. February 2009, volume 27, issue 2

如果标识符没有规定的显示格式，则按其在来源上出现的形式予以记录。如果易于确定，标识符前置以商品名或负责分配标识符的机构等的名称。

> Supt. of Docs. no.: I 19.16:818
>
> Warner Bros.: K56151
>
> Tamla Motown: STMA 8007
>
> Island: ILPS 9281
>
> Nimbus: NI 5114-NI 5148
>
> European Commission: CA-23-99-031-EN-C
>
> UPC: 093228062929
>
> National Library of Australia: nla.pic-an21464324
> *永久标识符用于:* Wolfgang Sievers' The gears

2.15.1.5 多个载体表现标识符

由两个或两个以上的部分组成的资源既有资源整体的标识符又有单独部分的标识符，当对其描述时，记录资源整体的标识符。当仅描述一个部分时，记录该部分的标识符。

> ISBN 0-7887-1649-2 (set)
> *由 5 盒一套的卡式录音带和附带的图书组成。图书另有单独的 ISBN*

可选择的附加

记录资源整体的标识符以及单独部分的任何标识符，应用 **2.15.1.7** 所列的说明，对每个标识符加以限定。

ISBN 0-379-00550-6 (set)
ISBN 0-379-00551-4 (v. 1)

ISBN 1-887744-11-8 (video)
ISBN 1-887744-12-6 (student text)
ISBN 1-887744-46-0 (teacher guide)

交替规则

如果单独部分有三个以上的标识符，则仅记录第一个和最后一个标识符；如果标识符是连续的，用连字符分隔，如果是不连续的，用斜线分隔。

2.15.1.6 错误的标识符

如果已知资源上出现的标识符有错，则按所见形式记录该标识符，并酌情说明该标识符有错、被删除或失效。

ISBN 0-87068-430-2 (invalid)

ISSN 0018-5811 (incorrect)

2.15.1.7 限定

如果资源载有多个同一类型的标识符，则在标识符后记录简单的限定。

ISBN 0-435-91660-2 (cased)
ISBN 0-435-91661-0 (pbk.)

ISBN 0-387-08266-2 (U.S.)
ISBN 3-540-08266-2 (Germany)

ISBN 0-684-14258-9 (bound)
ISBN 0-684-14257-0 (pbk.)

如果资源只有一个标识符，则在重要的情况下添加装订类型。

ISBN 0-7225-0344-X (pbk.)

对于不断更新的活页出版物，为标识符添加限定词（*loose-leaf*）（活页）。

ISBN 0-86325-016-5 (loose-leaf)

如果记录资源各部分的标识符（见 **2.15.1.5**），则在每个标识符后随以相应部分的标识。

> ISBN 0-08-019856-2 (v. 1)
>
> ISBN 0-901212-04-0 (v. 38)
>
> ISMN M-001-11270-3 (partition)

2.15.2 乐谱出版者编号

2.15.2.1 范围

乐谱出版者编号 是指音乐作品的出版者分配给资源的编号标识，通常仅出现在音乐作品的题名页、封面和/或第一页上。

出版者编号可包括识别出版者的首字母缩写、缩写或词。

2.15.2.2 信息源

出版者编号取自任何来源。

2.15.2.3 记录乐谱出版者编号

记录乐谱出版者编号。如果出版者编号前置以标识出版者的缩写、词或短语，则将该缩写、词或短语作为编号的一部分。

> 6139

> 6201/9935
> *完整一套的编号是* 6201、6654、7006、7212、7635、7788、8847、9158、9664、9935

2.15.3 乐谱版号

2.15.3.1 范围

乐谱版号 是指音乐作品的出版者分配给资源的编号标识，一般印在每页的底部，有时也出现在题名页上。

版号可包括识别出版者的首字母缩写、缩写或词，有时后面有对应于页数或印版数的编号。

2.15.3.2 信息源

乐谱版号取自任何来源。

2.15.3.3 记录乐谱版号

记录乐谱版号。如果版号前置以标识出版者的缩写、词或短语，则将该缩写、词或短语作为编号的一部分。

S. & B. 4081

UE 19541-UE 19543

9674 H.L.-9676 H.L.

R.10150E.-R.10155E.

2.16 首选引文

2.16.1 记录首选引文的基本说明

2.16.1.1 范围

首选引文 是指创作者、出版者、保管者、索引或摘要机构等首选的某一资源的引文形式。

2.16.1.2 信息源

首选引文取自任何来源。

2.16.1.3 记录首选引文

按来源中出现的形式记录首选引文。

Janus Press Archive, Rare Book and Special Collections Division, Library of Congress

W. G. Alma conjuring collection. Photographs

Michelle L. Kaarst-Brown, Scott Nicholson, Gisela M. von Dran, and Jeffrey M. Stanton, School of Information Studies, Syracuse University, Syracuse, NY 13244 LIBRARY TRENDS, Vol. 53, No. 1, Summer 2004 ("Organizational Development and Leadership," edited by Keith Russell and Denise Stephens), pp. 33–53

PROV, VA 672 Premier's Office, VPRS 1163/P1 Inwards Correspondence Files, Unit 744, 1883/291 letter re. remedy for pauperism.

Fletcher, P.R., (2004) PhD Thesis - How Tertiary Level Physics Students Learn and Conceptualise Quantum Mechanics (School of Physics, University of Sydney)

http://nla.gov.au/nla.pic-vn3579894

2.17 单件保管历史

2.17.1 记录单件保管历史的基本说明

2.17.1.1 范围

单件保管历史 是指关于单件以往拥有或保管情况的记录。

2.17.1.2 信息源

关于单件保管历史的信息取自任何来源。

2.17.1.3 记录单件保管历史

记录资源的拥有、责任或者保管或控制的交接情况。为以往拥有者的名称添加拥有的年限。

> Previously owned by L. McGarry, 1951–1963

2.18 单件的直接获取来源

2.18.1 记录单件的直接获取来源的基本说明

2.18.1.1 范围

单件的直接获取来源是指机构直接获取单件的来源和接受该单件的条件。

2.18.1.2 信息源

关于单件的直接获取来源的信息取自任何来源。

2.18.1.3 记录直接获取来源

如果信息不是保密的，则记录单件的获取来源、获取日期和获取方法。

> Gift of Jascha Heifetz, Feb. 4, 1952
>
> Purchased from Sotheby's, London, May 26, 2000
>
> Received from Charles Edward Eaton, Chapel Hill, N.C., in a number of installments beginning in 1977

2.19 单件标识符

2.19.1 记录单件标识符的基本说明

2.19.1.1 范围

单件标识符是指与单件相联系的字符串，它可将该单件与其他单件相区分。

2.19.1.2 信息源

单件标识符取自任何来源。

2.19.1.3 摹真品和复制品

当描述摹真品或复制品时，将与摹真品或复制品相联系的一个或多个标识符作为载体表现标识符（见 **2.15**）予以记录。将与原始单件相联系的任何标识符作为相关单件（见 **28.1**）的标识符予以记录。

2.19.1.4 记录单件标识符

如果单件标识符有规定的显示格式，则按其格式予以记录。

如果标识符没有规定的显示格式，则按其在来源上出现的形式予以记录。如果易于确定，标识符前置以负责分配标识符的机构等的名称。

> National Library of Australia MS 1
> *单件标识符:* Journal of the H.M.S. Endeavour, 1768 –1771

2.19.1.5 错误的标识符

如果已知资源上出现的标识符有错，则按所见形式记录该标识符，并酌情说明该标识符有错、被删除或失效。

2.20 载体表现或单件的附注

2.20.1 编制载体表现或单件的附注的基本说明

2.20.1.1 范围

载体表现或单件的附注是指提供与载体表现或单件属性有关的附加信息的注释。

关于描述载体的附注，见 **3.22**。

2.20.1.2 信息源

关于载体表现或单件的附注的信息取自任何来源。

2.20.1.3 编制载体表现或单件的附注

当编制关于载体表现或单件的附注时，应用 **1.10** 所列的关于附注的一般性规则。

2.20.2 题名附注

2.20.2.1 范围

题名附注是指提供关于获取题名的来源、浏览题名的日期、题名的变化、差错、删除等信息，或与题名相关的其他信息的附注。

2.20.2.2 信息源

用于题名附注的信息取自任何来源。

2.20.2.3 题名来源

编制一个关于正题名获取来源的附注，如果来源不是：

a) 由多个页、叶、张或卡片（或其图像）组成的资源的题名页、题名张或题名卡片（或其图像）（见 **2.2.2.2**）

b) 由动态图像组成的资源的题名帧或题名屏（见 **2.2.2.3**）

Title from container

Title from PDF cover page

Title from descriptive insert

Caption title

Title from publisher's catalogue

Title devised by cataloguer

Title from title screen

Title from menu

Title from codebook

Title from home page

Title from colophon

可选择的省略

如果资源只有一个题名，且该题名出现于资源本身，则不必记录获取正题名的来源。

如果并列正题名取自与正题名不同的来源，则在重要的情况下，编制一个附注，说明并列正题名的来源。

French title from cover

如果对识别或检索重要，则编制一个附注，说明变异题名（见 **2.3.6.3**）、较早正题名（见 **2.3.7.3**）或较晚正题名（见 **2.3.8.3**）的来源或依据。

Title on CD-ROM label: Student CD-ROM to accompany Fundamentals of operations management

Title on cover: Strategic sustainable planning
正题名记录为： SSP, a civil defense manual for cultural survival

Translated title: Plant physiology
俄语题名的翻译作为正题名记录

Spine title: Rocque's map of Shropshire

Title on container: We're still standing

Running title: Economic atlas of Quebec

File name: CC.RIDER

Earlier title proper: Taxation of intangible assets, 1997–1998

Earlier other title information: Law & strategy for businesses and corporations, 1997–2000

Former French title, 1995–2000?: Site du Web des noms géographiques officiels du Canada

Issues for 1999– have title: Annual report on pipeline safety
正题名记录为： Annual report of pipeline safety

Issues for January 1928–July 1952; March 1971– have title: The magazine antiques

Vol. 1, no. 3 – has subtitle: Studies in educational administration

German title also appears on v. 2–3: Meisterwerke der Makonde
正题名记录为: Masterpieces of the Makonde. No parallel title proper on v. 1

English title varies: Inter-American review of bibliography, 1952–

Volumes 5 – have title: Eminent Indian mathematicians of the twentieth century
正题名记录为: Some eminent Indian mathematicians of the twentieth century

Volume 2 has title: Dictionnaire des églises de France, Belgique, Luxembourg, Suisse; volumes 3–5 have title: Dictionnaire des églises de France
正题名记录为: Histoire générale des églises de France, Belgique, Luxembourg, Suisse

对于联机资源，编制一个单独的附注，指示浏览资源的日期（见 **2.20.13.5**）。

2.20.2.4 题名的变化、差错和删除

如果资源的零星卷期或部分，或偶尔有些更新后的整体有不同的正题名、并列正题名、其他题名信息或并列其他题名信息，且这些差异对识别或检索不重要，则编制一个附注，指示题名等有差异。

Title varies slightly

Title on containers of parts 3 and 5–6 varies slightly

Subtitle varies

如果记录题名时将题名的差错按其在信息源上出现的形式转录，则在对识别或检索重要的情况下，编制一个附注，提供该题名的正确形式。

Title should read: Hierarchy in organizations
正题名记录为: Heirarchy in organizations

如果转录连续出版物或集成性资源的题名时更正了明显的排印错误（见 **2.3.1.4**），则编制一个附注，提供该题名在信息源上出现的形式。

Title appears on v. 1, no. 1 as: Housing sarts
正题名记录为: Housing starts

对于多部分专著和连续出版物，如果重要，则为删除的并列正题名（见 **2.3.3.5**）、其他题名信息（见 **2.3.4.7**）和并列其他题名信息（见 **2.3.5.4**）编制附注。指示删除适用的编号或出版日期。

Title in French not present on issues after 1998

2.20.2.5 与题名相关的其他信息

如果对识别或检索重要，则为与题名相关的其他细节编制附注。

Symbol for "proportional to" appears in title
正题名记录为: Robust H [proportional to] stabilization of stochastic hybrid systems with wiener

process

The word "Brain" in the title appears with an X through it
正题名记录为: My name is Brain [crossed out] Brian

2.20.3 责任说明的附注

2.20.3.1 范围

责任说明的附注是指提供关于在责任说明中未提及但对资源的知识或艺术内容负有责任的个人、家族或团体，出现于资源的名称变异形式，责任说明的变化，或关于责任说明其他细节的信息的附注。

2.20.3.2 信息源

用于责任说明的附注的信息取自任何来源。

2.20.3.3 责任归属

如果未在责任说明中列出名称的个人、家族或团体对资源的知识或艺术内容负有责任，则为其名称编制附注。

Formerly attributed to J.S. Bach

Sometimes attributed to Thomas Dekker, but more probably by Robert Tofte

2.20.3.4 名称的变异形式

如果出现于资源的个人、家族或团体的名称形式与责任说明所记录的不同，则在对识别重要的情况下，为其编制附注。

Issued by: Abortion Law Reform Association
责任说明: Alra

Author's initials represented by musical notes

2.20.3.5 与责任说明相关的其他信息

如果对识别或检索重要，则为与责任说明相关的其他细节编制附注。

Dictated to Clare Wheeler

Collection made by P.M. Townshend

Additional contributors to program: Eric Rosenfeld, Debra Spencer

At head of title: Arctic Biological Station

2.20.3.6 责任说明的变化

如适用，依 **2.20.3.6.1**（多部分专著）、**2.20.3.6.2**（连续出版物）或 **2.20.3.6.3**（集成性资源）所列的说明，

为责任说明的变化编制附注。

2.20.3.6.1 多部分专著

如果对识别或检索重要，则为多部分专著的后继部分出现的责任说明的变化编制附注。

> Volumes 15 –26 edited by W.B. Willcox; volume 27 edited by C.A. Lopez; volumes 28–35 edited by Barbara B. Oberg; volumes 36–39 edited by Ellen R. Cohn

2.20.3.6.2 连续出版物

如果对识别或检索重要，则为连续出版物的第一/最早一期或部分之后出现的责任说明的变化编制附注。

> Issued by: Dept. of Health and Welfare, Bureau of Vital Statistics, 1964–1977; by: Dept. of Health and Human Services, Bureau of Vital Records, 1978 –
>
> Editors: 1975 –1984, Howard Johnson; 1985– , G.L. Jones

交替规则

如果变化较多，则编制一个一般性附注。

2.20.3.6.3 集成性资源

如果对识别或检索重要，则为集成性资源当前更新后的整体上不再出现的，或较早更新后的整体上以不同形式出现的责任说明编制附注。

> Compiled and edited by: Dan Hill and Malcolm Evans, 1977–July 1980

交替规则

如果变化较多，则编制一个一般性附注。

> Editor varies

2.20.4 版本说明的附注

2.20.4.1 范围

版本说明的附注是指提供关于版本说明的来源，与卷期、部分等相关的版本说明，版本说明变化的信息，或与版本说明相关的其他信息的附注。

2.20.4.2 信息源

用于版本说明的附注的信息取自任何来源。

2.20.4.3 与卷期、部分等相关的版本说明

如果与卷期、部分等相关的版本说明和与资源整体相关的版本说明有差异，则为其编制附注（见 **2.5.1.5**）。

2.20.4.4 与版本说明相关的其他信息

如果对识别或检索重要，则为与版本说明相关的其他细节编制附注。

> Edition statement on colophon varies: Shohan
>
> Edition statement from jacket

2.20.4.5 版本说明的变化

如适用，依 **2.20.4.5.1**（多部分专著）、**2.20.4.5.2**（连续出版物）或 **2.20.4.5.3**（集成性资源）所列的说明，为版本说明的变化编制附注。

2.20.4.5.1 多部分专著

如果对识别重要，则为多部分专著各部分在版本说明上的差异（见 **2.5.1.6.1**）编制附注。

> Volume 2 does not have an edition statement

交替规则

如果变化较多，则编制一个一般性附注。

2.20.4.5.2 连续出版物

如果对识别重要，则为连续出版物的第一/最早一期或部分之后出现的版本说明的变化（见 **2.5.1.6.2**）编制附注。

> Edition statement varies: International ed., 1998–
> *1998 年之前的版本说明:* International ed. in English

交替规则

如果变化较多，则编制一个一般性附注。

2.20.4.5.3 集成性资源

如果对识别重要，则为集成性资源当前更新后的整体上不再出现的，或较早更新后的整体上以不同形式出现的版本说明（见 **2.5.1.6.3**）编制附注。

交替规则

如果变化较多，则编制一个一般性附注。

> Replacement title pages carry successive edition statements, e.g., replacement title page received with June 1985 supplementation carries the statement "1985 edition"

2.20.5 连续出版物编号的附注

2.20.5.1 范围

连续出版物编号的附注是指提供关于首期首部分和/或末期末部分的编号，复杂的或不规则的编号（包括编号差错），或卷、期、部分等所覆盖时间段的信息的附注。

2.20.5.2 信息源

用于连续出版物编号的附注的信息取自任何来源。

2.20.5.3 首期首部分和/或末期末部分的编号

如果首期首部分和/或末期末部分的编号未作为连续出版物编号元素（见 2.6）的一部分予以记录，则编制一个附注，提供相关的信息。

> Began with volume 1, no. 1 in 2006
>
> Ceased with no. 25
>
> Began with May 2007 issue
>
> Began with June 15, 1998 issue; ceased with issue for July 2007
>
> Began in 2001

2.20.5.4 复杂的或不规则的编号

如果对识别重要，则为未在连续出版物编号元素加以说明的复杂的或不规则的连续出版物编号或编号差错编制附注。

> Issues for Aug. 1973–Dec. 1974 also called v. 1, no. 7– v. 2, no. 12
>
> Volume numbering irregular: v. 15 –18 omitted, v. 20 –21 repeated
>
> Numbering begins each year with v. 1
>
> Numbering irregular; some numbers repeated or omitted
>
> Successive articles are uniquely identified by a manuscript number and date
>
> Issues for 1996 are only available as individual articles, organized topically
>
> Articles are continually added to each annual volume

2.20.5.5 覆盖的时间段

如果每年发行或频率低于一年的连续出版物的卷、期、部分等覆盖的时间段不是自然年，则编制一个附注，说明所覆盖的时间段。

Report year ends June 30

Report year varies

Each issue covers: Apr. 1– Mar. 31

Each issue covers: Every two years since 1961–1962

2.20.6 制作说明的附注

2.20.6.1 范围

制作说明的附注是指提供关于制作地、制作者或制作日期的细节，或关于制作地、制作者或制作者名称变化的信息的附注。

2.20.6.2 信息源

用于制作说明的附注的信息取自任何来源。

2.20.6.3 与制作说明相关的细节

如果对识别或检索重要，则为未在制作说明元素中记录的关于制作地、制作者或制作日期的细节编制附注。

2.20.6.4 制作说明的变化

如适用，依 **2.20.6.4.1**（多部分专著）、**2.20.6.4.2**（连续出版物）或 **2.20.6.4.3**（集成性资源）所列的说明，为制作地和/或制作者名称的变化编制附注。

2.20.6.4.1 多部分专著

如果对识别或检索重要，则为多部分专著各部分在制作地和/或制作者名称上的差异（见 **2.7.1.5.1**）编制附注。

> ***交替规则***
>
> 如果变化较多，则编制一个一般性附注。

2.20.6.4.2 连续出版物

如果对识别或检索重要，则为连续出版物的第一/最早一期或部分之后出现的制作地和/或制作者名称的变化（见 **2.7.1.5.2**）编制附注。

> ***交替规则***
>
> 如果变化较多，则编制一个一般性附注。

2.20.6.4.3 集成性资源

如果对识别或检索重要，则为集成性资源当前更新后的整体上不再出现的，或较早更新后的整体上以不同形式出现的制作地和/或制作者名称（见 **2.7.1.5.3**）编制附注。

> *交替规则*
>
> 如果变化较多，则编制一个一般性附注。

2.20.7 出版说明的附注

2.20.7.1 范围

出版说明的附注是指提供关于出版地、出版者或出版日期的细节，关于出版地、出版者或出版者名称变化或暂停出版的信息的附注。

2.20.7.2 信息源

用于出版说明的附注的信息取自任何来源。

2.20.7.3 与出版说明相关的细节

如果对识别或检索重要，则为未在出版说明元素中记录的关于出版地、出版者或出版日期的细节编制附注。

> Actually published by Moens
> *按来源转录的出版者名称:* Impr. Vincent
>
> Published in London or Manchester
>
> Actually published in Dublin
> *按来源转录的出版地:* Belfast
>
> Published in Liverpool
> *按来源转录的出版地:* Lerpwl
>
> Published in Oslo
> *按来源转录的出版地:* Christiania。*Oslo 是 Christiania 后来的名称*
>
> Published in Rio de Janeiro
> *按来源转录的出版地:* Rio
>
> Published in Trier
> *按来源转录的出版地:* Augustae Treverorum
>
> Published in London, Ontario
> *按来源转录的出版地:* London
>
> Original imprint covered by labels: on label Odeon, on container EMI Records
> *按来源转录的出版者名称:* Odeon
>
> Publication statement reads: Impressi per me Wilhelmum de Machlinia in opulentissima civitate Londonarium iuxta pontem qui vulgariter dicitur Flete Brigge
> *按来源转录的出版者名称:* Impressi per me Wilhelmum de Machlinia
>
> Date of publication appears as: תרפ"ט
> *出版日期记录为:* 1929
>
> Probable year of publication based on date range in which the publisher was active
> *出版日期记录为:* 1969?

如果对资源的识别以首期首部分和/或末期末部分之外的某期或某部分为基础，则为出版的起讫日期编制附注。

Began in 1996
不能获得出版的首期，但已知起始日期的信息；资源仍在继续出版

Began in 1988; ceased in 1991
不能获得出版的首期和末期，但已知起讫日期的信息

Ceased publication in 1999
描述不是依据第一或最后一期、部分或更新后的整体；已知出版终止日期

2.20.7.4 暂停出版

如果多部分专著、连续出版物或集成性资源中止出版，但有以后恢复出版的意愿，则编制一个说明暂停出版的附注。如果已恢复出版，则包括暂停时间段的日期或描述。

Suspended with v. 11

No updates issued from 1999 to 2001

Suspended with v. 6, no. 2 (July 1992); resumed with v. 7, no. 1 (January 1995)

2.20.7.5 出版说明的变化

如适用，依 **2.20.7.5.1**（多部分专著）、**2.20.7.5.2**（连续出版物）或 **2.20.7.5.3**（集成性资源）所列的说明，为出版地和/或出版者名称的变化编制附注。

2.20.7.5.1 多部分专著

如果对识别或检索重要，则为多部分专著各部分在出版地和/或出版者名称上的差异（见 **2.8.1.5.1**）编制附注。

Volume 2 has variant publisher statement: Printed and published by T.P. Low Publisher statement on volume 1: Published by E. Low

> ***交替规则***
>
> 如果变化较多，则编制一个一般性附注。

2.20.7.5.2 连续出版物

如果对识别或检索重要，则为连续出版物的第一/最早一期或部分之后出现的出版地和/或出版者名称的变化（见 **2.8.1.5.2**）编制附注。

Published: Denver, 1995–1997; Boston, 1998–
出版地记录为： Dallas

Published by: F. Angeli, 1987–1990; G. Mondadori, 1991–

Presentation of publisher's name varies: William Cooke
出版者名称记录为: B. Cook

交替规则

如果变化较多，则编制一个一般性附注。

Name of publisher varies

2.20.7.5.3 集成性资源

如果对识别或检索重要，则为集成性资源当前更新后的整体上不再出现的，或较早更新后的整体上以不同形式出现的出版地和/或出版者名称（见 **2.8.1.5.3**）编制附注。

Published: New York, 1974–1975; South Hackensack, N.J., 1976 –1978
出版地记录为: Colorado Springs, Colo.

Published by Architext Software, 1994 –1997
出版者名称记录为: Excite, Inc. 。*Excite, Inc.于1998年成为出版者*

交替规则

如果变化较多，则编制一个一般性附注。

2.20.8 发行说明的附注

2.20.8.1 范围

发行说明的附注是指提供关于发行地、发行者或发行日期的细节，或关于发行地、发行者或发行者名称变化的信息的附注。

2.20.8.2 信息源

用于发行说明的附注的信息取自任何来源。

2.20.8.3 与发行说明相关的细节

如果对识别或检索重要，则为未在发行说明元素中记录的关于发行地、发行者或发行日期的细节编制附注。

Distributed in the U.K. by: EAV Ltd

2.20.8.4 发行说明的变化

如适用，依 **2.20.8.4.1**（多部分专著）、**2.20.8.4.2**（连续出版物）或 **2.20.8.4.3**（集成性资源）所列的说明，

为发行地和/或发行者名称的变化编制附注。

2.20.8.4.1 多部分专著

如果对识别或检索重要，则为多部分专著各部分在发行地和/或发行者名称上的差异（见 **2.9.1.5.1**）编制附注。

> ***交替规则***
>
> 如果变化较多，则编制一个一般性附注。

2.20.8.4.2 连续出版物

如果对识别或检索重要，则为连续出版物的第一/最早一期或部分之后出现的发行地和/或发行者名称的变化（见 **2.9.1.5.2**）编制附注。

> ***交替规则***
>
> 如果变化较多，则编制一个一般性附注。

2.20.8.4.3 集成性资源

如果对识别或检索重要，则为集成性资源当前更新后的整体上不再出现的，或较早更新后的整体上以不同形式出现的发行地和/或发行者名称（见 **2.9.1.5.3**）编制附注。

> ***交替规则***
>
> 如果变化较多，则编制一个一般性附注。

2.20.9 生产说明的附注

2.20.9.1 范围

生产说明的附注是指提供关于生产地、生产者或生产日期的细节，或关于生产地、生产者或生产者名称变化的信息的附注。

2.20.9.2 信息源

用于生产说明的附注的信息取自任何来源。

2.20.9.3 与生产说明相关的细节

如果对识别或检索重要，则为未在生产说明元素中记录的关于生产地、生产者或生产日期的细节编制附注。

2.20.9.4 生产说明的变化

如适用，依 **2.20.9.4.1**（多部分专著）、**2.20.9.4.2**（连续出版物）或 **2.20.9.4.3**（集成性资源）所列的说明，为生产地和/或生产者名称的变化编制附注。

2.20.9.4.1 多部分专著

如果对识别或检索重要，则为多部分专著各部分在生产地和/或生产者名称上的差异（见 **2.10.1.5.1**）编制附注。

> ***交替规则***
>
> 如果变化较多，则编制一个一般性附注。

2.20.9.4.2 连续出版物

如果对识别或检索重要，则为连续出版物的第一/最早一期或部分之后出现的生产地和/或生产者名称的变化（见 **2.10.1.5.2**）编制附注。

> ***交替规则***
>
> 如果变化较多，则编制一个一般性附注。

2.20.9.4.3 集成性资源

如果对识别或检索重要，则为集成性资源当前更新后的整体上不再出现的，或较早更新后的整体上以不同形式出现的生产地和/或生产者名称（见 **2.10.1.5.3**）编制附注。

> ***交替规则***
>
> 如果变化较多，则编制一个一般性附注。

2.20.10 版权日期的附注

2.20.10.1 范围

版权日期的附注是指提供版权日期信息的附注，该信息未作为版权日期元素一部分记录。

2.20.10.2 信息源

关于版权日期的附注的信息取自任何来源。

2.20.10.3 与版权日期相关的细节

记录未作为版权日期元素一部分记录的关于版权日期的细节，诸如应用于资源各方面的版权日期（见 **2.11.1.3**）。

> CDROM is copyright 2001
> *版权日期记录为* 2002
>
> French language edition ©1982
> *版权日期记录为* copyright 1987。*所描述资源是法语版的翻译本*

2.20.11 丛编说明的附注

2.20.11.1 范围

丛编说明的附注是指提供关于复杂的丛编说明、错误的丛编编号或丛编说明变化的信息的附注。

2.20.11.2 信息源

关于丛编说明的附注的信息取自任何来源。

2.20.11.3 复杂的丛编说明

关于丛编的信息因过于复杂而不能记录于丛编说明时，为相关信息编制附注。

> Pts. 1 and 2 in series: African perspective. Pts. 3 and 4 in series: Third World series. Pt. 5 in both series

2.20.11.4 错误的丛编编号

如果已知从信息源转录的编号有差错，则编制一个附注，提供正确的丛编或分丛编编号（见 **2.12.9.3**）。

> Series numbering should read: Bd. 25
> *转录自来源的编号：* Bd. 24

2.20.11.5 丛编说明的变化

如适用，依 **2.20.11.5.1**（多部分专著和连续出版物）或 **2.20.11.5.2**（集成性资源）所列的说明，为丛编说明的变化编制附注。

2.20.11.5.1 多部分专著和连续出版物

如果对识别或检索重要，则为多部分专著或连续出版物的第一/最早一期或部分之后出现而未作为丛编说明一部分予以记录的丛编信息的变化（见 **2.12.1.6.1**）编制附注。

> ***交替规则***
>
> 如果变化较多，则编制一个一般性附注。
>
> Subtitle of series varies

2.20.11.5.2 集成性资源

如果对识别或检索重要，则为集成性资源当前更新后的整体上不再出现的丛编信息编制附注（见 **2.12.1.6.2**）。如果某更新后的整体上的丛编说明以前未出现过，则编制一个附注，说明该更新后的整体的出版日期。

Series title, 1991–1996: Client representation workbooks
当前更新后的整体有丛编题名： Special tax topics workbooks

Series title began 1997
资源从 1995 年起始时没有丛编题名

交替规则

如果变化较多，则编制一个一般性附注。

2.20.12.1 范围

频率附注是指提供关于内容时新性、连续出版物各期或各部分的发布频率或集成性资源的更新频率，或频率变化的细节的附注。

2.20.12.2 信息源

关于频率附注的信息取自任何来源。

2.20.12.3 关于内容时新性或更新频率的细节

为提供下列细节编制附注：

a) 连续出版物各期或各部分的发布频率
b) 集成性资源的更新频率
c) 内容时新性

Monthly (except Aug.)
Monthly (during school year)
Several times a week
Six issues yearly
Rev. ed. issued every 4 months
Updated daily, except weekends
Continually updated
Includes amendments through order of December 5, 1983, effective April 1, 1984

2.20.12.4 频率的变化

为频率的变化编制附注，按年代顺序说明频率以及各自的日期。

Bimonthly, Nov./Dec. 1980–Mar./Apr. 1992; monthly, May 1992–

交替规则

如果变化较多，则编制一个一般性附注。

Frequency varies

Frequency of updates varies

2.20.13 作为识别资源依据的卷期、部分或更新后的整体的附注

2.20.13.1 范围

作为识别资源依据的卷期、部分或更新后的整体的附注是指识别多部分专著或连续出版物的卷期或部分，或集成性资源更新后的整体的附注，这些卷期、部分或更新后的整体曾作为识别资源的依据。

作为识别资源依据的卷期、部分或更新后的整体的附注还可包括描述联机资源时的浏览日期。

2.20.13.2 信息源

关于作为识别资源依据的卷期、部分或更新后的整体的附注的信息取自任何来源。

2.20.13.3 作为识别多部分专著或连续出版物依据的卷期或部分

对于多部分专著和连续出版物，如果未按最先发布的卷期或部分识别资源（见 2.1.2.3），则编制一个附注，说明作为识别依据的卷期或部分。如适用，应用 2.20.13.3.1（编号的连续出版物）、2.20.13.3.2（未编号的连续出版物）或 2.20.13.3.3（多部分专著）所列的附加说明。

Identification of the resource based on: part 2, published 1998

Identification of the resource based on: Vol. 1, no. 3 (Aug. 1999)

Latest issue consulted: 1999/10

2.20.13.3.1 编号的连续出版物

如果查阅了多个卷期或部分，则编制一个单独的附注，说明描述时查阅过的最新的卷期或部分。不必为记录于从编编号元素（见 2.6）的最早和/或最新的卷期或部分编制附注。

Identification of the resource based on: no. 8 (Jan./June 1997)
Latest issue consulted: no. 12 (Jan./June 1999)

Latest issue consulted: 2001/3
根据 1991/1，首期描述

2.20.13.3.2 未编号的连续出版物

编制一个附注，说明查阅过的最早的卷期或部分及其出版日期。如果查阅了其他卷期或部分，则编制一个单独的附注，说明查阅过的最新的卷期或部分及其日期。

> Identification of the resource based on: Labor and economic reforms in Latin America and the Caribbean, 1995
>
> Identification of the resource based on: The wood demon / by Anton Pavlovich Chekhov; translated by Nicholas Saunders and Frank Dwyer, 1993
> Latest issue consulted: Ibsen : four major plays / translated by Rick Davis and Brian Johnson, 1995

2.20.13.3.3 多部分专著

编制一个附注，酌情说明作为资源识别依据的多部分专著的部分和/或它的编号或出版日期。如果查阅了多个部分，则编制一个单独的附注，说明描述时查阅过的最新部分。

2.20.13.4 作为识别集成性资源依据的更新后的整体

编制一个附注，说明进行描述时查阅过的集成性资源最新的更新后的整体。

> Identification of the resource based on: 1994 ed. through update 10
>
> Identification of the resource based on version consulted: Oct. 26, 2000

2.20.13.5 联机资源的浏览日期

对于联机资源，编制一个附注，说明描述该资源时的浏览日期。

> Identification of the resource based on contents viewed on Oct. 21, 1999
>
> Viewed on Jan. 13, 2000
>
> Former title (as viewed Oct, 6, 1999): Washington newspapers database
>
> Former subtitle (viewed on Aug. 11, 1998): An online guide for amphibians in the United States and Canada
> *当前更新后的整体的其他题名信息：* An online guide for the identification of amphibians in North America north of Mexico

3

描述载体

3.0 目的和范围

本章涵盖描述资源载体特征的元素。

当用户在选择满足其需求的资源时，往往会依赖这些元素传递的信息，这些信息涉及载体的物理特征以及容纳或存储于载体内的信息的格式与编码。用户也可依赖载体特征来识别资源（即区分具有相似特征的资源）。

对于某一特定资源的描述，并非本章所涵盖的所有元素均适用。

3.1 描述载体的一般性规则

3.1.1 信息源

载体描述基于资源本身所呈现的依据，或其任何附件或容器。如果必要，可从任何来源获取补充依据。

3.1.2 不同格式的载体表现

如果作品有不同格式的载体表现（例如，印刷文本和缩微胶卷，录音盘和卡式录音带），则记录适用于所描述载体表现的描述载体的元素。

关于参照其他已有格式的说明，见 **27.1**。

3.1.3 摹真品和复制品

当描述摹真品或复制品时，记录适用于该摹真品或复制品的描述载体的元素。

关于参照原件的说明，见 **27.1**。

3.1.4 由多个载体类型组成的资源

当对由多个载体类型组成的资源进行综合著录时，根据资源的性质与描述的目的，酌情应用 **3.1.4.1**（仅记录每个载体的载体类型和数量）、**3.1.4.2**（记录每个载体的载体类型、数量和其他特征）或 **3.1.4.3**（用通用术语记录主要的载体类型和数量）所描述的方法。

如果对识别或选择重要，则记录特定载体的附加特征（见 **3.6–3.20**）。

关于记录与附件的载体相关信息的说明，见 **27.1**。

对收藏进行综合著录时，关于记录数量的说明，见 **3.4.1.11**。

3.1.4.1 仅记录每个载体的载体类型和数量

如果没有必要详细描述载体的特征，则仅记录：

a)　适用的一个或多个载体类型（见 **3.3**）

和

b)　每个载体类型的数量（见 **3.4**）

computer disc
audio disc
sheet
资源的载体类型，该资源由计算机盘、录音盘、学习印刷品和折叠张组成

1 computer disc
1 audio disc
4 study prints
1 folded sheet
上述资源的数量

可选择的附加

如果载体置于容器中，则指明容器并记录其尺寸（见 **3.5.1.5**）。

slide
audiocassette
sheet
资源的载体类型，该资源由置于同一容器中的幻灯片、卡式录音带和地图组成

12 slides
1 audiocassette
1 map
上述资源的数量

box 16 × 30 × 20 cm
上述资源容器的名称和尺寸

3.1.4.2 记录每个载体的载体类型、数量和其他特征

如果需要详细描述每个载体，则除载体类型（见 **3.3**）和数量（见 **3.4**）之外，记录适用于每个载体或载体类型的其他特征（见 **3.5–3.19**）。

slide
46 slides
5 × 5 cm
由幻灯片和卡式录音带组成的资源中，幻灯片的载体类型、数量和尺寸

audiocassette
1 audiocassette
10 × 7 cm, 4 mm tape
analog
mono
上述资源中卡式录音带的载体类型、数量、尺寸、录音类型和播放声道配置

可选择的附加

如果载体置于容器中，则指明容器并记录其尺寸（**3.5.1.5**）。

audiocassette
1 audiocassette
10 × 7 cm, 4 mm tape
analog
4.75 cm/s
由置于一容器中的卡式录音带和传单组成的资源中，卡式录音带的载体类型、数量、尺寸、录音类型和播放速度

volume
24 pages
15 cm
上述资源中传单的载体类型、数量和尺寸

container 18 × 12 × 2 cm
上述资源中容器的名称和尺寸

3.1.4.3 用通用术语记录主要的载体类型和数量

对于由多种异质载体组成的资源，记录主要的载体类型（见 3.3）和资源整体数量，指明其单位为 *various pieces*（不同件数）（见 3.4.1.5）。如果对识别或选择重要，则在附注中给出各件的细节（见 3.22.2.3）。

sheet
27 various pieces
用通用术语记录主要的载体类型和数量

可选择的省略

如果单位的数量不易确定或估算，则省略具体数值。

sheet
various pieces
用通用术语记录主要的载体类型和数量，省略具体件数

可选择的附加

如果载体置于容器中，则指明容器并记录其尺寸（见 3.5.1.5）。

sheet
42 various pieces
用通用术语记录主要的载体类型和数量

box 20 × 12 × 6 cm
容器的尺寸

对收藏进行综合著录时，关于记录数量的说明，见 3.4.1.11。

3.1.5 联机资源

对于所有联机资源，记录载体类型为 *online resource*（联机资源）（见 3.3）。

对于完整的联机资源（或如果全部数量已知），记录数量（见 3.4）。

1 online resource (1 image file)

1 online resource (75 pages)

如果对识别或选择重要，则在适用的情况下，记录载体的其他特征（见 3.6 – 3.20）。

TIFF
联机资源的编码格式

如果联机资源由多个文件组成，每个文件的特征描述对识别或选择重要，则记录每个文件的相应特征（见 3.19）。

text file
RTF
73 KB
联机资源中一个文本文件的文件类型、编码格式和文件大小

audio file
WAV
18 MB
上述联机资源中一个音频文件的文件类型、编码格式和文件大小

3.1.6 载体特征的变化

如果所描述资源的载体特征发生变化，则应用 3.1.6.1（多部分专著和连续出版物）或 3.1.6.2（集成性资源）所列的说明。关于描述不同格式的载体表现的说明，见 3.1.2。

如果一个或多个载体的尺寸发生变化，则依 3.5.1.8 所列的说明，记录变化。

如适用，依 3.1.6.1（多部分专著和连续出版物）或 3.1.6.2（集成性资源）所列的说明，记录一个或多个载体的其他特征的变化。

3.1.6.1 多部分专著和连续出版物

对于多部分专著和连续出版物，如果后继卷期或部分的媒介类型发生变化，则创建一个新著录（见 1.6）。

如果载体类型（见 3.3）或载体的其他特征（见 3.6 –3.20）发生变化（或引入了新的载体特征），则依这些元素的说明，记录变化了的（或新的）特征。如果变化对识别或选择重要，则编制一个附注（见 3.22.6.3.1）。

3.1.6.2 集成性资源

对于集成性资源，如果后继更新后的整体的媒介类型发生变化，则创建一个新著录（见 1.6）。

如果后继更新后的整体中载体类型（见 3.3）或载体的其他特征（见 3.6 –3.20）发生变化（或引入了新特征），则修改载体描述以反映当前更新后的整体。如果变化对识别重要，则为先前特征编制一个附注（见 3.22.6.3.2）。

3.2 媒介类型

3.2.1 记录媒介类型的基本说明

3.2.1.1 范围

*媒介类型*是指反映资源内容的浏览、播放、运行等所需中间设备的一般类型的分类。

3.2.1.2 信息源

用资源本身（或者其任何附件或容器）所呈现的依据作为记录媒介类型的基础。如果必要，可从任何来源获取补充依据。

3.2.1.3 记录媒介类型

用表 3.1 所列的一个或多个术语记录媒介类型。

> ***交替规则***
>
> 如果所描述资源由多个媒介类型组成，则仅记录：
>
> a) 适用于资源主要部分的媒介类型（如果有主要部分）
>
> ***或***
>
> b) 适用于资源最实质部分（包括主要部分，如果有的话）的媒介类型
>
> 酌情用表 3.1 所列的一个或多个术语。

表 3.1

音频（audio）	用于存储录音的媒介，需与唱机、录音机、CD 播放器或 MP3 播放器等播放设备配合使用，包括用于存储数码与模拟声音的媒介。
计算机（computer）	用于存储电子文件的媒介，需与计算机配合使用，包括诸如磁带和光盘这样的直接访问媒介，也包括通过文件服务器远程访问的媒介。
缩微（microform）	用于存储尺寸缩小、非肉眼可读图像的媒介，需与缩微胶卷或缩微平片阅读器等设备配合使用，包括透明和不透明的缩微媒介。
显微（microscopic）	用于存储微小物体的媒介，需与显微镜等设备配合使用，才能看到肉眼不可见的细部。
投影（projected）	用于存储动态或静态图像的媒介，需与电影放映机、幻灯放映机或高射投影仪等投影设备配合使用，包括二维或三维图像的投射媒介。

立体（stereographic）	用于存储成对静态图像的媒介，需与立体眼镜或立体浏览器等设备配合使用，以提供三维视觉效果。
无中介（unmediated）	用于存储通过一种或多种人体感官无需借助中间设备的帮助直接感知的内容媒介，包括通过印刷、雕刻、平版印刷、轧花、编织等方式制作的或是通过手工书写、绘图、绘画等手段展现的视觉和/或触摸内容的媒介，也包括诸如雕塑、模型等三维形式的媒介。
视频（video）	用于存储动态或静态图像的媒介，需与录像带播放机或DVD 播放机等播放设备配合使用，包括用于存储数码或模拟图像的媒介。

如果表 3.1 所列术语均不适用，则记录为 *other*（其他）。如果适用于所描述资源的媒介类型不易确定，则记录为 *unspecified*（未指定）。

3.3 载体类型

<u>核心元素</u>

3.3.1 记录载体类型的基本说明

3.3.1.1 范围

载体类型是指结合资源内容的浏览、播放、运行等所需中间设备的类型，反映存储媒介格式和载体装置的分类。

3.3.1.2 信息源

用资源本身（或者其任何附件或容器）所呈现的依据作为记录载体类型的基础。如果必要，可从任何来源获取补充依据。

3.3.1.3 记录载体类型

用下列一个或多个术语记录传递资源内容的载体类型。只要适用于所描述资源的术语都可予以记录。

> ***交替规则***
>
> 如果资源由多个载体类型组成，则仅记录：
>
> a) 适用于资源主要部分的载体类型（如果有主要部分）
>
> ***或***
>
> b) 适用于资源最实质部分（包括主要部分，如果有的话）的载体类型
>
> 酌情用下列一个或多个术语。

Audio carriers （音频载体）

audio cartridge （盒式录音带）

audio cylinder （录音筒）

audio disc （录音盘）

audio roll （录音卷）

audiocassette （卡式录音带）

audiotape reel （开盘录音带）

sound-track reel （音轨卷）

Computer carriers （计算机载体）

computer card （计算机卡）

computer chip cartridge （盒式计算机芯片）

computer disc （计算机盘）

computer disc cartridge （盒式计算机盘）

computer tape cartridge（盒式计算机磁带）

computer tape cassette（卡式计算机磁带）

computer tape reel （开盘计算机磁带）

online resource （联机资源）

Microform carriers （缩微载体）

aperture card （穿孔卡片）

microfiche （缩微平片）

microfiche cassette （卡式缩微平片）

microfilm cartridge （盒式缩微胶卷）

microfilm cassette （卡式缩微胶卷）

microfilm reel （开盘缩微胶卷）

microfilm roll （缩微卷）

microfilm slip （缩微条片）

microopaque （不透明缩微品）

Microscopic carriers （显微载体）

microscope slide （显微镜载玻片）

Projected image carriers （放映图像载体）

film cartridge （盒式影片）

film cassette （卡式影片）

film reel （开盘电影胶片）

film roll （胶卷）

filmslip （幻灯条片）

filmstrip （幻灯卷片）

filmstrip cartridge （盒式幻灯卷片）

overhead transparency slide （高射投影幻灯片）

Stereographic carriers （立体载体）

stereograph card （立体卡片）

stereograph disc （立体盘）

Unmediated carriers （无中介载体）

card （卡片）

flipchart （翻转图）

object （物体）

roll （卷）

sheet （张）

volume （卷/册）

Video carriers （视频载体）

video cartridge （盒式录像带）

videocassette （卡式录像带）

videodisc （视盘）

videotape reel （开盘录像带）

如果上述术语均不适用，则记录为 *other*（其他）。

如果适用的载体类型不易确定，则记录为 *unspecified*（未指定）。

3.4 数量

<u>核心元素</u>

仅当资源完整或总数量已知时，数量是核心元素。仅当易于确定且对识别或选择重要时，记录子单元。

3.4.1 记录数量的基本说明

3.4.1.1 范围

数量是指组成资源的单元和/或子单元的数值和类型。

单元是指资源的物理或逻辑组成部分（例如，一卷、一盒卡式录音带，一卷开盘电影胶片，一张地图，一个数字文件）。

子单元是指单元的物理或逻辑分部（例如，一卷中的一页、缩微平片的一帧、一个数字文件中的一条记录）。

关于记录持续时间（即播放时间、运行时间、表演时间等）的说明，见 **7.22**。

3.4.1.2 信息源

用资源本身（或者其任何附件或容器）所呈现的依据作为记录资源数量的基础。如果必要，可从任何来源获取补充依据。

3.4.1.3 记录数量

记录资源的数量时，给出单元数，并依 **3.3.1.3** 所列的载体类型给出适用的术语。以适当的单复数形式记录术语。（关于用其他术语指示单元类型的说明，见 **3.4.1.5**。）如果资源由多个载体类型组成，则记录每个适用类型的数量。如适用，依 **3.4.1.7–3.4.1.9** 所列的说明指明子单元数。

> 1 microfilm cassette
>
> 100 slides
>
> 2 audiotape reels
>
> 1 film reel
>
> 1 video cartridge
>
> 1 computer disc
>
> 1 online resource
>
> 3 microfiches

例外

地图资源。由地图内容组成的印刷、手稿、图形或三维资源（附带或不附带文本和/或插图），依 **3.4.2** 所列的说明记录数量。

乐谱。由乐谱组成的印刷型或手稿型资源（附带或不附带文本和/或插图），依 **3.4.3** 所列的说明记录数量。

静态图像。绘图、绘画、印刷图片、照片等，依 **3.4.4** 所列的说明记录数量。

文本。由印刷或手稿文本组成的资源（附带或不附带插图），依 **3.4.5** 所列的说明记录数量。

三维形式。由一个或多个三维形式组成的资源，依 **3.4.6** 所列的说明记录数量。

如果所描述的资源仅为单元的一个部分，则依 **3.4.1.12** 所列的说明记录数量。

由多个载体类型组成的资源，关于记录数量的说明，见 **3.1.4**。

3.4.1.4 确切的单元数不易确定

如果确切的单元数不易确定，则记录估算数，前置以 *approximately*（约）。

> approximately 600 slides

可选择的省略

如果单元数不易估算，则省略具体数值。

> slides

3.4.1.5 指示单元类型的其他术语

用通用术语（包括适用的商品名）指示单元类型：

a) 如果载体为新开发格式，尚未列于 **3.3.1.3**

b) 如果 **3.3.1.3** 所列的术语均不适用

或

c) 如果著录机构首选，用通用术语代替 **3.3.1.3** 所列的术语

audio slide

USB flash drive

如果不能简洁地列出各单元的名称，则记录物理单元数并指示为 *various pieces*（多种件数）。如果对识别或选择重要，则在附注中记录各件的细节（见 **3.22.2.3**）。

48 various pieces

可选择的省略

如果单元数不易确定或估算，则省略具体数值。

various pieces

如果商品名或其他类似规格未用做单元类型的术语，则依 **3.20.1.3** 所列的说明记录该信息。

3.4.1.6 内容完全相同的单元或单元集

如果资源各单元的内容完全相同，则在指示单元类型的术语前添加 *identical*（完全相同）。

30 identical microscope slides

如果资源由多套单元组成，且每套内容完全相同，则以 *20 identical sets of 12 microscope slides*（20 套完全相同的 12 显微镜载玻片）等形式记录套数和每套的单元数。

24 identical sets of 2 computer discs

3.4.1.7 子单元数

如果易于确定且对识别或选择重要，则依 **3.4.1.7.1–3.4.1.7.8** 所列的说明指明子单元数。在指示单元类型的术语后记录子单元数，并置于圆括号内。

3.4.1.7.1 计算机盘、盒带等

如果资源由格式对应于印刷品、手稿或图片的一个或多个文件组成（例如，PDF），则酌情应用地图资源（见 **3.4.2**）、乐谱（见 **3.4.3**）、静态图像（见 **3.4.4**）和/或文本（见 **3.4.5**）的数量说明指明子单元数。

1 computer disc (184 remote-sensing images)

1 computer disc (xv pages, 150 maps)

对于其他文件类型（例如，音频文件、视频文件、数据文件），用 **3.19.2.3** 所列的一个或多个指示文件类型的术语指明文件数。

> 1 computer disc (8 audio files)
>
> 1 computer tape (3 data files)
>
> 1 computer disc (1 audio file, 3 video files)

可选择的附加

对于由一个或多个程序文件和/或数据文件组成的资源，酌情添加语句数和/或记录数。

> 1 computer tape (3 data files: 100, 460, 550 records)

如果子单元数不能简洁说明，且对识别或选择重要，则在附注中记录细节（见 **3.22.2.10**）。

3.4.1.7.2 幻灯卷片和幻灯条片

指明帧数或双帧数。

> 1 filmstrip (28 frames)
>
> 1 filmstrip (10 double frames)

3.4.1.7.3 翻转图

指明张数。

> 1 flipchart (8 sheets)

3.4.1.7.4 缩微平片和缩微胶卷

如果资源的格式对应于印刷品、手稿或图片，则酌情应用地图资源（见 **3.4.2**）、乐谱（见 **3.4.3**）、静态图像（见 **3.4.4**）和/或文本（见 **3.4.5**）的数量说明指明子单元数。

> 3 microfiches (1 score (118 pages))
>
> 1 microfilm reel (255 pages)

对于其他缩微平片和缩微胶卷资源，指明帧数。

> 1 microfiche (120 frames)

3.4.1.7.5 联机资源

如果资源由格式对应于印刷品、手稿或图片的一个或多个文件组成（例如，PDF），则酌情应用地图资源（见 3.4.2）、乐谱（见 3.4.3）、静态图像（见 3.4.4）和/或文本（见 3.4.5）的数量说明指明子单元数。

> 1 online resource (68 pages)
>
> 1 online resource (3 scores)
>
> 1 online resource (36 photographs)

对于其他文件类型（例如，音频文件、视频文件、数据文件），用 3.19.2.3 所列的一个或多个指示文件类型的术语指明文件数。

> 1 online resource (2 video files)
>
> 1 online resource (1 program file)
>
> 1 online resource (2 audio files, 1 video file)

可选择的附加

对于由一个或多个程序文件和/或数据文件组成的资源，酌情添加语句数和/或记录数。

> 1 online resource (1 program file: 96 statements)

如果子单元数不能简洁说明，且对识别或选择重要，则在附注中记录细节（见 3.22.2.10）。

3.4.1.7.6 高射投影片

指明片数或所附片数。

> 1 overhead transparency (5 overlays)
>
> 1 overhead transparency (5 attached overlays)

3.4.1.7.7 立体资源

指明成对的帧数。

> 1 stereograph disc (7 pairs of frames)

3.4.1.7.8 视盘

对于仅包含静态图像的视盘，记录帧数。

> 1 videodisc (45,876 frames)

3.4.1.8 确切的子单元数不易确定

如果子单元未编号且具体数不易确定，则记录估算数，前置以 *approximately*（约）。

> 1 filmstrip (approximately 100 frames)

3.4.1.9 由多个单元组成的资源的子单元

如果资源由多个单元组成，每个包含的子单元数相同，则依 **3.4.1.7** 所列的说明，在每个单元中指明子单元数，其后随以 *each*（每个）。

> 4 filmstrips (50 double frames each)
>
> 2 flipcharts (30 sheets each)
>
> 3 microfiches (120 frames each)

如果每个单元的子单元数大致相同，则依 **3.4.1.8** 所列的说明，在每个单元中指明子单元的估算数，其后随以 *each*（每个）。

> 3 overhead transparencies (approximately 10 overlays each)

如果每个单元的子单元数不同（或估算不同），依 **3.4.1.7** 所列的说明指明子单元总数，或依 **3.4.1.8** 所列的说明估算子单元总数。

> 2 overhead transparencies (20 overlays)
>
> 2 microfiches (147 frames)

可选择的省略

省略子单元总数，仅记录单元数。

> 4 filmslips

3.4.1.10 不完整的资源

当对尚不完整（或已发行的单元总数未知）的资源进行综合著录时，记录不带具体数值的指示单元类型的术语。

> microscope slides
>
> volumes
>
> volumes (loose-leaf)

交替规则

对于尚不完整（或已发行的单元总数未知）的资源，不记录数量。

如果资源计划有多个单元，但还未全部发行，且看来不会再继续，则酌情描述该不完整集（即记录单元数）。编制一个附注，说明其他单元不会再发行（见 **3.22.2.4**）。

3.4.1.11 收藏的综合著录

当对收藏整体进行描述时，根据收藏的性质和描述的目的，酌情依 **3.4.1.11.1**（单件数、容器数或册数）、**3.4.1.11.2**（存储空间）或 **3.4.1.11.3**（单元数和类型）所描述的方法记录数量。

3.4.1.11.1 单件数、容器数或册数

记录数量时，给出单件[1]的具体数或估算数，或容器或册的具体数。[1]

123 items

approximately 400 items

6 volumes

6 boxes

可选择的附加

如果记录了册或容器的具体数，则指明单件的具体数或估算数。

3 volumes (183 items)

60 folders (1564 items)

1. 此处的单件是指一个独立的实体。例如，有多叶及附件的一封信，可计为一个单件。

3.4.1.11.2 存储空间

记录数量时，用公制给出收藏占据的存储空间量，酌情采用公制符号 cm、m、 cm^3 或 m^3。

10 m

1 m^3

交替规则

用著录机构首选的计量制度，记录收藏占据的存储空间量。如适用，依附件 **B(B.5.2)**所列的说明缩写计量单位。

40 linear ft.

10 cubic ft.

可选择的附加

指明容器或册和/或单件的具体数或估算数。

10 m (approximately 2250 items)

1.8 m (75 volumes)

3.6 m (2,400 folders)

1.5 m (30 items bound, 37 items unbound)

0.6 m (approximately 70 items, 12 bound)

3 m (12 boxes)

4.5 m (12 boxes, approximately 1000 items)

26.7 m (150 boxes, 109 oversize folders)

10 cm (1 box, 1 oversize folder)

3.4.1.11.3 单元数和类型

记录收藏中的资源的每个类型的数量时，给出每个类型的单元数和适用的术语。

68 photographs
16 architectural drawings

400 postcards

3.4.1.12 部分的分析著录

当对较大资源的一个部分进行分析著录时，依 **3.4.1.12.1**（部分中单元数和/或子单元数）或 **3.4.1.12.2**（较大资源中部分的位置）所列的说明记录该部分的数量。

3.4.1.12.1 部分中单元数和/或子单元数

依 **3.4.1.3–3.4.1.10** 所列的说明记录部分的数量，酌情给出单元数和/或子单元数。

310 pages

68 frames

3.4.1.12.2 较大资源中部分的位置

如果单元或子单元的编号是较大资源连续编号序列的一部分，则记录较大资源中该部分的位置，指明该部分所处的特定单元或子单元。

pages 210 – 450

leaves 51–71

on side 1 of 1 audio disc

on reel 1 of 2 film reels
on cassette 3 of 4 microfilm cassettes
on side 2 of 1 videodisc

3.4.2 地图资源的数量

核心元素

仅当资源完整或总数量已知时，数量是地图资源的核心元素。

3.4.2.1 应用

当记录由地图内容组成的印刷、手稿、图形或三维资源的数量时，应用 **3.4.2.2–3.4.2.5** 所列的说明。

对于其他媒介（例如，缩微）中由地图内容组成的资源，应用 **3.4.1** 所列的基本说明。

3.4.2.2 记录地图资源的数量

记录资源的数量时，给出单元数和下表中适用的术语。如果资源由多个单元类型组成，则记录每个适用类型的数量。以适当的单复数形式记录术语。

atlas（地图册）
diagram（线图）
globe（球仪）
map（地图）
model（模型）
profile（剖面图）
remote-sensing image（遥感图）
section（截面图）
view（视图）

1 map
3 diagrams
1 globe
1 model

如果确切的单元数不易确定，则给出估算数，前置以 *approximately*（约）。

approximately 800 maps

如果上述术语均不适用，则用尽可能简洁的指示单元类型的术语。如适用，用 **3.4.4.2**（静态图像）和 **3.4.6.2**（三维形式）所列的术语。

7 wall charts

52 playing cards

对于内容完全相同的单元或单元集（见 3.4.1.6）、不完整的资源（见 3.4.1.10）、收藏的综合著录（见 3.4.1.11）和部分的分析著录（见 3.4.1.12），酌情应用 3.4.1 所列的附加基本说明。

3.4.2.3 一张或多张上的多个地图单元

如果资源由两张或两张以上组成，每张包含一个地图单元，则依 3.4.2.2 所列的说明记录数量。

如果资源由在一张或多张上的多个地图单元组成，且地图单元数不同于张数，则记录地图单元数，并指明张数。

6 maps on 1 sheet

8 sections on 3 sheets

3.4.2.4 多分切呈现的地图单元

如果地图单元为多个分切图，需拼合成一个或多个地图单元，且所有分切图在一张上，则记录完整的地图单元数，其后随以 *in* 及分切数。如果分切图不在一张上，则记录完整的地图单元数，其后随以 *on* 及张数。

1 section in 4 segments

2 views in 6 segments

1 map on 4 sheets

3.4.2.5 地图册

依 3.4.5 所列的说明，指明地图册的册数和/或页数等。

1 atlas (3 volumes)

1 atlas (xvii, 37 pages, 74 leaves of plates)

1 atlas (1 volume (various pagings))

3.4.3 乐谱的数量

<u>核心元素</u>

仅当资源完整或总数量已知时，数量为乐谱资源的核心元素。

3.4.3.1 应用

当记录由乐谱（附带或不附带文本和/或插图）组成的印刷或手稿资源的数量时，应用 3.4.3.2 所列的说明。

对于其他媒介（例如，缩微）中由乐谱组成的资源，应用 3.4.1 所列的基本说明。

3.4.3.2 记录乐谱的数量

记录由乐谱组成资源的数量时，给出单元数和 **7.20.1.3** 所列的适用的乐谱格式术语。如果资源由多个单元类型组成，则依 **7.20.1.3** 所列的顺序，记录每个适用类型的数量。以适当的单复数形式记录术语。

依 **3.4.5** 所列的说明，在指示乐谱格式的术语后指明册和/或页、叶或栏数，并置于圆括号内。

> 1 score (38 leaves)
>
> 1 vocal score (x, 190 pages)
>
> 1 condensed score (2 volumes)
>
> 1 score (23 pages)
>
> 1 piano conductor part (8 pages)
>
> 1 choir book (240 pages)
>
> 1 table book (50 unnumbered pages)

例外

包含一套分谱的资源。如果资源包含一套分谱，则记录分谱数，但省略分谱相应的册和/或页、叶或栏数。

> 1 score (viii, 278 pages)
> 24 parts

由一个总谱和一个或多个分谱组成单一物理单元的资源。如果资源由一个总谱和一个或多个分谱组成单一物理单元，以 *1 score and 4 parts*（1 总谱和 4 分谱）等形式记录数量，其后随以页、叶或栏数，并置于圆括号内。

> 1 score and 1 part (5 pages)
> *分谱印在第 5 页*
>
> 1 score and 3 parts (19 pages)
> *分谱印在第 11－19 页*

对于内容完全相同的单元或单元集（见 **3.4.1.6**）、不完整的资源（见 **3.4.1.10**）、收藏的综合著录（见 **3.4.1.11**）和部分的分析著录（见 **3.4.1.12**），酌情应用 **3.4.1** 所列的附加基本说明。

3.4.4 静态图像的数量

<u>核心元素</u>

仅当资源完整或总数量已知时，数量是静态图像资源的核心元素。

3.4.4.1 应用

资源由一幅或多幅静态图像组成，形式为绘图、绘画、印刷图片、照片等，记录其数量时，应用 **3.4.4.2–3.4.4.5** 所列的说明。

对于其他媒介（例如，幻灯片、投影片）中由静态图像组成的资源，应用 **3.4.1** 所列的基本说明。

对于静态图像形式的地图内容，应用 **3.4.2** 所列的说明。

3.4.4.2 记录静态图像的数量

记录由一幅或多幅静态图像组成资源的数量时，给出单元数和下表中适用的术语。如果资源由多个单元类型组成，则记录每个适用类型的数量。以适当的单复数形式记录术语。

activity card （游戏卡）

chart （图表）

collage （拼贴画）

drawing （绘图）

flash card （闪视卡）

icon （图标）

painting （绘画）

photograph （照片）

picture （图画）

postcard （明信片）

poster （招贴画、海报）

print （印刷图片）

radiograph （射线片）

study print （学习图片）

technical drawing （技术图纸）

wall chart （挂图）

1 drawing

3 wall charts

如果确切的单元数不易确定，则给出估算数，前置以 *approximately*（约）。

approximately 1,000 photographs

如果上述术语均不适用，则用尽可能简洁的指示单元类型的术语。

7 flannel board pieces

对于内容完全相同的单元或单元集（见 **3.4.1.6**）、不完整的资源（见 **3.4.1.10**）、收藏的综合著录（见 **3.4.1.11**）和部分的分析著录（见 **3.4.1.12**），酌情应用 **3.4.1** 所列的附加基本说明。

3.4.4.3 一个或多个载体上的多幅图像

如果资源由两个或两个以上的载体组成，每个载体上包含一幅静态图像，则依 **3.4.4.2** 所列的说明记录数量。

如果资源由一个或多个载体上的多幅图像组成，且图像数不同于载体数，则记录图像数，并指明载体数。

> 2 drawings on 1 sheet

3.4.4.4 一幅图像跨多个载体

如果资源由跨多个载体的一幅图像组成，则记录为 *1 drawing*（1 绘图）等，并指明载体数。

> 1 print on 24 sheets

3.4.4.5 相册、文件夹等

对于由一个或多个相册、文件夹、函等组成的资源，包含绘图、印刷图片、照片等，记录其数量时，给出单元数和适用的单元类型术语。

> 1 portfolio
>
> 2 sketchbooks

可选择的附加

在指示单元类型的术语后指明绘图等的具体数，并置于圆括号内，用 **3.4.4.2** 所列一个或多个适用的术语。

> 1 portfolio (40 prints)

3.4.5 文本的数量

<u>核心元素</u>

仅当资源完整或总数量已知时，数量是文本资源的核心元素。

3.4.5.1 应用

资源由一个或多个册、张、文件夹或函组成，包含印刷或手稿文本（附带或不附带插图），记录其数量时，应用 **3.4.5.2–3.4.5.22** 所列的说明。

当指明地图册（见 **3.4.2.5**）或由乐谱组成的资源（见 **3.4.3.2**）的子单元数时，亦应用 **3.4.5.2–3.4.5.22** 所列的说明。

对于其他媒介（例如，缩微）中由文本组成的资源，应用 **3.4.1** 所列的基本说明。

3.4.5.2 含编号页、叶或栏的单册

对于由单册组成的资源，根据资源呈现方式，酌情以术语 *pages*（页）、*leaves*（叶）或 *columns*（栏）记录数量，应用下列一般性规则：

a) 如果册标有页码（即叶的两面有页码），则记录页数

b) 如果册标有叶码（即仅叶的一面有叶码），则记录叶数

c) 如果册由页组成，一页多栏且依栏编号，则记录栏数

d) 如果册由叶和页、页和编号栏或叶和编号栏顺序组成，则分别记录每个序列[2]

例外

早期印刷型资源。对于早期印刷型资源，按所见的术语和形式，记录每个叶、页或栏的序列。如果资源按页印刷但按叶编号，记录编号为叶。如果必要，记录页码、空白叶或其他稽核方面更准确的信息，或作为数量的扩展（如果能简洁表述），或编制一个附注（见 **3.22.2.9**）。

不断更新的活页出版物。如果资源为不断更新的活页出版物，记录为 *1 volume*（1 册），其后随以 *loose- leaf*（活页），并置于圆括号内。

1 volume (loose-leaf)

连续出版物。参见 **3.4.5.16**。

以资源中的数字或字母序列记录页、叶或栏数。记录每个序列最后编号的页、叶或栏，其后随以适用的术语。

327 pages

321 leaves

381 columns

xvii, 323 pages

27 pages, 300 leaves

例外

对于复杂或不规则的标页等，应用 **3.4.5.8** 所列的说明。

对于有起讫范围的字母编号，记录页码等时，用 *A–K pages*（A-K 页）、*a–d leaves*（a-d 叶）等形式。

A–Z pages
*页码字母编号为：*A–Z

对于词编号，记录页码等时，给出对应的数值。

32 pages
页码编号为词

应用 **3.4.5.3–3.4.5.13** 所列的适用于所描述资源的附加说明。

2. 页或叶序列是指：①一组单独编号的页、叶等；②一组未编号的页等，独立于出版物中其他组；或者③分布在整个出版物的若干图版页或叶。

3.4.5.3 含未编号页、叶或栏的单册

如果资源完全由未编号的页、叶或栏组成，则按下列方法之一记录页、叶或栏数：

a) 如果易于确定，记录确切的页、叶或栏数

> 93 unnumbered pages

b) 如果数量不易确定，记录估算的页、叶或栏数，前置以 *approximately*（约）

> approximately 600 pages

c) 记录为 *1 volume (unpaged)*

> 1 volume (unpaged)

3.4.5.3.1 编号和未编号的序列

如果资源由编号和未编号的页、叶或栏序列组成，则忽略未编号序列，除非：

a) 未编号序列构成资源的实质部分（参见 **3.4.5.8**）

或

b) 未编号序列包括附注中提及的页等

> ***例外***
>
> ***早期印刷型资源。***对于早期印刷型资源，记录未编号序列的页、叶或栏。
>
> 12 unnumbered pages, 72 pages, 10 unnumbered pages, 48 pages, 6 unnumbered pages, 228 pages, 16 unnumbered pages
>
> 91 leaves, 1 unnumbered leaf
> *最后一叶空白*

当记录未编号页等序列时，记录：

a) 确切数值（如果数值易于确定），其后随以 *unnumbered pages*（未编号页）等

或

b) 估算数，前置以 *approximately*（约）

或

c) *unnumbered sequence of pages*（未编号序列页）等

33 leaves, 31 unnumbered leaves
未编号序列构成实质部分；确切叶数可确定

8, vii, approximately 300, 73 pages
未编号序列构成实质部分；估算页数

27 pages, unnumbered sequence of leaves
编号的页和未编号的叶序列

8 unnumbered pages, 155 pages
附注中提及的书目出现在文前第 6 页

3.4.5.3.2 无关紧要的内容

未编号序列的内容无关紧要时（广告、空白页等），则忽略。

例外

早期印刷型资源。对于早期印刷型资源，记录含广告的页码（可简洁表述时），如果广告页：

a) 包含在与文本相同的页码序列中

或

b) 印在起始或结束书帖的页上，该书帖同时包含文本的叶或页

或

c) 印在帖号连续的资源的独立书帖上。

40 leaves, 8 unnumbered pages

否则，编制一个附注（见 **3.22.2.9**）。

3.4.5.4 序列中编号形式改变

如果序列中编号形式发生变化（例如，从罗马字母到阿拉伯数字），则忽略序列第一部分的编号。

176 pages
*页码编号：*i–xii, 13–176

例外

早期印刷型资源。对于早期印刷型资源，以所见形式记录编号。

xii pages, 1 unnumbered page, 14–176 pages
序列前 12 页以小写罗马字母编号，其后 1 页未编号，其后序列其余部分以阿拉伯数字编号

3.4.5.5 误导编号

如果序列的最末页、叶或栏编号不代表该序列的页、叶或栏的总数，则不必更正，除非对资源数量造成完全错误的印象（例如，仅隔页编号，或序列的最末页、叶或栏数印刷错误）。

当更正误导编号时，先记录最末页或叶上出现的编号，其后随以 *that is*（实为）和正确的数。

48, that is, 96 pages

329, that is, 392 pages

3.4.5.6 不完整的册

如果册的最后部分丢失，无法确定完整的册数，则用适用的术语记录最后编号的页、叶或栏数，后加 (*incomplete*)（不完整）。依 **3.21.1** 所列的说明，记录其不完整的情况。

xxiv, 179 pages (incomplete)

如果册的首、末部分的页或叶均丢失，无法确定完整的册数，则记录页、叶或栏的首末编号，前置以适用的术语。依 **3.21.1** 所列的说明，记录其不完整的情况。

leaves 81–149

3.4.5.7 编号为较大序列的部分的页等

如果页等作为较大序列的一部分编号（例如，多册资源连续标页的部分），则记录页等的首末编号，前置以适用的术语。

pages 713 –797

如果资源除较大序列部分的页码之外，还有自身的页码，则记录个体资源自身的页码。为较大序列部分的页码编制一个附注（见 **3.22.2.6**）。

328 pages
同时作为较大资源的一部分编号的页： 501 – 828

3.4.5.8 复杂或不规则的标页等

如果资源有复杂或不规则的标页等，则按下列方法之一记录页、叶或栏数：

a) 记录页、叶或栏的总数（不包括空白或者含广告或其他无关紧要内容的部分），酌情随以 *in various pagings*（多种页码）、*in various foliations*（多种叶码）或 *in various numberings*（多种编号）

1000 pages in various pagings

256 leaves in various foliations

1283 columns in various numberings

b) 记录主要页码序列的页、叶或栏数，再添加其余多种编号或未编号序列的总数

560 pages, 223 pages, 217 variously numbered pages
资源有 1000 页，多种页码

366 pages, 98 pages, 99 unnumbered pages

c) 记录为 *1 volume* (*various pagings*)

1 volume (various pagings)
资源有 1000 页，多种页码

例外

早期印刷型资源。对于早期印刷型资源，按所见的形式和序列记录页码等。

12 unnumbered leaves, 74 leaves, 32 unnumbered leaves, 62 columns, 9 unnumbered pages

3.4.5.9 图版的叶或页

如果资源中图版的叶或页独立于文本等的页或叶序列，则在页码等序列的最后，记录图版的叶或页数，无论图版是集中还是分散在资源中，甚至仅有一张图版。如果图版的叶或页编号复杂或不规则，应用 **3.4.5.8** 所列的说明。

246 pages, 32 pages of plates

x, 32, 73 pages, 1 leaf of plates

如果资源同时包含图版的叶和页，则按占主要部分的术语记录数量。

323 pages, 19 unnumbered pages of plates
含 16 页和 3 叶图版

例外

早期印刷型资源。对于早期印刷型资源，如果图版的叶和页有编号，或同时含有编号和未编号的图版，则用适用的术语记录每一序列的图版的叶和页。

246 pages, 38 leaves of plates, 24 pages of plates

忽略未编号序列的图版，除非：

a) 未编号图版序列构成资源的实质部分（参见 3.4.5.8）

或

b) 未编号序列包括附注中提及的图版

> xii, 24 pages, 212 leaves of plates, 43 unnumbered leaves of plates
> *未编号序列构成实质部分*
>
> xvi, 249 pages, 12 unnumbered leaves of plates
> *未编号序列包括附注中提及的图版*

3.4.5.10 折叶

如实描述折叶。

> 122 folded leaves
>
> 230 pages, 25 leaves of plates (some folded)
>
> 25 folded leaves of plates

3.4.5.11 双叶

如果编号的页、叶或栏以双叶形式呈现（例如，传统东亚风格的图书），则根据其编号记录页、叶或栏。如果未编号，则计算每个双叶为两页。

编制一个附注说明其格式（见 3.22.2.11）。

3.4.5.12 重复标页等

如果页码重复标记，例如，有时图书有并列文本的情况，则记录两个页码，并编制一个说明性附注（见 3.22.2.7）。

> xii, 35, 35 pages
>
> xi, EN185, FR189 pages
> *英－法双语词典，英语术语后的法语独立编页，资源上显示为 EN 和 FR。*

3.4.5.13 反向编号页

如果资源有一组反向编号页，例如，有时图书有两种语言文本的情况，则按顺序记录不同部分的页码，以描述时选择的题名页起始。

> iv, 127, 135, vii pages
> *英语和法语文本倒转页码；选择英语题名页*
>
> ix, 155, 126, x pages
> *英语和希伯来语文本；选择英语题名页*

3.4.5.14 单张

由单张组成的资源，记录其数量为 *1 sheet*（1 张）。

> 1 sheet

如果张以折叠后按页阅读设计，记录其数量为 *1 folded sheet*（1 折叠张），其后随以拼版后的页数，并置于圆括号内。

> 1 folded sheet (8 pages)

例外

早期印刷型资源。对于早期印刷型资源中设计为折叠后使用的单张（无论发行时折叠或未折叠），记录印刷页数的计数，不计空白页。

折叠为多个版块的单张，设计为折叠使用，记录未折叠时张的一面上物理版块数的计数，并置于圆括号内；计数时，包括空白版块和含文本、插图等的版块。

> 1 folded sheet (16 panels)

如果必要，在附注中提供张的版式的细节（包括版块编号）（见 **3.22.2.9**）。

3.4.5.15 单文件夹或函

由一张或多张等组成的资源，装于单个文件夹或函中，酌情记录其数量为 *1 portfolio*（1 文件夹）或 *1 case*（1 函）。

> 1 portfolio

可选择的附加

依 **3.4.5.2–3.4.5.13** 所列的说明，指明页数、叶数或栏数，并置于圆括号内。

> 1 portfolio (24 leaves)

对于包含两个或两个以上册的情况，应用 **3.4.5.16** 所列的说明。

3.4.5.16 多册

如果资源由多册组成，记录其数量时，给出册数和术语 *volumes*（册）。

> 3 volumes

例外

完整的连续出版物。对于连续出版物，记录其数量时，给出连续出版物编号（见 **2.6**）所反映的书目卷数，而非物理册数。

不完整的资源。如果资源尚不完整（或要发行的册数未知），则应用 **3.4.1.10** 所列的说明。

3.4.5.17 连续标页的册

如果册连续标页，则在指示单元类型的术语后，依 **3.4.5.2–3.4.5.13** 所列的说明，指明页数、叶数或栏数，并置于圆括号内。忽略除首册之外的文前单独标页序列。

2 volumes (xxxxi, 999 pages)

3 volumes (xx, 800 pages)
*编号页码：*i–xx, 1–201; i–xx, 202–513; i–xxi, 514–800

可选择的省略

对于多部分专著和连续出版物，省略页数等。参见 **3.4.1.10**。

3.4.5.18 单独标页的册

如果多册单独标页，则记录册数，省略页码。

可选择的附加

依 **3.4.5.2–3.4.5.13** 所列的说明，在指示单元类型的术语后，指明每册的页数、叶数或栏数，并置于圆括号内。

2 volumes (xvi, 329; xx, 412 pages)

3.4.5.19 不断更新的活页出版物

如果资源为不断更新的活页出版物，则记录册数，其后随以 *loose-leaf*（活页），并置于圆括号内。对于不完整的资源，参见 **3.4.1.10**。

3 volumes (loose-leaf)

3.4.5.20 多张

如果资源由多张组成，记录其数量时，给出张数和术语 *sheets*（张）。

3 sheets

对于置于一个函中的多张，应用 **3.4.5.15** 所列的说明。

3.4.5.21 多个文件夹或函

如果资源由多个文件夹或函组成，记录其数量时，酌情给出单元数和 *portfolios*（文件夹）或 *cases*（函）。

> 4 cases

可选择的附加

依 **3.4.5.2–3.4.5.13** 的说明，在指示单元类型的术语后，指明每个文件夹或函中的页、叶或栏数，并置于圆括号内。

> 2 portfolios (iv pages, 16 leaves and iii pages, 20 leaves)

3.4.5.22 内容完全相同的单元或单元集

资源由内容完全相同的单元或单元集组成，应用 **3.4.1.6** 所列的基本说明。

3.4.6 三维形式的数量

<u>核心元素</u>

仅当资源完整或者总数量已知时，数量是三维形式资源的核心元素。

3.4.6.1 应用

当记录由一个或多个三维形式组成的资源的数量时，应用 **3.4.6.2–3.4.6.3** 所列的说明。

对于球仪和其他三维地图资源，应用 **3.4.2** 所列的说明。

3.4.6.2 记录三维形式的数量

记录由一个或多个三维形式组成资源的数量时，给出单元数和下表中适用的术语。如果资源由多个单元类型组成，则记录每个适用类型的数量。以适当的单复数形式记录术语。

coin （硬币）

diorama （立体布景）

exhibit （展品）

game （游戏）

jigsaw puzzle （智力拼图）

medal （纪念章）

mock-up （实物大模型）

model （模型）

sculpture （雕塑）

specimen （标本）

toy （玩具）

如果确切的单元数不易确定，给出估算数，前置以 *approximately*（约）。

approximately 400 specimens

如果上述术语均不适用，则用尽可能简洁的指示单元类型的术语。

2 feather headbands
1 pair beaded moccasins
3 quilts

对于内容完全相同的单元或单元集（见 3.4.1.6）、不完整的资源（见 3.4.1.10）、收藏的综合著录（见 3.4.1.11）和部分的分析著录（见 3.4.1.12），酌情应用 3.4.1 所列的附加基本说明。

3.4.6.3 子单元数

如适用，在指示单元类型的术语后，指明组件数和一个或多个类型，并置于圆括号内。

1 jigsaw puzzle (1,000 pieces)
1 game (1 board, 50 cards, 5 role cards, 2 dice)

如果组件不能简洁说明，或其数量不易确定，则记录为 *various pieces*（不同件数）。

2 games (various pieces)

如果组件没有作为数量的一部分记录，但对识别或选择重要，则在附注中记录其细节（见 3.22.2.3）。

3.5 尺寸

3.5.1 记录尺寸的基本说明

3.5.1.1 范围

*尺寸*是指对资源的一个或多个载体和/或容器的测量值。

尺寸包括高度、宽度、深度、长度、规格和直径的测量值。

对于地图等，以及静态图像，尺寸可以反映地图等的正面（见 3.5.2）或图画区域（见 3.5.3）的尺寸，而非（或除了）载体的尺寸。

3.5.1.2 信息源

用资源本身（或者其任何附件或容器）所呈现的依据作为记录资源尺寸的基础。如果必要，可从任何来源获取补充依据。

3.5.1.3 记录尺寸

除非另外说明，以厘米记录尺寸，向上取整，用公制符号 cm（例如，高度测为 17.2 厘米，记录为 *18cm*）。

交替规则

用著录机构首选的计量制度记录尺寸。如适用，依附录 **B(B.5.1)**所列的说明缩写计量单位。

3.5.1.4 载体尺寸

如适用，依 **3.5.1.4.1–3.5.1.4.14** 所列的说明记录载体尺寸。除非另外说明，依 **3.5.1.3** 所列的说明给出测量值。

3.5.1.4.1 卡片

记录卡片的高度 x 宽度。

28 × 10 cm
闪视卡的尺寸

9 × 19 cm
穿孔卡片的尺寸

8 × 13 cm
不透明缩微品的尺寸

9 × 6 cm
计算机卡的尺寸

3.5.1.4.2 单轴盒

盒式录音带。对于盒式录音带，以厘米记录盒面的长度 x 高度，其后随以用毫米记录的磁带宽度。记录磁带宽度用公制符号 *mm*。盒的尺寸与磁带宽度之间用逗号分隔。

14 × 10 cm, 7 mm tape

盒式计算机芯片。对于盒式计算机芯片，记录插入机器面的长度。

10 cm
盒式计算机芯片的尺寸

盒式影片、盒式幻灯卷片和盒式录像带。对于盒式影片、盒式幻灯卷片和盒式录像带，以毫米记录胶片或磁带的规格（即宽度），用公制符号 *mm*。对于 8mm 的胶片，指明规格为单 8、标准、超 8 或毛雷尔（Maurer）。如果对识别或选择重要，为胶片或磁带的长度编制一个附注（见 **3.22.4.3**）。

standard 8 mm
盒式影片的胶片规格

35 mm
盒式幻灯卷片的胶片规格

13 mm
盒式录像带的磁带规格

盒式缩微胶卷。对于盒式缩微胶卷，以毫米记录胶卷宽度，用公制符号 *mm*。

35 mm
盒式缩微胶卷的胶卷宽度

3.5.1.4.3 双轴盒

卡式录音带。对于卡式录音带，以厘米记录盒面的长度 x 高度，其后随以用毫米记录的磁带宽度。记录磁带宽度用公制符号 *mm*。盒的尺寸与磁带宽度之间用逗号分隔。

> 10 × 7 cm, 4 mm tape

卡式计算机磁带。对于卡式计算机磁带，记录盒面的长度 x 高度。

> 10 × 7 cm

卡式影片和卡式录像带。对于卡式影片和卡式录像带，以毫米记录胶片或磁带的规格（即宽度），用公制符号 *mm*。对于 8mm 胶片，指明规格为单 8、标准、超 8 或毛雷尔（Maurer）。如果对识别或选择重要，为胶片或磁带的长度编制一个附注（见 **3.22.4.3**）。

> 16 mm
> *卡式影片的胶片规格*
>
> standard 8 mm
> *卡式录像带的磁带规格*

卡式缩微平片。对于卡式缩微平片，记录盒面的长度 x 高度。

卡式缩微胶卷。对于卡式缩微胶卷，以毫米记录胶片的宽度，用公制符号 *mm*。

> 16 mm
> *卡式缩微胶卷的胶卷宽度*

3.5.1.4.4 盘片

记录盘片的直径。

> 30 cm
> *模拟录音盘的直径*
>
> 12 cm
> *数字录音盘的直径*
>
> 21 cm
> *视盘的直径*
>
> 12 cm
> *计算机盘的直径*

3.5.1.4.5 幻灯卷片和幻灯条片

以毫米记录胶片的规格（即宽度），用公制符号 *mm*。

35 mm

3.5.1.4.6 翻转图

记录翻转图的高度 x 宽度。

23 × 18 cm

3.5.1.4.7 缩微平片

记录平片的高度 x 宽度。

11 × 15 cm

3.5.1.4.8 高射投影片

记录透明片的高度 x 宽度，不含边框或衬底。如适用，为边框或衬底尺寸编制一个附注（见 **3.22.4.3**）。

26 × 22 cm

3.5.1.4.9 开盘卷

开盘录音带。对于开盘录音带，以厘米记录卷的直径，其后随以用毫米记录的磁带宽度。记录磁带宽度用公制符号 *mm*。卷的直径和磁带宽度之间用逗号分隔。

18 cm, 13 mm tape

开盘计算机磁带。对于开盘计算机磁带，以厘米记录卷的直径，其后随以用毫米记录的磁带宽度。记录磁带宽度用公制符号 *mm*。卷的直径和磁带宽度之间用逗号分隔。

31 cm, 13 mm tape

开盘影片和开盘录像带。对于开盘影片和开盘录像带，以厘米记录卷的直径，其后随以用毫米记录的胶片或磁带规格（即宽度），用公制符号 *mm*。卷的直径和胶片或磁带规格之间用逗号分隔。对于 8mm 胶片，指明规格为单 8、标准、超 8 或毛雷尔（Maurer）。如果对识别或选择重要，为胶片或磁带的长度编制一个附注（见 **3.22.4.3**）。

18 cm, 25.4 mm
开盘录像带

开盘缩微胶卷。对于开盘缩微胶卷，以厘米记录卷的直径，其后随以用毫米记录的胶片宽度，用公制符号 *mm*。卷的直径和胶片宽度之间用逗号分隔。

11 cm, 25.4 mm

3.5.1.4.10 卷

胶卷和缩微卷。 对于胶卷和缩微卷，以毫米记录胶片规格（即宽度），用公制符号 *mm*。对于 8mm 胶片，指明规格为单 8、标准、超 8 或毛雷尔（Maurer）。如果对识别或选择重要，为胶片的长度编制一个附注（见 3.22.4.3）。

35 mm
幻灯卷片的胶片规格

super 8 mm
幻灯卷片的胶片规格

105 mm
缩微卷的胶片宽度

3.5.1.4.11 张

记录张的高度 x 宽度，不含边框或衬底。如适用，为边框或衬底尺寸编制一个附注（见 **3.22.4.3**）。如果张设计为折叠成页阅读，仅记录折叠后高度。对于其他折叠张，记录展开时的高度 x 宽度，再随以折叠后高度 x 宽度。对于卷轴，记录未卷成轴时的高度 x 宽度，其后随以卷后的高度 x 直径，需注明。

28 × 22 cm
文本张的尺寸

48 × 30 cm folded to 24 × 15 cm
手稿张的尺寸

27 × 471 cm rolled to 27 × 7 cm in diameter
手稿卷轴的尺寸

> *例外*
>
> ***地图等。*** 对于地图等，应用 **3.5.2** 所列的说明。
>
> ***静态图像。*** 对于静态图像，应用 **3.5.3** 所列的说明。

3.5.1.4.12 幻灯片

记录幻灯片的高度 x 宽度。

5 × 5 cm
照相幻灯片的尺寸

3 × 8 cm
显微镜载玻片的尺寸

3.5.1.4.13 三维形式

球仪。对于球仪，记录直径，需注明。

> 12 cm in diameter

其他三维形式。对于其他三维形式，记录三维形式本身的尺寸。如果必要，添加指示给出的尺寸是哪个维度的词。如果给出多个维度的尺寸，则按高度 x 宽度 x 深度予以记录。

> 110 cm high
> *雕塑的尺寸*

可选择的省略

如果三维形式置于容器中，省略其本身的尺寸，记录容器的尺寸（见 **3.5.1.5**）。

3.5.1.4.14 册

记录册的高度。如果高度小于 10 厘米，以毫米记录，用公制符号 *mm*。

> 22 cm
>
> 75 mm

例外

如果册的宽度小于高度的一半，或大于高度，则记录高度 x 宽度。

> 20 × 8 cm
>
> 20 × 32 cm

如果装订与文本块之间高度和/或宽度的差别很大，且这种差别对识别或选择重要，则记录文本块的高度或高度 x 宽度，其后随以装订的高度或高度 x 宽度。

> 22 cm in binding 24 cm
>
> 20 × 8 cm in binding 22 × 12 cm

如果册中包含不同尺寸的文本块，则仅记录装订高度（或高度 x 宽度）。如果对识别或选择重要，编制一个附注说明文本尺寸（如适用，见 **3.22.4.3** 或 **3.22.5.3**）。

如果册包含触摸文本，且小于或大于标准 A3 尺寸，则记录高度 x 宽度。

如果已知装订为替换装订，或在资源发行后再行装订，则编制一个附注说明该情况（见 **3.21.1.3**）。

3.5.1.5 容器尺寸

如果资源置于容器中，且对识别或选择重要，则指明容器名称并记录其尺寸（高度 x 宽度 x 深度）：

a) 在载体尺寸之外

或

b) 作为唯一尺寸

除非另外说明，依 **3.5.1.3** 所列的说明给出测量值。

> 16 × 32 × 3 cm
> case 17 × 34 × 6 cm
> *模型及其容器的尺寸*
>
> box 30 × 25 × 13 cm
> *立体布景容器的尺寸；立体布景的尺寸未记录*

3.5.1.6 多载体组成的资源

如果资源由多载体组成，且所有载体的类型与尺寸均相同，则依 **3.5.1.4** 所列的说明记录单个载体的尺寸。

> 3 × 8 cm
> *显微镜载玻片的尺寸，资源由同样尺寸的 8 个显微镜载玻片组成*
>
> 24 cm
> *册的尺寸，资源由同样尺寸的 3 册组成*

例外

未装订文本。对于由两个或两个以上未装订张组成的文本，应用 **3.5.1.4.14** 所列的说明，记录册的尺寸。如果文本为折叠的，则添加折叠后的尺寸。

> 20 cm folded to 10 × 12 cm
>
> 35 × 66 cm, folded to 10 × 19 cm

如果载体类型相同，但尺寸不同，则记录最小或较小和最大或较大的尺寸。

> 24–28 cm
> *最小和最大册的尺寸，资源由高度不同的 6 册组成*
>
> 150 to 210 cm high
> *最小和最大雕塑的尺寸，资源由不同高度的 3 个雕塑组成*
>
> 11 × 15 cm–12 × 17 cm
> *较小和较大缩微平片的尺寸，资源由不同高度和宽度的 2 张缩微平片组成*

文替规则

如果载体均为两种尺寸，则记录两种尺寸。如果有两种以上尺寸，则记录最大尺寸，其后随以 *or smaller*（或较小）。

8 × 13 cm and 10 × 15 cm
较小和较大卡片的尺寸，资源由两种尺寸的卡片组成

26 × 21 cm or smaller
尺寸反映最大照片的尺寸，收藏包含两种以上尺寸的照片

例外

乐谱。对于乐谱，如果资源由多个不同尺寸的载体组成，则依 **7.20.1.3** 所列的单元顺序，记录每个含不同单元类型载体的尺寸。

20 cm
32 cm
总谱为 20cm；分谱为 32cm

记录由多载体类型组成资源的载体尺寸时，应用 **3.1.4.2** 的说明。

3.5.1.7 多容器的资源

如果资源置于多个容器中，容器的尺寸均相同，则依 **3.5.1.5** 所列的说明记录单个容器的尺寸。

boxes 27 × 40 × 50 cm
盒子的尺寸，收藏由 12 个相同大小的盒子组成

如果容器大小不同，则记录最小或较小和最大或较大的尺寸。

boxes 20 × 30 × 5 cm–26 × 35 × 6 cm
较小和较大盒子的尺寸，收藏由两种大小的盒子组成

containers 14 × 26 × 8 cm to 16 × 38 × 22 cm
最小和最大容器的尺寸，收藏由两种以上大小的容器组成

3.5.1.8 尺寸变化

如适用，依 **3.5.1.8.1**（多部分专著和连续出版物）或 **3.5.1.8.2**（集成性资源）所列的说明记录尺寸的变化。

3.5.1.8.1 多部分专著和连续出版物

如果多部分专著或连续出版物的尺寸发生变化，则应用 **3.5.1.6** 关于由多载体组成的资源的适用说明记录尺寸。

27–32 cm
连续出版物的最小和最大册的尺寸

如果对识别或选择重要，则为变化的细节编制一个附注（见 **3.22.4.4.1**）。

3.5.1.8.2 集成性资源

如果集成性资源的尺寸发生变化，则修改尺寸以反映当前更新后的整体的情况；如果变化对识别或选择重要，则编制一个附注（见 3.22.4.4.2）。

3.5.2 地图等的尺寸

3.5.2.1 应用

资源由一张或多张组成，包含一张或多张地图、线图、视图、剖面图、截面图等，记录其尺寸时，应用 3.5.2.2–3.5.2.7 所列的说明。

此外，如适用，应用 3.5.1 所列的关于记录尺寸的基本说明。

3.5.2.2 记录地图等的尺寸

记录每一张地图等的尺寸，给出地图等的正面测度，按内廓测量。酌情记录高度 x 宽度或直径。当记录直径时，需注明。

> 25 × 35 cm
>
> 45 cm in diameter

> ***交替规则***
>
> 对于早期印刷型或手稿型地图等，记录印张的尺寸时，精确到十分之一厘米，用公制符号 *cm*。
>
> > 123.5 × 152.4 cm

如果地图等：

a) 形状不规则

或

b) 没有内廓

或

c) 边缘超出开本

则记录地图本身较大或最大尺寸。

如果难以确定测量地图等本身高度和宽度的点（例如，形状不规则，或所印的一边或多边没有边框），则记录张的高度和宽度，需注明。

> sheet 45 × 33 cm

酌情给出多套尺寸，说明每套尺寸适用的范围。每套尺寸之间用逗号分隔。

3.5.2.3 多个不同尺寸张上的地图等

如果地图等在两种尺寸的张上，则记录张的两套尺寸。如果地图等在两种以上尺寸的张上，则记录张的最大高度，其后随以最大宽度和 *or smaller*（或较小）。

sheets 25 × 35 cm and 30 × 35 cm

sheets 30 × 40 cm or smaller

3.5.2.4 分切拼接地图等

如果在一张或多张上的地图等分切为多个部分，拼接后形成一张地图，则记录完整地图等的尺寸，其后随以张的尺寸。用逗号分隔尺寸，张的尺寸酌情前置以 *on sheets*（在张上）或 *in sheets*（在张里），除非在数量中已记录张数（见 **3.4.2.4**）。如果分切部分已被拼接在一起，则单独记录整张地图等的尺寸。

10 × 60 cm, on sheet 25 × 35 cm

264 × 375 cm, sheets 96 × 142 cm
数量记录为： 1 map on 9 sheets

120 × 276 cm
由多分切部分拼接而成的地图

测量处于分切状态的完整地图等的高度和宽度时，如果难以确定测量点，或难以拼接地图等供测量，则仅记录张的高度 x 宽度，需注明。

sheets 30 × 40 cm

sheets 60 × 60 cm or smaller

3.5.2.5 地图等的尺寸与张的尺寸的关系

如果地图等的尺寸小于其所在张的尺寸的一半，或在张上有实质的附加信息（例如，文本），则记录地图等的尺寸，其后随以张的尺寸，用逗号分隔，前置以 *on sheet*（在张上）。

20 × 31 cm, on sheet 42 × 50 cm

3.5.2.6 折叠张上的地图等

如果地图等有用于折叠后存放的外封，或印张本身含有折叠后显示在外侧的版块或部分，则记录地图的尺寸，并添加折叠形式印张的尺寸，前置以逗号。

80 × 57 cm, folded to 21 × 10 cm

9 × 20 cm, on sheet 40 × 60 cm, folded in cover 21 × 10 cm

3.5.2.7 双面呈现的地图等

如果地图等呈现在张的双面，比例尺一致，则记录地图等的整体尺寸以及张尺寸，用逗号分隔，前置以 *on sheet*（在张上）。如果难以测量该地图，仅记录张的尺寸。

45 × 80 cm, on sheet 50 × 44 cm
印在双面，指明连接线

on sheet 45 × 30 cm
印在双面

3.5.3 静态图像的尺寸

3.5.3.1 应用

资源由一张或多张组成，包含一幅或多幅静态图像，形式为绘图、绘画、印刷图片、照片等，记录其尺寸时，应用 **3.5.3.2–3.5.3.3** 所列的说明。

此外，如适用，应用 **3.5.1** 所列的关于记录尺寸的基本说明。

对于其他媒介（例如，幻灯片、投影片）中由静态图像组成的资源，应用 **3.5.1** 所列的基本说明。

对于包含地图等的张，应用 **3.5.2** 所列的说明。

3.5.3.2 记录静态图像的尺寸

记录静态图像尺寸时，给出图画区域的测量值。酌情记录高度 x 宽度、直径或其他尺寸，给出尺寸时，参照图像观看方位。记录矩形的高度 x 宽度外的其他尺寸时，需注明。

33 × 25 cm

6 cm in diameter

7 × 5 cm oval

41 × 36 cm irregular pentagon

244 × 26 cm, folded to 30 × 26 cm
挂图的尺寸

交替规则

记录尺寸精确到十分之一厘米，用公制单位 *cm*。

32.2 × 22.4 cm

酌情给出多套尺寸，指明每套尺寸适用的范围。每套尺寸之间用逗号分隔。

6 cm in diameter, plate mark 8 × 7 cm

3.5.3.3 图像的尺寸和张的尺寸的关系

如果图像的尺寸小于其所在张的尺寸的一半，或在张上有实质的附加信息（例如，文本），则记录图像的尺寸，其后随以张的尺寸（不含外框或衬底），用逗号分隔，前置以 *on sheet*（在张上）。

20 × 31 cm, on sheet 42 × 50 cm

6 cm in diameter, plate mark 8 × 7 cm, on sheet 24 × 17 cm

3.6 基底材料

3.6.1 记录基底材料的基本说明

3.6.1.1 范围

基底材料是指资源的基底物理材料。

3.6.1.2 信息源

用资源本身（或者其任何附件或容器）所呈现的依据作为记录资源基底材料的基础。如果必要，可从任何来源获取补充依据。

3.6.1.3 记录基底材料

如果对识别或选择重要，则用下列一个或多个适用的术语记录资源的基底材料：

Bristol board （上等纸板/布里斯托纸板）

canvas （帆布）

cardboard （厚卡）

ceramic （陶）

glass （玻璃）

hardboard （硬纸板）

illustration board （插图用纸板）

ivory （象牙）

leather （皮革）

metal （金属）

paper （纸）

parchment （羊皮纸）

plaster （石膏）

plastic （塑料）

porcelain （瓷）

shellac （虫胶）

skin （皮）

stone （石）

synthetic （合成物）

textile （织物）

vellum （牛皮纸）

vinyl （乙烯树脂）

wax （蜡）

wood （木）

vellum
牛皮纸手稿的基底材料

wood
球仪的基底材料

plastic
显微镜载玻片的基底材料

glass
绘画的基底材料

synthetic
丙烯酸模型的基底材料

wood
plaster
立体布景的基底材料

例外

缩微胶卷、缩微平片、摄影胶片和电影胶片。依 3.6.2 所列的说明记录缩微胶卷、缩微平片、摄影胶片和电影胶片的基底材料。

如果上述术语均不适用或不够专指，则用尽可能简洁的指示基底材料的术语。

silk
地图的基底材料

papier mâché
模型的基底材料

依 3.6.1.4 所列的说明记录基底材料的细节。

3.6.1.4 基底材料的细节

如果对识别或选择重要，则记录基底材料的细节。

Paper watermarked: KS and a crown

Image printed on thick gold paper
艺术印刷品的基底材料的细节

On green laid paper
绘图的基底材料的细节

Recorded on paper tape
录音资料的基底材料的细节

3.6.2 缩微胶卷、缩微平片、摄影胶片和电影胶片的基底材料

3.6.2.1 范围

缩微胶卷、缩微平片、摄影胶片和电影胶片的基底材料 是指缩微胶卷、缩微平片、摄影胶片和电影胶片的基底物理材料。

3.6.2.2 信息源

用资源本身（或者其任何附件或容器）所呈现的依据作为记录缩微胶卷、缩微平片、摄影胶片和电影胶片基底材料的基础。如果必要，可从任何来源获取补充依据。

3.6.2.3 记录缩微胶卷、缩微平片、摄影胶片和电影胶片的基底材料

记录缩微胶卷、缩微平片、摄影胶片和电影胶片的基底材料，用下列一个或多个适用的术语：

acetate （醋酸纤维素）

diacetate （双醋酸纤维素）

nitrate （硝酸纤维素）

polyester （聚酯纤维素）

safety base （安全基底）

triacetate （三醋酸纤维素）

按如下规定应用术语：

a) 当不能确定胶卷基底是双醋酸纤维素还是三醋酸纤维素时，记录为 *acetate*（醋酸纤维素）

b) 当不能确定安全基底的具体类型时，记录为 *safety base*（安全基底）

> nitrate
> *电影胶片的基底材料*

依 3.6.2.4 的说明，记录缩微胶卷、缩微平片、摄影胶片和电影胶片基底材料的细节。

3.6.2.4 缩微胶卷、缩微平片、摄影胶片和电影胶片的基底材料细节

如果对识别或选择重要，则记录缩微胶卷、缩微平片、摄影胶片和电影胶片基底材料的细节。

3.7 应用材料

3.7.1 记录应用材料的基本说明

3.7.1.1 范围

应用材料 是指用作资源基底材料的物理或化学物质。

3.7.1.2 信息源

用资源本身（或者其任何附件或容器）所呈现的依据作为记录资源所用应用材料的基础。如果必要，可从任何来源获取补充依据。

3.7.1.3 记录应用材料

如果对识别或选择重要，用下列一个或多个适用的术语记录资源所用的应用材料。如果有一个应用材料为主，则首先记录该材料的术语。

acrylic paint （丙烯颜料）

chalk （粉笔）

charcoal （炭笔）

crayon （蜡笔）

dye （染料）

gouache （水粉颜料）

graphite （石墨）

ink （墨水）

oil paint （油画颜料）

pastel （粉蜡笔）

plaster （石膏）

tempera （蛋彩画颜料）

watercolour （水彩画颜料）

ink
手绘地图的应用材料

oil paint
绘画的应用材料

watercolour
gouache
ink
pencil
混合媒介艺术品的应用材料

> *例外*
>
> ***缩微胶卷和缩微平片。***依 **3.7.2** 所列的说明，记录缩微胶卷和缩微平片胶片的感光乳剂。

如果上述术语均不适用或不够专指，则用尽可能简洁的指示应用材料的术语。

mother of pearl
针线盒的应用材料

如果已知应用了多种材料，但不能全部识别，则记录为 *mixed materials*（混合材料）。

依 **3.7.1.4** 所列的说明，记录应用材料的细节。

3.7.1.4 应用材料的细节

如果对识别或选择重要，则记录应用材料的细节。

> Egg tempera paint with tooled gold-leaf halos
>
> Silverpoint with white chalk highlighting
>
> Collage of photographic prints, newspaper clippings, and paint
>
> Watercolour, gouache, and pen and brown ink over pencil with gum arabic and scraping out

3.7.2 缩微胶卷和缩微平片上的感光乳剂

3.7.2.1 范围

缩微胶卷和缩微平片上的感光乳剂 是指用作缩微胶卷或缩微平片表面感光化合物的悬浮涂层（例如，卤化银）。

3.7.2.2 信息源

用资源本身（或者其任何附件或容器）所呈现的依据作为记录缩微胶卷和缩微平片上感光乳剂的基础。如果必要，可从任何来源获取补充依据。

3.7.2.3 记录缩微胶卷和缩微平片上的感光乳剂

用下列一个或多个适用的术语，记录缩微胶卷或缩微平片上的感光乳剂。

diazo （重氮）

mixed （混合）

silver halide （卤化银）

vesicular （微泡）

> diazo
> *缩微平片上的感光乳剂*

如果上述术语均不适用或不够专指，则用尽可能简洁的指示感光乳剂的术语。

依 3.7.2.4 所列的说明，记录缩微胶卷或缩微平片上的感光乳剂的细节。

3.7.2.4 缩微胶卷和缩微平片上感光乳剂的细节

如果对识别或选择重要，记录缩微胶卷或缩微平片上感光乳剂的细节。

3.8 衬底/底座

3.8.1 记录衬底/底座的基本说明

3.8.1.1 范围

衬底/底座 是指以支撑为目的，资源基底材料所附着的物理材料。

3.8.1.2 信息源

用资源本身（或者其任何附件或容器）所呈现的依据作为记录支撑资源材料的基础。如果必要，可从任何来源获取补充依据。

3.8.1.3 记录衬底/底座

如果对识别或选择重要，则用 **3.6.1.3** 所列一个或多个适用的术语，记录支撑资源的材料。

Bristol board
印刷图片的衬底

wood
印刷地图的衬底

如果 **3.6.1.3** 所列术语均不适用或不够专指，则用尽可能简洁的指示支撑资源材料的术语。

granite
雕塑的支撑材料

依 **3.8.1.4** 所列的说明，记录支撑资源材料的细节。

3.8.1.4 衬底/底座的细节

如果对识别或选择重要，则记录支撑资源材料的细节。

Mounted on starched linen

On brass stand

3.9 制作方法

3.9.1 记录制作方法的基本说明

3.9.1.1 范围

制作方法 是指用于制作资源的工序。

3.9.1.2 信息源

用资源本身（或者其任何附件或容器）所呈现的依据作为记录制作资源方法的基础。如果必要，可从任何来源获取补充依据。

3.9.1.3 记录制作方法

如果制作资源的工序对识别或选择重要，则用下列一个或多个适用的术语予以记录。

blueline （蓝稿样）

blueprint （蓝图）

collotype （珂罗版）

daguerreotype （银版照相法）

engraving （雕刻）

etching （蚀刻）

lithograph （石印）

photocopy （照相复制）

photoengraving （照相凸版）

photogravure（照相凹版）

print （印刷）

white print （白底晒图）

woodcut （木刻）

> engraving
> *艺术印刷品的制作方法*

例外

手稿。 依 **3.9.2** 所列的说明，记录手稿的制作方法。

触摸资源。 依 **3.9.3** 所列的说明，记录触摸资源的制作方法。

如果上述术语均不适用或不够专指，则用尽可能简洁的指示制作方法的术语。

> chromolithograph
> *印刷图片的制作方法*

依 **3.9.1.4** 所列的说明，记录制作方法的细节。

3.9.1.4 制作方法的细节

如果对识别或选择重要，则记录制作方法的细节。

> Finished using a gray wash technique

3.9.2 手稿的制作方法

3.9.2.1 范围

手稿的制作方法 是指用于制作原始手稿或副本的工序。

3.9.2.2 信息源

用资源本身（或者其任何附件或容器）所呈现的依据作为记录制作手稿方法的基础。如果必要，可从任何来源获取补充依据。

3.9.2.3 记录手稿的制作方法

如果资源为手稿，记录下列适用的术语。

holograph （亲笔书写）

manuscript （手稿）

printout （打印稿）

typescript （打字稿）

按如下规定应用术语：

a) 手稿由作品责任人手写，记录为 *holograph*（亲笔书写）

b) 除亲笔书写之外，其他手写手稿，记录为 *manuscript*（手稿）

holograph
信件的制作方法

manuscript
总谱的制作方法

typescript
论文的制作方法

如果上述术语均不适用或不够专指，则用尽可能简洁的指示资源制作方法的术语。

如果手稿为副本，则添加 *carbon copy*（复写）、*photocopy*（照相复制）或 *transcript*（誊抄本），并置于圆括号内。对于誊抄本，添加 *handwritten*（手写）、*typewritten*（打字）或 *printout*（打印）。如果这些术语均不适用，则用尽可能简洁的指示副本类型的术语。

holograph (carbon copy)

manuscript (photocopy)

manuscript (transcript, handwritten)

typescript (photocopy)

如果手稿性质不完全相同，则用限定词说明。

manuscript (some photocopy)

manuscript (transcript, handwritten, and photocopy)

依 **3.9.2.4** 所列的说明，记录手稿制作方法的细节。

3.9.2.4 手稿制作方法的细节

如果对识别或选择重要，则记录手稿制作方法的细节。

3.9.3 触摸资源的制作方法

3.9.3.1 范围

触摸资源的制作方法 是指用于制作触摸资源的工序（例如，轧花、热压成型）。

3.9.3.2 信息源

用资源本身（或者其任何附件或容器）所呈现的依据作为记录触摸资源制作方法的基础。如果必要，可从任何来源获取补充依据。

3.9.3.3 记录触摸资源的制作方法

用下列适用的术语，记录触摸资源的制作方法。

embossed（浮凸压印）

solid dot （实点子）

swell paper（发泡纸）

thermoform（热压成型）

如果上述术语均不适用或不够专指，则用尽可能简洁的指示制作方法的术语。

> tactile silk screen print
> *触摸平面图的制作方法*
>
> collage, wood on wood
> *触摸平面图的制作方法*
>
> raised ceramic outline
> *触摸平面图的制作方法*

依 3.9.3.4 所列的说明，记录触摸资源制作方法的细节。

3.9.3.4 触摸资源制作方法的细节

如果对识别或选择重要，则记录触摸资源制作方法的细节。

3.10 代

3.10.1 记录代的基本说明

3.10.1.1 范围

代 是指原始载体和原件复制品的载体之间的关系（例如，第一代照相母版、第二代印刷母版）。

3.10.1.2 信息源

用资源本身（或者其任何附件或容器）所呈现的依据作为记录资源的代的基础。如果必要，可从任何来源获取补充依据。

3.10.1.3 记录代

酌情依 3.10.2（录音资料）、3.10.3（数字资源）、3.10.4（缩微品）、3.10.5（电影胶片）或 3.10.6（录像

带）所列的说明，记录资源的代。

3.10.2 录音资料的代

3.10.2.1 范围

录音资料的代 是指录音资料的原始载体和原件复制品的载体之间的关系（例如，复制母带、测试版）。

3.10.2.2 信息源

用资源本身（或者其任何附件或容器）所呈现的依据作为记录录音制品的代的基础。如果必要，可从任何来源获取补充依据。

3.10.2.3 记录录音资料的代

如果对识别或选择重要，则用下列适用的术语，记录录音资料的代。

master tape （母带）

tape duplication master （复制母带）

disc master （母盘）

mother （母本）

stamper （压模）

test pressing （测试版）

> tape duplication master
> *录音带的代*

如果上述术语均不适用或不够专指，则用尽可能简洁的指示代的术语。

依 **3.10.2.4** 所列的说明，记录录音资料的代的细节。

3.10.2.4 录音资料的代的细节

如果对识别或选择重要，则记录录音资料的代的细节。

3.10.3 数字资源的代

3.10.3.1 范围

数字资源的代 是指数字资源的原始载体和原件复制品的载体之间的关系（例如，衍生主档）

3.10.3.2 信息源

用资源本身（或者其任何附件或容器）所呈现的依据作为记录数字资源的代的基础。如果必要，可从任何来源获取补充依据。

3.10.3.3 记录数字资源的代

如果对识别或选择重要，则用下列适用的术语，记录数字资源的代。

original （原件）

master （正本）

derivative master（衍生主档）

如果上述术语均不适用或不够专指，则用尽可能简洁的指示代的术语。

依 3.10.3.4 所列的说明，记录数字资源的代的细节。

3.10.3.4 数字资源的代的细节

如果对识别或选择重要，则记录数字资源的代的细节。

3.10.4 缩微品的代

3.10.4.1 范围

缩微品的代是指缩微资源的原始载体和原件复制品的载体之间的关系（例如，印刷母本）。

3.10.4.2 信息源

用资源本身（或者其任何附件或容器）所呈现的依据作为记录缩微品的代的基础。如果必要，可从任何来源获取补充依据。

3.10.4.3 记录缩微品的代

如果对识别或选择重要，则用下列适用的术语，记录缩微品的代。

first generation（第一代）

printing master（印刷母本）

service copy（服务拷贝）

mixed generation（混合代）

> printing master
> *缩微胶卷的代*

如果上述术语均不适用或不够专指，则用尽可能简洁的指示代的术语。

依 3.10.4.4 所列的说明，记录缩微品的代的细节。

3.10.4.4 缩微品的代的细节

如果对识别或选择重要，则记录缩微品的代的细节。

3.10.5 电影胶片的代

3.10.5.1 范围

电影胶片的代是指电影胶片的原始载体和原件复制品的载体之间的关系（例如，标准拷贝）。

3.10.5.2 信息源

用资源本身（或者其任何附件或容器）所呈现的依据作为记录电影胶片的代的基础。如果必要，可从任何来源获取补充依据。

3.10.5.3 记录电影胶片的代

如果对识别或选择重要，则用下列适用的术语，记录电影胶片的代。

original master （原版）

duplicate （翻版）

reference print （标准拷贝）

viewing copy （观摩拷贝）

> original
> *电影胶片的代*

如果上述术语均不适用或不够专指，则用尽可能简洁的指示代的术语。

依 **3.10.5.4** 所列的说明，记录电影胶片的代的细节。

3.10.5.4 电影胶片的代的细节

如果对识别或选择重要，则记录电影胶片的代的细节。

3.10.6 录像带的代

3.10.6.1 范围

录像带的代 是指录像资源的原始载体和原件复制品的载体之间的关系（例如，放映拷贝）

3.10.6.2 信息源

用资源本身（或者其任何附件或容器）所呈现的依据作为记录录像带的代的基础。如果必要，可从任何来源获取补充依据。

3.10.6.3 记录录像带的代

如果对识别或选择重要，则用下列适用的术语，记录录像带的代。

first generation （第一代）

second generation, master copy （第二代，原版拷贝）

second generation, show copy （第二代，放映拷贝）

> second generation, master copy
> *录像带的代*

如果上述术语均不适用或不够专指，则用尽可能简洁的指示代的术语。

依 **3.10.6.4** 所列的说明，记录录像带的代的细节。

3.10.6.4 录像带的代的细节

如果对识别或选择重要，则记录录像带的代的细节。

3.11 版面设计

3.11.1 记录版面设计的基本说明

3.11.1.1 范围

版面设计 是指在资源中对文本、图像等的安排。

3.11.1.2 信息源

用资源本身（或者其任何附件或容器）所呈现的依据作为记录资源版面设计的基础。如果必要，可从任何来源获取补充依据。

3.11.1.3 记录版面设计

如果对识别或选择重要，则用下列适用的术语，记录资源的版面设计。

double sided（双面）

single sided（单面）

double sided
双面翻转图的版面设计

double sided
双面图表的版面设计

> ***例外***
>
> ***地图图像。*** 依 **3.11.2** 所列的说明，记录地图图像的版面设计。
>
> ***触摸乐谱。*** 依 **3.11.3** 所列的说明，记录触摸乐谱的版面设计。
>
> ***触摸文本。*** 依 **3.11.4** 所列的说明，记录触摸文本的版面设计。

如果上述术语均不适用或不够专指，则用尽可能简洁的指示版面设计的术语。

依 **3.11.1.4** 所列的说明，记录版面设计的细节。

3.11.1.4 版面设计的细节

如果对识别或选择重要，则记录版面设计的细节。

Alternate pages blank

Images placed in frame both horizontally and vertically

Alternate leaves of print and braille

3.11.2 地图图像的版面设计

3.11.2.1 范围

地图图像的版面设计 是指在包含一张或多张地图的资源中对一个或多个地图图像的安排。

3.11.2.2 信息源

用资源本身（或者其任何附件或容器）所呈现的依据作为记录地图图像版面设计的基础。如果必要，可从任何来源获取补充依据。

3.11.2.3 记录地图图像的版面设计

对于非地图册的地图资源，如果图像在张的另一面以相同比例尺延续，或如果总括描述位于张的双面的多幅图像，则记录为 *both sides*（双面）。

> both sides
> *在张双面上的单张手稿地图*
>
> both sides
> *印在单张双面上的 3 张地图*

如果相同图像以多种语言呈现于张的两面，则记录为 *back to back*（双向编排）。

> back to back
> *相同地图，以不同语言印在单张的两面*

依 **3.11.2.4** 所列的说明，记录地图图像版面设计的细节。

3.11.2.4 地图图像版面设计的细节

如果对识别或选择重要，则记录地图图像版面设计的细节。

3.11.3 触摸乐谱标记法的版面设计

3.11.3.1 范围

触摸乐谱标记法的版面设计 是指资源中对触摸乐谱标记法的安排（例如，左右小节式、逐行式）。

3.11.3.2 信息源

用资源本身（或者其任何附件或容器）所呈现的依据作为记录触摸乐谱标记法版面设计的基础。如果必要，可从任何来源获取补充依据。

3.11.3.3 记录触摸乐谱标记法的版面设计

用下列一个或多个适用的术语，记录包含触摸乐谱标记法的资源的版面设计。

bar by bar （左右小节式）

bar over bar （上下小节式）

line by line （逐行式）

line over line （上下线式）

melody chord system（旋律和弦系统）

open score （开式总谱）

outline （概括式）

paragraph （段落式）

section by section （逐节式）

short form scoring （短式记谱）

single line （单部格式）

vertical score （纵式）

bar by bar
四手钢琴音乐

bar over bar
open score
声乐缩编谱

依 **3.11.3.4** 所列的说明，记录触摸乐谱标记法版面设计的细节。

3.11.3.4 触摸乐谱标记法版面设计的细节

如果对识别或选择重要，则记录触摸乐谱标记法版面设计的细节。

3.11.4 触摸文本的版面设计

3.11.4.1 范围

触摸文本的版面设计是指资源中对触摸文本的安排（例如，双面）。

3.11.4.2 信息源

用资源本身（或者其任何附件或容器）所呈现的依据作为记录触摸文本版面设计的基础。如果必要，可从任何来源获取补充依据。

3.11.4.3 记录触摸文本的版面设计

用下列一个或多个适用的术语，记录包含触摸文本的资源的版面设计。

double sided （双面）

single sided （单面）

single sided
触摸游戏卡的版面设计

如适用，指明 *double line spacing*（双行间距），并置于圆括号内。

double sided (double line spacing)
一册布莱叶文本的版面设计

如适用，指明 *jumbo braille* （布莱叶盲文大字本），并置于圆括号内。

single sided (jumbo braille)
一册布莱叶文本的版面设计

依 **3.11.4.4** 所列的说明，记录触摸文本版面设计的细节。

3.11.4.4 触摸文本版面设计的细节

如果对识别或选择重要，则记录触摸文本版面设计的细节。

3.12 图书开本

3.12.1 记录图书开本的基本说明

3.12.1.1 范围

图书开本是指将一个印张折叠成书帖的结果（例如，一个印张折叠一次后形成对开，折叠两次后是四开，折叠三次后是八开等）。

3.12.1.2 信息源

用资源本身（或者其任何附件或容器）所呈现的依据作为记录图书开本的基础。如果必要，可从任何来源获取补充依据。

3.12.1.3 记录图书开本

用下列适用的术语，记录早期印刷型图书等的开本。

folio （对开）

4to （四开）

8vo （八开）

12mo （十二开）

16mo （十六开）

24mo （二十四开）

32mo （三十二开）

48mo （四十八开）

64mo （六十四开）

4to

8vo

folio

依 **3.12.1.4** 所列的说明，记录图书开本的细节。

3.12.1.4 图书开本的细节

如果对识别或选择重要，则记录图书开本的细节。

3.13 字体大小

3.13.1 记录字体大小的基本说明

3.13.1.1 范围

字体大小是指用于代表资源中字符和符号的字体尺寸。

对于为视障者设计的资源，可用通用术语表达字体大小（例如，大字印刷），或另以点数指明字体的尺寸（例如，20点）。

3.13.1.2 信息源

用资源本身（或者其任何附件或容器）所呈现的依据作为记录字体大小的基础。如果必要，可从任何来源获取补充依据。

3.13.1.3 记录字体大小

如果资源的字体大小是为视障者设计的，用下列适用的术语，记录字体大小。

giant print （巨大字印刷）

large print （大字印刷）

> large print
> *声乐缩编谱的字体大小*

可选择的附加

在说明字体大小的通用术语后以点数指明字体的尺寸，并置于圆括号内。

> giant print (36 point)

如果上述术语均不适用或不够专指，则用尽可能简洁的指示字体大小的术语。

依 **3.13.1.4** 所列的说明，记录字体大小的细节。

3.13.1.4 字体大小的细节

如果资源的字体大小是为视障者设计的，且对识别或选择重要，则记录字体大小的细节。

> Font size varies from 18 point to 20 point

3.14 极性

3.14.1 记录极性的基本说明

3.14.1.1 范围

极性是指图像中的色彩和色调与被复制物体的色彩和色调的关系（例如，正片、负片）。

3.14.1.2 信息源

用资源本身（或者其任何附件或容器）所呈现的依据作为记录资源极性的基础。如果必要，可从任何来源获取补充依据。

3.14.1.3 记录极性

如果对识别或选择重要，则用下列适用的术语，记录照片、电影胶片或缩微品的极性。

positive （正片）

negative （负片）

mixed polarity （混合极性）

> negative
> *照相底片的极性*
>
> negative
> *缩微胶卷的极性*

依 3.14.1.4 所列的说明，记录极性的细节。

3.14.1.4 极性的细节

如果对识别或选择重要，则记录极性的细节。

对于电影胶片，记录冲印形式（例如，负片、正片、反转片、反转中间负片、中间负片、中间正片、分色片、复本、复制正片、复制负片）。对于棋盘切割形式的母片材料，说明是否为 A、B、C 等卷。

3.15 缩率

3.15.1 记录缩率的基本说明

3.15.1.1 范围

缩率是指缩微图像的尺寸与其原件的关系。

3.15.1.2 信息源

用资源本身（或者其任何附件或容器）所呈现的依据作为记录资源缩率的基础。如必要，可从任何来源获取补充依据。

3.15.1.3 记录缩率

如果对识别或选择重要，则用下列一个或多个适用的术语，记录缩微品的缩率。

low reduction （低缩率）

normal reduction （正常缩率）

high reduction （高缩率）

very high reduction （极高缩率）

ultra high reduction （超高缩率）

按如下规定应用术语：

a) 比率小于 16 倍，记录为 *low reduction*（低缩率）

b) 比率在 16 – 30 倍之间，记录为 *normal reduction*（正常缩率）

c) 比率在 31 – 60 倍之间，记录为 *high reduction*（高缩率）

d) 比率在 61 – 90 倍之间，记录为 *very high reduction*（极高缩率）

e) 比率大于 90 倍，记录为 *ultra high reduction*（超高缩率）

> low reduction
> *缩微胶卷的缩率*
>
> very high reduction
> *缩微平片的缩率*

如果缩率为超高（即大于 90 倍），则在 *ultra high reduction*（超高缩率）后指明比率，并置于圆括号内。

> ultra high reduction (150×)

依 **3.15.1.4** 所列的说明，记录缩率的细节。

3.15.1.4 缩率的细节

如果对识别或选择重要，则记录缩率的细节。

> Reduction ratio varies

3.16 声音特征

3.16.1 记录声音特征的基本说明

3.16.1.1 范围

声音特征是指与资源中声音编码有关的技术规格。

声音特征包括录音类型、录音媒介、播放速度、纹槽特征、音轨配置、录音带配置、播放声道配置和特殊播放特征。

关于记录数码声音附加特征的说明（例如，音频编码格式如 MP3），见 **3.19**。

3.16.1.2 信息源

用资源本身（或者其任何附件或容器）所呈现的依据作为记录资源声音特征的基础。如果必要，可从任何来源获取补充依据。

3.16.1.3 记录声音特征

如果资源主要由录音组成，且对识别或选择重要，则记录下列适用的声音特征：

a) 录音类型（见 **3.16.2.3**）

b) 录音媒介（见 3.16.3.3）

c) 播放速度（见 3.16.4.3）

d) 纹槽特征（见 3.16.5.3）

e) 音轨配置（见 3.16.6.3）

f) 录音带配置（见 3.16.7.3）

g) 播放声道配置（见 3.16.8.3）

h) 特殊播放特征（见 3.16.9.3）

可选择的附加

如果对识别或选择重要，则对非主要由声音组成的资源，亦可在适用的情况下记录上述声音特征。

依 **3.16.1.4** 所列的说明，记录声音特征的细节。

3.16.1.4 声音特征的细节

依 **3.20.1.3** 所列的说明，记录播放声音的任何特殊设备要求的细节。

3.16.2 录音类型

3.16.2.1 范围

录音类型是指用于供播放的音频内容的编码方法（例如，模拟、数字）。

关于记录数码声音的编码格式等的说明，见 **3.19.3.3**。

3.16.2.2 信息源

用资源本身（或者其任何附件或容器）所呈现的依据作为记录录音类型的基础。如果必要，可从任何来源获取补充依据。

3.16.2.3 记录录音类型

用下列适用的术语，记录录音类型。

analog （模拟）

digital （数字）

> digital
> *录音盘上数码声音的录音类型*

如果上述术语均不适用或不够专指，则用尽可能简洁的指示录音类型的术语。

依 **3.16.2.4** 所列的说明，记录录音类型的细节。

3.16.2.4 录音类型的细节

如果对识别或选择重要，则记录录音类型的细节。

Made from an analog original
录音类型记录为: digital

3.16.3 录音媒介

3.16.3.1 范围

录音媒介是指在音频载体上用于记录声音的媒介类型（例如，磁、光）。

3.16.3.2 信息源

用资源本身（或者其任何附件或容器）所呈现的依据作为记录录音媒介的基础。如果必要，可从任何来源获取补充依据。

3.16.3.3 记录录音媒介

用下列适用的术语，记录录音媒介。

magnetic （磁）

magneto-optical （磁–光）

optical （光）

如果上述术语均不适用或不够专指，则用尽可能简洁的指示录音介质的术语。

依 3.16.3.4 所列的说明，记录录音媒介的细节。

3.16.3.4 录音媒介的细节

如果对识别或选择重要，则记录录音媒介的细节。

3.16.4 播放速度

3.16.4.1 范围

播放速度是指音频载体为产生预期的声音所需要的运转速度。

关于记录联机声音文件传输速度的说明（例如，流媒体音频），见 3.19.7.3。

3.16.4.2 信息源

用资源本身（或者其任何附件或容器）所呈现的依据作为记录播放速度的基础。如果必要，可从任何来源获取补充依据。

3.16.4.3 记录播放速度

如果对识别或选择重要，则用下列适用的速度测量值，记录录音资料的播放速度。

对于模拟盘，用转每分（*rpm*）记录播放速度。

33 1/3 rpm

78 rpm

33 1/3 rpm

45 rpm
模拟盘每面不同的播放速度

对于数字盘，用米每秒（*m/s*）记录播放速度。

1.4 m/s

对于模拟磁带，用厘米每秒（*cm/s*）记录播放速度。

4.75 cm/s

9.5 cm/s

19 cm/s

交替规则

对于模拟磁带，用英寸每秒（*ips*）记录播放速度。

1 7/8 ips

3 3/4 ips

7 1/2 ips

对于声道胶片，用帧每秒（*fps*）记录播放速度。

24 fps

依 **3.16.4.4** 所列的说明，记录播放速度的细节。

3.16.4.4 播放速度的细节

如果对识别或选择重要，则记录播放速度的细节。

3.16.5 纹槽特征

3.16.5.1 范围

纹槽特征 是指模拟盘的纹槽宽度或模拟筒的纹槽间距。

3.16.5.2 信息源

用资源本身（或者其任何附件或容器）所呈现的依据作为记录纹槽特征的基础。如果必要，可从任何来源获取补充依据。

3.16.5.3 记录纹槽特征

如果对识别或选择重要，则用下列适用的术语，记录模拟盘的纹槽宽度。

coarse groove （粗纹）

microgroove （密纹）

> coarse groove
> *录音盘的纹槽宽度*

如果对识别或选择重要，用下列适用的术语，记录模拟筒的纹槽间距。

fine （细纹）

standard （标准纹）

> fine
> *模拟筒的纹槽间距*

如果上述术语均不适用或不够专指，则用尽可能简洁的指示纹槽特征的术语。

依 **3.16.5.4** 所列的说明，记录纹槽特征的细节。

3.16.5.4 纹槽特征的细节

如果对识别或选择重要，则记录纹槽特征的细节。

> Vertically cut from inside outward

3.16.6 音轨配置

3.16.6.1 范围

音轨配置是指声道胶片上音轨的配置（例如，中央音轨）。

3.16.6.2 信息源

用资源本身（或者其任何附件或容器）所呈现的依据作为记录音轨配置的基础。如果必要，可从任何来源获取补充依据。

3.16.6.3 记录音轨配置

对于声道胶片，用下列适用的术语，记录音轨配置。

centre track （中央音轨）

edge track （边缘音轨）

centre track
开盘电影胶片声道的音轨配置

依 3.16.6.4 所列的说明，记录音轨配置的细节。

3.16.6.4 音轨配置的细节

如果对识别或选择重要，则记录音轨配置的细节。

Magnetic sound track

3.16.7 录音带配置

3.16.7.1 范围

录音带配置是指录音带上的音轨数量。

3.16.7.2 信息源

用资源本身（或者其任何附件或容器）所呈现的依据作为记录录音带配置的基础。如果必要，可从任何来源获取补充依据。

3.16.7.3 记录录音带配置

对于盒式、卡式和开盘录音带，如果对识别或选择重要，则记录录音带配置（即录音带上的音轨数量）。

12 track

依 3.16.7.4 所列的说明，记录录音带配置的细节。

3.16.7.4 录音带配置的细节

如果对识别或选择重要，则记录录音带配置的细节。

3.16.8 播放声道配置

3.16.8.1 范围

播放声道配置是指用于制作录音的声道数量（例如，一条声道适用于单声道录音，两条声道适用于立体声录音）。

3.16.8.2 信息源

用资源本身（或者其任何附件或容器）所呈现的依据作为记录播放声道配置的基础。如果必要，可从任何来源获取补充依据。

3.16.8.3 记录播放声道配置

如果信息易于确定，则用下列适用的术语，记录播放声道配置。

mono（单声道）

stereo （立体声）

quadraphonic （四声道）

surround （环绕）

> stereo
> *卡式录音带的播放声道*
>
> mono
> *录音盘的播放声道*
>
> mono
> stereo
> *录音盘的播放声道*

如果上述术语均不适用或不够专指，则用尽可能简洁的指示播放声道配置的术语。

依 **3.16.8.4** 所列的说明，记录播放声道配置的细节。

3.16.8.4 播放声道配置的细节

如果对识别或选择重要，则记录播放声道配置的细节。

3.16.9 特殊播放特征

3.16.9.1 范围

特殊播放特征是指用于制作录音资料的平衡系统、降噪系统等。

3.16.9.2 信息源

用资源本身（或者其任何附件或容器）所呈现的依据作为记录特殊播放特征的基础。如果必要，可从任何来源获取补充依据。

3.16.9.3 记录特殊播放特征

如果对识别或选择重要，则用下列一个或多个适用的术语，记录特殊播放特征。

CCIR standard （CCIR 标准）

CX encoded （CX 编码）

dbx encoded （dbx 编码）

Dolby （杜比）

Dolby-A encoded （杜比-A 编码）

Dolby-B encoded （杜比-B 编码）

Dolby-C encoded （杜比-C 编码）

LPCM

NAB standard （NAB 标准）

> Dolby-B encoded
> *卡式录音带的播放特征*

如果上述术语均不适用或不够专指，则用尽可能简洁的指示特殊播放特征的术语。

依 3.16.9.4 所列的说明，记录特殊播放特征的细节。

3.16.9.4 特殊播放特征的细节

如果对识别或选择重要，则记录特殊播放特征的细节。

3.17 电影放映特征

3.17.1 记录电影放映特征的基本说明

3.17.1.1 范围

电影放映特征 是指与电影放映有关的技术规格。

电影放映特征包括呈现格式与放映速度。

关于记录电影屏幕宽高比的说明，见 7.19。

关于记录电影色彩特征的说明，见 7.17。

关于记录电影声音特征的说明，见 3.16 和 7.18。

3.17.1.2 信息源

用资源本身（或者其任何附件或容器）所呈现的依据作为记录电影放映特征的基础。如果必要，可从任何来源获取补充依据。

3.17.1.3 记录电影放映特征

如果对识别或选择重要，则记录下列适用的放映特征：

a) 呈现格式（见 3.17.2）

b) 放映速度（见 3.17.3）

依 3.17.1.4 所列的说明，记录电影放映特征的细节。

3.17.1.4 电影放映特征的细节

依 3.20.1.3 所列的说明，记录放映的任何特殊设备要求的细节。

3.17.2 呈现格式

3.17.2.1 范围

呈现格式 是指用于制作放映图像的格式（例如，全景放映、IMAX）。

3.17.2.2 信息源

用资源本身（或者其任何附件或容器）所呈现的依据作为记录呈现格式的基础。如果必要，可从任何来源获取补充依据。

3.17.2.3 记录呈现格式

如果对识别或选择重要，则用下列一个或多个适用的术语，记录电影的呈现格式。

Cinerama（全景放映）

Cinemiracle（三机放映宽银幕）

Circarama （环幕放映）

IMAX

multiprojector （多机放映）

multiscreen （多屏幕放映）

Panavision （潘那维申宽银幕）

standard silent aperture （标准无声）

standard sound aperture （标准有声）

stereoscopic （立体）

techniscope （特艺斯科普宽银幕）

3D

> Panavision
> *电影的呈现格式*

如果上述术语均不适用或不够专指，则用尽可能简洁的指示呈现格式的术语。

> Disney Digital 3-D

依 **3.17.2.4** 所列的说明，记录呈现格式的细节。

3.17.2.4 呈现格式的细节

如果对识别或选择重要，则记录呈现格式的细节。

3.17.3 放映速度

3.17.3.1 范围

放映速度是指放映载体为产生预期的动态图像所需要的运转速度。

3.17.3.2 信息源

用资源本身（或者其任何附件或容器）所呈现的依据作为记录放映速度的基础。如果必要，可从任何来源获取补充依据。

3.17.3.3 记录放映速度

如果对识别或选择重要，则用帧每秒（*fps*）记录电影的放映速度。

> 20 fps

依 **3.17.3.4** 所列的说明，记录放映速度的细节。

3.17.3.4 放映速度的细节

如果对识别或选择重要，则记录放映速度的细节。

3.18 视频特征

3.18.1 记录视频特征的基本说明

3.18.1.1 范围

视频特征 是指与资源中视频图像编码有关的技术规格。

视频特征包括视频格式、广播标准、分辨率和带宽。

关于记录视频屏幕宽高比的说明，见 **7.19**。

关于记录视频色彩特征的说明，见 **7.17**。

关于记录视频声音特征的说明，见 **3.16**。

关于记录数码视频附加特征的说明，见 **3.19**。

3.18.1.2 信息源

用资源本身（或者其任何附件或容器）所呈现的依据作为记录资源视频特征的基础。如果必要，可从任何来源获取补充依据。

3.18.1.3 记录视频特征

如果对识别或选择重要，则记录下列适用的视频特征：

a) 视频格式（见 **3.18.2**）

b) 广播标准（见 **3.18.3**）

依 **3.18.1.4** 所列的说明，记录视频特征的细节。

3.18.1.4 视频特征的细节

如果对识别或选择重要，则记录分辨率（行与帧频数）、带宽和其他视频特征的细节。

> Resolution: 1080i
>
> Standard: 405 lines, 50 fields, high band
>
> One side CAV, one side CLV

依 **3.20.1.3** 所列的说明，记录视频播放的任何特殊设备要求的细节。

3.18.2 视频格式

3.18.2.1 范围

视频格式 是指用于资源的模拟视频内容编码的标准等。

关于记录数码视频格式的说明，见 **3.19.3**。

3.18.2.2 信息源

用资源本身（或者其任何附件或容器）所呈现的依据作为记录视频格式的基础。如果必要，可从任何来源获取补充依据。

3.18.2.3 记录视频格式

如果对识别或选择重要，则用下列适用的术语，记录资源的视频格式。

Beta

Betacam

Betacam SP

CED

D-2

EIAJ （日本电子工业协会）

8 mm （8 毫米）

Hi-8 mm （超 8 毫米）

Laser optical （激光）

M-II

Quadruplex

Super-VHS

Type C

U-matic

VHS

Beta
卡式录像带的视频格式

CED
视盘的视频格式

如果上述术语均不适用或不够专指，则用尽可能简洁的指示视频格式的术语。

LaserVision CAV

VHS Hi-fi

依 **3.18.2.4** 所列的说明，记录视频格式的细节。

3.18.2.4 视频格式的细节

如果对识别或选择重要，则记录视频格式的细节。

关于记录数码视频的编码格式等的说明，见 **3.19.3.3**。

3.18.3 广播标准

3.18.3.1 范围

广播标准 是指为电视播放对视频资源进行格式化的体系。

3.18.3.2 信息源

用资源本身（或者其任何附件或容器）所呈现的依据作为记录广播标准的基础。如果必要，可从任何来源获取补充依据。

3.18.3.3 记录广播标准

如果对识别或选择重要，则用下列适用的术语，记录广播标准。

HDTV

NTSC

PAL

SECAM

> PAL
> *视盘的广播标准*

如果上述术语均不适用或不够专指，则用尽可能简洁的指示广播标准的术语。

依 **3.18.3.4** 所列的说明，记录广播标准的细节。

3.18.3.4 广播标准的细节

如果对识别或选择重要，则记录广播标准的细节。

3.19 数字文件特征

3.19.1 记录数字文件特征的基本说明

3.19.1.1 范围

数字文件特征 是指与资源中文本、图像、音频、视频和其他类型数据的数字编码有关的技术规格。

数字文件的特征包括文件类型、编码格式、文件大小、分辨率、地区编码、传输速度、数据类型、对象类型、对象数、密度、扇区等。

关于记录数字文件的色彩特征的说明，见 **7.17**。

关于记录数字文件的其他声音特征的说明，见 **3.16**。

关于记录数字文件的其他视频特征的说明，见 **3.18**。

3.19.1.2 信息源

用资源本身（或者其任何附件或容器）所呈现的依据作为记录资源数字文件的特征的基础。如果必要，可从任何来源获取补充依据。

3.19.1.3 记录数字文件特征

如果对识别或选择重要，则记录下列适用的数字文件特征：

a) 文件类型（见 3.19.2）

b) 编码格式（见 3.19.3）

c) 文件大小（见 3.19.4）

d) 分辨率（见 3.19.5）

e) 地区编码（见 3.19.6）

f) 传输速度（见 3.19.7）

对于数码地图内容，依 3.19.8 所列的说明，记录数据类型、对象类型、对象数（除上述适用的特征之外）。

依 3.19.1.4 所列的说明，记录数字文件特征的细节。

3.19.1.4 数字文件特征的细节

如果对识别或选择重要，则记录记录密度、扇区和数字文件特征的其他细节。

> Single density
>
> Soft sectored
>
> 6,250 bpi
>
> Distributed as a Zip file
>
> Topology level 2
>
> Not copy-protected
>
> Hierarchical file structure
>
> Number of variables: 960
>
> Window media version streams at 700 kbps; Real Media version streams at 225 kbps
>
> Full audio structured by chapter

依 3.20.1.3 所列的说明，记录任何特殊设备要求的细节。

3.19.2 文件类型

3.19.2.1 范围

文件类型是指在计算机文件中编码的数据内容的一般类型。

3.19.2.2 信息源

用资源本身（或者其任何附件或容器）所呈现的依据作为记录文件类型的基础。如果必要，可从任何来源获取补充依据。

3.19.2.3 记录文件类型

如果易于确定且对识别或选择重要，则用下列一个或多个适用的术语，记录文件类型。

audio file （音频文件）

data file （数据文件）

image file （图像文件）

program file （程序文件）

text file （文本文件）

video file （视频文件）

> image file
> *含图像的联机资源的文件类型*
>
> audio file
> text file
> *含音频和文本文件的资源的文件类型*

如果上述术语均不适用或不够专指，则用尽可能简洁的指示文件类型的术语。

依 **3.19.2.4** 所列的说明，记录文件类型的细节。

3.19.2.4 文件类型的细节

如果对识别或选择重要，则记录文件类型的细节。

> Streaming video file

3.19.3 编码格式

3.19.3.1 范围

编码格式 是指为资源的数字内容进行编码的框架、标准等。

3.19.3.2 信息源

用资源本身（或者其任何附件或容器）所呈现的依据作为记录编码格式的基础。如果必要，可从任何来源获取补充依据。

3.19.3.3 记录编码格式

如果易于确定且对识别或选择重要，则用下列一个或多个适用的术语，记录编码格式。某些格式（例如，XML）适用于多个类别。

音频编码格式

CD audio
DAISY
DVD audio
MP3
RealAudio
SACD
WAV

数据编码格式
- Access
- Excel
- Lotus
- XML

图像编码格式
- BMP
- GIF
- JPEG
- JPEG2000
- PNG
- TIFF

空间数据编码格式
- Arc/info
- BIL
- BSQ
- CAD
- DEM
- E00
- MID/MIF

文本编码格式
- ASCII
- HTML
- Megadots
- MS Word
- PDF
- RTF
- SGML
- TeX
- Word Perfect
- XHTML
- XML

视频编码格式
- Blu-Ray
- DVD-R
- DVD video
- HD-DVD
- MPEG-4
- Quicktime
- RealVideo
- SVCD
- VCD
- Windows media Windows

TIFF
数字图像的编码格式

HTML
GIF
带文本和图像的联机资源的编码格式

如果上述术语均不适用或不够专指，则用尽可能简洁的指示编码格式的术语。

Mozart

PowerPoint

如果对资源使用有影响或限制，则记录编码格式的版本。

DAISY 3.0

依 **3.19.3.4** 所列的说明，记录编码格式的细节。

3.19.3.4 编码格式的细节

如果对识别或选择重要，则记录编码格式的细节。

3.19.4 文件大小

3.19.4.1 范围

文件大小 是指数字文件的字节数。

3.19.4.2 信息源

用资源本身（或者其任何附件或容器）所呈现的依据作为记录文件大小的基础。如果必要，可从任何来源获取补充依据。

3.19.4.3 记录文件大小

如果易于确定且对识别或选择重要，则记录文件大小。酌情以字节、千字节（*KB*）、兆字节（*MB*）或千兆字节（*GB*）给出文件大小。

182 KB

6.6 MB

3.19.5 分辨率

3.19.5.1 范围

分辨率 是指数字化图像中由图像像素等的度量表达的细部清晰度或精细度。

3.19.5.2 信息源

用资源本身（或者其任何附件或容器）所呈现的依据作为记录分辨率的基础。如果必要，可从任何来源获取补充依据。

3.19.5.3 记录分辨率

如果易于确定且对识别或选择重要，则用图像的像素记录分辨率。

> 2048×1536 pixels
>
> 3.1 megapixels

3.19.6 地区编码

3.19.6.1 范围

地区编码是指 DVD 视盘上可识别该盘在世界范围内播放地区的编码，用于防止 DVD 在非销售区的播放器上播放。

3.19.6.2 信息源

用资源本身（或者其任何附件或容器）所呈现的依据作为记录地区编码的基础。如果必要，可从任何来源获取补充依据。

3.19.6.3 记录地区编码

如果对识别或选择重要，则记录地区编码。

> region 4
>
> all regions

3.19.7 传输速度

3.19.7.1 范围

传输速度是指音频或视频流媒体所设置的播放速度。

3.19.7.2 信息源

用资源本身（或者其任何附件或容器）所呈现的依据作为记录传输速度的基础。如果必要，可从任何来源获取补充依据。

3.19.7.3 记录传输速度

如果易于确定且对识别或选择重要（例如，对流媒体音频或视频），则用千字节每秒（*kbps*）记录文件的传输速度。

> 32 kbps

3.19.8 地图内容的数字化呈现

3.19.8.1 范围

地图内容的数字化呈现 是指与地图资源中地理空间信息的编码有关的一套技术细节。

3.19.8.2 信息源

用资源本身（或者其任何附件或容器）所呈现的依据作为记录地图内容的数字化呈现的基础。如果必要，可从任何来源获取补充依据。

3.19.8.3 记录地图内容的数字化呈现

如果易于确定且对识别或选择重要，则记录数字编码地图内容的下列信息：

a) 数据类型［即 *raster*（光栅）、*vector*（矢量）或 *point*（点）］

b) 对象类型［例如，*point*（点）、*line*（线）、*polygon*（多边形）、*pixel*（像素）］

c) 表示空间信息的对象数

point
数据类型

point
对象类型

raster
数据类型

pixel
对象类型

5,000 × 5,000
对象数

vector
数据类型

points, lines and polygons
对象类型

vector
数据类型

network chains
对象类型

vector
数据类型

point
对象类型

13671
对象数

string
对象类型

20171
对象数

GT-polygon composed of chains
对象类型

13672
对象数

依 **3.19.8.4** 的说明，记录地图内容数字化呈现的细节。

3.19.8.4 地图内容数字化呈现的细节

如果对识别或选择重要，则记录地图内容数字化呈现的细节（例如，拓扑层面、压缩）。

3.20 设备或系统要求

3.20.1 设备或系统要求的基本说明

3.20.1.1 范围

设备或系统要求是指模拟、数字等资源在使用、播放等时所需的设备或系统。

3.20.1.2 信息源

用资源本身（或者其任何附件或容器）所呈现的依据作为记录资源的设备或系统要求的基础。如果必要，可从任何来源获取补充依据。

3.20.1.3 记录设备或系统要求

对于载体类型或文件类型，记录任何超出其正常或显见范围的设备或系统要求（例如，设备或硬件的型号、操作系统、内存量，或者播放、查看或运行资源所需的插件或外部设备）。

For Information Design reader

For 65-note player piano

Filmslip mounted in rigid format for use with Phono-viewer

Requires PC with AudibleManager, or a portable device with AudiblePlayer, Audible Download Manager, AudibleAir, Windows Media Player, or Apple iTunes

Playaway, a dedicated audio media player

Requires RTI Series 500 CD-ROM DataDrive

Requires IBM PC AT or XT and CD-ROM player and drive

System requirements: IBM PC; 64K; colour card; 2 disk drives

System requirements: Adobe Acrobat Reader

System requirements: IBM-compatible PC with a Pentium processor or higher; 128MB of RAM; Windows 98, 2000, or XP; 11MB of available hard disk space; Windows-based word processing program

Requires: Windows: 98SE/2K/XP (preferred) PC, 400 MHZ PII or higher recommended, 64 MB RAM, 14X CDROM drive, 800x600, 16 bit color (thousands of colors), Microsoft DirectX5.2 or OpenGL (recommended)

Requires: Macintosh: power Macintosh/Power PC, OS9.1, OSX, 32 MB RAM, 14x CDROM drive

交替规则

记录资源上呈现的设备或系统要求。

System requirements: Windows XP SP2, 256 MB; Vista, 512 MB; 1.0 GHz; 15 GB hard drive; 56.6 kbps or better for Internet play; DirectX 9 hardware compatibility and audio card with speakers and/or headphones; DirectX 9.0c compliant video card with 32mb of ram and support for hardware transformation and lighting

3.21 特定单件的载体特征

3.21.1 记录特定单件的载体特征的基本说明

3.21.1.1 范围

特定单件的载体特征是指适用于所描述特定单件的一个或多个的载体特征，假定其不适用于同一载体表现的其他单件。

3.21.1.2 信息源

用资源本身（或者其任何附件或容器）所呈现的依据作为记录特定单件载体特征的基础。如果必要，可从任何来源获取补充依据。

3.21.1.3 记录特定单件的载体特征

如果对识别或选择重要，则记录任何缺陷或其他特定单件的载体特征。

Library's copy imperfect: leaves preceding leaf 81 and leaves after leaf 149 are lacking

Library's copy lacks appendices, p. 245 – 260

Library's copy has errata sheets inserted

Notes by author on endpapers

如果多部分专著、连续出版物或集成性资源的馆藏不完整，则记录馆藏的细节。

> Library set lacks slides 7–9

3.21.2 早期印刷型资源的特定单件载体特征

3.21.2.1 范围

早期印刷型资源的特定单件载体特征 是指适用于所描述早期印刷品特定单件的一个或多个的载体特征，假定其不适用于同一载体表现的其他单件。

早期印刷型资源的特定单件载体特征包括套红印刷、彩色装饰和其他手工着色、手写内容和装订等。

3.21.2.2 信息源

用资源本身（或者其任何附件或容器）所呈现的依据作为记录早期印刷资源的特定单件载体特征的基础。如果必要，可从任何来源获取补充依据。

3.21.2.3 记录早期印刷型资源的特定单件载体特征

对于早期印刷型资源，除缺陷等之外（见 **3.21.1.3**），记录手头单件的特定特征。

> Pages 1–16 misbound after page 84
>
> Imperfect: wanting leaves 12 and 13 (b6 and c1); also the blank last leaf (S8)
>
> On vellum. Illustrations and part of borders hand coloured. With illuminated initials. Rubricated in red and blue
>
> Contemporary doeskin over boards; clasp. Stamp: Château de La Roche Guyon, Bibliothèque
>
> Blind stamped pigskin binding (1644) with initials C.S.A.C.
>
> Inscription on inside of front cover: Theodorinis ab Engelsberg
>
> Signed: Alex. Pope
>
> Original, signed by John Hancock
>
> Marginalia by Robert Graves

3.22 载体表现或单件的附注

3.22.1 编制载体表现或单件的附注的基本说明

3.22.1.1 范围

载体表现或单件的附注 是指提供与载体表现或单件属性有关的附加信息的注释。

关于识别载体表现和单件的附注，见 **2.20**。

3.22.1.2 信息源

关于载体表现或单件的附注的信息取自任何来源。

3.22.1.3 编制载体表现或单件的附注

当编制关于载体表现或单件的附注时，应用 1.10 所列的关于附注的一般性规则。

3.22.2 载体表现数量的附注

3.22.2.1 范围

载体表现数量的附注是指提供载体表现数量信息的附注，该信息未作为数量元素的一部分正式记录。

3.22.2.2 信息源

用资源本身（或者其任何附件或容器）所呈现的依据作为编制关于载体表现数量的附注的基础。如果必要，可从任何来源获取补充依据。

3.22.2.3 描述不同件数

当数量元素中资源的单元或子单元记录为 *various pieces*（不同件数）时（见 3.1.4.3、3.4.1.5 和 3.4.6.3），如果对识别或选择重要，编制一个附注，提供件的细节。

> Includes headdress, beaded shirt, trousers, and moccasins
>
> Contains 1 small stage, 5 foreground transparencies, 2 backgrounds, 5 story sheets, and 1 easel

3.22.2.4 多单元资源不再继续发行

如果多单元资源未全部发行，且不再继续（见 3.4.1.10），则编制一个附注。

> No more published

3.22.2.5 单一物理单元中的总谱和分谱

如果对识别或选择重要，但未作为数量元素的一部分正式记录，则为与总谱在同一物理单元中的分谱数量编制一个附注（见 3.4.3.2 的例外，资源由单一物理单元中的一个总谱和一个或多个分谱组成）。

> Includes 4 parts

3.22.2.6 较大序列一部分的页码

如果除记录在数量元素中的单册等的页码之外，还有较大作品的页码（见 3.4.5.7），则编制一个附注，给出该页码。

> Pages also numbered 501– 828

3.22.2.7 重复标页

编制一个附注，说明数量元素中记录的重复标页（见 3.4.5.12）。

Opposite pages bear duplicate numbering
English to French terms followed by French to English terms separately paged

3.22.2.8 不同于物理册数的书目卷数

如果书目卷数不同于物理册数，则编制一个指示书目卷数的附注。

8 bibliographic volumes in 5 physical volumes
数量记录为 5 册

> *例外*
>
> ***连续出版物。***以书目卷数记录连续出版物的数量（见 **3.4.5.16**）。如果对识别或选择重要，应用 **3.21** 所列的特定单件载体特征说明，编制一个关于所描述单件物理册数的附注。

3.22.2.9 早期印刷型资源

对于早期印刷型资源，如果对识别或选择重要，编制附注，给出未作为数量元素的一部分正式记录的页码（见 **3.4.5.2–3.4.5.13**）或稽核、印张的版面设计等方面的细节。

Signatures: A–Z^8, A–M^8

Signatures: a–$v^8$$x^6$

如果对识别或选择重要，则编制附注，记录栏或行数、字体测度、边框测度等。

24 line; type 24G

Within single border (23.0×16.3 cm); text in 11 vertical lines

3.22.2.10 资源同时包含文字、静态图像等和声音和/或动态图像

当资源同时包含文本页、静态图像帧等，以及声音和/或动态图像时，为文本页数、静态图像帧数等编制一个附注。参见 **7.22.1.6**。

2400 frames of still images
包含动态图像的视盘的静态图像帧数

3.22.2.11 其他数量细节

如果对识别或选择重要，则为未作为数量元素的一部分正式记录的、载体表现数量的其他细节编制附注。

Numbers 263 –267 are repeated in foliation

Numbers 237–238 are omitted from foliation

Leaves are joined end to end and folded accordion style

3.22.3 单件数量的附注

3.22.3.1 范围

单件数量的附注 是指提供所描述特定单件数量信息的附注，该信息未作为数量元素的一部分正式记录。

3.22.3.2 信息源

用资源本身（或者其任何附件或容器）所呈现的依据作为编制关于单件数量的附注的基础。如果必要，可从任何来源获取补充依据。

3.22.3.3 单件数量的细节

如果对识别或选择重要，则为未作为数量元素的一部分正式记录的、单件数量的其他细节编制附注。

3.22.4 载体表现尺寸的附注

3.22.4.1 范围

载体表现尺寸的附注 是指提供载体表现尺寸信息的附注，该信息未作为尺寸元素的一部分正式记录。

3.22.4.2 信息源

用资源本身（或者其任何附件或容器）所呈现的依据作为编制关于载体表现尺寸的附注的基础。如果必要，可从任何来源获取补充依据。

3.22.4.3 载体表现尺寸的细节

如果对识别或选择重要，则为未作为尺寸元素一部分正式记录的、载体表现尺寸的附加信息编制附注。依 **3.5.1.3** 所列的说明，记录尺寸。

> Printed area measures 30 × 46 cm
>
> Impressed on rectangular surface 20 × 20 cm

当为电影胶片或录像带长度编制附注时，给出从首帧到末帧的胶片长度，以及从节目信息开始到最后的录像带长度。给出米制长度，精确到十分之一米，用米制符号 *m*。

> Film length: 4241.7 m

3.22.4.4 载体表现尺寸的变化

如适用，依 **3.22.4.4.1**（多部分专著和连续出版物）或 **3.22.4.4.2**（集成性资源）所列的说明，编制关于载体表现尺寸变化的附注。依 **3.5.1.4** 所列的说明，记录尺寸。

3.22.4.4.1 多部分专著和连续出版物

如果多部分专著或连续出版物的后继卷期或部分的尺寸有变化，且对识别或选择重要，则编制关于变化细节的附注。如果变化较多，则可做一般性说明。

Size varies: September 1891–September 1893: 18 × 26 cm; October 1893-December 1894, 18 × 27 cm

3.22.4.4.2 集成性资源

如果对识别或选择重要，则为集成性资源先前更新后的整体的尺寸变化编制附注。如果变化较多，则可做一般性说明。

3.22.5 单件尺寸的附注

3.22.5.1 范围

单件尺寸的附注是指提供所描述特定单件尺寸信息的附注，该信息未作为尺寸元素的一部分正式记录。

3.22.5.2 信息源

用资源本身（或者其任何附件或容器）所呈现的依据作为编制关于单件尺寸的附注的基础。如果必要，可从任何来源获取补充依据。

3.22.5.3 单件尺寸的细节

如果对识别或选择重要，则为未作为尺寸元素的一部分正式记录的、所描述特定单件尺寸的附加信息编制附注。依 **3.5.1.3** 所列的说明记录尺寸。

Size when framed: 40 × 35 cm

Size as mounted 36 × 32 cm

3.22.6 载体特征变化的附注

3.22.6.1 范围

载体特征变化的附注是指提供关于连续发行资源的后继卷期或部分，或集成性资源更新后的整体之间载体特征变化的信息的附注。

3.22.6.2 信息源

用资源本身（或者其任何附件或容器）所呈现的依据作为编制关于载体特征变化的附注的基础。如果必要，可从任何来源获取补充依据。

3.22.6.3 载体特征的变化

如适用，依 **3.22.6.3.1**（多部分专著和连续出版物）或 **3.22.6.3.2**（集成性资源）所列的说明，编制关于载体特征变化的附注。

3.22.6.3.1 多部分专著和连续出版物

如果后继卷期或部分的载体类型（见 **3.3**）或其他载体特征（见 **3.6–3.20**）发生变化，且对识别或选择重要，则编制一个附注。如果变化较多，则可做一般性说明。

> Some issues have audiocassette supplements, 1984–1997; compact disc supplements, 1998-

3.22.6.3.2 集成性资源

如果对识别或选择重要，则为当前更新后的整体上不再出现的载体特征编制附注。如果变化较多，则可做一般性说明。

4
提供获取和检索信息

4.0 目的和范围

本章提供记录载体表现和单件某些属性的一般性规则和说明，这些属性经常用于支持获取和检索。

所涵盖的元素包括用于获取或检索资源的元素——获得方式、联络信息、获取限制等。

4.1 获取和检索的一般性规则

4.1.1 信息源

获取和检索的信息取自任何来源。

4.2 获得方式

4.2.1 记录获得方式的基本说明

4.2.1.1 范围

获得方式 是指出版者、发行者等正常提供资源的条件，或资源的价格。

4.2.1.2 信息源

关于获得方式的信息取自任何来源。

4.2.1.3 记录获得方式

记录资源的获得方式。如果该资源供出售，则获得方式由价格（记录为带标准符号的数字）组成；如果该资源不供出售，则获得方式是其他方式的简短说明。

> £8.99
>
> £6.99/$11.99
>
> Free to students of the college
>
> For hire
>
> £0.50 per issue
>
> $6.45 per year
>
> Not for sale, for promotion only
>
> Rental material

可选择的附加

当获得方式需要限定时，记录简单的限定。

£10.00 (£5.00 to members)

$25.00 ($12.50 to students)

$30.00 per year ($25.00 to association members)

£3.00 to individuals (£8.40 to libraries)

$30.00 a year ($40.00 a year for Canada and all other countries)

$48.50 per annum, individuals ($112 libraries and institutions; $37.50 students)

4.3 联络信息

4.3.1 记录联络信息的基本说明

4.3.1.1 范围

联络信息 是指与组织等相关的信息，从该处可获取资源。

对于已出版的资源，联络信息通常包括资源的出版者、发行者等的名称、地址等。

对于档案资源和收藏，联络信息通常包括拥有该资源的档案保存机构的名称、地址等。

4.3.1.2 信息源

联络信息取自任何来源。

4.3.1.3 记录已出版资源的联络信息

如果出版者、发行者等的联络信息对获取或检索重要，则予以记录。

Diffusion Inter-Livres, 1701, rue Belleville Lemoyne, Québec J4P 3M2

http://www.HaworthPress.com

http://www.loc.gov/cds

4.3.1.4 记录档案资源和收藏的联络信息

对于档案资源和收藏，记录资源保存机构的名称和地点。记录保存机构的名称时，包括其任何上级机构的名称。如果对检索重要，亦包括邮寄地址和其他联络信息。

Alabama Department of Archives and History. 624 Washington Avenue, Montgomery, AL 36130-0100

4.4 获取限制

4.4.1 记录获取限制的基本说明

4.4.1.1 范围

获取限制 是指对资源获取设置的限制。

4.4.1.2 信息源

关于获取限制的信息取自任何来源。

4.4.1.3 记录获取限制

尽可能具体地记录用于资源检索的所有限制信息，包括限制的性质和持续时间。如果重要，对于限制信息的缺失也可予以标注。

> Accessible after 2008
>
> Open to researchers under library restrictions
>
> "Embargoed until 10:30 a.m. Friday 19 November, 2004"
>
> Access restricted to subscribers via a username and password or IP address authentication
>
> Restricted to institutions with a subscription
>
> Access is restricted; consult repository for details
>
> Restricted access according to signed release form and related notes
>
> Originals not available; consult repository for details

4.5 使用限制

4.5.1 记录使用限制的基本说明

4.5.1.1 范围

使用限制 是指对复制、出版、展览等使用设置的限制。

4.5.1.2 信息源

关于使用限制的信息取自任何来源。

4.5.1.3 记录使用限制

尽可能具体地记录资源使用的所有限制，包括限制的性质和持续时间。

> Written permission required for both reproduction and public use during the lifetime of the interviewee
>
> Reproduction and use in any form requires written permission of the donor

> Copyright retained by the donor during her lifetime, at which point it will revert to the Regents of the University of California
>
> Donor permission is required for public screening of films in this collection
>
> Permission of the collector is required to cite, quote, or reproduce
>
> Certain restrictions to use or copying of materials may apply
>
> This film is restricted to classroom use
>
> Films in off-site storage; advance notice is required for access

如果非出版形式资源的著作权已具有一定保留期或可以对公众开放，且该声明的文件可以获取，则记录为 *Information on literary rights available*（可获取的著作权信息）。

4.6 统一资源定位符

4.6.1 记录统一资源定位符的基本说明

4.6.1.1 范围

统一资源定位符，或 URL，是指远程访问资源的地址。

统一资源定位符包括使用标准的互联网浏览器对资源进行联机检索的所有资源标识符。

4.6.1.2 信息源

关于统一资源定位符的信息取自任何来源。

4.6.1.3 记录统一资源定位符

记录所描述联机资源的统一资源定位符。

> http://www.lemonde.fr/
>
> http://hdl.loc.gov/loc.rbc/jeff.16823
>
> http://nla.gov.au/nla.pic-an12766477
>
> http://dx.doi.org/10.3133/of2007-1047
> *统一资源定位符，用于：* U.S. Geological Survey open-file report 2007-1047
>
> http://nbn-resolving.de/urn:nbn:de:gbv:089-3321752945
> *统一资源定位符，用于：* Oliver Schmachtenberg's online dissertation Nitric oxide in the olfactory epithelium

如果资源的统一资源定位符有多个，则根据著录机构的政策，记录一个或多个统一资源定位符。

将相关资源的统一资源定位符作为相关载体表现（见 27.1）著录的一部分予以记录。

4.6.1.4 需要对统一资源定位符进行增加、修改或删除的变化

如果统一资源定位符增加或有变化，则酌情添加或修改统一资源定位符。

如果某个统一资源定位符不再提供联机资源的有效访问，则酌情在其下添加（*incorrect*）（错误）或（*invalid*）（无效）标识；如果易于确定，则同时再记录一个确能提供访问的统一资源定位符。

第二部分　记录作品和内容表达的属性

5
记录作品和内容表达属性的一般性规则

5.0 范围

本章阐述第 **6–7** 章记录识别和描述作品和内容表达数据的规则和说明中所蕴含的功能性目标和原则，并指定识别和描述这些实体的核心元素。

本章提供构建代表作品和内容表达的规范检索点和变异检索点的一般性规则和说明。

本章还提供记录作品或内容表达的识别状态的说明、引用题名和其他识别作品或内容表达信息的来源的说明，以及为数据的使用或修改编制附注的说明。

5.1 术语

5.1.1 关键术语的说明

本章及第 **6–7** 章中使用了一些在这些章节中承载特定含义的术语。一些关键术语的含义在 **5.1.2–5.1.4** 中进行了说明。第 **6–7** 章中用作数据元素名称的术语在特定元素说明的开始处进行了定义。此外，这些章节中使用的具有特定技术含义的所有术语在术语表中进行了定义。

5.1.2 作品和内容表达

术语*作品* 和*内容表达*的使用如下：

术语***作品*** 是指独特的知识或艺术创作（即知识或艺术内容）。

术语***内容表达*** 是指作品的知识或艺术创作得以实现的方式，包括字母–数字、音符或舞谱、声音、图像、物体、动作等，或上述形式的任何组合。

如适用，术语*作品* 和*内容表达* 应理解为不仅包括单独的实体，还包括此类实体的集合和组成部分（即术语*作品*应理解为除单独的作品等之外，还包括作品集合和作品的组成部分）。

5.1.3 题名

术语*作品题名*、*首选题名* 和*变异题名* 的使用如下：

术语***作品题名***是指某作品为人所知的一个词、字符或一组词和/或字符。

术语***作品首选题名***是指被选作代表某作品的规范检索点的基础部分的题名或题名形式。

术语***作品变异题名***是指某作品为人所知但与其首选题名不同的题名或题名形式。

5.1.4 检索点

术语*检索点*、*规范检索点*和*变异检索点*的使用如下：

术语***检索点***是指代表特定作品或内容表达的一个名称、术语、代码等。检索点既包括规范检索点，也包括变异检索点。

术语***规范检索点***是指代表一个实体的标准化检索点。用作品的首选题名并酌情前置以代表对此作品负有责任的个人、家族或团体的规范检索点，构建代表作品或内容表达的规范检索点。

术语***变异检索点*** 是指代表一个实体的规范检索点的交替形式。用作品的变异题名并酌情前置以代表对此作品负有责任的个人、家族或团体的规范检索点，构建代表作品或内容表达的变异检索点。

5.2 功能性目标和原则

记录反映作品或内容表达属性的数据应能使用户：

a) *查找* 符合用户检索条件的作品和内容表达

b) *识别* 数据所代表的作品或内容表达（即确认所代表的作品或内容表达即为所查找的作品或内容表达，或者区分具有相同或相似题名的两个或两个以上的作品或内容表达）

c) *理解* 用于代表作品的题名和该作品为人所知的另一题名之间的关系（例如，题名的不同语言形式）

d) *理解* 为什么某个特定的题名记录为首选题名或变异题名

e) *选择* 在形式、读者对象、语言等方面符合用户需求的作品或内容表达

为确保使用 RDA 创建的数据能实现上述功能性目标，在制订第 **6** 章和第 **7** 章的规则和说明时应用了下列原则：

区分性。数据应将所代表的作品或内容表达与其他作品或内容表达相区分。

表达性。确定为作品首选题名的题名，应是（按优先顺序）体现原文语言作品的资源中最常见的题名、参考源中所见的题名或体现作品的资源中最常见的题名。体现作品的资源或参考源中出现的，或用户在检索时可能采用的其他题名，应作为变异题名予以记录。

5.3 核心元素

当记录识别作品的数据时，应至少包括适用且易于确定的下列元素。

作品首选题名

作品标识符

当首选题名记录为代表作品的规范检索点的一部分时，依 **6.27.1** 所列的说明，首选题名酌情前置以代表对作品负有责任的个人、家族或团体的规范检索点。

如果作品首选题名与不同作品的题名，或与个人、家族、团体的名称相同或相似，根据需要记录下列附加识别元素进行区分。将这些元素作为代表作品的检索点的附加成分，或作为独立元素，或兼作两者予以记录。

作品形式

作品日期

作品原创地

作品的其他区别特征

当识别带有非区别性题名的音乐作品时，下列适用元素都可记录。对于带有区别性题名的音乐作品，根据需要记录下列元素以区分具有相同题名的其他作品。将这些元素作为代表作品的检索点的附加成分，或作为独立元素，或兼作两者予以记录。

表演媒介

数字标识

调

当识别双边条约等时，需为签署双方记录下列元素。将这些元素作为代表作品的检索点的组成部分，或作为独立元素，或兼作两者予以记录。

条约等的签署方

当记录识别内容表达的数据时，应至少包括适用且易于确定的下列元素。

内容表达标识符

内容类型

内容表达的语言

根据需要记录下列附加识别元素，以便将作品的一个内容表达与其他内容表达相区分。将这些元素作为代表内容表达的检索点的附加成分，或作为独立元素，或兼作两者予以记录。

内容表达的日期

内容表达的其他区别特征

当描述地图的内容表达时，应至少包括适用且易于确定的下列元素。

地图内容的水平比例尺

地图内容的垂直比例尺

包括本章和第 **6–7** 章中所涵盖的、依创建数据机构的政策确定的或是由编目员适当判断的附加元素。

5.4 语言和文字

用获取作品题名的来源上出现的语言和文字记录该作品题名。

> ***交替规则***
>
> 将题名的音译形式作为来源上形式的替代或补充予以记录。

用第 **6** 章相关说明中规定的语言和文字，记录作品或内容表达的其他识别属性。

用创建数据的机构首选的语言和文字，记录第 **7** 章中所涵盖的作品或内容表达的描述性属性。

5.5 代表作品和内容表达的规范检索点

当构建代表作品或内容表达的规范检索点时，用作品首选题名（见 **6.2.2**）作为检索点的基础。

如适用，构建代表作品的规范检索点时，应结合以（按如下顺序）：

a) 对作品负有责任的个人、家族或团体的规范检索点（见 **6.27.1.2– 6.27.1.8**）

b) 作品首选题名（见 **6.2.2**）

如果两部或两部以上的作品由相同或相似的检索点所代表，则为代表作品的检索点添加诸如作品形式、日期、原创地，或其他区别性术语的一个或多个元素。关于代表作品的检索点的附加成分的特定说明，见 **6.27.1.9**。

当构建代表作品的一个或多个组成部分的规范检索点时，应用 **6.27.2** 所列的说明。

当构建代表作品或作品的一个或多个组成部分的特定内容表达的规范检索点时，为代表作品或作品的一个或多个组成部分的规范检索点添加识别该内容表达的一个或多个元素（见 **6.27.3**）。

关于作为多部分专著、连续出版物或集成性资源发行的作品发生影响作品识别的、需要构建代表新作品的规范检索点的变化的说明，见 **6.1.3**。

5.6 代表作品和内容表达的变异检索点

当构建代表作品或内容表达的变异检索点时，用作品变异题名（见 **6.2.3**）作为检索点的基础。

如果变异检索点代表一部作品，而该作品的规范检索点是用作品首选题名并前置以代表个人、家族或团体的规范检索点所构建（见 **6.27.1.2–6.27.1.8**），则用作品变异题名并前置以代表该个人、家族或团体的规范检索点，构建变异检索点。

如果对识别重要，应用 **6.27.1.9**（代表作品的检索点）和 **6.27.3**（代表内容表达的检索点）所列的说明，为检索点添加适用的附加成分。

应用 **6.27.4.3** 所列的说明，构建代表作品的一个或多个组成部分的变异检索点。

应用 **6.27.4.4** 所列的说明，构建代表作品汇编的变异检索点。

应用 **6.27.4.5** 所列的说明，构成代表作品的一个内容表达的变异检索点。

5.7 识别状态

5.7.1 记录识别状态的基本说明

5.7.1.1 范围

识别状态是指对识别作品或内容表达的数据规范化程度的认证。

5.7.1.2 信息源

关于识别状态的信息取自任何来源。

5.7.1.3 记录识别状态

用下列适用的术语，记录识别状态。

fully established （完全确立）

provisional （临时的）

preliminary（初步的）

按如下规定应用术语：

a) 如果数据足以确立代表作品或内容表达的规范检索点，则记录为 *fully established*（完全确立）

b) 如果数据不足以确立代表作品或内容表达的符合要求的规范检索点，则记录为 *provisional*（临时的）

c) 如果数据并非来源于手头资源的描述，则记录为 *preliminary*（初步的）

fully established

5.8 已查询的参考源

5.8.1 记录已查询的参考源的基本说明

5.8.1.1 范围

已查询的参考源是指用于确定作品或内容表达的题名或其他识别属性的资源。

5.8.1.2 信息源

关于已查询的参考源的信息取自任何来源。

5.8.1.3 记录已查询的参考源

引用用于确定首选或变异题名的来源，其后随以已找到的信息的简短说明。注明已找到的信息在来源内的具体位置。

> An Act to Improve the International Commerce Transportation System of the United States, 1984: page 1 (citation title: Shipping Act of 1984)
>
> Pacheco, Cristina. La luz de México, 1988 series title page: Autores de Guanajuato; title page verso: Colección Autores de Guanajuato
>
> Wikipedia, viewed on December 7, 2007 Ginza Rba (in Mandaic, which translates into The Great Treasure) or Siddra Rba (The Great Book) is one of many holy scriptures of the Mandaean religion. It is also referred to as The Book of Adam

当记录作品的其他识别属性（见**6.3–6.8**）或内容表达的其他识别属性（见**6.9–6.13**）时，酌情指示获取信息的来源。

> Premacanda. The gift of a cow, 1987: title page (translation of the Hindi novel, Godaan)
>
> Grove music online, viewed March 27, 2006: Sonata, vc, pf, 1991; also Sonata, vc, pf, 1972–3, rev. 2001
>
> Internet movie database, January 31, 2007 (Beowulf; film released in 2007; directed by Robert Zemeckis; lists one other film with same name, released in 1999)
>
> Flam, Jack D. Matisse : The dance, 1993: page 10, etc. (Dance I, 1909, oil on canvas, Museum of Modern Art, New York; Dance II, 1909–1910, oil on canvas, commissioned by Shchukin, Hermitage Museum, St. Petersburg; Unfinished dance mural, 1931, Musée d'art moderne de la ville de Paris; the Merion dance mural, 1932–1933, Barnes Foundation, Merion, Pa.; Paris Dance Mural, 1933, Musée d'art moderne de la ville de Paris)
>
> L'histoire de Barlaam et Josaphat, 1973 title page (L'histoire de Barlaam et Josaphat; version champenoise, from Bibliotheca Apostolica Vaticana ms. Reg. lat. 660) pages 8–9 (the version champenoise exists in 40 manuscripts in various European libraries; the term "version champenoise" given to the group by Paul Meyer, has stuck in spite of its inexactness)
>
> Bloch, Augustyn. Dialogi, [between 1980 and 1989?]: (label: Gilgamesz, ballet music in the concert version; container: written 1969, a shortened version of ballet of 1968)
>
> New Catholic encyclopedia, [2003], ©2003: volume 2, page 366 (B. and A. Elzevir introduced their second edition of the New Testament (1633) as the textus receptus, "the text received" by all; represents the official text of the Greek Church)

引用其他没有为确定首选名称提供有用信息的已查询的参考源。在引用已查询的参考源之后记录 *No information found*（无相关信息）。

> Anonymous classics : a list of uniform headings for European literatures, 2004 (No information found)
>
> Grove music online, searched December 8, 2007 (No information found)
>
> Encyclopaedia Britannica, 15th ed. (No information found)
> Academic American encyclopedia, ©1998 (No information found)
> The Oxford classical dictionary, 1996 (No information found)

5.9 编目员附注

5.9.1 编制编目员附注的基本说明

5.9.1.1 范围

编目员附注是指有助于使用或修改代表作品或内容表达的规范检索点，或有助于创建代表相关作品或内容表达的规范检索点的注释。

5.9.1.2 信息源

用于编目员附注的信息取自任何来源。

5.9.1.3 编制编目员附注

如果重要，编制下列附注：

a) 用于创建规范检索点的特定说明的附注

b) 论证首选题名的选择、检索点的形式等的附注

c) 限制检索点使用的附注

d) 区分具有相似题名的作品的附注

> Preferred title chosen as Don Giovanni per 6.14.2.3, better known title in the same language
>
> Commonly known in film reference sources under title Mon oncle
>
> Not the same as FAO animal production and health paper
>
> Consider this and Polska for 2 vc, pf (1977) independent works
>
> Title could also be read as: Institution of Chemical Engineers symposium series
>
> Access point represents the manuscript as a physical entity, including its decoration. For the textual contents of the manuscript use: Bible. Gospels. Church Slavic. Codex Assemanianus
>
> Do not confuse with orchestral accompaniment version
>
> Not to be confused with the quarterly journal of the same title issued by the same publisher

编制任何其他有助于编目员使用或修改规范检索点，或有助于为相关作品或内容表达创建规范检索点的附注。

> There are five Matisse paintings called Dance (Danse), which are frequently given sobriquets to distinguish them
>
> For earlier volumes, series statement may have appeared on back covers of paperback editions which were discarded before binding
>
> Sometimes published as AAPG studies in geology series
>
> Series issued also in Catalan

Title fluctuates between Geological Survey professional paper and U.S. Geological Survey professional paper but as of 1300 is more consistently given in latter form; 1299 chosen as cut-off in consultation with the U.S. Department of the Interior Library

6
识别作品和内容表达

6.0 目的和范围

本章提供选择和记录作品首选题名和变异题名，以及记录作品或内容表达其他识别属性的一般性规则和说明。

本章还提供关于音乐作品及内容表达（见 **6.14 – 6.18**）、法律作品（见 **6.19 – 6.22**）、宗教作品（见 **6.23 – 6.25**）和官方通信（见 **6.26**）的首选题名和变异题名以及其他识别属性的附加说明。

本章还提供用作品首选题名连同作品和/或内容表达的其他识别属性构建代表作品或内容表达的规范检索点的规则，以及用作品变异题名构建变异检索点的规则（见 **6.27 – 6.31**）。

代表作品和内容表达的规范检索点可用于各种目的。它们为实现下列目标提供方法：

a) 当不同载体表现以不同题名出现时，用以汇集体现一部作品所有资源的著录

b) 当作品为人所知的题名与所描述资源的正题名不同时，用以识别作品

c) 用以区分具有相同题名的两部或两部以上的作品

d) 对于体现作品各种内容表达的资源的著录，用以组织有层次的显示

e) 用以参照相关作品（见第 **25** 章）或相关内容表达（见第 **26** 章）

6.1 识别作品和内容表达的一般性规则

6.1.1 信息源

作品题名取自任何来源。

关于作品首选题名信息源的附加规则，见 **6.2.2.2**。

关于作品和内容表达其他识别属性的信息取自任何来源。

6.1.2 使用检索点代表作品和内容表达

当用规范检索点代表体现于一个载体表现中（见 **17.4.2**）的作品或内容表达，或者代表一部相关作品（见 **25.1**）或一个相关内容表达（见 **26.1**）时，应用 **6.27.1 – 6.27.3** 所列的规则，构建检索点。

关于构建代表作品和内容表达的变异检索点的规则，见 **6.27.4**。

6.1.3 影响作品识别的变化

6.1.3.1 作为多部分专著发行的作品

如果发行方式或媒介类型的变化（见 **1.6.1**），以及作品责任的变化导致创建一个多部分专著的新著录，则构建代表作品的规范检索点时，应反映出用作新著录基础的部分中所表现的作品责任（见 **2.1**）。

考虑需构建代表一部新作品的规范检索点的下列责任变化：

a) 当代表个人、家族或团体的规范检索点用于构建代表作品的规范检索点时，对代表个人、家族或团体的规范检索点有影响的变化（见 **6.27.1.1 – 6.27.1.8**）

b) 当个人、家族或团体名称用作代表作品的规范检索点的附加成分时，对个人、家族或团体名

称有影响的变化（见 **6.27.1.9**）

6.1.3.2 作为连续出版物发行的作品

对于作为连续出版物发行的作品，当其变化需构建代表新作品的规范检索点时，依 **6.1.3.2.1**（责任的变化）和 **6.1.3.2.2**（正题名的主要变化）所列的规则予以处理。

6.1.3.2.1 作品责任的变化

如果责任有变化，则在构建代表作品的规范检索点时，应反映出用作新著录基础的卷期或部分中所表现的作品责任（见 **2.1**）。考虑影响代表作品的规范检索点构建的下列责任变化：

a) 当代表个人、家族或团体的规范检索点用于构建代表作品的规范检索点时，对代表个人、家族或团体的规范检索点有影响的变化（见 **6.27.1.1 – 6.27.1.8**）

b) 当个人、家族或团体名称用作代表作品的规范检索点的附加成分时，对个人、家族或团体名称有影响的变化（见 **6.27.1.9**）

6.1.3.2.2 正题名的主要变化

如果正题名有主要变化（见 **2.3.2.13.2**），则在构建代表作品的规范检索点时，应反映作为新著录基础的卷期或部分中所表现的题名（见 **2.1**）。

6.1.3.3 作为集成性资源发行的作品

对于作为集成性资源发行的作品，当其变化需修订代表作品的规范检索点时，依 **6.1.3.3.1**（责任的变化）和 **6.1.3.3.2**（正题名的变化）所列的规则予以处理。

6.1.3.3.1 作品责任的变化

如果责任有变化，则在修订代表作品的规范检索点时，应反映在较晚更新后的整体中所表现的作品责任（见 **2.1**）。用先前的规范检索点作为代表作品的变异检索点。

考虑影响代表作品的规范检索点的构建的下列责任变化：

a) 当代表个人、家族或团体的规范检索点用于构建代表作品的规范检索点时，对代表个人、家族或团体的规范检索点有影响的变化（见 **6.27.1.1 – 6.27.1.8**）

b) 当个人、家族或团体名称用作代表作品的规范检索点的附加成分时，对个人、家族或团体名称有影响的变化（见 **6.27.1.9**）

6.1.3.3.2 正题名的变化

如果正题名有任何变化，则在修订代表作品的规范检索点时，应反映较晚更新后的整体所表现的题名（见 **2.1.2.4**）。用先前的规范检索点作为代表作品的变异检索点。

6.2 作品题名

<u>核心元素</u>

作品首选题名是核心元素。作品变异题名是可选择的。

6.2.1 记录作品题名的基本说明

6.2.1.1 范围

作品题名 是指某作品为人所知的一个词、字符或一组词和/或字符。

为识别作品，作品题名分类如下：

a) 作品首选题名（见 6.2.2）

b) 作品变异题名（见 6.2.3）

6.2.1.2 信息源

作品题名取自任何来源。

关于作品首选题名信息源的附加规则，见 6.2.2.2。

6.2.1.3 记录作品题名的一般性规则

当记录作品题名时，应用 6.2.1.4–6.2.1.9 所列的关于大写、数字、重音符号等规则。当这些规则涉及附录时，如适用，应用附录所列的附加说明。

6.2.1.4 大写

应用附录 A(A.3)所列的关于作品题名大写的说明。

6.2.1.5 用数字或词表达的数

当记录作品题名时，按信息源上出现的形式记录用数字或词表达的数。

关于记录用于识别作品特定组成部分的数的说明，见 6.2.2.9。

> 10 things I hate about you
>
> Three threes and one make ten
>
> 3:10 to Yuma

6.2.1.6 变音符号

在作品题名中出现的诸如重音之类的变音符号，按信息源上出现的形式予以记录。

> ***可选择的附加***
>
> 依数据所用语言的标准用法，添加信息源上未出现的诸如重音之类的变音符号。
>
> Études juives
> *丛编的头两卷题名未出现变音符号*
>
> Sur l'état du système des timars des XVIIe–XVIIIe ss.
> *题名以无变音符号的大写字母出现*

6.2.1.7 首冠词

当记录首选题名时，如果出现首冠词，则应包含在内。

> The invisible man
>
> Der seidene Faden
>
> Eine kleine Nachtmusik

La vida plena

The most of P.G. Wodehouse

文替规则

省略首冠词（见附录 C），除非作品题名以该冠词检索（例如，以人名或地名起首的题名）。

Taming of the shrew
不用 The taming of the shrew

Ángeles borrachos y otros cuentos
不用 Los ángeles borrachos y otros cuentos

Enfant et les sortilèges
不用 L'enfant et les sortilèges

但是

Los Angeles street map

L'Enfant and Washington, 1791–1792

Le Corbusier et l'architecture sacrée

El Salvador y su desarrollo urbano en el contexto centroamericano

La Niña and its impacts

6.2.1.8 首字母缩写和可拼读的首字母缩略词的空格

当记录作品题名时：

a) 在句点等和其后的首字母缩写之间不空格

b) 如果信息源上出现的单独的字母或首字母缩写之间没有句点，则在记录时字母之间不空格

T.S. Eliot memorial lectures

Variationen und Fuge über ein Thema von J.S. Bach

ABC of practical astronomy
题名显示为： A B C of practical astronomy

6.2.1.9 缩写

在作品题名中仅用下列缩写：

a) 作为题名必不可少的组成部分的缩写；

b) 出现在题名 *Laws,etc.*（法律等）（见 **6.19.2.5**）和 *Treaties, etc.*（条约等）（见 **6.19.2.7–6.19.2.8**）中的 *etc.*（等）。

Letter to Joseph Hume, Esq., M.P.

Memoirs of Mrs. Abigail Bailey

Speech in the High Court of Parliament in Scotland spoken Novemb. 4, 1641

Konzert über ein Thema von Joh. Seb. Bach

Tech. bull.

Lund studies in geography. Ser. B, Human geography

6.2.2 作品首选题名

核心元素

6.2.2.1 范围

作品首选题名是指被选作代表某作品的规范检索点的基础部分的题名或题名形式。

6.2.2.2 信息源

对于 1500 年以后创作的作品，从体现作品的资源或参考源中确定用作作品首选题名的题名。

对于 1501 年以前创作的作品，从现代参考源中确定用作作品首选题名的题名。如果现代参考源的证据无说服力，则用（按如下优先顺序）：

a) 现代版本

b) 早期版本

c) 手稿副本

选择首选题名

6.2.2.3 选择首选题名的一般性规则

应用 **6.2.2.4 – 6.2.2.7** 所列的说明，选择作品首选题名。

关于选择特殊类型作品首选题名的说明，见 **6.14.2**（音乐作品）、**6.19.2**（法律作品）、**6.23.2**（宗教作品）和 **6.26.2**（官方通信）。

6.2.2.4 1500 年以后创作的作品

对于 1500 年以后创作的作品，如果该作品通过体现作品的资源或参考源中所用的原文语言的题名而知名，则选择该原文语言的题名作为首选题名。

Martin Chuzzlewit
Dickens（狄更斯）作品的首选题名，出版以不同题名： The life and adventures of Martin Chuzzlewit、Martin Chuzzlewit's life and adventures *以及其他题名*

Whitaker's almanack
作品首选题名，首次出版以题名： An almanack for the year of Our Lord

Sun also rises
Hemingway（海明威）作品的首选题名，另出版以题名： Fiesta

Hamlet
Shakespeare（莎士比亚）作品的首选题名，首次出版以题名： The tragicall historie of Hamlet, Prince of Denmarke

American scholar
Emerson（爱默生）作品的首选题名，首次出版以题名： An oration delivered before the Phi Beta Kappa Society, at Cambridge, August 31, 1837

Gulliver's travels
Swift（斯威夫特）作品的首选题名，首次出版以题名： Travels into several remote nations of the world / by Lemuel Gulliver

Trial of treasure
作品首选题名，首次出版以题名： A new and mery interlude called the Triall of treasure

如果没有确立的使作品广为人知的原文语言的题名，或有疑问，则选择原始版本的正题名（见 **2.3.2**）作为首选题名。不包括作为首选题名一个组成部分的交替题名。

Pre-Raphaelite tragedy
William Gaunt 作品的首选题名，后来出版以题名： The pre-Raphaelite dream

Criminal
在英国发行时作品首选题名为： The criminal。*后来在美国发行时首选题名为：* The concrete jungle

Little acorn
Christa Kauble 作品的首选题名，作品仅有一个内容表达和一个载体表现。载体表现出版以题名： The little acorn

Listening to popular music
Theodore Gracyk 作品的首选题名，出版时的题名为：Listening to popular music, or, How I learned to stop worrying and love Led Zeppelin

如果作品以相同语言的不同题名同时出版，则选择首次获得的资源的正题名作为首选题名。

Rats in the larder
Joachim Joesten 作品的首选题名用于检索点，基于纽约出版的版本的题名： Rats in the larder : the story of Nazi influence in Denmark。 *同时在伦敦出版以题名：* Denmark's day of doom。*在纽约出版的资源是首次获得的资源。*

对于手稿和手稿集，如适用，依 **6.2.2.7** 所列的附加说明。

6.2.2.5 1501 年以前创作的作品

对于 1501 年以前创作的作品，选择现代参考源中用以识别作品的原文语言的题名或题名形式作为首选题名。如果现代参考源的证据无说服力，则选择（按如下优先顺序）下列资源中最常见的题名：

a) 现代版本

b) 早期版本

c) 手稿副本

Dānishnāmah-ʾi ʻAlāʾī
Avicenna 作品的首选题名

Beowulf

De bello Gallico
Julius Caesar（尤里乌斯•凯撒）*作品的首选题名*

Chanson de Roland

Pardoner's tale
Chaucer（乔叟）*作品的首选题名*

Nibelungenlied

Edictum Theodorici

例外

古典和拜占庭时期的希腊文作品。对于原创以古希腊文写作的作品、希腊教会神父的作品或1453年以前其他拜占庭作者的作品，选择创建数据的机构首选的语言中既定的题名作为首选题名。

Birds
不用 Ornithes
Aristophanes（阿里斯托芬）*作品的首选题名*

Alexiad
不用 Alexias
Anna Comnena 作品的首选题名

Ecclesiastic history
不用 Ekklēsiastikē historia
主教 Eusebius of Caesarea 作品的首选题名

Iliad
不用 Ilias
Homer（荷马）*作品的首选题名*

Odyssey
不用 Odysseia
Homer（荷马）*作品的首选题名*

Republic
不用 Politeia
Plato（柏拉图）*作品的首选题名*

Battle of the frogs and mice
不用 Batrachomyomachia

如果创建数据的机构首选的语言中没有既定的题名，则选择拉丁文题名。

Argonautica
不用 Argonautika
Apollonius Rhodius 作品的首选题名

Meteorologica
不用 Meteōrologika
Aristotle（亚里士多德）*作品的首选题名*

Contra Celsum
不用 Kata Kelsou
Origen（奥利金）*作品的首选题名*

Theaetetus
不用 Theaitētos
Plato（柏拉图）*作品的首选题名*

如果既没有创建数据的机构首选的语言中既定的题名，也没有拉丁文题名，则选择希腊文题名。

Synopsis historikē
Constantine Manasses 作品的首选题名

Geōrgos
Menander of Athens 作品的首选题名

Perikeiromenē
Menander of Athens 作品的首选题名

Katamyomachia
Theodore Prodromus 作品的首选题名

既非以希腊文又非以机构首选的文字写作的佚名作品。 如果创作于 1501 年以前的佚名作品的原文语言既非希腊文又非创建数据的机构首选的文字，若有用机构首选的语言确立的题名，则选择作为首选题名。

Arabian nights

Book of the dead

Code of Hammurabi

但是

Slovo o polku Igoreve
以几种英语题名出版，包括 Igor's tale、The campaign of Igor *和* The tale of the campaign of Igor

对于手稿和手稿集，如适用，应用 **6.2.2.7** 所列的附加说明。

6.2.2.6 有多种版本的传奇集和故事集

对于传奇集（即围绕某一特定个人、事件、物体等，用相同语言，以各自独立的早期诗歌、罗曼史等组成的合集），选择普遍接受的传奇集题名作为首选题名。

Guillaume d'Orange
所描述资源： Guillaume d'Orange : chansons de geste des XIe et XIIe siècles。*包含：* Li coronemens Looys. Li charrois de Nymes. La prise d'Orenge. Li covenans Vivien. La bataille d'Aleschans

如果传奇集仅用描述性短语识别（例如，“the Arthurian romances” “the Grail legends” “the St. Francis legends”）或没有确立的题名，则用首次获得的资源的正题名（见 **2.3.2**）作为作品的首选题名。不将交替题名作为首选题名的组成部分。

Légende arthurienne
首次获得的资源：La légende arthurienne : études et documents ... les plus anciens textes

对于有许多版本的基本故事，选择用创建数据的机构首选语言的参考源所确立的题名作为首选题名。

Reynard the Fox

Amis et Amiles

6.2.2.7 手稿和手稿集

如果 6.2.2.4－6.2.2.6 所列的说明不适用于包含于一部手稿或一批手稿（包括手稿集）内的作品，则选择下列题名作为包含于手稿或手稿集内的作品的首选题名（按如下优先顺序）：

a) 作品在其创作或编纂以后被分配的题名

Domesday book

Cancionero musical de palacio

Codex Amiatinus

b) 手稿或手稿集的名称，如果作品仅以该名称识别

Book of Lismore

Dead Sea scrolls

Tell-el Amarna tablets

c) 自拟题名，用代表保存机构的规范检索点（见 11.13.1），其后随以 *Manuscript*（手稿）和手稿或手稿集的保存机构标识。如果手稿是合集中的一个单件，若已知，则添加张数编号

British Library. Manuscript. Arundel 384

Yale University. Music Library. Manuscript. LM 4708

Herzog August Bibliothek. Manuscript. Helmstedt 628, folio 185–192

如果首选题名根据上述 a)或 b)选择，且手稿或手稿集有保存机构标识，则将根据上述 c)所列说明构建的自拟题名作为作品变异题名予以记录（见 6.2.3）。

<u>记录首选题名</u>

6.2.2.8 记录作品首选题名

应用 6.2.1 所列的关于记录作品题名的基本说明，记录被选作作品首选题名的题名。

当记录作品组成部分的首选题名时，应用 6.2.2.9 所列的附加说明。

当记录作品汇编的首选题名时，应用 6.2.2.10 所列的附加说明。

关于记录特殊类型作品首选题名的附加说明，见 6.14.2（音乐作品）、6.19.2（法律作品）和 6.23.2（宗教作品）。

关于用首选题名构建代表作品的规范检索点的说明，见 6.27.1。

6.2.2.9 记录作品一个或多个组成部分的首选题名

如适用，应用 6.2.2.9.1－6.2.2.9.2 所列的说明，记录作品一个或多个组成部分的首选题名。

例外

关于音乐作品的组成部分，见 **6.14.2.7**。

关于宗教作品的组成部分，见 **6.23.2.9 – 6.23.2.20**。

关于构建代表作品一个或多个组成部分的规范检索点的说明，见 **6.27.2**。

6.2.2.9.1 一个组成部分

应用 **6.2.1** 所列的关于记录作品题名的基本说明，记录组成部分的首选题名。

> Two towers
> *J.R.R. Tolkien 所作的* The lord of the rings *一个组成部分的首选题名*
>
> Du côté de chez Swann
> *Marcel Proust 所作的* À la recherche du temps perdu *一个组成部分的首选题名*
>
> Come like shadows
> *Simon Raven 所作的* Alms for oblivion *一个组成部分的首选题名*
>
> Sindbad the sailor
> The Arabian nights *一个组成部分的首选题名*
>
> Studia musicologica Upsaliensia
> Acta Universitatis Upsaliensis *一个组成部分的首选题名*
>
> Executive summary
> Annual report on carcinogens *一个组成部分的首选题名*
>
> King of the hill
> *电视节目* The Simpsons *一个组成部分的首选题名*

如果该组成部分仅以诸如下列通用术语识别（带或不带数字或字母标识）

Preface （序言）

Detail (for an image, etc.) ［详图（用于图像等）］

Epilogue（后记）

Book 1（第一册）

Part 2（第二部分）

Number 1（第一期）

Band 3（第三卷）

则将组成部分的标识作为该组成部分的首选题名予以记录。将数字标识作为数字予以记录。

> Book 1
> *Homer（荷马）所作的* Iliad *一个组成部分的首选题名*
>
> 1. Theil
> *Johann Wolfgang von Goethe（歌德）所作的* Faust（浮士德）*一个组成部分的首选题名*
>
> Supplement
> Raffles bulletin of zoology *一个组成部分的首选题名*

A
Emergency health series *一个组成部分的首选题名*

Reeks B
Annale van die Uniwersiteit van Stellenbosch *一个组成部分的首选题名*

Season 6
电视节目 Buffy, the vampire slayer *一个组成部分的首选题名*

1946-03-10
广播节目 Jack Benny program *一个组成部分的首选题名*

例外

连续出版物和集成性资源。如果组成部分由标识和题名共同识别，则首先记录标识，其后随以题名。标识和题名之间用逗号分隔。

2e partie, Sciences biologiques, industries alimentaires, agriculture
Bulletin analytique *一个组成部分的首选题名*

Series C, Traditional skills and practices
Marshallese culture and history *一个组成部分的首选题名*

6.2.2.9.2 两个或两个以上的组成部分

当记录一部作品两个或两个以上连续编号组成部分的序列的首选题名时，如果各组成部分仅以一个通用术语和一个编号识别，则以单数形式记录组成部分的标识，其后随以各个组成部分的起讫数字。

Book 1 – 6
Homer（荷马）*所作的* Iliad *头六卷的首选题名*

Chapitre 6 – 7
Henri Rollin 所作的 L'apocalypse de notre temps *第 6 – 7 章的首选题名*

当识别一部作品的两个或两个以上未编号或未连续编号的组成部分时，应用 **6.2.2.9.1** 所列的说明，记录每个组成部分的首选题名。

Purgatorio
Dante Alighieri 所作的 Divina commedia *一个组成部分的首选题名，其所在汇编还包括组成部分* Paradiso

Paradiso
Dante Alighieri 所作的 Divina commedia *一个组成部分的首选题名，其所在汇编还包括组成部分* Purgatorio

Book 1
Homer（荷马）*所作的* Iliad *一个组成部分的首选题名，其所在汇编还包括* book 6

Book 6
Homer（荷马）*所作的* Iliad *一个组成部分的首选题名，其所在汇编还包括* book 1

交替规则

当识别作品的两个或两个以上未编号或未连续编号的组成部分时，不记录（或除了记录）每个组成部分的首选题名，将惯用总题名 *Selections*（选集）作为多个组成部分的首选题名予以记录。

> Selections
> *作品多个组成部分的首选题名，作品所在汇编包括 Homer（荷马）所作的* Iliad *的* book 1 *和* book 6
>
> Selections
> *作品多个组成部分的首选题名，作品所在汇编包括电视节目* The Simpsons *的四集，原播放于 1990 年至 2001 年间*

6.2.2.10 记录一个个人、家族或团体的作品汇编的首选题名

如果作品汇编通过体现该汇编的资源或参考源中所用的题名而知名，则应用 **6.2.2.4 – 6.2.2.5** 所列的说明。对于其他汇编，如适用，应用 **6.2.2.10.1 – 6.2.2.10.3** 所列的说明，记录作品汇编的首选题名。

6.2.2.10.1 完整作品

对于包含或据称为个人、家族或团体完整作品的作品汇编，包括在出版时已经完整的那些作品，将惯用总题名 *Works*（全集）作为作品汇编的首选题名予以记录。

6.2.2.10.2 单一形式的完整作品

对于包含或据称为个人、家族或团体某种特定形式的完整作品，则将下列惯用总题名之一作为作品汇编（音乐作品除外，见 **6.14.2.8**）的首选题名予以记录。

Correspondence（书信集）

Essays （短文集）

Novels （长篇小说集）

Plays （戏剧集）

Poems（诗歌集）

Prose works （散文集）

Short stories （短篇小说集）

Speeches（演讲集）

如果上述惯用总题名均不适用，则记录一个适用的特定总题名［例如，*Posters*（海报）、*Fragments*（片断）、*Encyclicals*（通谕）］。

如果汇编包含一个个人、家族或团体某种特定形式的两部或两部以上的作品，但非全部作品，则应用 **6.2.2.10.3** 所列的说明。

6.2.2.10.3 两部或两部以上作品的其他汇编

对于含有下列情况的汇编：

a) 一个个人、家族或团体某种特定形式的两部或两部以上的作品，但并非全部作品

或

b) 一个个人、家族或团体不同形式两部或两部以上的作品，但并非全部作品

应用 **6.2.1** 所列的关于记录作品题名的基本说明，记录汇编内每部作品的首选题名。

Dirk Gently's Holistic Detective Agency
汇编的第一部作品，汇编还包括 Douglas Adams 所作的 Long dark tea-time of the soul

Long dark tea-time of the soul
同一汇编中 Douglas Adams 的第二部作品

交替规则

如适用，不记录（或除了记录）汇编内每部作品的首选题名，依 **6.2.2.10.1** 或 **6.2.2.10.2** 所列的说明，记录惯用总题名，其后随以 *Selections*（选集）。

Novels. Selections

例外

对于单一作曲者的音乐作品汇编，依 **6.14.2.8** 所列的说明。

对于法律等的汇编，应用 **6.19.2.5.1** 所列的说明。

对于条约等的汇编，应用 **6.19.2.8** 所列的说明。

6.2.3 作品变异题名

6.2.3.1 范围

作品变异题名是指某作品为人所知但与其首选题名不同的题名或题名形式。

6.2.3.2 信息源

作品变异题名取自任何来源。

6.2.3.3 记录作品变异题名的一般性规则

应用 **6.2.1** 所列的关于记录作品题名的基本说明，记录作品变异题名。

作品发行时所用的、在参考源中引用的或源于题名不同音译形式的题名或题名形式，如果与记录为该作品首选题名的题名不同，则将其作为作品变异题名予以记录。

例外

仅当出现在作品的一个载体表现上的题名与作品首选题名有显著不同，且该作品本身有可能以该题名检索时，将该题名作为变异题名予以记录。关于记录出现在载体表现上的正题名和其他题名的说明，见 **2.3**。

如适用，应用 **6.2.3.4– 6.2.3.5** 所列的附加特定说明以及本章前述部分所列的其他说明。

关于用作品变异题名构建代表作品变异检索点的说明，见 **6.27.4**。

6.2.3.4 作品题名的交替语言学形式

如果记录为作品首选题名的题名有一种或多种交替语言学形式，则将它们作为作品变异题名予以记录。

不同语言形式

Aisōpou mythoi
Fabulae Aesopi
记录为首选题名的英语形式: Aesop's fables

Roland
Rolandslied
Song of Roland
记录为首选题名的法语形式: Chanson de Roland

Hamlet
记录为一部 1964 年影片首选题名的俄语形式: Gamlet

Leabhar an Leasa Mhóir
Leabhar Mhic Cárthaigh Riabhaigh
记录为首选题名的英语形式: Book of Lismore

Liang nong zu zhi jia xu sheng chan he wei sheng cong shu
Loạt sách về chăn nuôi thú y của FAO
记录为首选题名的英语形式: FAO animal production and health series

Annals of the University of Stellenbosch. Section B
记录为首选题名的南非语形式: Annale van die Uniwersiteit van Stellenbosch. Reeks B

Dunhuang xie ben
记录为首选题名的英语形式：Dunhuang manuscripts

Ḳodeḳs Ṿilnah 262
记录为首选题名的英语形式: Vilnius codex 262

不同文字

大藏經
记录为首选题名的中文音译形式: Da zang jing

Первые на луне
记录为首选题名的俄文音译形式: Pervye na lune

רעקיכלימ רעד עיווע ט
ר עקיכלימ רעד היב ט
记录为首选题名的意第绪文音译形式: Ṭeṿye der milkhiḳer

ةليلو ةليل فل أ
ةليلو ةليل فلأ بات
记录为首选题名的英文形式: Arabian nights

מגילות ים המלח
מגילות מדבר יהודה
מגילות פון ים המלח
死海文書
사해문서
ม้วนหนังสือแห่งทะเลสาบเดดซี
Χειρόγραφα της Νεκράς Θάλασσας
Кумранские рукописи

记录为首选题名的英文形式： Dead Sea scrolls

粮农组织家畜生产和卫生丛书
记录为首选题名的英文形式： FAO animal production and health series

Manuscript. Волоколамское собрание no. 630
记录在首选题名中的俄文音译形式： Manuscript. Volokolamskoe sobranie no. 630。*Rossiĭskai͡a nat͡sional'nai͡a biblioteka*（俄罗斯国家图书馆）*收藏的手稿*

敦煌寫本
记录为首选题名的英文形式： Dunhuang manuscripts

不同拼写形式

Eastward ho
首选题名记录为: Eastward hoe

Ṭevyeh der milkhiḳer
首选题名记录为: Ṭevye der milkhiḳer

Doomsday book
首选题名记录为： Domesday book

Cronycles of Englond
首选题名记录为： Chronicles of England

Annale van die Universiteit van Stellenbosch. Reeks B
首选题名记录为： Annale van die Uniwersiteit van Stellenbosch. Reeks B

不同音译形式

Ta tsang ching
首选题名记录为： Da zang jing

Anyuta
首选题名记录为： Ani͡uta

Tun-huang manuscripts
首选题名记录为： Dunhuang manuscripts

6.2.3.5 作品的其他变异题名

根据需要记录 **6.2.3.4** 中未涵盖的首选题名的其他变体和变异形式。

Personal history of David Copperfield
首选题名记录为： David Copperfield

Encyclopædia Britannica Films presents Historical America in song
首选题名记录为： Historical America in song

2 towers
Lord of the rings. Two towers
首选题名记录为： Two towers

Three men and a baby
首选题名记录为： 3 men and a baby

Book of Mac Carthy Reagh
Book of Mac Cárthaigh Riabhach
Lismore, Book of
首选题名记录为: Book of Lismore

Dead Sea scrolls. 11QT
Dead Sea scrolls. Temple scroll
首选题名记录为: Temple scroll

Codex Egerton 2895
Codex Sánchez Solís
Codex Waecker Götter
Codice Zapoteco
首选题名记录为: Manuscript. Egerton 2895。*British Library*（英国国家图书馆）*收藏的手稿*

Cronycles of the londe of Englōd
Cronycles of the londe of Englond
首选题名记录为: Chronicles of England

Here begynneth a lytell treatyse for to lerne Englysshe and Frensshe
Here is a good boke to lerne to speke French
首选题名记录为: Lytell treatyse for to lerne Englysshe and Frensshe

Collected papers of Albert Einstein
Gesammelte Schriften Albert Einstein
首选题名记录为: Works

Selected plays of Lady
Gregory Short plays of Lady
Gregory Seven short plays
首选题名记录为: Plays. Selections

6.3 作品形式

核心元素

当需要与另一题名相同的作品，或与一个个人、家族或团体的名称做区分时，作品形式是核心元素。

6.3.1 记录作品形式的基本说明

6.3.1.1 范围

作品形式 是指作品所属的类别或体裁。

6.3.1.2 信息源

关于作品形式的信息取自任何来源。

6.3.1.3 记录作品形式

记录作品形式。

Play
Charlemagne *的作品形式*

Tapestry

Charlemagne *的作品形式*

Choreographic work
The nutcracker *的作品形式*

Computer file
NuTCRACKER *的作品形式*

Motion picture
Ocean's eleven *的作品形式。1960 年发行的影片*

Motion picture
Ocean's eleven *的作品形式。2001 年发行的影片*

Radio program
War of the worlds *的作品形式*

Television program
War of the worlds *的作品形式*

Chanson de geste
Guillaume *的作品形式*

Series
Scottish History Society *的作品形式*

Poem
Chanson de Roland *的作品形式*

6.4 作品日期

核心元素

作品日期是识别条约的核心元素。当需要与另一题名相同的作品，或与一个个人、家族或团体的名称做区分时，作品日期也是核心元素。

6.4.1 记录作品日期的基本说明

6.4.1.1 范围

作品日期是指与作品相联系的最早日期。

作品日期可以是作品的创作日期，或者作品首次出版或发行的日期。

关于法律等的颁布日期，见 **6.20.2**。

关于条约等的签署日期，见 **6.20.3**。

6.4.1.2 信息源

关于作品日期的信息取自任何来源。

6.4.1.3 记录作品日期

用创建数据的机构首选历法的术语记录作品日期。

对于除条约之外的作品，一般仅通过给出一个或多个年份记录作品日期。对于条约，一般通过给出年、月和日记录作品日期（见 **6.20.3.3**）。

关于用公历记录日期的细节，见附录 **H**。

1631
Rembrandt Harmenszoon van Rijn 所作的题名为 Adoration of the shepherds *的作品的创作日期*

1654
Rembrandt Harmenszoon van Rijn 所作的题名为 Adoration of the shepherds *的另一部作品的创作日期*

1960
题名为 Ocean's eleven *的电影的发行日期*

2001
题名为 Ocean's eleven *的另一部电影的发行日期*

1762
题名为 Dublin magazine *的连续出版物的首次出版日期*

1965
题名为 Dublin magazine *的另一个连续出版物的首次出版日期*

1987–1989
电影 Paris is burning *的创作日期。影片在 1990 年取得版权并于同年的节日上映，但直到 1991 年才商业发行*

1983
Stephen Sondheim 所作的音乐剧 Sunday in the park with George *的创作日期*

2004
电影 Harry Potter and the prisoner of Azkaban *的发行日期*

应用 **5.8** 所列的说明，指示获取日期的来源。

6.5 作品原创地

核心元素

当需要与另一题名相同的作品，或与一个个人、家族或团体的名称做区分时，作品原创地是核心元素。

6.5.1 记录作品原创地的基本说明

6.5.1.1 范围

作品原创地 是指作品原创的国家或其他属地管辖区。

6.5.1.2 信息源

关于作品原创地的信息取自任何来源。

6.5.1.3 记录作品原创地

根据第 **16** 章所规定的形式记录作品原创地。

Boise, Idaho
月刊 The advocate *的原创地*

Nairobi, Kenya
季刊 The advocate *的原创地*

Australia
题名为 Big brother *的电视节目的原创地*

Netherlands
题名为 Big brother *的电视节目的原创地*

Geneva, Switzerland
专著丛编 Collection "Passé et présent" *的原创地*

应用 **5.8** 所列的说明，指示获取原创地信息的来源。

6.6 作品的其他区别特征

核心元素

当需要与另一题名相同的作品，或与一个个人、家族或团体的名称做区分时，作品的其他区别特征是核心元素。

6.6.1 记录作品的其他区别特征的基本说明

6.6.1.1 范围

作品的其他区别特征 是指除作品形式、作品日期或作品原创地之外的，用以将一部作品与具有相同题名的另一部作品，或与一个个人、家族或团体的名称相区分的特征。

关于记录法律作品的其他区别特征的说明，见 **6.21**。

6.6.1.2 信息源

关于作品的其他区别特征的信息取自任何来源。

6.6.1.3 记录作品的其他区别特征

记录作品的其他区别特征。

Geological Survey (South Africa)
题名为 Bulletin *的作品的发行者*

New York State Museum
题名为 Bulletin *的另一部作品的发行者*

New Zealand. Ministry of Education. Research and Statistics Division
题名为 Bulletin *的另一部作品的发行者*

Anglo-Saxon poem
题名为 Genesis *的作品的其他区别特征*

Middle High German poem
题名为 Genesis *的另一部作品的其他区别特征*

Old Saxon poem
题名为 Genesis *的另一部作品的其他区别特征*

Galleria sabauda (Turin, Italy)
Jan van Eyck 所作的题名为 Saint Francis receiving the stigmata *的一幅画作的收藏者*

Philadelphia Museum of Art
Jan van Eyck 所作的题名为 Saint Francis receiving the stigmata *的另一幅画作的收藏者*

Douglas
题名为 Harlow *的一部 1965 年电影的导演的姓氏*

Segal
题名为 Harlow *的另一部 1965 年电影导演的姓氏*

Canadian Broadcasting Corporation
题名为 Othello *的一个 1963 年电视节目的制作公司*

WOR-TV (Television station : New York, N.Y.)
题名为 Othello *的另一个 1963 年电视节目的制作公司*

Unnumbered
题名为 Caribbean writers series *的作品的其他区别特征*

应用 **5.8** 所列的说明，指示获取作品的其他区别特征信息的来源。

6.7 作品历史

6.7.1 记录作品历史的基本说明

6.7.1.1 范围

作品历史是指关于作品历史沿革的信息。

6.7.1.2 信息源

关于作品历史的信息取自任何来源。

6.7.1.3 记录作品历史

记录与作品历史有关的信息。

Originally written as a serial and published in 19 issues over 20 months from March 1836 to October 1837. There was no issue in May 1837 as Dickens was in mourning for his sister-in-law
Charles Dickens（狄更斯）*所作的* Pickwick papers（匹克威克外传）*的历史*

Originally released as a motion picture in 1941 under title All that money can buy; re-released later that year as The Devil and Daniel Webster; re-issued in 1952 in a shortened version as Daniel and the Devil. Based on Stephen Vincent Benét's short story The Devil and Daniel Webster
电影 The Devil and Daniel Webster *的历史*

Numbers 1–24 of the Manuscript report series were issued from 1964–1972 by Canada's Marine Sciences Branch. Numbers 25–54 were issued from 1972–1979 by the Marine Sciences Directorate. Since 1980, numbers 55 and on have been issued by the Marine Sciences and Information Directorate
专著丛编 Manuscript report series *的历史*

Book of the dead is the common name for an ancient Egyptian collection of funerary texts made up of spells or magic formulas, placed in tombs and believed to protect and aid the

deceased in the hereafter. Probably compiled and re-edited during the 16th century BC, the collection included Coffin texts dating from approximately 2000 BC, Pyramid texts dating from approximately 2400 BC, and other writings. Later compilations included hymns to Re, the sun god. Numerous authors, compilers, and sources contributed to the work. Scribes copied the texts on rolls of papyrus, often colourfully illustrated, and sold them to individuals for burial use. Many copies of the book have been found in Egyptian tombs, but none contains all of the approximately 200 known chapters. The collection, literally titled "The Chapters of Coming- Forth-by-Day," received its present name from Karl Richard Lepsius, German Egyptologist who published the first collection of the texts in 1842. The common name for the manuscript as a physical entity is Papyrus of Ani
Book of the dead *的历史*

酌情在作品历史元素中加入关于特定识别元素（见 **6.2.3–6.6**）的信息。

应用 **5.8** 所列的说明，指示获取作品历史信息的来源。

6.8 作品标识符

核心元素

6.8.1 记录作品标识符的基本说明

6.8.1.1 范围

作品标识符是指与作品或作品的替代物（例如，一条规范记录）唯一相联系的字符串，它可将该作品与其他作品相区分。

6.8.1.2 信息源

关于作品标识符的信息取自任何来源。

6.8.1.3 记录作品标识符

记录作品标识符。如果易于确定，标识符前置以负责分配标识符的机构等的名称或标识。

ISWC: T-072.106.546-8
Cole Porter 所作的 I love Paris *的国际标准音乐作品代码*

National Library of Australia: anbd.aut-an35237496
Peter Carey 所作的 Oscar and Lucinda *的 Australian National Bibliographic Database 的永久链接号*

Library of Congress control number: n 79046204
经书 The Qur'an *的标识符*

Library and Archives Canada control number: 0053E3950E
经书 The Qur'an *的标识符*

MOHAI 83.10.5,989
Museum of History and Industry 摄影图像的标识符

6.9 内容类型

核心元素

6.9.1 记录内容类型的基本说明

6.9.1.1 范围

内容类型是指反映内容被表达的基本交流形式的类别以及被人类感知的感官类别。对于在一种或多种图像形式中表达的内容，内容类型还反映用于感知内容的空间维度数以及感知运动是否存在。

6.9.1.2 信息源

关于内容类型的信息取自任何来源。

6.9.1.3 记录内容类型

用表 6.1 所列的一个或多个术语，记录资源中所包含的内容类型。只要适用于所描述资源的术语都可予以记录。

> ***交替规则***
>
> 如果所描述资源包含多个内容类型，则仅记录：
>
> a) 适用于资源主要部分的内容类型（如果有主要部分）
>
> ***或***
>
> b) 适用于资源最实质部分（包括主要部分，如果有的话）的内容类型
>
> 酌情用表 6.1 所列的一个或多个术语。

表 6.1

地图数据集 （cartographic dataset）	经计算机处理的，以数字编码数据集所表达的地图内容。对于以图像或三维形式感知的地图数据，见*地图图像（Cartographic image）*、*地图的动态图像（Cartographic moving image）*、*地图的触摸图像（Cartographic tactile image）*、*地图的触摸三维形式（Cartographic tactile three-dimensional form）和地图的三维形式（Cartographic three-dimensional form）*。
地图图像（cartographic image）	以线条、形状、阴影等表达的，旨在作为一个或多个二维静态图像通过视觉感知的地图内容。包括地图、视图、地图集、遥感图像等。
地图的动态图像（cartographic moving image）	以图像表达的，旨在作为二维动态图像感知的地图内容。包括运动中的地球或其他天体的卫星图像。

地图的触摸图像（cartographic tactile image）	以线条、形状和/或其他形式表达的，旨在作为二维静态图像通过触觉感知的地图内容。
地图的触摸三维形式（cartographic tactile three-dimensional form）	以一种或多种形式表达的，旨在作为一个或多个三维形式通过触觉感知的地图内容。
地图的三维形式（cartographic three-dimensional form）	以一种或多种形式表达的，旨在通过视觉感知的三维地图内容。包括球仪、地形模型等。
计算机数据集（computer dataset）	经计算机处理的，以数字编码数据集表达的内容。包括通过应用软件计算平均值、相互关系等的数字数据、环境数据等，或通常以非原始状态显示的产品模型等。 对于以符号、图像或三维形式通过视觉感知的数据，见*动作谱（Notated Movement）*、*乐谱（Notated Music）*、*静态图像（Still Image）*、*文本（Text）*、*三维形式（Three-Dimensional Form）*、*三维动态图像（Three-Dimensional Moving Image）*、*二维动态图像（Two-Dimensional Moving Image）*。*对于以音频形式感知的数据*，见*表演音乐（Performed Music）*、*声音（Sounds）*、*口头表述（Spoken Word）*。*对于地图数据*，见*地图数据集（Cartographic Dataset）*。
计算机程序（computer program）	经计算机处理和操作的，以数字编码指令表达的内容。包括操作系统、应用软件等。
动作谱（notated movement）	以动作标记法表达的，旨在通过视觉感知的内容。包括所有类型的动作标记法，但以触觉感知的形式除外［见*触摸乐谱（Tactile Notated Movement）*］。
乐谱（notated music）	以音符形式表达的，旨在通过视觉感知的内容。包括所有类型的音符形式，但以触觉感知的形式除外。［见*触摸乐谱（Tactile Notated Music）*］
表演音乐（performed music）	以可听见形式的音乐表达的内容。包括录制的音乐表演、计算机生成的音乐等。
声音（sounds）	除语言或音乐之外的，以可听见形式表达的内容。包括自然的声音、人工制造的声音等。

口头表述（spoken word）	以可听见形式的语言表达的内容。包括录制的朗读、背诵、演讲、采访、口述史等、计算机生成的演说等。
静态图像 （still image）	以线条、形状、阴影等表达的，旨在通过视觉感知的一种或多种二维静态图像内容。包括绘图、绘画、线图、摄影图像（静态）等。对于以二维图像感知的地图内容，见*地图图像（Cartographic image）*。对于以触觉感知的图像，见*触摸图像（Tactile image）*。
触摸图像（tactile image）	以线条、形状和/或其他形式表达的、旨在通过触觉感知的二维静态图像内容。
触摸动作谱（tactile notated movement）	以动作记谱形式表达的、旨在通过触觉感知的内容。
触摸乐谱（tactile notated music）	以音乐标记法表达的、旨在通过触觉感知的内容。包括布莱叶盲文乐谱和其他触摸形式的音乐标记法。
触摸文本（tactile text）	以语言标记法表达的、旨在通过触觉感知的内容，包括布莱叶盲文和其他触摸形式的语言符号。
文本（text）	以视觉感知的语言符号形式表达的内容。包括除触觉感知之外的所有语言符号形式［见*触摸文字（Tactile Text）*］。
三维形式（three-dimensional form）	以视觉感知的一个或多个三维形式表达的内容。包括雕塑、模型、自然物体和标本、全息图等。对于以三维形式感知的地图内容，见*地图的三维形式（Cartographic Three-Dimensional Form）*。对于以触觉感知的三维形式，见*触摸三维形式（Tactile Three-Dimensional Form）*。
三维动态图像（three-dimensional moving image）	以三维动态图像表达的、旨在通过动态感知的内容。包括 3-D 电影（用真人表演和/或动画模拟）、3-D 视频游戏等。三维动态图像有无伴声均可。
二维动态图像（two-dimensional moving image）	以二维图像表达的、旨在通过动态感知的内容。包括电影（用真人表演和/或动画模拟），表演、事件等的摄影或录像，但三维动态图像除外［见*三维动态图像（Three-Dimensional Moving Image）*］。动态图像有无伴声均可。对于以二维动态图像感知的地图内容，见*地图的动态图像（Cartographic Moving Image）*。

如果上述术语均不适用于所描述资源的内容，则记录为 *other*（其他）。如果适用于所描述资源的内容类型不易确定，则记录为 *unspecified*（未指定）。

6.10 内容表达的日期

核心元素

当需要与同一作品的另一内容表达做区分时，内容表达的日期是核心元素。

6.10.1 记录内容表达的日期的基本说明

6.10.1.1 范围

内容表达的日期是指与内容表达相联系的最早日期。

体现内容表达的最早载体表现的日期可视为内容表达的日期。

关于宗教作品内容表达的日期的附加说明，见 **6.24**。

6.10.1.2 信息源

关于内容表达的日期的信息取自任何来源。

6.10.1.3 记录内容表达的日期

用创建数据的机构首选历法的术语，记录内容表达的日期。关于用公历记录日期的细节，见附录 H。

仅通过给出一个或多个年份记录内容表达的日期，除非需要以一个更具体的日期将一个内容表达与另一个内容表达相区分。

> 2000
> *所描述资源:* The complete works of Oscar Wilde / general editors, Russell Jackson and Ian Small. — Oxford ; New York : Oxford University Press, 2000–
>
> 1948
> *所描述资源:* The works of Oscar Wilde / edited, with an introduction, by G.F. Maine. — New collected edition. — London : Collins, 1948
>
> 1940
> *所描述资源:* Babar and his children / Jean de Brunhoff. — *[United States] : Decca, [1940]。Jean de Brunhoff 所作的儿童故事 Babar en famille 的英语译本的录音资料，由 Frank Luther 叙述并附有伴乐。1940 年 10 月 28 日在纽约市录制*
>
> 1992
> *所描述资源:* Blade runner / a Ladd Company release in association with Sir Run Run Shaw thru Warner Bros. ; Jerry Perenchio and Bud Yorkin present a Michael Deeley-Ridley Scott production ; produced by Michael Deeley ; screenplay by Hampton Fancher and David Peoples ; directed by Ridley Scott. — Director's cut, Widescreen version。*1982 年电影的修改版*

6.11 内容表达的语言

核心元素

当需要与同一作品的另一内容表达做区分时，内容表达的语言是核心元素。

6.11.1 记录内容表达的语言的基本说明

6.11.1.1 范围

内容表达的语言是指作品被表达所用的语言。

6.11.1.2 信息源

关于内容表达的语言的信息取自任何来源。

6.11.1.3 记录内容表达的语言

记录内容表达的一种或多种语言时，用创建数据的机构首选的语言中的一个或多个适用的术语。如果有语言名称的标准列表，则从中选择术语。

English
*所描述资源：*The Zemganno brothers / by Edmond de Goncourt。*法语小说的英语译本*

Indonesian
*所描述资源：*Ada apa dengan Cinta? / Miles Productions mempersembahkan ; sebuah film dari Rudi Soedjarwo ; produser, Mira Lesmana, Riri Riza ; skenario, Jujur Prananto。*原创电影为印度尼西亚语*

Spanish
*所描述资源：*Obras completas / W. Somerset Maugham。*作者作品的西班牙语译本*

English
*所描述资源：*Colloid journal of the Russian Academy of Sciences。*俄语连续出版物的英语译本*

Hebrew
*所描述资源：*Mosheh ṿe-Aharon : operah be-shalosh maʻarakhot / Arnold Shenberg ; tirgem Yiśraʼel Eliraz。 *Schoenberg 所作的歌剧 Moses und Aron 的歌词脚本的希伯来语译本*

Russian
*所描述资源：*27 ukradennykh po͡tseluev。*以俄语配音的格鲁吉亚电影*

Chinese
*所描述资源：*Handel's Messiah in Chinese。*宗教清唱剧中文译本的表演的录音资料*

如果内容表达涉及多种语言，则依 **6.11.1.4** 所列的附加说明。

关于记录与内容表达的语言相关细节的规则，见 **7.12** 所列的关于内容语言的说明。

6.11.1.4 涉及多种语言的内容表达

如果作品的单一内容表达涉及多种语言，则记录每一种语言。

English
German
Russian
*所描述资源：*Defiance / Paramount Vantage presents a Grosvenor Park/Bedford Falls production ; an Edward Zwick film ; executive producer, Marshall Herskovitz ; produced by Edward Zwick, Pieter Jan Brugge ; director of photography, Eduardo Serra ; screenplay by Clayton Frohman & Edward Zwick ; directed by Edward Zwick。 *电影的某些对话用英语，某些对话用德语，以及某些对话用俄语。*

English
Dutch
French
German
Italian
Spanish
Portuguese
所描述资源： Joan Blaeu Atlas maior of 1665 / introduction and texts by Peter van der Krogt ; based on the copy in the Österreichische Nationalbibliothek, Wien ; with a selection of original texts by Joan Blaeu ; directed and produced by Benedikt Taschen。*六卷地图册；每卷包括英语和其他两种语言的文本。*

6.12 内容表达的其他区别特征

核心元素

当需要与同一作品的另一内容表达做区分时，内容表达的其他区别特征是核心元素。

6.12.1 记录内容表达的其他区别特征的基本说明

6.12.1.1 范围

内容表达的其他区别特征是指除内容类型、内容表达的语言或内容表达的日期之外的，用以将一个内容表达与同一作品的另一内容表达相区分的特征。

关于音乐作品的内容表达的其他区别特征的附加说明，见 6.18。

关于宗教作品的内容表达的其他区别特征的附加说明，见 6.25。

6.12.1.2 信息源

关于内容表达的其他区别特征的信息取自任何来源。

6.12.1.3 记录内容表达的其他区别特征

记录内容表达的其他区别特征。

Buriat version
史诗 Gesar（格萨尔）*的一个内容表达*

Mongolian version
史诗 Gesar（格萨尔）*的另一个内容表达*

1st version
Johann Gottlieb Fichte 所作的 Wissenschaftslehre 1804 *的三个版本的第一个*

2nd version
Johann Gottlieb Fichte 所作的 Wissenschaftslehre 1804 *的三个版本的第二个*

A-text
William Langland 所作的叙事诗 Piers Plowman *的最早版本*

B-text
William Langland 所作的叙事诗 Piers Plowman *的较晚版本*

C-text

William Langland 所作的叙事诗 Piers Plowman *的更晚版本*

Beck
Aleksandr Pushkin 所作的 Evgeniĭ Onegin *的英语译本，由 Tom Beck 翻译*

Elton
Aleksandr Pushkin 所作的 Evgeniĭ Onegin *的英语译本，由 Oliver Elton 翻译*

Director's cut
1982 年电影 Blade runner *的 1992 年修改版*

Final cut
1982 年电影 Blade runner *的 2007 年修改版*

Baryshnikov
舞蹈作品 The nutcracker，*1976 年由 Mikhail Baryshnikov 编导的版本*

Lynn and Uthoff
舞蹈作品 The nutcracker，*1974 年由 Enid Lynn 和 Michael Uthoff 编导的版本*

Nureyev, after Vaĭnonen
舞蹈作品 The nutcracker，*1967 年由 Rudolf Nureyev 编导的版本，源于 Vasiliĭ Vaĭnonen 的 1934 年版本*

Nelson Thornes
Shakespeare（莎士比亚）*全集的一个内容表达，2003 年由 Nelson Thornes 出版*

Yale University Press
Shakespeare（莎士比亚）*全集的另一个内容表达，2003 年由 Yale University Press 出版*

应用 **5.8** 所列的说明，指示获取内容表达的其他区别特征的信息的来源。

6.12.1.4 选录部分或摘选

记录 *Selections*（选集），用于识别由选自一部更大作品的选录部分或摘选组成的内容表达。

Selections
Edward Gibbon 所作的 The history of the decline and fall of the Roman Empire *的选集*

Selections
Russell Banks 朗读他的小说 Continental drift *摘选的录音资料*

6.13 内容表达标识符

核心元素

6.13.1 记录内容表达标识符的基本说明

6.13.1.1 范围

内容表达标识符是指与内容表达或内容表达的替代物（例如，一条规范记录）唯一相联系的字符串，它可将该内容表达与其他内容表达相区分。

6.13.1.2 信息源

关于内容表达标识符的信息源取自任何来源。

6.13.1.3 记录内容表达标识符

记录内容表达标识符。如果易于确定，标识符前置以负责分配标识符的机构名称或标识。

> ISRC BR-BMG-03-00729
> *Titãs 乐队演出的录制歌曲* Enquanto houver sol *的国际标准音像制品编码*
>
> National Library of Australia: anbd.aut-an35359434
> *Peter Carey 所作的* Oscar and Lucinda *的意大利语译本的 Australian National Bibliographic Database 的永久链接号*
>
> Library and Archives Canada control number: 0018A4143E
> Beowulf *的英语译本的标识符*
>
> Library of Congress control number: no 96031405
> *Nicolò Paganini 所作的* Caprices, violin, M.S. 25 *的乐曲改编的标识符*
>
> Library of Congress control number: n 00024915
> *Oscar Wilde 全集的一个内容表达的标识符*
>
> Wolfgang's Vault ID: 20049774|1647
> *1976 年 3 月 3 日录制的 David Bowie 音乐会的标识符*

6.14 音乐作品的题名

核心元素

作品首选题名是核心元素。作品变异题名是可选择的。

6.14.1 记录音乐作品题名的基本说明

6.14.1.1 范围

音乐作品的题名是指某音乐作品为人所知的一个词、字符或一组词和/或字符。

为识别音乐作品，作品题名分类如下：

a) 音乐作品首选题名（见 **6.14.2**）

b) 音乐作品变异题名（见 **6.14.3**）

6.14.1.2 信息源

音乐作品的题名取自任何来源。

关于作品首选题名信息源的附加规则，见 **6.14.2.2**。

6.14.1.3 记录音乐作品题名的一般性规则

当记录音乐作品的题名时，应用 **6.2.1** 所列的关于大写、数字、重音符号等规则。当这些规则涉及附录时，如适用，应用附录所列的附加说明。

6.14.2 音乐作品的首选题名

核心元素

6.14.2.1 范围

音乐作品的首选题名是指被选作代表某音乐作品的规范检索点的基础部分的题名或题名形式。

6.14.2.2 信息源

对于 1500 年以后创作的音乐作品，从体现作品的资源或参考源中确定用作作品首选题名的题名。

对于 1501 年以前创作的音乐作品，从现代参考源中确定用作作品首选题名的题名。如果现代参考源的证据无说服力，则用（按如下优先顺序）：

a) 现代版本

b) 早期版本

c) 手稿副本

6.14.2.3 选择音乐作品的首选题名

选择作曲者所用语言呈现的原题名作为音乐作品的首选题名。

Meistersinger von Nürnberg
所描述资源： The mastersingers of Nuremberg

Damnation de Faust
所描述资源： Fausts Verdammung

Tous les garçons et les filles
所描述资源： Todos los chicos y chicas

Zolotoĭ petushok
所描述资源： The golden cockerel

Präludium und Fuge
所描述资源： Präludium und Fuge, D-Dur für Orgel ...

Rondo with fugato
所描述资源： Rondo with fugato ...

Introduction et allegro
所描述资源： Introduction et allegro ...

例外

相同语言的更知名的题名。如果相同语言的另一题名变得更为知名，则选择它作为首选题名（参见 **6.2.2.4–6.2.2.5**）。

Don Giovanni
所描述资源： Il dissoluto punito, ossia, Il don Giovanni

Nabucco
所描述资源： Nabucodonosor

冗长题名。如果题名很长，则选择（按如下优先顺序）：

a) 在参考源中通常用以识别作品的简短题名

Historia der Auferstehung Jesu Christi
所描述资源： Historia der frölichen und siegreichen Auferstehung unsers einigen Erlösers und Seligmachers Jesu Christi

b) 由编目员自拟的简短题名

St. John Passion
所描述资源： Historia des Leidens und Sterbens unsers Herrn und Heylandes Jesu Christi, nach dem Evangelisten St. Johannem

编号序列。 如果某一作曲者的所有作品的题名均含有一种作曲类型名称，且作为该作曲类型的一种编号序列引用，则将作曲类型名称作为首选题名。

Symphonies
所描述资源： Sinfonia eroica / composta da Luigi van Beethoven。*在作曲者交响乐列表中也被引用为第三交响乐*

记录首选题名

6.14.2.4 记录音乐作品的首选题名

应用 **6.2.1** 所列的关于记录作品题名的一般性规则，记录被选作音乐作品首选题名的题名。

依 **6.14.2.3**，从选择的题名中省略：

a) 表演媒介说明（即使这一说明是复合词的一部分，只要省略后的词是作曲类型的名称）

b) 调

c) 系列号、作品号和主题索引号

d) 编号（除非它们是题名中一个必不可少的组成部分）

e) 作曲日期

f) 非作品原题名一部分的形容词和修饰语

在下列样例中，根据上述规定被确定的首选题名以斜体字表示。

String *quartet*
Streich*quartett*
Symphonie no. 40
Clavierübung
Kammersymphonie
Symphonie fantastique
Carnaval op. 9
Concerto in A minor, op. 54
12 *sonatas*
Nocturne in F sharp minor, op. 15, no. 2
6 *Stücke* für Orchester
Fünf Orchester*stücke*
Four orchestral *pieces*
Five *little pieces* for piano

Drei *Gesänge*
Vier Orchester*lieder*, op. 22
Les *deux journées*
The *Ten commandments*
The *seventh trumpet*
Troisième *nocturne*
Mozart's favorite *minuet*
The celebrated Sophie *waltz*
Grandes études (*So named by the composer*)
Die *Zauberflöte*
War requiem

6.14.2.5 仅由一种作曲类型的名称组成的首选题名

对 **6.14.2.3 – 6.1.2.4** 的应用产生的首选题名仅由一种作曲类型的名称组成，如果有公认形式，则用创建数据的机构首选的语言记录该公认形式。以复数形式记录名称，除非作曲者仅写有一部此类型的作品。

Quintets
所描述资源： Quintetto VI in sol maggiore

Ballades
所描述资源： Vier Balladen

Sonatas
所描述资源： Sonate a violino, violone, e cembalo

Concerti grossi
所描述资源： Six concerti grossi for 2 violins, viola, and violoncello soli with strings and harpsichord

Divertimenti
所描述资源： Divertimento Nr. 1

对于称为 *étude*（练习曲）、*fantasia*（幻想曲） 或 *sinfonia concertante*（交响协奏曲）或其同类的用于音乐演奏会的作品名称，则应记录原文语言的形式。

Études
所描述资源： Studies

6.14.2.6 二重奏

对于各种题为 duos、duets 等的作品，记录为 *Duets*（二重奏）。

Duets
所描述资源： Trois duos

<u>音乐作品的组成部分</u>

6.14.2.7 记录音乐作品的一个或多个组成部分的首选题名

如适用，应用 **6.14.2.7.1–6.14.2.7.2** 所列的说明，记录音乐作品的一个或多个组成部分的首选题名。

关于构建代表音乐作品的一个或多个组成部分的规范检索点的说明，见 **6.28.2**。

6.14.2.7.1 一个组成部分

应用 **6.14.2.4** 所列的说明，记录音乐作品一个组成部分的首选题名。如适用，则应用 **6.14.2.7.1.1–6.14.2.7.1.5** 所列的附加说明。

6.14.2.7.1.1 仅以编号识别的组成部分

如果各组成部分仅以编号识别，则记录组成部分的编号。

Nr. 5
Johannes Brahms（勃拉姆斯）所作的 Ungarische Tänze *（匈牙利舞曲）一个组成部分的首选题名*

6.14.2.7.1.2 仅以题名或其他词语标识识别的组成部分

如果各组成部分仅以题名或其他词语标识识别，则记录组成部分的题名或其他词语标识。

Celeste Aïda
Giuseppe Verdi（威尔第）所作的 Aïda *一个组成部分的首选题名*

Seasons of love
Jonathan Larson 所作的 Rent *一个组成部分的首选题名*

Andante cantabile con moto
Ludwig van Beethoven（贝多芬）所作的 Symphony, no. 1, op. 21, in C major *一个组成部分的首选题名*

6.14.2.7.1.3 既以编号、又以题名或其他词语标识识别的组成部分

如果各组成部分既以编号、又以题名或其他词语标识识别，则记录组成部分的题名或词语标识。

Come scoglio
Wolfgang Amadeus Mozart（莫扎特）所作的 Così fan tutte *一个组成部分的首选题名。每一独唱曲不仅有一个题名，还有一个编号（例如,* No. 14 for Come scoglio)

如果各组成部分既以编号，又以相同的题名或其他词语标识识别，则记录组成部分的编号。

N. 8
Antonio Vivaldi 所作的 Estro armonico *一个组成部分的首选题名。各组成部分不仅有一个编号，还有题名* Concerto

6.14.2.7.1.4 各组成部分以编号识别，且某些组成部分还以题名或其他词语标识识别

各组成部分均以编号识别，且某些组成部分还以题名或其他词语标识识别，则记录组成部分的编号，如果有题名或其他词语标识，则编号后随以逗号和题名或其他词语标识。

> Nr. 30
> *Robert Schumann（舒曼）所作的* Album für die Jugend *一个组成部分的首选题名*
>
> Nr. 2, Soldatenmarsch
> *Robert Schumann（舒曼）所作的* Album für die Jugend *一个组成部分的首选题名*

6.14.2.7.1.5 较大部分的组成部分

如果组成部分是一个具有区别性题名的较大部分的组成部分，则将较大部分的题名置于较小部分的题名和/或标识之前予以记录。如果较大部分的标识不是区别性的，则省略该标识。但是，如果较大部分的非区别性标识需用于识别较小部分时，则将较大部分的标识置于较小部分的题名或标识之前予以记录。较大部分的题名或标识和较小部分的题名或标识之间用句点分隔。

> Cantiones sacrae. O vos omnes
> *Hieronymus Praetorius 所作的* Opus musicum *一个组成部分的首选题名*
>
> Pifa
> 不用 Part 1. Pifa
> *George Frideric Handel 所作的* Messiah *一个组成部分的首选题名*
>
> Atto 3o. Preludio
> *Giuseppe Verdi（威尔第）所作的* Traviata *一个组成部分的首选题名*

6.14.2.7.2 两个或两个以上的组成部分

当识别音乐作品的两个或两个以上的组成部分时，应用 **6.2.2.9.2** 所列的说明，记录组成部分的首选题名。

> Nr. 5–6
> *Johannes Brahms（勃拉姆斯）所作的* Ungarische Tänze（匈牙利舞曲）*的两个连续编号组成部分的首选题名*
>
> Largo al factotum
> *Gioacchino Rossini 所作的* Barbiere di Siviglia *一个组成部分的首选题名，其所在汇编还包括组成部分* Voce poco fa
>
> Voce poco fa
> *Gioacchino Rossini 所作的* Barbiere di Siviglia *一个组成部分的首选题名，其所在汇编还包括组成部分* Largo al factotum
>
> No. 2
> *Franz Schubert（舒伯特）所作的* Impromptus, piano, D. 899 *一个组成部分的首选题名，其所在汇编还包括同一作品的* No. 4
>
> No. 4
> *Franz Schubert（舒伯特）所作的* Impromptus, piano, D. 899 *一个组成部分的首选题名，其所在汇编还包括同一作品的* No.2

如果某作曲者从一部较大作品中汇集了一组摘选，并称为组曲，则以 *suite*（组曲）作为该组成部分的标识。

Suite, no. 2
Edvard Grieg 所作的 Peer Gynt *一个组成部分的首选题名*

音乐作品汇编

6.14.2.8 音乐作品汇编

6.14.2.8.1 记录音乐作品汇编的首选题名

如果音乐作品汇编通过体现该汇编的资源或参考源中所用的题名而知名，则应用 **6.2.2.4 – 6.2.2.5** 所列的说明。对于其他汇编，如适用，应用 **6.14.2.8.2–6.14.2.8.6** 所列的说明，记录音乐作品汇编的首选题名。

6.14.2.8.2 完整作品

对于包含或据称为作曲者完整音乐作品的汇编，包括在出版时已经完整的那些作品，记录惯用总题名 *Works*（全集）。

6.14.2.8.3 单种泛指媒介的各种类型作品

对于包含或据称为作曲者单种泛指媒介的所有作品的汇编，将该媒介的标识作为惯用总题名予以记录。

Chamber music

Choral music
Choral music *也用于各种类型作品的汇编，这些作品原用于一种声乐媒介，有无伴奏均可*

Instrumental music

Keyboard music

Vocal music
Vocal music *也用于各种类型作品的汇编，这些作品原用于一个独唱或多个独唱的混合，有无伴奏均可*

6.14.2.8.4 单种特定媒介的各种类型作品

对于包含或据称为作曲者单种特定媒介的所有作品的汇编，记录通常用于描述该媒介的惯用总题名。

Brass music

Orchestra music

Piano music

Piano music, 4 hands

Piano music, pianos (2)

String quartet music

Violin, piano music

6.14.2.8.5 单种特定媒介或多种媒介的一种类型作品

对于包含或据称为作曲者一种类型的所有作品的汇编，将该类型的名称作为惯用总题名予以记录。

Concertos

Motion picture music

Musicals

Operas

Polonaises

Quartets

Sonatas

Songs

如果汇编由连续编号的组构成，则在该类型名称后记录起讫编号。

Sonatas, piano, no. 6 –10
所描述资源： Sonates pour piano 6 à 10 / Alexandre Scriabine

Symphonies, no. 1–3
所描述资源： First, Second, and Third symphonies / Ludwig van Beethoven

6.14.2.8.6 不完整汇编

对于 **6.14.2.8.2–6.14.2.8.5** 相应类别所涵盖的不完整汇编，分别应用**6.14.2.4–6.14.2.7** 所列的说明，识别汇编中的各作品。

Renaissance concerto
Salomon Rossi suite
Orpheus and Euridice
所描述资源： Orchestral works / by Lukas Foss

> ***交替规则***
>
> 不记录（或除了记录）汇编中各作品的首选题名，依 **6.14.2.8.2–6.14.2.8.5** 所列的说明，记录惯用总题名，酌情随以 *Selections*（选集）。
>
> Orchestra music. Selections
> *所描述资源：* Orchestral works / by Lukas Foss

6.14.3 音乐作品的变异题名

6.14.3.1 范围

音乐作品的变异题名是指某音乐作品为人所知但与其首选题名不同的题名或题名形式。

6.14.3.2 信息源

变异题名取自体现作品的资源和/或参考源。

6.14.3.3 记录音乐作品的变异题名的一般性规则

应用 **6.2.1** 所列的关于记录作品题名的一般性规则，记录音乐作品的变异题名。

作品发行时所用的、在参考源中引用的或源于题名不同音译形式的题名或题名形式，如果与记录为该作品的首选题名的题名不同，则将其作为作品变异题名予以记录。

> *例外*
>
> 仅当出现在作品的一个载体表现上的题名与作品首选题名有显著不同，且该作品本身有可能以该题名检索时，将该题名作为变异题名予以记录。关于记录出现在载体表现上的正题名和其他题名的说明，见 **2.3**。

如适用，应用 **6.14.3.4–6.14.3.5** 所列的附加特定说明以及本章前述部分所列的其他说明。

6.14.3.4 记录为音乐作品的变异题名的交替语言学形式

如果记录为音乐作品的首选题名的题名有一种或多种交替语言学形式，则将它们作为作品变异题名予以记录。

不同语言形式

Mountain maid
Fille de la montagne
Kind der Berge
记录为首选题名的挪威语形式： Haugtussa

O Christmas tree
O dannenbom
Oh Christmas tree
Oh tree of fir
记录为首选题名的德语形式： O Tannenbaum

Popular Greek melodies
Greek popular melodies
Popular Greek songs
记录为首选题名的法语形式： Mélodies populaires grecques

Stücke
记录为首选题名的英语形式： Pieces

Etüden
Études
Studies
记录为首选题名的波兰语形式： Etiud

不同文字

Золушка
记录为首选题名的俄文音译形式： Zolushka

フロム·ミー·フローズ·ホワット·ユー·コール·タイム
记录为首选题名的英文形式： From me flows what you call time

הוקתה
记录为首选题名的希伯来文音译形式： Hatiḳṿah

不同拼写形式

Amphitrion
记录为首选题名的拼写形式： Amphitryon

Fantasie sonata
Phantasy sonata
记录为首选题名的拼写形式： Fantasy sonata

Partsongs
记录为首选题名的拼写形式： Part-songs

不同音译形式

Khovanchtchina
记录为首选题名的音译形式： Khovanshchina

Hatikva
Hatikvoh
记录为首选题名的音译形式： Hatiḳṿah

6.14.3.5 记录音乐作品的其他变异题名

根据需要记录 **6.14.3.4** 中未涵盖的音乐作品首选题名的其他变体和变异形式。

Songs, airs, duets, and choruses in the masque of King Arthur
首选题名记录为： King Arthur

Salzburg sonata
首选题名记录为： Sonatas

Forellen-Quintett
Quintette de la truite
Trout quintet
Forellenquintett
Trucha
Forellen-kvintet
Quintette “La truite”
Forelių kvintetas
Grand quintuor
首选题名记录为： Quintets

Cinq mélodies populaires grecques

5 mélodies populaires grecques
首选题名记录为： Mélodies populaires grecques

Complete organ works
OEuvres complètes pour orgue
Sämtliche Orgelwerke
首选题名记录为： Organ music

Complete Takemitsu edition
Takemitsu Tōru zenshū
武満徹全集
首选题名记录为： Works

Best of Bach
首选题名记录为： Works. Selections

Selected works for piano
首选题名记录为： Piano music. Selections

6.15 表演媒介

<u>核心元素</u>

当需要对音乐作品与另一题名相同的作品做区分时，表演媒介是核心元素。识别一部无区别性题名的音乐作品时，它也可以是核心元素。

6.15.1 记录表演媒介的基本说明

6.15.1.1 范围

表演媒介是指音乐作品最初构想所用的一个或多个乐器、一个或多个人声等。

6.15.1.2 信息源

关于表演媒介的信息取自任何来源。

6.15.1.3 记录表演媒介

应用 **6.15.1.4–6.15.1.13** 所列的说明，记录具体的表演媒介。按如下顺序记录元素：

a) 人声

b) 键盘乐器，如果有一种以上的非键盘乐器

c) 按总谱顺序的其他乐器

d) 低音部键盘乐器

voices
piano

piano
clarinet
violoncello

violin
piano

flute
bassoon
continuo

如果用特定乐器或人声的分谱有多种，则在该乐器或人声的名称后添加适当的数字，并置于圆括号内，除非已另暗含数字。

flutes (2)
clarinets (2)

viols (5)

对于完全低音部分用 *continuo*（低音部键盘乐器），无论其名为 *basso continuo*、*figured bass*、*thorough bass* 或 *continuo*。

6.15.1.4 一个表演者演奏一个分谱的器乐

对于一个表演者演奏一个分谱的器乐，依 **6.15.1.6** 和 **6.15.1.13** 所列的说明，记录各种乐器。

> ***例外***
>
> 对于多种打击乐器，如果作曲者未在原题名中指明各乐器的名称，则用 *percussion*（打击乐器）。
>
> 如果媒介包括一个低音部键盘乐器，则依 **6.15.1.3** 所列的说明，记录乐器名称。
>
> 如果作品用于一个乐器标准组合，则依 **6.15.1.5** 所列的说明。
>
> 如果媒介包括作为伴同合奏的乐器，则依 **6.15.1.7** 所列的说明，记录伴同合奏的术语。

6.15.1.5 乐器标准组合

当对 **6.14.2.4** 和 **6.14.2.5** 的应用产生的首选题名是 *Trio*、*Trios*（三重奏），*Quartet*、*Quartets*（四重奏），*Quintet* 或 *Quintets*（五重奏）时，对于下列标准的室内音乐组合，记录表格右栏所列的术语。

标准组合	乐器	记录的术语
string trio	violin, viola, violoncello	strings
string quartet	2 violins, viola, violoncello	strings
woodwind quartet	flute, oboe, clarinet, bassoon	woodwinds
wind quintet	flute, oboe, clarinet, horn, bassoon	winds
piano trio	piano, violin, violoncello	piano
		strings
piano quartet	piano, violin, viola, violoncello	piano
		strings
piano quintet	piano, 2 violins, viola, violoncello	piano
		strings

如果对 **6.14.2.4** 和 **6.14.2.5** 的应用产生的首选题名不是 *Trio*、 *Trios*（三重奏），*Quartet*、*Quartets*（四重奏），*Quintet* 或 *Quintets*（五重奏），则记录表格左栏所列的标准组合的术语。

如果对 **6.14.2.4** 和 **6.14.2.5** 的应用产生的首选题名是 *Trio*、*Trios*（三重奏），*Quartet*、*Quartets*（四重奏），*Quintet* 或 *Quintets*（五重奏），且作品是表格中栏所列之外的组合，则记录每一种乐器。

violin
viola
violoncello
double bass
首选题名： Quartets

flute
oboe
saxophone
bassoon
首选题名： Quartets

piano
violin
viola
violoncello
double bass
首选题名： Quintets

flute
clarinets
bassoon
horn
首选题名： Quintets

6.15.1.6 单独一种乐器

当记录单独一种类型的乐器时，尽可能用创建数据的机构首选语言的术语。以下列术语表作为指导。当有两者择一的形式时，应选择一种术语并始终如一使用。

cello *或* violoncello（大提琴）

cor anglais *或* English horn（英国管）

double bass (*不用* bass viol *或* contrabass)（低音提琴）

double bassoon *或* contrabassoon （倍低音管）

harpsichord (*不用* cembalo *或* virginal)（羽管键琴）

horn (*不用* French horn)（圆号）

kettle drums *或* timpani（定音鼓）

viol (*用于除* bass *之外的 各种规格的* viola da gamba)（六弦提琴）

viola da gamba (*不用* bass viol *或* gamba)（古大提琴）

viols (*用于不同规格的* viols)（六弦提琴）

对于键盘乐器，用下列适用的术语。

piano

piano, 4 hands

pianos (2)

pianos (2), 8 hands

organs (2)

6.15.1.6.1 术语的应用

按如下规定应用术语：

a) 对于一种乐器，双手，记录为 *piano*

b) 对于两种乐器，四手，记录为 *pianos (2)*

6.15.1.6.2 省略元素

省略下列元素：

a) 乐器所定的调号

> clarinet
> 不用 clarinet in A

b) 术语 *alto*（女低音）、*tenor*（男高音）、*bass*（男低音）等

> recorder
> 不用 alto recorder
>
> saxophone
> 不用 tenor saxophone

c) 可替代的乐器的名称

6.15.1.7 一个表演者演奏一个分谱的伴同合奏

对于一个表演者演奏一个分谱的伴同合奏，记录乐器或乐器族适用的术语，其后随以 *ensemble*（合奏）。

> guitar ensemble
>
> string ensemble
>
> percussion ensemble

当一个表演者演奏一个分谱的伴同合奏由两种或两种以上的乐器族的乐器组成时，如果没有可用的更专指的术语，则记录为 *instrumental ensemble*（乐器合奏）。

6.15.1.8 管弦乐队、弦乐队或管乐队的器乐

对于管弦乐队、弦乐队或管乐队的器乐，记录下列适用的术语。

Orchestra （管弦乐队）

string orchestra （弦乐队）

band（管乐队）

完整的或简化的管弦乐队均记录为 *orchestra*（管弦乐队）。

当低音部键盘乐器是管弦乐队或弦乐队的一部分时，不予考虑。

6.15.1.9 一种或多种独奏乐器和伴同合奏

用于一种或多种独奏乐器和伴同合奏的作品，按其顺序记录一种或多种独奏乐器的术语和伴同合奏的术语。对于独奏乐器，应用 **6.15.1.4**、**6.15.1.6** 和 **6.15.1.13** 所列的说明。对于伴同合奏，应用 **6.15.1.7–6.15.1.8** 所列的说明。

violin
orchestra
所描述资源： Rhapsody for solo violin and orchestra / Mary Jeanne van Appledorn。
首选题名： Rhapsodies

piano
orchestra
所描述资源： Concierto no. 1 para piano y orquesta : Atlántico / Zulema de la Cruz。
首选题名： Concertos

harpsichord
instrumental ensemble
所描述资源： Concerto pour clavecin et ensemble instrumental / Jean Françaix。
首选题名： Concertos

piano trio
orchestra
所描述资源： Konzert für Klavier, Violine, Violoncello und Orchester C-Dur op. 56 : Tripelkonzert / Ludwig van Beethoven。*首选题名：* Concertos

woodwind quartet
string orchestra
所描述资源： Quadruple concerto : pour flûte, hautbois, clarinette et basson avec accompagnement d'orchestre / Jean Françaix。*首选题名：* Concertos

pianos (2)
string orchestra
所描述资源： Divertimento for string orchestra and two pianos / by Ulric Cole。
首选题名： Divertimenti

violin
viola
orchestra
所描述资源： Sinfonie concertanto in E♭ a violino e viola principale, 2 violini, 2 viole, 2 oboe, 2 corni, violoncello, e basso / di Amadeo Wolfgango Mozart。*首选题名：* Sinfonie concertanti

6.15.1.10 独唱

用下表所列适用的术语，记录独唱类型的名称。

Soprano （女高音）

mezzo-soprano （女中音）

alto （女低音）

tenor （男高音）

baritone （男中音）

bass（男低音）

sopranos (2)
alto
orchestra
所描述资源：Stabat Mater : in G minor : for 2 sopranos, alto, 2 violins & basso continuo / Girolamo Abos ; edited by Alejandro Garri ; assisted by Kent Carlson。*首选题名*：Stabat Mater

soprano
piano
所描述资源：Dos canciones para soprano y piano / Federico Ibarra。*首选题名*：Canciones

酌情记录其他术语［例如，*high voice*（高音），*countertenor*（男声最高音）］。

对于两种或多种不同音域的独唱，如果不能确定特定的声音类型或音域，则记录下列适用的术语。

mixed solo voices（混合独唱）

men’s solo voices（男声独唱）

women’s solo voices（女声独唱）

酌情记录其他术语［例如，*children’s solo voices*（儿童独唱）］。

对于包含有独唱和合唱的乐曲，则仅记录适用于合唱（见 **6.15.1.11**）和伴奏的术语，如果有的话。

6.15.1.11 合唱

对于合唱，记录下列适用的术语。

mixed voices（混合声）

men’s voices（男声）

women’s voices（女声）

unison voices（齐唱）

酌情记录其他术语［例如，*children’s voices*（童声）］。

6.15.1.12 歌曲、抒情曲等的伴奏

如果作品（非“流行”风格）首选题名仅由独唱乐曲［例如，*Lieder*（抒情曲）、*Mélodie*（艺术曲）、*Songs*（歌曲）］的一种、两种或两种以上类型的名称组成，且人声是由键盘弦乐乐器单独伴奏之外的任何乐器伴奏的，则记录伴奏乐器或合奏的名称，其后随以词汇 *accompaniment*（伴奏）。

guitar accompaniment
所描述资源：Music for voice & guitar : a collected edition / Fernando Sor ; edited and engraved by Jan de Kloe, with historical notes by Matanya Ophee。*首选题名*：Songs

unaccompanied
所描述资源：40 vocalises / Sharon Bennett。*首选题名*：Vocalises

percussion accompaniment
所描述资源：Zwei Lieder for soprano and percussion, 1993 / Micha Hamel ; text, Paul Celan。*首选题名*：Lieder

clarinet, viola accompaniment
所描述资源：Three songs for voice, clarinet, and viola, (1996) (texts by Sir James Frazer from Ovid’s “Fasti”) / Alexander Goehr。*首选题名*：Songs

6.15.1.13 不明确的表演媒介

如果特定的表演媒介或其任何一部分在资源或其他来源中均未说明，则依 **6.15.1.13.1–6.15.1.13.5** 所列的说明（按优先顺序），记录表演媒介的该部分。

6.15.1.13.1 一种乐器族、集合术语等

如果乐器族或人声（见 **6.15.1.10**）或其他媒介的集合术语由作曲者指明或可从任何其他来源获得，则记录族名、集合术语等。

> accordion
> plucked instrument
> violin
> *所描述资源：* Trio pour accordéon de concert, violon et instrument à cordes pincées / Alain Abbott。
> *首选题名：* Trio
>
> voice
> chordal instrument
> *所描述资源：* Tierkreis : für Mezzosopran oder Alt oder tiefen Tenor und Akkordinstrument : (1975/77) : Werk Nr. 41 4/5 = Zodiac = Zodiaque / Stockhausen。*首选题名：* Tierkreis
>
> bass instrument
> keyboard instrument
> *所描述资源：* Early American hymns : for bass instrument and keyboard / Eleanor Whitsett。
> *首选题名：* Early American hymns

6.15.1.13.2 乐器或人声的音域或一般类型

如果乐器或人声的音域或一般类型由作曲者指明或可从任何其他来源获得，则记录音域或类型。

> low instrument
> orchestra
> *所描述资源：* Concerto Es-Dur für Posaune (Viola da gamba-Fagott), 2 Hörner ad libitum, 2 Violinen und Basso continuo / Johann Zach ; herausgegeben von Hans Oskar Koch。*首选题名：* Concertos。*用于长号、 古大提琴、低音管和管弦乐队或弦乐队*
>
> treble instrument
> organ
> *所描述资源：* Eight chorale preludes for treble instrument and organ / by Randall Sensmeier。
> *首选题名：* Chorale preludes
>
> melody instrument
> piano
> *所描述资源：* Suite für ein Melodieinstrument (Violine, Querflöte, Oboe, Viola, Klarinette (B), Saxophon (B), Trompete (B), Englischhorn (F), Horn (F), Violoncello oder Fagott) und Klavier / Hans-Walter Slembeck。*首选题名：* Suites
>
> male voice
> trombone
> *首选题名：* Pieces

6.15.1.13.3 未指明某些乐器等

如果媒介的某些部分由作曲者指明，或可从任何其他来源获得，而其他部分未指明媒介或者用 *unspecified*

（未指定）或相似术语表示，则依 **6.15.1.4–6.15.1.12** 所列的说明，记录媒介的各部分，也可酌情用 *unspecified*（未指定）或相似术语。

> unspecified instrument
> piano
> *所描述资源：* Three carols for piano and solo instrument / David Moore。*首选题名：* Carols

6.15.1.13.4 部分或人声的数量

如果作曲者未指明表演媒介，从任何其他来源也无从确定，且由同一作曲者创作的两部或多部此类作品有相同的首选题名，则记录部分或人声的数量。用 *voices*（人声）标识人声和器乐的部分。

> voices (3)
> *所描述资源：* Canzonets, or, Little short songs to three voyces / published by Thomas Morley。
> *首选题名：* Canzonets
>
> voices (5–6)
> *所描述资源：* Canzonets, or, Little short aers to five and sixe voices / by Thomas Morley。
> *首选题名：* Canzonets
>
> voices (4)
> *所描述资源：* Fourteen canzonas for four instruments / Claudio Merulo。*首选题名：* Canzonas
>
> voices (5–6)
> *所描述资源：* Fourteen canzonas for four instruments / Claudio Merulo。*首选题名：* Canzonas
>
> voices (5–6)
> *所描述资源：* Madrigals of 5 and 6 parts, apt for the viols and voices / made & published by Thomas Weelkes。*首选题名：* Madrigals

6.15.1.13.5 未指明媒介

如果作曲者未指明表演媒介，且从任何其他来源也无从确定，则记录 *unspecified*（未指定）。

6.16 音乐作品的数字标识

<u>核心元素</u>

当需要对音乐作品与另一题名相同的作品做区分时，数字标识是核心元素。当识别一部无区别性题名的音乐作品时，它也可以是核心元素。

6.16.1 记录音乐作品数字标识的基本说明

6.16.1.1 范围

音乐作品的数字标识是指由作曲者、出版者或音乐学者赋予音乐作品的系列号、作品号或主题索引号。

6.16.1.2 信息源

关于音乐作品数字标识的信息取自任何来源。

6.16.1.3 记录音乐作品的数字标识

如果易于确定，下列音乐作品的数字标识都可予以记录。依附录 B(B.5.4)所列的说明，使用缩写。

6.16.1.3.1 系列号

如果具有相同题名和相同表演媒介的多部作品在音乐参考源中被连续编号，则记录该编号。

no. 2
所描述资源： String quartet no. 2 / Eleanor Cory。*首选题名：* Quartets; *表演媒介：* strings

no. 5
所描述资源： Fifth symphony for orchestra / by Arnold Bax。*首选题名：* Symphonies

对于连续编号系列内的各部作品，如果在获取其数字标识的来源中，不同作品有不同的数字标识形式，或有不同的指引编号的词，则选择其中一种形式作为系列内所有作品的数字标识。

1st book
所描述资源： The first set of songs : in four parts / composed by John Dowland ; scored from the first edition, printed in the year 1597, and preceded by a life of the composer by W. Chappell

2nd book
所描述资源： Second book of songs (1600) / John Dowland ; edited by Edmund H. Fellows ; revised by Thurston Dart

1o libro
所描述资源： Il primo libro de ricercari da cantare : a quattro voci / di Claudio Merulo da Correggio

3o libro
所描述资源： Ricercari da cantare : a quattro voci : libro terzo / di Claudio Merulo

6.16.1.3.2 作品号

如果有作品号，应予以记录；如果作品内有编号，也应记录。

op. 114
所描述资源： Quintett in A für Klavier, Violine, Viola, Violoncello und Kontrabass D 667 (op. post. 114) : Forellen-Quintett = Quintet in A major for piano, violin, viola, violoncello, and double bass : the trout quintet / Franz Schubert ; herausgegeben von Arnold Feil。*首选题名：* Quintets; *表演媒介：* piano, violin, viola, violoncello, double bass

op. 2, no. 1
所描述资源： Piano sonata no. 1 in F minor, op. 2, no. 1 / Beethoven。*首选题名：* Sonatas; *表演媒介：* piano; *系列号 :* no. 1

op. 2, no. 2
所描述资源： Piano sonata no. 2 in A major, op. 2, no. 2 / Beethoven。*首选题名：* Sonatas; *表演媒介：* piano; *系列号：* no. 2

在有相同题名和媒介的作品中，如果作品编号有冲突，或者，作曲者作品的所有作品编号相混淆并有冲突，则为作品号添加最初选择此号的出版者名称，并置于圆括号内。

> **op. 20 (Bland)**
> *Giuseppe Maria Cambini 所作的* Duets *的作品首选题名；表演媒介:* flute, violin
>
> **op. 20 (LeDuc)**
> *Giuseppe Maria Cambini 所作的* Duets *的作品首选题名；表演媒介:* flute, violin

6.16.1.3.3 主题索引号

对于某些作曲者，记录在公认的主题索引中分配给作品的编号。编号前置以音乐学者名称的首字母(例如，K. 453 [1])或一个普遍接受的缩写 (例如, BWV 232)。

> D. 667
> *所描述资源:* Quintett in A für Klavier, Violine, Viola, Violoncello und Kontrabass D 667 (op. post. 114) : Forellen-Quintett = Quintet in A major for piano, violin, viola, violoncello, and double bass : the trout quintet / Franz Schubert ; herausgegeben von Arnold Feil。*首选题名:* Quintets; *表演媒介:* piano, violin, viola, violoncello, double bass

1. Ludwig Köchel, *Chronologisch-thematisches Verzeichnis samtlicher Tonwerke Wolfgang Amadé Mozart s, 8., unveränderte Aufl. (Wiesbaden: Breitkopf & Härtel, 1983, ©1964)*

6.17 调

核心元素

当需要对音乐作品与另一题名相同的作品做区分时，调是核心元素。在识别一部无区别性题名的音乐作品时，它也可以是核心元素。

6.17.1 记录调的基本说明

6.17.1.1 范围

调 是指一组音高之间的关系，它奠定了音乐作品的声调中心或基调中心。当是大调或小调时，调是按照其定音名称和调式设定的。

6.17.1.2 信息源

关于调的信息取自任何来源。

6.17.1.3 记录调

如果适用下列一种或多种情况，则记录调：

a) 在参考源中公认的

b) 在作曲者原题名或第一个载体表现的正题名中出现的

c) 在所描述资源中出现的（除非已知在资源中被变调）

> C minor
> *所描述资源:* Trio c-Moll Opus 66 für Violine, Violoncello und Klavier / Felix Mendelssohn Bartholdy

D major
所描述资源： Symphony no. 93, in D major / Haydn

A major
所描述资源： Scherzo in A for pianoforte / Franz Reizenstein

B♭
所描述资源： Symphony in B flat for concert band / Paul Hindemith

F♯ minor
所描述资源： Sinfonie für Orgel solo fis-Moll, op. 143 = Symphony for organ solo in F sharp minor / Sigfrid Karg-Elert

6.18 音乐作品内容表达的其他区别特征

核心元素

当需要与同一作品的另一内容表达做区分时，内容表达的其他区别特征是核心元素。

6.18.1 记录音乐作品内容表达的其他区别特征的基本说明

6.18.1.1 范围

音乐作品内容表达的其他区别特征 是指用以将音乐作品的一个内容表达与同一作品的另一内容表达相区分的特征（例如，改编、草稿、声乐缩编谱）。

6.18.1.2 信息源

关于音乐作品内容表达的其他区别特征的信息取自任何来源。

6.18.1.3 记录音乐作品内容表达的其他区别特征

如适用，依 **6.18.1.4–6.18.1.6** 所列 的说明，记录音乐作品内容表达的其他区别特征。

6.18.1.4 改编、改写等

一个作曲者的一部或多部作品（或一个作曲者作品的组成部分）的改编、改写等，如果属于下列一种或多种类别，则应用下列说明：

a) 改编、改写、版本、谱曲等，在它们当中一种表演媒介的音乐被改写用于另一种表演媒介

b) 已有音乐作品的简写本

如果内容表达是作品或作品的一个或多个组成部分的一种改编等，而作品广义地说属于“严肃” “古典”或“艺术”音乐的范畴，则记录为 *arranged*（改编）。本说明也用于原作曲者对作品的改写。

6.18.1.4.1 “流行”风格的改编等

如果改编等是作品或作品的一个或多个组成部分的改编，而作品广义地说属于“流行”风格音乐的范畴（例如，摇滚乐、爵士乐），则仅内容表达属于下列情况之一，才记录为 *arranged*（改编）：

a) 改编为用于声乐或合唱表演的器乐作品

或

b) 改编为用于器乐表演的声乐作品

6.18.1.5 草稿

如果内容表达包含作曲者的一种或多种音乐作品的草稿，则记录为 *Sketches*（草稿）。

6.18.1.6 声乐缩编谱和合唱总谱

如果内容表达是声乐缩编谱或合唱总谱，如适用，记录 *Vocal score*、*Vocal scores*（声乐缩编谱），*Chorus score* 或 *Chorus scores*（合唱总谱）。

6.19 法律作品的题名

<u>核心元素</u>

作品首选题名是核心元素。作品变异题名是可选择的。

6.19.1 记录法律作品的题名的基本说明

6.19.1.1 范围

法律作品的题名是指某法律作品为人所知的一个词、字符或一组词和/或字符。

为识别法律作品，法律题名分类如下：

a) 法律作品的首选题名（见 **6.19.2**）

b) 法律作品的变异题名（见 **6.19.3**）

6.19.1.2 信息源

法律作品的题名取自任何来源。

关于作品首选题名信息源的附加规则，见 **6.19.2.2**。

6.19.1.3 记录法律作品的题名的一般性规则

当记录法律作品的题名时，应用 **6.2.1** 所列的关于大写、数字、重音符号等规则。当这些规则涉及附录时，如适用，应用附录所列的附加说明。

6.19.2 法律作品的首选题名

<u>核心元素</u>

6.19.2.1 范围

法律作品的首选题名是指被选作代表某法律作品的规范检索点的基础部分的题名或题名形式。

6.19.2.2 信息源

对于 1500 年以后创作的法律作品，从体现作品的资源或参考源中确定用作作品首选题名的题名。

对于 1501 年以前创作的法律作品，从现代参考源中确定用作作品首选题名的题名。如果现代参考源的证据无说服力，则用（按如下优先顺序）：

a) 现代版本

b) 早期版本

c) 手稿副本

6.19.2.3 选择法律作品的首选题名

应用 **6.2.2.3– 6.2.2.7** 所列的说明，选择法律作品的首选题名。

> *例外*
>
> ***法律等。*** 对于法律等，应用 **6.19.2.5– 6.19.2.6** 所列的说明。
>
> ***条约等。*** 对于条约等，应用 **6.19.2.7–6.19.2.8** 所列的说明。

<u>记录首选题名</u>

6.19.2.4 记录法律作品的首选题名

记录被选作法律作品的首选题名的题名时，应用 **6.2.1** 所列的关于记录作品题名的基本说明。

> *例外*
>
> ***法律等。*** 对于法律等，应用 **6.19.2.5–6.19.2.6** 所列的说明。
>
> ***条约等。*** 对于条约等，应用 **6.19.2.7–6.19.2.8** 所列的说明。

6.19.2.5 现代法律等

如适用，依 **6.19.2.5.1**（汇编）或 **6.19.2.5.2**（单一法律等）所列的说明，构成一部或多部法律的首选题名。

6.19.2.5.1 汇编

对于一个行政管辖区的全部或部分的立法性法规的汇编，将 *Laws, etc.*（法律等）记录为惯用总题名，特定主题的汇编除外。

如果特定主题的法律汇编有一个引用题名，则将该题名作为首选题名予以记录。否则，应用 **6.2.2.3 – 6.2.2.8** 所列的说明。

> Labor Code
> *所描述资源：* California Labor Code。*引用题名：* Labor Code
>
> Licensing acts
> *所描述资源* : Paterson's licensing acts

6.19.2.5.2 单一法律等

对于单一的立法性法规，应记录（按如下优先顺序）：

a) 官方的简略题名或引用题名

b) 法律文献中非官方的简略题名或引用题名

c) 法规的官方题名

d) 任何其他官方标识（例如，编号、日期）

Football (Disorder) Act 2000
引用题名包括制定日期

Copyright Act 1994
引用题名包括制定日期

Canada Corporations Act

Downtown Winnipeg Zoning By-law

Act to Direct the Secretary of the Interior to Study the Suitability and Feasibility of Designating the Waco Mammoth Site Area in Waco, Texas, as a Unit of the National Park System, and for Other Purposes

Code de justice administrative

Ley no. 20.744

Legge 27 maggio 1998, n. 165

6.19.2.6 古代法律、某些中世纪法律、习惯法等

如适用，依 **6.2.2.4– 6.2.2.5** 所列的说明，记录以一个名称识别的古代法律、中世纪法律或习惯法的汇编的首选题名，或者单一的古代法律、中世纪法律或习惯法的首选题名。

Lex Salica
所描述资源： Lex Salica : the ten texts

Code of Hammurabi
所描述资源： The oldest code of laws in the world : the code of laws promulgated by Hammurabi, King of Babylon

6.19.2.7 一个条约等

对于下列两方或多方间的一个条约或其他协定，将 *Treaties, etc*（条约等）作为首选题名予以记录。

a) 国家级政府

b) 国际政府间团体

c) 罗马教廷

d) 目前是国家级以下的行政管辖区，但保留签约的权力

例外

如果条约是多边的，且首位签约方不能确定，则将条约为人所知的名称作为首选题名予以记录。

Agreement Establishing the World Trade Organization
签署方既未在正文中列出，也未见于已查询的参考源

6.19.2.8 条约等的汇编

对于一边一方和另一边一方或多方间的条约和/或其他协定的汇编，将 *Treaties, etc.*（条约等）作为首选题名予以记录。

如果条约等的汇编以一个集合名称识别，则将该名称作为首选题名予以记录。关于汇编内的单个条约等，

见 6.19.2.7。

Treaty of Utrecht
签署于 1713 年至 1715 年间的一组条约的集合名称

6.19.3 法律作品的变异题名

6.19.3.1 范围

法律作品的变异题名是指某法律作品为人所知但与其首选题名不同的题名或题名形式。

6.19.3.2 信息源

法律作品的变异题名取自体现作品的资源和/或参考源。

6.19.3.3 记录法律作品的变异题名的一般性规则

记录法律作品的变异题名时，应用 **6.2.1** 所列的关于记录作品题名的一般性规则。

作品发行时所用的、在参考源中引用的或源于题名不同音译形式的题名或题名形式，如果与记录为该作品的首选题名的题名不同，则将其作为作品变异题名予以记录。

> ***例外***
>
> 仅当出现在作品的一个载体表现上的题名与作品首选题名有显著不同，且该作品本身有可能以该题名检索时，将该题名作为变异题名予以记录。关于记录出现在载体表现上的正题名和其他题名的说明，见 **2.3**。

如适用，应用 **6.19.3.4–6.19.3.6** 所列的附加特定说明以及本章前述部分所列的其他说明。

6.19.3.4 记录为法律作品的变异题名的交替语言学形式

如果记录为法律作品的首选题名的题名有一种或多种交替语言学形式，则将它们作为作品变异题名予以记录。

不同语言形式

Loi sur les espèces en péril
首选题名记录为： Species at Risk Act

Constitution of Japan
首选题名记录为： Nihonkoku kenpō

Freden i Utrecht
Friede von Utrecht
Perjanjian Utrecht
Sporazum u Utrehtu
Tractat d'Utrecht
Traités d'Utrecht
Tratado de Utrecht
Trattato di Utrecht
Utrechto sutartis
Vrede van Utrecht

Yutorehito jōyaku
首选题名记录为： Treaty of Utrecht

不同文字

Αστικος κωδιξ
记录为首选题名的希腊文音译形式： Astikos kōdix

公司法
记录为首选题名的中文音译形式： Gong si fa

قانون بيمه
记录为首选题名的波斯文音译形式： Qānūn-i bīmah

日本国憲法
记录为首选题名的日文音译形式： Nihonkoku kenpō

不同拼写形式

Successful judgement collections in Oklahoma
首选题名记录为： Successful judgment collections in Oklahoma

Industrial Coordination Act, 1975
首选题名记录为： Industrial Co-ordination Act, 1975

Trademarks Ordinance
首选题名记录为： Trade Marks Ordinance

不同音译形式

Kung ssu fa
首选题名记录为： Gong si fa

Nihonkoku kempō
首选题名记录为： Nihonkoku kenpō

6.19.3.5 记录法律作品的其他变异题名

根据需要记录 **6.14.3.4** 中未涵盖的首选题名的其他变体和变异形式。

West's Alaska civil procedure
Code of civil procedure
首选题名记录为： Alaska civil procedure law

By-law No. 100/2004
By-law of the City of Winnipeg to Control and Regulate the Use of Real Property and Development in Downtown Winnipeg
首选题名记录为： Downtown Winnipeg Zoning By-law

Act No. 37 of 1953
Act to Amend the Law Relating to the Property Rights of Spouses, to Orders for

Maintenance, to the Guardianship and Custody of Minors, and to Divorce
首选题名记录为： Matrimonial Affairs Act 1953

Philippine Anti-Terrorism Law
Anti-Terrorism Law
首选题名记录为： Human Security Act of 2007

Native American One Dollar Coin Act
Act to Require the Secretary of the Treasury to Mint and Issue Coins in Commemoration of Native Americans and the Important Contributions Made by Indian Tribes and Individual Native Americans to the Development of the United States and the History of the United States, and for Other Purposes
Public Law 110-82
首选题名记录为： Native American $1 Coin Act

StPO
首选题名记录为： Strafprozessordnung

L. 27 maggio 1998, n. 165
首选题名记录为： Legge 27 maggio 1998, n. 165

Marrakesh Agreement Establishing the World Trade Organization
首选题名记录为： Agreement Establishing the World Trade Organization

North American Free Trade Agreement
NAFTA
Tratado Trilateral de Libre Comercio
TTLC
Tratado de Libre Comercio en América del Norte
TLCAN
Accord de libre-échange nord-américain
ALENA
首选题名记录为： Treaties, etc.

6.19.3.6 惯用总题名

当惯用总题名作为法律作品汇编的首选题名时（见 **6.19.2.5.1** 和 **6.19.2.8**），将所描述资源的正题名或发现于参考源的题名作为变异题名予以记录，除非所描述资源的正题名（任何交替题名除外）或发现于参考源的题名与惯用总题名相同或很相似。

Acts of the Parliament of the Commonwealth of Australia
首选题名记录为： Laws, etc.

Revised ordinances of Newton, Massachusetts, 2001
首选题名记录为： Laws, etc.

Bermuda laws online
首选题名记录为： Laws, etc..

Acordos e convenções internacionais em matéria de imposto de renda
Acordos internacionais de previdência social
Tratados ratificados pelo Brasil
首选题名记录为： Treaties, etc.

Australian treaty series
首选题名记录为： Treaties, etc.

6.20 法律作品的日期

核心元素

作品日期是识别条约的核心元素。当需要与另一题名相同的作品，或与一个个人、家族或团体的名称做区分时，作品日期也是核心元素。

6.20.1 记录法律作品的日期的基本说明

6.20.1.1 范围

法律作品的日期是指与法律作品相联系的最早日期。

6.20.1.2 信息源

关于法律作品的日期的信息取自任何来源。

6.20.1.3 记录法律作品的日期

用创建数据的机构首选的历法记录日期。关于用公历记录日期的细节，见附录 H。

6.20.2 法律等的颁布日期

核心元素

当需要与另一题名相同的作品，或与一个个人、家族或团体名称做区分时，作品日期是核心元素。

6.20.2.1 范围

法律等的颁布日期是指法律等颁布或生效的年份。

6.20.2.2 信息源

关于法律等的颁布日期的信息取自任何来源。

6.20.2.3 记录法律等的颁布时间

应用 **6.20.1** 所列的基本说明，记录法律等的颁布年份。

> 1998
> Code pénal : mis à jour au 30 juin 1998 = Fehezandalana famaizanad *的颁布年份*
>
> 2005
> Code pénal : mis à jour au 31 mars 2005 = Fehezandalana famaizana *的颁布年份*

应用 **5.8** 所列的说明，指示获取日期的来源。

6.20.3 条约等的签署日期

<u>核心元素</u>

6.20.3.1 范围

条约等的签署日期是指条约等或条约议定书等的正式签署日期。

6.20.3.2 信息源

关于条约等的签署日期的信息取自任何来源。

6.20.3.3 记录条约等的签署日期

应用 **6.20.1** 所列的基本说明，记录条约等或条约议定书等的签署日期。尽可能按如下顺序完整记录日期：年、月（用名称表示）、日（用数字表示）。

> 1978 December 18
> *澳大利亚和巴布亚新几内亚之间一部条约的签署日期*
>
> 1948 March 25
> *Corporación de Fomento de la Producción (Chile)和 World Bank（世界银行）之间一个协定的签署日期*
>
> 1783 September 3
> *法国和英国之间一部条约的签署日期*
>
> 1713
> *Treaty of Utrecht 的签署年*
>
> 1994 April 15
> *建立 World Trade Organization（世界贸易组织）协定的签署日期*

应用 **5.8** 所列的说明，指示获取日期的来源。

6.21 法律作品的其他区别特征

<u>核心元素</u>

当需要与另一题名相同的作品，或与一个个人、家族或团体的名称做区分时，作品的其他区别特征是核心元素。

6.21.1 记录法律作品的其他区别特征的基本说明

6.21.1.1 范围

法律作品的其他区别特征是指除作品形式、作品日期，或作品原创地之外，用以将一部法律作品与具有相同题名的另一部作品，或者与一个个人、家族或团体的名称相区分的特征。

6.21.1.2 信息源

关于法律作品的其他区别特征的信息取自任何来源。

6.21.1.3 记录法律作品的其他区别特征

单独编目的、附属于条约等的议定书、修正案、延期协议或其他协定，记录为 *Protocols, etc.*（议定书等）。

对于其他法律作品，应用 **6.6** 所列的一般性说明，记录作品的其他区别特征。

6.22 条约等的签署方

<u>核心元素</u>

当需要与另一题名相同的作品，或与一个个人、家族或团体的名称做区分时，条约等的签署方是核心元素。识别双边条约等时，条约等的签署方也是核心元素。

6.22.1 记录条约等的签署方的基本说明

6.22.1.1 范围

条约等的签署方是指已正式签署条约等，并依附于其条款和条件的政府或其他方。

6.22.1.2 信息源

关于条约等的签署方的信息取自任何来源。

6.22.1.3 记录条约等的签署方

依 **11.2.2** 中所规定的形式，记录条约等的签署方的名称。

> Australia
> Papua New Guinea
> *Signatories to a treaty signed on 1978 December 18*
> *1978 年 12 月 18 日所签条约的签署方*
>
> Australia
> New Zealand
> United States
> *Signatories to a treaty signed on 1951 September 1*
> *1951 年 9 月 1 日所签条约的签署方*
>
> Corporación de Fomento de la Producción (Chile)
> World Bank
> *Signatories to an agreement signed on 1948 March 25*
> *1948 年 3 月 25 日所签协议的签署方*
>
> Catholic Church
> Baden (Germany)
> *Signatories to a concordat signed on 1932 October 12*
> *1932 年 10 月 12 日所签宗派间协约的签署方*
>
> United States
> Canada
> Japan
> *Signatories to a protocol signed on 1978 April 25*
> *1978 年 4 月 25 日所签议定书的签署方*

6.23 宗教作品的题名

<u>核心元素</u>

作品首选题名是核心元素，作品变异题名是可选择的。

6.23.1 记录宗教作品的题名的基本说明

6.23.1.1 范围

宗教作品的题名是指某宗教作品为人所知的一个词、字符或一组词和/或字符。

为识别宗教作品，作品题名分类如下：

a) 宗教作品的首选题名（见 **6.23.2**）

b) 宗教作品的变异题名（见 **6.23.3**）

6.23.1.2 信息源

宗教作品的题名取自任何来源。

关于作品首选题名的信息源的附加规则，见 **6.23.2.2**。

6.23.1.3 记录宗教作品的题名的一般性规则

当记录宗教作品的题名时，应用 **6.2.1** 所列的关于大写、数字、重音等的规则。当这些规则涉及附录时，如适用，应用附录所列的附加说明。

6.23.2 宗教作品的首选题名

<u>核心元素</u>

6.23.2.1 范围

宗教作品的首选题名是指被选作代表某宗教作品的规范检索点的基础部分的题名或题名形式。

6.23.2.2 信息源

确定用作宗教作品首选题名的题名，应用 **6.23.2.5– 6.23.2.8** 所列的适用于作品类型的说明。

对于其他类型的宗教作品，应用 **6.2.2.2** 所列的一般性规则。

6.23.2.3 选择首选题名

应用 **6.23.2.5**（宗教经典）、**6.23.2.6**（经外书）、**6.23.2.7**（神学教义、宗教忏悔等）和 **6.23.2.8**（礼拜仪式作品）所列的说明，选择宗教作品的首选题名。

对于其他类型的宗教作品，应用 **6.2.2.3– 6.2.2.7** 所列的一般性规则。

6.23.2.4 记录首选题名

应用 **6.2.1** 所列的关于记录作品题名的一般性规则，记录宗教作品被选作首选题名的题名。

对于各宗教经典的组成部分，应用 **6.23.2.9**（《圣经》的组成部分）、**6.23.2.10**（《塔木德》的组成部分）、**6.23.2.11**（《密释纳》和《托塞夫塔》的组成部分）、**6.23.2.12**（《米德拉西》）、**6.23.2.13**（佛教经典的组成部分）、**6.23.2.14**（《吠陀经》的组成部分）、**6.23.2.15**（《森林书》《婆罗门书》和《奥义书》的组成部分）、**6.23.2.16**（《耆那教圣典》的组成部分）、**6.23.2.17**（《波斯古经》的组成部分）、**6.23.2.18**（《古兰经》的组成部分）和 **6.23.2.19**（其他宗教经典的组成部分）所列的说明，记录首选题名。

对于礼拜仪式作品，应用 **6.23.2.20** 所列的说明，记录首选题名。

<u>**选择首选题名**</u>

6.23.2.5 宗教经典

选择用创建数据的机构首选的语言，且与经典所属宗教团体有关的参考源中最熟知的题名作为宗教经典的首选题名。如果无法获取此类参考源，则用一般参考源。

Avesta

Bible

Holy Piby

Kitāb al-aqdas

Qur'an

Talmud

Tripiṭaka

6.23.2.6 经外书

选择用创建数据的机构首选的语言的来源中常见的题名作为经外书（即，既未包括在天主教正经，也未包括在新教外传中的经外书）的首选题名。

Book of Jubilees

Epistola Apostolorum

Gospel according to the Hebrews

关于经外书的汇编，应用 **6.2.2.9.2** 所列的说明。

6.23.2.7 神学教义、宗教忏悔等

对于被一个或多个教派团体接受的神学教义、宗教忏悔等，如果有用创建数据的机构首选语言既定的题名，则选择该题名作为首选题名。否则，用原文语言的题名。

Augsburg Confession

Westminster Confession of Faith

Apostles' Creed

Nicene Creed

Ani ma'amin

Shema

Shahada

6.23.2.8 礼拜仪式作品

如果用于构建代表礼拜仪式作品的规范检索点的团体名称是用创建数据的机构首选的语言给出，且有该语言既定的题名时，则选择该题名作为作品首选题名。

Book of common prayer
所描述资源： The book of common prayer, and administration of the sacraments and other rites and ceremonies of the church, according to the use of the Church of England

例外

早期天主教礼拜仪式作品。 如果在 Council of Trent（特伦托会议）（1545–1563）之前汇编的天主教礼拜仪式作品在一部特伦托时期的作品中有一个极为相似的对应部分，则用特伦托时期的题名。

Missal
所描述资源： Missale ad vsum insignis Ecclesie Sarum 1527

如果此类作品在特伦托时期的礼拜仪式作品中没有极为相似的对应部分，或有疑问，则用参考源中用以识别该作品的题名。

Ordo Romanus primus
所描述资源： Ordo Romanus primus。 *早期作品。与后来的作品* Ordo divini officii *不同*

近期天主教礼拜仪式作品。 特伦托时期文本的题名不适用于那些梵蒂冈第二届大公会议以后在语言和内容上都不同的文本。有此类变动的地方，用所描述资源的各自题名作为首选题名。

Liturgy of the hours for the Order of the Holy Cross
所描述资源： The liturgy of the hours for the Order of the Holy Cross. — Onamia, Minnesota : Crosier Monastery, 1982

Proper of The liturgy of the hours of the Order of the Brothers of the Blessed Virgin Mary of Mount Carmel
所描述资源： Proper of The liturgy of the hours of the Order of the Brothers of the Blessed Virgin Mary of Mount Carmel. — Rome : Institutum Carmelitanum, 1987

犹太教礼拜仪式作品。 用在《犹太百科全书》（*Encyclopaedia Judaica*）所见的犹太教礼拜仪式作品的题名作为首选题名。

Amidah

Haggadah

Maḥzor

如果无此类题名，或团体名称并非用机构的首选语言表示，则选择礼拜仪式所用语言的简短题名。

关于对基督教会的拉丁和东正教礼拜仪式作品的题名的进一步指导，可查询下列参考源：

Donald Attwater, *A Catholic Dictionary*, 3rd ed. (New York: Macmillan, 1958).

Fernand Cabrol, *Dictionnaire d'archéologie chrétienne et de liturgie* (Paris: Letouzey et Ané, 1907–1953).

International Federation of Library Associations and Institutions, Working Group on Uniform Headings of Liturgical Works, *List of Uniform Titles for Liturgical Works of the Latin Rites of the Catholic Church*, 2nd ed., rev. (London: IFLA International Office for UBC, 1981).

Oliver L. Kapsner, *A Manual of Cataloguing Practice for Catholic Author and Title Entries: Being Supplementary Aids to the A.L.A. and Vatican Library Cataloging Rules* (Washington: Catholic University of American Press, 1953).

New Catholic Encyclopedia, prepared by an editorial staff at the Catholic University of America (New York: McGraw-Hill, 1967–1979).

Euchologion
所描述资源: Euchologion to mega periechon tas tōn epta mystēriōn akolouthias。
团体名称: Orthodox Eastern Church

Handbok
所描述资源: Den svenska kyrkohandboken。*团体名称:* Svenska kyrkan

Slūzhēbnik
所描述资源: Služebnik。*团体名称:* Srpska pravoslavna crkva; *文本用古教会斯拉夫语*

记录宗教经典组成部分的首选题名

6.23.2.9 《圣经》的组成部分

如适用，依 **6.23.2.9.1 – 6.23.2.9.7** 所列的说明，记录《圣经》的组成部分的首选题名。

6.23.2.9.1 圣约

对于旧约全书，将 *Old Testament*（旧约全书）作为《圣经》首选题名的复分予以记录。

对于新约全书，将 *New Testament*（新约全书）作为《圣经》首选题名的复分予以记录。

6.23.2.9.2 圣书

对于天主教或新教正经的圣书，将钦定版的简短引用形式作为《圣经》首选题名的复分予以记录。

Bible. Ezra

Bible. Revelation

如果圣书是相同名称的编号系列之一，则在名称之后将其编号记录为序数词。名称和编号之间用逗号分隔。

Bible. Corinthians, 1st

Bible. Samuel, 2nd

如果所描述资源是圣书的组成部分（以其题名为人所知的单个选集除外），则附加其章（用罗马数字）和节（用阿拉伯数字）。如适用，则用起讫编号。圣书名称、章编号和节或多节的编号之间用逗号分隔。

Bible. Psalms, VIII

Bible. Corinthians, 1st, XIII, 12

Bible. Ecclesiastes, III, 1–8

Bible. Hosea, IV–XIV

Bible. Genesis, XI, 26–XX, 18

如果组成部分是以其题名为人所知的单个选集，则应用 **6.23.2.9.5** 所列的说明。

6.23.2.9.3 成组圣书

对于下列成组圣书，将下列名称作为圣经首选题名的复分予以记录。

Old Testament

- Chronicles [2]
- Five Scrolls [3]
- Former Prophets [4]
- Hagiographa [5]
- Heptateuch [6]
- Hexateuch [7]
- Historical Books [8]
- Kings [9]
- Minor Prophets [10]
- Pentateuch [11]
- Prophets [12]
- Prophets (Neviim) [13]
- Samuel [14]

New Testament

- Catholic Epistles [15]
- Corinthians [16]
- Epistles [17]
- Epistles of John [18]
- Epistles of Paul
- Gospels [19]
- Pastoral Epistles [20]
- Peter [21]
- Thessalonians [22]
- Timothy [23]

Bible. Pentateuch

对于其他成组圣书，如适用，应用 **6.23.2.9.6**（两个或两个以上的选集）或 **6.23.2.9.7**（其他选集）所列的说明。

---

2. *1–2 Chronicles*
3. *Song of Solomon, Ruth, Lamentations, Ecclesiastes, Esther*
4. *Joshua, Judges, 1–2 Samuel, 1–2 Kings*
5. *Ruth, Chronicles, Ezra, Nehemiah, Esther, Job, Psalms, Proverbs, Ecclesiastes, Song of Solomon, Lamentations, Daniel*
6. *Genesis, Exodus, Leviticus, Numbers, Deuteronomy, Joshua, Judges*
7. *Genesis, Exodus, Leviticus, Numbers, Deuteronomy, Joshua*
8. *Joshua, Judges, Ruth, 1–2 Samuel, 1–2 Kings, Chronicles, Ezra, Nehemiah, Esther*
9. *1–2 Kings*
10. *Hosea, Joel, Amos, Obadiah, Jonah, Micah, Nahum, Habakkuk, Zephaniah, Haggai, Zechariah, Malachi*
11. *Genesis, Exodus, Leviticus, Numbers, Deuteronomy*
12. *Isaiah, Jeremiah, Lamentations, Ezekiel, Daniel, Hosea, Joel, Amos, Obadiah, Jonah, Micah, Nahum, Habakkuk, Zephaniah, Haggai, Zechariah, Malachi*
13. *Joshua, Judges, 1–2 Samuel, 1–2 Kings, Isaiah, Jeremiah, Ezekiel, Minor Prophets*
14. *1–2 Samuel*
15. *General Epistles of James, Peter, John, Jude*
16. *1–2 Corinthians*
17. *All or miscellaneous Epistles*
18. *1–3 John*
19. *Matthew, Mark, Luke, John*
20. *1–2 Timothy, Titus*
21. *1–2 Peter*
22. *1–2 Thessalonians*
23. *1–2 Timothy*

6.23.2.9.4 外传

对于以外传为人所知的汇编（1–2 Esdras、Tobit、Judith、Rest of Esther、Wisdom of Solomon、Ecclesiasticus、Baruch、History of Susanna、Song of the Three Children、Bel and the Dragon、Prayer of Manasses、1–2 Maccabees)，将 *Apocrypha*（外传）作为《圣经》首选题名的复分予以记录。不可将缺少这些书的《圣经》版本视为不完整。

Bible. Apocrypha

对于单个的外传书，用外传书的名称作为进一步的复分。

Bible. Apocrypha. Song of the Three Children

Bible. Apocrypha. Esdras, 1st

对于经外书，见 **6.23.2.6**。

6.23.2.9.5 单个选集

如果单个选集通常以其自身的题名识别（并非作为其《圣经》组成部分的标识），则将该题名直接作为首选题名予以记录。

Lord's prayer

Ten commandments

Miserere

将应用 **6.23.2.9.2** 所列的说明而产生的题名形式，作为变异题名（见 **6.23.3.5**）予以记录。

应用 **6.23.2.9.2** 所列的说明，记录任何其他单个选集的题名。

Bible. Psalms, XXIII

6.23.2.9.6 两个或两个以上的选集

如果所描述资源由两个或两个以上的选集（包括整部圣书）组成，且这些选集被列于 **6.23.2.9.2**、**6.23.2.9.3**、**6.23.2.9.4** 或 **6.23.2.9.5** 中指定的《圣经》组成部分的两个首选题名所涵盖，则分别识别每个选集。

Bible. Gospels
Bible. Acts
所描述资源: Il Vangelo e gli Atti degli apostolic

6.23.2.9.7 其他选集

对于其他选集（包括杂录），用依 **6.23.2.9.1**、**6.23.2.9.2**、**6.23.2.9.3** 或 **6.23.2.9.4** 中所列的说明构成的适用于选集的最专指的题名。

Bible
所描述资源: Memorable passages from the Bible (Authorized Version) / selected and edited by Fred Newton Scott

Bible. New Testament
所描述资源: The records and letters of the apostolic age : the New Testament Acts, Epistles, and Revelation in the version of 1881 / arranged for historical study by Ernest De Witt Burton

Bible. Gospels
所描述资源: The message of Jesus Christ : the tradition of the early Christian communities / restored and translated into German by Martin Dibelius ; translated into English by Frederick C. Grant

6.23.2.10 《塔木德》的组成部分

如适用，依 **6.23.2.10.1**（指示、小册子和记事）、**6.23.2.10.2**（较小册子）或 **6.23.2.10.3**（选集）所列的说明，记录《塔木德》（Talmud）组成部分的首选题名。

6.23.2.10. 1 指示、小册子和记事

酌情将见于《犹太百科全书》（*Encyclopaedia Judaica*）的《塔木德》的特定指示 [*seder*（逾越节）] 或小册子或记事（*masekhet*）的题名形式，作为《塔木德》或《耶路撒冷塔木德》（Talmud Yerushalmi）的首选题名的复分。

Talmud. Ḥagigah
所描述资源: A translation of the treatise Chagigah from the Babylonian Talmud / with introduction, notes, glossary, and indices by A.W. Streane

Talmud Yerushalmi. Bava meẓia
所描述资源: Masekhet Bava metsiʻa min Talmud Yerushalmi : ʻim perush Netivot Yerushalayim / ḥubar me-iti Yiśraʼel Ḥayim Daikhes

6.23.2.10.2 较小册子

对于单独出版的小册子版本，将 *Minor tractates*（较小册子）作为《塔木德》首选题名的复分予以记录。

Talmud. Minor tractates
所描述资源: Shevaʻ masekhtot ḳeṭanot / hutsʼu ʻa.y. Mikhaʼel Higer

如果资源仅由单个小册子组成，则将小册子题名作为进一步复分予以记录。

Talmud. Minor tractates. Semaḥot
所描述资源 : Der talmudische Tractat Ebel rabbathi, oder, S'machoth : nach Handschriften und Parallelstellen / bearbeitet, übersetzt und mit erläuternden Anmerkungen versehen von Moritz Klotz

6.23.2.10.3 选集

如果所描述资源由选集组成，则用《塔木德》的首选题名。

Talmud
所描述资源: The Babylonian Talmud in selection / edited and translated from the original Hebrew and Aramaic by Leo Auerbach

Talmud Yerushalmi
所描述资源: Der Jerusalemer Talmud : sieben ausgewälte Kapitel / übersetzt, kommentiert und eingeleitet von Hans-Jürgen Becker

6.23.2.11《密释纳》和《托塞夫塔》的组成部分

酌情将见于《犹太百科全书》（*Encyclopaedia Judaica*）的《密释纳》（Mishnah）或《托塞夫塔》（Tosefta）的特定指示或小册子的题名形式，作为《密释纳》或《托塞夫塔》首选题名的复分予以记录。

Mishnah. Avot
所描述资源: Pirke Aboth = Sayings of the Fathers / edited, with translations and commentaries, by Isaac Unterman

6.23.2.12 《米德拉西》

如适用，依 **6.23.2.12.1**（匿名的《米德拉西》）、**6.23.2.12.2**（汇编）或 **6.23.2.12.3**（独立出版的组成部分）所列的说明，记录《米德拉西》（Midrashim）的首选题名。

6.23.2.12.1 匿名的《米德拉西》

将见于《犹太百科全书》（*Encyclopaedia Judaica*）的形式作为匿名的米德拉西的首选题名予以记录。

> Mekhilta of Rabbi Ishmael
>
> Tanna de-vei Eliyahu

6.23.2.12.2《米德拉西》的汇编

将 *Midrash ha-gadol*、*Midrash rabbah* 或 *Sifrei* 作为这些米德拉西的首选题名予以记录。对于米德拉西的其他汇编，应用 **6.2.2.9.2** 所列的说明。

6.23.2.12.3 独立出版的组成部分

对于独立出版的 *Midrash ha-gadol*、*Midrash rabbah* 或 *Sifrei* 的组成部分，将涉及《圣经》的圣书的名称作为《米德拉西》首选题名的复分予以记录。用创建数据的机构首选的语言记录圣经的圣书名称。

> Midrash ha-gadol. Numbers
>
> Midrash rabbah. Ruth
>
> Sifrei. Deuteronomy

6.23.2.13 佛教经典的组成部分

如适用，依 **6.23.2.13.1**（巴利文经典的组成部分）或 **6.23.2.13.2**（梵文经典的组成部分）所列的说明，记录佛教经典的组成部分的首选题名。

6.23.2.13.1 巴利文经典的组成部分

将巴利文经典［*Abhidhammapiṭaka*（论藏）、*Suttapiṭaka*（经藏）、*Vinayapiṭaka*（律藏）］的分部的题名作为三藏（Tipiṭaka）首选题名的复分予以记录。

> Tipiṭaka. Abhidhammapiṭaka

对于这些分部之一的、分别出版的组成部分，将该组成部分的题名作为相应的藏经（Piṭaka）或相应的分部的首选题名的复分予以记录。

> Tipiṭaka. Abhidhammapiṭaka. Dhātukathā
> Tipiṭaka. Suttapiṭaka. Khuddakanikāya. Jātaka
> Tipiṭaka. Vinayapiṭaka. Khandhaka. Cullavagga

6.23.2.13.2 梵文经典的组成部分

将梵文经典的分部题名［*Abhidharmapiṭaka*（论藏）、*Sūtrapiṭaka*（经藏）、*Vinayapiṭaka*（律藏）］作为三藏（Tripiṭaka）的首选题名的复分予以记录。

Tripiṭaka. Abhidharmapiṭaka

对于这些分部之一的、分别出版的组成部分，将该组成部分的题名作为相应的藏经（Piṭaka）或相应的分部的首选题名的复分予以记录。

Tripiṭaka. Sūtrapiṭaka. Tantra

Tripiṭaka. Vinayapiṭaka. Pratimokṣasūtra

6.23.2.14 《吠陀经》的组成部分

对于《吠陀经》（Vedas）的四种标准汇编 [*Atharvaveda*（阿闼婆吠陀）、*Ṛgveda*（梨俱吠陀）、*Sāmaveda*（挲摩吠陀）、*Yajurveda*（夜柔吠陀）] 之一，将汇编题名作为吠陀经的首选题名的复分予以记录。

Vedas. Atharvaveda

Vedas. Sāmaveda

6.23.2.15 《森林书》《婆罗门书》和《奥义书》的组成部分

对于《森林书》（Aranyakas）、《婆罗门书》（Brahmanas）或《奥义书》（Upanishads）的组成部分，将该组成部分的题名作为相应的更大汇编的首选题名的复分予以记录。

Aranyakas. Aitareyāraṇyaka
Brahmanas. Gopathabrāhmaṇa
Upanishads. Chāndogyopaniṣad

6.23.2.16 《耆那教圣典》的组成部分

对于耆那教正经的六个分部汇编(*Aṅga*、*Upāṅga*、*Prakīrṇaka*、*Cheda*、*Mūla* 和 *Cūlikā*)之一，将分部题名作为《耆那教圣典》（Jaina Āgama）的首选题名的复分予以记录。

Jaina Āgama. Aṅga

对于分部汇编的独立命名的组成部分，将该组成部分题名作为分部汇编的首选题名的复分予以记录。

Jaina Āgama. Aṅga. Ācārāṅga

6.23.2.17 《波斯古经》的组成部分

对于《波斯古经》（Avesta）的一个主要分部组成部分或一组组成部分，将据以识别该组成部分的题名作为波斯古经的首选题名的复分予以记录。用创建数据的机构首选的语言记录该题名。

Avesta. Yasna

Avesta. Khordah Avesta

对于主要分部之一的单独命名的组成部分，将组成部分的题名作为主要分部的首选题名的复分予以记录。

Avesta. Yasna. Gathas

6.23.2.18 《古兰经》的组成部分

如适用，依 6.23.2.18.1（章、部分等）或 6.23.2.18.2（节）的说明，记录《古兰经》（Qur'an）组成部分的首选题名。

6.23.2.18.1 章、部分等

对于《古兰经》的章（*sūrah*），三十个部分（*juz'*）之一或指定的成组选编，将章等的题名作为《古兰经》首选题名的复分予以记录。章的题名前置以 *Sūrat*（章），部分的题名前置以 *Juz'*（部分）。

Qur'an. Sūrat al-Baqarah

Qur'an. Juz' ʻAmma

Qur'an. Muʻawwidhatān

将用 *Sūrah*（章）或 *Juz'*（部分）随以相应罗马数字的形式作为变异题名（见 6.23.3.3）予以记录。

将既定的成组选集的题名作为变异题名（见 6.23.3.3）予以记录。

6.23.2.18.2 节

对于一章的一节，在章（sūrah）的题名后附加节的编号。题名和编号之间用逗号分隔。

Qur'an. Sūrat al-Baqarah, 255

将节的题名和作为《古兰经》首选题名的复分的节的题名作为变异题名（见 6.23.3.3）予以记录。

6.23.2.19 其他宗教经典的组成部分

对于 6.23.2.9– 6.23.2.18 中未涵盖的宗教经典的组成部分，将组成部分的题名作为整部经典的首选题名的复分予以记录。

Book of Mormon. Jacob

Daswen̲ Pādshāh kā Granth. Caubīsa avatāra

Course in Miracles. Workbook for Students

Pearl of Great Price. Book of Abraham

Urantia Book. Central and Superuniverses

对于主要分部之一的单独命名组成部分，将该组成部分题名作为主要分部的首选题名的复分予以记录。

Daswen̲ Pādshāh kā Granth. Caubīsa avatāra. Kṛshṇāvatāra

如果单个选集通常以其本身题名识别（其标识作为更大宗教经典组成部分的除外），则将其直接作为首选题名予以记录。

Allegory of Zenos
不用
Book of Mormon. Jacob, V

<u>记录礼拜仪式作品组成部分的首选题名</u>

6.23.2.20 礼拜仪式作品的组成部分

如适用，依 **6.23.2.20.1**（一般性规则）、**6.23.2.20.2**（日课和弥撒）或 **6.23.2.20.3**（有编号的素歌的配乐）所列的说明，记录礼拜仪式作品的一个或多个组成部分。

6.23.2.20.1 一般性规则

如果所描述资源含有一个特定的礼拜仪式、一组仪式，或从一部较大礼拜仪式作品摘录的一组其他文本，则将用创建数据的机构首选的语言中仪式等的既定题名，如果有的话，作为首选题名予以记录。否则，记录用礼拜仪式语言的简短题名。

Liturgy of St. John Chrysostom

Rite of election

Ordo paenitentiae

Neʿilah

将作为更大作品的首选题名的复分的题名，作为变异题名（见 **6.23.3.3**）予以记录。

6.23.2.20.2 日课和弥撒

将 *Office*（日课）或 *Mass*（弥撒）其后随以特定日或场合的简短识别，作为日课或特定节日的弥撒的首选题名予以记录。如果该日是圣徒日，则仅附加圣徒的名称，以直序形式，并用圣徒首选名称的语言。题名和圣徒名称之间用逗号分隔。

Office, Assumption of the Blessed Virgin Mary

Mass, Sainte Thérèse

6.23.2.20.3 有编号的素歌的配乐

将 *Mass*（弥撒）其后随以在弥撒升阶圣歌集（Gradual）中的编号，作为有编号的素歌的配乐的首选题名予以记录。

Mass XVI

6.23.3 宗教作品的变异题名

6.23.3.1 范围

宗教作品的变异题名是某宗教作品为人所知但与其首选题名不同的题名或题名形式。

6.23.3.2 信息源

变异题名取自体现作品的资源和/或参考源。

6.23.3.3 记录宗教作品变异题名的一般性规则

应用 **6.2.1** 所列的关于记录作品题名的一般性规则，记录宗教作品的变异题名。

作品发行时所用的、在参考源中引用的或源于题名不同音译形式的题名或题名形式，如果与记录为该作品的首选题名的题名不同，则将其作为作品变异题名予以记录。

> ***例外***
>
> 仅当出现在作品的一个载体表现上的题名与作品首选题名有显著不同，且该作品本身有可能以该题名检索时，将该题名作为变异题名予以记录。关于记录出现在载体表现上的正题名和其他题名的说明，见 **2.3**。

如适用，应用 **6.23.3.4– 6.23.3.5** 所列的附加特定说明以及本章前述部分所列的其他说明。

6.23.3.4 记录作为宗教作品变异题名的交替语言学形式

如果记录为宗教作品的首选题名的题名有一种或多种交替语言学形式，则将它们作为作品变异题名予以记录。

不同语言形式

Kitáb-i-aqdas
记录为首选题名的阿拉伯语形式： Kitāb al-aqdas

Jerusalem Talmud
Jerusalemische Talmud
Talmud de Jérusalem
记录为首选题名的希伯来语形式： Talmud Yerushalmi

Phrawēt
Khamphī Phrawēt
记录为首选题名的英语形式： Vedas

Apostolisches Glaubensbekenntnis
Symbole des apôtres
Symbolum Apostolicum
记录为首选题名的英语形式： Apostles' Creed

Bible. Deuteronomium
Bible. Devarim
记录为首选题名的英语形式： Bible. Deuteronomy

不同文字

كتاب الأقدس
كتاب اقدس
כתאב אלאקדס
Китаб-и-Агдас
记录为首选题名的阿拉伯文音译形式： Kitāb al-aqdas

قرآن
记录为首选题名的英文形式： Qur'an

Библия
Біблія
Αγία Γραφή
Βίβλος
ბიბლია
성서
聖書
ਬਾਈਬਲ
بائبل
คัมภีร์ไบเบิล
记录为首选题名的英文形式： Bible

不同拼写形式

Bible. Ezechiel
首选题名记录为： Bible. Ezekiel

Hagadah
首选题名记录为： Haggadah

不同音译形式

Koran
Coran
Ḳur'ān
Qorān
Quräan
Qur"on
Xuraan
首选题名记录为： Qur'an

Tosefta. Bava ḳama
Tosefta. Baba qamma
首选题名记录为： Tosefta. Bava kamma

Bible. Chamesh megilloth
首选题名记录为： Bible. Five scrolls。*首选音译形式也记录为变异题名：* Bible. Hamesh megilot

6.23.3.5 记录宗教作品的其他变异形式

根据需要记录 **6.23.3.2– 6.23.3.4** 中未涵盖的宗教作品首选题名的其他变体和变异形式。

Shema' Yiśra'el
首选题名记录为： Shema

Christian Creed
首选题名记录为： Apostles' Creed

Lord is my shepherd
Shepherd Psalm
首选题名记录为： Bible. Psalms, XXIII

Bible. Torah
Bible. Five Books of Moses
首选题名记录为： Bible. Pentateuch

Bible. 5 Scrolls
首选题名记录为： Bible. Five Scrolls

Book of Mormon. Fourth Nephi
Book of Mormon. Fourth Book of Nephi
Book of Mormon. Book of Nephi, 4th
首选题名记录为： Book of Mormon. Nephi, 4th

Qur'an. Sūrah XLIX
首选题名记录为： Qur'an. Sūrat al-Ḥujurāt

Āyat al-Kursī
首选题名记录为： Qur'an. Sūrat al-Baqarah, 255

Qur'an. Āyat al-Kursī

6.24 宗教作品内容表达的日期

核心元素
当需要与圣经的另一内容表达做区分时，内容表达的日期是核心元素。

6.24.1 记录宗教作品内容表达的日期的基本说明

6.24.1.1 范围

宗教作品内容表达的日期是指与宗教作品的一个内容表达相联系的最早日期。体现内容表达的最早载体表现的日期可视为内容表达的日期。

6.24.1.2 信息源

关于宗教作品内容表达的日期的信息取自任何来源。

6.24.1.3 记录宗教作品内容表达的日期

对于《圣经》和《圣经》的组成部分，应用 **6.24.1.4** 所列的说明，记录内容表达的日期。

对于其他宗教作品及其作品组成部分，应用 **6.10** 所列的一般说明，记录内容表达的日期。

6.24.1.4 《圣经》和《圣经》的组成部分

记录资源的出版年。

> 1959
>
> 1848
>
> 1964?
> *所描述资源：* The Old and New Testaments of the Holy Bible. — Revised Standard Version. — New York : Nelson, [1964?]

交替规则

如果资源是摹真复制品，则应用 **6.30.3.1** 所列的说明，分别识别原内容表达和摹真品。各自附加相应的出版年。

> 1534
> 2002
> *所描述资源：* Biblia, das ist, Die gantze Heilige Schrifft deudsch / Mart. Luth. ; begnadet mit kürfurstlicher zu sachsen Freiheit. — Köln : Taschen, ©2002. Facsimile of a 1534 publication

如果资源出版超过一年，则记录较早或最早年。

> 1883
> *所描述资源：* La Sagrada Biblia / traducida de la Vulgata latina al español, aclarado el sentido de algunos lugares con la luz que dan los textos originales hebreo y griego, é ilustrada con varias notas sacadas de los santos padres y expositores sagrados, por d. Félix Torres Amat. — Barcelona : Montaner y Simon, 1883 –1884

6.25 宗教作品内容表达的其他区别特征

<u>核心元素</u>

当需要对《圣经》或《吠陀经》的一个内容表达，或礼拜仪式作品的一个内容表达与同一作品的其他内容表达做区分时，内容表达的其他区别特征是核心元素。

6.25.1 记录宗教作品内容表达的其他区别特征的基本说明

6.25.1.1 范围

宗教作品内容表达的其他区别特征是指除内容类型、内容表达的语言或内容表达的日期之外的，用以将一部宗教作品的一个内容表达与同一作品的另一内容表达相区分的特征。

6.25.1.2 信息源

关于宗教作品内容表达的其他区别特征的信息取自任何来源。

6.25.1.3 记录一部宗教作品内容表达的其他区别特征

对于《圣经》和《圣经》的组成部分，应用 **6.25.1.4** 所列的说明，记录版本。对于《圣经》或《圣经》的组成部分的摘选，应用 **6.25.1.5** 所列的说明。

对于其他宗教作品及其作品的组成部分，应用 **6.12** 所列的一般说明，记录内容表达的其他区别特征。

6.25.1.4 《圣经》和《圣经》的组成部分

记录译本[24]名称的简略形式。如果资源用三种或更多的语言，则不记录译本。

> Vulgate
>
> Authorized

如果译本以译者名称识别，用译者名称的简短形式。如果有两个译者，则用连字符连接他们的名称。如果多于两个，则用第一译者名称随以 *and others*（以及其他人）。

> Lamsa
>
> Ælfric
>
> Smith-Goodspeed
>
> Gordon and others
> *由 Alexander R. Gordon、Theophile J. Meek、J.M. Powis Smith、Leroy Waterman 翻译的* Old Testament（旧约）*的英语译本*

《圣经》的 Rheims-Douai-Challoner 的全译本，记录为 *Douai*。《圣经》的 Confraternity-Douai-Challoner 全译本，记录为 *Confraternity*。

> Douai
> *所描述资源：* The Holy Bible / translated from the Latin Vulgate being the edition published at Rheims, A.D. 1582 and at Douay, 1609 ; as revised and corrected in 1750, according to the Clementine edition of the Scriptures, by Richard Challoner
>
> Confraternity
> *所描述资源：* The Holy Bible. Confraternity text (Genesis to Ruth, Psalms, New Testament), Douay- Challoner text (remaining books of the Old Testament)

如果内容表达是原文语言的，或译本未知，或正文已被改变，[25] 或译本不能以名称或译者识别，或者，涉及两种以上的译本，则记录（按下列顺序）：

a) 手稿名称或其保存机构标识（见 **6.2.2.7**），如果资源是手稿，或手稿的复制品、抄本、版本或译本

> Codex Sinaiticus
> *所描述资源：* Bibliorum Codex Sinaiticus Petropolitanus

b) 改变正文的个人名称，如果改变的正文无自身名称

Smith
所描述资源： The Holy Scriptures : containing the Old and New Testaments : an inspired version of the Authorized Version / by Joseph Smith, Junior

c) 在首选信息源中用于识别正文的特定名称或短语

Anchor Bible
所描述资源： The Anchor Bible

Numerical Bible
所描述资源： The Numerical Bible : being a revised translation of the Holy Scriptures with expository notes

如果上述情况均不适用，则不必记录这个元素。

24. 在这里，*version* 是指其狭义上为一种译本。转译自另一译本的译本，不予考虑。
25. 勿将《圣经》不同章节的对照统一本视为改变的文本。

6.25.1.5 《圣经》的摘选

对于出自《圣经》或《圣经》的组成部分的摘选，记录为 *Selections*（选集）。如果节选出自圣经的特定译本，则记录为 *Selections*（选集），并附加译本名称（见 **6.25.1.4**）。

Authorized. Selections
所描述资源： Memorable passages from the Bible (Authorized Version) / selected and edited by Fred Newton Scott

Wakefield. Selections
所描述资源： A new translation of those parts only of the New Testament which are wrongly translated in our common version / by Gilbert Wakefield

6.26 官方通信的题名

<u>**核心元素**</u>

作品首选题名是核心元素。作品变异题名是可选择的。

6.26.1 记录官方通信的题名的基本说明

6.26.1.1 范围

官方通信的题名是指某官方通信为人所知的一个词、字符或一组词和/或字符。

为识别官方通信，作品题名分类如下：

a) 官方通信的首选题名（见 **6.26.2**）

b) 官方通信的变异题名（见 **6.26.3**）

6.26.1.2 信息源

官方通信的题名取自任何来源。

关于作品首选题名的信息源的附加规则，见 **6.26.2.2**。

6.26.1.3 记录官方通信的题名的一般性规则

记录官方通信题名时，依 **6.2.1** 所列的关于大写、数字、重音等的规则。当这些规则涉及附录时，如适用，应用附录所列的附加说明。

6.26.2 官方通信的首选题名

核心元素

6.26.2.1 范围

官方通信的首选题名是指被选作代表某官方通信作品的规范检索点的基础部分的题名或题名形式。

6.26.2.2 信息源

确定用作官方通信的首选题名的题名时，应用 **6.26.2.5 – 6.26.2.6** 所列的适用于通信类型的说明。

关于官方通信的其他类型，应用 **6.2.2.2** 所列的一般性规则。

6.26.2.3 选择官方通信的首选题名

应用 **6.2.2.3 – 6.2.2.7** 所列的说明，选择官方通信的首选题名。

> ***例外***
>
> ***教皇的官方通信。***对于教皇的官方通信，应用 **6.26.2.5** 所列的说明。
>
> ***罗马教廷的官方通信。***对于罗马教廷的官方通信，应用 **6.26.2.6** 所列的说明。

6.26.2.4 记录官方通信的首选题名

依 **6.2.1** 所列的关于记录作品题名的一般性规则，记录被选作官方通信的首选题名的题名。

6.26.2.5 教皇的官方通信

如果代表单个作品的规范检索点是用代表作为官员的教皇的规范检索点所构建（见 **6.31.1.2**），则选择作品通常为人所知的和以原文语言（通常是拉丁文）引用的简略题名（通常是正文第一个词或头几个词）作为首选题名。

> Populorum progressio
>
> Redemptor hominis

6.26.2.6 罗马教廷的官方通信

如果罗马教廷的宗教法庭、红衣主教委员会或办事机构之一的通信以一个简略题名为人所知，则选择该题名作为作品首选题名。

Communionis notio

6.26.3 官方通信的变异题名

6.26.3.1 范围

官方通信的变异题名是指某官方通信为人所知但与其首选题名不同的题名或题名形式。

6.26.3.2 信息源

官方通信的变异题名取自体现作品的资源和/或参考源。

6.26.3.3 记录官方通信变异题名的一般性规则

依 **6.2.1** 所列的关于记录作品题名的一般性规则，记录官方通信的变异题名。

作品发行时所用的、在参考源中引用的或源于题名不同音译形式的题名或题名形式，如果与记录为该作品的首选题名的题名不同，则将其作为作品变异题名予以记录。

> *例外*
>
> 仅当出现在作品的一个载体表现上的题名与作品首选题名有显著不同，且该作品本身有可能以该题名检索时，将该题名作为变异题名予以记录。关于记录出现在载体表现上的正题名和其他题名的说明，见 **2.3**。

如适用，应用 **6.26.3.4– 6.26.3.5** 所列的附加特定说明。

6.26.3.4 记录为官方通信的变异题名的交替语言学形式

如果记录为官方通信的首选题名的题名有一种或多种交替语言学形式，则将它们作为作品变异题名予以记录。

不同语言形式

Coordination of foreign commercial loan management
记录为首选题名的印度尼西亚语形式： Koordinasi pengelolaan pinjaman komersial luar neger

A imagen y semejanza de Dios
记录为首选题名的英语形式： In God's image

不同文字

עיצאפיצנאמע ןופ עיצאמאלקארפ
记录为首选题名的英文形式： Emancipation Proclamation

開港港則
记录为首选题名的日文音译形式： Kaikō kōsoku

不同拼写形式

Handfestning
首选题名记录为： Håndfæstning

Pastoris eterni
首选题名记录为： Pastoris aeterni

不同音译形式

Chiang tsung t'ung Ching-kuo hsien sheng tui kuo min ta hui chih tz'u hui chi
首选题名记录为： Jiang zong tong Jingguo xian sheng dui guo min da hui zhi ci hui ji

6.26.3.5 记录官方通信的其他变异题名

根据需要记录 **6.26.3.4** 中未涵盖的官方通信首选题名的其他变体和变异形式。

Golden speech of Queen Elizabeth to her last Parliament, November 30, anno Domini 1601
Her maiesties most princelie answere deliuered by her selfe at White-hall on the last day of Nouember 1601
Queene Elizabeth's speech to her last Parliament
首选题名记录为： Golden speech

Kim Yŏng-sam Taet'ongnyŏng yŏnsŏl munjip
金泳三大統領演說文集
记录为首选题名的总题名： Speeches

National drug control strategy
首选题名记录为： Reclaiming our communities from drugs and violence

Decretum Nicolai Papae de electione Romani Pontificis
Papal election decree
首选题名记录为： In nomine Domini

Bulla Pastoris aeterni
首选题名记录为： Pastoris aeterni

6.27 构建代表作品和内容表达的检索点

6.27.1 代表作品的规范检索点

6.27.1.1 构建代表作品的规范检索点的一般性规则

应用 **6.27.1.2 – 6.27.1.8** 所列的说明，构建代表原始作品或基于已有作品的新作品的规范检索点。

关于构建代表特殊类型作品的检索点的说明，见 **6.28.1**（音乐作品）、**6.29.1**（法律作品）、**6.30.1**（宗教作品）和 **6.31.1**（官方通信）。

如果依 **6.27.1.2–6.27.1.8** 所列的说明构建的检索点与代表不同作品的检索点相同或相似，或者，与代表个人、家族或团体的检索点相同或相似，则应用 **6.27.1.9** 所列的说明，为检索点添加附加成分。

关于作品的一个或多个组成部分，应用 **6.27.2** 所列的说明。

关于现有作品的新的内容表达（例如，节略本、译本），应用 **6.27.3** 所列的说明。

关于与作品创作者有关的说明，见 19.2。

6.27.1.2 一个个人、家族或团体创作的作品

如果一个个人、家族或团体对创作作品负有责任（见 19.2.1.1），则构建代表作品的规范检索点时，应结合以（按如下顺序）：

a) 如适用，依 9.19.1 对于个人、10.10.1 对于家族或 11.13.1 对于团体的所列的规则和说明构成的代表该个人、家族或团体的规范检索点

b) 依 6.2.2 所列的说明构成的作品首选题名

Hemingway, Ernest, 1899–1961. Sun also rises

Cassatt, Mary, 1844–1926. Children playing on the beach

John Paul II, Pope, 1920–2005. Speeches

Saigyō, 1118–1190. Works

Swift, Jonathan, 1667–1745. Tale of a tub
最初出版未具名，但已知是 Jonathan Swift 创作的

Goodman, Alice. Nixon in China
John Adams 所作的歌剧 Nixon in China *的台本*

Axel-Lute, Paul. Same-sex marriage
Paul Axel-Lute 编纂的书目

Ebert, Roger. Roger Ebert's movie yearbook
Ebert 的电影评论和访谈的年度汇编

Barner (Family). Barner family newsletter

Eakin (Family : New Castle County, Del.). Eakin family papers, 1781–1828

Western Cape Housing Development Board. Annual report

Presbyterian Church (U.S.A.). Book of order

American Bar Association. Section of Intellectual Property Law. Membership directory

Hamline University. Biennial catalogue of Hamline University

Canada. Parliament. House of Commons. Standing Committee on the Status of Women. Minutes of proceedings

Annual Workshop on Sea Turtle Biology and Conservation. Proceedings of the ... Annual Workshop on Sea Turtle Biology and Conservation

Antarctic Walk Environmental Research Expedition (1991–1993). Scientific results from the Antarctic Walk Environmental Research Expedition, 1991–1993

Coldplay (Musical group). Parachutes

Rand McNally and Company. Historical atlas of the world

American Geographical Society of New York. Antarctic map folio series

对于创作归属不明的作品，应用 6.27.1.8 所列的说明。

6.27.1.3 合作作品

如果两个或两个以上的个人、家族或团体对创作作品负有合作责任（见 19.2.1.1），则构建代表作品的规范检

索点时，应结合以（按如下顺序）：

a) 如适用，依 **9.19.1**、**10.10.1** 或 **11.13.1** 所列的规则和说明构成的代表对作品负有主要责任的个人、家族或团体的规范检索点

b) 依 **6.2.2** 所列的说明构成的作品首选题名

Peterson, Megan. Environmental law reform in Queensland
所描述资源： Environmental law reform in Queensland / compiled and written by Megan Peterson ; with the assistance of Adrian Jeffreys, Roslyn Macdonald, Tony Woodyatt, Jo Bragg, David Yarrow, and Douglas Fisher

Bartholomew, Gail. Index to The Maui news
所描述资源： The index to The Maui news / compiled and edited by Gail Bartholomew with the assistance of Judy Lindstrom

Kaufman, Moisés. Laramie project
所描述资源： The Laramie project / by Moisés Kaufman and the members of Tectonic Theatre Project

Porter, Douglas R. Making smart growth work
所描述资源： Making smart growth work / principal author, Douglas R. Porter ; contributing authors, Robert T. Dunphy, David Salvesen

Bishop, Henry R. (Henry Rowley), 1786–1855. Faustus
所描述资源： Faustus : a musical romance / composed by T. Cooke, Charles E. Horn, and Henry R. Bishop。 *Bishop 的名字排版突出，与其他人相比，以全部大写字母和更大的不同字体显示*

British American Tobacco Company. British American Tobacco Company records
所描述资源： British American Tobacco Company records。*一部档案收藏，包括 Cameron and Cameron、D.B. Tennant and Company、David Dunlop、Export Leaf Tobacco Company 和 T.C. Williams Company 公司的档案，这些公司都是由 British American Tobacco Company 收购的*

交替规则

如适用，应包括依 **9.19.1** 对于个人、**10.10.1** 对于家族或 **11.13.1** 对于团体所列的规则和说明构成的，在体现作品的资源或在参考源中被提及的所有创作者的规范检索点（以他们在那些资源中被提及的顺序）。

Gumbley, Warren, 1962– ; Johns, Dilys; Law, Garry. Management of wetland archaeological sites in New Zealand
所描述资源： Management of wetland archaeological sites in New Zealand / Warren Gumbley, Dilys Johns, and Garry Law

例外

作为创作者的团体。如果一个或多个团体和一个或多个个人或家族对创作作品负有合作责任，且作品属于 **19.2.1.1** 所列的作为创作者的团体的一个或多个类别，构建代表作品的规范检索点时，应结合以（按如下顺序）：

a) 依 **11.13.1** 所列的规则构成的代表对作品负有主要责任的团体的规范检索点

b) 依 **6.2.2** 所列的说明构成的作品首选题名

California Academy of Sciences. Catalog of the asteroid type-specimens and Fisher voucher specimens at the California Academy of Sciences
所描述资源: Catalog of the asteroid type-specimens and Fisher voucher specimens at the California Academy of Sciences / by Chet Chaffee and Barbara Weitbrecht. — San Francisco : California Academy of Sciences, [1984]

动态图像作品。对于电影、视频、视频游戏等，依 **6.2.2** 所列的说明，用作品首选题名构建代表作品的规范检索点。

Gunner palace
所描述资源: Gunner palace / Palm Pictures presents a Nomados film ; produced, written, and directed by Michael Tucker and Petra Epperlein

音乐作品。 对于作曲者和作词者、台本作者、编舞者等之间的合作，应用 **6.28.1.2–6.28.1.4** 所列的说明。

条约等。对于条约等，应用 **6.29.1.15 – 6.29.1.20** 所列的说明。

如果两个或两个以上的个人、家族或团体都被表明对作品负有主要责任，则用代表名列首位的个人、家族或团体的规范检索点，其后随以作品首选题名，构建代表作品的规范检索点。

Cordell, H. Ken. Footprints on the land
所描述资源: Footprints on the land : an assessment of demographic trends and the future of natural lands in the United States / H. Ken Cordell, Christine Overdevest, principal authors

Wallace, Robert. Spycraft
所描述资源: Spycraft : the secret history of the CIA's spytechs from communism to Al-Qaeda / Robert Wallace and H. Keith Melton ; with Henry R. Schlesinger

Beyard, Michael D. Developing retail entertainment destinations
所描述资源: Developing retail entertainment destinations / principal authors, Michael D. Beyard, Raymond E. Braun, Herbert McLaughlin, Patrick L. Phillips, Michael S. Rubin ; contributing authors, Andre Bald, Steven Fader, Oliver Jerschow, Terry Lassar, David Mulvihill, David Takesuye

Jenkins, Carol. Cultures and contexts matter
所描述资源: Cultures and contexts matter : understanding and preventing HIV in the Pacific. — "The principal authors of this book were Carol Jenkins, PhD, and Holly Buchanan-Aruwafu, PhD"— Acknowledgments

如果未指明作品的主要责任，则用代表名列首位的个人、家族或团体的规范检索点，其后随以作品首选题名，构建代表作品的规范检索点。

Tracey, John Paul. Managing bird damage to fruit and other horticultural crops
所描述资源: Managing bird damage to fruit and other horticultural crops / John Tracey, Mary Bomford, Quentin Hart, Glen Saunders, Ron Sinclair

Collins, Jean, 1947– . Directory of fisheries and aquaculture information resources in Africa
所描述资源: Directory of fisheries and aquaculture information resources in Africa = Répertoire des sources d'information sur la pêche et l'aquaculture en Afrique / compiled by Jean Collins and Fodé Karim Kaba

Goto, Yoshihiro. Listing of living Mollusca
所描述资源： A listing of living Mollusca / assembled by Yoshihiro Goto, Guido T. Poppe

Sami, David. International travel map, Cuba, scale 1:1,000,000
所描述资源： An international travel map, Cuba, scale 1:1,000,000 / cartography by David Sami, Chandra Ali, and Olga Martychina

Cage, John. Double music
所描述资源： Double music : percussion quartet / John Cage and Lou Harrison。*由 Cage 和 Harrison 共同作曲，每人负责四个部分中的两部分*

Nils-Bertil Dahlander Quartet. Jazz smorgasbord
所描述资源： Jazz smorgasbord / Nils-Bertil Dahlander Quartet and the Paul Hindberg Quintet。*由两个爵士乐团体共同演奏的标准流行音乐*

Canadian Botanical Association. Directory of the Canadian Botanical Association & Canadian Society of Plant Physiologists
所描述资源： Directory of the Canadian Botanical Association & Canadian Society of Plant Physiologists

International Boreal Forest Research Association. Annual Meeting (2nd : 1992 : Anchorage, Alaska; Fairbanks, Alaska). Proceedings of the Second and Third Annual Meetings of the International Boreal Forest Research Association
所描述资源： Proceedings of the Second and Third Annual Meetings of the International Boreal Forest Research Association : September 11–18, 1992, Anchorage and Fairbanks, Alaska, USA, September 26– October 2, 1993, Biri, Norway and Umeå, Sweden / Sheila Andrus, technical coordinator ; Rebecca Nisley, managing editor

Pekar, Harvey. Quitter
所描述资源： The quitter / Harvey Pekar, writer ; Dean Haspiel, artist ; Lee Loughridge, gray tones ; Pat Brosseau, letters。*连环画故事*

Thompson, Tim, 1942– . Puget Sound
所描述资源： Puget Sound : sea between the mountains / photography by Tim Thompson ; text by Eric Scigliano

Tudor, Antony, 1909–1987. Soirée musicale
所描述资源： Soirée musicale / choreography by Antony Tudor ; suite of movements from Gioachino Rossini, arranged by Benjamin Britten ; notated by Ann Hutchinson Guest。*芭蕾舞舞蹈编排，以拉班舞谱表示*

如果对作品负有责任的个人、家族或团体在体现作品的资源或参考源中无一致的排序，则用代表在首次获得的资源中名列首位的个人、家族或团体的规范检索点，其后随以作品首选题名，构建代表作品的规范检索点。

6.27.1.4 不同个人、家族或团体的作品的汇编

如果作品是不同个人、家族或团体的作品的汇编，则用依 **6.2.2** 所列的说明构成的汇编的首选题名，构建代表作品的规范检索点。

Anthologie de la poésie baroque française
所描述资源： Anthologie de la poésie baroque française / textes choisis et présentés par Jean Rousset

Exploring the Olympic Mountains
所描述资源： Exploring the Olympic Mountains : accounts of the earliest expeditions, 1878–1890 / compiled by Carsten Lien

Music in the classic period
所描述资源： Music in the classic period : essays in honor of Barry S. Brook / [edited by] Allan W. Atlas

Tutti i libretti di Bellini
所描述资源： Tutti i libretti di Bellini / a cura di Olimpio Cescatti ; con una prefazione di Marzio Pieri。*歌剧 Bellini 的不同台本作者的台本*

Treaties and alliances of the world
所描述资源： Treaties and alliances of the world / [compiled by] N.J. Rengger with John Campbell

Lesbian history sourcebook
所描述资源： The lesbian history sourcebook : love and sex between women in Britain from 1780 to 1970 / [compiled by] Alison Oram and Annmarie Turnbull

U.S. Marines in Iraq, 2003
所描述资源： U.S. Marines in Iraq, 2003 : anthology and annotated bibliography / compiled by Christopher M. Kennedy, Wanda J. Renfrow, Evelyn A. Englander, and Nathan S. Lowrey。*不同作者的个人叙事选，原出版于其他资源*

Best of Broadway
所描述资源： The best of Broadway。*一套五张的 CD，不同作曲者的不同音乐剧的原班表演者录音的选集*

如果汇编缺少总题名，则为汇编中的各部作品构建单独的检索点。

Baden, Conrad. Symphonies, no. 6
无总题名的汇编中的第一部作品，汇编还包含 Hallvard Johnsen 所作的 Symphony no. 3 *和 Bjarne Brustad 所作的* Symphony no. 2

Johnsen, Hallvard. Symphonies, no. 3, op. 26
同一汇编中的第二部作品

Brustad, Bjarne. Symphonies, no. 2
同一汇编中的第三部作品

交替规则

不构建（或除了构建）汇编中每部作品单独的检索点，用依 **2.3.2.11** 所列的说明构成的自拟题名，构建代表汇编的规范检索点。

Three Norwegian symphonies

6.27.1.5 改编和修订

如果一个个人、家族或团体对已有作品的改编或修订负有责任，且改编或修订在实质上改变了该作品的性质和内容，而且已表明改编或修订为该个人、家族或团体的作品，则构建代表新作品的规范检索点时，应结合以（按如下顺序）：

a) 如适用，依 **9.19.1** 对于个人、**10.10.1** 对于家族或 **11.13.1** 对于团体所列的规则和说明构成的代表对改编或修订负有责任的个人、家族或团体的规范检索点

b) 依 **6.2.2** 所列的说明构成的改编或修订的首选题名

Gray, Patsey. J.R.R. Tolkien's The hobbit
Tolkien 的小说由 Gray 改编为戏剧

Vande Velde, Vivian. Tales from the Brothers Grimm and the Sisters Weird
Vande Velde 所作的某些 Grimm' s fairy tales（格林童话）的戏仿作品

Sartain, John, 1808–1897. Artist's dream
Sartain 所作的版画，根据 George H. Comegys 的原画创作

James, W. Martin. Historical dictionary of Angola
James 根据 Susan H. Broadhead 的同名作品所作的新版本

例外

由不同个人、家族或团体创作的作品汇编的改编或修订。 如果作品是由不同个人、家族或团体创作的作品汇编的改编或修订，则依 **6.27.1.4** 所列的说明，构建代表作品的规范检索点。

North American mammals
所描述资源： North American mammals。*它是* The Smithsonian book of North American mammals/ edited by Don E. Wilson and Sue Ruff *和* Mammals of North America / Roland W. Kays and Don E. Wilson *的网络改编版*

不确定或未知源作品的改编和修订。 如果作品是不确定或未知源作品的改编和修订，则依 **6.27.1.8** 所列的说明，构建代表作品的规范检索点。

如果多个个人、家族或团体对改编或修订负有责任，则应用 **6.27.1.3** 所列的关于合作作品的说明，构建代表作品的规范检索点。

Abrams, Anthony. Dead man on campus
所描述资源： Dead man on campus / a novelization by Tony Abrams and Adam Broder

如果作品仅表现为已有作品的一个版本，则将其视为该作品的一个内容表达（即用代表已有作品的规范检索点）。如果对识别特定内容表达重要，则依 **6.27.3** 所列的说明，构建代表内容表达的规范检索点。

Carroll, Bradley W. Introduction to modern astrophysics
代表 Bradley W. Carroll 和 Dale A. Ostlie 的作品的第一版的规范检索点

Carroll, Bradley W. Introduction to modern astrophysics
代表相同作者的作品的第二版的规范检索点

对于代表音乐作品改编的规范检索点的附加说明，见 **6.28.1.5 – 6.28.1.6**。

6.27.1.6 对已有作品增补的评注、注释、插图内容等

如果作品由一部已有作品并附有增补的评注、注释、插图内容等组成，且表明是对评注等负有责任的个人、家族或团体的作品，则构建代表作品的规范检索点时，应结合以（按如下顺序）：

a) 如适用，依 **9.19.1** 对于个人、**10.10.1** 对于家族或 **11.13.1** 对于团体所列的规则和说明构成的代表对评注等负有责任的个人、家族或团体的规范检索点

b) 依 **6.2.2** 所列的说明构成的评注等的首选题名

Akram, Malik M. Comprehensive and exhaustive commentary on the Transfer of Property Act, 1882
Akram 写的评注，包括法律文本及其修正案

如果多个个人对增补的评注等负有责任，则应用 **6.7.1.3** 所列的关于合作作品的说明，构建代表作品的规范检索点。

如果作品仅表现为已有作品的一个版本，则将其视为该作品的一个内容表达（即用代表已有作品的规范检索点）。如果认为对识别特定内容表达重要，则依 **6.27.3** 所列的说明，构建代表内容表达的规范检索点。

> Plato. Gorgias
> *所描述资源:* Gorgias : a revised text / Plato ; with introduction and commentary by E.R. Dodds
>
> Joyce, James, 1882–1941. Dubliners
> *所描述资源:* James Joyce's Dubliners : an illustrated edition with annotations / [edited by] John Wyse Jackson & Bernard McGinley
>
> Laozi. Dao de jing. English
> *所描述资源:* The Tao te ching : a new translation with commentary / Ellen M. Chen

6.27.1.7 对作品负有责任的个人的不同身份

如果对作品负有责任的个人有多种身份（见 **9.2.2.8**），且在体现作品的资源中对如何识别个人缺乏一致性，则构建代表作品的规范检索点时，应结合以（按如下顺序）：

a) 依 **9.19.1** 所列的说明构成的代表在体现作品的资源中最常用身份的规范检索点

b) 依 **6.2.2** 所列的说明构成的作品首选题名

> Cunningham, E. V., 1914–2003. Sylvia
> **不用** Fast, Howard, 1914–2003. Sylvia
> *作者的小说* Sylvia *原先以笔名 E.V. Cunningham 出版。在体现作品的某些资源中，作者以他的真名 Howard Fast 识别，在体现作品的资源中最常用的身份是 E.V. Cunningham*

如果最常用的身份不易确定，则用代表在体现作品的最近资源中出现的身份的规范检索点，其后随以作品首选题名，构建代表作品的规范检索点。

6.27.1.8 不确定或未知起源的作品

如果作品被认为是由一个或多个个人、家族或团体所作，但可能的个人、家族或团体不能确定，则用依 **6.2.2** 所列的说明构成的首选题名，构建代表作品的规范检索点。

> Law scrutiny
> *所描述资源:* The law scrutiny, or, Attornies' guide。*各方认为的责任归属有 Andrew Carmichael、William Norcott 等*（在作品责任归属上各方意见不同）

如果参考源指示一个个人、家族或团体对作品的创作可能负有责任，则依 **6.27.1.2** 所列的说明，用代表该个人、家族或团体的规范检索点，其后随以作品首选题名，构建代表作品的规范检索点。

如果对作品负有责任的个人、家族或团体未知，或作品源自一个未命名的团体，则用依 **6.2.2** 所列的说明构成的作品首选题名，构建代表作品的规范检索点。

> Log-cabin lady
> *所描述资源:* The log-cabin lady : an anonymous autobiography。*负有责任的个人未知*
>
> Memorial to Congress, against the tariff law of 1828
> *所描述资源:* A memorial to Congress, against the tariff law of 1828 / by citizens of Boston

Mysterious bottle of old hock
所描述资源： The mysterious bottle of old hock : an ancient legend / introduction by Franz J. Potter。*对 E.T.A. Hoffmann 所作的 Die Elixiere des Teufels 的匿名改编*

Summer night
所描述资源： Summer night。*基于 Albert Moore 绘画的匿名石版画*

Unknown Memphis family photo collection
University of Memphis 拥有的 Mississippi Valley Collection 中未出版的部分。由编目机构自拟的题名

6.27.1.9 代表作品检索点的附加成分

如果依 6.27.1.2– 6.27.1.8 所列的说明构建的检索点与代表不同作品的检索点，或者与代表个人、家族、团体或地点的检索点相同或相似，则酌情附加下列一种或多种成分：

a) 指示作品形式的术语（见 6.3）

b) 作品日期（见 6.4）

c) 作品原创地（见 6.5）

和/或

d) 指示作品另一区别特征的术语（见 6.6）

Advocate (Boise, Idaho)

Advocate (Nairobi, Kenya)

Blue book contractors register (New York-New Jersey-Connecticut edition)

Blue book contractors register (Southern California edition)

Bulletin (Geological Survey (South Africa))

Bulletin (New York State Museum : 1945)

Bulletin (New York State Museum : 1976)

Bulletin (New Zealand. Ministry of Education. Research and Statistics Division)

Charlemagne (Play)

Charlemagne (Tapestry)

Dublin magazine (1762)

Dublin magazine (1965)

Genesis (Anglo-Saxon poem)

Genesis (Middle High German poem)

Genesis (Old Saxon poem)

Last judgement (Chester play)

Last judgement (York play)

Nutcracker (Choreographic work)

NuTCRACKER (Computer file)

Ocean's eleven (Motion picture : 1960)

Ocean's eleven (Motion picture : 2001)

Othello (Television program : 1963 : Canadian Broadcasting Corporation)

Othello (Television program : 1963 : WOR-TV (Television station : New York, N.Y.))

I, Claudius (Television programme)
由某机构按英国拼法附加的术语

Guillaume (Chanson de geste)
将作品的检索点与 13 世纪以 Guillaume 为人所知的个人的检索点相区分

Scottish History Society (Series)
将作品的检索点与同一名称的团体的检索点相区分

Connecticut Commission on Children. Annual report (1999)

Connecticut Commission on Children. Annual report (2005)

Eyck, Jan van, 1390–1440. Saint Francis receiving the stigmata (Galleria sabauda (Turin, Italy))

Eyck, Jan van, 1390–1440. Saint Francis receiving the stigmata (Philadelphia Museum of Art)

关于代表特殊类型作品检索点附加成分的说明，见 **6.28.1.9–6.28.11**（音乐作品）和 **6.29.1.32–6.29.1.34**（法律作品）。

6.27.2 代表作品一个或多个组成部分的规范检索点

6.27.2.1 构建代表作品组成部分的规范检索点的一般性规则

如适用，应用 **6.27.2.2–6.27.2.3** 所列的说明，构建代表作品一个或多个组成部分的规范检索点。

例外

音乐作品的组成部分。关于构建代表音乐作品一个或多个组成部分的规范检索点的说明，见 **6.28.2**。

宗教作品的组成部分。关于构建代表宗教作品一个或多个组成部分的规范检索点的说明，见 **6.30.2**。

6.27.2.2 一个组成部分

构建代表作品一个组成部分的规范检索点时，应结合以（按如下顺序）：

a) 如适用，依 **6.27.1.1–6.27.1.8** 所列的说明构成的代表对组成部分负有责任的个人、家族或团体的规范检索点

b) 依 **6.2.2.9** 所列的说明构成的组成部分的首选题名

Tolkien, J. R. R. (John Ronald Reuel), 1892–1973. Two towers
Tolkien 所作的 The lord of the rings *一个组成部分的规范检索点*

Proust, Marcel, 1871–1922. Du côté de chez Swann
Proust 所作的 À la recherche du temps perdu *一个组成部分的规范检索点*

Raven, Simon, 1927–2001. Come like shadows
Raven 所作的 Alms for oblivion *一个组成部分的规范检索点*

例外

非区别性题名。如果组成部分仅以一个通用术语识别（带或不带编号），则将组成部分的首选题名（见 **6.2.2.9**）附加于代表整体作品的规范检索点，构建代表组成部分的规范检索点。

Goethe, Johann Wolfgang von, 1749–1832. Faust. 1. Theil

Homer. Iliad. Book 1

Duellman, William Edward, 1930– . Amphibian species of the world. Additions and corrections

Manet, Édouard, 1832–1883. Luncheon on the grass. Detail

连续出版物和集成性资源。 如果组成部分是连续出版物或集成性资源的卷期或补编，无论卷期或补编的题名是否具有区别性，均将组成部分的首选题名（见 **6.2.2.9.1**）附加于代表整体作品的规范检索点，构建代表卷期或补编的规范检索点。

Acta Universitatis Upsaliensis. Studia musicologica Upsaliensia

Department of State publication. East Asian and Pacific series

Annual report on carcinogens. Executive summary

Colorado. Judicial Branch. Annual report. Statistics and charts

Raffles bulletin of zoology. Supplement

Emergency health series. A

Annale van die Uniwersiteit van Stellenbosch. Reeks B

Bulletin analytique. 2e partie, Sciences biologiques, industries alimentaires, agriculture

电视节目、广播节目等。如果组成部分是电视节目、广播节目等的播放期、剧集、摘选等，无论组成部分的题名是否具有区别性，均将组成部分的首选题名（见 **6.2.2.9.1**）附加于代表整体作品的规范检索点（见 **6.27.1**），构建代表组成部分的规范检索点。

Simpsons (Television program). King of the hill

Buffy, the vampire slayer (Television program). Season 6

Jack Benny program (Radio program). 1946-03-10

如果组成部分是一部作品，该作品是 **6.27.1.3 – 6.27.1.8** 的说明所列出的、用首选题名作为代表作品的规范检索点的情况，则用组成部分的首选题名作为代表组成部分的规范检索点。如适用，可应用上述的例外。

Sindbad the sailor
The Arabian nights *一个组成部分的规范检索点*

Last judgement (Chester play)
The Chester plays *一个组成部分的规范检索点*

但是

Encyclopedia of philosophy. Supplement
所描述资源： Encyclopedia of philosophy. Supplement / Donald M. Borchert, editor in chief。*整体作品的规范检索点：* Encyclopedia of philosophy

6.27.2.3 两个或两个以上的组成部分

如果各组成部分仅以一个通用术语和一个编号识别，则将依 **6.2.2.9.2** 所列的说明构成的组成部分的序列的首选题名附加于代表整体作品的规范检索点（见 **6.27.1**），构建代表作品的两个或两个以上连续编号组成部分的规范检索点。

Homer. Iliad. Book 1– 6
所描述资源: The first six books of Homer's Iliad / with English notes, critical and explanatory, a metrical index, and Homeric glossary by Charles Anthon

Rollin, Henri, 1885–1955. Apocalypse de notre temps. Chapitre 6 –7
所描述资源: Une mystification mondiale : précédé de Le faux et son usage, par Gérard Berréby / Henri Rollin。*原先作为 Rollin 所作的*L'apocalypse de notre temps *的第 6 - 7 章出版*

当识别作品的两个或两个以上未编号或未连续编号的组成部分时，应用 **6.27.2.2** 所列的说明，构建每个组成部分的规范检索点。

Dante Alighieri, 1265–1321. Purgatorio
Dante Alighieri, 1265–1321. Paradiso
所描述资源: Il Purgatorio ; Paradiso / di Dante Alighieri ; colle figure di G. Doré

Homer. Iliad. Book 1
Homer. Iliad. Book 6
Homer. Iliad. Book 20
Homer. Iliad. Book 24
所描述资源: Homer's Iliad, books I, VI, XX, and XXIV / with a copious vocabulary for the use of schools and colleges, by James Fergusson

交替规则

当识别作品的两个或两个以上未编号或未连续编号的组成部分时，将组成部分视为整体作品的一个内容表达。将 *Selections*（选集）附加于代表整体作品的规范检索点（见 **6.27.1** 和 **6.12.1.4**），构建代表内容表达的规范检索点。

Homer. Iliad. Selections
所描述资源: Homer's Iliad, books I, VI, XX, and XXIV / with a copious vocabulary for the use of schools and colleges, by James Fergusson

Gibbon, Edward, 1737–1794. History of the decline and fall of the Roman Empire. Selections
所描述资源: Selections from The decline and fall of the Roman Empire / Edward Gibbon ; edited with introduction and notes by J.W. Saunders

Gilbert, W. S. (William Schwenck), 1836 –1911. Librettos. Selections
所描述资源: Gilbert without Sullivan / libretti by W.S. Gilbert ; illustrations by Leonard Lubin。*由 Gilbert 和 Sullivan 所作的十四部歌剧中四部的台本*

Simpsons (Television program). Selections
所描述资源: The Simpsons gone wild / Twentieth Century Fox Television。*电视节目* The Simpsons *的四组主题剧集汇编，该节目最初于 1990 年至 2001 年间播出*

6.27.3 代表内容表达的规范检索点

如适用，在构建代表作品的一个特定内容表达，或者作品的一个或多个组成部分的检索点时，对代表作品（见 6.27.1）或者一个或多个组成部分（见 6.27.2）的规范检索点，应附加以：

a) 指示内容类型的术语（见 6.9）

b) 内容表达的日期（见 6.10）

c) 指示内容表达的语言的术语（见 6.11）

和/或

d) 指示内容表达的其他区别特征的术语（见 6.12）

Goncourt, Edmond de, 1822–1896. Frères Zemganno. English
所描述资源： The Zemganno brothers / by Edmond de Goncourt。*法语小说的英语译本*

Pushkin, Aleksandr Sergeevich, 1799–1837. Evgeniĭ Onegin. English (Beck)
所描述资源： Eugene Onegin / Alexander Pushkin ; translator, Tom Beck

Kolloidnyĭ zhurnal. English
所描述资源： Colloid journal of the Russian Academy of Sciences。*俄语连续出版物的英语译本*

Piave, Francesco Maria, 1810–1876. Ernani. Spanish
所描述资源： Ernani : drama lírico en cuatro actos / de F. Piave ; música de G. Verdi ; versión castellana de M. Capdepón。*Piave 所作台本的西班牙语译本*

Brunhoff, Jean de, 1899–1937. Babar en famille. English. Spoken word
所描述资源： Babar and his children。*儿童故事英语译本的录音资料*

Wilde, Oscar, 1854–1900. Works. 2000
所描述资源： The complete works of Oscar Wilde / general editors, Russell Jackson and Ian Small. — Oxford ; New York : Oxford University Press, 2000– 。*Wilde*（王尔德）*全集的其他内容表达于其他年份出版*

Shakespeare, William, 1564–1616. Works. 2003. Yale University Press
所描述资源： The annotated Shakespeare. — New Haven : Yale University Press, ©2003–。*Shakespeare*（莎士比亚）*全集的一个内容表达；题名为* Nelson Thornes Shakespeare *的另一内容表达也在 2003 年开始出版*

Langland, William, 1330?–1400? Piers Plowman (C-text)
所描述资源： Piers Plowman / by William Langland ; an edition of the C-text by Derek Pearsall。*Langland 的作品* Piers Plowman *有标识为 A-text、B-text、C-text 等不同版本*

Nutcracker (Choreographic work : Baryshnikov)
所描述资源： The nutcracker。*American Ballet Theatre 和 Mikhail Baryshnikov 演出的芭蕾舞* The nutcracke *的表演记录；由 Baryshnikov 编舞*

6.27.4 代表作品或内容表达的变异检索点

6.27.4.1 构建代表作品变异检索点的一般性规则

用作品变异题名（见 6.2.3）作为变异检索点的基础部分。

Nibelunge Nôt
作品的规范检索点： Nibelungenlied

如果变异检索点代表一部作品，而该作品的规范检索点是由用代表个人、家族或团体的规范检索点随以作品首选题名所构建（见 **6.27.1.2–6.27.1.8**），则用代表该个人、家族或团体的规范检索点随以作品变异题名，构建变异检索点。

Dickens, Charles, 1812–1870. Posthumous papers of the Pickwick Club
作品的规范检索点： Dickens, Charles, 1812–1870. Pickwick papers

Solzhenitsyn, Aleksandr Isaevich, 1918–2008. Один день Ивана Денисовича
作品的规范检索点： Solzhenitsyn, Aleksandr Isaevich, 1918–2008. Odin den′ Ivana Denisovicha

如果代表作品的规范检索点是由用代表个人、家族或团体的规范检索点随以作品首选题名所构建（见 **6.27.1.2– 6.27.1.8**），可仅用作品首选题名构成变异检索点。

Giant animals series
作品的规范检索点： Johnston, Marianne. Giant animals series

Catalogue of Roman portraits in the British Museum
作品的规范检索点： British Museum. Catalogue of Roman portraits in the British Museum

如果对识别重要，应用 **6.27.1.9** 所列的说明，为检索点添加适用的附加成分。

Roland (Poem)
作品的规范检索点： Chanson de Roland；*作品变异题名与一个仅以名 Roland 为人所知的个人的检索点相同，还与其他作品首选题名相同*

Science series (Boston, Mass.)
作品的规范检索点： Beacon science series；*作品变异题名与其他作品首选题名相同，还与其他一些作品变异题名相同*

Science series (Cypress, Calif.)
作品的规范检索点： Schwartz, David M. Science series；*作品变异题名** *与其他作品首选题名相同，还与其他一些作品变异题名相同*

Afrique et développement (Éditions Karthala)
作品的规范检索点： Collection Afrique et développement; *作品变异题名与其他作品首选题名相同*

OC (Television program)
Orange County (Television program)
作品的规范检索点： O.C. (Television program)

Frankenstein (Motion picture : 1994)
作品的规范检索点： Mary Shelley's Frankenstein (Motion picture)

如适用，应用 **6.27.4.2**（音乐作品的台本和其他文本）、**6.27.4.3**（作品的组成部分）、**6.27.4.4**（作品汇编）和 **6.27.4.5**（内容表达）所列的附加说明。

如果对检索重要，则构建附加变异检索点。

Aristotle. Liber de causis
作品的规范检索点： Liber de causis。*中世纪时被认为是 Aristotle（亚里士多德）所作的一部佚名作品*

*译者注：原文为作品首选题名，经核查，应为作品变异题名，译文按正确修改。

Fox, Michael W., 1937– . Dr. Michael Fox animal series
*作品的规范检索点：*Dr. Michael Fox animal series。*Fox主持的有关照料动物的录像系列*

California Academy of Sciences. Occasional papers of the California Academy of Sciences
*作品的规范检索点：*Occasional papers of the California Academy of Sciences

Massachusetts. Bureau of Statistics of Labor. Labor bulletin
Massachusetts. Bureau of Statistics. Labor bulletin
Massachusetts. Department of Labor and Industries. Division of Statistics. Labor bulletin
*作品的规范检索点：*Labor bulletin (Boston, Mass.)。*发行者变更*

Fast, Howard, 1914–2003. Sylvia
*作品的规范检索点：*Cunningham, E. V., 1914–2003. Sylvia。*小说最初以笔名 E.V. Cunningham 出版；作者的真名 Howard Fast 在某些体现作品的资源中出现，但最常用的身份是 Cunningham*

Jeanne-Claude, 1935– . Wrapped Reichstag
*作品的规范检索点：*Christo, 1935– . Wrapped Reichstag。*Christo 和 Jeanne-Claude 共同创作的一部作品。变异检索点对主题检索重要*

Management series (Chicago, Ill.)
*作品的规范检索点：*Management series (Ann Arbor, Mich.)。*丛编的出版地从 Ann Arbor 变为 Chicago*

Mysliteli Rossii (Saint Petersburg, Russia)
*作品的规范检索点：*Mysliteli Rossii (Leningrad, R.S.F.S.R.)。*丛编的出版地名称由 Leningrad*（列宁格勒）*变为 Saint Petersburg*（圣彼得堡），*且两个地名的规范检索点都已建立*

6.27.4.2 代表音乐作品的一个或多个台本或其他文本的变异检索点

构建代表特定音乐作品的一个或多个台本或其他文本的变异检索点时，应结合以（按如下顺序）：

a) 如适用，依 9.19.1 对于个人、10.10.1 对于家族或 11.13.1 对于团体所列的规则和说明构成的代表一部或多部音乐作品的作曲者的规范检索点

b) 依 6.14.2 所列的说明构成的一部或多部音乐作品的首选题名

c) 适用时，术语 *Libretto*、*Librettos*（台本），*Text* 或 *Texts*（文本）

d) 如果需要，其他区别性术语

Adams, John, 1947– . Nixon in China. Libretto
*作品的规范检索点：*Goodman, Alice. Nixon in China

Verdi, Giuseppe, 1813–1901. Ernani. Libretto. Spanish
*内容表达的规范检索点：*Piave, Francesco Maria, 1810–1876. Ernani. Spanish

Bellini, Vincenzo, 1801–1835. Operas. Librettos
汇编的规范检索点： Tutti i libretti di Bellini

Sullivan, Arthur, 1842–1900. Operas. Librettos. Selections
*汇编的规范检索点：*Gilbert, W. S. (William Schwenck), 1836–1911. Librettos. Selections

John, Elton. Songs. Texts. Selections
*汇编的规范检索点：*Taupin, Bernie. Lyrics. Selections

6.27.4.3 代表作品一个组成部分的变异检索点

如果代表作品一个组成部分的规范检索点是由用代表个人、家族或团体的规范检索点随以整体作品的首选题名，再随以组成部分的首选题名所构建，则用代表该个人、家族或团体的规范检索点直接随以组成部分的首选题名，构建代表组成部分的变异检索点。

Williams, Kim, 1966– . Penguins
作品组成部分的规范检索点: Williams, Kim, 1966– . Young explorer series. Penguins

Colorado. Judicial Branch. Statistics and charts
作品组成部分的规范检索点: Colorado. Judicial Branch. Annual report. Statistics and charts

如果代表作品一个组成部分的规范检索点是由用代表个人、家族或团体的规范检索点直接随以组成部分的首选题名所构建，则用代表该个人、家族或团体的规范检索点随以整体作品的首选题名，再随以组成部分的首选题名，构建代表组成部分的变异检索点。

Tolkien, J. R. R. (John Ronald Reuel), 1892–1973. Lord of the rings. Two towers
作品组成部分的规范检索点: Tolkien, J. R. R. (John Ronald Reuel), 1892–1973. Two towers

Proust, Marcel, 1871–1922. À la recherche du temps perdu. Du côté de chez Swann
作品组成部分的规范检索点: Proust, Marcel, 1871–1922. Du côté de chez Swann

Raven, Simon, 1927–2001. Alms for oblivion. Come like shadows
作品组成部分的规范检索点: Raven, Simon, 1927–2001. Come like shadows

如果代表组成部分的规范检索点是由用整体作品的首选题名随以组成部分的首选题名所构建，则用组成部分自身的首选题名，构建变异题名。

Studia musicologica Upsaliensia
作品组成部分的规范检索点: Acta Universitatis Upsaliensis. Studia musicological Upsaliensia

如果代表组成部分的规范检索点是由用组成部分自身的题名所构建，则用整体作品的首选题名随以组成部分的首选题名，构建变异题名。

Arabian nights. Sindbad the sailor
作品组成部分的规范检索点: Sindbad the sailor

Chester plays. Last judgement
作品组成部分的规范检索点: Last judgement (Chester play)

如果对识别重要，则应用 **6.27.1.9** 所列的说明，为检索点添加适用的附加成分。

Electrical engineering series (Stockholm, Sweden)
作品组成部分的规范检索点: Acta polytechnica Scandinavica. Electrical engineering series.
组成部分的题名与另一作品的首选题名相同

King of the hill (Television program : Episode of The Simpsons)
作品组成部分的规范检索点: Simpsons (Television program). King of the hill

King of the hill (Television program : Episode of Cheers)
作品组成部分的规范检索点: Cheers (Television program). King of the hill

如果对检索重要，则构建附加变异检索点。

6.27.4.4 代表作品汇编的变异检索点

如果代表个人作品汇编的规范检索点是由用代表该个人的规范检索点随以惯用总题名所构建（见 **6.2.2.10**），

则用代表个人的规范检索点随以所描述资源的正题名或见于参考源的题名，构建代表汇编的变异检索点。除非所描述资源的正题名（不包括任何交替题名）或见于参考源的题名与总题名相同或很相似。

> **Andersen, H. C. (Hans Christian), 1805 –1875. Eventyr**
> *所描述资源的正题名。规范检索点记录为：* Andersen, H. C. (Hans Christian), 1805–1875. Tales
>
> **Andersen, H. C. (Hans Christian), 1805–1875. Samlede eventyr og historier**
> *所描述资源的正题名。规范检索点记录为：* Andersen, H. C. (Hans Christian), 1805–1875. Tales

如果对识别重要，则应用 **6.27.1.9** 所列的说明，为检索点添加适用的附加成分。

> **Dante Alighieri, 1265 –1321. Tutte le opere di Dante (1966)**
> *所描述资源的正题名。规范检索点记录为：* Dante Alighieri, 1265–1321. Works (1966)

如果对检索重要，则构建附加变异检索点。

6.27.4.5 代表内容表达的变异检索点

酌情将用于构建代表内容表达的规范检索点的附加成分的变体附加于代表作品的规范检索点（见 **6.27.3**），构建代表内容表达的变异检索点。

> **Theodore bar Konai, 8th/9th century. Liber scholiorum (Ourmia version)**
> *内容表达的规范检索点：* Theodore bar Konai, 8th/9th century. Liber scholiorum (Urmiah version)
>
> **Blade runner (Motion picture : 2007 version)**
> **Blade runner (Motion picture : 25th anniversary edition)**
> **Blade runner (Motion picture : Definitive version)**
> *内容表达的规范检索点：* Blade runner (Motion picture : Final cut)

如果作品变异题名与作品的特定内容表达相关，则用与该内容表达相关的变异题名，构建代表内容表达的变异检索点。

> **Beiaowufu**
> **贝奥武甫**
> *内容表达的规范检索点：* Beowulf. Chinese
>
> **E te Atua tohungia te Kuini**
> *内容表达的规范检索点：* God save the King. Text. Maori

如果作品变异题名与作品的特定内容表达相关，且代表内容表达的规范检索点是由用代表个人、家族或团体的规范检索点随以作品首选题名，以及一个或多个识别内容表达的附加成分所构建，则用代表个人、家族或团体的规范检索点随以与该内容表达相关的变异题名，构建代表内容表达的变异检索点。

> **Munro, Alice, 1931– . Pigeliv & kvindeliv**
> *内容表达的规范检索点：* Munro, Alice, 1931– . Lives of girls and women. Danish
>
> **Yamada, Taichi, 1934– . Leto s chuzhimi**
> **Yamada, Taichi, 1934– . Лето с чужими**
> *内容表达的规范检索点：* Yamada, Taichi, 1934– . Ijintachi to no natsu. Russian

如果对识别重要，则应用 **6.27.1.9** 所列的说明，为检索点添加适用的附加成分。

> Akhmatova, Anna Andreevna, 1889 –1966. Selected poems (1969)
> *内容表达的规范检索点：* Akhmatova, Anna Andreevna, 1889–1966. Works. Selections. English (1969)。*诗歌由 Richard McKane 翻译*
>
> Akhmatova, Anna Andreevna, 1889 –1966. Selected poems (1976)
> *内容表达的规范检索点：* Akhmatova, Anna Andreevna, 1889–1966. Works. Selections. English (1976)。*诗歌由 Walter Arndt、Robin Kemball 和 Carl R. Proffer 翻译*

如果对检索重要，则构建附加变异检索点。

6.28 构建代表音乐作品和内容表达的检索点

6.28.1 代表音乐作品的规范检索点

6.28.1.1 构建代表音乐作品规范检索点的一般性规则

应用 **6.28.1.2–6.28.1.8** 所列的说明，构建代表下列类型之一的音乐作品的规范检索点：

a) 带有歌词、台本、文本等的音乐作品（见 **6.28.1.2**）

b) 混合曲、民谣歌剧等（见 **6.28.1.3**）

c) 为舞蹈动作谱曲的作品（见 **6.28.1.4**）

d) 音乐作品的改编（见 **6.28.1.5**）

e) 有新文本和题名的歌剧和其他戏剧作品（见 **6.28.1.6**）

f) 华彩乐段（见 **6.28.1.7**）

g) 戏剧作品等的音乐总谱和配乐（见 **6.28.1.8**）

对于正式规定为礼拜仪式组成部分的音乐，应用 **6.30.1.5–6.30.1.7** 所列的说明，构建规范检索点。

对于其他类型的音乐作品，应用 **6.27.1** 所列的说明，构建规范检索点。

对于台本和其他用于音乐作品的文字，应用 **6.27.1** 所列的说明，构建规范检索点。

应用 **6.28.1.9– 6.28.1.11** 所列的说明，为规范检索点添加适用的附加成分。

对于音乐作品的一个或多个组成部分，应用 **6.28.2** 所列的说明。

对于已有作品的新的内容表达（例如，音乐改编、带有增加的伴奏的作品），应用 **6.28.3** 所列的关于构建代表音乐内容表达的规范检索点的说明。

6.28.1.2 带有歌词、台本、文本等的音乐作品

对于包含歌词、台本、文本等形式词语的音乐作品（例如，歌曲、歌剧、音乐喜剧），构建代表作品的规范检索点时，应结合以（按如下顺序）：

a) 如适用，依 **9.19.1** 对于个人、**10.10.1** 对于家族或 **11.13.1** 对于团体所列的规则和说明构成的代表音乐作曲者的规范检索点

b) 依 **6.14.2** 所列的说明构成的作品首选题名

> Viardot-García, Pauline, 1821–1910. Filles de Cadix
> *规范检索点用于：* Les filles de Cadix / poésie de Alfred de Musset ; musique de Pauline Viardot
>
> Krieger, Henry. Dreamgirls
> *规范检索点用于：* Dreamgirls / music by Henry Krieger ; book and lyrics by Tom Eyen

6.28.1.3 混合曲、民谣歌剧等

对于混合曲、民谣歌剧等，以及此类作品的摘选，如适用，依 **6.28.1.3.1– 6.28.1.3.4** 所列的说明，构建代表作品的规范检索点。

6.28.1.3.1 原创乐曲

如果混合曲的音乐是专门为其作曲的，则构建代表作品的规范检索点时，应结合以（按如下顺序）：

a) 如适用，依 **9.19.1** 对于个人、**10.10.1** 对于家族或 **11.13.1** 对于团体所列的规则和说明构成的代表在体现作品的资源或在参考源中名列首位的作曲者的规范检索点

b) 依 **6.14.2** 所列的说明构成的作品首选题名

> **Amadei, Filippo, flourished 1690–1730. Muzio Scaevola**
> *规范检索点用于:* The most favourite songs in the opera of Muzio Scaevola / composed by three famous masters。*作曲者是 Amadei、Bononcin 和 Handel*

6.28.1.3.2 已有乐曲

如果混合曲、民谣歌剧等的音乐含有不同作曲者创作的已有民谣、歌曲、唱段等，则用依 **6.14.2** 所列的说明构成的作品首选题名。

> **Beggar's opera**
> *规范检索点用于:* The beggar's opera / written by John Gay ; the overture composed and the songs arranged by John Christopher Pepusch。*声乐缩编谱*

6.28.1.3.3 摘选的汇编

如果作品是混合曲、民谣歌剧等音乐摘选的汇编，则用代表摘选所出自作品的规范检索点。

> **Beggar's wedding**
> *规范检索点用于:* Songs in the opera call'd The beggar's wedding, as it is perform'd at the theatres

6.28.1.3.4 单一摘选

如果作品是混合曲等的单一摘选，构建代表作品的规范检索点时，应结合以（按如下顺序）：

a) 如适用，依 **9.19.1** 对于个人、**10.10.1** 对于家族或 **11.13.1** 对于团体所列的规则和说明构成的代表摘选作曲者的规范检索点

b) 依 **6.14.2** 所列的说明构成的摘选的首选题名

> **Handel, George Frideric, 1685–1759. Ma come amar?**
> *规范检索点用于:* Ma come amar? : duetto nel Muzio Scaevola del sigr Handel。*混合曲的其他作曲者是 Amadei 和 Bononcini*

如果摘选的作曲者未知，则用摘选的首选题名作为代表作品的规范检索点。

> **O what pain it is to part!**
> *歌曲出自* The beggar's opera；*作曲者未知*

6.28.1.4 为舞蹈动作谱曲的音乐作品

对于为诸如芭蕾舞或哑剧之类的舞蹈动作谱曲的音乐作品，构建代表作品的规范检索点时，应结合以（按如下顺序）：

a) 如适用，依 **9.19.1** 对于个人、**10.10.1** 对于家族或 **11.13.1** 对于团体所列的规则和说明构成的代表音乐作曲者的规范检索点

b) 依 **6.14.2** 所列的说明构成的作品的首选题名

Copland, Aaron, 1900–1990. Hear ye! Hear ye!
规范检索点用于: Hear ye! Hear ye! : ballet in one act / music by Aaron Copland ; scenario by Ruth Page and Nicolas Remisoff ; settings and costumes by Nicolas Remisoff ; “choreography” by Ruth Page

Delibes, Léo, 1836–1891. Coppélia
规范检索点用于: Coppélia, ou, La fille aux yeux d'émail / ballet en 2 actes et 3 tableaux, de Ch. Nuitter et Saint-Léon ; musique de Léo Delibes

Hahn, Reynaldo, 1875–1947. Fête chez Thérèse
规范检索点用于: La fête chez Thérèse : ballet-pantomime / scénario de Catulle Mendès ; musique de Reynaldo Hahn

6.28.1.5 音乐作品的改编

6.28.1.5.1 音乐作品的改编的类别

属于下列类别的一种或多种的改编，应用下列说明：

a) 被描述为自由改写、基于原作等的改编，以及其他包含新材料的改编

b) 各种作品的演释曲或另一作曲者一般风格的演释曲

c) 原作的和声或音乐风格已被改变的改编

d) 音乐作品的表演涉及对改编、即席演奏等对表演者一方而言的实质创作责任

e) 另一音乐作品的任何其他截然不同的改动

6.28.1.5.2 构建音乐作品改编的规范检索点

构建代表改编的规范检索点时，应结合以（按如下顺序）：

a) 如适用，依 **9.19.1** 对于个人、**10.10.1** 对于家族或 **11.13.1** 对于团体所列的规则和说明构成的代表音乐改编者的规范检索点

b) 依 **6.14.2** 所列的说明构成的作品的首选题名

Tausig, Carl, 1841–1871. Nouvelles soirées de Vienne
规范检索点用于: Nouvelles soirées de Vienne : valses-caprices d'après J. Strauss / Ch. Tausig

Rachmaninoff, Sergei, 1873–1943. Rapsodie sur un thème de Paganini
规范检索点用于: Rapsodie sur un thème de Paganini : pour piano et orchestre, op. 43 / S. Rachmaninoff

Wuorinen, Charles. Magic art
规范检索点用于: The magic art : an instrumental masque drawn from works of Henry Purcell, 1977–1978 : in two acts / Charles Wuorinen

Marshall, Wayne. Organ improvisations
规范检索点用于: Organ improvisations / Wayne Marshall。*Marshall 对 George Gershwin、Billy Strayhorn、 Jule Styne、Vincent Youmans 和 Leonard Bernstein 创作的歌曲的即席演奏*

如果两个或两个以上的作曲者在改编中进行了合作，则应用 **6.27.1.3** 所列的说明。

Elling, Kurt. Live in Chicago
规范检索点用于: Live in Chicago / Kurt Elling. — Kurt Elling, vocals; Laurence Hobgood, piano; Rob Amster, bass; Michael Raynor, drums, percussion。*多个作曲者创作歌曲的爵士乐演奏*

如果改编通常以题名被引用，则以改编的首选题名作为代表该作品的规范检索点。

Peter go ring dem bells
传统的黑人灵歌，Florence B. Price 改编用于人声和钢琴

对作品是否为改编等有疑问时，将其视为改编（见 **6.28.3.2**）。

6.28.1.6 有新文本和题名的歌剧和其他戏剧作品

如果音乐作品的文本、情节、背景或其他语言元素经过改编，或更换了新文本，且题名也已改变，则构建代表作品的规范检索点时，应结合以（按如下顺序）:

a) 代表原始作品的规范检索点

b) 改编的题名置于圆括号内

Strauss, Johann, 1825–1899. Fledermaus
代表原始作品的规范检索点

Strauss, Johann, 1825–1899. Fledermaus (Champagne sec)

Strauss, Johann, 1825–1899. Fledermaus (Gay Rosalinda)

Strauss, Johann, 1825–1899. Fledermaus (Rosalinda)

Mozart, Wolfgang Amadeus, 1756–1791. Così fan tutte
代表原始作品的规范检索点

Mozart, Wolfgang Amadeus, 1756–1791. Così fan tutte (Dame Kobold)
规范检索点用于: Die Dame Kobold (Così fan tutte) / bearbeitet von Carl Scheidemantel. *Scheidemantel 以 Calderón de la Barca 创作的剧本为基础改编的全新的台本*

6.28.1.7 华彩乐段

对于华彩乐段，构建代表作品的规范检索点时，应结合以（按如下顺序）:

a) 如适用，依 **9.19.1** 对于个人、**10.10.1** 对于家族或 **11.13.1** 对于团体所列的规则和说明构成的代表华彩乐段作曲者的规范检索点

b) 依 **6.14.2** 所列的说明构成的华彩乐段的首选题名

Previn, André, 1929– . Cadenza to Mozart's Piano concerto in C minor, KV. 491, 1st movement
规范检索点用于: Cadenza to Mozart's Piano concerto in C minor, KV. 491, 1st movement / André Previn

Barrère, Georges, 1876–1944. Cadenzas for the Flute concerto in G major (K. 313) by Mozart
规范检索点用于: Cadenzas for the Flute concerto in G major (K. 313) by Mozart / Georges Barrère

Schumann, Clara, 1819–1896. Cadenzen zu Beethoven's Clavier-Concerten
规范检索点用于: Cadenzen zu Beethoven's Clavier-Concerten / componirt von Clara Schumann

如果华彩乐段没有自身的题名，则依 2.3.2.11 所列的说明，自拟一个题名。

6.28.1.8 戏剧作品等的音乐和配乐

对于为戏剧作品、电影等作曲的音乐或配乐，构建代表作品的规范检索点时，应结合以（按如下顺序）：

a) 如适用，依 9.19.1 对于个人、10.10.1 对于家族或 11.13.1 对于团体所列的规则和说明构成的代表音乐作曲者的规范检索点

b) 依 6.14.2 所列的说明构成的作品首选题名

Beethoven, Ludwig van, 1770–1827. Egmont
规范检索点用于: Musik zu Goethes Trauerspiel Egmont : op. 84 / Ludwig van Beethoven。*音乐总谱*

Finzi, Gerald, 1901–1956. Love's labours lost
规范检索点用于: Love's labours lost : complete incidental music / Gerald Finzi ; edited by Jeremy Dale Roberts。*用于 Shakespeare（莎士比亚）戏剧配乐的总谱*

Steiner, Max, 1888–1971. King Kong
规范检索点用于: King Kong : the complete 1933 film score / Steiner。*录音资料*

North, Alex. Good morning, Vietnam
规范检索点用于: Good morning, Vietnam / music, Alex North。*音乐总谱*

<u>代表音乐作品的检索点的附加成分</u>

6.28.1.9 代表无区别性题名的音乐作品的检索点的附加成分

如果作品首选题名（见 6.14.2）仅包含一个、两个或两个以上的作曲类型名称，则将下列的一种或多种成分附加于代表作品的检索点（按如下顺序）：

a) 指示表演媒介的术语（见 6.15）

b) 数字标识（见 6.16）

c) 调（见 6.17）

Enesco, Georges, 1881–1955. Sonatas, violin, piano, no. 2, op. 6, F minor

例外

如果已应用下列情况的一种或多种，则不要附加表演媒介：

a) 题名已暗含媒介

Peeters, Flor, 1903–1986. Chorale preludes, op. 69
暗含媒介：风琴

Poulenc, Francis, 1899 –1963. Mass, G major
暗含媒介：人声，有或没有伴奏

Martinů, Bohuslav, 1890 –1959. Overture
暗含媒介：管弦乐队

Mitchell, Joni. Songs
暗含媒介：有键盘弦乐器伴奏的独唱，或者，如果是"流行"风格，有器乐和/或人声伴奏的独唱

Strauss, Richard, 1864–1949. Lieder, op. 10
暗含媒介：有键盘弦乐器伴奏的独唱，或者，如果是"流行"风格，有器乐和/或人声伴奏的独唱

Kodály, Zoltán, 1882–1967. Symphony
暗含媒介：管弦乐队

但是，如果题名中没有暗含媒介，则添加说明。

Widor, Charles Marie, 1844–1937. Symphonies, organ

Rapf, Kurt. Requiem, organ, brasses, percussion

Raff, Joachim, 1822–1882. Sinfonietta, woodwinds, horns (2), op. 188, F major

Goehr, Alexander, 1932– . Songs, clarinet, viola accompaniment

b) 作品由一套用于不同媒介的乐曲组成，或者是有相同题名但用于不同媒介的成套乐曲系列之一

Fontana, Giovanni Battista, died 1630. Sonatas (1641)
用于 1 个小提琴的六个奏鸣曲，用于 2 个小提琴的三个奏鸣曲，用于小提琴和低音管的三个奏鸣曲，用于 2 个小提琴和低音管的五个奏鸣曲，以及用于 3 个小提琴的一个奏鸣曲，都带有键盘乐器低音部

Leonarda, Isabella, 1620–1704. Sonatas, op. 16
用于 2 个小提琴和键盘乐器低音部的十一个奏鸣曲，以及用于小提琴和键盘乐器低音部的一个奏鸣曲

Monteverdi, Claudio, 1567–1643. Madrigals, book 1
用于 5 个人声

Monteverdi, Claudio, 1567–1643. Madrigals, book 7
用于 1–6 人声和乐器

Persichetti, Vincent, 1915 –1987. Serenades, no. 14
双簧管独奏

Persichetti, Vincent, 1915 –1987. Serenades, no. 15
羽管键琴

c) 作曲者未标识媒介

d) 媒介说明复杂以致改用其他识别元素（例如，主题索引号或作品号，见 6.16）将更有用。

Mozart, Wolfgang Amadeus, 1756–1791. Divertimenti, K. 251, D major

6.28.1.9.1 当表演媒介等不充分或不能获得时的检索点的附加成分

如果表演媒介、数字标识和调不充分，或者无从获得，以区分两个或两个以上此类作品，则附加（按如下优先顺序）：

a) 乐曲完成年份（见 6.4）

b) 最初出版年份（见 6.4）

c) 诸如乐曲创作地（见 6.5）或首个出版者名称（见 6.6）的任何其他识别元素

Delius, Frederick, 1862–1934. Pieces, piano (1890)

Delius, Frederick, 1862–1934. Pieces, piano (1923)

Krebs, Johann Ludwig, 1713 –1780. Trio sonatas, flutes, continuo (Nuremberg, Germany)

Geminiani, Francesco, 1687–1762. Solos, flute, continuo (Bland)

Philidor, Pierre Danican, 1681–1731. Suites, op. 1 (Foucault)

Agnesi, Maria Teresa, 1720 –1795. Sonatas, harpsichord, G major (Badische Landesbibliothek Karlsruhe)

Agnesi, Maria Teresa, 1720 –1795. Sonatas, harpsichord, G major (Biblioteca estense)

Gervasio, Giovanni Battista, approximately 1725–approximately 1785. Sonatas, mandolin, continuo, D major (Bibliothèque nationale de France L 2768)

Gervasio, Giovanni Battista, approximately 1725–approximately 1785. Sonatas, mandolin, continuo, D major (Bibliothèque nationale de France Ms. 2082)

6.28.1.10 代表有区别性题名的音乐作品的检索点的附加成分

如果代表有区别性题名的音乐作品的检索点与代表不同作品的检索点，或者与代表个人、家族、团体或地名的检索点相同或相似，则附加：

a) 指示表演媒介的术语（见 6.15）

或

b) 作品的其他区别特征

为每个检索点用同一类型的附加成分。

Debussy, Claude, 1862–1918. Images, orchestra

Debussy, Claude, 1862–1918. Images, piano
不用 Debussy, Claude, 1862–1918. Images (Piano work)

Granados, Enrique, 1867–1916. Goyescas (Opera)

Granados, Enrique, 1867–1916. Goyescas (Piano work)
不用 Granados, Enrique, 1867–1916. Goyescas, piano

6.28.1.10.1 用于解决冲突的附加成分

如果附加成分不能解决冲突，则附加下列附加成分的一个或多个：

a) 数字标识（见 6.16）

b) 调（见 6.17）

c) 乐曲完成年份（见 6.4）

d) 最初出版年份（见 6.4）

或

e) 诸如乐曲创作地（见 6.5）或首个出版者名称（见 6.6）的任何其他识别元素

Bach, Johann Sebastian, 1685 –1750. Was Gott tut, das ist wohlgetan (Chorale prelude)

Bach, Johann Sebastian, 1685 –1750. Was Gott tut, das ist wohlgetan (Cantata), BWV 98

Bach, Johann Sebastian, 1685 –1750. Was Gott tut, das ist wohlgetan (Cantata), BWV 99

6.28.1.11 代表音乐作品汇编的检索点的附加成分

对于代表含有一种类型作品的汇编的检索点，应附加表演媒介，除非媒介显而易见或作品可用于不同媒介。

Chopin, Frédéric, 1810 –1849. Polonaises, piano

Haydn, Joseph, 1732 –1809. Quartets, strings

Grieg, Edvard, 1843 –1907. Sonatas, violin, piano

6.28.2 代表音乐作品的一个或多个组成部分的规范检索点

6.28.2.1 一般性规则

如适用，应用 6.28.2.2– 6.28.2.4 所列的说明，构建代表音乐作品的一个或多个组成部分的规范检索点。

6.28.2.2 一个组成部分

将依 6.14.2.7.1 所列的说明构成的组成部分的首选题名附加于代表整体作品的规范检索点（见 6.28.1），构建代表音乐作品一个组成部分的规范检索点。

Brahms, Johannes, 1833 –1897. Ungarische Tänze. Nr. 5

Verdi, Giuseppe, 1813 –1901. Aïda. Celeste Aïda

Larson, Jonathan. Rent. Seasons of love

Beethoven, Ludwig van, 1770 –1827. Symphonies, no. 1, op. 21, C major. Andante cantabile con moto

Mozart, Wolfgang Amadeus, 1756 –1791. Così fan tutte. Come scoglio

Vivaldi, Antonio, 1678 –1741. Estro armonico. N. 8

Schumann, Robert, 1810 –1856. Album für die Jugend. Nr. 30

Schumann, Robert, 1810 –1856. Album für die Jugend. Nr. 2, Soldatenmarsch

Praetorius, Hieronymus, 1560 –1629. Opus musicum. Cantiones sacrae. O vos omnes

Handel, George Frideric, 1685 –1759. Messiah. Pifa

Verdi, Giuseppe, 1813 –1901. Traviata. Atto 3o. Preludio

6.28.2.3 两个或两个以上的组成部分

将依 6.14.2.7.2 所列的说明构成的多个组成部分的首选题名附加于代表整体作品的规范检索点（见 6.28.1），构建代表音乐作品的两个或两个以上连续编号组成部分的规范检索点。

Brahms, Johannes, 1833–1897. Ungarische Tänze. Nr. 5 – 6

当识别作品有两个或两个以上未编号或未连续编号的组成部分时，应用 **6.14.2.7.1** 所列的说明，构建每个组成部分的规范检索点。

Rossini, Gioacchino, 1792–1868. Barbiere di Siviglia. Largo al factotum

Rossini, Gioacchino, 1792–1868. Barbiere di Siviglia. Voce poco fa

Schubert, Franz, 1797–1828. Impromptus, piano, D. 899. No. 2

Schubert, Franz, 1797–1828. Impromptus, piano, D. 899. No. 4

交替规则

当识别音乐作品有两个或两个以上未编号或未连续编号的组成部分时，将各组成部分视为整体作品的一个内容表达。将 *Selections*（选集）附加于代表整体作品的规范检索点（见 **6.28.1** 和 **6.12.1.4**），构建代表内容表达的规范检索点。

Wagner, Richard, 1813–1883. Meistersinger von Nürnberg. Selections
所描述资源： Die Meistersinger von Nürnberg : Auszüge / Richard Wagner。*Wagner（瓦格纳）歌剧摘选的录音资料*

Rodgers, Richard, 1902–1979. King and I. Selections
所描述资源： Rodgers & Hammerstein's The king and I : selected highlights / music by Richard Rodgers ; book and lyrics by Oscar Hammerstein II。*录音资料*

Paganini, Nicolò, 1782–1840. Caprices, violin, M.S. 25. Selections
所描述资源： Trois caprices pour violon seul / N. Paganini。*第九、十三和十七随想曲总谱；由二十四个部分组成的全集*

6.28.2.4 以相同的通用术语标识的两个或两个以上未编号的组成部分

如果音乐作品的一个组成部分与另一组成部分以相同的通用术语标识，且无编号，在有必要区分组成部分时，将 **6.28.1.9**– **6.28.1.11** 的说明所列出的足以识别的术语附加于代表组成部分的检索点。

Cima, Giovanni Paolo, flourished 1598 –1622. Concerti ecclesiastici. Sonata, brasses, violin, continuo

Cima, Giovanni Paolo, flourished 1598 –1622. Concerti ecclesiastici. Sonata, cornett, violin, continuo

如果此类附加成分不适用，则确定组成部分在成套作品中的编号，并予以添加。

Milán, Luis, 16th century. Maestro. Pavana (No. 23)

Milán, Luis, 16th century. Maestro. Pavana (No. 24)

Milán, Luis, 16th century. Maestro. Fantasia del primero tono (No. 1)

Milán, Luis, 16th century. Maestro. Fantasia del primero tono (No. 4)

6.28.3 代表音乐内容表达的规范检索点

6.28.3.1 构建代表音乐内容表达的规范检索点的一般性规则

应用 **6.28.3.2– 6.28.3.6** 所列的说明，构建代表下列类型之一的音乐内容表达的规范检索点：

a) 改编、改写等（见 **6.28.3.2**）

b) 增加的伴奏等（见 **6.28.3.3**）

c) 草稿（见 **6.28.3.4**）

d) 声乐缩编谱和合唱总谱（见 **6.28.3.5**）

e) 译本（见 **6.28.3.6**）

对于其他类型的音乐内容表达，应用 **6.27.3** 所列的说明，构建规范检索点。

6.28.3.2 改编、改写等

如果一个作曲者的一部或多部作品（或一个作曲者作品的多个组成部分）的改编、改写等属于下列一种或多种类别，则应用下列说明：

a) 改编、改写、版本、谱曲等，将用于一种表演媒介的音乐重写为用于另一种表演媒介

b) 已有音乐作品的简写本

6.28.3.2.1 “古典”等音乐的改编

如果作品或者作品的一个或多个组成部分，在广义上属于“严肃”“古典”或“艺术”的音乐类别，如适用，将 *arranged*（改编）附加于代表原始作品（见 **6.28.1**）或者作品的一个或多个组成部分（见 **6.28.2**）的规范检索点，构建代表改编等的规范检索点。本说明也可应用于由原作曲者所作的改写。

Berlioz, Hector, 1803 –1869. Corsaire; arranged
所描述资源: The corsaire : overture for concert band / transcribed by Gunther Schuller。*对 Berlioz 所作的前奏曲的改编，原曲用于管弦乐队*

Respighi, Ottorino, 1879 –1936. Uccelli; arranged
所描述资源: The birds / Respighi。*H. Okano 将其改编用于日本乐器*

Schubert, Franz, 1797 –1828. Octet, woodwinds, horn, strings, D. 803, F major; arranged
所描述资源: Grosses Octet für zwei Violinen, Viola, Violoncello, Contrabass, Horn, Fagott und Clarinette, op. 166 / componirt von Franz Schubert ; Arrangement für das Pianoforte zu vier Händen bearbeitet von S. Leithner。*改编为四手钢琴*

Ravel, Maurice, 1875 –1937. Pavane pour une infante défunte; arranged
所描述资源: Pavane pour une infante défunte : pour petit orchestre / Maurice Ravel。*原用于钢琴，作曲者所作的改写*

Satie, Erik, 1866 –1925. Piano music. Selections; arranged
所描述资源: Pièces pour guitare / Erik Satie。*Satie 将选编的钢琴作品改编用于吉他*

6.28.3.2.2 “流行”音乐的改编

对于在广义上属于“流行”风格的音乐类别（例如，摇滚乐、爵士乐）的作品或者作品的一个或多个组成部分的改编，如适用，用代表原始作品（见 **6.28.1**）或者作品的一个或多个组成部分（见 **6.28.2**）的规范检索点。仅当所描述资源属于下列情况时，附加 *arranged*（改编）:

a) 改编为用于声乐或合唱表演的器乐作品

或

b) 改编为用于器乐表演的声乐作品。

MacDermot, Galt. Hair; arranged
所描述资源: Hair '72 : the American tribal love-rock musical / [lyrics] by James Rado, Gerome Ragni ; [music by] Galt MacDermot ; concert band arranged by Len Goldstyne。*为乐队改编的声乐*

Townshend, Pete. Songs. Selections; arranged
所描述资源: Who's serious : symphonic music of the Who。*Townshend 的摇滚歌曲选改编用于管弦乐队*

Brubeck, Dave. Blue rondo à la Turk; arranged
所描述资源: Resource described: Blue rondo à la Turk : SSAATTBB a cappella / music, Dave Brubeck ; arr. Ward Swingle。*原为爵士四重奏而写，改编用于无伴奏混声合唱*

John, Elton. Candle in the wind; arranged
所描述资源: Candle in the wind / music by Elton John ; words by Bernie Taupin ; arranged by Michael Sweeney。*改编用于爵士合奏的歌曲*

但是

Carmichael, Hoagy, 1899–1981. Songs. Selections
所描述资源: Hoagy Carmichael : a choral portrait : for S.A.B. voices and piano with optional guitar, bass, drums, and vibraphone / music by Hoagy Carmichael ; arranged by Robert Sterling。*Carmichael 的歌曲选改编用于伴奏合唱表演*

Brubeck, Dave. Blue rondo à la Turk
所描述资源: Blue rondo à la Turk / Dave Brubeck ; arranged for string quartet by Jeremy Cohen。*最初为四重奏而写*

6.28.3.3 增加的伴奏等

对于增加了器乐伴奏或附加部分的作品或者作品的一个或多个组成部分，如适用，用代表原始作品（见 **6.28.1**）或者作品的一个或多个组成部分（见 **6.28.2**）的规范检索点。

Bach, Johann Sebastian, 1685–1750. Sonaten und Partiten, violin, BWV 1001–1006
所描述资源: Sechs Sonaten für Violine solo / von Joh. Seb. Bach ; herausgegeben von J. Hellmesberger ; Klavierbegleitung von Robert Schumann。*Bach（巴赫）的小提琴独奏奏鸣曲，增加了 Schumann（舒曼）创作的钢琴伴奏*

6.28.3.4 草稿

将 *Sketches*（草稿）附加于代表已完成作品的规范检索点，构建代表含有作曲者草稿的作品或作品的一个或多个组成部分的规范检索点。

Szymanowski, Karol, 1882–1937. Harnasie (Sketches)

Beethoven, Ludwig van, 1770–1827. Quartets, strings, no. 1–6, op. 18 (Sketches)

Gillis, Don, 1912–1978. Quartets, strings, no. 6. Passacaglia (Sketches)

Moore, Douglas, 1893–1969. Works. Selections (Sketches)

6.28.3.5 声乐缩编谱和合唱总谱

如适用，将 *Vocal score*、*Vocal scores*（声乐缩编谱），*Chorus score* 或 *Chorus scores*（合唱总谱）附加于代表作品或作品的一个或多个组成部分的规范检索点，构建代表声乐缩编谱或合唱总谱的规范检索点。

> Handel, George Frideric, 1685–1759. Messiah. Vocal score
>
> Sullivan, Arthur, 1842 –1900. Mikado. Chorus score
>
> Wagner, Richard, 1813–1883. Operas. Vocal scores

6.28.3.6 译本

如适用，将语言名称附加于代表作品、一个或多个组成部分，或者汇编的规范检索点，构建代表声乐作品或声乐作品的一个或多个组成部分的文本译本，或者汇编中全部作品的文本译本的规范检索点。应用 **6.11** 所列的说明，记录语言的名称。

> Bizet, Georges, 1838 –1875. Carmen. German
> *所描述资源:* Carmen : Oper in 4 Akten / Bizet ; deutsche Übersetzung, D. Louis
>
> Schönberg, Claude-Michel. Misérables. Danish
> *所描述资源:* Les misérables / musical af Alan Boubil og Claude-Michel Schönberg ; tekst, Herbert Kretzmer ; oversættelse, Niels Brunse。*音乐剧的录音资料，以丹麦语演唱；Schönberg 是作曲者*

如果所描述资源包含多种语言的作品的内容表达，则为每一语言的内容表达创建检索点。

> Handel, George Frideric, 1685 –1759. Messiah. Vocal score. German
> Handel, George Frideric, 1685 –1759. Messiah. Vocal score. English
> *所描述资源:* Der Messias : Oratorium = The Messiah : sacred oratorio / von G.F. Händel ; Klavierauszug mit deutschem und englischem Text ; nach W.A. Mozart's Bearbeitung ; neu revidiert von Josef Reiter
>
> Brel, Jacques. Ne me quitte pas. English
> Brel, Jacques. Ne me quitte pas. French
> *所描述资源:* If you go away = Ne me quitte pas / music and French lyric by Jacques Brel ; English lyric by Rod McKuen
>
> Schumann, Robert, 1810 –1856. Songs. French
> Schumann, Robert, 1810 –1856. Songs. German
> *所描述资源:* Collection complète des mélodies pour chant avec accompagnement de piano / de Robert Schumann ; traduction française et texte original

6.28.4 代表音乐作品或内容表达的变异检索点

6.28.4.1 构建代表音乐作品的变异检索点的一般性规则

用作品变异题名（见 **6.14.3**）作为变异检索点的基础部分。

Om arme
Ome arme
Omme arme
作品的规范检索点： Homme armé

Coming for to carry me home
作品的规范检索点： Swing low, sweet chariot

God save the Queen
My country, 'tis of thee
作品的规范检索点： God save the King

如果变异检索点代表一部作品，而用于该作品的规范检索点是由代表个人、家族或团体的规范检索点随以作品首选题名所构建（见 **6.28.1.1–6.28.1.8**），则用代表该个人、家族或团体的规范检索点随以作品变异题名，构建变异检索点。

Grieg, Edvard, 1843 –1907. Mountain maid
Grieg, Edvard, 1843 –1907. Fille de la montagne
Grieg, Edvard, 1843 –1907. Kind der Berge
作品的规范检索点： Grieg, Edvard, 1843–1907. Haugtussa

Rossini, Gioacchino, 1792–1868. Almaviva
作品的规范检索点： Rossini, Gioacchino, 1792–1868. Barbiere di Siviglia

Strauss, Johann, 1825–1899. Pink champagne
作品的规范检索点： Strauss, Johann, 1825–1899. Fledermaus (Pink champagne)

如果对识别重要，则应用 **6.28.1.9–6.28.1.11** 所列的说明，为变异检索点添加适用的附加成分。

America (Song)
作品的规范检索点： God save the King

Rubinstein, Anton, 1829–1894. Etüden, piano, op. 23
Rubinstein, Anton, 1829–1894. Studies, piano, op. 23
作品的规范检索点： Rubinstein, Anton, 1829 –1894. Études, piano, op. 23

Lœillet, Jacques, 1685–1748. Quintet, recorders, flutes, continuo, B minor
作品的规范检索点： Lœillet, Jacques, 1685 –1748. Sonatas, recorders (2), flutes (2), continuo, B minor

Gluck, Christoph Willibald, Ritter von, 1714 –1787. Orpheus und Eurydike (1762)
作品的规范检索点： Gluck, Christoph Willibald, Ritter von, 1714 –1787. Orfeo ed Euridice

Gluck, Christoph Willibald, Ritter von, 1714 –1787. Orpheus und Eurydike (1774)
作品的规范检索点： Gluck, Christoph Willibald, Ritter von, 1714 –1787. Orphée et Eurydice

Schubert, Franz, 1797–1828. Forelle (Quintet)
作品的规范检索点： Schubert, Franz, 1797–1828. Quintets, piano, violin, viola, violoncello, double bass, D. 667, A major。*本作品的变异题名与 Schubert（舒伯特）创作的一首歌曲的首选题名相同*

Respighi, Ottorino, 1879–1936. Ancient airs and dances (Orchestral work)
作品的规范检索点： Respighi, Ottorino, 1879–1936. Antiche arie e danze per liuto, no. 1–3。*本作品的变异题名与 Respighi 创作的一部钢琴作品的变异题名相同*

如适用，应用 **6.28.4.2**（华彩乐段）、**6.28.4.3**（音乐作品的组成部分）、**6.28.4.4**（音乐作品的汇编）和 **6.28.4.5**（音乐内容表达）所列的附加说明。

如果对检索重要，则构建附加变异检索点。

Schubert, Franz, 1797–1828. Quintets, piano, violin, viola, violoncello, double bass, op. 114, A major
作品的规范检索点： Schubert, Franz, 1797–1828. Quintets, piano, violin, viola, violoncello, double bass, D. 667, A major。*作品有两个不同的数字标识，未用于规范检索点的标识用于变异检索点*

Lœillet, Jacques, 1685 –1748. Sonatas, flutes (4), continuo, B minor
作品的规范检索点： Lœillet, Jacques, 1685–1748. Sonatas, recorders (2), flutes (2), continuo, B minor

Bach, Johann Sebastian, 1685–1750. Bist du bei mir
作品的规范检索点： Stölzel, Gottfried Heinrich, 1690–1749. Bist du bei mir。*多年来被认为是 Bach（巴赫）所作*

6.28.4.2 代表一个或多个华彩乐段的变异检索点

如果华彩乐段是为一部或多部特定音乐作品组成部分的表演而写，则构建代表一个或多个华彩乐段的变异检索点时，应结合以（按如下顺序）：

a) 如适用，依 **9.19.1** 对于个人、**10.10.1** 对于家族或 **11.13.1** 对于团体的规则和说明构成的代表一部或多部音乐作品的作曲者的规范检索点，且一个或多个华彩乐段是为这些音乐作品而写

b) 依 **6.14.2** 所列的说明构成的用于音乐作品的首选题名，且一个或多个华彩乐段是为这些音乐作品而写

c) 酌情依 **6.14.2.7** 所列的说明构成的用于音乐作品乐章的首选题名，且一个或多个华彩乐段是为这些音乐作品而写

d) 术语 *Cadenza* 或 *Cadenzas*（华彩乐段）

e) 如果需要，其他区别性术语

Mozart, Wolfgang Amadeus, 1756 –1791. Concertos, piano, orchestra, K. 491, C minor. Allegro. Cadenza (Previn)
作品的规范检索点： Previn, André, 1929 – . Cadenza to Mozart's Piano concerto in C minor, KV. 491, 1st movement

Haydn, Joseph, 1732–1809. Concertos, harpsichord, orchestra, H. XVIII, 11, D major. Cadenzas (Badura-Skoda)
作品的规范检索点： Badura-Skoda, Paul. Kadenzen zum Klavierkonzert in D-dur (Hoboken XVIII: 11) von Joseph Haydn

Mozart, Wolfgang Amadeus, 1756 –1791. Sonatas, piano, K. 333, B♭ major. Allegretto grazioso. Cadenzas (Landowska)
作品的规范检索点： Landowska, Wanda. Cadenzas for the Piano sonata in B-flat major, K. 333, third movement, by W.A. Mozart

Beethoven, Ludwig van, 1770 –1827. Concertos, piano, orchestra, no. 3 – 4. Cadenzas (Schumann)
作品的规范检索点： Schumann, Clara, 1819–1896. Cadenzen zu Beethoven's Clavier-Concerten

6.28.4.3 代表音乐作品组成部分的变异检索点

如果代表音乐作品组成部分的规范检索点是用代表个人、家族或团体的规范检索点随以整体作品的首选题名，再随以组成部分的首选题名所构建，则用代表该个人、家族或团体的规范检索点直接随以组成部分的首选题名，构建代表组成部分的变异检索点，只要组成部分的首选题名具有区别性。

Verdi, Giuseppe, 1813 –1901. Celeste Aïda
作品组成部分的规范检索点： Verdi, Giuseppe, 1813 –1901. Aïda. Celeste Aïda

Larson, Jonathan. Seasons of love
作品组成部分的规范检索点： Larson, Jonathan. Rent. Seasons of love

Schumann, Robert, 1810 –1856. Soldatenmarsch
作品组成部分的规范检索点： Schumann, Robert, 1810 –1856. Album für die Jugend. Nr. 2, Soldatenmarsch

Beach, H. H. A., Mrs., 1867–1944. Graduale
作品组成部分的规范检索点： Beach, H. H. A., Mrs., 1867–1944. Mass, op. 5, E♭ major. Graduale

如果代表组成部分的规范检索点是用整体作品的首选题名随以组成部分的首选题名所构建，则用组成部分的首选题名自身，构建变异检索点，只要组成部分的题名具有区别性。

Ecce Rex Darius
作品组成部分的规范检索点： Danielis ludus. Ecce Rex Darius

如果对识别重要，应用 **6.28.1.9 – 6.28.1.11** 所列的说明，为变异检索点添加适用的附加成分。

Sanctus (Messe de Tournai)
作品组成部分的规范检索点： Messe de Tournai. Sanctus。*检索点的附加成分用于将其与代表有相同首选题名的其他作品及作品的组成部分的检索点相区分*

Bacon, Ernst, 1898–1990. Last invocation (Song)
作品组成部分的规范检索点： Bacon, Ernst, 1898–1990. Songs at parting. Last invocation。*组成部分的题名与 Bacon 所作安魂曲的首选题名相同*

Rodgers, Richard, 1902–1979. I married an angel (Song)
作品组成部分的规范检索点： I married an angel。*出自同名音乐剧的歌曲；检索点的附加成分用于将其与代表整体作品的规范检索点相区分*

Barber, Samuel, 1910–1981. Adagios, string quartet
作品组成部分的规范检索点： Barber, Samuel, 1910–1981. Quartets, strings, no. 1, op. 11, B minor. Adagio

Busoni, Ferruccio, 1866 –1924. Dances, piano, op. 9, no. 5, D major
作品组成部分的规范检索点： Busoni, Ferruccio, 1866–1924. Festa di villaggio. Danza

如果对检索重要，则构建附加变异检索点。

Bellini, Vincenzo, 1801–1835. Puritani. Ouverture
Bellini, Vincenzo, 1801–1835. Puritani. Overture
Bellini, Vincenzo, 1801–1835. Puritani. Preludio
Bellini, Vincenzo, 1801–1835. Puritani. Sinfonia

作品组成部分的规范检索点： Bellini, Vincenzo, 1801–1835. Puritani. Atto 1. Introduzione

Arensky, Anton Stepanovich, 1861–1906. Trios, piano, strings, no. 1, op. 32, D minor. Allegro non troppo
作品组成部分的规范检索点： Arensky, Anton Stepanovich, 1861–1906. Trios, piano, strings, no. 1, op. 32, D minor. Finale

Wagner, Richard, 1813–1883. Adagio, clarinet, string orchestra, D♭ major
作品组成部分的规范检索点： Baermann, Heinrich, 1784–1847. Quintets, clarinet, violins, viola, violoncello, op. 23, E♭ major. Adagio。*原先认为是 Richard Wagner 所作的独立作品*

6.28.4.4 代表音乐作品汇编的变异检索点

如果代表个人音乐作品汇编的规范检索点是用代表该个人的规范检索点随以惯用总题名（见 **6.14.2.8**）所构建，则用代表个人的规范检索点随以所描述资源的正题名或见于参考源的题名，构建代表汇编的变异检索点。除非所描述资源的正题名（不包括任何交替题名）或见于参考源的题名与惯用总题名相同或很相似。

Vierne, Louis, 1870 –1937. Complete organ works
Vierne, Louis, 1870 –1937. Œuvres complètes pour orgue
Vierne, Louis, 1870 –1937. Sämtliche Orgelwerke
汇编的规范检索点： Vierne, Louis, 1870–1937. Organ music

Takemitsu, Tōru. Complete Takemitsu edition
Takemitsu, Tōru. Takemitsu Tōru zenshū
Takemitsu, Tōru. 武满徹全集
汇编的规范检索点： Takemitsu, Tōru. Works

Bach, Johann Sebastian, 1685–1750. Best of Bach
汇编的规范检索点： Bach, Johann Sebastian, 1685–1750. Works. Selections

Bartók, Béla, 1881–1945. Selected works for piano
汇编的规范检索点： Bartók, Béla, 1881–1945. Piano music. Selections

如果对识别重要，则应用 **6.28.1.9–6.28.1.11** 所列的说明，为变异检索点添加适用的附加成分。

Beethoven, Ludwig van, 1770 –1827. Ludwig van Beethoven's Werke (1862)
汇编的规范检索点： Beethoven, Ludwig van, 1770 –1827. Works (1862)

Beethoven, Ludwig van, 1770 –1827. Ludwig van Beethoven's Werke (1949)
汇编的规范检索点： Beethoven, Ludwig van, 1770 –1827. Works (1949)

Glazunov, Aleksandr Konstantinovich, 1865–1936. Orchestral works (Naxos (Sound recording label))
汇编的规范检索点： Glazunov, Aleksandr Konstantinovich, 1865–1936. Orchestra music (Naxos (Sound recording label))

Hindemith, Paul, 1895–1963. Pieces, double bass
Hindemith, Paul, 1895–1963. Stücke, double bass
汇编的规范检索点： Hindemith, Paul, 1895–1963. Double bass music

如果对检索重要，则构建附加变异检索点。

Cimarosa, Domenico, 1749–1801. Sonatas, harpsichord
Cimarosa, Domenico, 1749–1801. Sonatas, piano
汇编的规范检索点: Cimarosa, Domenico, 1749–1801。*奏鸣曲，键盘乐器*

6.28.4.5 代表音乐内容表达的变异检索点

如果音乐作品的变异题名与作品的一个特定内容表达相关，则用与该内容表达相关的变异题名，构建代表内容表达的变异检索点。

Fanfare and National anthem
内容表达的规范检索点: God save the King; arranged

如果音乐作品的变异题名与作品的一个特定内容表达相关，且代表内容表达的规范检索点是用代表个人、家族或团体的规范检索点随以作品首选题名，以及识别内容表达的一个或多个附加成分所构建，则用代表个人、家族或团体的规范检索点随以与内容表达相关的变异题名，构建代表内容表达的变异检索点。

Poulenc, Francis, 1899 –1963. Carmelites
内容表达的规范检索点: Poulenc, Francis, 1899–1963. Dialogues des Carmélites. English

Tower, Joan, 1938 – . Celebration fanfare
内容表达的规范检索点: Tower, Joan, 1938– . Stepping stones. Love and celebration; arranged

Nyman, Michael. Film music for solo piano
内容表达的规范检索点: Nyman, Michael. Motion picture music. Selections; arranged

Strauss, Richard, 1864–1949. Skizzen zu Intermezzo
内容表达的规范检索点: Strauss, Richard, 1864–1949. Intermezzo (Sketches)

如果对识别重要，则应用 **6.28.1.9– 6.28.1.11** 所列的说明，为变异检索点添加适用的附加成分。

Shostakovich, Dmitriĭ Dmitrievich, 1906 –1975. Chamber symphony, op. 83a
Shostakovich, Dmitriĭ Dmitrievich, 1906 –1975. Kammersinfonie, op. 83a
内容表达的规范检索点: Shostakovich, Dmitriĭ Dmitrievich, 1906–1975. Quartets, strings, no. 4, op. 83, D major; arranged

Henselt, Adolf von, 1814 –1889. Berceuse, flute, piano, G♭ major
内容表达的规范检索点: Henselt, Adolf von, 1814 –1889. Wiegenlied; arranged

Barber, Samuel, 1910 –1981. Adagios, string orchestra
Barber, Samuel, 1910 –1981. Adagios, orchestra
内容表达的规范检索点: Barber, Samuel, 1910 –1981. Quartets, strings, no. 1, op. 11, B minor. Adagio; arranged

Copland, Aaron, 1900–1990. House on the hill (Sketches)
内容表达的规范检索点: Copland, Aaron, 1900–1990. Choruses (1925). House on the hill (Sketches)

Sullivan, Arthur, 1842–1900. I have a song to sing, O! (Collection)
内容表达的规范检索点: Sullivan, Arthur, 1842–1900. Operas. Vocal scores. Selections。*内容表达的变异题名与 Sullivan 所作的歌剧* The Yeomen of the Guard *中的一首歌曲题名相同*

如果对检索重要，则构建附加变异检索点。

6.29 构建代表法律作品和内容表达的检索点

6.29.1 代表法律作品的规范检索点

6.29.1.1 构建代表法律作品的规范检索点的一般性规则

6.29.1.1.1 法律等

应用 **6.29.1.2–6.29.1.31** 所列的说明，构建代表下列类型之一的法律作品的规范检索点：

a) 法律等（见 **6.29.1.2– 6.29.1.6**）

b) 非法律的行政法规等（见 **6.29.1.7– 6.29.1.9**）

c) 法院规章（见 **6.29.1.10– 6.29.1.12**）

d) 政府间和非行政管辖团体的宪法、宪章等（见 **6.29.1.13 – 6.29.1.14**）

e) 条约、国际协定等（见 **6.29.1.15– 6.29.1.20**）

f) 判例汇编、引文、文摘等（见 **6.29.1.21– 6.29.1.23**）

g) 法院诉讼等（见 **6.29.1.24– 6.29.1.31**）

6.29.1.1.2 法律等之外的类别

将 **6.29.1.2–6.29.1.6** 所列的说明应用于政治行政管辖区的立法性法规和法令（包括诸如宪法、宪章等基本法等）和具有法律效力的行政长官的法令（以下均称为法律），除了：

a) 非法律的行政法规（见 **6.29.1.7–6.29.1.9**）

b) 法院规章（见 **6.29.1.10–6.29.1.12**）

c) 条约和类似的正式协定（见 **6.29.1.15–6.29.1.20**）

6.29.1.1.3 法律的注释版和评注

关于法律的注释版和评注，见 **6.27.1.6**。

6.29.1.1.4 其他法律类型

对于其他法律类型，应用 **6.27.1** 所列的一般性规则和说明，构建规范检索点。

6.29.1.1.5 规范检索点的附加成分

如适用，应用 **6.29.1.32–6.29.1.34** 所列的说明，为规范检索点添加适用附加成分。

<u>法律等</u>

6.29.1.2 管辖一个行政管辖区的法律

对于管辖一个行政管辖区的法律，构建代表作品的规范检索点，应结合以（按如下顺序）：

a) 依 **11.13.1** 所列的说明构成的代表受法律管辖的行政管辖区的规范检索点

b) 依 **6.19.2** 所列的说明构成的法律或多个法律的首选题名

Canada. Canada Corporations Act
规范检索点用于: Canada Corporations Act : chap. 53, R.S.C. 1952, as amended

Catawba Indian Nation. Constitution and By-laws of the Catawba Indian Tribe of South Carolina
规范检索点用于: Constitution and By-laws of the Catawba Indian Tribe of South Carolina

Austria. Arbeitszeitgesetz
规范检索点用于: Arbeitszeitgesetz (AZG) : Bundesgesetz vom 11. Dezember 1969

Richmond (Va.). Building code of the city of Richmond, Virginia
规范检索点用于: Building code of the city of Richmond, Virginia

California. Labor Code
规范检索点用于: California Labor Code. Citation title: Labor Code

United States. Constitution of the United States
规范检索点用于: The Constitution of the United States

Kosovo (Republic). Kushtetuta e Republikës së Kosovës
规范检索点用于: Kushtetuta e Republikës së Kosovës

Colima (Mexico : State). Constitución política del estado libre y soberano de Colima
规范检索点用于: Constitución política del estado libre y soberano de Colima

Alaska. Constitution of the State of Alaska
规范检索点用于: The Constitution of the State of Alaska

Canada. Constitution Act, 1982
规范检索点用于: The Constitution Act, 1982

Los Angeles County (Calif.). Charter of the County of Los Angeles
规范检索点用于: Charter of the County of Los Angeles

Australia. Laws, etc.
规范检索点用于: Acts of the Parliament of the Commonwealth of Australia

United States. Laws, etc.
规范检索点用于: United States code

6.29.1.3 管辖多个行政管辖区的法律

对于管辖多个行政管辖区的法律汇编，应用 **6.27.1.4** 所列的一般性规则和说明，构建代表作品的规范检索点。

Narcotic laws of Mexico and the United States of America
规范检索点用于: The narcotic laws of Mexico and the United States of America. Cover title: Drugs and the law : compilation of laws on narcotics and dangerous drugs from the United States of America, the United States of Mexico, the state of California, and the state of Baja California

6.29.1.4 视同法律的行政法规等

对于行政法规、规章等，如果出自视此类法规等为法律的行政管辖区（例如，在英国和加拿大），则用视同法律的法规的检索点作为规范检索点（见 **6.29.1.2** 和 **6.29.1.3**）。

Canada. Queen's regulations and orders for the Canadian Forces (1994 revision)
规范检索点用于: The Queen's regulations and orders for the Canadian Forces (1994 revision) : issued under the authority of the National Defence Act = Ordonnances et règlements royaux

applicables aux Forces canadiennes (révision de 1994) : publiés en vertu de l'autorité conférée par la Loi sur la défense nationale

New Brunswick. Laws, etc.
规范检索点用于: Regulations of New Brunswick

如果一部或多部法律与依据该法律制定的法规等一起出版，如适用，应用 **6.29.1.2** 或 **6.29.1.3** 所列的说明，构建代表作品的规范检索点。

New Brunswick. Laws, etc.
规范检索点用于: N.B. acts and regulations

6.29.1.5 法案和立法草案

对于立法法案，构建代表作品的规范检索点，应结合以（按如下顺序）：

a) 依 **11.13.1** 所列的说明构成的代表适当的立法团体的规范检索点

b) 依 **6.19.2** 所列的说明构成的立法法案的首选题名

Australia. Parliament. House of Representatives. Second Corporate Law Simplification Bill
规范检索点用于: Second Corporate Law Simplification Bill : second draft

United States. Congress (70th, 1st session : 1927–1928). Senate. Bill to designate a building site for the National Conservatory of Music of America, and for other purposes
规范检索点用于: A bill to designate a building site for the National Conservatory of Music of America, and for other purposes : 70th Congress, 1st session, S.2170

South Africa. Parliament (1994–). National Assembly. Electronic Communications and Transactions Bill
规范检索点用于: Electronic Communications and Transactions Bill / Republic of South Africa. — "As introduced in the National Assembly as a section 75 Bill"

对于其他立法草案，应用 **6.27.1** 所列的一般性规则和说明，构建代表作品的规范检索点。

Williston, Samuel, 1861–1963. Draft of an act relating to the sale of goods
规范检索点用于: Draft of an act relating to the sale of goods / by Samuel Williston

Ontario. Ministry of Housing. Local Planning Policy Branch. Planning act
规范检索点用于: The planning act : a draft for public comment。*由 Ontario Ministry of Housing、Local Planning Policy Branch 发行*

6.29.1.6 古代法律、某些中世纪法律、习惯法等

对于古代行政管辖区的法律，采用西方模式立法制度之前的非西方行政管辖区的法律，以及习惯法、部落法等，作为规范检索点用以（按如下优先顺序）：

a) 该法律或早期法律汇编为人所知的题名（见 **6.19.2.6**）

b) 包含法律等的资源的正题名（不包括任何交替题名）

Lex Salica
规范检索点用于： Lex Salica : the ten texts with the glosses and the Lex Emendata

Institutiones
规范检索点用于： Imperatoris Iustiniani Institutionum libri quattuor / with introductions, commentary, and excursus by J.B. Moyle

Code of Hammurabi
规范检索点用于： The oldest code of laws in the world : the code of laws promulgated by Hammurabi, King of Babylon

Russkaia Pravda
规范检索点用于： Pravda Russkaia / pod red. B.D. Grekova。*以题名 Russkaia Pravda 为人所知的法律*

Fontes iuris Romani antejustiniani
规范检索点用于： Fontes iuris Romani antejustiniani / in usum scholarum ediderunt S. Riccobono, J. Baviera, C. Ferrini, J. Furlani et V. Arangio-Ruiz juris antecessors

<u>不视同法律的行政法规等</u>

6.29.1.7 由政府机构等颁布的不视同法律的行政法规等

对于出自行政管辖区的行政法规、规章等，如果此类法规等在该行政管辖区内由政府机构或者由一部或多部法律授权的代理者颁布（例如，在美国），则构建代表作品的规范检索点时，应结合以（按如下顺序）：

a) 依 **11.13.1** 所列的说明构成的代表机构或代理者的规范检索点

b) 依 **6.19.2** 所列的说明构成的法规等的首选题名

Illinois. Department of Public Health. Rules and regulations for recreational areas
规范检索点用于： Rules and regulations for recreational areas : prescribed under the Recreational Area Licensing Act, chapter 111 1/2, paragraphs 761–792 inclusive。*由 Illinois Department of Public Health 颁布*

6.29.1.8 一起发行的法律和衍生法规等

如果一部或多部法律与衍生于该法律的法规等一起发行，则用适用于在所描述资源的首选信息源中首先提及的规范检索点。然而，如果正题名中仅提及该法律或仅提及该法规等，则用适用于所提及的规范检索点。如果首选信息源的证据不明确或不充分，则用适合于该法律的规范检索点。

United States. Department of Labor. Regulations and principal statutes applicable to contractors and subcontractors on public building and public work and on building and work financed in whole or in part by loans or grants from the United States
规范检索点用于： Regulations and principal statutes applicable to contractors and subcontractors on public building and public work and on building and work financed in whole or in part by loans or grants from the United States / United States Department of Labor。*包括几个法令，整体和部分*

Germany (West). Gewerbesteuergesetz
规范检索点用于： Gewerbesteuer-Veranlagung 1966 : Gewerbesteuergesetz und Gewerbesteuer- Durchführungsverordnung mit Gewerbesteuer-Richtlinien .... *由 Bundesministerium der Finanzen of West Germany 颁布的法规和指导方针*

> ***交替规则***
>
> 如果一部或多部法律和衍生于该法律的法规等一起发行，则用适用于该法律的规范检索点，不考虑该法律或法规等是否在所描述资源的首选信息源中首先被提及。

6.29.1.9 行政法规等的汇编

对于政府机构等颁布的行政法规等的汇编，应用 **6.27.1.4** 所列的一般性规则和说明，构建代表作品的规范检索点。

<u>法院规章</u>

6.29.1.10 管辖单个法院的规章

对于管辖单个法院的法院规章（不论其官方性质，例如，法律、行政法规等），构建代表作品的规范检索点，应结合以（按如下顺序）：

a) 依 **11.13.1** 所列的说明构成的代表法院的规范检索点

b) 依 **6.19.2** 所列的说明构成的规章的首选题名

> United States. Tax Court. Rules of practice and procedure of the United States Tax Court
> *规范检索点用于:* Rules of practice and procedure of the United States Tax Court
>
> Zimbabwe. Supreme Court. Rules of the Supreme Court of Zimbabwe
> *规范检索点用于:* Rules of the Supreme Court of Zimbabwe
>
> Ontario. Superior Court of Justice. Ontario Superior Court practice
> *规范检索点用于:* Ontario Superior Court practice

6.29.1.11 管辖单个行政管辖区的多个法院的规章的汇编

对于管辖单个行政管辖区的多个法院的规章的汇编，且该汇编是作为该行政管辖区的法律而制定的，则应用 **6.29.1.2**所列的说明。对于法院规章的所有其他此类汇编，构建代表作品的规范检索点时，应结合以（按如下顺序）：

a) 依 **11.13.1** 所列的说明构成的代表颁布规则的机构或代理者的规范检索点

b) 依 **6.19.2** 所列的说明构成的规章的首选题名

> Peru. Reglamentos de tribunales, de jueces de paz y comercio
> *规范检索点用于:* Reglamentos de tribunales, de jueces de paz y comercio

6.29.1.12 法院规章的其他汇编

对于法院规章的汇编，如果是多个行政管辖区的法律，或是由多个机构或代理者颁布，则应用 **6.27.1.4** 所列的一般性规则和说明，构建代表作品的规范检索点。

> West's California rules of court, 1975, state and federal
> *规范检索点用于:* West's California rules of court, 1975, state and federal : with amendments received for January 1, 1975. — St. Paul, Minn. : West Publishing Co.。*规章适用于加利福尼亚州的多个州法院和联邦法院，州的规章由 California Judicial Council 颁布*

国际政府间团体和非行政管辖团体的宪法、宪章等

6.29.1.13 国际政府间团体的宪法、宪章等

对于国际政府间团体的宪法、宪章等，构建代表作品的规范检索点时，应结合以（按如下顺序）：

a) 依 **11.13.1** 所列的说明构成的代表该团体的规范检索点

b) 依 **6.19.2** 所列的说明构成的宪法等的首选题名

> United Nations. Charter of the United Nations
> *规范检索点用于:* Charter of the United Nations

用相同的规范检索点作为代表此类文件任何修正案的规范检索点。

6.29.1.14 非行政管辖团体的宪法、宪章等

对于由一个行政管辖区制定、适用于一个非行政管辖区的团体的宪法、宪章等，应用适用于文件类型的说明（例如，如果文件是一部法律，则应用 **6.29.1.2** 所列的说明），构建代表作品的规范检索点。

> Maryland. Charter of the Franklin Bank of Baltimore
> *规范检索点用于:* Charter of the Franklin Bank of Baltimore。*马里兰州立法机构的法案*

用相同的规范检索点作为代表此类文件任何修正案的规范检索点。

条约、国际协定等

6.29.1.15 国家级政府间的条约等

对于两个或两个以上的国家级政府间的条约或任何其他正式协定，[26] 构建代表作品的规范检索点时，应结合以（按如下顺序）：

a) 依 **11.13.1** 所列的规则和说明构成的代表在体现作品的资源或参考源中名列首位的政府的规范检索点

b) 依 **6.19.2.7** 所列的说明构成的作品首选题名

> United States. Treaties, etc.
> *规范检索点用于:* Special Economic Assistance : agreement between the United States of America and Burma, effected by exchange of notes
>
> Japan. Treaties, etc.
> *规范检索点用于:* Traité de paix entre le Japon et la Russie
>
> Australia. Treaties, etc.
> *规范检索点用于:* Security Treaty between Australia, New Zealand, and the United States of America (ANZUS)
>
> Argentina. Treaties, etc.
> *规范检索点用于:* The Antarctic Treaty (1959)。*签署方在序言中列出，以阿根廷开始*
>
> Bolivia. Treaties, etc.
> *规范检索点用于:* Treaty for the Prohibition of Nuclear Weapons in Latin America (The Treaty of Tlatelolco)。*在参考源中所列签署方依签署日期排列*
>
> Belgium. Treaties, etc.
> *规范检索点用于:* Schengen Agreement。*签署方在资源中列出*

例外

如果条约等的一方仅是一个政府，而另一方是两个或两个以上的政府，则构建代表作品的规范检索点时，应结合以（按如下顺序）：

a) 依 **11.13.1** 所列的说明构成的代表一方单个政府的规范检索点

b) 依 **6.19.2.7** 所列的说明构成的条约等的首选题名

Netherlands. Treaties, etc.
规范检索点用于: Convention monétaire belgo-luxembourgeoise-néerlandaise。*以荷兰政府为一方，以比利时政府和卢森堡政府为另一方的协定*

如果在体现作品的资源或参考源中所列的政府无一致的排序，则用代表在首次获得的资源中名列首位的政府的规范检索点随以条约等的首选题名，构建代表作品的规范检索点。

如果既无资源，又无参考源可以提供用于确定首个签署方的信息，则用首选题名构建代表作品的规范检索点。

Agreement Establishing the World Trade Organization
规范检索点用于: Agreement Establishing the World Trade Organization。*协定于 1994 年 4 月 15 日签署，签署方既未在正文中列出，也未见于已查询的参考源*

26. 这里所用的术语 *national governments*（国家级政府），包括行使条约权力的团体，诸如 Native American nations 和 African tribal governments。

6.29.1.16 国际政府间团体缔结的协定

对于一个国际政府间团体和属于下列一种或多种类别的一个或多个团体之间：

a) 其他国际政府间团体

b) 国家级政府

c) 非国家级政府的行政管辖区

d) 其他团体

应用 **6.29.1.15** 所列的说明，构建代表作品的规范检索点。

United Nations. Treaties, etc.
规范检索点用于: Agreement between the United Nations and the Food and Agriculture Organisation of the United Nations and the United Kingdom as administering power of the territories of Cyrenaica and Tripolitania regarding technical assistance for Cyrenaica and Tripolitania

Bolivia. Treaties, etc.
规范检索点用于: Development credit agreement (Santa Cruz water supply and sewerage project) between Republic of Bolivia and International Development Association

Corporación de Fomento de la Producción (Chile). Treaties, etc.
规范检索点用于: Loan agreement (agricultural machinery project) between Corporación de Fomento de la Producción and International Bank for Reconstruction and Development

Asian Development Bank. Treaties, etc.
规范检索点用于: Project agreement (Anhui Hefei Urban Environment Improvement Project) between Asian Development Bank and Anhui Provincial Government, Hefei Municipal Government

United Nations. Treaties, etc.
规范检索点用于: Agreement between the United Nations and the World Intellectual Property Organization

6.29.1.17 罗马教廷缔结的协定

对于罗马教廷和一个国家级政府或其他政治行政管辖区之间的宗派间协约、临时协定、公约或其他正式协定，构建代表作品的规范检索点时，应结合以（按如下顺序）：

a) 依 **11.13.1** 所列的说明构成的代表在体现作品的资源或参考源中名列首位的一方的规范检索点

b) 依 **6.19.2** 所列的说明构成的协定的首选题名

Catholic Church. Treaties, etc.
规范检索点用于: Das Konkordat zwischen dem Heiligen Stuhle und dem Freistaate Baden

Catholic Church. Treaties, etc.
规范检索点用于: Základná zmluva medzi Svätou stolicou a Slovenskou republikou

如果在体现作品的资源或参考源中所列的各方无一致的排序，则用代表在首次获得的资源中名列首位的一方的规范检索点随以协定等的首选题名，构建代表作品的规范检索点。

6.29.1.18 其他涉及行政管辖区的协定

对于国家级以下的两个或两个以上的行政管辖区之间的协定，或者一个国家级政府和本国一个或多个行政管辖区之间的协定，应用 **6.27.1.3** 所列的一般性规则和说明，构建代表作品的规范检索点。

Ontario. Memorandum of agreement between the government of the province of Ontario and the government of Canada pursuant to section 4(3) of the Anti-Inflation Act
规范检索点用于: Memorandum of agreement between the government of the province of Ontario and the government of Canada pursuant to section 4(3) of the Anti-Inflation Act

Maine. Joint agreement between the state of Maine and the province of New Brunswick
规范检索点用于: Joint agreement between the state of Maine and the province of New Brunswick

对于涉及国家级以下的行政管辖区和一个或多个国际政府间团体之间的协定，应用 **6.29.1.16** 所列的说明，构建代表作品的规范检索点。

对于一个国家级政府和本国以外的一个或多个国家级以下行政管辖区之间的协定，应用 **6.29.1.15** 所列的说明，构建代表作品的规范检索点。

United States. Treaties, etc.
规范检索点用于: Tax convention with the British Virgin Islands : message from the President of the United States transmitting the Convention between the Government of the United States of America and the Government of the British Virgin Islands for the Avoidance of Double Taxation and the Prevention of Fiscal Evasion with Respect to Taxes on Income, together with a related note from the government of the British Virgin Islands, signed at Washington on February 18, 1981

对于涉及两个或两个以上的国家级政府和一个或多个国家级以下行政管辖区的协定，应用 **6.29.1.15** 所列的说明，构建代表作品的规范检索点。

对于任何级别的政府和一个非政府团体之间的协定，应用 **6.27.1.3** 所列的一般性规则和说明，构建代表作品的规范检索点。关于国际政府间团体的协定，见 **6.29.1.16**。

> **Canada. Treasury Board. Master agreement (PIPSC)**
> *规范检索点用于:* Master agreement (PIPSC) : agreement between the Treasury Board and the Professional Institute of the Public Service of Canada
>
> **Liberia. Concession agreement between the government of the Republic of Liberia and Liberia Iron and Steel Corporation**
> *规范检索点用于:* Concession agreement between the government of the Republic of Liberia and Liberia Iron and Steel Corporation

6.29.1.19 议定书、修正案等

对于附属于条约、国际协定等，但单独发行的议定书、修正案、延长协议或其他协定，用代表基本协定（见 **6.29.1.15 – 6.29.1.18**）的规范检索点作为代表作品的规范检索点。

将条约、国际协定等的总修订视为一部新作品。

6.29.1.20 条约、国际协定等的汇编

对于条约、国际协定等的汇编，如适用，依 **6.29.1.20.1**（两方之间的条约等）、**6.29.1.20.2**（一方和两方或多方之间的条约等）或 **6.29.1.20.3**（其他汇编）所列的说明，构建代表作品的规范检索点。

6.29.1.20.1 两方之间缔结的条约等

对于由两方缔结的条约、国际协定等组成的汇编，用为两方之间的单个协定所规定的规范检索点（见 **6.29.1.15 – 6.29.1.18**）。

> **United States. Treaties, etc.**
> *规范检索点用于:* United States agreements with the Republic of Korea

> *例外*
>
> 如果此类汇编以一个总题名为人所知，则用该题名作为规范检索点。

6.29.1.20.2 一方和两方或多方之间缔结的条约等

对于由一方和两方或多方之间缔结的条约、国际协定等组成的汇编，在构建规范检索点时，应结合以（按如下顺序）：

a) 依 **11.13.1** 所列的说明构成的代表一方的规范检索点

b) 依 **6.19.2.8** 所列的说明构成的条约等的首选题名

> **United States. Treaties, etc.**
> *规范检索点用于:* Treaties and other international agreements of the United States of America, 1776 –1949 / compiled under the direction of Charles I. Bevans

Brazil. Treaties, etc.
规范检索点用于: Tratados ratificados pelo Brasil / Arnaldo Süssekind. A compilation of Brazil''s treaties

Brazil. Treaties, etc.
规范检索点用于: Acordos e convenções internacionais em matéria de imposto de renda : coletânea de edições da Resenha tributária, seções 1.1 e 1.4 : acompanham sumário e índice alfabético-remissivo

例外

如果此类汇编以一个总题名为人所知，则用该题名作为规范检索点。

6.29.1.20.3 条约等的其他汇编

对于条约等的任何其他汇编，应用 **6.27.1.4** 所列的一般性规则和说明，构建规范检索点。

Treaties and alliances of the world
规范检索点用于: Treaties and alliances of the world / [compiled by] N.J. Rengger with John Campbell

<u>判例汇编、引文、摘要等</u>

6.29.1.21 一个法院的判例汇编

对于一个法院的判例汇编，如适用，依 **6.29.1.21.1**（归于报告人名称的判例汇编）或 **6.29.1.21.2**（不归于报告人名称的判例汇编）所列的说明，构建代表作品的规范检索点。

6.29.1.21.1 归于一个或多个报告人名称的判例汇编

如果判例汇编归于一个或多个报告人名称，构建规范检索点时，应结合以（按如下顺序）：

a) 依 **9.19.1** 所列的说明构成的代表报告人（或名列首位的报告人）的规范检索点

b) 依 **6.19.2** 所列的说明构成的判例汇编的首选题名

Manning, James, 1781-1866. Common bench reports
规范检索点用于: Common bench reports : cases argued and determined in the Court of Common Pleas / [reported] by James Manning, T.C. Granger, and John Scott

6.29.1.21.2 不归于一个或多个报告人名称的判例汇编

如果判例汇编不归于一个或多个报告人名称，构建规范检索点时，应结合以（按如下顺序）：

a) 依 **11.13.1** 所列的说明构成的代表法院的规范检索点

b) 依 **6.19.2** 所列的说明构成的判例汇编的首选题名

Canada. Federal Court. Canada Federal Court reports
规范检索点用于: Canada Federal Court reports / editor, Florence Rosenfeld

Arizona. Court of Appeals. Reports of cases argued and determined in the Court of Appeals of the State of Arizona
规范检索点用于: Report of cases argued and determined in the Court of Appeals of Arizona ...

Germany. Bundesverfassungsgericht. Entscheidungen des Bundesverfassungsgerichts
规范检索点用于: Entscheidungen des Bundesverfassungsgerichts

Nigeria. Supreme Court. Monthly judgments of the Supreme Court of Nigeria
规范检索点用于: Monthly judgments of the Supreme Court of Nigeria

6.29.1.22 多个法院的判例汇编

对于多个法院的判例汇编，如适用，依 **6.29.1.22.1**（一个负有责任的报告人等）或 **6.29.1.22.2**（不对全部判例汇编负有责任的报告人等）所列的说明，构建代表作品的规范检索点。

6.29.1.22.1 对判例汇编负有责任的一个报告人或合作报告人

如果一个报告人对所记录的全部案例的判例汇编负有责任，在构建规范检索点时，应结合以（按如下顺序）：

a) 依 **9.19.1** 所列的说明构成的代表报告人的规范检索点

b) 依 **6.19.2** 所列的说明构成的判例汇编的首选题名

Freeman, Richard, 1645 or 1646 –1710. Reports of cases argued and determined in the Courts of King's Bench and Common Pleas, from 1670 to 1704
规范检索点用于: Reports of cases argued and determined in the Courts of King's Bench and Common Pleas, from 1670 to 1704 / by Richard Freeman

如果有两个或两个以上的合作报告人对所记录的全部案例的判例汇编负有责任，则应用 **6.27.1.3** 所列的一般性规则和说明，构建代表作品的规范检索点。

Bosanquet, John Bernard, 1773 –1847. Reports of cases argued and determined in the Courts of Common Pleas, and Exchequer Chamber, and in the House of Lords
规范检索点用于: Reports of cases argued and determined in the Courts of Common Pleas, and Exchequer Chamber, and in the House of Lords / by John Bernard Bosanquet and Christopher Puller

6.29.1.22.2 不对全部判例汇编负有责任的一个报告人或合作报告人

如果报告人或合作报告人并非对全部判例汇编负有责任，或者在所描述资源的首选信息源中未提到报告人，则用首选题名作为规范检索点。

Australian law reports
规范检索点用于: Australian law reports : being reports of judgments of the High Court of Australia and the Judicial Committee of the Privy Council and of state supreme courts exercising federal jurisdiction, other federal courts and tribunals, together with selected cases from the Supreme Court of the Northern Territory and reports of the Supreme Court of the Australian Capital Territory (authorized by the judges) / editor, Robert Hayes。*每一案例汇编由其报告人署名*

6.29.1.23 引文、文摘等

对于法院判例汇编的引文、摘要或索引，如果对其负有责任的个人在所描述资源中显著列出，则构建代表作品的规范检索点时，应结合以（按如下顺序）：

a) 依 **9.19.1** 所列的说明构成的代表个人的规范检索点

b) 依 **6.19.2** 所列的说明构成的引文等的首选题名

Phillips, Richard H. (Richard Henry), 1890 –1971. Connecticut digest, 1785 to date
规范检索点用于: Connecticut digest, 1785 to date : Kirby to volume 129 inclusive with current cumulative pocket parts / by Richard H. Phillips

Michie, A. Hewson (Addinell Hewson), born 1897. Michie's digest of Virginia and West Virginia reports
规范检索点用于: Michie's digest of Virginia and West Virginia reports ... / under the editorial supervision of A. Hewson Michie

否则，用首选题名作为代表作品的规范检索点。

Commonwealth digest
规范检索点用于: Commonwealth digest : digest of cases argued and determined in the Commonwealth Trial Court, Commonwealth Superior Court (after May 1989), District Court of the Northern Mariana Islands, Trial and Appellate Divisions. — Saipan, Northern Mariana Islands : Law Revision Commission。*出版者承担编者的职能*

<u>法院诉讼等</u>

6.29.1.24 刑事诉讼和上诉

对于刑事审判、弹劾、军法审判等的正式诉讼和记录，以及此类案例的上诉程序，构建代表作品的规范检索点时，应结合以（按如下顺序）：

a) 如适用，依 **9.19.1** 或 **11.13.1** 所列的说明构成的代表被起诉的个人或团体的规范检索点

b) 依 **6.19.2** 所列的说明构成的诉讼等的首选题名

Riel, Louis, 1844–1885. Queen vs. Louis Riel
规范检索点用于: The Queen vs. Louis Riel, accused and convicted of the crime of high treason : report of trial at Regina ...

Alley, Leavitt. Report of the trial of Leavitt Alley, indicted for the murder of Abijah Ellis, in the Supreme Judicial Court of Massachusetts
规范检索点用于: Report of the trial of Leavitt Alley, indicted for the murder of Abijah Ellis, in the Supreme Judicial Court of Massachusetts / reported by Franklin Fiske Heard

Hull, William, 1753 –1825. Report of the trial of Brig. General William Hull, commanding the North-Western Army of the United States, by a court martial held at Albany on Monday, 3rd January, 1814, and succeeding days
规范检索点用于: Report of the trial of Brig. General William Hull, commanding the North-Western Army of the United States, by a court martial held at Albany on Monday, 3rd January, 1814, and succeeding days / taken by Lieut. Col. Forbes

> **Meteor (Ship). Report of the case of the steamship Meteor, libelled for alleged violation of the Neutrality Act**
> *规范检索点用于:* Report of the case of the steamship Meteor, libelled for alleged violation of the Neutrality Act / edited by F.V. Balch

6.29.1.24.1 涉及多个被告的诉讼和上诉

如果多个个人或团体被起诉，构建代表作品的规范检索点时，应结合以（按如下顺序）：

a) 如适用，依 **9.19.1** 对于 个人或 **11.13.1** 对于团体的说明构成的代表在首选信息源中名列首位的被告的规范检索点

b) 依 **6.19.2** 所列的说明构成的诉讼等的首选题名

6.29.1.25 民事的和其他非刑事的诉讼和上诉

对于民事的和其他非刑事的诉讼（包括选举案例）的正式程序和记录，以及此类案例的上诉程序，构建代表作品的规范检索点时，应结合以（按如下顺序）：

a) 如适用，依 **9.19.1** 对于个人或 **11.13.1** 对于团体的说明构成的代表提出起诉的个人或团体的规范检索点

b) 依 **6.19.2** 所列的说明构成的诉讼等的首选题名

> **Brooks, William, 1803–1863. Case of William Brooks versus Ezekiel Byam and others, in equity, in the Circuit Court of the United States, for the First Circuit-District of Massachusetts**
> *规范检索点用于:* The case of William Brooks versus Ezekiel Byam and others, in equity, in the Circuit Court of the United States, for the First Circuit-District of Massachusetts
>
> **Smith, John A. Contested election case of John A. Smith, contestant, v. Edwin Y. Webb, contestee, from the Ninth Congressional District of North Carolina, before Committee on Elections No. 2**
> *规范检索点用于:* Contested election case of John A. Smith, contestant, v. Edwin Y. Webb, contestee, from the Ninth Congressional District of North Carolina, before Committee on Elections No. 2
>
> **Goodwin Film and Camera Company. Goodwin Film and Camera Company, complainant, vs. Eastman Kodak Company, defendant**
> *规范检索点用于:* The Goodwin Film and Camera Company, complainant, vs. Eastman Kodak Company, defendant。*在纽约西区 United States Circuit Court 开庭的案例*
>
> **Goodwin Film and Camera Company. Goodwin Film and Camera Company, complainant-appellee, vs. Eastman Kodak Company, defendant-appellant**
> *规范检索点用于:* The Goodwin Film and Camera Company, complainant-appellee, vs. Eastman Kodak Company, defendant-appellant : transcript of record。*在 United States Circuit Court of Appeals for the Second Circuit 开庭的上诉*

6.29.1.25.1 多个个人或团体提出的起诉

如果多个个人或团体提出起诉，构建代表作品的规范检索点时，应结合以（按如下顺序）：

a) 如适用，依 **9.19.1** 对于个人或 **11.13.1** 对于团体的说明构成的代表在首选信息源中名列首位的原告等的规范检索点

b) 依 **6.19.2** 所列的说明构成的诉讼等的首选题名

6.29.1.26 起诉书

对于起诉书，应用 **6.29.1.24** 所列的说明，构建代表作品的规范检索点。

> Duane, William, 1760–1835. Copy of an indictment (No. 1) in the Circuit Court of the United States in and for the Pennsylvania District of the Middle Circuit
> *规范检索点用于:* Copy of an indictment (No. 1) in the Circuit Court of the United States in and for the Pennsylvania District of the Middle Circuit. Indictment of William Duane

6.29.1.27 对陪审团的指示

对于对陪审团的指示，构建代表作品的规范检索点时，应结合以（按如下顺序）：

a) 依 **11.13.1** 所列的说明构成的代表法院的规范检索点

b) 依 **6.19.2** 所列的说明构成的指示的首选题名

> United States. Circuit Court (Middle Circuit). Charge of Judge Paterson to the jury in the case of Vanhorne's lessee against Dorrance
> *规范检索点用于:* The charge of Judge Paterson to the jury in the case of Vanhorne's lessee against Dorrance : tried at a Circuit Court for the United States, held at Philadelphia, April term, 1795。*未提及承租人*

6.29.1.28 司法判决

对于法院对案例的审判或其他裁决，构建代表作品的规范检索点时，应结合以（按如下顺序）：

a) 依 **11.13.1** 所列的说明构成的代表法院的规范检索点

b) 依 **6.19.2** 所列的说明构成的判决的首选题名

> United States. Supreme Court. Freedom of the press
> *规范检索点用于:* Freedom of the press : opinion of the Supreme Court of the United States in the case of Alice Lee Grosjean, supervisor of public accounts for the state of Louisiana, appellant, v. American Press Company, Inc., et al.

6.29.1.29 司法意见

对于法官的意见，构建代表作品的规范检索点时，应结合以（按如下顺序）：

a) 依 **9.19.1** 所列的说明构成的代表法官的规范检索点

b) 依 **6.19.2** 所列的说明构成的意见的首选题名

> Sutliff, Milton, 1806 –1879. Dissenting opinion of Hon. Milton Sutliff, one of the judges
> *规范检索点用于:* Dissenting opinion of Hon. Milton Sutliff, one of the judges : ex parte Simeon Bushnell : ex parte Charles Langston : on habeas corpus. — At head of title: Supreme Court of Ohio

6.29.1.30 一方当事人的记录

对于一方当事人的法院记录，如适用，依 6.29.1.30.1（辩护状、辩解等）或 6.29.1.30.2（法庭辩护）所列的说明，构建代表作品的规范检索点。

6.29.1.30.1 辩护状、辩解等

对于案件一方当事人的辩护状、辩解或其他正式记录，构建规范检索点时，应结合以（按如下顺序）：

a) 如适用，依 9.19.1 对于个人或 11.13.1 对于团体的说明构成的代表一方当事人的规范检索点

b) 依 6.19.2 所列的说明构成的辩护状等的首选题名

Morewood, George B. George B. Morewood, John R. Morewood, Frederic R. Routh, respondents, appellants versus Lorenzo N. Enequist, libellant, appellee
规范检索点用于： George B. Morewood, John R. Morewood, Frederic R. Routh, respondents, appellants versus Lorenzo N. Enequist, libellant, appellee : brief for appellants on admiralty jurisdiction / Robert Dodge, attorney for appellants. — At head of title: Supreme Court of the United States, no. 132

6.29.1.30.2 法庭辩护

对于律师提出的法庭辩护，构建规范检索点时，应结合以（按如下顺序）：

a) 依 9.19.1 所列的说明构成的代表律师的规范检索点

b) 依 6.19.2 所列的说明构成的辩护状等的首选题名

Gowen, Franklin B. (Franklin Benjamin), 1836 –1889. Argument of Franklin B. Gowen, Esq., of counsel for the Commonwealth, in the case of the Commonwealth vs. Thomas Munley
规范检索点用于： Argument of Franklin B. Gowen, Esq., of counsel for the Commonwealth in the case of the Commonwealth vs. Thomas Munley : indicted in the Court of Oyer and Terminer of Schuykill County, Pa., for the murder of Thomas Sanger, a mining boss, at Raven Run, on September 1st, 1875 / stenographically reported by R.A. West

6.29.1.31 诉讼等的汇编

对于正式诉讼或审判记录的汇编，应用 6.27.1.4 所列的一般性规则和说明，构建代表作品的规范检索点。

<u>代表法律作品的检索点的附加成分</u>

6.29.1.32 代表法律等的检索点的附加成分

如果依 6.29.1.2– 6.29.1.6 所列的说明构建的检索点与代表不同法律等的检索点相同或相似，则附加颁布年（见 6.20.2）。

Madagascar. Code pénal (1998)

Madagascar. Code pénal (2005)

Zimbabwe. Constitution of Zimbabwe (1994)

Zimbabwe. Constitution of Zimbabwe (2007)

6.29.1.33 代表条约等的检索点的附加成分

如果代表两方之间的条约和/或其他协定的汇编的检索点是用代表一方的规范检索点所构建，则附加条约另一方的名称（见 6.22）。

> United States. Treaties, etc. Korea (South)
> *所描述资源：* United States agreements with the Republic of Korea
>
> France. Treaties, etc. Algeria
> *所描述资源：* Accords passés entre la France et l'Algérie de juillet 1962 au 31 décembre 1963

对于一方和两方或多方之间的条约的汇编，不需要附加另外方的名称。

> United States. Treaties, etc.
> *所描述资源：* Treaties between the United States and foreign nations : from the Declaration of Independence of the United States to 1845 : with notes / edited by Richard Peters

如果代表条约等的汇编的检索点是用条约等的总名称所构建（见 6.19.2.8），且汇编含有全部条约等，则附加签署的日期、较早日期或最早日期（见 6.20.3）。

> Treaty of Utrecht (1713)

如果代表单个条约的检索点是用代表一方的规范检索点所构建，且另一边只有一方，则附加以（按如下顺序）：

a) 另一方的名称（见 6.22）

b) 签署的日期、较早日期或最早日期（见 6.20.3）

> United States. Treaties, etc. Kyrgyzstan, 1993 January 19
> *所描述资源：* Investment treaty with the Republic of Kyrgyzstan : message from the President of the United States transmitting the Treaty between the United States of America and the Republic of Kyrgyzstan concerning the Encouragement and Reciprocal Protection of Investment, signed at Washington on January 19, 1993
>
> Australia. Treaties, etc. Papua New Guinea, 1978 December 18
> *所描述资源：* Treaty between Australia and the Independent State of Papua New Guinea concerning Sovereignty and Maritime Boundaries in the Area between the Two Countries, Including the Area Known as Torres Strait, and Related Matters : Sydney, 18 December 1978, entry into force, 15 February 1985
>
> North Atlantic Treaty Organization. Treaties, etc. Russia (Federation), 1997 May 27
> *所描述资源：* Osnovopolagai͡u shchiĭ akt o vzaimnykh otnoshenii͡akh, sotrudnichestve i bezopasnosti mezhdu Organizat͡sieĭ Severoatlanticheskogo Dogovora i Rossiĭskoĭ Federat͡sieĭ。*1997 年 5 月 27 日于巴黎签署*
>
> Catholic Church. Treaties, etc. Slovakia, 2000 November 24
> *所描述资源：* Základná zmluva medzi Svätou stolicou a Slovenskou republikou。*天主教会和斯洛伐克共和国于 2000 年 11 月 24 日签署*

如果另一边不止一方，则仅附加签署的日期、较早日期或最早日期。

United States. Treaties, etc. 1952 May 9
所描述资源: International Convention for the High Seas Fisheries of the North Pacific Ocean with a protocol relating thereto : message from the President of the United States transmitting an International Convention for the High Seas Fisheries of the North Pacific Ocean, together with a protocol relating thereto, signed at Tokyo, May 9, 1952, on behalf of the United States, Canada, and Japan

如果代表单个条约的检索点是用条约为人所知的名称所构建，则附加签署的日期、较早日期或最早日期（见 6.20.3）。

Agreement Establishing the World Trade Organization (1994 April 15)
所描述资源: Uruguay Round of Multilateral Trade Negotiations / General Agreement on Tariffs and Trade. — Spine title: Final texts of the GATT Uruguay Round agreements including the Agreement Establishing the World Trade Organization as signed on April 15, 1994, Marrakesh, Morocco。*签署方既未在正文中列出，也未见于已查询的参考源*

对于单独描述的附属于条约等的议定书、修正案、延长协议或其他协定，将 *Protocols, etc.*（议定书等）附加于代表原始协定的规范检索点，其后随以签署日期，或者在涉及多个议定书情况下，随以起讫日期。

Ireland. Treaties, etc. Portugal, 1993 June 1. Protocols, etc., 2005 November 11
所描述资源: Protocol between Ireland and the Portuguese Republic Amending the Convention for the Avoidance of Double Taxation and the Prevention of Fiscal Evasion with Respect to Taxes on Income and its Protocol, signed at Dublin on 1st June, 1993 : done at Lisbon on 11th November, 2005

United States. Treaties, etc., 1952 May 9. Protocols, etc., 1978 April 25
所描述资源: Protocol Amending the International Convention for the High Seas Fisheries of the North Pacific Ocean。*由美国、加拿大和日本政府签署*

European Economic Community. Treaties, etc. Morocco, 1976 April 27. Protocols, etc., 1982 March 11–1991 June 26
所描述资源: Protocols to the EEC-Morocco Cooperation Agreement and other basic texts

6.29.1.34 代表其他法律作品的规范检索点的附加成分

如果代表在 6.29.1.32 或 6.29.1.33 中未涵盖类型的法律作品的检索点，与代表另一不同作品的检索点相同或相似，则应用 6.27.1.9 所列的说明，为检索点添加附加成分。

Judicial Council of California criminal jury instructions (Matthew Bender (Firm))

Judicial Council of California criminal jury instructions (West (Firm))

6.29.2 代表法律作品的内容表达的规范检索点

依 6.27.3 所列的说明，将适用的术语或日期附加于代表作品的规范检索点（见 6.29.1），构建代表法律作品的一个特定内容表达的检索点。

Kosovo (Republic). Kushtetuta e Republikës së Kosovës. English

Córdoba (Spain). Fuero (Latin version)

6.29.3 代表法律作品或内容表达的变异检索点

6.29.3.1 构建代表法律作品的变异检索点的一般性规则

用作品变异题名作为变异检索点的基础部分（见 6.19.3）。

> Codes legum
> Fori judicum
> Forum iudicum
> Forum judicum
> Fuero juzgo
> Lex Visigothorum
> Lex Wisigothorum
> Liber Gothorum
> Liber iudiciorum
> Liber iudicum
> Liber judicum
> *作品的规范检索点：* Liber judiciorum

如果变异检索点代表一部作品，而该作品的规范检索点是用作品首选题名并前置以代表个人或团体的规范检索点所构建（见 6.29.1.2–6.29.1.31），则用作品变异题名并前置以代表该个人或团体的规范检索点，构建变异检索点。

> Australia. Constitution Act
> *作品的规范检索点：* Australia. Commonwealth of Australia Constitution Act
>
> Canada. Federal Court. Recueil des arrêts de la Cour fédérale du Canada
> *作品的规范检索点：* Australia. Commonwealth of Australia Constitution Act
>
> Canada. Federal Court. Recueil des arrêts de la Cour fédérale du Canada
> *作品的规范检索点：* Canada. Federal Court. Canada Federal Court reports

如果代表一部作品的规范检索点是用代表个人、家族或团体的规范检索点随以作品首选题名所构建（见 6.29.1.2– 6.29.1.31），则可仅用作品首选题名构建变异检索点。

如适用，应用 6.29.3.2 （法律等）、 6.29.3.3 （条约等）和 6.29.3.4 （法律作品的内容表达）所列的附加说明。

如果对检索重要，则构建附加变异检索点。

> Hammurabi, King of Babylonia. Code of Hammurabi
> *作品的规范检索点：* Code of Hammurabi
>
> Recceswinth, King of the Visigoths, died 672. Liber judiciorum
> *作品的规范检索点：* Liber judiciorum。*西班牙的西哥特国王 Recceswinth 于 654 年颁布*
>
> Rome. Lex agraria
> *作品的规范检索点：* Lex agraria
>
> Reports of rules adopted by the Supreme Court of the State of Kansas
> *作品的规范检索点：* Kansas. Supreme Court. Reports of rules adopted by the Supreme Court of the State of Kansas

Federal Capital Territory (Nigeria). High Court. Abuja law reports
Nigeria. Court of Appeal. Abuja law reports
Nigeria. Supreme Court. Abuja law reports
Abuja Law Reporting Committee. Abuja law reports
作品的规范检索点： Abuja law reports。*High Court of the Federal Capital Territory、Court of Appeal 和 Supreme Court 的判决，由 Abuja Law Reporting Committee 摘选*

6.29.3.2 代表法律等的变异检索点

应用 **6.29.3.1** 所列的关于构建代表法律作品变异题名的一般性规则，构建代表法律等的变异检索点。

如果对识别重要，则将法律等的颁布年（见 **6.20.2**）附加于代表法律等的变异检索点。

Madagascar. Fehezandalana famaizana (1998)
作品的规范检索点： Madagascar. Code pénal (1998)

Madagascar. Fehezandalana famaizana (2005)
作品的规范检索点： Madagascar. Code pénal (2005)

6.29.3.3 代表条约等的变异检索点

用条约等的题名作为变异检索点的基础部分。将条约等的签署年份附加于题名（见 **6.20.3**）。

Protocol Amending the International Convention for the High Seas Fisheries of the North Pacific Ocean (1978)
所描述资源： Protocol Amending the International Convention for the High Seas Fisheries of the North Pacific Ocean : message from the President of the United States transmitting the Protocol Amending the International Convention for the High Seas Fisheries of the North Pacific Ocean, together with related agreed minutes and two memoranda of understanding, signed at Tokyo, April 25, 1978。*签署方为美国、加拿大和日本。作品的规范检索点：* United States. Treaties, etc., 1952 May 9. Protocols, etc., 1978 April 25

对于下列两方或多方之间的条约或其他协定：

a) 国家级政府

b) 国际政府间团体

c) 罗马教廷

d) 目前是国家级以下的管辖区，但保留签约的权力

用代表条约等的各个签署方的规范检索点，构建附加变异检索点（用于构建规范检索点的签署方除外）。如果对识别重要，则应用 **6.29.1.33** 所列的说明，为变异检索点添加附加成分。

World Intellectual Property Organization. Treaties, etc. United Nations, 1975 January 21
作品的规范检索点： United Nations. Treaties, etc. World Intellectual Property Organization, 1975 January 21

Portugal. Treaties, etc. Ireland, 1993 June 1. Protocols, etc., 2005 November 11
作品的规范检索点： Ireland. Treaties, etc. Portugal, 1993 June 1. Protocols, etc., 2005 November 11

6.29.3.4 代表法律作品内容表达的变异检索点

酌情将用于构建代表内容表达的规范检索点的附加成分的变体附加于代表作品的规范检索点（见 **6.29.2**），构建代表法律作品内容表达的变异检索点。

> **Córdoba (Spain). Fuero (1241 April 8)**
> *内容表达的规范检索点：* Córdoba (Spain). Fuero (Latin version)

如果法律作品的变异题名与作品的一个特定内容表达相关，则用与该内容表达相关的变异题名，构建代表内容表达的变异检索点。

> **Leyes sobre narcoticos de México y Estados Unidos**
> *内容表达的规范检索点：* Narcotic laws of Mexico and the United States of America. Spanish
>
> **Zakonik Hamurabia**
> *内容表达的规范检索点：* Code of Hammurabi. Serbian

如果法律作品的变异题名与作品的一个特定内容表达相关，且代表内容表达的规范检索点是由代表个人或团体的规范检索点随以作品首选题名，以及一个或多个识别内容表达的附加成分所构建，则用代表个人或团体的规范检索点随以与该内容表达相关的变异题名，构建代表内容表达的变异检索点。

> **Kosovo (Republic). Constitution of the Republic of Kosovo**
> *内容表达的规范检索点：* Kosovo (Republic). Kushtetuta e Republikës së Kosovës. English
>
> **Lapage, Joseph, 1837 or 1838–1877. Bekännelse och afrättning af vedhuggare-demonen, Joseph Lapage**
> *内容表达的规范检索点：* Lapage, Joseph, 1837 or 1838–1877. Trial of Joseph LaPage the French monster, for the murder of the beautiful school girl, Miss Josie Langmaid. Swedish

如果对识别重要，则应用 **6.27.1.9** 所列的说明，为检索点添加适用的附加成分。

> **Abkommen zur Errichtung der Welthandelsorganisation (1994)**
> *内容表达的规范检索点：* Agreement Establishing the World Trade Organization (1994). German
>
> **Treaty of Peace, Friendship, and Boundaries between the Republics of Bolivia and Paraguay (1938)**
> *内容表达的规范检索点：* Bolivia. Treaties, etc. Paraguay, 1938 July 21. English

如果对检索重要，则构建附加变异检索点。

6.30 构建代表宗教作品和内容表达的检索点

6.30.1 代表宗教作品的规范检索点

6.30.1.1 构建代表宗教作品的规范检索点的一般性规则

应用 **6.30.1.2–6.30.1.3** 所列的说明，构建代表下列类型之一的宗教作品的规范检索点：

a) 宗教经典（见 6.30.1.2– 6.30.1.3）

b) 神学教义、宗教忏悔等（见 6.30.1.4）

c) 礼拜仪式作品（见 6.30.1.5– 6.30.1.7）

对于其他类型的宗教作品，应用 6.27.1 所列的一般性规则和说明，构建规范检索点。

<u>宗教经典</u>

6.30.1.2 公认为宗教经典的作品

对于被宗教团体公认为宗教经典的作品，用依 6.23.2 所列的说明构成的作品首选题名，构建代表作品的规范检索点。

Book of Mormon
代表作品的规范检索点用于: The Book of Mormon : an account written by the hand of Mormon upon plates taken from the plates of Nephi / translated by Joseph Smith, Jun.

Qur'an
代表作品的规范检索点用于: al-Qurʾān al-karīm

Ādi-Granth
代表作品的规范检索点用于: Śrī Guru Granth Sāhib : with complete index / prepared by Winand M. Callewaert

例外

如果涉及宗教经典作品（例如，巴哈教的作品）所属宗教团体的参考源将一部公认的宗教经典作品归为一个个人所作，则构建代表作品的规范检索点时，应结合以（按如下顺序）：

a) 依 9.19.1 所列的说明构成的代表对创作作品负有责任的个人的规范检索点

b) 依 6.23.2 所列的说明构成的作品首选题名

Baháʾu'lláh, 1817–1892. Kitāb al-aqdas
代表作品的规范检索点用于: Kitāb al-aqdas / taʾlīf Mirzā Ḥusayn ʻAlī al-maʻrūf bi-Bahāʾ Allāh ; maʻa muqaddimah li-nāshirihi Khaddūrī Ilyās ʻInāyat

Hubbard, L. Ron (La Fayette Ron), 1911–1986. Introduction to Scientology Ethics
代表作品的规范检索点用于: Introduction to Scientology Ethics / L. Ron Hubbard

Rogers, Robert Athlyi. Holy Piby
代表作品的规范检索点用于: The Holy Piby / Robert Athlyi Rogers

Moon, Sun Myung. Wŏlli haesŏl
代表作品的规范检索点用于: Wŏlli haesŏl。*由 Sun Myung Moon 写作*

6.30.1.3 宗教经典章节的主题对照

对于不同宗教经典章节的主题对照，用代表被对照章节的规范检索点（见 6.30.1.2）作为代表作品的规范检索点。

Bible. Gospels
代表作品的规范检索点用于: The life of Our Lord / compiled from the Gospels of the four Evangelists and presented in the very words of the Scriptures as one continuous narrative by Reginald G. Ponsonby ; with a preface by Sir Wilfred Grenfell

对于附有评注的主题对照，应用 6.27.1.6 所列的说明。

神学教义、宗教忏悔等

6.30.1.4 神学教义、宗教忏悔等的一般性说明

对于神学教义、宗教忏悔等，用依 6.23.2 所列的说明构成的作品首选题名，构建代表作品的规范检索点。

> Nicene Creed
> *代表作品的规范检索点用于:* I believe : the Nicene Creed / illustrated by Pauline Baynes
>
> Augsburg Confession
> *代表作品的规范检索点用于:* Confessio, oder, Bekantnis des Glaubens etlicher Fürsten und Stedte vberantwortet keiserlicher Maiestat auff dem Reichstag gehalten zu Augsburgk, anno 1530

礼拜仪式作品

6.30.1.5 礼拜仪式作品的一般性说明

6.30.1.5.1 礼拜仪式作品的类型

应用下列作品类型的说明：

a) 官方批准或传统上接受的宗教仪式文本

b) 既定时间提供的义务祈祷书（包括时辰礼仪、日课等）

c) 执行宗教仪式的历法和手册

d) 用于宗教仪式的取自宗教经典的阅读物

e) 称作“books of hours”（时间之书）的祈祷书

6.30.1.5.2 属于多种类别的礼拜仪式作品

对于属于上述一种或多种类别的礼拜仪式作品，构建代表作品的规范检索点时，应结合以（按如下顺序）：

a) 依 11.13.1 所列的说明构成的代表该作品所属教会或教派团体的规范检索点

b) 依 6.23.2 所列的说明构成的礼拜仪式作品的首选题名

> Episcopal Church. Book of common prayer
> *代表作品的规范检索点用于:* The book of common prayer, and administration of the sacraments and other rites and ceremonies of the church, according to the use of the Protestant Episcopal Church in the United States of America ; together with the Psalter or Psalms of David
>
> Church of England. Book of common prayer
> *代表作品的规范检索点用于:* The book of common prayer, and administration of the sacraments and other rites and ceremonies of the church, according to the use of the Church of England
>
> Church of England. Communion in Coventry Cathedral
> *代表作品的规范检索点用于:* The communion in Coventry Cathedral。*礼拜仪式作品*
>
> United Lutheran Church in America. Common service book of the Lutheran Church
> *代表作品的规范检索点用于:* Common service book of the Lutheran Church / authorized by the United Lutheran Church in America

Catholic Church. Missal
代表作品的规范检索点用于： Missale Romanum ex decreto sacrosancti Concilii Tridentini restitutum / S. Pii V Pontificis Maximi jussu editum aliorum Pontificum cura recognitum, a Pio X reformatum et Benedicti XV auctoritate vulgatum。*特伦托时期的礼拜仪式作品*

Catholic Church. Missale Romanum
代表作品的规范检索点用于： Missale Romanum : ex decreto Sacrosancti Oecumenici Concilii Vaticani II instauratum / auctoritate Pauli PP. VI promulgatum。*梵蒂冈第二届大公会议的礼拜仪式作品*

Church of England. Calendar, lectionary, and collects
代表作品的规范检索点用于： Calendar, lectionary, and collects : Sundays, principal feasts, and other principal holy days. — London : Church House Publishing, 2001. — (Common worship : services and prayers for the Church of England)

Episcopal Church. Burial of the dead
代表作品的规范检索点用于： Burial rites : according to the use of the Episcopal Church

Catholic Church. Liber usualis
代表作品的规范检索点用于： The liber usualis : with introduction and rubrics in English /edited by the Benedictines of Solesmes

Catholic Church. Restored Holy Week liturgy
代表作品的规范检索点用于： The restored Holy Week liturgy : practical arrangement of the prescribed music for the average church choir / by Carlo Rossini

Catholic Church. Diurnal
代表作品的规范检索点用于： Horae diurnae Breviarii Romani ex decreto sacrosanct Concilii Tridentini restituti

6.30.1.5.3 单一章节

对于用于宗教仪式的取自宗教经典的单一章节，应用 **6.30.1.2** 所列的说明，构建代表作品的规范检索点。

6.30.1.5.4 用于私人祈祷的作品、圣歌汇编等

对于下列类别的作品，适用时，应用 **6.27.1** 所列的一般性规则和说明，构建代表作品的规范检索点：

a) 用于私人祈祷的作品 [“books of hours”（时间之书）除外]

b) 圣歌汇编

c) 非官方批准的礼拜仪式的提议

d) 非官方的礼仪书

e) 宗教仪式的程序

f) 无经文的圣句集

6.30.1.5.5 检索点的附加成分

如果对识别重要，则应用 **6.27.1.9** 所列的说明，为检索点添加适用的附加成分。

Episcopal Church. Book of common prayer (1979)

6.30.1.6 东正教教会的礼拜仪式作品

对于以礼拜仪式原文语言出版的礼拜仪式作品，且该作品的出版是供国家级东正教教会或东正教教会内部另一个自治团体使用，应用 **6.30.1.5** 所列的一般性规则。

Srpska pravoslavna crkva. Srbljak
代表作品的规范检索点用于: Srbljak : sluzbe, kanoni, akatisti / priredio Đorđe Trifunović ; preveo Dimitrije Bogdanović

对于任何其他东正教礼拜仪式作品，构建代表作品的规范检索点，应结合以（按如下顺序）：

a) 依 **11.13.1** 所列的说明构成的代表教会整体的规范检索点
b) 依 **6.23.2** 所列的说明构成的礼拜仪式作品的首选题名

Orthodox Eastern Church. Octoechos
代表作品的规范检索点用于: The Great Octoechos

Orthodox Eastern Church. Menaion
代表作品的规范检索点用于: The Menaion of the Orthodox Church : collected services, together with selected Akathist hymns / translated by Isaac E. Lambertsen

Orthodox Eastern Church. Horologion
代表作品的规范检索点用于: The great Horologion, or, Book of hours / translated from the Greek by the Holy Transfiguration Monastery

如果对识别重要，则应用 **6.27.1.9** 所列的说明，为检索点添加适用的附加成分。

6.30.1.7 犹太教的礼拜仪式作品

对于犹太教的礼拜仪式作品，用依 **6.23.2** 所列的说明构成的作品首选题名，构建代表作品的规范检索点。

Haggadah
代表作品的规范检索点用于: Hagadah shel Pesaḥ / ʻarikhah, Beno Rotenberg ; mavo, Mikhaʼel Avi-Yonah ; ʻitsuv, Ḥayim Ron

Hallel
代表作品的规范检索点用于: Hallel = הלל: song of praise and thanksgiving : halachah, history, hashkafah, and commentary / by Moshe Bamberger

如果对识别重要，则应用 **6.27.1.9** 所列的说明，为检索点添加适用的附加成分。

Amidah (Jewish prayer)
代表作品的规范检索点包括在: Pathway to prayer : a translation and explanation of the Shemoneh esray= קונטרס עבודת התפלה /Mayer Birnbaum

6.30.2 代表宗教作品一个或多个组成部分的规范检索点

6.30.2.1 一般性规则

应用 **6.30.2.2–6.30.2.3** 所列的说明，构建代表下列类型之一的宗教作品的一个或多个组成部分的规范检索点：

a) 宗教经典（见 **6.30.2.2**）

b) 礼拜仪式作品（见 6.30.2.3）

对于其他类型宗教作品的一个或多个组成部分，应用 6.27.2 所列的一般性规则和说明，构建规范检索点。

6.30.2.2 宗教经典的一个或多个组成部分

用依 6.23.2.9 – 6.23.2.19 所列的说明构成的一个或多个组成部分的首选题名，构建代表宗教经典的一个或多个组成部分的规范检索点。

Bible. Ezra

Bible. Pentateuch

Bible. Psalms, XXIII

Bible. Psalms, CXX–CXXXIV

Bible. Luke, XIV, 26

Ten commandments

Talmud. Minor tractates

Mishnah. Avot

Vedas. Atharvaveda

Qur'an. Sūrat al-Baqarah

Tipiṭaka. Suttapiṭaka. Dīghanikāya. Mahāsudassanasutta

例外

如果代表宗教经典整体的规范检索点是由用代表对创作作品负有责任的个人的规范检索点随以作品首选题名（见 6.30.1.2 的例外）所构建，则将该组成部分的首选题名附加于代表作品整体的规范检索点，构建代表作品一个或多个组成部分规范检索点。

Rogers, Robert Athlyi. Holy Piby. Second Book of Athlyi Called Aggregation
规范检索点用于： The Holy Piby. The Second Book of Athlyi Called Aggregation。*由 Robert Athlyi Rogers 写作*

当识别宗教经典的两个或两个以上未编号或未连续编号的组成部分时，构建每个组成部分的规范检索点。

Bible. Psalms, VIII
Bible. Psalms, XLVI
Bible. Psalms, C
所描述资源： Three Psalms。*包含：第八、第四十六和第一百篇的赞美诗*

Qur'an. Sūrat Ibrāhīm
Qur'an. Sūrat al-Ḥajj
Qur'an. Sūrat al-Ṣāffāt
所描述资源： Selections from surahs Ibrahim, al-Hajj, as-Saffat : tajweed recitation of the Holy Qur'an。*《古兰经》的 XIV、XXII 和 XXXVII 篇章的诵经录音资料*

交替规则

当识别作品的两个或两个以上未编号或未连续编号的组成部分时，将组成部分视为作品整体的一个内容表达。将 *Selections*（选集）附加于代表作品整体的规范检索点（见 **6.27.3** 和 **6.12.1.4**），构建代表内容表达的规范检索点。

> Qur'an. Selections
> *所描述资源：* Call to prayer and readings from the Koran。*祈祷及附有古典阿拉伯语不同篇章诵经的录音资料*

6.30.2.3 礼拜仪式作品的一个或多个组成部分

对于礼拜仪式作品的一个或多个组成部分，如果属于 **6.30.1.5** 所列类别的一种或多种，则构建规范检索点时，应结合以（按如下顺序）：

a) 依 **11.13.1** 所列的说明构成的代表其所归属教会或教派团体的规范检索点；

b) 依 **6.23.2.19** 所列的说明构成的组成部分的首选题名。

> Catholic Church. Rite of election
> Rite of Christian initiation of adults *一个组成部分的规范检索点*

如果对识别重要，则应用 **6.27.1.9** 所列的说明，为检索点添加适用的附加成分。

> Episcopal Church. Lectionary (1979)
> Book of common prayer of 1979 *一个组成部分的规范检索点*

6.30.3 代表宗教作品一个内容表达的规范检索点

6.30.3.1 构建代表宗教作品一个内容表达的规范检索点的一般性规则

如适用，将 **6.30.3.2– 6.30.3.5** 所列的一个或多个元素附加于代表作品（见 **6.30.1**）或作品组成部分（见 **6.30.2**）的规范检索点，构建代表宗教作品或宗教作品组成部分的一个特定内容表达的规范检索点。

对于在 **6.30.3.2– 6.30.3.5** 的说明中未涵盖的宗教作品的内容表达，如适用，应用 **6.27.3** 所列的一般性说明。

6.30.3.2 代表《圣经》的一个内容表达的规范检索点

构建代表《圣经》或《圣经》的组成部分的一个特定内容表达的规范检索点时，如适用，将下列元素附加于代表作品（见 **6.30.1**）或组成部分（见 **6.30.2**）的规范检索点（按如下顺序）：

a) 指示内容表达语言的术语（见 **6.11**）

b) 内容表达的其他区别特征（见 **6.25**）

c) 内容表达的日期（见 **6.24**）

Bible. English

Bible. New Testament. English

Bible. Revelation. English

Bible. Latin. Vulgate

Bible. Corinthians. English. Authorized

Bible. English. Smith-Goodspeed

Bible. English. Douai
所描述资源： The Holy Bible / translated from the Latin Vulgate being the edition published at Rheims, A.D. 1582 and at Douay, 1609 ; as revised and corrected in 1750, according to the Clementine edition of the Scriptures, by Richard Challoner

Bible. Greek. Codex Sinaiticus
所描述资源： Bibliorum Codex Sinaiticus Petropolitanus

Bible. French. Martin. 1835

Bible. Gospels. English. Revised Standard. 1975
所描述资源： The horizontal line synopsis of the Gospels / Reuben J. Swanson. — First edition. — Dillsboro, North Carolina : Western North Carolina Press, Inc., ©1975. — "The Bible text in this publication is from the Revised Standard Version of the Bible"—Title page verso。*《圣经》主题对照书*

Bible. Old Testament. Ethiopic. 1923

Bible. Psalms. Afrikaans. Oberholzer and others. 2005
所描述资源： Afrikaanse Bybel vir Dowes : Psalms. — Eerste uitgawe. — Kaapstad : Bybelgenootskap van Suid-Afrika, 2005。*由 J.P. Oberholzer、H.J.B. Combrink、H.C. van Zyl、D.F. Tolmie、C.H.J. van der Merwe、R.P. Hough 和 E. Roux 翻译*

如果所描述资源包含作品的多种语言的内容表达，则为每个内容表达创建规范检索点。

Bible. Latin
Bible. French
所描述资源： La sainte Bible : texte latin et traduction française

Bible. Kikuyu
Bible. English
所描述资源： The Bible in English and Kikuyu

如果所描述资源包含作品的多个版本，则为每个版本创建规范检索点。

Bible. English. Authorized
Bible. English. Revised
所描述资源： Johnson's worker's Bible : self-pronouncing edition of the Holy Scriptures arranged especially for workers, ministers, students, showing a new and simple combination of the Authorized and Revised versions of the Old and New Testaments

交替规则

如果资源是摹真复制品，则用原作的出版年创建一个规范检索点，用摹真品的日期创建第二个规范检索点。

Bible. German. Luther. 1534
Bible. German. Luther. 2002
所描述资源： Biblia, das ist, Die gantze Heilige Schrifft deudsch / Mart. Luth. ; begnadet mit kürfurstlicher zu sachsen Freiheit. — Köln : Taschen, ©2002。*1534 年版本的摹真品*

6.30.3.3 代表《塔木德》《密释纳》和《托塞夫塔》或《米德拉西》的内容表达的规范检索点

如适用，将一种或多种语言的名称（见 **6.11**）附加于代表作品（见 **6.30.1**）或作品的组成部分（见 **6.30.2**）的规范检索点，构建代表《塔木德》（Talmud）、《密释纳》（Mishnah）和《托塞夫塔》（Tosefta）或《米德拉西》（Midrashim）的译本的规范检索点。

Talmud Yerushalmi. French
所描述资源： Le Talmud de Jérusalem / traduit pour la première fois en français par Moïse Schwab

例外

如果资源包含原文和译文，则不附加语言名称。将译文的语言作为附加成分，创建第二个检索点。

Talmud
Talmud. English
所描述资源： New edition of the Babylonian Talmud, English translation / original text edited, formulated, and punctuated by Michael L. Rodkinson

Tosefta. Beẓah
Tosefta. Beẓah. German
所描述资源： Der Tosefta-Traktat Jom Tob / Einleitung, Text, Übersetzung, und Erklärung von Michael Kern

6.30.3.4 代表《吠陀经》的内容表达的规范检索点

如果所描述资源是《吠陀经》的四种标准汇编之一的特定版本，则将版本名称附加于代表汇编的规范检索点，并置于圆括号内，构建代表内容表达的规范检索点。

Vedas. Sāmaveda (Kauthumasaṃhitā)

6.30.3.5 代表礼拜仪式作品的变异或特殊文本的规范检索点

如果所描述资源包含礼拜仪式作品的权威的或传统的变体或特殊文本，则为代表该作品的规范检索点附加下列（按如下优先顺序）：

a) 特殊仪式的名称（例如，一种拉丁仪式，但用于天主教作品的罗马仪式除外；一种仪式，但未经修改的用于犹太教作品的德系犹太人仪式除外）

Catholic Church. Breviary (Ambrosian)
所描述资源： Breviarium Ambrosianum

Haggadah (Sephardic)
所描述资源： Hagadah shel Pesaḥ : nusaḥ Sefaradi

b) 地点（例如，国家、主教教区）或机构（例如，修道院）的名称，在该地点或机构中变体是权威的或是传统的；如果必要，则两者都附加，地点前置以机构

Catholic Church. Ordo divini officii (Diocese of Trier)
所描述资源： Directorium Diocesis Treverensis, seu, Ordo divini officii recitandi missaeque celebrandae

Catholic Church. Officia propria (Ireland)
所描述资源： Officia propria sanctorum insulae Hiberniae

Catholic Church. Missal (St. Augustine's Abbey, Canterbury, England)
所描述资源： The missal of St. Augustine's Abbey, Canterbury

Seder Haḳafot (Spinḳa)
所描述资源： Seder Haḳafot li-Shemini ʻAtseret ṿe-Śimḥat Torah / asher nahag Maran Baʻal Imre Yosef mi-Spinḳa

c) 宗教教团的名称，变体对该教团是权威的或是传统的

Catholic Church. Breviary (Benedictine)
所描述资源： Brevarium monasticum

Catholic Church. Missal (Dominican)
所描述资源： Missale Dominicanum

如果上述 a)、b)或 c)的附加成分不足以识别变异文本，则附加另外的术语（例如，编者名称）。

Haggadah (Reform : Cantor)
所描述资源： The egalitarian Hagada / by Aviva Cantor

Haggadah (Reform : Seligmann)
所描述资源： Hagada : Liturgie für die häusliche Feier der Sederabende / in deutscher Sprache neu bearbeitet von C. Seligmann

Catholic Church. Liber ordinarius (Abbaye de Saint-Denis : 1234)
所描述资源： The first Ordinary of the Royal Abbey of St.-Denis in France : Paris, Bibliothèque Mazarine 526 / [edited by] Edward B. Foley。*另一部 Liber ordinarius 用于同一大修道院，日期是 1254 年至 1259 年*

Catholic Church. Breviary (Ambrosian : Archdiocese of Milan)
所描述资源： Prima dies nona fit iani scorpius hora .... *用于米兰大主教管辖区古老礼拜仪式的每日祈祷书*

对于梵蒂冈第二届大公会议在语言和内容有变化的礼拜仪式文本，用所描述资源的独立题名作为首选题名，并附加术语以区分具有相同题名的不同文本。

Catholic Church. Liturgy of the hours (Philippines)
所描述资源： The liturgy of the hours. — Manila, Philippines : Missionary Benedictine Sisters, St. Scholastica's Priory, [1979?]. — "The text of the Liturgy of the Hours has been approved for use in the Philippines by the Catholic Bishops' Conference in January 1975"

Catholic Church. Liturgy of the hours (Servite)
所描述资源： The liturgy of the hours : proper of the Order of Servants of the Blessed Virgin Mary

Catholic Church. Liturgy of the hours for the Order of the Holy Cross
所描述资源: The liturgy of the hours for the Order of the Holy Cross

Catholic Church. Proper of The liturgy of the hours of the Order of the Brothers of the Blessed Virgin Mary of Mount Carmel
所描述资源: Proper of The liturgy of the hours of the Order of the Brothers of the Blessed Virgin Mary of Mount Carmel

6.30.4 代表宗教作品的手稿或手稿复制品的规范检索点

如果检索点代表特定手稿或特定手稿的复制品，则将 *Manuscript*（手稿）附加于代表作品的规范检索点，其后随以（按如下优先顺序）：

a)　特定拥有者名称的简略形式，如果可用于识别手稿

Catholic Church. Psalter (Manuscript Queen Mary)

b)　用于识别手稿的任何其他名称

Catholic Church. Book of hours (Manuscript Rohan)

c)　保存机构名称的简略形式，其后随以保存机构标识

Catholic Church. Missal (Manuscript Biblioteca apostolica vaticana. Borgh. cinese 409)

6.30.5 代表宗教作品或内容表达的变异检索点

6.30.5.1 构建代表宗教作品变异检索点的一般性规则

用作品变异题名（见 **6.23.3**）作为变异检索点的基础部分。

Avesto
作品的规范检索点: Avesta

Koran
Qorān
Xuraan
قرآن
作品的规范检索点: Qur'an

如果变异检索点代表一部作品，而代表该作品的规范检索点是用代表个人或团体的规范检索点随以作品首选题名所构建（见 **6.30.1.2–6.30.1.7**），则用代表该个人或团体的规范检索点随以作品变异题名，构建变异检索点。

Rogers, Robert Athlyi. Blackman's Bible
作品的规范检索点: Rogers, Robert Athlyi. Holy Piby

Catholic Church. Day hours
Catholic Church. Diurnale
Catholic Church. Horae diurnae Breviarii Romani
作品的规范检索点： Catholic Church. Diurnal

如果代表作品的规范检索点是用代表个人、家族或团体的规范检索点随以作品首选题名所构建（见 **6.30.1.2–6.30.1.7**），可仅用作品首选题名构建变异检索点。

如果对识别重要，则应用 **6.27.1.9** 所列的说明，为检索点添加适用的附加成分。

Concordia (Lutheran creed)
作品的规范检索点： Konkordienbuch。*变异题名与其他作品的首选题名相同*

Catholic Church. Sacramentary (1970)
作品的规范检索点： Catholic Church. Missale Romanum (1970)

Episcopal Church. Book of common prayer (1979). Holy Eucharist
Episcopal Church. Eucharist (Section of Book of common prayer of 1979)
作品的规范检索点： Episcopal Church. Holy Eucharist

如适用，应用 **6.30.5.2**（宗教作品的组成部分）和 **6.30.5.3**（宗教作品的内容表达）所列的附加说明。

如果对检索重要，则构建附加变异检索点。

Hawatamkʿ
作品的规范检索点： Armenian Church. Hawatamkʿ

Athanasius, Saint, Patriarch of Alexandria, died 373. Athanasian Creed
作品的规范检索点： Athanasian Creed。*传统上认为是 Saint Athanasius of Alexandria 所作，但现在学术界普遍认为他并非作者*

Westminster Assembly (1643 –1652). Westminster Confession of Faith
Westminster Assembly (1643 –1652). Westminster Confession
Westminster Assembly (1643 –1652). Confession of Faith
作品的规范检索点： Westminster Confession of Faith。*由 Westminster Assembly 于 1646 年起草*

6.30.5.2 代表宗教作品的组成部分的变异检索点

如果代表宗教作品的组成部分的规范检索点是用代表个人或团体的规范检索点随以作品整体的首选题名，再随以组成部分的首选题名所构建，则用代表该个人或团体的规范检索点直接随以组成部分的首选题名，构建代表组成部分的变异检索点，只要组成部分的题名具有区别性。

Hubbard, L. Ron (La Fayette Ron), 1911–1986. Ethics Codes
作品组成部分的规范检索点： Hubbard, L. Ron (La Fayette Ron), 1911–1986. Introduction to Scientology Ethics. Ethics Codes

Rogers, Robert Athlyi. Second Book of Athlyi Called Aggregation
Rogers, Robert Athlyi. Aggregation
作品组成部分的规范检索点： Rogers, Robert Athlyi. Holy Piby. Second Book of Athlyi Called Aggregation

如果代表组成部分的规范检索点是用作品整体的首选题名以及用于组成部分题名的复分所构建（见 **6.23.2.9 – 6.23.2.19**），则用组成部分自身的首选题名，构建变异检索点，只要组成部分的题名具有区别性。

Old Testament
作品组成部分的规范检索点: Bible. Old Testament

Ṛgveda
作品组成部分的规范检索点: Vedas. Ṛgveda

Brahmajālasutta
作品组成部分的规范检索点: Tipiṭaka. Suttapiṭaka. Dīghanikāya. Brahmajālasutta

如果代表组成部分的规范检索点是用组成部分自身的首选题名所构建，则用作品整体的首选题名随以组成部分的首选题名，构建变异检索点。

Siddur. Shema
作品组成部分的规范检索点: Shema

Bible. Exodus, XX, 2–17
Bible. Deuteronomy, V, 6 –21
Bible. Ten commandments
Bible. Decalogue
作品组成部分的规范检索点: Ten commandments

如果对识别重要，则应用 **6.27.1.9** 所列的说明，为检索点添加适用的附加成分。

John (Book of the Bible)
作品组成部分的规范检索点 : Bible. John

如果对检索重要，则构建附加变异检索点。

Isaiah (Biblical prophet). Book of Isaiah
作品组成部分的规范检索点: Bible. Isaiah。*传统上认为是公元前 8 世纪犹太预言家 Isaiah 所作*

6.30.5.3 代表宗教作品一个内容表达的变异检索点

酌情将用于构建代表内容表达的规范检索点的附加成分的变体附加于代表作品的规范检索点（见 **6.30.3 – 6.30.4**），构建代表宗教作品一个内容表达的变异检索点。

Bible. English. King James Version
内容表达的规范检索点: Bible. English. Authorized

Bible. New Testament. Spanish. Nueva Versión Internacional. 1985
内容表达的规范检索点: Bible. New Testament. Spanish. New International. 1985

Bible. Psalms. Hebrew. Psalms scroll
Bible. Psalms. Hebrew. Great Psalms scroll
Bible. Psalms. Hebrew. Elizabeth Hay Bechtel Psalms scroll
内容表达的规范检索点: Bible. Psalms. Hebrew. Dead Sea Psalms scroll

Catholic Church. Breviary (Benedictine : Hyde Abbey)
内容表达的规范检索点: Catholic Church. Breviary (Hyde Abbey)

Catholic Church. Book of hours (Manuscript Bibliothèque nationale de France. Latin 9471)
内容表达的规范检索点： Catholic Church. Book of hours (Manuscript Rohan)

Talmud. 1990
Talmud. English. 1990
内容表达的规范检索点： Talmud (Schottenstein edition)

如果宗教作品的变异题名与作品的一个特定内容表达相关，则用与该内容表达相关的变异题名，构建代表内容表达的变异检索点。

Nicänische Glaubensbekenntnis
内容表达的规范检索点： Nicene Creed. German

Ko te Paipera Tapu
Paipera Tapu
Holy Bible in Maori
内容表达的规范检索点： Bible. Maori. 1990

Jerusalemer Talmud in deutscher Übersetzung
内容表达的规范检索点： Talmud Yerushalmi. German. 1975

Egalitarian Hagada
内容表达的规范检索点： Haggadah (Reform : Cantor)

Tripiṭaka Koreana
Koryŏ Taejanggyŏng
Koryŏ-dae-jang-kyŏng
内容表达的规范检索点： Da zang jing (Koryŏ version)

如果宗教作品的变异题名与作品的一个特定内容表达相关，且代表内容表达的规范检索点是用代表个人、家族、或团体的规范检索点随以作品首选题名，以及识别内容表达的一种或多种附加成分所构建，则用代表个人、家族或团体的规范检索点随以与该内容表达相关的变异题名，构建代表内容表达的变异检索点。

Bahá'u'lláh, 1817–1892. Qitapi akdas
Bahá'u'lláh, 1817–1892. Libri më i shenjtë
内容表达的规范检索点： Bahá'u'lláh, 1817–1892. Kitāb al-aqdas. Albanian

Orthodox Eastern Church. Kitāb, al-sawāʿī al-kabīr
内容表达的规范检索点： Orthodox Eastern Church. Horologion. Arabic

Catholic Church. Breviarium Ambrosianum
内容表达的规范检索点： Catholic Church. Breviary (Ambrosian)

如果对识别重要，应用 **6.27.1.9** 所列的说明，为检索点添加适用的附加成分。

Catholic Church. Breviarium Ambrosianum (Archdiocese of Milan)
内容表达的规范检索点： Catholic Church. Breviary (Ambrosian : Archdiocese of Milan)

如果对检索重要，则构建附加变异检索点。

6.31 构建代表官方通信的检索点

6.31.1 代表官方通信的规范检索点

6.31.1.1 构建代表官方通信的规范检索点的一般性规则

应用 **6.31.1.2 – 6.31.1.5** 所列的说明，构建代表下列类型之一的官方通信的规范检索点：

a) 国家元首、政府首脑或国际团体负责人的官方通信（例如，致立法机构的信件、文告、不属于 **6.29.1.2– 6.29.1.5** 范围的行政命令）

b) 出自教皇、大主教、主教等的官方通信（例如、命令、教令、牧函、诏书、通谕、章程、致宗教会议等的官方信件）

应用 **6.27.1.9**、**6.27.2** 和 **6.27.3** 所列的说明，为规范检索点添加附加成分。

对于由此类个人创作的其他类型作品，应用 **6.27.1** 所列的一般性规则和说明，构建规范检索点。

6.31.1.2 单个官员的通信

对于属于 **6.31.1.1** 所列类别之一的官方通信，构建代表作品的规范检索点时，应结合以（按如下顺序）：

a) 如适用，依 **11.2.2.21** 或 **11.2.2.29** 所列的说明构成的代表官员的规范检索点

b) 依 **6.26.2** 所列的说明构成的作品首选题名

Canada. Sovereign (1952– : Elizabeth II). Speech by Her Majesty the Queen in reply to the Prime Minister, Parliament Hill, Ottawa, Wednesday, September 26, 1984
规范检索点用于: Speech by Her Majesty the Queen in reply to the Prime Minister, Parliament Hill, Ottawa, Wednesday, September 26, 1984

Louisiana. Governor (1988 –1992 : Roemer). Governor's action agenda for fighting crime in Orleans Parish
规范检索点用于: Governor's action agenda for fighting crime in Orleans Parish : Governor Roemer's response to the New Orleans Crime Summit report

Catholic Church. Pope (1978 –2005 : John Paul II). Redemptor hominis
规范检索点用于: Litterae encyclicae Redemptor hominis ad venerabiles fratres in episcopatu, ad sacerdotes et religiosas familias, ad ecclesiae filios et filias necnon ad universos bonae voluntatis homines pontificali eius ministerio ineunte / Ioannis Pauli PP. II, summi pontificis

Catholic Church. Archdiocese of St. Paul and Minneapolis. Archbishop (1995 –2008 : Flynn). Pastoral letter on marriage and the family
规范检索点用于: A pastoral letter on marriage and the family / Archbishop Harry J. Flynn, Archdiocese of Saint Paul and Minneapolis, February 8, 1998

Augustinians. Prior General (1357–1358 : Gregory, of Rimini). Registrum generalatus
规范检索点用于: Gregorii de Arimino O.S.A. Registrum generalatus, 1357–1358 / quod edendum curavit Albericus De Meijer

Catholic Church. Pope (1559 –1565 : Pius IV). Bulla Collegii Militum (1560 March 13)
规范检索点用于: Bulla Collegii Militum qui pii, de numero participantium, nuncupantur : qua amplissimis & honorifice tissimis priuiiegiis donantur : per S.D.N.D. Pium papam IIII in Alma Vrbe nuperrimè erecti instituti, securisq prouentibus & emolumentis dotati。*附加于检索点的日期，用于将其作品与有相同首选题名并于同年发行的另一作品相区分*

6.31.1.3 送文函等

对于仅是传递并和文件一起送达的通信，构建代表作品的规范检索点时，应结合以（按如下顺序）：

a) 如适用，依 **11.2.2.18–11.2.2.31** 所列的说明构成的代表对所送达文件负有责任的团体的规范检索点

b) 依 **6.26.2** 所列的说明构成的送文函等的首选题名

> United States. War Department. Message from the President of the United States, transmitting a report of the Secretary of War, relative to murders committed by the Indians in the state of Tennessee
> *规范检索点用于:* Message from the President of the United States, transmitting a report of the Secretary of War, relative to murders committed by the Indians in the state of Tennessee。*麦迪逊总统的咨文*

6.31.1.4 一个官职的多个任职者的官方通信的汇编

对于属于 **6.31.1.1** 中所列官职之一的多个任职者的官方通信的汇编，构建代表作品的规范检索点时，应结合以（按如下顺序）：

a) 如适用，依 **11.2.2.21** 或 **11.2.2.29** 所列的说明构成的代表官职的规范检索点

b) 依 **6.26.2** 所列的说明构成的作品首选题名

> United States. President. Economic report of the President transmitted to the Congress
> *规范检索点用于:* Economic report of the President transmitted to the Congress。*年鉴*
>
> Nebraska. Governor. Biennial message of Gov. ... to the ... session of the Legislature of Nebraska
> *规范检索点用于:* Biennial message of Gov. ... to the ... session of the Legislature of Nebraska
>
> Catholic Church. Pope. Bulls
> *规范检索点用于:* Papal bulls from France : from Biblioteca apostolica vaticana。*十二份教皇诏书手稿的缩微复制品*
>
> Catholic Church. Pope. Encyclicals
> *规范检索点用于:* Litterae encyclicae
>
> Catholic Church. Pope. Bulls
> *规范检索点用于:* Bullae diuersorum pontificum incipiente a Ioanne XXII vsq ad Sanctiss. D.N.D. Paulum Papam III

6.31.1.5 官方通信和其他作品的汇编

对于由某一官职的多个任职者的官方通信和其他作品构成的汇编，应用 **6.27.1.4** 所列的说明，构建代表作品的规范检索点。

> England is here
> *规范检索点用于:* England is here : a selection from the speeches and writings of the prime ministers of England from Sir Robert Walpole to the Rt. Hon. Winston Spencer Churchill / edited and with an introduction by W.L. Hanchant

Papal documents on figured music from the 14th to the 20th century and examples for demonstration
规范检索点用于: Papal documents on figured music from the 14th to the 20th century and examples for demonstration / compiled by Paul M. Ferretti

Presidential documents
规范检索点用于: Presidential documents : the speeches, proclamations, and policies that have shaped the nation from Washington to Clinton / edited by J.F. Watts, Fred L. Israel

6.31.2 代表官方通信一个内容表达的规范检索点

依 **6.27.3** 所列的说明，将适用的术语或日期附加于代表作品的规范检索点（见 **6.31.1**），构建代表官方通信的一个特定内容表达的规范检索点。

Canada. Prime Minister (1896–1911 : Laurier). Reciprocal trade with the United States. French
所描述资源: La réciprocité entre le Canada et les États-Unis : discours de Sir Wilfrid Laurier prononcé à la Chambre des communes, le 7 mars, 1911

Catholic Church. Pope (1978–2005 : John Paul II). Sollicitudo rei socialis. Spanish
所描述资源: La preocupación por la cuestión social / Juan Pablo II

United States. President (1861–1865 : Lincoln). Speeches. Japanese
所描述资源: Rinkān enzetsushū / Takagi Yasaka, Saitō Hikaru yaku

Catholic Church. Pope. Encyclicals. English
所描述资源: The papal encyclicals / [compiled by] Claudia Carlen。*1740-1981 年的一套教皇通谕，共五卷*

Catholic Church. Pope. Bulls. Italian
所描述资源: Gli anni santi attraverso le bolle / a cura di Rino Fisichella。*从 1300 年 2 月 22 日至 1998 年 11 月 29 日颁布的全部教皇大赦年诏书的汇编*

Mexico. President. Informe de gobierno (1989). French
所描述资源: Rapport de gouvernement. — México, D.F. : Presidencia de la República, Dirección General de Comunicación Social。*年度报告*

6.31.3 代表官方通信的变异检索点

6.31.3.1 构建代表官方通信的变异检索点的一般性规则

用作品变异题名（见 **6.26.3**）作为变异检索点的基础部分。

America's commitment to children and families
首选题名记录为: Culture of caring

如果变异检索点代表一部作品，而该作品的规范检索点是用代表官员、官职或团体的规范检索点随以作品首选题名（见 **6.31.1.2– 6.31.1.4**）所构建，则用代表该官员、官职或团体的规范检索点随以作品变异题名，构建变异检索点。

United States. President (1993–2001 : Clinton). Reclaiming our communities from drugs and violence
规范检索点记录为: United States. President (1993–2001 : Clinton). National drug control strategy

如果代表作品的规范检索点是用代表个人、家族或团体的规范检索点随以作品首选题名（见 **6.29.1.2–6.29.1.7**）所构建，则可仅用作品首选题名构建变异检索点。

如适用，应用 **6.31.3.2**（官方通信的内容表达）所列的附加说明。

如果对检索重要，则构建附加变异检索点。

Humanae vitae
作品的规范检索点: Catholic Church. Pope (1963 –1978 : Paul VI). Humanae vitae

Lateran Council (1059). Papal election decree
作品的规范检索点: Catholic Church. Pope (1058 or 1059 –1061 : Nicholas II). In nomine Domini。
由 Nicholas II（尼古拉二世）*颁布，但可能被视为 1059 年 Lateran Council*（拉特兰会议）*的教令*

6.31.3.2 代表官方通信一个内容表达的变异检索点

酌情将用于构建代表内容表达的规范检索点的附加成分的变体附加于代表作品的规范检索点（见 **6.27.3**），构建代表官方通信的内容表达的变异检索点。

Catholic Church. Pope (1978 –2005 : John Paul II). Vita consecrata. English (Simplified version)
Catholic Church. Pope (1978 –2005 : John Paul II). Vita consecrata. English (Institute on Religious Life)
内容表达的规范检索点: Catholic Church. Pope (1978 –2005 : John Paul II). Vita consecrata. English (2004)

如果官方通信的变异题名与作品的一个特定内容表达相关，则用与该内容表达相关的变异题名，构建代表内容表达的变异检索点。

Aquí está Inglaterra!
内容表达的规范检索点: England is here. Spanish

如果官方通信的变异题名与作品的一个特定内容表达相关，且代表内容表达的规范检索点是用代表官员的规范检索点随以作品首选题名，以及一个或多个识别内容表达的附加成分所构建，则用代表官员的规范检索点随以与内容表达相关的变异题名，构建代表内容表达的变异检索点。

Catholic Church. Pope (1978 –2005 : John Paul II). Preocupación por la cuestión social
内容表达的规范检索点: Catholic Church. Pope (1978–2005 : John Paul II). Sollicitudo rei socialis. Spanish

United States. President (1861–1865 : Lincoln). Rinkān enzetsushū
内容表达的规范检索点: Catholic Church. Pope (1978 –2005 : John Paul II). Sollicitudo rei socialis. Spanish

Catholic Church. Pope. Papal encyclicals
内容表达的规范检索点: Catholic Church. Pope. Encyclicals. English

如果对识别重要，则应用 **6.27.1.9** 所列的说明，为检索点添加附加成分。

Catholic Church. Pope. Tutte le encicliche dei sommi pontefici (1940)
内容表达的规范检索点: Catholic Church. Pope. Encyclicals. Italian (1940)

Catholic Church. Pope. Tutte le encicliche dei sommi pontefici (1959)
内容表达的规范检索点: Catholic Church. Pope. Encyclicals. Italian (1959)

Catholic Church. Pope. Tutte le encicliche dei sommi pontefici (1964)
内容表达的规范检索点: Catholic Church. Pope. Encyclicals. Italian (1964)

7
描述内容

7.0 目的和范围

本章提供记录与资源的知识或艺术内容相关的作品和内容表达属性的一般性规则和说明。

所涵盖的元素包括用户在选择满足其需求的与内容相关的资源时通常依赖的元素——内容特性、读者对象、语言等。

对于某一特定作品或内容表达的描述，并非本章所涵盖的所有元素均适用。对于那些适用的元素，资源的描述至少应包括指定为核心元素的那些元素（见 **5.3**）。

关于记录作品主题的规则，见第 **23** 章（记录作品主题的一般性规则）。

7.1 描述内容的一般性规则

7.1.1 信息源

用于描述内容的信息取自资源本身。有些情况下，该信息也取自资源本身之外的来源。

更多关于描述内容的信息源的规则，见本章各元素下的说明。

7.2 内容特性

7.2.1 记录内容特性的基本说明

7.2.1.1 范围

内容特性是指资源主要内容（例如，法律条款、期中报告）的特征。

7.2.1.2 信息源

关于内容特性的信息取自任何来源。

7.2.1.3 记录内容特性

如果对识别或选择重要，则记录内容特性。

> Field recording of birdsong
>
> Cross-cultural survey
>
> Combined time series analysis and graph plotting system
>
> Spreadsheet, with word processing and graphic capabilities
>
> Singspiel in two acts

7.3 内容覆盖范围

7.3.1 记录内容覆盖范围的基本说明

7.3.1.1 范围

内容覆盖范围 是指资源内容的年代或地理覆盖的范围。

7.3.1.2 信息源

关于内容覆盖范围的信息取自任何来源。

7.3.1.3 记录内容覆盖范围

如果对识别或选择重要，则记录内容覆盖范围。

> Based on 1981 statistics
>
> Shows all of western Europe and some of eastern Europe

7.4 地图内容的坐标

7.4.1 记录地图内容的坐标的基本说明

7.4.1.1 范围

地图内容的坐标 是指一种用于识别资源的地图内容所覆盖区域的数学体系。

坐标可以通过行星表面的经度和纬度来体现，对于天体图内容也可通过赤经和赤纬来体现。

7.4.1.2 信息源

关于地图内容的坐标的信息取自资源内的任何来源。

如果资源内没有地图内容的坐标的信息，则该信息可取自任何来源。

7.4.1.3 记录坐标

对于地球的地图内容，记录坐标：

a) 通过记录经度和纬度（见 **7.4.2**）

或

b) 通过记录坐标对串（见 **7.4.3**）

对于天体图内容，则记录赤经和赤纬（见 **7.4.4**）。

7.4.2 经度和纬度

7.4.2.1 范围

经度和纬度 是指地图资源所覆盖范围的标识体系，采用经度标识最西和最东的边界，采用纬度标识最北和最

南的边界。

经度 是指从行星或卫星的基准子午线向东和向西测得的到行星或卫星上一个点的距离。

纬度 是指从行星或卫星的赤道向北和向南到行星或卫星上一个点的距离。

7.4.2.2 信息源

关于经度和纬度的信息取自资源内的任何来源。

如果资源内没有经度和纬度的信息，则该信息可取自任何来源。

7.4.2.3 记录经度和纬度

对于地球的地图内容，按下列顺序记录坐标：

覆盖区域的最西范围（经度）

覆盖区域的最东范围（经度）

覆盖区域的最北范围（纬度）

覆盖区域的最南范围（纬度）

根据格林威治本初子午线，用六十进制（360°圆周）的度（°）、分（′）和秒（″）表示坐标。坐标酌情前置以W、E、N 或 S。两组经纬度之间用斜线分隔，前后均不空格。经度或纬度之间用连字符分隔，前后均不空格。

E 79°–E 86°/N 20°–N 12°

E 15°00′00″–E 17°30′45″/N 1°30′12″–S 2°30′35″

W 74°50′–W 74°40′/N 45°5′–N 45°00′

交替规则

用十进制度数记录坐标。在十进制度数中，格林尼治以东和赤道以北地区用正数表示，数字前用“+”号。格林尼治以西和赤道以南地区用负数表示，数字前用“–”号。[而在现行规定中]* 记录坐标不用“+”、“–”号，而是坐标酌情前置以W、E、N或S。两组经纬度之间用斜线分隔，前后均不空格。经度或纬度之间用连字符分隔，前后均不空格。

W 95.15°–W 74.35°/N 56.85°–N 41.73°

可选择的附加

将资源中出现的其他子午线记录为地图内容的其他细节（见 7.27）。

7.4.3 坐标对串

7.4.3.1 范围

坐标对串 是指用多边形最高点坐标识别地图资源内容所覆盖精确面积的系统。

* 译者注：原文中本无方括号内文字，为准确理解此处规则，译者添加了方括号内的文字。

7.4.3.2 信息源

关于坐标对串的信息取自资源内的任何来源。

如果资源内没有坐标对串的信息，则该信息可取自任何来源。

7.4.3.3 记录坐标对串

在需要更精确地指示地理范围的情况下，用坐标对串描述每个闭合多边形，每个坐标对代表多边形的一个顶点。

从多边形的最东南顶点开始，按顺时针方向排列坐标对。在每组坐标对中，先记录经度，再记录纬度，并根据所描述面积的大小用度、分、秒表示。

坐标对内的经纬度之间用斜线分隔，坐标对串中各坐标对用空格、分号和空格表示。

多边形没有相交的边线，第一个和最后一个坐标对是相同的。

> W 114°/N 32° ; W 117°/N 33° ; W 121°/N 35° ; W 125°/N 43° ; W 120°/N 42° ; W 120°/N 39° ; W 115°/N 34° ; W 114°/N 32°

如果已知多边形中的某一个或多个区域需要排除在外，则如上所示列出需要排除的区域的坐标对，但是要按逆时针方向排列。

> W 115°40′/N 33°15′ ; W 115°35′/N 33°20′ ; W 115°55′/N 33°32′; W 116°5′/N 33°32′ ; W 116°10′/N 33°30′ ; W 115°50′/N33°20′ ; W 115°40′/N 33°15′

7.4.4 赤经和赤纬

7.4.4.1 范围

赤经和赤纬 是指用赤经和赤纬的角度标识在资源的地图内容覆盖的天空中某天体所处位置的系统。

赤经 是指天体赤道上从春分点到时圈向东度量的角距离，从 0 到 24 小时。

赤纬 是指从天球赤道沿天体时圈通过 90 度向北或向南度量的角距离。

7.4.4.2 信息源

关于赤经和赤纬的信息取自资源内的任何来源。

如果资源内没有赤经和赤纬的信息，则该信息可取自任何来源。

7.4.4.3 记录赤经和赤纬

对于天体图内容，将其赤经或整体覆盖范围西和东极限的赤经、中心赤纬或整体覆盖范围北和南极限的赤纬作为坐标予以记录。

用 *Right ascension* 指代赤经，其后随以 24 小时制的时，必要时加分和秒。依附录 **B(B.5.8)**所列的说明，缩写时间单位的术语。

用 *Declination* 指代赤纬，其后随以六十进制（360°圆周）的度数（°），必要时加分（′）和秒（″），用（+）号表示北半天球，用（－）号表示南半天球。

赤经和赤纬之间用斜线分隔，前后均不空格。有两个赤经时，两者均予以著录，之间用 *to*（至）分隔。有两个赤纬时，两者均予以著录，之间用 *to*（至）分隔。

Right ascension 16 hr. 30 min. to 19 hr. 30 min./Declination －16° to －49°

Right ascension 16 hr./Declination －23°

Right ascension 2 hr./Declination +30°

Right ascension 2 hr. 00 min. to 2 hr. 30 min./Declination －30° to －45°

如果地图内容以极点为中心，则记录赤纬的极限。

Centered at South Pole/Declination limit -60°

对于赤纬地带的地图集或天体图内容集，记录每个地带的赤纬极限，但省略赤经的说明。如果地带很多，则记录前几个地带的赤纬极限，之后用省略号（...），并记录最后一个地带的赤纬极限。

Zones +90° to +81°, +81° to +63°, +63° to +45°

Zones +90° to +81°, +81° to +63°, ... -81° to -90°

当记录赤经赤纬时，应记录二分点（见 7.5），如适用，还应记录历元（见 7.6）。

7.5 二分点

7.5.1 记录二分点的基本说明

7.5.1.1 范围

*二分点*是指当太阳的赤纬角度为 0 时，黄道和天球赤道的两个交叉点。

7.5.1.2 信息源

关于二分点的信息取自资源内的任何来源。

7.5.1.3 记录二分点

当记录天体图内容的坐标时，同时记录二分点的说明。二分点表示为年。

1950

7.6 历元

7.6.1 记录历元的基本说明

7.6.1.1 范围

历元 是指测量物体位置或运行轨道方位时作为参照的任意时刻。

7.6.1.2 信息源

关于历元的信息取自资源内的任何来源。

7.6.1.3 记录历元

当记录天体图内容的二分点时，如果历元说明与二分点不同，还应记录历元说明。

> 1948.5
> *二分点记录为：* 1950

7.7 读者对象

7.7.1 记录读者对象的基本说明

7.7.1.1 范围

读者对象 是指资源内容面向的使用者类别，或是资源适合的使用者，可按年龄（例如，儿童、青年、成人）、受教育水平（例如，小学、中学）、残疾类别或其他标准划分。

7.7.1.2 信息源

关于内容的读者对象的信息取自任何来源。

7.7.1.3 记录读者对象

如果资源中已说明或从其他来源可获得读者对象信息，且该信息对识别或选择重要（例如，资源设计为残障人士使用），则记录内容的读者对象。

> For children aged 7–9
>
> Intended audience: Clinical students and postgraduate house officers
>
> For remedial reading programs
>
> Recommended for mature audiences
>
> BBFC: 18
>
> MPAA rating: PG-13
>
> FSK ab 12 freigegeben

7.8 组织体系

7.8.1 记录组织体系的基本说明

7.8.1.1 范围

组织体系是指档案资源或收藏中的资料排列体系。

7.8.1.2 信息源

关于组织体系的信息取自任何来源。

7.8.1.3 记录组织体系

记录档案资源或收藏中关于组件文件或单件组织的信息。

> Organized in 5 series: 1. Subject files concerning refugee issues, 1978–1997. 2. Project Ngoc organizational files, 1987–1997. 3. Visual and audiovisual materials, 1985–1997. 4. Artwork, 1987–1997. 5. Newspaper clippings, 1980–1998
>
> This subseries is arranged alphabetically by the geographic location of the photograph and then by the item number assigned by the photographer

7.9 学位论文或毕业论文信息

7.9.1 记录学位论文或毕业论文的基本说明

7.9.1.1 范围

学位论文或毕业论文信息是指作为获取学位正式要求的一部分所提交的作品的相关信息。

学位论文或毕业论文信息包括关于针对作品所授予的学位、授予机构或院系及学位授予年的信息。

7.9.1.2 信息源

学位论文或毕业论文的信息取自任何来源。

7.9.1.3 记录学位论文或毕业论文信息

如果所描述作品是作为获取学位正式要求的一部分所提交的学位论文或毕业论文，且包含确认其为学位论文或毕业论文的声明，则记录下列信息：

a) 作者所攻读的学位（见 7.9.2）

b) 论文提交的机构或院系的名称（见 7.9.3）

c) 学位授予年（见 7.9.4）

7.9.2 学位

7.9.2.1 范围

学位是指作为学术精通程度的证明而授予的等级。

7.9.2.2 信息源

关于学位的信息取自任何来源。

7.9.2.3 记录学位

记录作者所攻读学位的简要说明。

Ph.D.
M.A.
M.Arch.
doctoral

7.9.3 授予机构或院系

7.9.3.1 范围

授予机构或院系是指对候选人授予学位的机构或院系。

7.9.3.2 信息源

关于授予机构或院系的信息取自任何来源。

7.9.3.3 记录授予机构或院系

记录授予机构或院系的名称。

University of Toronto
University College, London
McGill University
Freie Universität, Berlin

7.9.4 学位授予年

7.9.4.1 范围

学位授予年是指学术机构或高等学校的院系授予候选人学位的年份。

7.9.4.2 信息源

关于学位授予年的信息取自任何来源。

7.9.4.3 记录学位授予年

应用 **1.8** 所列的关于用数字或词表达的数的一般性规则记录学位授予年。

2004
1969
1999
1973

7.10 内容提要

7.10.1 内容提要的基本说明

7.10.1.1 范围

内容提要是指资源内容的文摘、摘要、大纲等。

关于将内容作为整体–部分关系予以记录的说明，见第 **25** 章。

7.10.1.2 信息源

用于内容提要的信息取自任何来源。

7.10.1.3 编写内容提要

如果对识别或选择重要（例如，视听资源或为残障人士设计的资源），且描述的其他部分没有提供足够信息，则提供简短客观的关于资源内容的提要。

Pictures the highlights of the play Julius Caesar using photographs of an actual production

Episodes from the novel, read by Ed Begley

A brief historical account up to the introduction of wave mechanics

Companion site for the PBS broadcast of the 2001 concert performance of Stephen Sondheim's musical Sweeney Todd with the San Francisco Symphony. It includes background information on: the title character, conditions in 18th century London, and barber-surgeons. Also included are a history of dramatizations of the demon barber legend andculinary recipes

Episodes from the novels, Dune, Children of Dune, Dune messiah, read by the author and connected with new material

Uses the children's tale of Goldilocks and the three bears in a program of Spanish language instruction

Toy medical kit designed to prepare children for hospital and medical procedures

Minutes, membership and dues records, journals, daybooks, forms, circulars, and correspondence from a carpenters' union local in St. Paul, Minnesota. Correspondence and minutes contain data on the union's formation, internal affairs, assessments and benefits, social functions, organizing activities, relations with other local and national unions, and political participation. There is also information on St. Paul labor issues, hiring practices, boycotts, strikes, and employers' attitudes toward unions. Present also are minutes (1914–1923) of Millmen's Local Number 1868, which affiliated with the carpenters in 1923

Letter presented by 21 Oneida Indians, signed with their marks, requesting that Jasper Parrish pay them the amount they are owed for serving in the War of 1812. They state that they are aware that he received the money three months previously and they are anxious to settle the account

7.11 获取的地点和日期

7.11.1 记录获取的地点和日期的基本说明

7.11.1.1 范围

获取的地点和日期是指与资源内容的获取（即录音、拍摄等）相联系的地点和日期。

7.11.1.2 信息源

关于获取的地点和日期的信息取自任何来源。

7.11.1.3 记录获取的地点和日期

依 7.11.2 所列的说明，记录获取地。

依 7.11.3 所列的说明，记录获取日期。

7.11.2 获取地

7.11.2.1 范围

获取地是指与资源内容的获取（即录音、拍摄等）相联系的地点。

7.11.2.2 信息源

关于获取地的信息取自任何来源。

7.11.2.3 记录获取地

记录获取地，如适用，除记录城市等名称之外，还应记录具体的工作室、音乐厅等。

> Paradise Studios, Sydney
>
> Coolidge Auditorium, Library of Congress, Washington, D.C.

7.11.3 获取日期

7.11.3.1 范围

获取日期是指与资源内容的获取（即录音、拍摄等）相联系的日期或日期范围。

7.11.3.2 信息源

关于获取日期的信息取自任何来源。

7.11.3.3 记录获取日期

记录获取日期，如适用，给出年、月、日和时间。

1997 April 22–23

2002 September 13

7.12 内容的语言

7.12.1 记录内容的语言的基本说明

7.12.1.1 范围

内容的语言是指表达资源内容所用的语言。

关于记录内容表达的语言的说明，见 **6.11**。

关于记录程序设计语言的说明，见 **3.20**。

7.12.1.2 信息源

关于内容的语言的信息取自任何来源。

7.12.1.3 记录内容的语言

如果对识别或选择重要，则记录用于表达资源内容的语言的细节。

Commentary in English

Italian and English words; includes principal melodies

Latin text; parallel English translation

Place names in Italian

Legend in English and Afrikaans

Some items in English; some in French

English with typewritten French translation

Latin with English marginalia

Latin words; words also printed as text at the end of each motet

French words; English translations on pages v–xxii

Sung in French

French dialogue; English subtitles

Dubbed into English

Captions in Spanish

Audiotape in Spanish and English

Collection is predominantly in Vietnamese; materials in English are indicated at the file level

Poems in the dialect of Genoa (Liguria), with Italian version

Contributions in German, French, English, Spanish, and Italian

In Polish; tables of contents and summaries in Polish, Russian, and English

7.13 标记形式

7.13.1 记录标记形式的基本说明

7.13.1.1 范围

标记形式是指用于表达资源内容的一套字符和/或符号。

7.13.1.2 信息源

关于标记形式的信息取自任何来源。

7.13.1.3 记录标记形式

记录适用于资源内容的下列信息：

a) 用于表达语言内容的文字（见 **7.13.2**）

b) 用于表达音乐内容的乐谱形式（见 **7.13.3**）

c) 用于表达内容的触摸标记形式（见 **7.13.4**）

d) 用于表达内容的动作谱形式（见 **7.13.5**）

7.13.2 文字

7.13.2.1 范围

文字是指用书面语言表达资源内容的一套字符和/或符号。

7.13.2.2 信息源

关于文字的信息取自任何来源。

7.13.2.3 记录文字

应用 ISO 15924 (http://www.unicode.org/iso15924/codelists.html)中所列一个或多个术语记录用于表达资源语言内容的文字。

> Devanagari
>
> Glagolitic
>
> Armenian
> Cyrillic
> *用两种文字写作的资源*

如果上述术语均不适用或不够专指，则依 **7.13.2.4** 所列的说明，记录文字的细节。

7.13.2.4 文字的细节

如果对识别或选择重要，则记录用于表达资源语言内容的文字的细节。

Container inserts written in English, French, and Inuktitut (both syllabic and Latin script)
Kazakh, Uighur (Cyrillic), and Chagatai (Cyrillic and Arabic script)
Sanskrit (Latin and Devanagari) and English

7.13.3 乐谱形式

7.13.3.1 范围

乐谱形式是指用于表达资源音乐内容的一套字符和/或符号。

关于记录乐谱触摸形式的说明，见 **7.13.4**。

关于记录数码乐谱的编码格式等的说明，见 **3.19**。

7.13.3.2 信息源

关于乐谱形式的信息取自任何来源。

7.13.3.3 记录乐谱形式

用下表中适用的术语，记录用于表达资源音乐内容的乐谱形式。

graphic notation（图示标记法）
letter notation（字母记谱法）
mensural notation（有量记谱法）
neumatic notation（纽姆记谱法）
number notation（数字记谱法）
solmization（唱名法）
staff notation（谱表记谱法）
tablature（符号谱）
tonic sol-fa（首调唱名法）

如果有多个术语适用于资源中使用的同一乐谱形式，则记录最专指的术语。

如果上述术语均不适用或不够专指，则依 **7.13.3.4** 所列的说明，记录乐谱形式的细节。

7.13.3.4 乐谱形式的细节

如果对识别或选择重要，则记录用于表达资源音乐内容的乐谱形式的细节。

Second book in mensural notation
In part, graphic notation
Lute tablature and staff notation on facing pages
Melody in both staff and tonic sol-fa notation
Shape-note notation
In Sundanese cipher notation
Includes chord symbols

7.13.4 触摸标记形式

7.13.4.1 范围

触摸标记形式是指用于表达通过触摸感知资源内容的一套字符和/或符号。

7.13.4.2 信息源

关于触摸标记形式的信息取自任何来源。

7.13.4.3 记录触摸标记形式

如果资源内容以触摸形式表达，则用下列一个或多个适用的术语，记录触摸标记形式。

braille code（布莱叶盲文编码）

computing braille code （计算布莱叶盲文编码）

mathematics braille code （数学布莱叶盲文编码）

Moon code（蒙恩编码）

music braille code （乐谱布莱叶盲文编码）

tactile graphic（触摸图）

tactile musical notation（触摸乐谱标记法）

> braille code
> *带有盲文文本的资源的触摸标记系统*

如果上述术语均不适用或不够专指，则依 7.13.4.4 所列的说明，记录触摸标记形式的细节。

7.13.4.4 触摸标记形式的细节

如果缩写级别已知，则在指示标记系统的术语后，根据各国惯例，指明缩写级别，并置于圆括号内。

> braille code (uncontracted)
> *由美国机构描述的 1 级布莱叶盲文资源的触摸标记系统*
>
> braille code (grade 1)
> *由英国机构描述的 1 级布莱叶盲文（未缩写）资源的触摸标记系统*
>
> Moon code (grade 2)
> *由英国机构描述的 2 级蒙恩盲文（缩写）资源的触摸标记系统*

如果对识别或选择重要，则记录用于表达资源内容的触摸标记形式的其他细节。

> English Braille (grade 3)
> *由英国机构描述的资源的触摸标记形式*
>
> Chess code
>
> Nemeth code
>
> Contains alternate leaves of print and braille
>
> Contains print, braille, and tactile images

> Contains braille and tactile images
> Tactile lines for country boundaries, solid dots for capitals
> Key to symbols in grade 2 braille
> Tactile diagrams, legends in grade 2 English Braille
> Labels in grade 1 French Braille

7.13.5 动作谱形式

7.13.5.1 范围

动作谱形式是指用于表达资源动作内容的一套字符和/或符号。

7.13.5.2 信息源

关于动作谱形式的信息取自任何来源。

7.13.5.3 记录动作谱形式

用下列一个或多个适用的术语，记录用于表达资源动作内容的动作谱形式。

action stroke dance notation （动作分解舞谱）
Beauchamp-Feuillet notation（博尚-傅叶舞谱）
Benesh movement notation（班尼斯动作谱）
DanceWriting（[萨顿] 舞谱）
Eshkol-Wachman movement notation（埃什科尔-瓦克曼动作谱）
game play notation（游戏谱）
Kinetography Laban（拉班书面舞谱）
Labanotation（拉班舞谱）
Stepanov dance notation（斯捷潘诺夫舞谱）

如果上述术语均不适用或不够专指，则依 **7.13.5.4** 所列的说明，记录动作谱形式的细节。

7.13.5.4 动作谱形式的细节

如果对识别或选择重要，则记录用于表达资源内容的动作谱形式的细节。

> Partly reconstructed from a video of the first performance

7.14 无障碍内容

7.14.1 记录无障碍内容的基本说明

7.14.1.1 范围

无障碍内容是指有助于感官受损人士更多地理解那些由于听障或视障而阻碍他们理解的内容。

无障碍内容包括可触摸标签、音频描述、字幕、图像描述、手语和对白字幕。

无障碍内容不包括与口语内容不同语言的对白字幕（见 7.12）。

7.14.1.2 信息源

关于无障碍内容的信息取自任何来源。

7.14.1.3 记录无障碍内容

如果无障碍内容的细节在资源中显而易见或易从其他来源获取，则记录该信息。

> Closed captioning in German
>
> Includes subtitles
>
> Open signed in American Sign language

7.15 插图性内容

7.15.1 记录插图性内容的基本说明

7.15.1.1 范围

插图性内容是指用插图说明资源主要内容的内容。

关于记录资源主要内容性质的说明，见 7.2。

7.15.1.2 信息源

关于插图性内容的信息取自任何来源。

7.15.1.3 记录插图性内容

如果资源包含插图性内容，则酌情记录为 *illustration* 或 *illustrations*（有插图性内容）。仅包含文字和/或数字的表格不视为插图性内容。带有插图的题名页等和小插图忽略不计。

> illustrations
> *资源包含插图*

文替规则

如果对识别或选择重要，用下列一个或多个适用的术语，记录插图性内容的类型，代替或补充术语 *illustration* 或 *illustrations*（有插图性内容）。

charts（图表）

coats of arms （盾徽）

facsimiles （摹真品）

forms（表格）

genealogical tables （谱系表）

graphs（图表）

illuminations （彩色装饰）

maps（地图）

music （乐谱）

photographs （照片）

plans （设计图）

portraits （肖像）

samples（样品）

coats of arms
facsimiles
portraits
资源包含上述三种类型的插图性内容

如果上述术语均不适用或不够专指，则依 **7.15.1.4** 所列的说明，记录插图性内容的细节。

可选择的附加

如果数量可以确定，则记录插图性内容的数量（例如，当插图清单已列出和数量已说明时）

48 illustrations

100 maps

1 form
2 maps
10 photographs
15 plans
资源包含上述四种类型的插图性内容，数量已说明

7.15.1.4 插图性内容的细节

如果对识别或选择重要，则记录插图性内容的细节。

Computer drawings

Map of Australia on endpapers

7.16 补编内容

7.16.1 记录补编内容的基本说明

7.16.1.1 范围

补编内容是指旨在补充资源主体部分的内容（例如，索引、书目或附录）。

关于将补充资源主体部分的内容作为相关作品予以记录的说明，见第 **25** 章。

7.16.1.2 信息源

关于补编内容的信息取自任何来源。

7.16.1.3 记录补编内容

如果资源包含补编内容，当对识别或选择重要时，记录该内容的特性（例如，类型、数量、在资源中的位置等）。

> Includes index
>
> Bibliography: pages 859–910

7.17 色彩内容

7.17.1 记录色彩内容的基本说明

7.17.1.1 范围

色彩内容是指资源内容中对色彩、色调的表现。

色彩内容也指资源内容所体现的特定色彩、色调等（包括黑色和白色）。

关于记录手绘单件信息的说明，见 **3.21**。

关于记录视频中色彩的广播标准的说明，见 **3.18.3**。

7.17.1.2 信息源

用资源本身所呈现的依据作为记录资源色彩内容的基础。如果必要，可从任何来源获取补充依据。

7.17.1.3 记录色彩内容

如果资源的色彩内容不是黑色、白色或不同色度的灰色，则用适用的术语，记录色彩的表现。资源实际内容之外的色彩内容忽略不计（例如，地图的边界）。

> colour
> *插图性内容为彩色*
>
> some color
> *10 幅地图，其中部分为彩色*
>
> chiefly colour
> *大部分插图性内容为彩色*

例外

静态图像。对于由静态图像组成或包含静态图像的资源，依 **7.17.2** 所列的说明，记录色彩的表现。

动态图像。对于由动态图像组成或包含动态图像的资源，依 **7.17.3** 所列的说明，记录色彩的表现。

三维形式。对于由三维形式组成或包含三维形式的资源，依 **7.17.4** 所列的说明，记录色彩的表现。

为视障者设计的资源。对于为视障者设计的资源，依 **7.17.5** 所列的说明，记录色彩的表现。

依 7.17.1.4 所列的说明，记录色彩内容的细节。

7.17.1.4 色彩内容的细节

如果对识别或选择重要，则记录色彩内容的细节。

> Resource containing 4 maps, 2 of which are in colour
> 2 maps in colour
>
> An early printed resource
> Title and headings printed in red
>
> Displays in red, yellow, and blue
>
> Technicolor
>
> Colourized

7.17.2 静态图像的色彩

7.17.2.1 范围

静态图像的色彩是指包含在资源中的静态图像的色彩、色调等的表现。

静态图像的色彩也指包含在资源中的静态图像所体现的特定色彩、色调等（包括黑色和白色）。

7.17.2.2 信息源

用资源本身所呈现的依据作为记录静态图像的色彩的基础。如果必要，可从任何来源获取补充依据。

7.17.2.3 记录静态图像的色彩

如果资源中的静态图像是黑色、白色或不同色度的灰色，则记录为 *black and white*（黑色和白色）。

> *例外*
>
> ***数字静态图像***。有灰度的数字静态图像应记录为 *grey scale*（灰度）。

如果黑白色的图像被染色和/或被调色，则酌情在 *black and white*（黑色和白色）之后说明 *tinted*（被染色的）、*toned*（被调色的）或 *tinted and toned*（被染色和被调色的），并置于圆括号内。

> black and white (tinted)
> *被染色的黑白照片*

如果图像是深褐色的，则记录为 *sepia*（深褐色）。

> sepia
> *深褐色的照片*

如果资源的图像有一种或两种色彩，则说明色彩的名称。

> blue and red
> *一幅油画*

如果图像有多种色彩，则依 **7.17.1.3** 所列的说明，用适用的术语予以记录。

> color
> *一套彩色幻灯片*

如果色彩对识别或选择重要，则依 **7.17.1.4** 所列的说明，记录细节。

7.17.3 动态图像的色彩

7.17.3.1 范围

动态图像的色彩是指包含在资源中的动态图像的色彩、色调等的表现。

动态图像的色彩也指包含在资源中的动态图像所体现的特定色彩、色调等（包括黑色和白色）。

7.17.3.2 信息源

用资源本身所呈现的依据作为记录动态图像的色彩的基础。如果必要，可从任何来源获取补充依据。

7.17.3.3 记录动态图像的色彩

如果资源中的动态图像是黑白色，则记录为 *black and white*（黑色和白色）。

> black and white
> *黑白电影胶片*

如果黑白色的动态图像被染色和/或被调色，则酌情在 *black and white*（黑色和白色）之后说明 *tinted*（被染色的）、*toned*（被调色的）或 *tinted and toned*（被染色和被调色的），并置于圆括号内。

> black and white (tinted)
> *被染色的黑白电影胶片*
>
> black and white (tinted and toned)
> *被染色和被调色的黑白电影胶片*

如果动态图像是深褐色的，则记录为 *sepia*（深褐色）。

> sepia
> *深褐色的电影胶片*

如果资源中的动态图像是彩色的，则依 **7.17.1.3** 所列的说明，用适用的术语予以记录。

如果资源中的动态图像既有彩色又有黑白色，且这一信息可以简洁地说明，则记录该信息。如果不能简洁地说明这一信息，则依 **7.17.1.4** 所列的说明，记录细节。

color with black and white sequences

black and white with colour introductory sequence

7.17.4 三维形式的色彩

7.17.4.1 范围

三维形式的色彩是指包含在资源中的三维形式的色彩、色调等的表现。

三维形式的色彩也指包含在资源中的三维形式所体现的特定色彩、色调等（包括黑色和白色）。

7.17.4.2 信息源

用资源本身所呈现的依据作为记录三维形式的色彩的基础。如果必要，可从任何来源获取补充依据。

7.17.4.3 记录三维形式的色彩

如果三维形式是黑白色，则记录为 *black and white* （黑色和白色）。

如果形式有一种或两种其他色彩，则说明色彩的名称。

blue and white
蓝白色相间的瓷碗

如果形式有超过两种色彩，则依 **7.17.1.3** 所列的说明，用适用的术语予以记录。

colour
多彩玻璃镇纸

7.17.5 为视障者设计的资源的色彩内容

7.17.5.1 范围

为视障者设计的资源的色彩内容是指为视障者设计的资源中色彩、色调等的表现。

为视障者设计的资源的色彩内容也指为视障者设计的资源所体现的特定色彩、色调等（但不包括黑色和白色）。

7.17.5.2 信息源

用资源本身所呈现的依据作为记录为视障者设计的资源的色彩内容的基础。如果必要，可从任何来源获取补充依据。

7.17.5.3 记录为视障者设计的资源的色彩内容

如果为视障者设计的资源的文本和背景不是白色背景黑色字体，则记录文本和背景的色彩。

blue text on yellow background

7.18 声音内容

7.18.1 记录声音内容的基本说明

7.18.1.1 范围

声音内容是指资源中的声音表达，但不包含主要为录音的资源。

关于并非资源组成部分的声音，见 **3.1.4**。

7.18.1.2 信息源

用资源本身所呈现的依据作为记录资源声音内容的基础。如果必要，可从任何来源获取补充依据。

7.18.1.3 记录声音内容

记录 *sound*（有声）以表明资源中声音的存在，但不包含主要为录音的资源。

> sound
> *配有声音的一套幻灯片*
>
> sound
> *配有声音的盒式计算机芯片*

例外

动态图像资源。对于电影和录像应记录 *sound*（有声）或 *silent*（无声）以表明音轨是否存在。

> silent
> *无声电影*

7.19 宽高比

7.19.1 记录宽高比的基本说明

7.19.1.1 范围

宽高比是指动态图像宽度和高度的比。

7.19.1.2 信息源

用资源本身（或者其任何附件或容器）所呈现的依据作为记录动态图像宽高比的基础。如果必要，可从任何来源获取补充依据。

7.19.1.3 记录宽高比

用下列一个或多个适用的术语，记录资源的宽高比。

full screen （全屏）

wide screen （宽屏）

mixed（混合）

按如下规定应用术语：

a) 比例小于 1.5:1 记录为 *full screen*（全屏）

b) 比例为 1.5:1 或更大记录为 *wide screen*（宽屏）

c) 同一作品中包含多种宽高比时记录为 *mixed*（混合）

此外，如果已知，用标准格式记录比例数值，分母记为 1。

> wide screen (2.35:1)
>
> full screen (1.33:1)
>
> wide screen (1.85:1)
> full screen (1.33:1)
> *包括两种比例版本的资源*

依 7.19.1.4 所列的说明，记录宽高比的细节。

7.19.1.4 宽高比的细节

当所描述的内容表达对原始内容表达有修改，则记录原始内容表达宽高比的细节。

> Original aspect ratio: 1.85:1

如果对识别或选择重要，则记录实现宽高比的具体方法。

> Pan-and-scan
>
> Letterboxed
>
> Anamorphic widescreen

7.20 乐谱格式

7.20.1 记录乐谱格式的基本说明

7.20.1.1 范围

乐谱格式是指以乐谱形式所呈现的资源内容的音乐或物理版式。

7.20.1.2 信息源

关于乐谱格式的信息取自资源内的任何来源。

7.20.1.3 记录乐谱格式

如果资源中包含乐谱，则用下列一个或多个适用的术语，记录乐谱格式。

score（乐谱）

condensed score （缩写谱）

study score（研习总谱）

piano conductor part （钢琴指挥分谱）

violin conductor part （小提琴指挥分谱）

vocal score（声乐缩编谱）

piano score （钢琴总谱）

chorus score （合唱总谱）

part（分谱）

choir book（唱诗班乐谱）

table book（桌谱）

如果上述术语均不适用或不够专指，则依 7.20.1.4 所列的说明，记录乐谱格式的细节。

7.20.1.4 乐谱格式的细节

如果对识别或选择重要，则记录乐谱格式的细节。

7.21 音乐内容的表演媒介

7.21.1 记录音乐内容的表演媒介的基本说明

7.21.1.1 范围

音乐内容的表演媒介是指音乐内容表演所用的（或计划使用的）一个或多个乐器、一个或多个人声等。

7.21.1.2 信息源

关于音乐内容的表演媒介的信息取自资源内的任何来源。

7.21.1.3 记录音乐内容的表演媒介

如果对识别或选择重要，则记录音乐内容的表演媒介。依附录 B(B.5.6)所列的说明，缩写人声。

For unaccompanied child's voice

Reduction for clarinet and piano

Part for piano only

SA

如果音乐内容适用于独奏乐器，则记录全部乐器。如果作品适用于管弦乐队、管乐队等，则不列出所涉及的乐器。

7.22 持续时间

7.22.1 记录持续时间的基本说明

7.22.1.1 范围

持续时间是指资源内容的播放时间、运行时间等。

对于包含乐谱或动作谱（见 7.22.1.4）的资源，持续时间也包括表演时间。

7.22.1.2 信息源

关于持续时间的信息取自任何来源。

7.22.1.3 播放时间、运行时间等

如果资源有播放时间、运行时间等，则根据如下规定记录时间，依附录 B(B.5.3)所列的说明，缩写时间单位的术语。

a) 如果资源中已说明播放总时间、运行总时间等，则记录该时间

40 min.
卡式录音带内容的播放时间

3 min., 23 sec.
盒式影片内容的播放时间

27 min.
在线视频文件内容的播放时间

1:30:00
2 张唱片内容的总播放时间

75 min.
卡式录像带内容的播放时间

approximately 3 hr.
3 张唱片内容的播放时间

b) 如果资源中没有说明总播放时间、总运行时间等，但易于确定，则予以记录

30 min.
开盘录像带内容的播放时间

c) 如果总播放时间、总运行时间等在资源中既没有说明，也不易确定，则记录大致时间，前置以 *approximately*（约）

approximately 7 min.
钢琴滚筒内容的近似播放时间

approximately 90 min.
2 部开盘电影胶片内容的近似播放时间

d) 如果无法估计总播放时间、总运行时间等，则可忽略

可选择的附加

如果实际播放时间、运行时间等与资源中说明的时间相差较大，则记录资源中说明的时间，随以 *that is*（实为）和实际播放时间、运行时间等。依 2.2.4 所列的说明，指示该信息取自资源本身之外的来源。

交替规则

如果资源包含多个单元，且各单元说明了统一的播放时间、运行时间等，或有近似的播放时间、运行时间等，则记录各单元的播放时间、运行时间等，其后随以 *each*（每个）。

60 min. each
31 盒一套的卡式录音带，每盒录音带内容的播放时间

approximately 30 min. each
11 盒一套的卡式录音带，每盒录音带内容的近似播放时间

approximately 20 min. each
由 3 个音频文件组成的在线资源，每个文件内容的近似播放时间

7.22.1.4 表演时间

如果资源中已经说明乐谱和动作谱的表演时间，则记录该时间。

18 min.

about 1 hr., 10 min.

7.22.1.5 单部分持续时间

当对包含多个组成部分的资源进行综合著录时，记录每一部分的持续时间。

17 min.; 23 min.; 9 min.

09:41; 16:00; 24:00

7.22.1.6 同时包含声音和/或动态图像及文本、静态图像等的资源

如果资源包含声音和/或动态图像，以及文本、静态图像等，则将声音和/或动态图像的持续时间记录为资源的持续时间。

80 min. of moving images
视盘中动态图像的持续时间，同时还包含 2400 帧静态图像

依 **3.22.2.10** 所列的说明，在关于载体表现数量的附注中记录文本的页数、静态图像的帧数等。

7.23 表演者、旁白者和/或出品人

7.23.1 记录表演者、旁白者和/或出品人的基本说明

7.23.1.1 范围

表演者、旁白者和/或出品人是指对作品的表演、旁白和/或出品负有责任的个人、家族或团体。

关于记录与作品或内容表达相关的作为关系的个人、家族和团体的说明，见第 **19** 章和 **20** 章。

关于记录艺术和/或技术的贡献者名单的说明，见 **7.24**。

7.23.1.2 信息源

关于表演者、旁白者和/或出品人的信息取自任何来源。

7.23.1.3 记录表演者、旁白者和/或出品人

如果表演者、旁白者和/或出品人重要，则记录其名称。对于音乐表演者，指示其表演媒介。

> Genevieve Warner, Lois Hunt, Genevieve Rowe, sopranos; Elizabeth Brown, Virginia Paris, contraltos; Frank Rogier, baritone; Columbia Chamber Orchestra, Lehman Engel, conductor
>
> Backing by Coral Reefer Band
>
> Recordings by Willie Nelson (side 1), Bob Wills and His Texas Playboys (side 2), Asleep at the Wheel (side 3), and Freddy Fender (side 4)
>
> Piano: Joshua Rifkin
>
> Budapest String Quartet (J. Roisman and A. Schneider, violins; B. Kroyt, viola; M. Schneider, cello)
>
> Gerry Mulligan, baritone; Chet Baker, trumpet; Henry Grimes, bass; Dave Bailey, drums
>
> Presenter: Jackie Glanville
>
> Cast: Laurence Harvey, Mia Farrow, Lionel Stander, Harry Andrews
>
> Cast: Gilles Behat (Charles IV), Jean Deschamps (Charles de Valois), Hélène Duc (Mahaut d'Artois)
>
> John Blake, vocals, guitar, speaker; Cora Blake, interviewee; Joseph C. Hickerson, interviewer, collector

7.24 艺术和/或技术的贡献者名单

7.24.1 记录艺术和/或技术的贡献者名单的基本说明

7.24.1.1 范围

艺术和/或技术的贡献者名单是指对资源的艺术和/或技术制作做出贡献的个人、家族或团体的名单。

关于记录与作品或内容表达相关的作为关系的个人、家庭和团体的说明，见第 19 章和 20 章。

关于记录表演者、旁白者和/或出品人的说明，见 7.23。

7.24.1.2 信息源

关于艺术和/或技术的贡献者名单的信息取自任何来源。

7.24.1.3 记录艺术和/或技术的贡献者名单

如果为资源的艺术和/或技术制作做出贡献的个人、家庭或团体重要，则记录其名称。应包含每个名称或每组名称所承担职能的说明。

Producer, Richard Mohr; recording engineer, Lewis Layton

Producers, Gary Usher, Curt Boettcher, Terry Melcher, Bruce Johnston, and Brian Wilson; engineer, Bill Fletcher; container notes, Joe Foster; archiving credit, Gary Usher, Jr.

Producer, Robert Palmer; assistant, Randall Lyon; recording engineer, Bruce Watson; mixers, Robert Norris, Robert Palmer

Editor, Thomas J. Nordberg; music, Nick Urata

Editor, Bernat Vilaplana; music, Javier Navarrete; costume designers, Lala Huete, Rocío Recondo; production designer, Engenio Caballero; special effects supervisor, Reyes Abades; visual effects supervisors, Everett Burrell, Edward Irastorza

Art director, Maria Eugenia Sueiro; editor, Alejandro Brodersohn; music, Cesar Lerner

Music, Joseph Horovitz; editing, Ray Helm; graphic designer, John Tribe

Title music by William Walton; music composed by Geoffrey Burgon; literary consultant, John Wilders; script editor, Alan Shallcross

Edited and special effects by You Oughta Be in Pixels; production design by Paula Dal Santo; director of photography, Luis Molina Robinson; music by Mark Oates

Casting, Angela Heesom; director of photography, Will Gibson; hair and makeup design, Jen Lamphee; special make-up effects, Connelly Make-Up FX Team; costume designer, Nicola Dunn; production designer, Robert Webb; composer, François Tétaz; editor, Jason Ballantine; executive producers, Gary Hamilton, Martin Fabinyi, Simon Hewitt, Michael Gudinski, George Adams; co-producer/executive producer, Matt Hearn

Executive producer, Craig Savage; multimedia producer, Craig Umanoff; editorial director, Clayton DeKorne

7.25 比例尺

核心元素

仅地图内容中的比例尺是必需的。

7.25.1 记录比例尺的基本说明

7.25.1.1 范围

比例尺是指包含或嵌入在资源中的图像或三维形式的尺寸与其所代表的实体尺寸之比。

比例尺可应用于资源中体现的水平、垂直、角度的和/或其他度量。

7.25.1.2 信息源

关于比例尺的信息取自任何来源。

7.25.1.3 记录比例尺

将资源的比例尺记录为表示比率的数字比例尺。

1:32,500,000

4:1
人耳模型，正常大小的四倍

交替规则

对于除地图内容之外的其他内容，应用诸如 *full size*（全尺寸）、*life size*（真实尺寸）等适用的术语，记录比例尺。

即使比例尺已经被记录为题名或其他题名的一部分，也应记录该比例尺。

1:800,000
正题名记录为： Italy 1:800 000

如果资源中出现的比例尺说明不是数字比例尺，则将该比例尺记录为数字比例尺。

1:475,200
比例尺说明为： 7.5 miles to 1 inch

如果在资源外找到数字比例尺或其他比例尺说明，则将该比例尺记录为数字比例尺。

1:72
从资源外获取的比例尺

如果在资源或其他来源中没有找到比例尺说明，则根据图解比例尺或坐标方格估算出数字比例尺。记录该数字比例尺，前置以 *approximately*（约）。

approximately 1:1,200
估算的比例尺

如果上述方法都不能确定比例尺，则记录为 *Scale not given*（未标明比例尺）。

交替规则

通过与已知比例尺的资源对比估算得出比例尺，并记录该估算的比例尺，前置以 *approximately*（约）。如果无法通过对比确定比例尺，则记录为 *Scale not given*（未标明比例尺）。

如果数字资源有比例尺说明或比例尺已记录为题名或其他题名的一部分，则记录该比例尺。否则，记录为 *Scale not given*（未标明比例尺）。

1:250,000
其他题名信息记录为： 1:250,000 scale topographic maps of Australia

7.25.1.4 多个比例尺

如果同一图像、地图等内部比例尺有变化，且外部比例尺值已知，则记录这两个比例尺，之间用连字符连接。如果比例尺值未知，则记录为 *Scale varies*（比例尺变化）。

> 1:15,000 – 1:25,000

如果资源中的主要图像、地图等有多个比例尺，则记录为 *Scales differ*（比例尺不同）。

> ***交替规则***
>
> 分别记录每个比例尺。
>
> 1:50,000
> 1:250,000
>
> 1:7,819,000
> approximately 1:15,000,000

7.25.1.5 非线性比例尺

对于具有非线性比例尺的图像、地图等（例如，天体图、某些虚构地区的地图），仅当其比例尺说明在资源上出现时，才记录该信息。如果资源上没有比例尺说明，则记录为 *Scale not given*（未标明比例尺）。不要估算比例尺。

> 1° per 2 cm

7.25.2 静态图像或三维形式的比例尺

7.25.2.1 范围

静态图像或三维形式的比例尺是指包含或嵌入在资源中的静态图像或三维形式的尺寸与其所代表的实体尺寸之比。

7.25.2.2 信息源

关于静态图像或三维形式的比例尺的信息取自任何来源。

7.25.2.3 记录静态图像或三维形式的比例尺

应用 **7.25.1** 所列的关于记录比例尺的基本说明，记录静态图像或三维形式的比例尺。

> 1:100
>
> 1:2
> *比例尺说明为：* Half the scale of the original

如果静态图像或三维形式未按比例绘制，且这一事实重要，则记录为 *Not drawn to scale*（未按比例绘制）。

7.25.3 地图内容的水平比例尺

核心元素

7.25.3.1 范围

地图内容的水平比例尺是指资源地图内容的水平距离与它代表的实际距离的比例。

7.25.3.2 信息源

关于地图内容的水平比例尺的信息取自资源内的任何来源。

如果资源本身没有提供水平比例尺，则地图内容的比例尺取自资源之外的来源。

7.25.3.3 记录地图内容的水平比例尺

应用 **7.25.1** 所列的关于记录比例尺的基本说明，记录地图内容的水平比例尺。

> 1:36,000,000
>
> 1:63,360
> *正题名记录为：* Bartholomew one inch map of the Lake District
>
> 1:253,440
> *比例尺说明为：* 1 inch to 4 miles
>
> 1:21,600
> *比例尺取自资源之外的来源*
>
> approximately 1:220,000
> *估算的比例尺*
>
> 1:3,000,000
> *题名中出现比例尺：* ArcWorld 1:3M

如果地图内容未按比例绘制，则记录为 *Not drawn to scale*（未按比例绘制）。不要估算比例尺。

7.25.4 地图内容的垂直比例尺

核心元素

7.25.4.1 范围

地图内容的垂直比例尺是指资源地图内容的海拔或垂直维度的比例尺。

7.25.4.2 信息源

关于地图内容的垂直比例尺的信息取自资源内的任何来源。

7.25.4.3 记录地图内容的垂直比例尺

当描述地形模型、其他三维地图资源或三维实体的二维地图（例如，方块图、剖面图）时，如果可以确定垂直比例尺，则除记录水平比例尺（见 **7.25.3**）之外，还应记录垂直比例尺（需注明）。

1:96,000

1:5

7.25.5 附加比例尺信息

7.25.5.1 范围

附加比例尺信息是指与比例尺有关的补充信息，如对比较测量的说明或对资源内容特定部分的比例尺限制。

7.25.5.2 信息源

关于附加比例尺的信息取自资源内的任何来源。

7.25.5.3 记录附加比例尺信息

记录出现在资源中的附加比例尺信息。依附录 **A** 所列的说明，对词进行大写。依附录 **B(B.5.7)**所列的说明，使用缩写，并用数字代替数词。

1 in. to 3.95 miles
1 cm to 2.5 km
比例尺记录为： 1:250,000

如果有如下情况，则附加比例尺信息，并置于引号内：

a) 说明中包含无法查证的不常见信息

或

b) 直接引用比常规形式的说明更准确

或

c) 资源中的说明是错误的或包含错误内容

"Along meridians only, 1 inch = 936 statute miles"
比例尺记录为： 1:59,403,960

not "1 inch to the mile"
比例尺记录为： approximately 1:90,000

7.26 地图内容的投影

7.26.1 记录地图内容投影的基本说明

7.26.1.1 范围

地图内容的投影是指用于在平面上表示地球或天球表面的方法或系统。

7.26.1.2 信息源

关于地图内容的投影的信息取自资源内的任何来源。

7.26.1.3 记录地图内容的投影

如果在资源中、资源的容器、盒子或辅助材料中出现投影说明，则应予以转录。应用 **1.7** 所列的关于转录的一般性规则。应用 **1.8** 所列的关于用数字或词表达的数的一般性规则，记录数字。

> conic equidistant projection

可选择的附加

记录与涉及子午线和/或纬线的投影说明相关的短语。

将关于椭球体的信息作为地图内容的其他细节予以记录（见 **7.27**）。

> transverse Mercator projection, central meridian 35°13′30″E
>
> azimuthal equidistant projection centered on Nicosia, N 35°10′, E 33°22′

7.27 地图内容的其他细节

7.27.1 记录地图内容的其他细节的基本说明

7.27.1.1 范围

地图内容的其他细节包括在比例尺、投影和坐标说明中未记录的资源地图内容的数学数据和其他特征。

关于以数字形式记录体现地图内容的技术细节的说明，见 **3.19.8**。

7.27.1.2 信息源

关于地图内容的其他细节的信息取自任何来源。

7.27.1.3 记录地图内容的其他细节

记录补充或详细说明比例尺、投影和坐标说明中所记录内容的数学数据。

> Scale of original: approximately 1:1,300
>
> Oriented with north to right
>
> Prime meridians: Ferro and Paris
>
> Scale departure graph: “Statute miles, Mercator projection”
>
> Military grid
>
> Clarke 1886 ellipsoid
>
> WGS 84 datum
>
> “Grid 10,000 meter UTM zone 11”

如果信息易于获取，则记录水平坐标系统（地理信息系统、地图投影或格网坐标系统）和大地基准点的名称；如适用，还应记录垂直坐标系统（例如，针对数字高程模型）。将每组投影或椭球体的参数置于圆括号内；多个参数之间用空格、分号、空格分隔；次要/相关参考方法前置以冒号和空格。

> Altitude datum name: National Geodetic Vertical Datum of 1929 ; altitude resolution: not given ; units of measurement: feet ; vertical encoding method: explicit elevation coordinate included with horizontal coordinates
>
> Geographic system: coordinates ; longitude resolution: 0.0004 ; latitude resolution: 0.0004 ; unit of measure: decimal degrees
>
> Projection: Lambert conformal conic (standard parallels: 38.3 ; 39.4 ; longitude of central meridian: -77 ; latitude of projection origin: 37.8333 ; false easting: 800000 ; false northing 0)
>
> Horizontal datum name: North American datum of 1927 ; ellipsoid name: Clarke 1866 (semi-major axis: 6378206.4 ; flattening ratio: 294.98)

如果记录了 *Scales differ*（比例尺不同）（见 **7.25.1.4**），且其中一个或多个比例尺可辨识并可简洁地表示，则记录这个或这几个比例尺。

> Scale of third and fourth maps: 1:540,000
>
> Predominant scale: 1:250,000

为遥感图像提供未记录的数学数据。

> "f5.944, alt. 12,000 ft."
>
> "This image was produced from merging 30-m resolution multispectral data with 15-m resolution panchromatic data collected by Landsat-7"

对于天体图内容，记录地图内容的星等。

> Magnitude: 3.5

如果重要，则应记录描述中未记录的资源地图内容的其他特征。

> Maps dissected and pasted onto the sides of 42 wooden blocks to form an educational game
>
> Free ball globe in transparent plastic cradle with graduated horizon circle and "geometer"
>
> "Contour interval 20 feet"
>
> Relief shown by contours, hachures, and spot heights
>
> Relief shown by satellite imagery
>
> "This map is red-light readable"

7.28 奖项

7.28.1 记录奖项信息的基本说明

7.28.1.1 范围

*奖项*是指颁奖或奖金发放机构对资源内容的优秀性等给予的正式认可。

7.28.1.2 信息源

关于奖项的信息取自任何来源。

7.28.1.3 记录奖项信息

如果重要，则应记录关于奖项的信息。

> Caldecott Medal, 1996
>
> American Library Association Stonewall Book Award for Nonfiction, 2002
>
> Academy Award: Best Documentary Feature
>
> Academy Award: Best Actress, Diane Keaton; Best Director, Woody Allen; Best Picture; Best Writing, 1978

7.29 内容表达的附注

7.29.1 编制内容表达的附注的基本说明

7.29.1.1 范围

*内容表达的附注*是指提供与内容相关的、作为内容表达属性记录的附加信息的注释。

7.29.1.2 信息源

关于内容表达的附注的信息取自任何来源。

7.29.1.3 编制内容表达的附注

编制内容表达的附注时，应用 1.10 所列的关于附注的一般性规则。

7.29.2 内容特征变化的附注

7.29.2.1 范围

*内容特征变化的附注*是指提供关于连续发行资源后继卷期或部分，或集成性资源更新后的整体之间内容特征变化的信息的附注。

7.29.2.2 信息源

用资源本身（或者其任何附件或容器）所呈现的依据作为记录内容表达中内容特征变化的附注基础。如果必要，可从任何来源获取补充依据。

7.29.2.3 内容特征的变化

如适用，依 7.29.2.3.1（多部分专著和连续出版物）或 7.29.2.3.2（集成性资源）所列的说明，为内容特征的变化编制附注。

7.29.2.3.1 多部分专著和连续出版物

如果内容特征在后继卷期或部分中发生了变化，当对识别或选择重要时，则编制一个附注。如果变化较多，则做一般性说明。

> Volumes 1-3 in French, volumes 4-7 in German.
>
> Armenian, 1999-2007; Cyrillic, 2008-
>
> Volumes 3-5 lack illustrations.
>
> Volumes 1, 4, and 8 lack indexes.

7.29.2.3.2 集成性资源

对于在当前更新后的整体上不再出现的内容特征，如果对识别或选择重要，则编制一个附注。如果变化较多，则做一般性说明。

> In French and English, 2002-2009
> *现在的网页仅有法语*

第三部分　记录个人、家族和团体的属性

8
记录个人、家族和团体属性的一般性规则

8.0 范围

本章阐述第 9 –11 章记录识别个人、家族和团体的数据的规则和说明中所蕴含的功能性目标和原则，并指定识别这些实体的核心元素。

本章提供构建代表个人、家族和团体的规范检索点和变异检索点的一般性规则和说明。

本章还提供记录与名称使用（范围和使用日期等）有关的各种元素的说明；记录识别状态的说明；引用名称和其他识别个人、家族或团体信息的来源的说明；以及为数据的使用或修改编制附注的说明。

8.1 术语

8.1.1 关键术语的说明

本章及第 9 –11 章中使用了一些在 RDA 中承载特定含义的术语。一些关键术语的含义在 **8.1.2–8.1.4** 中进行了说明。第 9 –11 章中用作数据元素名称的术语在特定元素说明的开始处进行了定义。此外，这些章节中使用的具有特定技术含义的所有术语在术语表中进行了定义。

8.1.2 个人、家族和团体

术语*个人*、*家族*和*团体*的使用如下：

术语***个人***是指一个个人或是由个人建立的识别身份（单独的或和其他一个或多个个人的合作）。

术语***家族***是指通过出生、婚姻、收养、民事结合或类似的法律身份发生关系的，或以一个家庭的方式呈现的两个或两个以上的人。

术语***团体***是指由特定名称识别，并作为一个单位进行或可能进行活动的一个组织或一群人和/或组织。

8.1.3 名称

术语*名称*、*首选名称*、*变异名称*的使用如下：

术语***名称***是指个人、家族或团体为人所知的一个词、字符或一组词和/或字符。

术语***首选名称***是指被选作代表个人、家族或团体的规范检索点的基础部分的名称或名称形式。

术语***变异名称***是指个人、家族或团体为人所知但与其首选名称不同的名称或名称形式。

8.1.4 检索点

术语*检索点*、*规范检索点*、和*变异检索点*的使用如下：

术语***检索点***是指代表特定个人、家族或团体的名称、术语、代码等。

术语***规范检索点***是指代表一个实体的标准化检索点。用个人、家族或团体的首选名称来构建代表个人、家族或团体的规范检索点。

术语***变异检索点***是指代表一个实体的规范检索点的交替形式。用个人、家族或团体的变异名称来构建代表个人、家族或团体的变异检索点。

8.2 功能性目标和原则

记录反映个人、家族或团体属性的数据应能使用户：

a) *查找*符合用户检索条件的个人、家族和团体

b) *识别*数据所代表的个人、家族或团体（即确认该数据所代表的个人、家族或团体与所查找的相符，或区分具有相同或相似名称的两个或两个以上的个人、家族或团体）

c) *理解*代表个人、家族或团体的名称和该个人、家族或团体为人所知的其他名称之间的关系（例如，名称的不同语言形式）

d) *理解*为什么某个特定的名称记录为首选名称或变异名称

为确保使用 RDA 创建的数据能实现上述功能性目标，在制订第 **9 –11** 章的规则和说明时应用了下列原则：

区分性。数据应将所代表的个人、家族或团体与其他个人、家族或团体相区分。

表达性。被选作个人、家族或团体首选名称的名称或名称形式，应是与该个人、家族或团体相关的资源中最常见的名称或名称形式，或是创建数据的机构首选的语言和文字中广为接受的名称或名称形式。与个人、家族或团体相关的资源或参考源中出现的，或用户在检索时可能采用的其他名称或名称形式，应作为变异名称予以记录。

语言优先性。被选作个人、家族或团体首选名称的名称或名称形式，应是在与个人、家族或团体相关的资源中找到的、用内容的原文语言和文字的名称或名称形式。但是，如果原文语言和文字并非创建数据的机构所首选的语言和文字，则首选名称或名称形式应是在与个人、家族或团体相关的资源或参考源中找到的、用创建数据的机构首选语言和文字的名称或名称形式。

通用性或实践性。在记录个人或家族首选名称时用作第一元素的个人或家族名称的部分，应反映与该个人或家族关系最为密切的国家和语言的习惯用法。

8.3 核心元素

当记录识别个人、家族或团体的数据时，应至少包括适用且易于确定的下列元素。将这些元素作为代表个人、家族或团体的规范检索点的组成部分，或作为独立元素，或两者兼备予以记录。

个人首选名称

个人头衔

出生日期

死亡日期

与个人相关的其他标识

职业或工作（适用于其名称由不能表达个人概念的短语或称呼组成的个人）

个人标识符

家族首选名称

家族类型

与家族相关的日期

家族标识符

团体首选名称

会议等的地点

与团体相关的日期

相关机构（适用于会议等，如果机构名称比本地地名更易于识别，或者本地地名未知或不易确定）

会议等的届次

与团体相关的其他标识（适用于其名称不能表达团体概念的团体）

团体标识符

如果个人、家族或团体的首选名称与另一个个人、家族或团体为人所知的名称相同或相似，根据需要记录下列附加识别元素进行区分。将这些元素作为代表个人、家族或团体的规范检索点的组成部分，或作为独立元素，**或两者兼备**予以记录。

名称的更完整形式

职业或工作

个人活跃期

与家族相关的地点

家族的著名成员

总部所在地

相关机构

与团体相关的其他标识

如果上述个人其他识别属性均不易确定，则指明该名称为未区分的名称（见 **8.11**）。

包括本章和第 **9–11** 章中所涵盖的、依据创建数据的机构的政策确定的，或是由编目员适当判断的附加元素。

8.4 语言和文字

用获取名称的来源上出现的语言和文字记录该名称。

> ***文替规则***
>
> 将名称的音译形式或作为来源上形式的替代或补充予以记录。

用第 **9–11** 章的相关说明中规定的语言和文字，记录个人、家族或团体的其他识别属性。

8.5 记录名称的一般性规则

8.5.1 一般性规则

当记录名称时，应用 **8.5.2–8.5.7** 所列的关于大写、数字、重音符号等的一般性规则。当这些规则涉及附录时，如适用，应用附录所列的附加说明。

8.5.2 大写

应用附录 A(A.2)所列的关于个人、家族或团体的名称大写的说明。

8.5.3 用数字或词表达的数

当记录名称时，按信息源上出现的形式记录用数字或词表达的数。

> 50 Cent
>
> Vivian One Feather

Thirteenth Avenue Presbyterian Church

11th Hour Band

对于将序数词记录为与各种会议名称相关的标识的说明，见 11.6.1。

8.5.4 重音和其他变音符号

按信息源中出现的形式，如实记录名称中出现的重音和其他变音符号。如果确定这些符号是名称的组成部分，而获取该名称的信息源中省略了它们，则补上这些符号。

Jacques Lefèvre d'Étaples

Éliphas Lévi
有时出现时没有变音符号

如果在应用附录 A 关于大写的说明时，要求为小写字母添加重音和其他变音符号以反映记录数据所用语言的标准用法，则添加相应的重音和其他变音符号。

8.5.5 连字符

如果名称拥有人在名之间使用连字符，则予以保留。

Ann-Marie Ekengren

R.-J. Ahlers

如果音译系统有相应的规定，则在音译的名称中包含连字符。

Ch'oe Sin-dŏk

Abutsu-ni

Blo-bzaṅ-rab-gsal

8.5.6 首字母缩写和可拼读的首字母缩略词的空格

8.5.6.1 个人或家族名称

当记录个人或家族名称时：

a) 在代表名或姓的首字母缩写之后的句点与其后的首字母缩写或名称之间空一格

b) 如果名称全部或主要由单独的字母组成，则在字母之间空一格（不管这些字母后面是否有句点）

c) 如果名称包含构成头衔、称谓的一部分的首字母缩写或缩写，则在首字母缩写或缩写与其后的首字母缩写、缩写、数字或词之间空一格

Rowling, J. K.

Franco G. S., José Fernándo

A. Hafiz Anshary A. Z.

A. E. I. O. U.

A. M. do R. A.

Dr. X

Mrs. R. F. D.

Flamanville, Mme de

DJ Q

DJ I. C. O. N.
名称中首字母缩写"DJ"为"Disc jockey"的缩写形式

8.5.6.2 团体名称

当记录团体名称时：

a) 在句点等和其后的首字母缩写之间不空格

b) 如果信息源上出现的单独的字母或首字母缩写之间没有句点，则记录时在字母之间不空格

J.A. Folger and Company

Robert A.M. Stern Architects

B.B.C. Symphony Orchestra
名称显示为： B. B. C. Symphony Orchestra

IEEE
首字母缩略词显示为： I E E E

8.5.7 缩写

关于个人、家族和团体名称缩写的使用，应用附录 B(B.2)所列的说明。

Fry, Benjamin St. James

Hugh, of St. Victor

De Ste. Croix, Philip

Allegany County Farm Bureau Ass'n

Mt. St. Helens Public Access Task Group

Centro Cultural Prof. Dr. Ramón Melgar

International Mr. Leather, Inc.

Domus Lugdunensis Soc. Jesu

Monicault, Mlle

8.6 代表个人、家族和团体的规范检索点

当构建代表个人、家族或团体的规范检索点时，用个人（见 9.2.2）、家族（见 10.2.2）或团体（见 11.2.2）的首选名称作为检索点的基础。

如果两个或两个以上的个人、家族或团体拥有相同或相似的名称，如适用，依个人名称的附加成分（见 9.19.1）、家族名称的附加成分（见 10.10.1）和团体名称的附加成分（见 11.13.1）所列的说明，为首选名称添加诸如日期、地名或其他区别性术语的元素。

如果所有指定的附加成分都不易确定，则指明该名称为未区分的名称（见 8.11）。

8.7 代表个人、家族和团体的变异检索点

当构建代表个人、家族和团体的变异检索点时，用个人（见 9.2.3）、家族（见 10.2.3）或团体（见 11.2.3）的变异名称作为检索点的基础。

如果对识别重要，在适用的情况下，应用关于个人名称的附加成分（见 9.19.1）、家族名称的附加成分（见 10.10.1）和团体名称的附加成分（见 11.13.1）所列的说明，为名称添加附加成分。

8.8 使用范围

8.8.1 记录使用范围的基本说明

8.8.1.1 范围

使用范围是指个人、家族或团体的名称作为首选名称时，与之相联系的作品的类型或形式。

8.8.1.2 信息源

关于使用范围的信息取自任何来源。

8.8.1.3 记录使用范围

记录关于指定为个人、家族或团体首选名称的名称的使用范围的信息。

> Name used in poetry and critical works
> *名称 C. Day Lewis 的使用范围*
>
> Name used in detective novels
> *名称 Nicholas Blake（C. Day Lewis 的笔名）的使用范围*

8.9 使用日期

8.9.1 记录使用日期的基本说明

8.9.1.1 范围

使用日期是指与个人首选名称的使用相联系的日期或日期范围。

8.9.1.2 信息源

关于使用日期的信息取自任何来源。

8.9.1.3 记录使用日期

记录关于指定为个人首选名称的名称的使用日期的信息。

1933 – 2000
名称 Howard Fast 的使用日期

1960 – 1986
名称 E.V. Cunningham（Howard Fast 的笔名）的使用日期

8.10 识别状态

8.10.1 记录识别状态的基本说明

8.10.1.1 范围

识别状态是指对识别个人、家族或团体的数据规范化程度的认证。

8.10.1.2 信息源

关于识别状态的信息取自任何来源。

8.10.1.3 记录识别状态

用下列适用的术语记录识别状态。

fully established（完全确立）

provisional（临时的）

preliminary（初步的）

按如下规定应用术语：

a) 如果数据足以确立代表个人、家族或团体的完整的规范检索点，则记录为 *fully established*（完全确立）

b) 如果数据不足以确立代表个人、家族和团体的符合要求的规范检索点，则记录为 *provisional*（临时的）

c) 如果数据并非来源于手头资源的描述，则记录为 *preliminary*（初步的）

provisional

8.11 名称未区分的指示符

8.11.1 记录名称未区分的指示符的基本说明

8.11.1.1 范围

名称未区分的指示符是指指明所记录的核心元素不足以区分两个或两个以上的同名个人的类别指示符。

8.11.1.2 信息源

关于名称未区分的信息取自任何来源。

8.11.1.3 记录名称未区分的指示符

如果所记录的核心元素不足以区分两个或两个以上的同名个人，则记录为 *undifferentiated*（未区分）。

8.12 已查询的参考源

8.12.1 记录已查询的参考源的基本说明

8.12.1.1 范围

已查询的参考源是指用于确定个人、家庭或团体的名称或其他识别属性的资源。

8.12.1.2 信息源

关于已查询的参考源的信息取自任何来源。

8.12.1.3 记录已查询的参考源

引用用于确定首选或变异名称的来源，其后随以已找到的信息的简短说明。注明已找到的信息在来源内的具体位置。

> Advances in cable-supported bridges, ©2006: back cover (papers presented at the 5th International Cable-Supported Bridge Operators' Conference, held in New York City on August 28 – 29, 2006)
>
> Rodgers, Sam. Opinions of military personnel on sexual minorities in the military, ©2006: PDF title page (Michael D. Palm Center)
>
> Her Big book of baby names, ©1982, title page: Sandra Buzbee Bailey
>
> Its Annual report, 1960, title page: Raytheon; page 4 of cover: Raytheon Company

当记录个人（见 9.3–9.18）、家族（见 10.3–10.9）或团体（见 11.3–11.11）的其他识别属性时，酌情指示获取信息的来源。

> Wallace, W. Stewart. A dictionary of North American authors deceased before 1950, 1951: Smith, Abner Comstock; lawyer; born Randolph, Vt., 1814; died Litchfield, Minn., September 20, 1880
>
> Email from author, 10 July 2002 (Alison Charlotte Stewart, born 2 April 1953)
>
> Internet movie database, viewed on October 16, 2007 (Toni Collette; birth name Antonia Collette; born 1 November 1972, Sydney, N.S.W.; Australian actress; resides in Sydney, owns second home in Ireland)
>
> Oxford dictionary of national biography, via WWW, viewed July 22, 2008: Nichols family (per. c.1760–1939), printers and publishers, editors of the Gentleman's magazine, and known especially for their books on local history and antiquarian scholarship, came to prominence in the late eighteenth century with the gifted John Nichols (1745–1826), printer and writer

Michael D. Palm Center home page, viewed March 2, 2007 (Michael D. Palm Center, a new research institute at the University of California, Santa Barbara) about us page (Palm Center, formerly the Center for the Study of Sexual Minorities in the Military; official unit of the Institute for Social, Behavioral, and Economic Research)

Union list of artist names online, viewed on July 28, 2008 (London Stereoscopic Co.; English photography studio and publisher, active 1854 – ca. 1900; variants: London Stereoscopic & Photo Co., London Stereoscopic and Photo Co., London Stereoscopic and Photographic Company, London Stereoscopic Company)

Catalogue Bn-Opale plus, via WWW, March 11, 2009. Authorized access point: Colette (1873 – 1954); variant access points: Willy, Colette (1873 –1954); Colette, Gabrielle Sidonie (1873 – 1954); Colette, Sidonie Gabrielle (1873–1954); nationality: France; language: French; gender: female; roles: author, performer; birth date: 1873 – 01 – 28; death date: 1954 – 08 – 03

引用其他没有为确定首选名称提供有用信息的已查询的参考源。在引用已查询的参考源之后记录 *No information found*（无相关信息）。

Who's who in France, 2006/07 (No information found)

AMICUS database, searched December 5, 2006 (No information found)
Geographical names of Canada website, searched December 5, 2006 (No information found)
GEOnet names server, searched December 5, 2006 (No information found)

8.13 编目员附注

8.13.1 编制编目员附注的基本说明

8.13.1.1 范围

编目员附注是指有助于使用或修改代表个人、家族或团体的规范检索点，或有助于创建代表个人、家族或团体的规范检索点的注释。

8.13.1.2 信息源

用于编目员附注的信息取自任何来源。

8.13.1.3 编制编目员附注

如果重要，编制下列附注：

a) 用于创建规范检索点的特定说明的附注

b) 论证首选名称的选择、检索点的形式等的附注

c) 限制检索点使用的附注

d) 区分具有相似名称的个人、家族或团体的附注

French form of forename chosen for authorized access point; works published in U.S. have English form, Isidor

Author prefers that Chinese form of name (Li Zhongqing) be used in access points for resources in Chinese and that English form (James Z. Lee) be used for resources in English

Do not use Luftwaffe in an access point for air force units prior to 1933; use instead "Germany. Heer. Luftstreitkräfte" to cover the period 1910 – 1920

For resources issued before the latter part of 1950 use Housing Authority of the City of Seattle; for resources issued in late 1950 or after use Seattle Housing Authority

Not to be considered a corporate body. "Museo vaticano" and "Musei vaticani" (Vatican Museum and Vatican Museums) are generic terms which refer to at least nine museums and galleries in Vatican City. Only specific museums, e.g., Museo gregoriano etrusco, should be treated as corporate bodies

This access point is not valid for use as a subject. For works about this place use: Sri Lanka

Not the same as: Imray, James (nr 93026430)

Cannot identify with: Smith, Alan Jay (n 80115098)

Do not confuse with: Council of the European Union; or: Council of Europe

Formerly on undifferentiated name record: n 2007014866

编制任何其他有助于编目员使用或修改规范检索点，或有助于为相关个人、家族或团体创建规范检索点的附注。

Coded "provisional" because Uzbek form of name unavailable

Coded "provisional" because unable to ascertain whether Trần Trung Phương is a variant name or a separate identity

Different forms of name are regularly appearing on publications issued by this body; treat different forms of name as variant names until proof of a name change

9
识别个人

9.0 目的和范围

本章提供选择和记录个人首选名称和变异名称，以及记录个人其他识别属性的一般性规则和说明。

本章还提供用个人首选名称连同其他识别属性构建代表个人的规范检索点的规则，以及用变异名称构建变异检索点的规则。

个人包括虚构的实体。

附录 F 包括关于记录下列类别个人名称的附加说明：

阿拉伯字母书写的名称（见 F.1）

缅甸和克伦人名称（见 F.2）

包含非中国名的中国人名称（见 F.3）

冰岛人名称（见 F.4）

印度人名称（见 F.5）

印度尼西亚人名称（见 F.6）

马来人名称（见 F.7）

古罗马人名称（见 F.8）

包含源于父名的名字的罗马尼亚人名称（见 F.9）

泰国人名称（见 F.10）

各种语言中包含冠词和/或前缀的名称（见 F.11）

9.1 识别个人的一般性规则

9.1.1 信息源

个人名称取自任何来源。

关于个人首选名称信息源的附加规则，见 9.2.2.2。

关于个人其他识别属性的信息取自任何来源。

9.1.2 使用检索点代表个人

当用规范检索点代表与资源相关的个人（见 18.4.1）或代表相关个人（见 30.1）时，应用 9.19.1 所列的规则，构建检索点。

关于构建代表个人的变异检索点的规则，见 9.19.2。

9.2 个人名称

<u>核心元素</u>

个人首选名称是核心元素。个人变异名称是可选择的。

9.2.1 记录个人名称的基本说明

9.2.1.1 范围

个人名称是指某个人为人所知的一个词、字符或一组词和/或字符。

为识别个人，个人名称分类如下：

a) 个人首选名称（见 **9.2.2**）

b) 个人变异名称（见 **9.2.3**）

9.2.1.2 信息源

个人名称取自任何来源。

关于个人首选名称信息源的附加规则，见 **9.2.2.2**。

9.2.1.3 记录个人名称的一般性规则

当记录个人名称时，应用 **8.5** 所列的关于记录名称的一般性规则。当这些规则涉及附录时，如适用，应用附录所列的附加说明。

9.2.2 个人首选名称

核心元素

9.2.2.1 范围

个人首选名称是指被选作代表一个个人的规范检索点的基础部分的名称或名称形式。

如果某个个体具有多种身份，则为每种身份选择一个首选名称（见 **9.2.2.8**）。

9.2.2.2 信息源

从下列来源（按优先顺序）确定个人首选名称：

a) 与个人相联系的资源中的首选信息源（见 **2.2.2**）

b) 与个人相联系的资源中出现的其他正式说明

c) 其他来源（包括参考源）

关于以多种语言形式出现的个人名称的附加说明，见 **9.2.2.5.2**；关于以不同于创建数据的机构的首选文字形式书写的名称，见 **9.2.2.5.3**。

9.2.2.3 选择首选名称

一般来说，选择个人广为人知的名称作为首选名称。所选名称可以是个人的真实名称、笔名、贵族头衔、昵称、首字母缩写或其他称呼。关于为同一名称有多种形式或有多个名称的个人选择首选名称的附加说明，见 **9.2.2.5–9.2.2.8**。

Caedmon

William Shakespeare

D.W. Griffith
不用 David Wark Griffith

Tony Blair
不用 Anthony Charles Lynton Blair

Fats Domino
不用 Antoine Domino

Capability Brown
不用 Lancelot Brown

Anatole France
不用 Jacques-Anatole Thibault

Ouida
不用 Marie Louise de la Ramée

Ionicus
不用 Joshua Charles Armitage

H.D.
不用 Hilda Doolittle

Giorgione
不用 Giorgio Barbarelli

Fra Angelico
不用 Giovanni da Fiesole
不用 Guido da Siena

Maria Helena
不用 Maria Helena Vaquinhas de Carvalho

Duke of Wellington
不用 Arthur Wellesley

John Julius Norwich
不用 Viscount Norwich

Sister Mary Hilary
不用 Sister Mary Joseph Cahill

9.2.2.4 记录首选名称

应用 **8.5** 所列的关于记录名称的一般性规则，记录被选作个人首选名称的名称。

如果个人名称由几个部分组成，则将该个人通常所用语言、或者所居住或所活动的国家的权威字顺列表中用于排序的名称部分作为第一元素予以记录，其后随以名称的其余部分。在应用该一般性规则时，应用 **9.2.2.9–9.2.2.26** 所列的说明。

> *例外*
>
> 如果已知个人偏好与通常用法不同，则遵循其偏好选择记录为第一元素的名称部分。

关于记录下列类别个人名称的附加说明，见附录 **F**：

阿拉伯字母书写的名称（见 **F.1**）

缅甸和克伦人名称（见 **F.2**）

包含非中国名的中国人名称（见 F.3）
冰岛人名称（见 F.4）
印度人名称（见 F.5）
印度尼西亚人名称（见 F.6）
马来人名称（见 F.7）
古罗马人名称（见 F.8）
包含源于父名的名字的罗马尼亚人名称（见 F.9）
泰国人名称（见 F.10）
各种语言中包含冠词和/或前缀的名称（见 F.11）

选择首选名称

9.2.2.5 同一名称的不同形式

如果个人的同一名称有多种形式，在适用的情况下，应用 9.2.2.5.1（完整性）、9.2.2.5.2（语言）或 9.2.2.5.3（以非首选文字书写的名称）或 9.2.2.5.4（拼写）所列的说明，选择个人的首选名称。

9.2.2.5.1 完整性

如果个人名称依其完整性有多种形式，则选择最常见的形式作为首选名称。

J. Barbey d'Aurevilly
最常见形式: J. Barbey d'Aurevilly。*偶见形式:* Jules Barbey d'Aurevilly；Jules-Amédée Barbey d'Aurevilly。*罕见形式:* J.-A. Barbey d'Aurevilly

Morris West
最常见形式: Morris West。*偶见形式:* Morris L. West

Juan Valera
最常见形式: Juan Valera。*偶见形式:* Juan Valera y Alcalá Galiano

I.C. McIlwaine
最常见形式: I.C. McIlwaine。*偶见形式:* Ia C. McIlwaine；Ia McIlwaine

如果所有名称形式都不具有优势，则选择最近出现的形式作为首选名称。如果难以判断哪一个是最近形式，则选择更完整或最完整的形式。

将其他名称形式作为变异名称予以记录（见 9.2.3.10）。

9.2.2.5.2 语言

如果个人名称在与其相联系的资源中以不同的语言形式出现，则选择与大多数资源内容所用语言一致的形式作为首选名称。

George Mikes
不用 György Mikes

Philippe Garigue
不用 Philip Garigue

交替规则

选择用创建数据的机构首选的语言和文字表示的普遍接受的名称形式。

如果名称没有在与个人相联系的资源中出现，或有疑问，则选择该个人所居住或所活动国家的参考源中最常见的形式。

Hildegard Knef
不用 Hildegarde Neff

如果所选名称的书写文字与创建数据的机构首选的文字不同，则应用 **9.2.2.5.3** 所列的说明。

例外

希腊语或拉丁语相对于其他形式。 如果个人名称以希腊语或拉丁语形式出现在参考源和/或与个人相联系的资源中，同时也以该个人的母语或所用语言的形式出现，则选择参考源中最常见的形式作为首选名称。

Sixt Birck
不用 Xystus Betulius

Hugo Grotius
不用 Hugo de Groot

Philipp Melanchthon
不用 Philipp Schwarzerd

Friedrich Wilhelm Ritschl
不用 Fridericus Ritschelius

如有疑问，对于活跃于公元 1400 年之前或大部分活跃时间在此之前的个人，选择希腊语或拉丁语的名称形式。对于活跃于公元 1400 年之后的个人，则选择该个人母语或所用语言的名称形式。

Guilelmus Apuliensis
不用 Guglielmo di Puglia
不用 Guillaume de Pouille
活跃于 12 世纪

Giovanni da Padova
不用 Joannes de Padua
死于 1499 年

创建数据的机构首选的语言中已确立的形式。 如果个人名称在参考源中有既定形式，且该个人的名等用创建数据的机构首选的语言记录为首选名称的第一元素（见 **9.2.2.18**），则选择该名称形式作为首选名称。[1]

Francis of Assisi
不用 Francesco d'Assisi

Benedict XVI
不用 Benedictus XVI

Charles V
不用 Karl V

不用 Carlos I

Philip II
不用 Felipe II

John III Sobieski
不用 Jan III Sobieski

如有疑问，选择该个人的母语或所用语言或拉丁语的形式。

Thérèse de Lisieux
不用 Theresa of Lisieux

将其他名称形式作为变异名称予以记录（见 **9.2.3.10**）。

---

1. 选择古罗马人首选名称的附加说明，见附录 **F(F.8)**。

9.2.2.5.3 以非首选文字书写的名称

如果个人名称所用文字与创建数据的机构首选的文字不同，则根据该机构所用的音译法，音译该名称。

Laozi
以原文字出现的名称为： 老子

Li An
以原文字出现的名称为： 李安

Jamāl ʻAbd al-Nāṣir
以原文字出现的名称为： جمال عبد الناصر

Parvez Musharraf
以原文字出现的名称为： پرويز مُشرّف

Yi Sŭng-man
以原文字出现的名称为： 李承晚

A. Skri͡abin
以原文字出现的名称为： А. Скрябин

Evgeniĭ Evtushenko
以原文字出现的名称为： Евгений Евтушенко

Shelomit Kohen-Asif
以原文字出现的名称为： שלומית כהן־אסיף

如果某个名称有多种非首选文字的形式，则根据大部分作品的原文语言的音译法对其进行音译。

Muḥammad Riḍā al-Anṣārī al-Qummī
不用 Muḥammad Riz̤ā Anṣārī Qumī
最初是阿拉伯文形式，也有波斯文形式

Premacanda
不用 Prem Cand
最初是印地文形式，也有乌尔都文形式

如果个人名称在与该个人相联系的资源中只有音译形式，则选择该形式作为首选名称。如果有多种音译形式，则选择最常见的形式。

Bo Yeon Lee
朝鲜文名称形式未找到

Pattamaporn Laokiatsophon
泰文名称形式未找到

将名称的其他音译形式作为变异名称予以记录（见 **9.2.3.9**）。

交替规则

如果在参考源中有用创建数据的机构首选的语言表示的既定名称形式，则选择该形式作为首选名称。

如果在参考源中用创建数据的机构首选的语言表示的名称有不同的形式，则选择最常见的形式。

Ang Lee
以原文字出现的名称为: 李安

Gamal Abdel Nasser
以原文字出现的名称为: جمال عبد الناصر

Pervez Musharraf
以原文字出现的名称为: پرویز مُشرّف

Syngman Rhee
以原文字出现的名称为: 李承晚

A. Scriabin
以原文字出现的名称为: А. Скрябин

Yevgeny Yevtushenko
以原文字出现的名称为: Евгений Евтушенко

Moshe Dayan
以原文字出现的名称为: משה דיין

Shlomit Cohen-Assif
以原文字出现的名称为: שלומית כהן־אסיף

9.2.2.5.4 拼写

如果个人名称有不同拼写形式，且这些变异形式并不是由不同音译造成的，则选择首次获得的资源中所见的形式。

关于不同音译导致的拼写差异，见 **9.2.2.5.3**。

将名称的其他拼写形式作为变异名称予以记录（见 **9.2.3.9**）。

9.2.2.6 同一个人的不同名称

如果个人，除下列两种情况之外：

a) 变更了他或她的名称（见 **9.2.2.7**）

或

b) 具有多种身份（见 **9.2.2.8**）

有多个为人所知的名称，且该个人有一个广为人知的名称，则选择该名称作为首选名称。

否则，按下列优先顺序选择首选名称：

a) 与个人相联系的资源中最常出现的名称

b) 参考源中最常出现的名称

c) 最近使用的名称

将该个人为人所知的其他名称作为变异名称予以记录（见 **9.2.3**）。

9.2.2.7 名称的变化

如果不具有多种身份的个人（具有多种身份的个人见 **9.2.2.8**）变更了他或她的名称，则选择其最近的名称或名称形式作为首选名称。应用与获得贵族头衔并以此著称的个人名称（参见 **9.2.2.17**）相同的说明。

Dorothy B. Hughes
不用 Dorothy Belle Flanagan
作者婚前作品中使用的名称

Sister Mary Just
不用 F.D. David
作者信教之前作品中使用的名称

Éloi-Gérard Talbot
不用 Frère Éloi-Gérard
最初作品中使用的不带姓氏的名称

Yosano Akiko
不用 Hō Akiko
作者婚前作品中使用的名称

Joan Roughgarden
不用 Jonathan Roughgarden
作者变性前作品中使用的名称

Jacqueline Kennedy Onassis
不用 Jacqueline Bouvier
不用 Jacqueline Bouvier Kennedy
作者婚前以及第一段婚姻期间的作品中使用的名称

Ford Madox Ford
不用 Ford Madox Hueffer
名称由 Hueffer 改为 Ford

Muhammad Ali
不用 Cassius Clay
名称由 Cassius Clay 改为 Muhammad Ali

Earl of Longford
不用 Baron Pakenham
不用 Francis Aungier Pakenham
先后以个人名称、男爵、伯爵为人所知

例外

如果有理由相信较早名称更广为人知，则选择该名称作为首选名称。

Benjamin Disraeli
不用 Earl of Beaconsfield
后半生获得的头衔；较早名称更广为人知

Caroline Kennedy
不用 Caroline Kennedy Schlossberg
婚前的名称更广为人知

9.2.2.8 具有多种身份的个体

如果个体具有多种身份，则选择与每个身份相联系的名称作为相应身份的首选名称。考虑个体使用一个或多个笔名（包括联合笔名），或同时使用真名和一个或多个笔名从而具有多种身份的情况。

J.I.M. Stewart
在“严肃”小说和评论类作品中使用的真名

Michael Innes
J.I.M. Stewart 在侦探小说中使用过的笔名

C. Day Lewis
在诗歌和评论类作品中使用的真名

Nicholas Blake
C. Day Lewis 在侦探小说中使用过的笔名

Charles L. Dodgson
在数学和逻辑学作品中使用的真名

Lewis Carroll
Charles L. Dodgson 在文学作品中使用过的笔名

Molly Keane
某些作品中使用的真名

M.J. Farrell
Molly Keane 在某些作品中使用过的笔名

Denys Watkins-Pitchford
某些作品中使用的真名

BB
Denys Watkins-Pitchford 在某些作品中使用过的笔名

M.W. Ranney
大多数作品中使用的真名

Keith Johnson
M.W. Ranney 在某些作品中使用过的笔名

John McDermott
M.W. Ranney 在某些作品中使用过的笔名

John W. Palmer
M.W. Ranney 在某些作品中使用过的笔名

Doris Lessing
大多数作品中使用的真名

Jane Somers
Doris Lessing 在两部作品中使用过的笔名

Kingsley Amis
大多数作品中使用的真名

Robert Markham
Kingsley Amis 在一部作品中使用过的笔名

William Tanner
Kingsley Amis 在一部作品中使用过的笔名

Howard Fast
大多数作品中使用的真名

E.V. Cunningham
Howard Fast 在某些作品中使用过的笔名

Ann Kilborn Cole
Claire Wallis Callahan 在关于古董和其他非小说类作品中使用过的笔名

Nancy Hartwell
Claire Wallis Callahan 在文学作品中使用过的笔名；没有用过真名

Wade Miller
Wade Miller 是 Bill Miller 和 Bob Wade 的联合笔名

Zizou Corder
Zizou Corder 是 Louisa Young 和 Isabel Adomakoh Young 的联合笔名

Ellery Queen
Ellery Queen 是 Frederic Dannay 和 Manfred B. Lee 的联合笔名

T.W.O.
首字母缩写是 Mary C. Hungerford 和 Virginia C. Young 的联合笔名

例外

如果个体仅使用一个笔名且不用其真名作为创作者或贡献者，则选择笔名作为首选名称。将该个体的真名作为变异名称予以记录（见 **9.2.3.4**）。

John Le Carré
不用 David John Moore Cornwell

George Orwell
不用 Eric Arthur Blair

Martin Ross
不用 Violet Florence Martin

Nevil Shute
不用 Nevil Shute Norway

Woody Allen
不用 Allen Stewart Konigsberg

50 Cent
不用 Curtis Jackson

Futabatei Shimei
不用 Hasegawa Tatsunosuke

将没有被选作某一身份的首选名称的名称作为变异名称予以记录（见 **9.2.3**）。

关于记录同一个体多个单独身份之间关系的说明，见第 **30** 章。

<u>记录包含姓氏的名称</u>

9.2.2.9 记录包含姓氏名称的一般性规则

如适用，应用下列说明记录所有包含姓氏（或具有姓氏作用的名称）的名称。

例外

如果个人在其作品中使用其贵族头衔而非姓氏，或该个人在参考源中以其贵族头衔列出，则应用 **9.2.2.14** 所列的说明。

如果姓氏和名均以首字母缩写的形式代表，则应用 **9.2.2.21** 所列的说明。

关于包含姓氏的泰国人名称，应用 **F.10** 所列的说明。

应用 **8.5** 所列的关于记录名称的一般性规则，记录包含姓氏的名称。

将姓氏作为第一元素予以记录。如果姓氏不是名称的第一部分，则在姓氏后随以逗号，并将姓氏前面的名称部分倒置其后。如果名称的第一部分是姓氏，则在其后随以逗号以及其后的名称部分。如果名称仅有姓氏，则单独记录姓氏即可。

Bernhardt, Sarah

Byatt, A. S.

Ching, Francis K. W.

Chiang, Kai-shek
*名称：*Chiang Kai-shek。*姓氏：*Chiang

Molnár, Ferenc
*名称：*Molnár Ferenc。*姓氏：*Molnár

Trịnh, Vân Thanh
*名称：*Trịnh Vân Thanh 。*姓氏：*Trịnh

Mantovani

省略包括姓氏的名称中的尊称和称谓，下列情况除外：

a) 名称仅有姓氏（见 **9.2.2.9.3**）

或

b) 已婚个人的名称仅用配偶的名称及其称谓识别（见 **9.2.2.9.4**）

如适用，应用 **9.2.2.9.1–9.2.2.9.6** 所列的附加说明。

9.2.2.9.1 用首字母缩写代表的姓氏

如果姓氏由首字母缩写代表，但至少名称中有一个其他部分给出了完整形式，则将代表姓氏的首字母缩写作为第一元素予以记录。

G., Michael

9.2.2.9.2 视为姓氏的名称部分

如果名称不含姓氏但包含可以识别个体且起到姓氏作用的部分，则将其作为第一元素予以记录，其后随以逗号以及名称的其他部分。

Hus, Jan

Maḥfūẓ, Ḥusayn ʻAlī

Bāqūrī, ʻAbd al-ʻĀl
不用ʻAbd al-ʻĀl al-Bāqūrī

Ali, Muhammad
美国拳击手

X, Malcolm

Kurd ʻAlī, Muḥammad

关于阿拉伯字母书写的名称（**F.1**）、某些印度尼西亚人名称（**F.6**）和马来人名称（**F.7**）的附加说明，见附录 **F**。

9.2.2.9.3 仅知其姓氏的个人

如果个人名称仅包含姓氏，则将与该个人相联系的资源或参考源中与该名称相联系的词或短语视为名称一个必不可少的组成部分。

Deidier, abbé

Read, Miss

Seuss, Dr.

Nichols, Grandma

将直序形式的名称作为变异名称予以记录（见 9.2.3.10）。

9.2.2.9.4 仅用其配偶名称识别的已婚个人

如果某个已婚个人仅用其配偶的名称识别，则将其称谓视为名称的一个必不可少的组成部分。将称谓记录在配偶名称中作为最后元素的名称部分之后。

Davis, Maxwell, Mrs.

La Ferrière, Balthasard de, Madame

Strauss, Johann, Frau

Lâm, Thanh Liêm, Bà

Tobi-van der Kop, H., Mevr.

将已婚女性名称后附加的附属词作为其名称的一部分。

Falvy, Zoltánné

Beniczkyné Bajza, Lenke

9.2.2.9.5 跟在姓氏后指示关系的词等

将葡萄牙人姓氏之后的 *Filho*（儿子）、*Junior*（小）、 *Neto*（孙子）、*Netto*（最小的）或 *Sobrinho*（侄子/外甥）视为姓氏的一部分。

Castro Sobrinho, Antonio Ribeiro de

Marques Junior, Milton

除葡萄牙语之外其他语言中出现的相似术语（例如，*Jr.*、*Sr.*、 *fils*、 *père*）和数字（例如，*III*）记录在名字之后，前置以逗号。

Saur, Karl-Otto, Jr.

Dumas, Alexandre, père

Hatfield, Frederick C., II

9.2.2.9.6 圣徒

不要将术语 *Saint*（圣徒）包含在本身含有姓氏的封为圣徒的个人名称中。将该术语作为与个人相联系的标识予以记录（见 **9.6.1.4**）。

> More, Thomas

9.2.2.10 复姓

应用 **9.2.2.9** 关于记录姓氏的一般性规则，记录包含用一个空格或连字符分开的两个或多个专有名称的姓氏（称为“复姓”）以及其他具有复姓形式的名称。

姓氏前的某部分经常地或偶然地采取首字母缩写形式，说明该部分不作为姓氏的一部分。

如适用，应用 **9.2.2.10.1**（既定用法）或 **9.2.2.10.2**（未确定的既定用法）所列的附加说明。

将以复姓的其他部分作为第一元素的名称形式作为变异名称予以记录（见 **9.2.3.10**）。

9.2.2.10.1 既定用法

将拥有名称的个人偏好的、其复姓中用于排列的部分作为第一元素予以记录。如果上述情况未知，则将该个人所用语言或者其所居住或所活动国家的参考来源[2]中排列该个人名称的部分作为第一元素予以记录。

> Brindle, Reginald Smith
> *姓氏为 Smith Brindle，但作者偏好列为* Brindle
>
> Fénelon, François de Salignac de La Mothe -
> *法语参考源中列为* Fénelon
>
> Lloyd George, David
> *父辈姓氏：* George
>
> Seabra da Silva, José de
> *葡萄牙语参考源中列为* Seabra da Silva
>
> Stowe, Harriet Beecher
> *美国参考源中列为* Stowe
>
> Abril, Nelson Lopez
> *主要信息源中出现的名称为：* Nelson Lopez Abril 。*版权说明中出现的名称为：* Nelson L. Abril
>
> Szentpál, Mária Sz.
> *出现的名称为：* Sz. Szentpál Mária。*丈夫的姓氏：* Szilági
>
> Campbell, Julia Morilla de
> *有时出现的名称为：* Julia M. de Campbell

---

2. 不管偏好或习惯用法，将复姓按统一方式排列的参考源不予考虑。

9.2.2.10.2 未确定的既定用法

如果拥有名称的个人的偏好未知，且从该个人所用语言或者其所居住或所活动的国家的参考源中不能确定既定用法，则遵照《个人名称：目录款目中的国家用法》（*Names of Persons: National Usages for Entry in Catalogues*）中该国家特定的用法。[3]

如果该个人所居住或所活动的国家的用法未涵盖在《个人名称：目录款目中的的国家用法》（*Names of Persons: National Usages for Entry in Catalogues*）中，则将姓氏的第一部分作为第一元素予以记录。

---

3. 4th revised and enlarged edition (München: Saur, 1996)。

9.2.2.11 带有分开书写的前缀的姓氏

应用 **9.2.2.9** 所列的关于记录姓氏的一般性规则，记录带有一个或多个分开书写前缀的姓氏的名称。

如适用，应用 **9.2.2.11.1**（冠词和介词）或 **9.2.2.11.2**（其他前缀）所列的附加说明。

将用前缀另一部分或紧随前缀之后的名称部分作为第一元素的形式作为变异名称予以记录（见 **9.2.3.10**）。

9.2.2.11.1 冠词和介词

如果姓氏包含冠词或介词或两者的组合，则将在个人所用语言或者其所居住或所活动国家的按字母顺序排列的名录等列表中最常用作第一元素的部分作为第一元素予以记录。关于记录下列语言和语族中该类名称的附加规则，见附录 **F**：

南非荷兰语（见 **F.11.1**）

捷克语和斯洛伐克语（见 **F.11.2**）

荷兰语和佛兰德语（见 **F.11.3**）

英语（见 **F.11.4**）

法语（见 **F.11.5**）

德语（见 **F.11.6**）

意大利语（见 **F.11.7**）

葡萄牙语（见 **F.11.8**）

罗马尼亚语（见 **F.11.9**）

斯堪的纳维亚语（丹麦语、挪威语、瑞典语）（见 **F.11.10**）

西班牙语（见 **F.11.11**）

如果该类名称在个人所用语言或者其所居住国的参考源中以非标准形式列出，则将这些来源中用作第一元素的名称部分作为第一元素予以记录。

如果个人使用过两种或两种以上的语言，则应用该个人大多数作品语言的相关说明记录其名称。如有疑问，在创建数据的机构首选的语言为该个人使用语言的一种时，应用该语言的说明。否则，如果已知该个人改变了居住国，则应用其所定居国语言的说明。万不得已时，应用其名称所用语言的说明。

将用前缀的另一部分或紧随前缀之后的名称部分作为第一元素的形式作为变异名称予以记录（见 **9.2.3.10**）。

9.2.2.11.2 其他前缀

如果前缀既不是冠词也不是介词或两者的组合，则将该前缀作为第一元素予以记录。

ʻAbd al-Ḥamīd Aḥmad

Abū Zahrah, Muḥammad

Āl Yāsīn, Muḥammad Ḥasan

Ap Gwilym, Owain

Ben Harosh, Mosheh

Fitz Gerald, Gregory

Mac Murchaidh, Ciarán

Ó Faoláin, Dónal

将用紧随前缀之后的名称部分作为第一元素的形式作为变异名称予以记录（见 **9.2.3.10**）。

9.2.2.12 带有连字符或与姓氏连体的前缀

应用 **9.2.2.9** 所列的关于记录姓氏的一般性规则，记录包含带有连字符或与姓氏连体的前缀的名称。

如果前缀经常地或偶然地带有连字符或与姓氏连体，则将该前缀作为第一元素予以记录。

FitzGerald, Colin

MacDonald, William

Ter-Horst, Joannes Hermannus

Debure, Guillaume

Fon-Lampe, A. A.

将用紧随前缀之后的名称部分作为第一元素的形式作为变异名称予以记录（见 **9.2.3.10**）。

9.2.2.13 皇室成员的姓氏

对于已退位的或已丧失或放弃王位且因此不再以其皇室身份识别的皇室成员，应用 **9.2.2.9** 所列的关于记录姓氏的一般性规则，记录包含姓氏（或具有姓氏作用的名称）的名称。

将姓氏作为第一元素予以记录。如果没有姓氏，则将在资源或参考源中用于识别该个人的名称的部分（例如，皇室或朝代名称、领地头衔）作为第一元素予以记录。

Bernadotte, Folke

Habsburg, Otto von

Paris, Henri

Saxe-Coburg-Gotha, Simeon

Zur Lippe, Rudolf

应用 **9.4.1.5** 所列的说明，记录个人仍然使用的头衔。

将较早名称作为变异名称予以记录（见 **9.2.3.7**）。

<u>记录包含贵族头衔的名称</u>

9.2.2.14 记录包含贵族头衔的名称的一般性规则

应用 **8.5** 所列的关于记录名称的一般性规则，记录包含贵族头衔的名称。

将贵族头衔（包括尊称）的专有名称作为第一元素予以记录，如果该个人：

a) 在与其相联系的资源中用其头衔不用姓氏

或

b) 在参考源中以其头衔列出 [4]

在头衔的专有名称之后随以直序形式的个人名称（不包括未用过的名）以及用头衔授予时所用语言表示的等级称号（见附录 **G**）。个人名称和表示等级的头衔部分前置以逗号。如果该个人不用等级称号或其他替代词，则省略其姓氏和头衔。

Abrantès, Laure Junot, duchesse d'

Byron, George Gordon Byron, Baron

Bolingbroke, Henry St. John, Viscount

Caradon, Hugh Foot, Baron

Cavour, Camillo Benso, conte di

Cumberland, William Augustus, Duke of

Dufferin and Ava, Harriot Georgina Blackwood, Marchioness of

Pompadour, Jeanne Antoinette Poisson, marquise de

Willoughby de Broke, John Henry Peyto Verney, Baron

Winchilsea, Anne Kingsmill Finch, Countess of

Corberon, Nicolas de
*名称显示为：*Nicolas de Corberon, seigneur de Tourvilliers。*参考源名称列为：*Corberon, Nicolas de

Norwich, John Julius
*名称显示为：*John Julius Norwich。*作者不使用其贵族头衔*

对于已封为圣徒而以贵族头衔著称的个人，其名称中不要包括术语 *Saint*（圣徒）。将该术语作为与个人相联系的标识予以记录（见 **9.6.1.4**）。

将用姓氏作为第一元素的形式作为变异名称予以记录（见 **9.2.3.10**），除非头衔的专有名称与姓氏相同。

---

4. 将贵族成员全部按头衔或全部按姓氏排列的参考源不予考虑。

9.2.2.15 包含领地标识的英国贵族的头衔

应用 **9.2.2.14** 所列的关于记录包含贵族头衔的名称的一般性规则，记录含有领地标识的英国贵族头衔的名称。

如果领地标识是头衔一个必不可少的组成部分，则将其作为名称的一部分包括在内。

Moore of Drogheda, Alice Moore, Viscountess

Russell of Liverpool, Edward Frederick Langley Russell, Baron

如果不是头衔一个必不可少的组成部分，或难以断定，则予以省略。

Hardinge, Henry Hardinge, Viscount
不用 Hardinge of Lahore, Henry Hardinge, Viscount

9.2.2.16 具有以勋爵开头的法律头衔的苏格兰最高民事法院法官

应用 **9.2.2.14** 所列的说明，记录具有以 *Lord*（勋爵）开头的法律头衔的苏格兰最高民事法院法官。

Kames, Henry Home, Lord

9.2.2.17 放弃的头衔和新获得的头衔

如果个人获得而又放弃一个贵族头衔或获得一个新的贵族头衔，则应用 **9.2.2.7** 所列的说明，选择作为首选名称的名称。如适用，应用 **9.2.2.14–9.2.2.15** 所列的规则和说明，记录该名称。

Caradon, Hugh Foot, Baron
之前为 Hugh Foot

George-Brown, George Alfred Brown, Baron
之前为 George Brown

Grigg, John
之前为 Baron Altrincham；*之后放弃贵族身份*

Hailsham of St. Marylebone, Quintin Hogg, Baron
原名为 Quintin Hogg；*1950 年成为* Viscount Hailsham；*1963 年放弃贵族身份*；*1970 年成为* Baron Hailsham of St. Marylebone

记录既不包含姓氏也不包含贵族头衔的名称

9.2.2.18 记录既不包含姓氏也不包含贵族头衔的名称的一般性规则

应用 **8.5** 所列的关于记录名称的一般性规则，记录不包括姓氏且不以贵族头衔识别的个人的名称。

Charles

Nelly

Riverbend

将参考源中所列的用于排序的个人的名称部分作为第一元素予以记录。如有疑问，应用 **9.2.2.9.2** 所列的说明，将名称的最后一部分作为第一元素予以记录。

将与个人相联系的资源或参考源中通常与名称相联系的指示祖籍、居住地、职业或其他特征的词或短语视为名称一个必不可少的组成部分。这些词或短语前置以逗号。

Paul, the Deacon

Eric, the Red

Salmān, al-Fārisī

Rafa, el Tuerto

Judah, ha-Levi

Chayim, the Priest, of Hebron

Iolo, Goch

Feofan, Grek

Baba, Rabbah

Joannes, Glastoniensis

Alexander, of Aphrodisias

Jeanne, de Flandre

Planudes, Maximus
参考源中列为 Planudes

Helena, Maria
参考源中列为 Helena

将与名相联系的罗马数字（例如，某些教皇、皇室和神职人员）视为名称一个必不可少的组成部分。

Elizabeth I

John Paul II

Maximos IV

Gregory II, of Cyprus

不要将术语 *Saint*（圣徒）作为已封为圣徒的个人名称的一部分。将该术语作为与个人相联系的标识予以记录（见 **9.6.1.4**）。

Joan, of Arc

Paulinus II

酌情将用相联系的词或短语作为第一元素的形式（见 **9.2.3.10**）、名称的其他语言形式（见 **9.2.3.9**）和个人的其他名称（见 **9.2.3.10**）作为变异名称予以记录。

9.2.2.19 包含源于父名的名字的名称

应用 **8.5** 所列的关于记录名称的一般性规则，记录包含一个或多个名以及一个源于父名的名字的名称。

将第一个名作为第一元素予以记录，其后随以直序形式的名称的其他部分。如果源于父名的名字在第一个名之前，则倒置名称部分将第一个名放在首位。

ʼAbé Gubañā
*名：*ʼAbé。*源于父名的名字：* Gubañā

Solomon Gebre Christos
名： Solomon。*源于父名的名字：* Gebre Christos

Kidāna Māryām Gétāhun
名： Kidāna Māryām。*源于父名的名字：* Gétāhun

Germāčaw Takla Ḥawāryāt
名： Germāčaw。*源于父名的名字：* Takla Ḥawāryāt

Isaac ben Aaron
名： Isaac。*源于父名的名字：* ben Aaron

Shirėndėv, B.
名称显示为： B. Shirėndėv。*源于父名的名字的首字母缩写：* B.。*名：* Shirėndėv

Moses ben Jacob, of Coucy
名： Moses。*源于父名的名字：* ben Jacob。*指示地点的词：* of Coucy

关于包含阿拉伯字母书写的名称（F.1）、冰岛人名称（F.4）和罗马尼亚人名称（F.9）的源于父名的名字的附加说明，见附录 F。

将用源于父名的名字作为第一元素的形式作为变异名称予以记录（见 9.2.3.10）。

9.2.2.20 皇室成员的名称

应用 9.2.2.18 所列的关于记录既不包含姓氏也不包含贵族头衔的名称的一般性规则，记录皇室成员的名称。

如果某一皇室成员的名称包括皇室名、朝代、领地标识等，或者包括姓氏，则记录直序形式的名称。应用 9.4.1.4 所列的说明，记录头衔。

John II Comnenus

Gustav VI Adolf

Louis Bonaparte

Chandragupta Maurya

Eleanor, of Aquitaine

Madhava Rao Sindhia

Ming Taizu

Shuja-ud-Daulah

<u>记录由首字母缩写或单独字母或数字组成的名称</u>

9.2.2.21 记录由首字母缩写或单独字母或数字组成的名称的一般性规则

应用 8.5 所列的关于记录名称的一般性规则，记录由首字母缩写或单独字母或数字组成的名称，或主要由首字母缩写组成的名称。

以直序形式记录首字母缩写、字母或数字。当排版符号作为名称的多字母缩写的一部分出现时，将其包括在内，但当这些符号在单字母缩写之后出现时，则予以省略。任何与首字母缩写、字母或数字相联系的词或短语均作为名称一个必不可少的组成部分包括在内。

H. D.

Q. E. D.

ʻA. Sh.

A. de D.

Th. D. S. A.

Gr. Os.

A! A! A!

A. B. C. D. E.

A G (F)

61648

3-2

20/1631

3PM

FF8282

8Ball

50 Cent

DJ Q

DJ 20/20

A. B—z

A-r Z-h

J. W.
名称显示为： J*** W*********

H., abbé
名称显示为： l'abbé H.

D. S., Master

记录由短语组成的名称

9.2.2.22 记录由短语组成的名称的一般性规则

记录由下列内容组成的名称：

a) 不包含名的短语或称呼

或

b) 由一个或多个名以及前置词组成的短语，该前置词不是称谓或职务、官职头衔

应用 **8.5** 所列的关于记录名称的一般性规则。

以直序形式记录名称。

Dr. X

Mother Hen

Every Other Dad

Sister Friend

Poor Old No. 3

Buckskin Bill

Boy George

Little Richard

Miss Piggy

Happy Harry

Special Ed

D.J. Jazzy Jeff

将其后随以首字母缩写词的名用作第一元素的名称形式作为变异名称予以记录（见 **9.2.3.10**）。

但是，如果此类名称具有形似名或首字母缩写以及姓氏的部分，则将形似姓氏的部分作为第一元素予以记录。

Other, A. N.

Pennypincher, A.

Peeved, I. M.

Nonyme, A.

将直序形式的名称作为变异名称予以记录（见 **9.2.3.10**）。

9.2.2.23 由前面带有称谓等的名字组成的短语

应用 **8.5** 所列的关于记录名称的一般性规则，记录由前面带有称谓（例如，指示关系的词）或职务或官职头衔（例如，职业称呼）的名组成的短语。

将名作为第一元素予以记录。应用 **9.2.2.18** 所列的说明，记录通常与名称相关的指示祖籍、居住地、职业或其他特征的词或短语。

Jemima, Aunt

Claire, Tante

Sam, Cousin

Fez, Uncle

Robert, Chef

Vittoria, Signora

将直序形式的名称作为变异名称予以记录（见 **9.2.3.10**）。

9.2.2.24 含有另一个人名称的短语

应用 **8.5** 所列的关于记录名称的一般性规则，记录通常用以识别个人的、包含另一个人名称的短语。

以直序形式记录该短语。

Pseudo-Brutus

Pseudo-Athanasius

Pseudo-Cotte

Veuve de Balthazar Arnoullet

Mother of Mary Lundie Duncan

Sister of the Late Major-Gen. Bolton

Mr. Latimer's Brother

9.2.2.25 特征词或短语

应用 **8.5** 所列的关于记录名称的一般性规则，记录特征词或短语。

以直序形式记录该短语。如果在与个人相联系的资源和参考源中通常用此类词或短语识别该个人，则将该词或短语视为个人名称。

A Physician
责任说明： by a Physician

A Military Chaplain
责任说明： by a Military Chaplain

A Teacher of Book-keeping
责任说明： by a Teacher of Book-keeping

The Daughter of a Wesleyan Minister
责任说明： by the Daughter of a Wesleyan Minister

Une femme de ménage
责任说明： par une femme de ménage

交替规则

记录特征词或短语时省略首冠词（见附录 **C**）。

Physician
责任说明： by a Physician

Military Chaplain
责任说明： by a Military Chaplain

Teacher of Book-keeping
责任说明： by a Teacher of Book-keeping

Daughter of a Wesleyan Minister
责任说明： by the Daughter of a Wesleyan Minister

Femme de ménage
责任说明： par une femme de ménage

如果该个人通常用真实名称或另一名称识别（见 **9.2.2.6**），且代表该个人特征的词或短语已出现在与个人相联系的资源中，则将该词或短语作为变异名称予以记录（见 **9.2.3.10**）。

9.2.2.26 带有个人另一作品题名的短语

应用 **8.5** 所列的关于记录名称的一般性规则，记录带有个人另一作品题名的短语。

以直序形式记录该短语。如果个人在与其相联系的资源和参考源中通常用该短语识别，则将该短语视为该个人的名称。

The Author of Honesty the best policy
责任说明： by the Author of Honesty the best policy

The Editor of The young gentleman's book
责任说明： by the Editor of The young gentleman's book

The Writer of The Lambton worm
责任说明： by the Writer of the Lambton worm

L'Auteur de l'Adresse au peuple breton
责任说明： par l'auteur de l'Adresse au peuple Breton

交替规则

记录带有个人另一作品题名的短语时，省略首冠词（见附录 C）。

Author of Honesty the best policy
责任说明： by the Author of Honesty the best policy

Editor of The young gentleman's book
责任说明： by the Editor of The young gentleman's book

Writer of The Lambton worm
责任说明： by the Writer of the Lambton worm

Auteur de l'Adresse au peuple breton
责任说明： par l'auteur de l'Adresse au peuple Breton

Autor des Buches Traumberuf Buschpilot
责任说明： von dem Autor des Buches Traumberuf Buschpilot

其他作品的题名用作第一元素、其后随以逗号和短语中原本在题名前的词，将这一形式作为变异名称予以记录（见 9.2.3.10）。

如果个人通常用其真实名称或另一名称识别（见 9.2.2.6），且包含另一作品题名的短语出现在与个人相联系的资源中，则将该词或短语作为变异名称予以记录（见 9.2.3.10）。

9.2.3 个人变异名称

9.2.3.1 范围

个人变异名称是指某个人为人所知但与其首选名称不同的名称或名称形式。

9.2.3.2 信息源

变异名称取自与个人相联系的资源和/或参考源。

9.2.3.3 记录个人变异名称的一般性规则

应用 8.5 所列的关于记录名称的一般性规则，记录个人变异名称。

如果个人使用的、在参考源中所见的或源自名称不同音译的名称或名称形式与被记录为个人首选名称的名称不同，则将其作为变异名称予以记录。对于确立了两个或更多身份的个人，见第 30 章相关个人的说明。

Shaw, Bernie
记录为首选名称的形式： Shaw, Bernard

Sarkisian, Cherilyn
记录为首选名称的形式： Cher

如适用，应用 9.2.3.4–9.2.3.10 所列的附加特定说明以及本章前述部分所列的其他说明。

9.2.3.4 真实名称

如果个人首选名称是一个或多个笔名，且其真实名称不用作创作者或贡献者，则在真实名称已知的情况下，将个人的真实名称作为每个笔名的变异名称予以记录。

Cross, Marian Evans
记录为首选名称的笔名： Eliot, George

Dudevant, Amandine-Aurore-Lucile
记录为首选名称的笔名： Sand, George

Munro, Hector Hugh
记录为首选名称的笔名： Saki

Jackson, Curtis
记录为首选名称的笔名： 50 Cent

Callahan, Claire Wallis
记录为首选名称的笔名： Cole, Ann Kilborn *和* Hartwell, Nancy

9.2.3.5 世俗名称

如果被选作个人首选名称的名称是该个人的教内名称，则将其世俗名称作为变异名称予以记录。

Bojaxhiu, Agnes Gonxha
记录为首选名称的教内名称： Teresa, Mother

Samson, Annie Adèle
记录为首选名称的教内名称： Cécile-Marie, Sister, F.J.

Ratzinger, Joseph
记录为首选名称的教内名称： Benedict XVI

9.2.3.6 教内名称

如果被选作个人首选名称的名称是该个人的世俗名称，则将其教内名称作为变异名称予以记录。

Louis
记录为首选名称的世俗名称： Merton, Thomas

Leonard
记录为首选名称的世俗名称： Bacigalupo, Leonard

Seraphine
记录为首选名称的世俗名称： Ireland, Seraphine

9.2.3.7 个人较早名称

如果被选作个人首选名称的名称是该个人更名之后使用的名称，则将其较早名称作为变异名称予以记录。

Rodham, Hillary Diane
记录为首选名称的较晚名称: Clinton, Hillary Rodham

Kouyoumdjian, Dikran
记录为首选名称的较晚名称: Arlen, Michael

Proulx, E. Annie
记录为首选名称的较晚名称: Proulx, Annie

Foot, Hugh
记录为首选名称的较晚名称: Caradon, Hugh Foot, Baron

Edward VIII
记录为首选名称的较晚名称: Windsor, Edward, Duke of

Roughgarden, Jonathan
记录为首选名称的较晚名称: Roughgarden, Joan

McShane, Steven Lattimore
记录为首选名称的较晚名称: McShane, Steven L.

9.2.3.8 个人较晚名称

如果被选作个人首选名称的名称是该个人更名之前使用的名称，则将其较晚名称作为变异名称予以记录。

Nicholls, Charlotte
记录为首选名称的较早名称: Brontë, Charlotte

Beaconsfield, Benjamin Disraeli, Earl of
记录为首选名称的较早名称: Disraeli, Benjamin

Schlossberg, Caroline Kennedy
记录为首选名称的较早名称: Kennedy, Caroline

9.2.3.9 名称的交替语言学形式

如果记录为个人首选名称的名称有一个或多个交替语言学形式，则将其作为变异名称予以记录。

不同语言形式

Domenico
Dominikus
Dominique
记录为首选名称的英语形式: Dominic

Jeanne, d'Arc
记录为首选名称的英语形式: Joan, of Arc

Mikes, György
记录为首选名称的英语形式: Mikes, George

Ó Maonaigh, Cainneach
记录为首选名称的英语形式: Mooney, Canice

Meister der Brugger Chronik von Flandern
记录为首选名称的英语形式: Master of the Bruges Chronicle of Flanders

Chemingouaiē, Ernest
Haimingwei, Ouneisite
Haminghwāy, Arnist
Heminguwei, Ānesuto
Hemingvejs, Ernests
Hemingwei, Ŏnesŭt'ŭ
Himinghwāy, Arnist
Khemingueĭ, Ėrnest
记录为首选名称的英语形式: Hemingway, Ernest

Benedetto XVI
Benedicto XVI
Benedictum XVI
Benedikt XVI
Benoît XVI
Binidīkt XVI
记录为首选名称的英语形式: Benedict XVI

不同文字

Σοφοκλής
记录为首选名称的英文形式: Sophocles

윤형복
记录为首选名称的朝鲜文音译形式: Yun, Hyŏng-bok

Чередниченко, Дмитро
记录为首选名称的乌克兰文音译形式: Cherednychenko, Dmytro

गांधी, इंदिरा
记录为首选名称的印地文音译形式: Gandhi, Indira

ヘミングウェイ, アーネスト
헤밍웨이, 어네스트
海明威, 欧内斯特
Хемингуэй, Эрнест
המינגווי, ארנסט
העמינגוועי, ערנעסט
همنغواي، ارنست
همینگوی، ارنست
记录为首选名称的英文形式: Hemingway, Ernest

不同拼写形式

Ralegh, Walter
Rauleigh, Walter
Rawleigh, Walter
Rawley, Walter
记录为首选名称的不同拼写形式: Raleigh, Walter

Smyth, Rychard
Smythe, Richard
记录为首选名称的不同拼写形式: Smith, Richard

Cleary, Joanna
记录为首选名称的不同拼写形式： Cleary, Johanna

Georgi, Ivonne
记录为首选名称的不同拼写形式： Georgi, Yvonne

不同音译形式

Shcharanskiĭ, Anatoliĭ
Sharanski, Anaṭoli
记录为首选名称的不同音译形式： Shcharansky, Anatoly

Musharraf, Parvez
记录为首选名称的不同音译形式： Musharraf, Pervez

Teng, Hsiao-pʻing
记录为首选名称的不同音译形式： Deng, Xiaoping

Zipper, Yaacov
记录为首选名称的不同音译形式： Ziper, Yaʻaḳov

9.2.3.10 其他变异名称

根据需要记录 **9.2.3.4–9.2.3.9** 中未涵盖的首选名称的其他变体和变异形式。

家族、朝代等的统治者名称

Bonaparte, Napoléon
记录为首选名称的帝王名称： Napoleon I

Bernadotte, Jean-Baptiste-Jules
记录为首选名称的君主名称： Charles XIV John

Stuart, Mary
记录为首选名称的君主名称： Mary

圣徒名称

Edward, the Confessor
记录为首选名称的君主名称： Edward

Constantine
记录为首选名称的帝王名称： Constantine I

圣徒的家族名称

Yepes y Alvarez, Juan de
记录为首选名称的圣徒名称： John of the Cross

Soubirous, Marie-Bernarde
记录为首选名称的圣徒名称： Bernadette

Pierozzi, Antonio
记录为首选名称的圣徒名称： Antoninus

用于称呼个人的短语

Bachelor Knight

City Bachelor

South-Carolinian
记录为首选名称的真实名称： Simms, William Gilmore

Officer in the Fight
记录为首选名称的真实名称： Crysly, James

Author of Memoirs of a fox-hunting man
记录为首选名称的真实名称： Sassoon, Siegfried

Editor of The youth's casket
记录为首选名称的真实名称： Brayman, James O.

Verfasser der Dramatischen Unterhaltungen
Verfasser des Postzugs
记录为首选名称的真实名称： Ayrenhoff, Cornelius von

Widow of Reyner Wolfe
Widowe of Reginalde Wolffe
记录为首选名称的真实名称： Wolfe, Joan

Vidua Francisci Regnault
Veuve de François Regnault
记录为首选名称的真实名称： Boursette, Madeleine

名称的完整性不同

Valera y Alc alá Galiano, Juan
记录为首选名称的形式： Valera, Juan

Obama, Barack Hussein, II
记录为首选名称的形式： Obama, Barack

Schiller, Johann Christoph Friedrich von
记录为首选名称的形式： Schiller, Friedrich von

Powell, Enoch
记录为首选名称的形式： Powell, J. Enoch

Embleton, G. A.
记录为首选名称的形式： Embleton, Gerry

Mebarak, Shakira
Mebarak R., Shakira
Mebarak Ripoll, Shakira Isabel
记录为首选名称的形式： Shakira

由首字母缩写组成的名称的完整形式

Worsley, Edward
记录为首选名称的首字母缩写： E. W.

Tardey de Montravel, A. A.
记录为首选名称的首字母缩写： T. D. M.

复姓的不同部分

Lewis, Daniel Day-
记录为首选名称的形式： Day-Lewis, Daniel

Saint-Hilaire, Étienne Geoffroy
记录为首选名称的形式： Geoffroy Saint-Hilaire, Étienne

Mori, Emilio Cotarelo y
记录为首选名称的形式： Cotarelo y Mori, Emilio

Spang Olsen, Ib
记录为首选名称的形式： Olsen, Ib Spang

前缀之后的部分姓氏

Polnay, Peter de
记录为首选名称的形式： De Polnay, Peter

Hagen, Christine von
记录为首选名称的形式： Von Hagen, Christine

Annunzio, Gabriele d'
记录为首选名称的形式： D'Annunzio, Gabriele

Fontaine, Jean de la
记录为首选名称的形式： La Fontaine, Jean de

Laan, Ray vander
记录为首选名称的形式： Vander Laan, Ray

Costanzo, Angelo di
记录为首选名称的形式： Di Costanzo, Angelo

与姓氏连体的前缀之后的部分姓氏

Bure, Guillaume de
记录为首选名称的形式： Debure, Guillaume

Witt, Thomas A. de
记录为首选名称的形式： DeWitt, Thomas A.

Meer, Harriet vander
记录为首选名称的形式： VanderMeer, Harriet

姓氏的前缀

Von Hofmannsthal, Hugo
记录为首选名称的形式： Hofmannsthal, Hugo von

Van de Wetering, Janwillem
记录为首选名称的形式： Wetering, Janwillem van de

无姓氏的个人名称的第一个名

Maria Helena
记录为首选名称的形式： Helena, Maria

ʻAlī ibn Muḥammad Abū Ḥayyān al-Tawḥīdī
记录为首选名称的形式： Abū Ḥayyān al-Tawḥīdī, ʻAlī ibn Muḥammad

ʻAbd al-ʻĀl al-Bāqūrī
记录为首选名称的形式： Bāqūrī, ʻAbd al-ʻĀl

绰号或别名

Aquinas, Thomas
记录为首选名称的形式： Thomas, Aquinas

Udine, Giovanni da
记录为首选名称的形式： Giovanni, da Udine

Catherine, the Great
记录为首选名称的形式： Catherine II

Edward, the Confessor
记录为首选名称的形式： Edward

Charles, the Lame
记录为首选名称的形式： Charles II

Frederick, Barbarossa
记录为首选名称的形式： Frederick I

名称的最后一部分

Barry, Jeanne Bécu, comtesse du
记录为首选名称的形式： Du Barry, Jeanne Bécu, comtesse

Capella, Martianus
记录为首选名称的形式： Martianus Capella

Ḥimyarī, Nashwān ibn Saʻīd
记录为首选名称的形式： Nashwān ibn Saʻīd al-Ḥimyarī

Kyi, Aung San Suu
记录为首选名称的形式： Aung San Suu Kyi

首字母缩写的倒装形式

D., H.
记录为首选名称的形式： H. D.

D., A. de
记录为首选名称的形式： A. de D.

E., A. B. C. D.
记录为首选名称的形式： A. B. C. D. E.

B—z, A.
记录为首选名称的形式： A. B—z

短语或称呼的直序形式

Miss Read
记录为首选名称的形式： Read, Miss

Mister Mydas
记录为首选名称的形式： Mydas, Mister

Mr. Laurence
记录为首选名称的形式： Laurence, Mr.

I. M. Peeved
记录为首选名称的形式： Peeved, I. M.

称呼的倒装形式

George, Boy
记录为首选名称的形式： Boy George

X, Dr.
记录为首选名称的形式： Dr. X

Hen, Mother
记录为首选名称的形式： Mother Hen

Dad, Every Other
Other Dad, Every
记录为首选名称的形式： Every Other Dad

Richard, Little
记录为首选名称的形式： Little Richard

名誉头衔和称谓

Ū″ Kraṃ
记录为首选名称的形式： Kraṃ, Ū″

Maung, U Aye
U Aye Maung
记录为首选名称的形式： Aye Maung, U

Pandit Anand Koul
记录为首选名称的形式： Koul, Anand

Daw Mi Mi Khaing
记录为首选名称的形式： Mi Mi Khaing

构成短语一部分的题名的第一个词

Honesty the best policy, Author of
记录为首选名称的形式： Author of Honesty the best policy

Young gentleman's notebook, Editor of the
记录为首选名称的形式： Editor of The young gentleman's notebook

Lambton worm, Writer of the
记录为首选名称的形式: Writer of The Lambton worm

Adresse au peuple breton, Auteur de l'
记录为首选名称的形式: Auteur de l'Adresse au peuple Breton

9.3 与个人相关的日期

核心元素

9.3.1 记录与个人相关的日期的基本说明

9.3.1.1 范围

与个人相关的日期是指与个人相联系的重要日期（例如，出生日期、死亡日期）。

9.3.1.2 信息源

关于与个人相关的日期的信息取自任何来源。

9.3.1.3 记录与个人相关的日期

用创建数据的机构首选的历法记录日期。关于用公历记录日期的细节，见附录 H。

将日期作为代表个人的规范检索点的组成部分，或作为独立元素，或兼作两者予以记录。

记录与个人相关的日期时，仅给出年份。

> ***例外***
>
> 对于记录两个或两个以上具有相同名称且同年出生的个人出生日期的说明，见 **9.3.2.3**。

在年份之后添加问号，指示是可能的日期。

1816?
可能的出生年

如果年份不确定但已知是两个年份之一，则以*[某年]或[某年]*的形式记录日期。

1666 or 1667
出生年不确定；已知是上述两个年份之一

828 or 829
死亡年不确定；已知是上述两个年份之一

如果只能估计年份，则以 *approximately [某年]* 的形式记录日期。

approximately 931
大概的出生年

approximately 680
大概的死亡年

用*[某年]*–*[某年]*的形式记录以某一时间段表达的活跃期。

1623 – 1624
活跃期

1378 – 1395
活跃期

approximately 1479 – 1499
活跃期

1687 – approximately 1735
活跃期

9.3.2 出生日期

核心元素

9.3.2.1 范围

出生日期是指个人的出生年。

出生日期也可包括个人出生的月和日。

9.3.2.2 信息源

关于出生日期的信息取自任何来源。

9.3.2.3 记录出生日期

应用 **9.3.1** 所列的关于记录与个人相关的日期的基本说明，记录个人的出生日期。

1974

361 B.C.

1552?
可能的出生年

1647 or 1648
出生年不确定；已知是上述两个年份之一

approximately 1003
大概的出生年

如果某一个人与另一名称相同的个人出生在同一年，则以*[年][月][日]*的形式记录出生日期。用创建数据的机构首选的语言和文字记录月份。

1936 May 5
生于 1936 年名称为 John Smith 的个人的出生日期

> 1936 December 17
> *另一个生于 1936 年名称为 John Smith 的个人的出生日期*

9.3.3 死亡日期

核心元素

9.3.3.1 范围

死亡日期是指个人的死亡年。

死亡日期也可包括个人死亡的月和日。

9.3.3.2 信息源

关于死亡日期的信息取自任何来源。

9.3.3.3 记录死亡日期

应用 **9.3.1** 所列的关于记录与个人相关的日期的基本说明，记录已故个人的死亡日期。

> 2000
>
> 289 B.C.
>
> 14 A.D.
> *某一个人的死亡年，其出生年记录为 63 B.C.*
>
> 1874?
> *可能的死亡年*
>
> 1742 or 1743
> *死亡年不确定；已知是上述两个年份之一*
>
> approximately 1880
> *大概的死亡年*

9.3.4 个人活跃期

核心元素

当需要与另一名称相同的个人做区分时，个人活跃期是核心元素。

9.3.4.1 范围

个人活跃期是指标识一个人活跃在其主要业务领域的时间或时间段。

9.3.4.2 信息源

关于个人活跃期的信息取自任何来源。

9.3.4.3 记录个人活跃期

如果个人的出生日期和死亡日期均未知，则应用 **9.3.1** 所列的关于记录与个人相关的日期的基本说明，记录标识该个人活跃期的时间或时间段。

1705

1687–1709

1682–1723?

11 B.C.–12 A.D.

approximately 1400

approximately 494 B.C.–approximately 467 B.C.

1688–approximately 1712

jin shi 1499
中国科举及第的日期

如果活跃期的具体年份不能确定，则记录该个人活跃期所处的世纪。

19th century

13th/14th century

7th century B.C.

1st century B.C./1st century A.D.

9.4 个人头衔

核心元素

9.4.1 记录个人头衔的基本说明

9.4.1.1 范围

*个人头衔*是指指示皇室身份、贵族封号、教会职级或个人宗教职位称谓的词或短语。

9.4.1.2 信息源

关于个人头衔的信息取自任何来源。

9.4.1.3 记录个人头衔

如适用，应用 **9.4.1.4–9.4.1.8** 所列的说明，记录个人头衔。

9.4.1.4 皇室头衔

如适用，应用 **9.4.1.4.1**（在某个国家具有最高皇室地位的个人等）、**9.4.1.4.2**（皇室成员的配偶）或 **9.4.1.4.3**（皇室成员的子孙）所列的说明记录皇室头衔。

9.4.1.4.1 在某个国家具有最高皇室地位的个人等

对于在某个国家或民族中具有最高皇室地位的个人，[5] 同时记录该个人头衔和国家或民族的名称。如果在创建数据的机构首选的语言中有符合要求的对应词，则用其记录上述头衔和名称。

King of the Franks

Queen of Great Britain

Queen of England

Holy Roman Emperor

King of Iraq

King of Sweden

Emperor of Mexico

Empress of Russia

Emperor of the East

Duke of Burgundy

Grand Duke of Luxembourg

Sultan of the Turks

Shah of Iran

Negus of Ethiopia

Nawab Wazir of Oudh

---

5. 具有最高地位的个人包括国王和女王/王后、具有至高无上等级的个人（皇帝和女皇/皇后）、具有指示在某个国家或民族中享有最高地位的其他头衔的个人（大公、大公夫人、王子、公主/王妃等）。等级是应用这些说明的唯一决定因素，而不是取决于该个人的统治程度或掌控权力的大小。

9.4.1.4.2 皇室成员的配偶

对于在某个国家或民族中享有最高地位个人的配偶，记录其头衔，其后随以 *consort of*（某人的配偶）以及 **9.4.1.4.1** 规定的该皇室成员的首选名称及其头衔。如果创建数据的机构首选的语言中有符合要求的对应词，则用其记录配偶的头衔。

Prince, consort of Beatrix, Queen of the Netherlands

Queen, consort of Louis XIII, King of France

King, consort of Maria II, Queen of Portugal

Empress, consort of Akihito, Emperor of Japan

Grand Duchess, consort of Ludwig III, Grand Duke of Hesse-Darmstadt

9.4.1.4.3 皇室成员的子孙

对于在某个国家或民族中享有最高地位个人的子女和孙辈，记录其拥有的头衔。如果创建数据的机构首选的语言中有符合要求的对应词，则用其记录该头衔。

Prince of Asturias

Infanta of Spain

Duke of York

Crown Princess of Sweden

如果仅知道其子女和孙辈具有王子或公主或类似的头衔，而没有受封的领地，则记录该头衔，其后记录下列内容：

a) 与该名称相关的另一个头衔

或

b) *daughter of*（某人的女儿）、*son of*（某人的儿子）、*granddaughter of*（某人的孙女）或 *grandson of*（某人的孙子）后随以 **9.4.1.4.1** 中规定的父母或祖父母的首选名称及其头衔。

如果创建数据的机构首选的语言中有符合要求的对应词，则用其记录该头衔。

Princess, Countess of Snowdon

Prince, Duke of York

Princess, daughter of Juliana, Queen of the Netherlands

Prince, son of Muḥammad V, King of Morocco

Princess, granddaughter of Chulalongkorn, King of Siam

Grand Duke, grandson of Alexander II, Emperor of Russia

Czarevitch, son of Peter I, Emperor of Russia

Infante, son of Jaime II, King of Aragon

9.4.1.5 贵族头衔

对于头衔在首选名称中没有用作第一元素（见 **9.2.2.14–9.2.2.15**）的贵族男性或女性，以贵族头衔授予时所用的语言记录该头衔。

marchese
首选名称记录为： Dragonetti, Giacinto

graaf van Oostervant
首选名称记录为： Borselen, Frank van

comte
首选名称记录为： Anglès, Jules-Jean-Baptiste

duc
首选名称记录为： Astraudo, Amédée

gróf
首选名称记录为： Andrássy, Gyula

9.4.1.6 教皇

将 *Pope*（教皇）作为教皇的头衔予以记录。

将 *Antipope*（伪教皇）作为罗马教皇的头衔予以记录。

9.4.1.7 主教等

对于其名在首选名称中用作第一元素的主教、红衣主教、总主教、大主教、男修道院院长、女修道院院长或教会的其他高层人员，如果创建数据的机构首选的语言中有符合要求的对应词，则用其记录该头衔。如果个人拥有多个该类头衔，则记录最高级别的头衔。

将除红衣主教之外的所有总主教记录为 *Archbishop*（总主教）。将除红衣主教之外的所有主教记录为 *Bishop*（主教）。将以 Chorepiscopus 标识的个人记录为 *Chorepiscopus*（乡村区域助理主教）。将枢机主教、主教神父以及主教执事记录为 *Cardinal*（红衣主教）。如果创建数据的机构首选的语言中有对应的形式，则用其在某一教区主教或总主教或元老主教的头衔上添加最近的教座名称。

Cardinal

Patriarch of Jerusalem

Archbishop of Athens and All Greece

Metropolitan of Moscow

Abbot of Ford

Abbess of Quedlinburg

Chorepiscopus of Trier

Bishop of Limoges

Ecumenical Patriarch of Constantinople

如果是神圣罗马帝国的教会亲王的名称，则酌情记录 *Prince-Bishop*（王子主教）、*Prince-Archbishop*（王子总主教）、*Archbishop*（总主教）和 *Elector*（选帝侯）等，以及教座名称。如适用，还可添加 *Cardinal*（红衣主教）。

Prince-Bishop of Montenegro

Archbishop and Elector of Cologne

Archbishop and Elector of Mainz, Cardinal

9.4.1.8 有宗教职位的其他个人

对于 9.4.1.6（教皇）或 9.4.1.7（主教等）所列的说明中未涵盖的、其名在首选名称中记录为第一元素的有宗教职位的个人，采用授予头衔时所用的语言或该个人居住国的语言记录该头衔、称谓等。如果有多个这样的称谓，则选用与其名称最常关联的或被认为更重要的称谓。用创建数据的机构首选语言的辞典中的拼写形式。如果该类头衔等已成为名称一个必不可少的组成部分，则将其如此处理。

对于泰国人的教内名称，见 F.10.1.4。

Thera

Rabbi

Mullah

fra

Sayadaw

pѐre

Bhikshu

Mother

Swami

Ashin

Ustaz

Imam

Fray

如果用于表示基督教教团的首字母缩写和/或缩写是个人常用的或经常出现在与该个人相联系的资源中，则将其添加于头衔中。

Brother, F.S.C.

Father, O.F.M. Cap.

Sister, O.S.B.

sœur, O.P.

padre, O.C.D.

9.5 名称的更完整形式

核心元素

当需要与另一名称相同的个人做区分时，名称的更完整形式是核心元素。

9.5.1 记录名称的更完整形式的基本说明

9.5.1.1 范围

名称的更完整形式是指在被选作首选名称的形式中仅以首字母缩写或缩写表示的名称一部分的完整形式，或未包括在首选名称形式中的名称的一部分。

9.5.1.2 信息源

关于名称的更完整形式的信息取自任何来源。

9.5.1.3 记录名称的更完整形式

如果已知个人名称的更完整形式，且 **9.2.2** 所列的说明规定的首选名称不包括该更完整形式的所有部分，[6] 则酌情记录：

a) 名称所有倒装部分（名等）的更完整形式

和/或

b) 记录为名称第一元素的名称部分（姓氏等）的更完整形式

Nancy Elizabeth
首选名称记录为： Smith, Nancy E.

Nancy Ellen
首选名称记录为： Smith, Nancy E.

Alva William
首选名称记录为： Johnson, A. W.

Anthony W.
首选名称记录为： Johnson, A. W.

John Dudley
首选名称记录为： Williams, John

Phillip John
首选名称记录为： Williams, John

Barbara A.
首选名称记录为： Johnson, Barbara

Barbara E.
首选名称记录为： Johnson, Barbara

Annie Liddon
首选名称记录为： King, Mrs.

Frances Elizabeth
首选名称记录为： King, Mrs.

Henry Dawbeny
首选名称记录为： H. D.

Hilda Doolittle
首选名称记录为： H. D.

Rodríguez Larralde
首选名称记录为： Rodríguez L., Oswaldo

Manuel Guillermo Rodríguez Valbuena
首选名称记录为： Rodríguez V., Manuel G.

Johann Thomas
首选名称记录为： Ahrens, Joh. Thom.

酌情将名称的更完整形式作为变异名称予以记录（见 **9.2.3.10**）。

6. 最常见的例子是首选名称的规定形式包括首字母缩写且其完整拼写形式已知。较少见的例子是已知的名、姓氏或首字母缩写不在首选名称的规定形式中。

9.6 与个人相关的其他标识

核心元素

9.6.1 记录与个人相关的其他标识的基本说明

9.6.1.1 范围

与个人相关的其他标识是指与个人名称相联系的非头衔的术语。

9.6.1.2 信息源

关于与个人相关的其他标识的信息取自任何来源。

9.6.1.3 记录与个人相关的其他标识

如适用，应用 9.6.1.4（圣徒）或 9.6.1.5（圣灵）所列的说明，记录与个人相关的其他标识。

9.6.1.4 圣徒

对于基督教圣徒，记录为 *Saint*（圣徒）。

9.6.1.5 圣灵

对于圣灵，记录为 *Spirit*（圣灵）。

9.7 性别

9.7.1 记录性别的基本说明

9.7.1.1 范围

性别是指一个人被他人所认知的性别。

9.7.1.2 信息源

关于性别的信息取自任何来源。

9.7.1.3 记录性别

用下列适用的术语记录个人的性别。

female （女性）

male（男性）

not known（未知）

如果上述术语均不适用或不够专指，则记录一个适用的术语或短语。

> intersex
>
> transsexual woman

应用 8.12 所列的说明，指示获取个人性别信息的来源。

9.8 出生地

9.8.1 记录出生地的基本说明

9.8.1.1 范围

出生地是指个人出生的城镇、城市、省、州和/或国家。

9.8.1.2 信息源

关于出生地的信息取自任何来源。

9.8.1.3 记录出生地

记录个人出生的地点（城镇、城市、省、州和/或国家）。以第 16 章规定的形式记录地名。如适用，依附录 B(B.11)所列的说明，缩写国家、州、省、领地等名称。

> N.Z.
> *制片人 Peter Jackson 的出生地*
>
> Radzymin, Poland
> *作家 Isaac Bashevis Singer 的出生地*
>
> Newark, N.J.
> *雕塑家 Chakaia Booker 的出生地*

应用 8.12 所列的说明，指示获取出生地信息的来源。

9.9 死亡地

9.9.1 记录死亡地的基本说明

9.9.1.1 范围

死亡地是指个人死亡的城镇、城市、省、州和/或国家。

9.9.1.2 信息源

关于死亡地的信息取自任何来源。

9.9.1.3 记录死亡地

如适用，记录个人死亡的地点（城镇、城市、省、州和/或国家）。以第 16 章规定的形式记录地名。如适用，依附录 B(B.11)所列的说明，缩写国家、州、省、领地等名称。

> Surfside, Fla.
> *作家 Isaac Bashevis Singer 的死亡地*
>
> Paris, France
> *演员 Tony D'Amario 的死亡地*

应用 8.12 所列的说明，指示获取死亡地信息的来源。

9.10 与个人相关的国家

9.10.1 记录与个人相关的国家的基本说明

9.10.1.1 范围

与个人相关的国家是指用于识别个人的国家。

9.10.1.2 信息源

关于与个人相关的国家的信息取自任何来源。

9.10.1.3 记录与个人相关的国家

记录与个人相关的国家。以第 16 章规定的形式记录国家名称。如适用，依附录 B(B.11)所列的说明缩写国家的名称。

Canada
与作家 Michael Ondaatje 相关的国家，其 1943 年生于斯里兰卡，1954 年移居英格兰，1962 年移民至加拿大。

Russia
France
U.S.
均为与作曲家 Igor Stravinksy 相关的国家

应用 8.12 所列的说明，指示获取与个人相关国家信息的来源。

9.11 居住地

9.11.1 记录居住地的基本说明

9.11.1.1 范围

居住地是指个人居住或曾居住的城镇、城市、省、州和/或国家。

9.11.1.2 信息源

关于居住地的信息取自任何来源。

9.11.1.3 记录居住地

记录个人居住或曾居住过的地点（城镇、城市、省、州和/或国家）。以第 16 章规定的形式记录地名。如适用，依附录 B(B.11)所列的说明，缩写国家、州、省和领地等的名称。

Jackson, Miss.
作家 Eudora Welty 的居住地

Oak Park, Ill.
Toronto, Ont.
Chicago, Ill.
Paris, France
Key West, Fla.
Cuba
Ketchum, Idaho
作家 Ernest Hemingway 的居住地

应用 8.12 所列的说明，指示获取居住地信息的来源。

9.12 个人地址

9.12.1 记录个人地址的基本说明

9.12.1.1 范围

个人地址是指个人居住地、办公地、就职地的地址和/或电子邮件地址或网址。

9.12.1.2 信息源

关于个人地址的信息取自任何来源。

9.12.1.3 记录个人地址

记录个人居住地、办公地、就职地的地址和/或电子邮件地址或网址。

> Box 1216, Barrière, B.C., Canada V0E 1E0
> *J. Richard Arthur 的通信地址*
>
> stimmins@doc.govt.nz
> *Susan M. Timmins 的电子邮件地址*
>
> http://www.rodneysharman.com
> *Rodney Sharman 的网址*

应用 8.12 所列的说明，指示获取地址信息的来源。

9.13 隶属机构

9.13.1 记录隶属机构的基本说明

9.13.1.1 范围

隶属机构是指个人通过就业、成员、文化认同等方式所隶属或曾隶属的组织。

9.13.1.2 信息源

关于隶属机构的信息取自任何来源。

9.13.1.3 记录隶属机构

记录个人所隶属的组织名称或通过就业、成员、文化认同等方式所隶属的组织名称。

> Department of Entomology, Cornell University
> *Ann E. Hajek 的隶属机构*
>
> Istituto nazionale di economia agraria
> *Carla Abitabile 的隶属机构*
>
> Furies Collective
> Center for Women's Global Leadership
> International Council on Human Rights Policy
> *Charlotte Bunch 的隶属机构*

应用 8.12 所列的说明，指示获取隶属机构信息的来源。

9.14 个人语言

9.14.1 记录个人语言的基本说明

9.14.1.1 范围

*个人语言*是指个人为出版、广播等进行写作时所用的语言。

9.14.1.2 信息源

关于个人语言的信息取自任何来源。

9.14.1.3 记录个人语言

用创建数据的机构首选的语言中的一个或多个适用的术语，记录个人为出版、广播等进行写作时所用的语言。如有语言名称的标准列表，则从中选择术语。

> Icelandic
> *作家 Halldór Laxness 使用的语言*
>
> Russian
> English
> *作家 Vladimir Nabokov 使用的语言*

应用 8.12 所列的说明，指示获取语言信息的来源。

9.15 个人活动领域

9.15.1 记录个人活动领域的基本说明

9.15.1.1 范围

*个人活动领域*是指个人所从事/投身或曾经从事/投身的专业领域等。

9.15.1.2 信息源

关于个人活动领域的信息取自任何来源。

9.15.1.3 记录个人活动领域

通过记录指示领域的术语，记录个人所从事/投身或曾经从事/投身的专业领域等。

> Poetry
> *首选名称记录为：* Thomas
>
> Stamp collecting
> *首选名称记录为：* Lang, Peter
>
> Quiltmaking
> *首选名称记录为：* Bilyeu, Michele

Fiction writing
Music criticism
首选名称记录为： Haldeman, Philip

Criminology
首选名称记录为： Johnson, Holly

Mathematics
首选名称记录为： Thompson, Abigail

Political science
首选名称记录为： Tremblay, Manon

应用 **8.12** 所列的说明，指示获取活动领域信息的来源。

9.16 职业或工作

核心元素

对于由不能表达个人概念的短语或称呼组成名称的个人，职业或工作是核心元素。对于其他个人，当需要与另一名称相同的个人做区分时，职业或工作是核心元素。

9.16.1 记录职业或工作的基本说明

9.16.1.1 范围

职业或工作是指一个人所从事或曾经从事的职业或工作。

9.16.1.2 信息源

关于个人职业或工作的信息取自任何来源。

9.16.1.3 记录职业或工作

通过记录指示某职业或工作的从业者类别的术语，记录个人所从事或曾经从事的职业或工作。

Notary
首选名称记录为： Johannes

Writer
首选名称记录为： River

Poet
首选名称记录为： Blue

Rapper
首选名称记录为： PSK-13

Disc jockey
首选名称记录为： D:Fuse

Musician
首选名称记录为： Big Hand

Composer
首选名称记录为： Butler, Jean

Tax collector
首选名称记录为： Hall, Daniel

Veterinarian
首选名称记录为： Orr, Marjorie

Architect
首选名称记录为： Hadid, Zaha

Author
Folklorist
Anthropologist
首选名称记录为： Hurston, Zora Neale

应用 8.12 所列的说明，指示获取职业或工作信息的来源。

9.17 传记信息

9.17.1 记录传记信息的基本说明

9.17.1.1 范围

传记信息是指与个人的生活或历史有关的信息。

9.17.1.2 信息源

传记信息取自任何来源。

9.17.1.3 记录传记信息

记录与个人的生活或历史有关的信息。

James Sakamoto was born in Seattle in 1903 and graduated from Franklin High School in 1920. He was the founder and publisher of the Japanese-American courier, an English-language newspaper in Seattle (1928 –1942), which ceased publication when the Japanese population was removed from the city during World War II. He also helped to found the Japanese American Citizens' League in 1930 and served as its second national president from 1936–1938. Sakamoto spent four months as chief supervisor at the Camp Harmony Assembly Center in Puyallup, Wash., before being incarcerated at Minidoka Relocation Center in Hunt, Idaho, for three years. He returned to Seattle in July, 1945, with his wife and family. Sakamoto worked for the Society of St. Vincent de Paul until his death in 1955
与 James Y. Sakamoto 有关的传记信息

酌情在传记信息元素中加入关于特定识别元素（见 9.3 – 9.16）的信息。

Alice Ann Munro (née Laidlaw) is a Canadian short-story writer and three-time winner of Canada's Governor General Award for English-language fiction. She was born 10 July 1931 in Wingham, Ontario. Married to James Munro in 1951, Alice Munro lived in Vancouver and Victoria, B.C. until her divorce in 1972, when she returned to Ontario to

accept the position as Writer-in-Residence at University of Western Ontario. In 1980, Munro held the position of Writer-in-Residence at both University of British Columbia and University of Queensland. She currently lives in Clinton, Ontario. Additional biographical information may be found at http:// en.wikipedia.org/wiki/Alice_Munro
与 Alice Munro 有关的传记信息

应用 **8.12** 所列的说明，指示获取传记信息的来源。

9.18 个人标识符

<u>核心元素</u>

9.18.1 记录个人标识符的基本说明

9.18.1.1 范围

个人标识符是指与个人或个人的替代物（例如，一条规范记录）唯一相联系的字符串，它可将该个人与其他个人相区分。

9.18.1.2 信息源

关于个人标识符的信息取自任何来源。

9.18.1.3 记录个人标识符

记录个人标识符。如果易于确定，标识符前置以负责分配标识符的机构等的名称或标识。

Library of Congress control number: nb2001032740
Fahimul Quadir 的标识符

Library and Archives Canada control number: 1010H0671
Fahimul Quadir 的标识符

Union List of Artist Names ID: 500014816
Zelda Sayre Fitzgerald 的标识符

AMG Artist ID: P 510210
Norah Jones 的 AMG 数据标识符

Oxford Biography Index Number: 101031126
Anna Freud 的标识符

9.19 构建代表个人的检索点

9.19.1 代表个人的规范检索点

9.19.1.1 构建代表个人的规范检索点的一般性规则

当构建代表个人的规范检索点时，用个人首选名称（见 **9.2.2**）作为检索点的基础。

Fitzgerald, Ella
Ella Fitzgerald *的首选名称*

Masson-Vincourt, Marie-Paule
Marie-Paule Masson-Vincourt *的首选名称*

Bolingbroke, Henry St. John, Viscount
Henry St. John, Viscount Bolingbroke *的首选名称*

Leonardo, da Vinci
Leonardo da Vinci *的首选名称*

C. G. A. v. Z.
C.G.A.v.Z.*的首选名称*

Buckskin Bill
Buckskin Bill *的首选名称*

如适用，依 **9.19.1.2–9.19.1.6** 所列的说明和顺序，为名称添加附加成分。

Carlos, Prince of Asturias

Clement I, Pope

More, Thomas, Saint

Luke, Saint (Spirit)

Smith, John, 1978 –

Smith, John, 1832–1911

Allen, Richard (Richard H.)

Allen, Richard (Richard Ian Gordon)

不论是否需要区分同一名称的不同个人，均依 **9.19.1.2** 的规定，添加附加成分。

如果需要区分同一名称的不同个人，则依 **9.19.1.3–9.19.1.6** 的规定，添加附加成分。

可选择的附加

即使不需要区分同一名称的不同个人，仍可依 **9.19.1.3 – 9.19.1.5** 的规定，添加附加成分。

如果没有合适的附加成分，则对具有相同名称的所有个人使用同一检索点，同时使用名称未区分的指示符（见 **8.11**）表示名称未加以区分。

Müller, Heinrich
80 Fotos und eine kurze Einführung in die Lage, Geschichte und Sehenswürdigkeiten der Stadt Giessen *的作者*

Müller, Heinrich
An architecture for vision based human computer interaction *的合作者*

Mvüller, Heinrich
Der Diebstahl im Urheberrecht *的作者*

Müller, Heinrich
Die Fussballregeln und ihre richtige Auslegung *的作者*

Müller, Heinrich
Lehrbuch der speziellen Chirurgie für Tierärzte und Studierende. 15. Auflage, neubearbeitet *的作者*

Müller, Heinrich
Die Repser Burg *的作者*

<u>代表个人检索点的附加成分</u>

9.19.1.2 与个人相关的头衔或其他标识

如适用，为名称添加一个或多个下列元素（按如下顺序）：

a) 皇室（见 **9.4.1.4**）或贵族（见 **9.4.1.5**）头衔

b) 术语 *Saint*（圣徒）（见 **9.6.1.4**）

c) 宗教等级头衔（见 **9.4.1.6 – 9.4.1.8**）

d) 术语 *Spirit*（圣灵）（见 **9.6.1.5**）

e) 对于由不能表达个人概念的短语或称呼组成名称的个人，指示职业或工作的术语（见 **9.16**）

Anne, Queen of Great Britain

Borselen, Frank van, graaf van Oostervant

Anglès, Jules-Jean-Baptiste, comte

Pius XII, Pope

Dositheos, Patriarch of Jerusalem

Ruricius I, Bishop of Limoges

Teresa, of Avila, Saint

Arundel, Philip Howard, Earl of, Saint

Augustine, Saint, Archbishop of Canterbury

Augustine, Saint, Bishop of Hippo

Garland, Judy (Spirit)

Messenger Number One from the Secret Love Star (Spirit)

Stone Mountain (Writer)

Big Hand (Musician)

PSK-13 (Rapper)

例外

贵族头衔。仅当头衔、头衔的一部分或头衔[7]的替代称谓通常与名称一同出现在与个人相联系的资源或参考源中时，才需要添加贵族头衔。

不必考虑有关贵族的参考源。如有疑问，则添加头衔。

圣徒。不要为代表教皇、皇帝、女皇/皇后、国王或女王/王后的检索点添加 *Saint*（圣徒）。

7. 英国贵族（除了公爵和公爵夫人）通常用称呼 *Lord* 或 *Lady* 而不用头衔。例如，George Gordon，Baron Byron，总是被称为 Lord Byron。

9.19.1.3 出生日期和/或死亡日期

如果必要，添加出生日期（见 **9.3.2**）和/或死亡日期（见 **9.3.3**），用以区分不同的检索点。

Smith, John, 1978 –

Smith, John, 1718 – 1791

Smith, John, born 1787

Smith, John, died 1773

可选择的附加

即使不需要区分不同的检索点，也可添加与个人相关的日期。

Hemingway, Ernest, 1899 – 1961

Gregory IV, Pope, died 844

Arundel, Philip Howard, Earl of, Saint, 1557–1595

9.19.1.4 名称的更完整形式

如果没有出生日期和死亡日期，用以区分不同的检索点（见 **9.19.1.3**），则为个人名称添加更完整形式（见 **9.5**）。

Johnson, A. W. (Alva William)

Johnson, A. W. (Anthony W.)

Johnson, Carol (Carol Sue)

Johnson, Carol (Carol W.)

S. W. (Simon Wilson)

S. W. (Susanna Warren)

可选择的附加

即使不需要区分不同的检索点，也可添加名称的更完整形式。如适用，在出生日期和/或死亡日期前添加名称的更完整形式。

Lawrence, D. H. (David Herbert)

T. N. I. Fatimah (Teh Nachiar Iskandar Fatimah)

González R., Luis (González Rodríguez)

González E., José I. (José Ignacio González Escobar)

Brandt, Joh. C. Fr. (Johann Carl Friedrich)

Carey-Hobson, Mrs. (Mary Ann)

Eliot, T. S. (Thomas Stearns), 1888 – 1965

A. Manap A. Malik (Abdul Manap Abdul Malik), 1946 –

9.19.1.5 个人活跃期

如果没有 **9.19.1.3**（出生日期和/或死亡日期）或 **9.19.1.4**（名称的更完整形式）所规定的元素，用以区分不同的检索点，则添加指示个人活跃期的术语（见 **9.3.4**）。

Smith, John, flourished 1705

Smith, John, flourished 1719 – 1758

Xu, Zhen, flourished 1377

Xu, Zhen, jin shi 1523

Allen, Charles, 17th century

Allen, Charles, 18th/19th century

可选择的附加

即使不需要区分不同的检索点，也可添加指示个人活跃期的术语。

Balʿamī Abū ʿAlī Muḥammad ibn Muḥammad, flourished 946 – 973

Aelfgifu, Queen, consort of Edwy, King of England, flourished 956

Callistratus, of Aphidna, flourished 377 – 361 B.C.

Adam II, Abbot of Dore, flourished 1216 – 1226

Cai, Shangxiang, jin shi 1761

9.19.1.6 职业或工作

如果没有 **9.19.1.3**（出生日期和/或死亡日期）、**9.19.1.4**（名称的更完整形式）和 **9.19.1.5**（个人活跃期）中规定的元素，用以区分不同的检索点，则添加指示个人职业或工作的从业者类别的术语（见 **9.3.4**）。

Johannes (Notary)

A. K. (Musician)

Chris (Rapper)

Hancock, Mary (Architect)

Butler, Jean (Composer)

Hall, Daniel (Tax collector)

Orr, Marjorie (Veterinarian)

Watt, James (Gardener)

Brown, Carol (Flutist)

9.19.2 代表个人的变异检索点

9.19.2.1 构建代表个人的变异检索点的一般性规则

当构建代表个人的变异检索点时，用个人变异名称（见 9.2.3）作为检索点的基础。

Jackson, Curtis
记录为规范检索点的形式： 50 Cent (Musician)

Rodham, Hillary Diane
记录为规范检索点的形式： Clinton, Hillary Rodham

Roughgarden, Jonathan
记录为规范检索点的形式： Roughgarden, Joan

Terencio
Terencjusz
Terenz
Terenzio
Ṭerenṭyus
טרנטיוס
记录为首选名称的英语形式： Terence

Ts'ao, Pai
曹白
记录为规范检索点的形式： Cao, Bai

Pettersen, Kristin Y.
记录为规范检索点的形式： Pettersen, K. Y. (Kristin Y.)

Balzo, Giulio del
记录为规范检索点的形式： Del Balzo, Giulio

Khayyam, Omar
Omar Chajjam
Chajjam, Omar
Ömer Hayyam
Hayyam, Ömer
Омар Хайам
Хайам, Омар
عمر خيام
عمر الخيام
记录为规范检索点的形式： Omar Khayyam

Wendy, Sister
记录为规范检索点的形式： Beckett, Wendy

Dr. Seuss
记录为规范检索点的形式： Seuss, Dr.

如果对识别重要，在适用的情况下，应用 **9.19.1.2 – 9.19.1.6** 所列的说明，为名称添加附加成分。

Hermoine Marie-Gabrielle, Princess of Urach, 1932 – 1989
记录为规范检索点的形式： Guinness, Mariga, 1932 – 1989

Poisson, Jeanne Antoinette, marquise de Pompadour, 1721 – 1764
Pompadour, Madame de (Jeanne Antoinette Poisson), 1721 – 1764
记录为规范检索点的形式： Pompadour, Jeanne Antoinette Poisson, marquise de, 1721 – 1764

De Guise, Henri, duc, 1614 – 1664
Henri, duc de Guise, 1614 – 1664
Henri, de Lorraine, 1614 – 1664
Lorraine, Henri de, duc de Guise, 1614 – 1664
Guyse, Henri, duc de, 1614 – 1664
Henry II, Duke of Guise, 1614 – 1664
Henry II, de Lorraine, 1614 – 1664
记录为规范检索点的形式： Guise, Henri, duc de, 1614 – 1664

Constantine, Saint, died 337
Константин, Великий, died 337
Konstantin, Velikiĭ, died 337
Κωνσταντίνος, ο Μέγας, died 337
Kōnstantinos, ho Megas, died 337
记录为规范检索点的形式： Constantine I, Emperor of Rome, died 337

Edward, the Martyr, Saint, 962?-978
记录为规范检索点的形式： Edward, King of England, 962?-978

Lewis, Bishop of Saint Asaph, 1741–1802
记录为规范检索点的形式： Bagot, Lewis, 1741 – 1802

Sanat Kumara (Spirit)
记录为规范检索点的形式： Beloved Sanat Kumara (Spirit)

Oyster (Poet)
记录为规范检索点的形式： Boyes, W. W. (William Watson), 1835 – 1915

Synthetic Realm (Musician)
System F (Musician)
记录为规范检索点的形式： Corsten, Ferry

Morris, Michael, 1907 – 1979
Morrison, Duke, 1907 – 1979
Morrison, Marion Michael, 1907 – 1979
Wayne, Duke, 1907 – 1979
记录为规范检索点的形式： Wayne, John, 1907 – 1979

Mills, Jack, 1918 –
记录为规范检索点的形式： Mills, J. (Jack), 1918 –

Ross, Ken, 1916 – 2008
记录为规范检索点的形式： Ross, T. K. (Thomas Kenneth)

Hayward, Bill, 1941 – 2008
记录为规范检索点的形式: Hayward, William (William L.)

Johnson, Alan (Alan S.)
记录为规范检索点的形式: Johnson, A. S. (Alan S.)

Johnson, Ben (R. Benjamin)
记录为规范检索点的形式: Johnson, R. Benjamin

Jackson, C. (Curtis)
Fifty Cent (Musician)
记录为规范检索点的形式: 50 Cent (Musician)

Dixon, Anthony, flourished 1790 – 1802
记录为规范检索点的形式: Dixon, A. (Anthony), flourished 1790 – 1802

Xu, Jing'an, jin shi 1523
許珍, jin shi 1523
记录为规范检索点的形式: Xu, Zhen, jin shi 1523

Brown, Charlie (Composer)
记录为规范检索点的形式: Brown, Charley

Frazer, John (Architect)
Frazier, John (Architect)
记录为规范检索点的形式: Fraser, John (Architect)

White Plume (Indian Chief)
记录为规范检索点的形式: Pocatello, Chief

Ēsaias (Biblical prophet)
Yeshaʻyahu (Biblical prophet)
Ἠσαΐας (Biblical prophet)
ישעיהו (Biblical prophet)
记录为规范检索点的形式: Isaiah (Biblical prophet)

10
识别家族

10.0 目的和范围

本章提供选择和记录家族首选名称和变异名称，以及记录家族其他识别属性的一般性规则和说明。

本章还提供用家族首选名称连同其他识别属性构建代表家族的规范检索点的规则，以及用变异名称构建变异检索点的规则。

10.1 识别家族的一般性规则

10.1.1 信息源

家族名称取自任何来源。

关于家族首选名称信息源的附加规则，见 **10.2.2.2**。

关于家族其他识别属性的信息取自任何来源。

10.1.2 使用检索点代表家族

当用规范检索点代表与资源相关的家族（见 **18.4.1**）或代表相关家族（见 **31.1**）时，应用 **10.10.1** 所列的规则，构建检索点。

关于构建代表家族的变异检索点的规则，见 **10.10.2**。

10.2 家族名称

<u>核心元素</u>

家族首选名称是核心元素。家族变异名称是可选择的。

10.2.1 记录家族名称的基本说明

10.2.1.1 范围

家族名称是指某家族为人所知的一个词、字符或一组词和/或字符。

为识别家族，家族名称分类如下：

a) 家族首选名称（见 **10.2.2**）

b) 家族变异名称（见 **10.2.3**）

10.2.1.2 信息源

家族名称取自任何来源。

关于家族首选名称信息源的附加规则，见 **10.2.2.2**。

10.2.1.3 记录家族名称的一般性规则

当记录家族名称时，应用 8.5 所列的关于记录名称的一般性规则。当这些规则涉及附录时，如适用，应用附录所列的附加说明。

10.2.2 家族首选名称

核心元素

10.2.2.1 范围

家族首选名称是指被选作代表一个家族的规范检索点的基础部分的名称或名称形式。

10.2.2.2 信息源

从下列来源（按优先顺序）确定家族首选名称：

a) 与家族相联系的资源中的首选信息源（见 2.2.2）

b) 与家族相联系的资源中出现的其他正式说明

c) 其他来源（包括参考源）

10.2.2.3 选择首选名称

一般来说，选择家族广为人知的名称作为首选名称。所选名称可以是家族成员共用的姓氏（或相当于姓氏的名称），皇室或朝代的名称或宗族的名称等。关于为同一名称有多种形式或有多个名称的家族选择首选名称的附加说明，见 10.2.2.5–10.2.2.7。

Taylor

Charron-Lecore

La Ville de Férolles

Goublaye de Ménorval y Rodríguez Quirós

Van den Bergh

Abū ʻUyaynah al-Muhallabī

Mac Fhionnghaile

Windsor

Winchilsea

Pahlavi

Nguyễn

10.2.2.4 记录首选名称

应用 8.5 所列的关于记录名称的一般性规则，记录被选作家族首选名称的名称。

如果家族名称由几个部分组成，则将该家族通常所用语言，或者所居住或所活动的国家的权威字顺列表中用于排序的名称部分作为第一元素予以记录。在应用该一般性规则时，如适用，应用 10.2.2.8（姓氏）和 10.2.2.9（皇室、朝代、宗族等的名称）所列的说明。然而，如果已知家族偏好与通常用法不同，则遵循其偏好选择记录为第一元素的名称部分。

10.2.2.5 同一名称的不同形式

如适用，对于在完整性（见 9.2.2.5.1）、语言（见 9.2.2.5.2）、文字（见 9.2.2.5.3）或拼写（见 9.2.2.5.4）方面不同的家族名称，应用 9.2.2.5 所列的说明。

10.2.2.6 同一家族的不同名称

如果一个未更改过名称的家族有多个为人所知的名称（对于更改过名称的家族见 10.2.2.7），且该家族有一个广为人知的名称，则选择该名称。

否则，按下列优先顺序选择名称：

a)　在与家族相联系的资源中最常出现的名称

b)　参考源中最常出现的名称

将该家族为人所知的其他名称作为变异名称予以记录（见 10.2.3）。

10.2.2.7 名称的变化

如果家族名称发生了变化（包括从一种语言变为另一种语言），则选择新名称作为首选名称，用于与该名称相联系的资源。

> Yan
> *家族在 1849 年将姓氏由* De La Resurección *改为* Yan

关于记录家族前后两个名称之间的关系的说明，见第 31 章。

10.2.2.8 姓氏

如果被选作首选名称的名称由姓氏或具有姓氏作用的名称组成，则将该名称作为家族名称予以记录。

> Giroux
>
> Wu
>
> Pérez-López y López-Silvero

如适用，对于复姓（见 9.2.2.10）、带有分开书写的前缀的姓氏（见 9.2.2.11）以及带有连字符或与姓氏连体的前缀（见 9.2.2.12），应用 9.2.2.10–9.2.2.12 所列的附加说明。

10.2.2.9 皇室、朝代、宗族等的名称

如果被选作首选名称的名称由皇室、朝代、宗族等的名称组成，则将该名称作为家族名称予以记录，应用 8.5 所列的关于记录名称的一般性规则。

> Windsor
>
> Romanov
>
> ‘Adil Shahi

10.2.3 家族变异名称

10.2.3.1 范围

家族变异名称是指某家族为人所知但与其首选名称不同的名称或名称形式。

10.2.3.2 信息源

家族变异名称取自与家族相关的资源和/或参考源。

10.2.3.3 记录家族变异名称的一般性规则

应用 **8.5** 所列的关于记录名称的一般性规则，记录家族变异名称。

如果家族使用的、在参考源中所见的或源自名称不同音译的名称或名称形式与记录为家族首选名称的名称不同，则将其作为变异名称予以记录。对于更改名称的家族，见第 **31** 章相关家族的说明。

如果名称有可能以名称的不同部分检索，则将用该名称的不同部分作为第一元素的形式作为变异名称予以记录。

如适用，应用 **10.2.3.4–10.2.3.6** 所列的附加特定说明以及本章前述部分所列的说明。

10.2.3.4 名称的交替语言学形式

如果记录为家族首选名称的名称有一个或多个交替语言学形式，则将其作为变异名称予以记录。

不同语言形式

Accorsi
记录为首选名称的拉丁语形式: Accursius

Leïë
Lejè
Loïe
Lully
记录为首选名称的法语形式: Lœillet

不同文字

李
记录为首选名称的中文音译形式: Li

Σημίτης
记录为首选名称的希腊文音译形式: Sēmitēs

Романов
记录为首选名称的英文形式: Romanov

ويندسور
ווינדזור
记录为首选名称的英文形式: Windsor

不同拼写形式

Di Pietro
记录为首选名称的不同拼写形式: DiPietro

Caragher
Caraher
Carraher
记录为首选名称的不同拼写形式: Carragher

不同音译形式

Āgāśe
记录为首选名称的不同音译形式: Agashe

Simitis
记录为首选名称的不同音译形式: Sēmitēs

Romanof
Romanoff
记录为首选名称的不同音译形式: Romanov

10.2.3.5 世袭头衔

将与家族相关的世袭头衔（见 **10.7**）作为变异名称予以记录。将头衔中的专有名称记录为第一元素，其后随以逗号和复数形式的等级称号。

Chandos, Dukes of

Ericeira, condes da

10.2.3.6 其他变异名称

根据需要记录 **10.2.3.4–10.2.3.5** 中未涵盖的首选名称的其他变体和变异形式。

St. Pierre
记录为首选名称的形式: Saint Pierre

Von Schilling
记录为首选名称的形式: Schilling

Broglie
记录为首选名称的形式: De Broglie

Kangarid
Sallarid
记录为首选名称的形式: Musafirid

Sevunas
Yadavas
记录为首选名称的形式: Yadava

10.3 家族类型

<u>核心元素</u>

10.3.1 记录家族类型的基本说明

10.3.1.1 范围

家族类型是指对家族类型的分类或通用描述词。

10.3.1.2 信息源

关于家族类型的信息取自任何来源。

10.3.1.3 记录家族类型

用适用的术语 [例如，*Family*（家族）、*Clan*（宗族）、*Royal house*（皇室）、*Dynasty*（朝代）] 记录指示家族类型的术语。

> Family
>
> Royal house

10.4 与家族相关的日期

<u>核心元素</u>

10.4.1 记录与家族相关的日期的基本说明

10.4.1.1 范围

与家族相关的日期是指与家族相联系的重要日期。

10.4.1.2 信息源

关于与家族相关的日期的信息取自任何来源。

10.4.1.3 记录与家族相关的日期

如适用，应用 **9.3** 所列的说明，记录与家族相关的日期。

> 1529 – 1739
>
> 1802–1945
>
> 202 B.C.– 220 A.D.
>
> 4th–9th centuries

应用 **8.12** 所列的说明，指示获取日期的来源。

10.5 与家族相关的地点

<u>核心元素</u>

当需要与另一名称相同的家族做区分时，与家族相关的地点是核心元素。

10.5.1 记录与家族相关的地点的基本说明

10.5.1.1 范围

与家族相关的地点是指家族的居住地或曾经居住地，或是有某种联系的地方。

10.5.1.2 信息源

与家族相关的地点的信息取自任何来源。

10.5.1.3 记录与家族相关的地点

记录家族居住的、曾经居住的或有某种联系的地方（例如，城镇、城市、省、州、国家）。依第 16 章规定的形式记录地名。如适用，依附录 B(B.11)所列的说明，缩写国家、州、省、领地等名称。

> Philippines
>
> Sydney, N.S.W.
>
> Armagh, Northern Ireland
>
> Jamestown, Wash.
>
> Québec
> Minn.
> Wis.

应用 8.12 所列的说明，指示获取与家族相关的地点信息的来源。

10.6 家族的著名成员

<u>核心元素</u>

当需要与另一名称相同的家族做区分时，家族的著名成员的名称是核心元素。

10.6.1 记录家族的著名成员的基本说明

10.6.1.1 范围

家族的著名成员是指家族成员中的著名人物。

10.6.1.2 信息源

关于家族的著名成员的信息取自任何来源。

10.6.1.3 记录家族的著名成员

用依 **9.19.1** 所列的规则和说明构成的、代表个人的规范检索点的形式，记录家族的著名成员的名称。

> Peale, Charles Willson, 1741 – 1827
> *家族首选名称记录为：* Peale
>
> Peale, Norman Vincent, 1898 – 1993
> *家族首选名称记录为：* Peale
>
> Denny, Arthur Armstrong, 1822 – 1899
> *家族首选名称记录为：* Denny
>
> Denny, Anthony, 1501 – 1549
> *家族首选名称记录为：* Denny

应用 **8.12** 所列的说明，指示获取家族著名成员信息的来源。

10.7 世袭头衔

10.7.1 记录世袭头衔的基本说明

10.7.1.1 范围

世袭头衔是指与家族相联系的贵族头衔等。

10.7.1.2 信息源

关于世袭头衔的信息取自任何来源。

10.7.1.3 记录世袭头衔

记录与家族相关的世袭头衔。用复数以直序形式记录头衔。

> Earls of Shrewsbury
>
> ducs d'Orléans
>
> Countesses of Mar
>
> Viscounts Falkland
>
> condes de Lemos
>
> Dukes of Chandos
>
> Marquesses of Cholmondeley

应用 **8.12** 所列的说明，指示获取世袭头衔信息的来源。

10.8 家族史

10.8.1 记录家族史的基本说明

10.8.1.1 范围

家族史是指与家族的历史有关的信息。

10.8.1.2 信息源

关于家族史的信息取自任何来源。

10.8.1.3 记录家族史

记录与家族史有关的信息。

> Austrian leatherworkers and bookbinders, active 19th–20th centuries
>
> Italian rulers, bankers, merchants, collectors, and patrons of the arts, active in Florence particularly from 15th through mid-18th centuries
>
> Samuel James, his wife Anna Maria (Foxwell) James, and their sons left Cornwall, England, for America in 1842, having emigrated more for political reasons than because of economic hardship. The James family first lived in Wisconsin, but in 1850–1851, they journeyed by wagon train to Oregon. In 1852 they settled at Grand Mound Prairie (later known as Jamestown) on the Chehalis River in Washington, where they prospered for some years. Samuel James and his sons established new homesteads in what is now known as James Rock on Grays Harbor, Washington, in 1859. Samuel James died in 1866 and Anna Maria James died in 1879. Their descendents continued to live in and around Jamestown, Washington
>
> The Chola dynasty (Tamil: சோழர் காலம்) was a Tamil dynasty that ruled primarily in southern India until the 13th century. The dynasty originated in the fertile valley of the Kaveri River. Karikala Chola was the most famous among the early Chola kings, while Rajaraja Chola, Rajendra Chola, and Kulothunga Chola I were notable emperors of the medieval Cholas. The Cholas were at the height of their power during the tenth, eleventh, and twelfth centuries. The Chola territories stretched from the islands of the Maldives in the south to as far north as the banks of the Godavari River in Andhra Pradesh. The power of the Cholas declined around the 12th century with the rise of the Pandyas and the Hoysala, eventually coming to an end towards the end of the 13th century

酌情在家族史元素中加入关于特定识别元素（见 **10.3 – 10.7**）的信息。

> James Brydges, 1st Duke of Chandos (1673 – 1744), was a British statesman and patron of the arts. His only surviving son, Henry Brydges, 2nd Duke of Chandos (1708 – 1771), inherited the dukedom and some of his father's posts. James Brydges, 3rd Duke of Chandos (1732 – 1789), son of Henry Brydges, was a Whig politician and courtier. The 3rd Duke had no male heirs, and at his death the dukedom became extinct. His daughter Anna Eliza married Richard Grenville, later the 1st Duke of Buckingham and Chandos

应用 **8.12** 所列的说明，指示获取家族史信息的来源。

10.9 家族标识符

<u>核心元素</u>

10.9.1 记录家族标识符的基本说明

10.9.1.1 范围

家族标识符是指与家族或家族的替代物（例如，一条规范记录）唯一相联系的字符串，它可将该家族与其他家族相区分。

10.9.1.2 信息源

关于家族标识符的信息取自任何来源。

10.9.1.3 记录家族标识符

记录家族标识符。如果易于确定，标识符前置以负责分配标识符的机构等的名称或标识。

> Libraries Australia control number: 000035401429
> *新南威尔士州悉尼市的 Adey 家族标识符*

10.10 构建代表家族的检索点

10.10.1 代表家族的规范检索点

10.10.1.1 构建代表家族的规范检索点的一般性规则

当构建代表家族的规范检索点时，用家族首选名称（见 10.2.2）作为规范检索点的基础。

> De Generes
>
> Romanov
>
> Saxe – Coburg – Gotha

如适用，依 10.10.1.2–10.10.1.5 所列的说明和顺序，为名称添加附加成分。

> Nayak (Dynasty : 1529 – 1739 : Madurai, India)

如果没有合适的附加成分，则对具有相同名称的所有家族使用同一检索点。

10.10.1.2 家族类型

为名称添加一个指示家族类型的术语（见 10.3）。

Branson (Family)

Donald (Clan)

Bourbon (Royal house)

10.10.1.3 与家族相关的日期

添加与家族相关的日期（见 10.4）。

Nguyễn (Dynasty : 1558 – 1775)

Nguyễn (Dynasty : 1802 – 1945)

Pahlavi (Dynasty : 1925 – 1979)

10.10.1.4 与家族相关的地点

如果必要，为名称添加与家族相关的地点（见 10.5），用以区分不同的检索点。

Yan (Family : Philippines)

Yan (Family : China)

James (Family : Jamestown, Wash.)

James (Family : Summerton, S.C.)

> *可选择的附加*
>
> 如果有助于识别家族，则为名称添加与家族相关的地点。
>
> Alzúa Gómez (Family : Michoacán de Ocampo, Mexico)

10.10.1.5 家族的著名成员

如果必要，为名称添加家族的著名成员（见 10.6），用以区分不同的检索点。

Peale (Family : Peale, Charles Willson, 1741 – 1827)

Peale (Family : Peale, Norman Vincent, 1898 – 1993)

> *可选择的附加*
>
> 如果有助于识别家族，则为名称添加家族的著名成员。
>
> Medici (Royal house : Medici, Lorenzo de', 1449 – 1492)

10.10.2 代表家族的变异检索点

10.10.2.1 构建代表家族的变异检索点的一般性规则

当构建代表家族的变异检索点时，用家族变异名称（见 **10.2.3**）作为变异检索点的基础。

> Generetes
> *记录为首选名称的形式:* De Generes

为变异名称添加一个指示家族类型的术语（见 **10.3**）。

> St. Amand (Family)
> *记录为规范检索点的形式:* Saint Amand (Family)
>
> Romanof (Dynasty)
> Romanoff (Dynasty)
> Романов (Dynasty)
> *记录为规范检索点的形式:* Romanov (Dynasty)

如果对识别重要，在适用的情况下，应用 **10.10.1.3** – **10.10.1.5** 所列的说明和顺序，为名称添加其他附加成分。

> St. Georges (Family : Fla.)
>
> St-Georges (Family : Québec)
>
> Nayak (Dynasty : 1739 – 1815 : Sri Lanka)
> *记录为规范检索点的形式:* Nāyakkar (Dynasty : 1739 – 1815)。*变异名称与另一个家族的首选名称相同*

11
识别团体

11.0 目的和范围

本章提供选择和记录团体首选名称和变异名称，以及记录团体其他识别属性的一般性规则和说明。

本章还提供用团体首选名称连同其他识别属性构建代表团体的规范检索点的规则，以及用变异名称构建变异检索点的规则。

团体是指以特定的名称来识别的组织（即指代团体的词是一个特定称谓，而不是一般描述）。

典型的团体包括协会、机构、工商企业、非营利性事业单位、政府、政府机构、项目和计划、宗教团体、以教会名称识别的地方教会组织和会议。

特别事件（诸如体育比赛、展览、考察、博览会和节日），船（例如，船舶和航天飞船）也视为团体。

11.1 识别团体的一般性规则

11.1.1 信息源

团体名称取自任何来源。

关于团体首选名称信息源的附加规则，见 **11.2.2.2**。

关于团体其他识别属性的信息取自任何来源。

11.1.2 使用检索点代表团体

当用规范检索点代表与资源相关的团体（见 **18.4.1**）或代表相关团体（见 **32.1**）时，应用 **11.13.1** 所列的规则，构建检索点。

关于构建代表团体的变异检索点的规则，见 **11.13.2**。

11.2 团体名称

<u>核心元素</u>

团体首选名称是核心元素。团体变异名称是可选择的。

11.2.1 记录团体名称的基本说明

11.2.1.1 范围

团体名称 是指某团体为人所知的一个词、字符或一组词和/或字符。

为识别团体，团体名称分类如下：

a) 团体首选名称（见 **11.2.2**）

b) 团体变异名称（见 **11.2.3**）

11.2.1.2 信息源

团体名称取自任何来源。

关于团体首选名称信息源的附加规则，见 **11.2.2.2**。

11.2.1.3 记录团体名称的一般性规则

当记录团体名称时，应用 **8.5** 所列的关于记录名称的一般性规则。当这些规则涉及附录时，如适用，应用附录所列的附加说明。

11.2.2 团体首选名称

<u>核心元素</u>

11.2.2.1 范围

团体首选名称 是指被选作代表一个团体的规范检索点的基础部分的名称或名称形式。

如果团体名称发生变化，则为与新名称相关的资源选择首选名称（见 **11.2.2.6**）。

11.2.2.2 信息源

从下列来源（按优先顺序）确定团体首选名称：

a) 与团体相联系的资源中的首选信息源（见 **2.2.2**）

b) 与团体相联系的资源中出现的其他正式说明

c) 其他来源（包括参考源）

11.2.2.3 选择首选名称

选择通常用于识别团体的名称作为该团体的首选名称。关于为同一名称有多种形式的团体选择首选名称的附加说明，见 **11.2.2.5**。

> 31st December Women's Movement
>
> 5 Browns
>
> 924 Gilman Street Project
>
> Breitkopf & Härtel
>
> British Museum
>
> Brown Palace Hotel
>
> Carnegie Library of Pittsburgh
>
> Cambridge Anthropological Expedition to Torres Straits
>
> Chama cha Tanzania cha Kutoa Msaada wa Kisheria
>
> Chartered Insurance Institute
>
> Colin Buchanan and Partners
>
> École de cuisine La Varenne
>
> Glasgow Prestwick International Airport

Leicester Chamber of Commerce
Light Fantastic Players
Partridge Family
Radio Society of Great Britain
Reial Acadèmia Catalana de Belles Arts de Sant Jordi
St. Barbara-Bürgerspital
Symposium on World Tuna Fisheries
United States Catholic Conference
University of Adelaide
Voltamp Electric Mfg. Co.

11.2.2.4 记录首选名称

应用 **8.5** 所列的关于记录名称的一般性规则，记录被选作团体首选名称的名称。

用与团体相联系的资源中出现的形式记录团体名称。如果该名称不是出现在与团体相联系的资源中，或有疑问， 则记录参考源中最常见的形式。在应用该一般性规则时，应用 **11.2.2.7 – 11.2.2.12** 所列的说明。

关于记录从属团体和相关团体名称的说明，见 **11.2.2.13 – 11.2.2.17**。

关于记录政府团体名称的说明，见 **11.2.2.18 – 11.2.2.27**。

关于记录宗教团体名称的说明，见 **11.2.2.28 – 11.2.2.31**。

选择首选名称

11.2.2.5 同一名称的不同形式

如果团体名称的不同形式出现在与该团体相联系的资源中，则应用如下一般性说明。酌情应用 **11.2.2.5.1–11.2.2.5.4** 所列的特殊说明。

如果名称的变异形式[1]见于与该团体相联系的资源中，则选择首选信息源（见 **2.2.2**）中出现的名称作为首选名称，而不是资源中其他信息源出现的名称形式。

如果多个变异名称出现在首选信息源中，则选择以正规形式出现的名称作为首选名称。如果没有以正规形式出现的名称，或全部名称都以正规形式出现，则选择最常见的名称形式。

如果没有最常见的名称形式，则选择简略形式（包括首字母缩略词或可拼读的首字母缩略词）作为首选名称，该简略形式应能将该团体与其他具有相同或相似简略名称的团体相区分。

AFL-CIO
不用 American Federation of Labor and Congress of Industrial Organizations

American Philosophical Society
不用 American Philosophical Society, Held at Philadelphia, for Promoting Useful Knowledge

Euratom
不用 European Atomic Energy Community

Zhongguo di zhi ke xue yuan
不用 Zhongguo di zhi ke xue yan jiu yuan

Maryknoll Sisters
不用 Congregation of the Maryknoll Sisters of St. Dominic

EuroSSC
不用 European Conference on Smart Sensing and Context

如果变异形式中不包括能区分具有相同或相似简略名称的两个或两个以上团体的简略形式，则按优先顺序选择参考源中所见的形式或官方形式作为首选名称。

Metropolitan Applied Research Center
官方名称。该中心有时使用的简略形式，MARC Corporation，与纽约的另一团体名称相同

将名称的其他形式作为变异名称予以记录（见 11.2.3）。

11.2.2.5.1 不同拼写形式

如果名称的不同拼写形式出现在与该团体相联系的资源中，则选择首次获得的资源中所见的形式。

African Centre for Fertilizer Development
不用 African Center for Fertilizer Development
首次获得的资源中拼法为“Centre”；第二次获得的资源中拼法为“Center”

将名称的其他拼写形式作为变异名称予以记录（见 11.2.3.6）。

11.2.2.5.2 名称的多种语言形式

如果名称以不同语言出现，则选择该团体的官方语言形式作为首选名称。

Comité français de la danse
不用 French Committee of the Dance

交替规则

选择创建数据的机构首选的语言形式。

Japan Productivity Center
如果不用 Nihon Seisansei Honbu

Union of Chambers of Commerce, Industry, and Commodity Exchanges of Turkey
如果不用 Türkiye Ticaret Odaları, Sanayi Odaları ve Ticaret Borsaları Birliği

如果存在多种官方语言，且其中之一为创建数据的机构首选的语言，则选择该语言的形式作为首选名称。

Canadian Committee on Cataloguing
不用 Comité canadien de catalogage

如果创建数据的机构首选的语言不是官方语言之一，或官方语言未知，则选择与该团体相联系的资源中主要使用的语言形式作为首选名称。

Schweizerische Nationalbibliothek
不用 Biblioteca nazionale svizzera
不用 Bibliothèque nationale suisse
该团体的出版物主要使用德语

如有疑问，则选择首次获得的资源中首次出现的形式。

将其他语言形式作为变异名称予以记录（见 **11.2.3.6**）。

11.2.2.5.3 国际团体

如果国际团体的名称用创建数据的机构首选语言的形式出现在与该团体相联系的资源中，则选择该语言形式作为首选名称。在其他情况下，应用 **11.2.2.5.2** 所列的说明。

League of Arab States
不用 Union des états arabes
不用 Jāmiʿat al-Duwal al-ʿArabīyah

European Economic Community
不用 Communauté économique européenne
不用 Europese Economische Gemeenschap
[等]

International Federation of Library Associations and Institutions
不用 Fédération internationale des associations de bibliothécaires et des bibliothèques
不用 Internationaler Verband der Bibliothekarischen Vereine und Institutionen
不用 Mezhdunarodn͡aia feder͡atsiia bibliotechnykh ass͡otsi͡atsiĭ i uchrezhdeniĭ
[等]

Nordic Society for Radiation Protection
不用 Nordiska sällskapet för strålskydd
不用 Nordisk selskab for strålebeskyttelse
[等]

Societas Heraldica Scandinavica
不用 Heraldisk selskab
不用 Heraldinen seura
不用 Skjaldfræðafélagið
不用 Heraldisk selskap
不用 Heraldiska sällskapet
官方名称是拉丁语；名称分别有丹麦语、芬兰语、冰岛语、挪威语和瑞典语形式

将其他语言形式作为变异名称予以记录（见 **11.2.3.6**）。

11.2.2.5.4 惯用名称

如果团体在自己语言的参考源中经常以一个惯用名称形式识别，则选择该惯用名称作为首选名称。

York Minster
不用 Metropolitan Church of St. Peter, York

Museo del Prado
不用 Museo Nacional de Pintura y Escultura
不用 Museo Nacional del Prado
不用 Real Museo de Pinturas y Esculturas

例外

古代和国际团体。 [2] 如果具有悠久历史渊源的团体或具有国际性质的团体的名称已经用创建数据的机构首选的语言确定了一个形式，则选择该形式作为首选名称。

Assyrian Church of the East

Benedictines

Cluniacs

Coptic Church

Council of Nicaea

Franciscans

Knights of Malta

Paris Peace Conference

Poor Clares

Royal and Select Masters

Royal Arch Masons

Synod of the Oak

Vatican Council

Yalta Conference

主教自治管辖区、大主教管辖区等。 东正教会的古代主教自治管辖区、大主教管辖区等，以其用以识别的地名记录名称。添加指明教会辖区类型的一个词或短语，并置于圆括号内。

Antioch (Orthodox patriarchate)

Constantinople (Ecumenical patriarchate)

Cyprus (Archdiocese)

Jerusalem (Orthodox patriarchate)

宗教教团和社团。 如有可能，选择创建数据的机构首选的语言中最知名的名称形式作为宗教团体的首选名称。如有疑问，按下列优先顺序选择：

a) 创建数据的机构首选语言的、用以识别团体成员的惯用名称

b) 位于创建数据的机构首选语言的国家中的团体所用的该语言形式的名称

c) 起源国语言的团体名称

Franciscans
不用 Friars Minor
不用 Minorites
不用 Ordo Fratrum Minorum
[等]

Jesuits
不用 Compañía de Jesús
不用 Societas Iesu
不用 Society of Jesus
[等]

Ordo Templi Orientis
不用 Order of Oriental Templars
不用 Hermetic Brotherhood of Light
不用 O.T.O.
不用 OTO
不用 Order of the Temple of the East
[等]
最知名的名称形式是拉丁语的；机构首选语言中无主要的惯用名称

Brothers of Our Lady of Mercy

Community of the Resurrection

Dominican Nuns of the Second Order of Perpetual Adoration
不用 Dominicans. Second Order

Dominican Sisters of the Perpetual Rosary

Sisters of Providence of the Immaculate Conception
不用 Soeurs de la Providence et de l'Immaculée Conception

Third Order Regular of St. Francis
不用 Franciscans. Third Order Regular

Third Order Secular of St. Francis
不用 Franciscans. Third Order Secular

International Society for Krishna Consciousness
不用 Hare Krishna Society

Suore collegine della Sacra Famiglia

Zgromadzenie Sióstr Urszulanek Serca Jezusa Konającego

政府。政府的惯用名称是政府行使行政管辖权的地区（例如，国家、省、州、县、自治地区或市）的名称（见第 **16** 章）。

France
不用 République française

Serbia
不用 Narodna Republika Srbija
不用 Republika Srbija
[等]

Virginia
不用 Commonwealth of Virginia

Nottinghamshire (England)
不用 County of Nottinghamshire (England)

Castle Rock (Colo.)
不用 Town of Castle Rock (Colo.)

如果政府的官方名称是常用的，则选择该官方名称作为首选名称。

Greater Anchorage Area Borough (Alaska)

Region Sjælland (Denmark)

Seminole Nation of Oklahoma

会议、大会、集会等。如果在首选信息源中出现的会议名称的多种变异形式里有一种形式包括一个与集会相关的团体的名称或名称缩写，而该集会不从属于该团体，则选择该形式作为首选名称。

FAO Technical Meeting on Coffee Production and Protection

然而，如果名称是一个团体的，而集会从属于该团体（例如，一个协会的年会），则应用 **11.2.2.14** 第 6 类所列的说明。

如果会议既有自身特定的名称，又有更加通用的系列会议的名称，则选择其特定的名称作为首选名称。

Northwest Conference on the Role of Nuclear Energy (1969 : Portland, Or.)
不用 Governor's Conference on Conservation (2nd : 1969 : Portland, Or.)

Symposium on Protein Metabolism (1953 : University of Toronto)
不用 Nutrition Symposium (1953 : University of Toronto)

Symposium on the Role of Some of the Newer Vitamins in Human Metabolism and Nutrition (1955 : Vanderbilt University School of Medicine)
不用 Nutrition Symposium (1955 : Vanderbilt University School of Medicine)

Symposium on Endocrines and Nutrition (1956 : University of Michigan Medical School)
不用 Nutrition Symposium (1956 : University of Michigan Medical School)

Joint EMBS-BMES Conference
不用 IEEE Engineering in Medicine and Biology Society. Conference
不用 Biomedical Engineering Society. Fall Meeting

地方礼拜场所。如果地方教会、大教堂、寺院、女修道院、大寺院、庙宇、清真寺、犹太教堂等的名称的多种变异形式出现在与该团体相联系资源的首选信息源中，则选择出现在这些信息源中的主要形式作为首选名称。如果无主要形式，则按下列优先顺序选择：

a) 含有地方教会等供奉的或以其命名的个人、物体、地点或事件的名称

All Saints Church
Chapelle Saint-Louis
Church of the Holy Sepulchre
Duomo di Santa Maria in Colle
Jāmiʿ ʿAmr ibn al-ʿĀṣ
Monastère de la Visitation
St. Paul's Cathedral
Stephen Wise Free Synagogue

b) 以描述地方教会等类型的词或短语起首的名称

Abtei Reichenau
Great Synagogue
Jüdische Reformgemeinde zu Berlin
Monasterio de Rueda
Parish Church of Botley
Unitarian Universalist Church

c) 以地方教会等所在地的地名起首的名称

Bushwick Avenue German Presbyterian Church
Island Grove United Methodist Church
Kataragama Mosque and Shrine
Kölner Dom
Oak Park Temple
Vilniaus Didžioji sinagoga
Winchester Cathedral

将名称的其他形式作为变异名称予以记录（见 **11.2.3**）。

1. *变异形式*不包括该团体过去已废止的名称，或将来要采用的名称（见 **11.2.2.6**）。
2. 本说明用于如宗教团体、兄弟会和骑士团、教会理事会、外交会议。如果需为无正式名称且尚无惯用名称的外交会议建立检索点，则用创建数据的机构首选语言的期刊文章和新闻报道中最常见的名称作为首选名称。如果后来建立了一个名称，则将首选名称改为该名称。

11.2.2.6 名称的变化

如果团体名称发生了变化（包括从一种语言变为另一种语言），则选择新名称作为首选名称，用于与该名称相联系的资源。

Pennsylvania State University
较早名称： Pennsylvania State College

National Tuberculosis Association
较早名称： National Association for the Study and Prevention of Tuberculosis

关于记录团体较早名称和较晚名称之间关系的说明，见第 32 章。

记录首选名称

11.2.2.7 由首字母缩写组成或含有首字母缩写的名称

如果团体名称由首字母缩写组成或含有首字母缩写，则根据该团体最常见的用法，省略或包含句点及其他标点符号。如有疑问，省略句点等。

关于首字母缩写和可拼读的首字母缩略词空格的说明，见 **8.5.6**。

Aslib

Delegación Nacional de Sindicatos de F.E.T. y de las J.O.N.S.

H. Lee Moffitt International Symposium on Cancer Biology and Therapeutics

IUCN/SSC Polar Bear Specialist Group

L.I.F.E. Choir

Projet Assistance aux entreprises d'état B.I.T./PNUD

USDLA

W.H. Coverdale Collection of Canadiana

11.2.2.8 首冠词

当记录团体首选名称时，如果名称有首冠词，则予以包括。

The Library Association

Der Wehrbeauftragte

交替规则

省略首冠词（见附录 C），除非名称要以冠词排档（例如，团体名称以冠词起首，而该冠词是个人名称或地名的第一部分）。

Amis de la terre du Morvan
不用 Les Amis de la terre du Morvan

Library Association
不用 The Library Association

Danske Præsteforening
不用 Den Danske Præsteforening

但是

El Niño Task Force

Le Corbusier Sketchbook Publication Committee

Los Angeles Philharmonic Orchestra

11.2.2.9 荣誉称号的引用

省略用于引用授予团体的荣誉称号或勋章的短语。

Moskovsk͡aia gosudarstvenn͡aia konservatori͡ia im. P.I. Chaĭkovskogo
不用 Moskovsk͡aia gosudarstvenn͡aia dvazhdy ordena Lenina konservatori͡ia imeni P.I. Chaĭkovskogo

Gosudarstvennyĭ akademicheskiĭ teatr imeni Mossoveta
不用 Gosudarstvennyĭ ordena Lenina i ordena Trudovogo Krasnogo Znameni akademicheskiĭ teatr imeni Mossoveta

Royal Ulster Constabulary
不用 Royal Ulster Constabulary GC
不用 Royal Ulster Constabulary George Cross

11.2.2.10 指示公司性质的术语和某些其他术语

省略指示公司性质（例如，*Incorporated*、*E.V.*、*Ltd.*）或团体所有权的形容词术语或缩写，以及指明公司实体类型的缩写或全称的词或短语（例如，*Aktiebolaget*、*Gesellschaft mit beschränkter Haftung*、*Kabushiki Kaisha*、*Società per azione*），除非它是名称一个必不可少的组成部分，或需要用它来说明该名称是团体名称。

American Cancer Society
不用 American Cancer Society, Inc.

Automobiltechnische Gesellschaft
不用 Automobiltechnische Gesellschaft E.V.

Daiwa Ginkō
不用 Daiwa Ginkō Kabushiki Kaisha

Samsŏng Chŏnja
不用 Samsŏng Chŏnja Chusik Hoesa

Kraftfahrzeugwerk “Ernst Grube” Werdau
不用 VEB Kraftfahrzeugwerk “Ernst Grube” Werdau

Compañía Internacional de Mapas
不用 Compañía Internacional de Mapas S.A.

Zhongguo yin hang
不用 Zhongguo yin hang gu fen you xian gong si

但是

Films Incorporated

Nature Photographers Ltd.

Halifax plc

Shenzhen zheng quan xin xi you xian gong si

Gay Men's Health Crisis, Inc.

Nihon Genshiryoku Hatsuden Kabushiki Kaisha

Howard Ricketts Limited

Winwin Consult Sdn. Bhd.

Best Practices, LLC

如果需要用此类术语说明名称是团体名称，且该术语位于名称之首，则将其移至末尾。

Aerotransport, Aktiebolaget
不用 Aktiebolaget Aerotransport

Forstprojektierung Potsdam, VEB
不用 VEB Forstprojektierung Potsdam

省略亚洲语言中指示团体私有性质的首词或短语（例如，*Shiritsu*、*Si li*），除非该词或短语是名称中一个必不可少的组成部分。

Dong hai da xue
不用 Si li Dong hai da xue

但是

Shiritsu Daigaku Toshokan Kyōkai

省略船舶名称前的缩写（例如，*U.S.S.*、*H.M.S.*）。

Arizona (Battleship)
不用 U.S.S. Arizona

Swift (Sloop of war)
不用 H.M.S. Swift

11.2.2.11 会议等的届次或召开年

省略会议、大会、集会、展览、博览会、节日等的名称（包括视为从属团体的会议等的名称，见 **11.2.2.14**）中指示其届次或召开年份等的词。

Conference on Co-ordination of Galactic Research
不用 Second Conference on Co-ordination of Galactic Research

Calcutta Film Festival
不用 4th Calcutta Film Festival

Expedição Brasileira à Antártica
不用 1a. Expedição Brasileira à Antártica

Biennial Symposium on Active Control of Vibration and Noise
不用 Sixth Biennial Symposium on Active Control of Vibration and Noise

Symposium on Some Mathematical Questions in Biology
不用 1992 Symposium on Some Mathematical Questions in Biology

Schweizerische Grönland-Expedition
不用 Schweizerische Grönland-Expedition 1912/13

Polyurethanes Expo
不用 Polyurethanes Expo '99

San Francisco Art Association. Annual Drawing and Print Exhibition
不用 San Francisco Art Association. Twenty-second Annual Drawing and Print Exhibition

11.2.2.12 音译

如果团体名称所用的语言不是用创建数据的机构首选的文字书写，则根据创建数据的机构所用的该语言音译表，音译该名称。

Zhongguo wen zi gai ge wei yuan hui
以原文字出现的名称为: 中國文字改革委員会

Institut mirovoĭ literatury imeni A.M. Gor'kogo
以原文字出现的名称为: Институт мировойлитературыимени А.М. Горького

Matsushita Denki Sangyō
以原文字出现的名称为: 松下電器產業

Agudah ha-ge'ografit ha-Yiśre'elit
以原文字出现的名称: אגודה הגיאוגרפית הישראלית

交替规则

如果团体名称所用的语言不是用创建数据的机构首选的文字书写，而与该团体相联系的资源中有音译形式，则用该音译形式。如果存在多种音译形式，则用根据创建数据的机构所用的该语言音译表音译的形式。[3]

Zhongshan daxue
不用 Zhongshan da xue

Nippon Tōki Kabushiki Kaisha
不用 Nihon Tōki Kabushiki Kaisha

Himalaya Seva Sangh
不用 Himālaya Sevā Saṅgha

3. 该交替说明可视语言选择应用。

如果必要，将名称的其他音译形式作为变异名称予以记录（见 **11.2.3.6**）。

<u>**记录从属团体和相关团体的名称**</u>

11.2.2.13 记录从属团体和相关团体名称的一般性规则

应用 **11.2.2.4** 所列的基本说明，记录从属团体和相关团体的名称，除非该名称属于 **11.2.2.14** 所列类型中的一种或多种。

Alfred C. Kinsey Institute of Sex Research

Association of College and Research Libraries

BBC Symphony Orchestra

Bodleian Library

Crane Theological School

Friends of C.P.P.T.D.

Harvard Law School

Informit

Order of the Arrow

例外

关于记录从属政府团体名称的说明，见 **11.2.2.18**。

关于记录从属宗教团体名称的说明，见 **11.2.2.30**。

团体名称以代表上级团体的规范检索点的复分形式出现，则作为变异名称予以记录（见 **11.2.3.7**）。

11.2.2.14 从属记录的从属团体和相关团体

下列说明应用于除从属政府团体（见 **11.2.2.18**）和从属宗教团体（见 **11.2.2.30**）之外的所有从属团体或相关团体。

如果从属团体或相关团体的名称属于下列类型[4]的一种或多种，则将该名称作为代表其所属或相关团体的规范检索点的复分予以记录。应用 **11.2.2.15** 所列的说明，将其作为直接或间接的复分。省略复分中上级团体或相关团体名词形式的名称或名称缩写，除非省略导致名称没有意义。

Stanford University. Archives
不用 Stanford University. Stanford University Archives
名称： Stanford University Archives

British Broadcasting Corporation. Political Research Unit
不用 British Broadcasting Corporation. BBC Political Research Unit
名称： BBC Political Research Unit

但是

American Library Association. Activities Committee on New Directions for ALA
名称： Activities Committee on New Directions for ALA
不用 American Library Association. Activities Committee on New Directions

第 1 类 名称中包含一个术语，从定义上看，该术语暗指团体为另一团体的一部分（例如，*Department*、*Division*、*Section*、*Branch*）。

Bangalore University. Department of Botany
名称： Department of Botany

British Broadcasting Corporation. Finance Division
名称： Finance Division

Estadio Español de Las Condes. Rama de Danzas Españolas
名称： Rama de Danzas Españolas

International Federation of Library Associations and Institutions. Section on Cataloguing
名称： IFLA Section on Cataloguing

Koninklijk Instituut voor de Tropen. Afdeling Anthropologie
名称： Afdeling Anthropologie

Rarotonga Hospital. Medical Records Unit
名称： Medical Records Unit

Società italiana di psicologia. Divisione di psicologia clinica
名称： Divisione di psicologia clinica

Zhongguo yi qi yi biao xue hui. Jing mi ji xie fen hui.
名称： Zhongguo yi qi yi biao xue hui jing mi ji xie fen hui

第 2 类 名称中包含一个词，该词通常暗指行政从属性（例如，*Committee*、*Commission*），需要用上级团体名称来识别该从属团体。

Columbia University. Commission on the Status of Women
名称： Commission on the Status of Women

Edison Electric Institute. Statistical Committee
名称： Statistical Committee

Fundación Terram. Dirección de Estudios
名称： Dirección de Estudios

Institut sénégalais de recherches agricoles. Bureau d'analyses macroéconomiques
名称： Bureau d'analyses macro-économiques

International Council for the Exploration of the Sea. Marine Chemistry Working Group
名称： Marine Chemistry Working Group

International Dairy Congress (22nd : 1986 : Hague, Netherlands). Organizing Committee
名称： Organizing Committee

Musée Rodin. Cabinet des dessins
名称： Cabinet des dessins

National Audubon Society. Advisory Panel on the Spotted Owl
名称： Advisory Panel on the Spotted Owl

National Governors' Association. Subcommittee on Range Resource Management
名称： Subcommittee on Range Resource Management

Seattle Art Museum. Public Relations Office
名称： Public Relations Office

但是

ACS Office of Statistical Services
名称： ACS Office of Statistical Services

Hereford Diocesan Board of Education
名称: Hereford Diocesan Board of Education

IUCN/SSC Declining Amphibian Populations Task Force
名称: IUCN/SSC Declining Amphibian Populations Task Force

NARUC Subcommittee on Renewable Energy
名称: NARUC Subcommittee on Renewable Energy

National Commission on United Methodist Higher Education
名称: National Commission on United Methodist Higher Education

UW-Madison Campus Planning Committee
名称: UW-Madison Campus Planning Committee

第 3 类 名称在本质上具有通用性，或仅指示其为上级团体的一个地理方面的、有年代的，或者有数字或字母编号的分部。

American Dental Association. Research Institute
名称: Research Institute

St. Bride Foundation Institute. Technical Reference Library
名称: Technical Reference Library

Jean and Alexander Heard Library. Friends of the Library
名称: Friends of the Library

Hawaii Macadamia Nut Association. Annual Meeting
名称: Annual Meeting

American Institute of Architects. Utah Society
名称: Utah Society

Canadian Jewish Congress. Central Region
名称: Central Region

Namibia Elected Women Forum. Oshikoto Regional Consultative Conference
名称: Oshikoto Regional Consultative Conference

Dartmouth College. Class of 1957
名称: Class of 1957

Knights of Labor. District Assembly No. 3
名称: District Assembly No. 3

Costume Society of America. Region II
名称: Region II

如有疑问，直接记录该团体的名称。

Human Resources Center

Research and Training Institute

第 4 类 名称不能表达团体概念。

British Library. Science, Technology, and Business
名称： Science, Technology, and Business

CBS Inc. Economics and Research
名称： Economics and Research

University of Washington, Bothell. Human Resources
名称： Human Resources

第 5 类 大学的系、学院、研究所、实验室等的名称，仅指示其研究的某个领域。

École polytechnique fédérale de Lausanne. Laboratoire d’experimentation architecturale
名称： Laboratoire d’experimentation architecturale

Københavns universitet. Ægyptologisk institut
名称： Ægyptologisk institute

Princeton University. Bureau of Urban Research
名称： Bureau of Urban Research

St. Patrick's College (Dublin, Ireland). Educational Research Centre
名称： Educational Research Centre

Syracuse University. College of Medicine
名称： College of Medicine

Universidad Autónoma de Nuevo León. Facultad de Ciencias Forestales
名称： Facultad de Ciencias Forestales

但是

Australian Centre for Child Protection
不用 University of South Australia. Australian Centre for Child Protection
名称： Australian Centre for Child Protection

Harvard Law School
不用 Harvard University. Harvard Law School
不用 Harvard University. Law School
名称： Harvard Law School

John F. Kennedy School of Government
不用 Harvard University. John F. Kennedy School of Government
名称： John F. Kennedy School of Government

McGill Institute for the Study of Canada
不用 McGill University. Institute for the Study of Canada
不用 McGill University. McGill Institute for the Study of Canada
名称： McGill Institute for the Study of Canada

第 6 类 名称中包括上级团体或相关团体的整个名称。

American Legion. Auxiliary
名称： American Legion Auxiliary

Auburn University. Agricultural Experiment Station
名称： Agricultural Experiment Station of Auburn University

Dunedin Botanic Garden. Friends
名称: Friends of the Dunedin Botanic Garden

International Whaling Commission. Annual Meeting
名称: Annual Meeting of the International Whaling Commission

United Methodist Church (U.S.). General Conference
名称: General Conference of the United Methodist Church

Brock University. Philosophical Society
名称: Brock University Philosophical Society

University of Vermont. Choral Union
名称: University of Vermont Choral Union

St. John's College (University of Oxford). Library
名称: St. John's College Library

但是

BBC Symphony Orchestra
不用 British Broadcasting Corporation. Symphony Orchestra
名称: BBC Symphony Orchestra

Friends of the Corcoran
不用 Corcoran Gallery of Art. Friends
名称: Friends of the Corcoran

Utah Museum of Fine Arts
不用 University of Utah. Museum of Fine Arts
名称: Utah Museum of Fine Arts

CU-Boulder Alumni Association
不用 University of Colorado, Boulder. Alumni Association
名称: CU-Boulder Alumni Association

4. 要区分从属团体名称包括上级团体名称和上级团体名称只是与从属团体名称一同出现的情况。

11.2.2.15 直接或间接复分

属于 **11.2.2.14** 所列类型的团体，将其名称作为直接在自身名称之下记录的层级中代表最低一级组织单元的规范检索点的复分予以记录。省略层级中的中间单元，除非从属团体或相关团体的名称已经，或可能用于另一团体，而此另一团体是记录为代表同一上级或相关团体的规范检索点的复分。在这种情况下，可插入能区分这些团体的层级中最低一级单元的名称。

Public Library Association. Audiovisual Committee
层级: American Library Association - Public Library Association - Audiovisual Committee

American Bar Association. Committee on Nonprofit Corporations
层级: American Bar Association - Section of Business Law - Committee on Nonprofit Corporations

University of Texas at Austin. Petroleum Extension Service
层级: University of Texas at Austin - Division of Continuing Education - Petroleum Extension Service

American Library Association. Subcommittee on Guidelines for Collection Development
层级: American Library Association - Resources and Technical Services Division - Resources Section - Collection Management and Development Committee - Subcommittee on Guidelines for Collection Development

American Library Association. Machine-assisted Reference Section. User Access to Services Committee
层级： American Library Association - Reference and Adult Services Division - Machine-assisted Reference Section - User Access to Services Committee

American Library Association. Reference and Adult Services Division. History Section. Bibliography and Indexes Committee
层级： American Library Association - Reference and Adult Services Division - History Section - Bibliography and Indexes Committee

关于记录作为上级团体直接或间接复分予以记录的名称的变异形式的说明，见 **11.2.3.7**。

11.2.2.16 联合委员会等

团体由两个或两个以上的其他团体的代表组成，应用 **11.2.2.4** 所列的一般性说明记录其名称。

Joint Committee on Court Calendar Congestion
Association of the Bar of the City of New York 和 Columbia Project for Effective Justice 的联合委员会

Canadian Committee on MARC
Asted、Canadian Library Association、Library and Archives Canada、A-G Canada 和 Bureau of Canadian Archivists 的联合委员会

如果联合委员会成员团体的名称出现在联合委员会名称中或在名称末尾，而且，如果联合委员会的名称在没有成员团体的名称时也很独特，则省略成员团体的名称。

Joint Committee on Insulator Standards
名称： Joint Committee on Insulator Standards of the Edison Electric Institute and the National Electrical Manufacturers Association

但是

Joint Committee of the American Library Association and the Rural Sociological Society

如果联合委员会的成员团体作为它们共同上级团体的复分予以记录，则应用 **11.2.2.13** 所列的说明，将联合委员会作为从属团体记录其名称。

American Library Association. Joint Committee to Compile a List of International Subscription Agents
American Library Association 的 Resources and Technical Services Division 的 Acquisitions section 和 Serials section 的联合委员会

11.2.2.17 美国政党的州和地方组织的程式化名称

将美国政党的州或地方组织的名称作为代表该政党的规范检索点的复分予以记录。该组织名称中省略任何指示政党、州或地区的名称。

Democratic Party (Mo.). State Committee
名称: Missouri Democratic State Committee

Republican Party (Ohio). State Executive Committee
名称: Ohio Republican State Executive Committee

Republican Party (La.). Convention
名称: Convention of the Republican Party of Louisiana

记录政府团体和官员名称

11.2.2.18 记录政府团体名称的一般性规则

应用 **11.2.2.4** 所列的基本说明，记录由政府设立或控制的团体的名称，除非它属于 **11.2.2.19** 所列类型的一种或多种。

American Battle Monuments Commission

Arts Council of Great Britain

Australia Post

Canada Institute for Scientific and Technical Information

Canadian National Railways

Consejo Superior de Investigaciones Científicas

Copyright Board Canada

Council on International Economic Policy

Dundee Harbour Trust

NWT Geographic Names Program

Provinciale Bibliotheek Centrale voor Noord-Brabant

Université nationale du Rwanda

例外

如果该团体从属于一个直接以自身名称记录的上级团体，则应用 **11.2.2.13–11.2.2.16** 所列的说明，记录从属团体名称。

团体名称以代表政府的规范检索点的复分形式出现，则作为变异名称予以记录（见 **11.2.3.7**）。

11.2.2.19 从属记录的政府团体

如果政府团体的名称属于下列类型的一种或多种，则将该名称作为代表政府的规范检索点的复分予以记录。应用 **11.2.2.20** 所列的说明，将其作为代表政府的检索点的直接或间接复分。复分中省略名词形式的政府名称或名称缩写，除非省略导致名称没有意义。

Canada. Department of Consumer and Corporate Affairs
不用 Canada. Canada Department of Consumer and Corporate Affairs
名称: Canada Department of Consumer and Corporate Affairs

但是

Canada. Corporations Canada
不用 Canada. Corporations
名称: Corporations Canada

第 1 类 机构名称包含一个术语，从定义上看，该术语暗指团体为另一团体的一部分（例如，*Department*、*Division*、*Section*、*Branch*）。

Australian Capital Territory. Chief Minister's Department
名称: ACT Chief Minister's Department

Congo (Brazzaville). Unité de planification de la population
名称: Unité de planification de la population

Costa Rica. Departamento de Medicina Preventiva
名称: Departamento de Medicina Preventiva

Hamburg (Germany). Abteilung Landwirtschaft und Gartenbau
名称: Abteilung Landwirtschaft und Gartenbau

Kent (England). Land Use and Transport Policy Unit
名称: Land Use and Transport Policy Unit

Oregon. Bridge Engineering Section
名称: Bridge Engineering Section

Prince George's County (Md.). Watershed Protection Branch
名称: Watershed Protection Branch

Switzerland. Sektion für Arbeitskraft und Auswanderung
名称: Sektion für Arbeitskraft und Auswanderung

United States. Division of Wildlife Services
名称: Division of Wildlife Services

Vermont. Department of Water Resources
名称: Department of Water Resources

第 2 类 机构名称包含一个词，该词在有关政府的术语中通常暗指行政从属性（例如，*Committee*、*Commission*），需要用政府名称识别该机构。

Australia. Bureau of Agricultural Economics
名称: Bureau of Agricultural Economics

Burkina Faso. Comité national de lutte contre le SIDA
名称: Comité national de lutte contre le SIDA

Canada. Royal Commission on Banking and Finance
名称: Royal Commission on Banking and Finance

Côte d'Ivoire. Agence d'études et de promotion de l'emploi
名称: Agence d'études et de promotion de l'emploi

Equatorial Guinea. Gabinete de Planificación Forestal
名称: Gabinete de Planificación Forestal

Japan. Kishōchō
名称: Kishōchō

Minas Gerais (Brazil). Secretaria de Indústria, Comércio e Turismo
名称: Secretaria de Indústria, Comércio e Turismo

Scotland. Chief Scientist Office
名称: Chief Scientist Office

United States. Commission on Online Child Protection
名称: Commission on Online Child Protection

Utah. State Economic Coordinating Committee
名称: State Economic Coordinating Committee

Valencia (Spain). Servicio de Investigación Arqueológica Municipal
名称: Servicio de Investigación Arqueológica Municipal

Vienna (Austria). Statistisches Amt
名称: Statistisches Amt

但是

Cultural Development Authority of King County
名称: Cultural Development Authority of King County

Honolulu Committee on Aging
名称: Honolulu Committee on Aging

Queensland Parks and Wildlife Service
名称: Queensland Parks and Wildlife Service

Royal Commission on Education in Ontario
名称: Royal Commission on Education in Ontario

Snohomish County Office of Community Planning
名称: Snohomish County Office of Community Planning

U.S. Census Bureau
名称: U.S. Census Bureau

Vancouver School Board
名称: Vancouver School Board

第 3 类 机构名称在本质上具有通用性，或仅指示其为政府或其从属记录的机构之一的地理方面的、有年代的，或者有数字或字母编号的分部。

United States. National Labor Relations Board. Library
名称: Library

Niger. Commissariat général au développement. Centre de documentation
名称: Centre de documentation

Malaysia. Customs and Excise Department. Sabah Region
名称: Sabah Region

United States. General Services Administration. Region 5
名称: Region 5

United States. Public Health Service. Region IX
名称: Region IX

如有疑问，直接记录该团体名称。

National Portrait Gallery (Australia)
不用 Australia. National Portrait Gallery
名称: National Portrait Gallery

Governor's Fellowship Program (Ind.)
不用 Indiana. Governor's Fellowship Program
名称: Governor's Fellowship Program

National Health Institute (N.Z.)
不用 New Zealand. National Health Institute
名称: National Health Institute

Musées de l'État (Luxembourg)
不用 Luxembourg. Musées de l'État
名称: Musées de l'État

第 4 类 机构名称不能表达团体概念，且不包括政府名称。

Illinois. Bureau of Employment Security. Research & Analysis
名称: Research & Analysis

Canada. Citizenship and Immigration Canada. Human Resources
名称: Human Resources

United States. Naval Oceanography and Meteorology
名称: Naval Oceanography and Meteorology

Canada. Ocean and Aquatic Sciences
名称: Ocean and Aquatic Sciences

但是

BC Fisheries
不用 British Columbia. BC Fisheries
名称: BC Fisheries

Multiculturalism Canada
不用 Canada. Multiculturalism Canada
名称: Multiculturalism Canada

California Records & Information Management
不用 California. Records & Information Management
不用 California. Department of General Services. Records & Information Management
名称: California Records & Information Management

第 5 类 按照相关政府官方出版物的定义，机构是政府的一个部或类似的主要执行机构（即其上面没有其他机构）。

Vanuatu. Ministry of Internal Affairs and Social Services

Madagascar. Ministère de la jeunesse et des sports

Japan. Kankyōshō

Brunei. Kementerian Perindustrian dan Sumber-Sumber Utama

United States. National Aeronautics and Space Administration

第 6 类 立法团体（参见 11.2.2.22）。

Chicago (Ill.). City Council
Dyfed (Wales). County Council
Florida. Legislature
France. Assemblée nationale
Greece. Voulē
Kiribati. Parliament
Makah Indian Tribe of the Makah Indian Reservation, Washington. Tribal Council
United States. Congress

第 7 类 法院（参见 11.2.2.24）。

Cumberland County (Ky.). Fiscal Court
Ontario. High Court of Justice
Turkey. Yargıtay
United States. Supreme Court

第 8 类 政府的主要武装部队（参见 11.2.2.25）。

Canada. Canadian Armed Forces
Germany. Heer
Haiti. Armée
New York (State). Militia

第 9 类 国家元首、政府首脑或执政机构（参见 11.2.2.21）。

Adelaide (S. Aust.). Mayor
Dublin (Ireland). Lord Mayor
Morocco. Prime Minister
New Brunswick. Premier
Norway. Sovereign
United States. President
Virginia. Governor

第 10 类 大使馆、领事馆等（参见 11.2.2.26）。

Australia. High Commission (Fiji)

Canada. Embassy (U.S.)

Germany. Generalkonsulat (Atlanta, Ga.)

Indonesia. Kedutaan Besar (Cambodia)

United States. Consulate (Asunción, Paraguay)

第 11 类 派向国际团体或政府间团体的代表团（参见 **11.2.2.27**）。

Canada. Delegation to the General Assembly of the United Nations

11.2.2.20 直接或间接复分

属于 **11.2.2.19** 所列类型之一种或多种的机构，将其名称作为代表政府的规范检索点的直接复分予以记录，除非机构名称已经，或可能用于另一机构，而此另一机构记录为代表同一政府的规范检索点的复分。在这种情况下，可插入能区分这些机构的层级中最低一级单元的名称。

United States. Office of Human Development Services
层级： United States - Department of Health and Human Services - Office of Human Development Services

El Salvador. Servicio de Parques Nacionales y Vida Silvestre
层级： El Salvador - Ministerio de Agricultura y Ganaderia - Dirección General de Recursos Naturales Renovables - Servicio de Parques Nacionales y Vida Silvestre

United States. Agricultural and Rural History Section
层级： United States - Department of Agriculture - Economic Research Service - National Economy and History Branch - Agricultural and Rural History Section

France. Commission centrale des marchés
层级： France - Ministère de l’économie et des finances - Commission centrale des marchés

但是

France. Direction générale des impôts. Service de l’administration générale
层级： France - Ministère de l’économie et des finances - Direction générale des impôts - Service de l’administration générale
同一政府部门也有称作 Service de l’administration générale *的其他单位*

California. Department of Corrections. Research Division
层级： California - Health and Welfare Agency - Department of Corrections - Research Division
加利福尼亚州的其他部门也有称作 Research Division *的单位*

France. Ministère de la jeunesse, des sports et des loisirs. Division des études et de la statistique
层级： France - Ministère de la jeunesse, des sports et des loisirs - Direction de l’administration - Division des études et de la statistique

当检索点中未包括其紧邻的上级团体名称时，则将代表其紧邻的上级团体的规范检索点的复分形式的名称作为变异名称予以记录（见 **11.2.3.7**）。

11.2.2.21 政府官员

11.2.2.21.1–11.2.2.21.5 所列的说明仅适用于中世纪以后的国家级官员、属地或被占领土的执政官以及国际政府间组织的官员。

11.2.2.21.1 国家元首、政府首脑等

将君主、总统、其他国家元首、执政官、政府首脑或具有官方权利（见 **6.31.1**）的行政长官的头衔，作为代表其行政管辖区的规范检索点的复分予以记录。用创建数据的机构首选的语言记录头衔（除非没有该语言的对应词）。

Indonesia. President
不用 Indonesia. Presiden

Chiapas (Mexico). Governor
不用 Chiapas (Mexico). Gobernador

Swaziland. Prime Minister

Managua (Nicaragua). Mayor
不用 Managua (Nicaragua). Alcaldía

King County (Wash.). Executive

Japan. Prime Minister
不用 Japan. Naikaku Sōri Daijin

Thailand. Prime Minister
不用 Thailand. Nāyok Ratthamontrī

如果被识别的官员是一个特定的任职者，则添加统治或任期的起讫年，并置于圆括号内，以简略形式且用该个人首选名称的语言，添加个人名称。统治或任期年和个人名称之间用空格、冒号、空格分隔。

Portugal. President (1996–2006 : Sampaio)

New Jersey. Governor (2002–2004 : McGreevey)

Iran. Shah (1941–1979 : Mohammed Reza Pahlavi)

Brunei. Sultan (1967– : Hassanal Bolkiah Mu'izzaddin Waddaulah)

Papal States. Sovereign (1800–1823 : Pius VII)

British Columbia. Premier (2000–2001 : Dosanjh)

Central African Republic. Prime Minister (2001–2003 : Ziguele)

Germany. Chancellor (1990–1998 : Kohl)

Germany. Chancellor (2005– : Merkel)

Israel. Prime Minister (1999–2001 : Barak)

New Zealand. Prime Minister (2008– : Key)

Seattle (Wash.). Mayor (1978–1990 : Royer)

如果头衔因任职者性别不同而有变化，则用通用术语［例如，用 *Sovereign*（君主）而不用 *King*（国王）或 *Queen*（女王/王后）］

Scotland. Sovereign (1649 –1685 : Charles II)

Scotland. Sovereign (1542 –1567 : Mary)

Spain. Sovereign (1833 –1868 : Isabella II)

Spain. Sovereign (1975 – : Juan Carlos I)

Spain. Sovereign (1479 –1504 : Ferdinand V and Isabella I)

如果有两个或两个以上不连续的任期，则分别创建检索点。

United States. President (1885 –1889 : Cleveland)

United States. President (1893 –1897 : Cleveland)

Canada. Prime Minister (1867–1873 : Macdonald)

Canada. Prime Minister (1878 –1891 : Macdonald)

应用第 **30** 章和第 **32** 章所列的说明，记录官职和个人之间的关系。

11.2.2.21.2 执政机构

将执政机构（例如，军事执政团）（见 **6.31.1**）的名称作为代表其行政管辖区的规范检索点的复分予以记录。用行政管辖区的官方语言记录头衔。

Argentina. Junta Militar

Somalia. Golaha Sare ee Kacaanka

Thailand. Khana Patiwat

Ghana. Armed Forces Revolutionary Council

如果行政管辖区的官方语言有多种，则应用 **11.2.2.5.2** 所列的说明。

如果有识别必要，则添加执政机构的起讫年，并置于圆括号内。

Chile. Junta de Gobierno (1813)

Chile. Junta de Gobierno (1973 – 1990)

11.2.2.21.3 国际政府间团体的首脑

行使官方权利的国际政府间组织的首脑，将其头衔作为代表该组织的规范检索点的复分予以记录。用该组织首选名称的语言记录官员头衔。

Asociación Latinoamericana de Integración. Secretaría General

European Commission. President

如果被识别的官员是一个特定的任职者，则添加任期的起讫年，并置于圆括号内，以简短形式且用该个人首选名称的语言，添加个人名称。任期年和个人名称之间用空格、冒号、空格分隔。

> United Nations. Secretary-General (1997–2006 : Annan)
>
> European Commission. President (2004 – : Barroso)

应用第 **30** 章和第 **32** 章所列的说明，记录官职和个人之间的关系。

11.2.2.21.4 属地或被占领土的执政官

行使官方权利的属地（例如，殖民地、保护地）或被占领土（见 **11.7.1.5**）的执政官，将其头衔作为代表殖民地、被占领土等的规范检索点的复分予以记录。用政权所用的语言记录头衔。

> Hong Kong. Governor
>
> French Polynesia. Gouverneur
>
> Macau. Governador
>
> Bechuanaland Protectorate. Prime Minister
>
> France (Territory under German occupation, 1940 –1944). Militärbefehlshaber in Frankreich
>
> Norway (Territory under German occupation, 1940 –1945). Reichskommissar für die Besetzten Norwegischen Gebiete
>
> Germany (Territory under Allied occupation, 1945 –1955 : U.S. Zone). Military Governor
>
> Michigan (British military government, 1812–1813). Governor

如果政权管辖区的官方语言有多种，则应用 **11.2.2.5.2** 所列的说明。

如果被识别的官员是一个特定的任职者，则添加任期的起讫年，并置于圆括号内，以简略形式且用该个人首选名称的语言，添加个人名称。任期年和个人名称之间用空格、冒号、空格分隔。

> Macau. Governador (1951–1956 : Esparteiro)

11.2.2.21.5 其他官员

11.2.2.21.1–11.2.2.21.4 未涵盖的任何其他官员，用其所代表的部或机构的首选名称。

> Northern Ireland Audit Office
> **不用** Northern Ireland. Comptroller and Auditor General
>
> United States. Public Health Service. Office of the Surgeon General
> **不用** United States. Surgeon General (Public Health Service)

但是如果政府部门仅以官员头衔识别，则无论官员是否为政府部门等的一部分，均将官员头衔作为代表行政管辖区的规范检索点的复分予以记录。

Scotland. Queen's and Lord Treasurer's Remembrancer

North Carolina. State Geologist

Alberta. Superintendent of Insurance

Northern Ireland. Commissioner for Complaints

Australia. Director of National Parks

South Africa. Minister of Public Health

Bahamas. Minister of Transport

11.2.2.22 立法团体

如适用，依 **11.2.2.22.1–11.2.2.22.4** 所列的说明，记录立法团体的名称。

11.2.2.22.1 立法机构

将立法机构的名称作为代表其立法管辖区的规范检索点的复分予以记录。

Iceland. Alþingi

Idaho. Legislature

如果立法机构有多个议院，则分别为每个议院创建检索点，将议院的名称作为代表该立法机构的规范检索点的复分予以记录。

Lesotho. Parliament. National Assembly

Lesotho. Parliament. Senate

Switzerland. Bundesversammlung. Nationalrat

Switzerland. Bundesversammlung. Ständerat

议院名称以代表行政管辖区的规范检索点的直接复分形式出现，则作为变异名称予以记录（见 **11.2.3.7**）。

11.2.2.22.2 立法委员会和下属单位

酌情将委员会或其他下属单位的名称作为代表立法机构或特定议院的规范检索点的复分予以记录。

Australia. Parliament. Joint Committee on Foreign Affairs and Defence

Australia. Parliament. Sub-committee on Industrial Support for Defence Needs and Allied Matters
不用 Australia. Parliament. Joint Committee on Foreign Affairs and Defence. Sub-committee on Industrial Support for Defence Needs and Allied Matters

Australia. Parliament. House of Representatives. Standing Committee on Aboriginal and Torres Strait Islander Affairs

Australia. Parliament. Senate. Legal and Constitutional References Committee

例外

关于美国国会立法小组委员会的说明，见 **11.2.2.22.3**。

11.2.2.22.3 美国国会立法小组委员会

将美国国会立法小组委员会的名称作为代表其所属委员会的规范检索点的复分予以记录。

> **United States. Congress. Senate. Committee on Foreign Relations. Subcommittee on African Affairs**
> **不用** United States. Congress. Senate. Subcommittee on African Affairs

11.2.2.22.4 连续性立法机构

如果连续性立法机构连续编号，则为特定立法机构或其中一个议院添加序数词和起讫年，并置于圆括号内。序数词和起讫年之间用空格、冒号、空格分隔。

> United States. Congress (107th : 2001–2002)
>
> United States. Congress (107th : 2001–2002). Senate

在这种情况下，如果涉及有编号的会议，则为立法机构的编号添加会议及其届次和起讫年。序数词和会议编号之间用逗号分隔，会议编号和起讫年之间用空格、冒号、空格分隔。

> United States. Congress (107th, 1st session : 2001)
>
> United States. Congress (107th, 1st session : 2001). Senate

11.2.2.23 立宪会议

将立宪会议的名称作为代表召开会议的政府的规范检索点的复分予以记录。添加会议的起迄年，并置于圆括号内。

> Germany. Nationalversammlung (1919 –1920)
>
> Portugal. Assembleia Constituinte (1975)

如果以英语作为官方语言的行政管辖区召开的立宪会议名称形式有变化，则将 *Constitutional Convention*（立宪会议）作为每次大会的复分予以记录。

> **New Hampshire. Constitutional Convention (1781–1783)**
> **不用** New Hampshire. Convention for Framing a New Constitution or Form of Government (1781–1783)
>
> **New Hampshire. Constitutional Convention (1902)**
>
> **New Hampshire. Constitutional Convention (1984)**
> **不用** New Hampshire. Convention to Revise the Constitution (1984)

如果英语不是该行政管辖区的官方语言，则应用 **11.2.2.5.2** 所列的说明。

11.2.2.24 法院

如适用，依 **11.2.2.24.1**（民事和刑事法庭）或 **11.2.2.24.2**（特别军事法庭）所列的说明，记录法院名称。

11.2.2.24.1 民事和刑事法庭

将民事或刑事法庭的名称，作为其行使管辖权的行政管辖区的规范检索点的复分予以记录。

Vermont. Court of Chancery

Brazil. Supremo Tribunal de Justiça

省略法院所在地或法院服务地区的名称（或名称缩写）。如果需要用法院所在地或服务地区的名称来区分其他同名法院，则添加地名的程式化形式，并置于圆括号内。

Canada. Supreme Court
名称: Supreme Court of Canada

France. Cour d'appel (Grenoble)
名称: Cour d'appel de Grenoble

France. Cour d'appel (Lyon)
名称: Cour d'appel de Lyon

India. High Court (Himachal Pradesh, India)
名称: High Court of Himachal Pradesh

India. High Court (Karnataka, India)
名称: High Court of Karnataka

Italy. Corte di appello (Rome)
名称: Corte di appello di Roma

Italy. Corte di appello (Trieste)
名称: Corte di appello di Trieste

United States. Court of Appeals (2nd Circuit)
名称: United States Court of Appeals for the Second Circuit

United States. Court of Appeals (District of Columbia Circuit)
名称: United States Court of Appeals for the District of Columbia Circuit

United States. District Court (Delaware)
名称: United States District Court for the District of Delaware

United States. District Court (Illinois : Northern District : Eastern Division)
名称: United States District Court for the Eastern Division of the Northern District of Illinois

California. Municipal Court (Los Angeles Judicial District)
名称: Municipal Court, Los Angeles Judicial District

California. Superior Court (San Bernardino County)
名称: Superior Court of the State of California in and for San Bernardino County

11.2.2.24.2 特别军事法庭

将特别军事法庭（例如，军事法庭、调查法庭）的名称作为代表特定军种（见 **11.2.2.25**）的规范检索点的复分予以记录。添加被告的姓氏和审讯年份，并置于圆括号内。被告的姓氏和审讯年份之间用空格、冒号、空格分隔。

> Massachusetts. Militia. Court-martial (Watson : 1810)
>
> United States. Army. Court of Inquiry (Reno : 1879)

11.2.2.25 武装部队

如适用，依 **11.2.2.25.1**（国家级武装部队）或 **11.2.2.25.2**（国家级以下武装部队）所列的说明，记录武装部队的名称。

11.2.2.25.1 国家级武装部队

将国家级政府的武装部队主要军种的名称，作为代表政府的规范检索点的复分予以记录。省略名词形式的政府名称（或名称缩写），除非省略会导致误解。

> Australia. Royal Australian Air Force
>
> Canada. Canadian Armed Forces
>
> United States. Marine Corps
> *将 U.S. Marine Corps*（美国海军陆战队）*视为主要军种*
>
> Argentina. Ejército
>
> Romania. Marina

兵团、军区或军事单位，无论大小，将其名称作为代表其所属主要军种的规范检索点的直接复分予以记录。

> Canada. Canadian Armed Forces. Snowbirds
>
> Canada. Canadian Army. Nova Scotia Highland Brigade
>
> Canada. Royal Canadian Navy. Sick Berth and Medical Assistant Branch
>
> Canada. Royal Canadian Air Force. Women's Division
>
> Russia (Federation). Russk͡aia Arm͡iia. Gvardeĭsk͡aia raketn͡aia Glukhovsk͡aia diviz͡iia
>
> United States. Army. Corps of Engineers
>
> United States. Army. District of Kanawha
>
> United States. Army. Special Forces

如果兵团等以编号识别，则照录名称中的编号方式（拼写、罗马数字或阿拉伯数字），并将编号置于名称之后，前置以逗号。

United States. Army. Infantry Division, 27th

United States. Navy. Fleet, 6th

United States. Army Air Forces. Air Force, First

United States. Marine Corps. Amphibious Corps, V

United States. Army. Engineer Combat Battalion, 1st

United States. Army. Volunteer Cavalry, 1st

United States. Navy. Torpedo Squadron, 35

Confederate States of America. Army. Tennessee Infantry Regiment, 41st

Canada. Canadian Army. French-Canadian Battalion, 22nd

France. Armée. Régiment de dragons, 26e

Germany. Heer. Panzerdivision, 11

Germany. Heer. Armeekorps, XIII

Germany. Luftwaffe. Fallschirmjägerdivision, 9

Germany. Kriegsmarine. Unterseebootsflottille, 7

Soviet Union. Raboche-Kresti͡anskai͡a Krasnai͡a Armii͡a. Vozdushnai͡a armii͡a, 5

如果这样的兵团等名称以主要军种名称起首，或以表示主要军种名称的词起首，则将其作为代表政府的规范检索点的直接复分予以记录。

United States. Army Broadcasting Service
名称: Army Broadcasting Service

United States. Naval Air Ferry Service
名称: Naval Air Ferry Service

Australia. Australian Army Psychology Corps
名称: Australian Army Psychology Corps

如果这样的兵团等名称包括主要军种的名称，或含有表示主要军种名称的词，但不是以这样的名称或词起首，则将其作为代表军种的规范检索点的直接复分予以记录，并省略主要军种名称或表示名称的词，除非这样的省略会导致误解。

South Africa. Army. Service Corps
不用 South Africa. Army. Army Service Corps
不用 South Africa. Army. South African Army Service Corps
名称: South African Army Service Corps

但是

Canada. Canadian Army. Royal Canadian Army Medical Corps
不用 Canada. Canadian Army. Medical Corps
名称: Royal Canadian Army Medical Corps

11.2.2.25.2 国家级以下武装部队

将国家级以下政府武装部队的名称作为代表政府的规范检索点的复分予以记录，政府后随以部队名称。

> New York (State). Militia
>
> New York (State). National Guard

应用 **11.2.2.25.1** 所列的说明，将国家级以下政府武装部队的兵团名称作为代表部队的规范检索点的复分予以记录。

> New York (State). Militia. Regiment, 71st
> *名称:* 71st Regiment, N.Y.S.M.
>
> Arkansas. National Guard. Coast Artillery, 206th

被吸纳为国家级军事力量的国家级以下部队的兵团等，将其名称作为国家级部队的兵团予以记录（见 **11.2.2.25.1**）。

> United States. Army. New York Volunteers, 122nd
>
> United States. Army. Regiment, California U.S. Volunteer Infantry, 1st

11.2.2.26 大使馆、领事馆等

大使馆、领事馆、公使馆或其他代表一个国家、驻在另一个国家的长期办事处，将其名称作为代表其所代表国家的规范检索点的复分予以记录。用其所代表国家的语言记录名称（见 **11.2.2.5.2**）。复分中省略其所代表国家的名称。

对于大使馆或公使馆，添加其所驻在国的名称，并置于圆括号内。

> Canada. Embassy (Belgium)
>
> Germany. Gesandtschaft (Chile)
>
> India. High Commission (Trinidad and Tobago)
>
> Serbia. Poslanstvo (Romania)
>
> United States. Legation (Sweden)

对于领事馆或其他地方办事处，在其所驻在国名称之前添加其所在城市的名称。城市名称和国家名称之间用逗号分隔。

> France. Consulat (Buenos Aires, Argentina)
>
> Japan. Sōryōjikan (Portland, Or.)
>
> Netherlands. Consulaat-Generaal (Cape Town, South Africa)
>
> United States. Consulate (Port Louis, Mauritius)

11.2.2.27 派向国际团体和政府间团体的代表团

代表一个国家派驻国际或政府间团体、会议、事业等的代表团、委员会等，将其名称作为代表其所代表国家的规范检索点的复分予以记录。用其所代表的国家的语言（见 **11.2.2.5.2**）记录复分。复分中省略名词形式的政府名称或名称缩写，除非省略会导致误解。如果代表团等的名称不明确，则记录 *Delegation [Mission, etc.]*（或其所代表国家的语言的对应词）。如有必要与其他同名的代表团等相区分，则添加该代表团等所派向的国际或政府间团体、会议、事业等的名称，并置于圆括号内，并用该团体首选名称的形式和语言。

> Mexico. Delegación (Inter-American Conference for the Maintenance of Peace (1936 : Buenos Aires, Argentina))
>
> India. Delegation (International Labour Conference)
>
> United States. Delegation (International Monetary Conference (1892 : Brussels, Belgium))
>
> United States. Mission to the United Nations

如果不能确定代表团是否代表一个国家的政府，则记录其自身名称。

> Delegation of the Parliament of Zimbabwe to Botswana, Namibia, and Zambia

<u>记录宗教团体和官员的名称</u>

11.2.2.28 单一宗教团体的理事会等

单一宗教团体的教士和/或成员（国际的、国家的、地区的、省的、州的或地方的）的理事会等，将其名称作为代表该宗教团体的规范检索点的复分予以记录。

> Catholic Church. Antilles Episcopal Conference
>
> Catholic Church. Bishops' Conference of Bangladesh
>
> Catholic Church. International Council for Catechesis
>
> Central Conference of American Rabbis. Social Justice Commission
>
> Mennonite Church. Lancaster Conference
>
> United Methodist Church (U.S.). Northern Illinois Conference

如果宗教团体理事会等的名称有多种语言，则用首次获得的资源中首次出现的语言形式。将名称的其他语言形式作为变异名称予以记录（见 **11.2.3.6**）。

> Catholic Church. Canadian Conference of Catholic Bishops
> 不用 Catholic Church. Conférence des évèques catholiques du Canada
> *首次获得的资源中首次出现的名称形式：* Canadian Conference of Catholic Bishops。*同一资源中第二次所见的名称形式：* Conférence des évèques catholiques du Canada
>
> Catholic Church. Plenary Council of Baltimore
> 不用 Catholic Church. Concilium Plenarium Baltimorensis
> *首次获得的资源中所见的名称形式：* Third Plenary Council of Baltimore。*后来获得的资源中所见的名称形式：* Concilii Plenarii Baltimorensis Tertii

Catholic Church. Concilium Plenarium Americae Latinae
不用 Catholic Church. Concilio Plenario de la América Latina
不用 Catholic Church. Concilio Plenario de América Latina
不用 Catholic Church. Concílio Plenário da América Latina
不用 Catholic Church. Concilio Plenario dell'America Latina
首次获得的资源中所见的名称形式: Concilium Plenarium Americae Latinae。*后来获得的资源中所见的名称形式:* Concilio Plenario de la América Latina ; Concilio Plenario de América Latina ; Concílio Plenário da América Latina ; Concilio Plenario dell'America Latina

如果理事会等从属于宗教团体的特定地区，则将其作为代表该地区的规范检索点的复分予以记录（见 **11.2.2.30**）。如果名称以多种语言出现，则用该地区的官方语言记录名称。

Catholic Church. Province of Baltimore. Provincial Council

Church of England. Diocese of Exeter. Synod

Catholic Church. Province of Mexico City. Concilio Provincial

如果该管辖区的官方语言有多种，则应用 **11.2.2.5.2** 所列的说明。

11.2.2.29 宗教官员

如适用，依 **11.2.2.29.1**（主教、拉比、毛拉、大主教等）或 **11.2.2.29.2**（教皇）所列的说明，记录宗教官员的名称。

11.2.2.29.1 主教、拉比、毛拉、大主教等

行使官方权利（见 **6.31.1**）的宗教官员（例如，主教、修道院院长、拉比、基督教教政组织的首脑、毛拉、大主教），将其头衔作为代表宗教管辖区的规范检索点的复分予以记录，见 **11.2.2.30.1**（大主教辖区、主教教区、教会法院辖区等）或 **11.2.2.30.2**（天主教教区等）。

Church of England. Diocese of Winchester. Bishop

Franciscans. Minister General

United Hebrew Congregations of the Commonwealth. Chief Rabbi

United Presbyterian Church in the U.S.A. General Assembly. Moderator

如果被识别的官员是一个特定的任职者，则添加任期的起讫年，并置于圆括号内，以简略形式且用该个人首选名称的语言，添加个人名称。任期年和个人名称之间用空格、冒号、空格分隔。

Catholic Church. Archdiocese of St. Paul and Minneapolis. Archbishop (1995 –2008 : Flynn)

United Hebrew Congregations of the Commonwealth. Chief Rabbi (1991– : Sacks)

Franciscans. Minister General (1947–1952 : Perantoni)

Dominicans. Master General (1756 –1777 : Boxadors)

Catholic Church. Diocese of Winchester. Bishop (1282–1304 : John, of Pontoise)

应用第 30 章和第 32 章所列的说明，记录官职和个人之间的关系。

11.2.2.29.2 教皇

将行使官方权利（见 6.31.1）的教皇的头衔作为代表天主教会的规范检索点的复分予以记录。用创建数据的机构首选的语言记录头衔。

> Catholic Church. Pope

如果被识别的官员是一个特定的任职者，则添加统治时期的起讫年和依 9.2.2.18 所规定形式记录的教皇名称，并置于圆括号内。任期年和教皇名称之间用空格、冒号、空格分隔。

> Catholic Church. Pope (1878 –1903 : Leo XIII)
> Catholic Church. Pope (1978 –2005 : John Paul II)
> Catholic Church. Pope (2005 – : Benedict XVI)

应用第 30 章和第 32 章所列的说明，记录官职和个人之间的关系。

11.2.2.30 从属宗教团体

除 11.2.2.30.1（大主教辖区、主教教区、教会法院辖区等）、11.2.2.30.2（天主教教区等）或 11.2.2.30.3（天主教会的中央管理机构）所列的说明之外，依 11.2.2.13 所列的说明，记录从属宗教团体的名称。

关于宗教教团和社团，见 11.2.2.5.4。

11.2.2.30.1 大主教辖区、主教教区、教会法院辖区等

在一个地理区域有管辖权的大主教辖区、主教教区、教会法院辖区或其他宗教团体的下属单位，将其名称作为代表该宗教团体的规范检索点的复分予以记录。

> Church of England. Diocese of Ely
>
> Lutheran Church in America. Florida Synod
>
> Evangelische Kirche der Altpreussischen Union. Kirchenprovinz Sachsen
>
> Church of England. Archdeaconry of Surrey
>
> Nederlandse Hervormde Kerk. Classis Rotterdam
>
> Episcopal Church. Diocese of Central New York
>
> Russk͡aia pravoslavn͡aia͡ t͡serkov′. Moskovsk͡aia patriarkh͡iia
>
> Svenska kyrkan. Göteborgs stift
>
> Church in Wales. Deanery of Kidwelly

11.2.2.30.2 天主教教区等

将天主教的主教管区、主教教区、大主教辖区的名称作为代表天主教会的规范检索点的复分予以记录。用创建数据的机构首选的语言。

Catholic Church. Archdiocese of Santo Domingo

Catholic Church. Diocese of Würzburg

Catholic Church. Deanery of Legnica

Catholic Church. Patriarchate of Cilicia

Catholic Church. Province of Nicaragua

Catholic Church. Ukrainian Catholic Archeparchy of Philadelphia

Catholic Church. Vicariate Apostolic of Chaco Paraguayo

本说明不适用于同样称作天主教教区（Catholic diocese），且同样由主教统治的神圣罗马帝国的教会封地或公国［通常称作 *Bistum*（主教管区）］。

Würzburg
教会封地或公国的名称： Würzburg。*也称作：* Bistum Würzburg；Hochstift Würzburg

Bremen
教会封地或公国的名称： Erzstift Bremen

11.2.2.30.3 天主教会的中央管理机构（罗马教廷）

天主教会的红衣主教委员会、宗教法庭或其他中央管理机构（即罗马教廷的一部分），将其名称作为代表天主教会的规范检索点的复分予以记录。记录红衣主教委员会等名称的拉丁语形式。当名称以 *sacer* 开头，则省略该词的任何形式。

Catholic Church. Congregatio Sacrorum Rituum

Catholic Church. Congregatio de Propaganda Fide

Catholic Church. Signatura Gratiae

Catholic Church. Rota Romana
不用 Catholic Church. Sacra Rota Romana
不用 Catholic Church. Sac. Rota Romana

11.2.2.31 教皇外交使团等

将教皇派向世俗国家的外交使团的名称作为代表天主教会的规范检索点的复分予以记录。酌情以 *Apostolic Nunciature*（教廷大使馆）或 *Apostolic Internunciature*（教廷公使馆）的形式记录名称。添加该使团所驻在政府的名称，并置于圆括号内。

Catholic Church. Apostolic Internunciature (China)

Catholic Church. Apostolic Nunciature (Ethiopia)

Catholic Church. Apostolic Nunciature (Flanders, Belgium)

将非外交的教皇使团名称作为代表天主教会的规范检索点的复分予以记录。以 *Apostolic Delegation*（教皇使团）的形式记录名称。添加该使团派往的国家、地区或其他地点的名称，并置于圆括号内。

Catholic Church. Apostolic Delegation (Malta)

Catholic Church. Apostolic Delegation (Loreto, Italy)

Catholic Church. Apostolic Delegation (West Africa)

将行使官方权利的教皇使者（教廷大使、教廷公使或宗座代表除外）的名称作为代表天主教会的规范检索点的复分予以记录。记录使者的头衔（如果有对应词，则用创建数据的机构首选的语言；如果无对应词，则用拉丁语）。添加使者派往的国家、地区或其他地点的名称，并置于圆括号内。

Catholic Church. Legate (France)

如果使者派往的国家、地区或地点不能确定，则添加使者名称的简略形式。

Catholic Church. Commissary Apostolic (Robertus Castellensis)

11.2.3 团体变异名称

11.2.3.1 范围

团体变异名称 是指某团体为人所知但与其首选名称不同的名称或名称形式。

11.2.3.2 信息源

团体变异名称取自与团体相关的资源和/或参考源。

11.2.3.3 记录团体变异名称的一般性规则

应用 **8.5** 所列的关于记录名称的一般性规则，记录变异名称。

如果团体使用的、在参考源中所见的或源自名称不同音译的名称或名称形式与被记录为团体首选名称的名称不同，则将其作为变异名称予以记录。对于更改名称的团体，见第 **32** 章相关团体的说明。

如果名称有可能以团体名称的直序形式检索，且首选名称记录为上级团体或相关团体的复分，则将名称的直序形式作为变异名称予以记录，或反之亦然。

如适用，应用 **11.2.3.4–11.2.3.7** 所列的附加特定说明以及本章前述部分所列的说明。

11.2.3.4 扩展名称

如果被选作团体首选名称的名称包含或由可拼读的首字母缩略词、首字母缩略词或名称的缩写形式组成，则将名称的扩展形式作为变异名称予以记录。

United States Distance Learning Association
记录为首选名称的首字母缩略词: USDLA

Guyana Agricultural and General Workers' Union
记录为首选名称的首字母缩略词: G.A.W.U.

European Atomic Energy Community
记录为首选名称的首字母缩略词: Euratom

International Business Machines Canada
*记录为首选名称的首字母缩略词：*IBM Canada

United Kingdom Advocacy Network
*记录为首选名称的首字母缩略词：*U.K. Advocacy Network

Alabama A and M University
Alabama Agricultural and Mechanical University
*记录在首选名称中的缩写形式：*Alabama A & M University

European Conference on Smart Sensing and Context
*记录为首选名称的首字母缩略词：*EuroSSC

如果被选作团体首选名称的名称以缩写起首或含有缩写的位置影响检索，而在目录中缩写词与全称的检索不同，则将含有任何缩写词的名称的完整形式（用首选名称的语言）作为变异名称予以记录。

Sankt Annen-Museum
*记录为首选名称的以缩写起首的形式：*St. Annen-Museum

International Arab Aluminum Conference
*记录为首选名称的以缩写起首的形式：*Int'l Arab Aluminum Conference

Abbey of Saint Peter and Saint Paul
*记录为首选名称的含有缩写的形式：*Abbey of St. Peter and St. Paul

Mount Tamalpais and Muir Woods Railroad Company
*记录为首选名称的以缩写起首且含有缩写的形式：*Mt. Tamalpais and Muir Woods Railroad Co.

11.2.3.5 可拼读的首字母缩略词/首字母缩略词/缩写形式

如果被选作团体首选名称的名称是名称的完整形式，则将名称的可拼读的首字母缩略词、首字母缩略词或缩写形式作为变异名称予以记录。

EEC
*记录为首选名称的完整形式：*European Economic Community

IBM
I.B.M.
*记录为首选名称的完整形式：*International Business Machines Corporation

Gospel Faith Mission Int'l
*记录为首选名称的完整形式：*Gospel Faith Mission International

如果被选作首选名称的名称由可拼读的首字母缩略词或首字母缩略词组成，而在目录中有句点的首字母缩写和无句点的首字母缩写的检索不同，则将未被选作首选名称的形式作为变异名称予以记录。

U.N.E.S.C.O.
*记录为首选名称的形式：*Unesco

TOE
*记录为首选名称的形式：*T.O.E.

在这样的目录环境下，如果全称被选作了首选名称，则将不含句点和含有句点的首字母缩写均作为变异名称予以记录。

NATO
N.A.T.O.
记录为首选名称的完整形式： North Atlantic Treaty Organization

IUSSI
I.U.S.S.I.
UIEIS
U.I.E.I.S.
记录为首选名称的完整形式： International Union for the Study of Social Insects

11.2.3.6 名称的交替语言学形式

如果记录为团体首选名称的名称有一个或多个交替语言学形式，则将其作为变异名称予以记录。

不同语言形式

Croce rossa svizzera
Croix-Rouge suisse
记录为首选名称的德语形式： Schweizerisches Rotes Kreuz

Chiang Mai University
Chiangmai University
Đại học tổng hợp Chiang Mai
记录为首选名称的泰语音译形式： Mahāwitthayālai Chīang Mai

Hēnōmena Ethnē
Kokusai Rengō
Naciones Unidas
Nations Unies
Nazioni Unite
Organizace spojených národů
Perserikatan Bangsa-Bangsa
Sahaprachāchāt
Sāzmān-i Milal-i Muttafiq
Sjuninejal Konob'laq
记录为首选名称的英语形式： United Nations

Qatar. Embassy (U.S.)
记录为首选名称的阿拉伯语形式： Qatar. Safārah (U.S.)

Estonian National Symphony Orchestra
Estonian State Symphony Orchestra
Nationaal Symfonieorkest van Estland
Orchestre symphonique national d'Estonie
Staatliches Sinfonieorchester Estland
Staatliches Symphonieorchester Estland
记录为首选名称的爱沙尼亚语形式： Eesti Riiklik Sümfooniaorkester

不同文字

Македонска Православна Црква
记录为首选名称的马其顿文音译形式： Makedonska pravoslavna crkva

มหาวิทยาลัยเชียงใหม่
记录为首选名称的泰文音译形式： Mahāwitthayālai Chīang Mai

中央研究院
记录为首选名称的中文音译形式： Zhong yang yan jiu yuan

موز هملیایران
记录为首选名称的波斯文音译形式： Mūzih-i Millī-i Īrān

日本弁護士連合会. 公害対策環境保全委員会
记录为首选名称的日文音译形式： Nihon Bengoshi Rengōkai. Kōgai Taisaku Kankyō Hozen Iinkai

Οργανισμός Ηνωμένων Εθνών
Організація Об'єднаних Націй
Уједињене нације
Միավորված Ազգերի Կազմակերպություն
สหประชาชาติ
ஐக்கிய நாடுகள் அவை
أنن المحدة
سازمان ملل متحد
אומות המאוחדות
联合国
聯合國
국제연합
国際連合
记录为首选名称的英文形式： United Nations

不同拼写形式

Organization for Economic Cooperation and Development
记录为首选名称的不同拼写形式： Organisation for Economic Co-operation and Development

International Color Vision Society
记录为首选名称的不同拼写形式： International Colour Vision Society

不同音译形式

Akademija nauk SSSR
记录为首选名称的不同音译形式： Akademii͡a nauk SSSR

Hsin hua tʻung hsün she
记录为首选名称的不同音译形式： Xin hua tong xun she

如果记录为首选名称的名称以用数字表达的数起首或含有用数字表达的数的位置影响检索，而在目录中用词表达的数和用数字表达的数的检索不同，则将含有用词表达的数的形式作为变异名称予以记录。

Five Browns
记录为首选名称的以用数字表达的数起首的形式： 5 Browns

Dvidešimt septynių Knygos mėgėjų draugija
记录为首选名称的以用数字表达的数起首的形式： XXVII Knygos mėgėjų draugija

Group of Seventy-seven
记录为首选名称的含有用数字表达的数的形式： Group of 77

September Eleventh Fund
记录为首选名称的含有用序数词表达的数的形式： September 11th Fund

如果记录为首选名称的名称以用词表达的数起首或含有用词表达的数的位置影响检索，而在目录中用词表达的数和用数字表达的数的检索不同，则将含有用数字表达的数的形式作为变异名称予以记录。

4 Corners Interpretive Center
记录为首选名称的以用词表达的数起首的形式： Four Corners Interpretive Center

11.2.3.7 其他变异名称

根据需要记录 11.2.3.4–11.2.3.6 中未涵盖的首选名称的其他变体和变异形式。

不同名称

Common Market
记录为首选名称的名称： European Economic Community

Friars Minor
Gray Friars
Minorites
Order of Friars Minor
记录为首选名称的名称： Franciscans

Corps of Discovery Expedition
记录为首选名称的名称： Lewis and Clark Expedition

Museo Nacional de Pintura y Escultura
Museo Nacional del Prado
Real Museo de Pinturas y Esculturas
记录为首选名称的名称： Museo del Prado

会议等的通用名称

Governor's Conference on Conservation
记录为首选名称的特定名称： Northwest Conference on the Role of Nuclear Energy

Nutrition Symposium
记录为首选名称的特定名称： Symposium on Protein Metabolism

Nutrition Symposium
记录为首选名称的特定名称： Symposium on the Role of Some of the Newer Vitamins in Human Metabolism and Nutrition

Nutrition Symposium
记录为首选名称的特定名称： Symposium on Endocrines and Nutrition

IEEE Engineering in Medicine and Biology Society. Conference
Biomedical Engineering Society. Fall Meeting
记录为首选名称的特定名称： Joint EMBS-BMES Conference

作为上级或相关团体规范检索点的复分的名称

American Library Association. American Association of School Librarians
记录为首选名称的形式： American Association of School Librarians

University of Oxford. Bodleian Library
记录为首选名称的形式： Bodleian Library

London School of Economics and Political Science. British Library of Political and Economic Science
记录为首选名称的形式： British Library of Political and Economic Science

University of London. London School of Economics and Political Science
记录为首选名称的形式： London School of Economics and Political Science

Tasmania. State Library
记录为首选名称的形式： State Library of Tasmania

United States. Tennessee Valley Authority
记录为首选名称的形式： Tennessee Valley Authority

Snohomish County (Wash.). Office of Community Planning
记录为首选名称的形式： Snohomish County Office of Community Planning

Newport (Ky.). High School
记录为首选名称的形式： Newport High School

作为紧邻的上级团体规范检索点的复分的名称

American Library Association. Resources and Technical Services Division. Cataloging and Classification Section
记录为首选名称的形式： American Library Association. Cataloging and Classification Section

United States. Department of Agriculture. Economic Research Service. National Economy and History Branch. Agricultural and Rural History Section
记录为首选名称的形式： United States. Agricultural and Rural History Section

作为上级团体规范检索点的直接复分的名称

Lesotho. National Assembly
记录为首选名称的形式： Lesotho. Parliament. National Assembly

其名称不能表明直接记录的从属性的从属团体的名称

Burdette Tomlin Memorial Hospital Auxiliary
记录为首选名称的形式： Burdette Tomlin Memorial Hospital. Auxiliary

Friends of the Ellen Clarke Bertrand Library
记录为首选名称的形式： Ellen Clarke Bertrand Library. Friends

其他变体（包括简短形式、较完整形式和倒装形式）

William Hayes Fogg Art Museum
记录为首选名称的简短形式: Fogg Art Museum

Alabama Agricultural and Mechanical University
记录为首选名称的简短形式: Alabama A & M University

Roman Catholic Church
记录为首选名称的简短形式: Catholic Church

European Conference on Smart Sensing and Context
记录为首选名称的简略形式: EuroSSC

M.E. Kolagbodi Memorial Foundation
Kolagbodi Memorial Foundation
记录为首选名称的较完整形式: Dr. M.E. Kolagbodi Memorial Foundation

United States. State Department
记录为首选名称的其他形式: United States. Department of State

Canada. Canadian Armed Forces. Air Demonstration Squadron, 431 Snowbirds
记录为首选名称的其他形式: Canada. Canadian Armed Forces. Snowbirds

Aktiebolaget Aerotransport
记录为首选名称的倒装形式: Aerotransport, Aktiebolaget

VEB Forstprojektierung Potsdam
记录为首选名称的倒装形式: Forstprojektierung Potsdam, VEB

International Conference on Low-cost Planetary Missions, IAA
Conference on Low-cost Planetary Missions, IAA International
记录为首选名称的非倒装形式: IAA International Conference on Low-cost Planetary Missions

Academia de Bellas Artes de San Fernando, Real
记录为首选名称的非倒装形式: Real Academia de Bellas Artes de San Fernando

Australia. Environment and Water Resources, Department of the
记录为首选名称的非倒装形式: Australia. Department of the Environment and Water Resources

27 Knygos mėgėjų draugija
记录为首选名称的以用罗马数字表达的数起首的形式: XXVII Knygos mėgėjų draugija

Arkansas. Office of Title 20 Services
记录为首选名称的含有用罗马数字表达的数的形式: Arkansas. Office of Title XX Services

11.3 与团体相关的地点

核心元素

与团体相关的地点是会议等的核心元素（见11.3.2）。对于其他团体，当需要与另一名称相同的团体做区分时，与团体相关的地点是核心元素。

11.3.1 记录与团体相关的地点的基本说明

11.3.1.1 范围

与团体相关的地点是指与团体相联系的重要地点（例如，会议等的地点、机构总部所在地）。

11.3.1.2 信息源

与团体相关的地点信息取自任何来源。

11.3.1.3 一般性规则

按第 16 章规定的形式记录地名。

如适用，依附录 B(B.11)所列的说明，缩写国家、州、省、领地等名称。

11.3.2 会议等的地点

核心元素

11.3.2.1 范围

会议等的地点是指会议、大会、集会、展览会、博览会、节日等的举办地点。

如果机构等的名称提供了更好的识别，则可替代本地地名予以记录。

11.3.2.2 信息源

关于会议等地点的信息取自任何来源。

11.3.2.3 记录会议等的地点

应用 11.3.1 所列的关于记录与团体相关的地点的基本说明，记录会议等的举办地名称。

如果会议在多个地点举办，则分别记录每个举办地名称。

Columbia Falls, Me.
*会议的首选名称记录为：*Clambake Conference on the Nature and Source of Human Error

Moscow, Russia
*会议的首选名称记录为：*Mezhdunarodnyĭ simpozium “Global′noe rasselenie gominid”

Vancouver, B.C.
*事件的首选名称记录为：*Olympic Winter Games

Orlando, Fla.
*展览会的首选名称记录为：*Polyurethanes Expo

Salzburg, Austria
*事件的首选名称记录为：*Salzburger Festspiele

Malling, England
Dundee,
Scotland
*会议的首选名称记录为：*Symposium on Breeding and Machine Harvesting of Rubus and Ribes

Tehran, Iran
Iṣfahān, Iran
Shīrāz, Iran
*会议的首选名称记录为：*International Congress of Iranian Art and Archaeology

例外

如果相关机构（见 11.5）提供了更好的识别，或者地名未知或不易确定，则以相关机构名称替代本地地名予以记录。

在线会议记录为 *Online*（在线）。

11.3.3 总部所在地

<u>核心元素</u>

当需要与另一名称相同的团体做区分时，总部所在地是核心元素。

11.3.3.1 范围

总部所在地 是指组织总部所在的国家、州、省等或地方。

或者，总部所在地可能表明团体开展活动的地理区域（州、省、城市等）。

关于记录与团体相关的机构的说明，见 **11.5**。

11.3.3.2 信息源

关于总部所在地的信息取自任何来源。

11.3.3.3 记录总部所在地

如果团体具有国家、州、省等的性质，则应用 **11.3.1** 所列的关于记录与团体相关的地点的基本说明，记录团体所在的国家、州、省等。

Ill.
首选名称记录为: Republican Party

Mont.
首选名称记录为: Republican Party

Chile
首选名称记录为: Sociedad Nacional de Agricultura

Peru
首选名称记录为: Sociedad Nacional de Agricultura

Australia
首选名称记录为: National Measurement Laboratory

U.S.
首选名称记录为: National Measurement Laboratory

Ariz.
首选名称记录为: Governor's Conference on Aging

Fla.
首选名称记录为: Governor's Conference on Aging

B.C.
首选名称记录为: Provincial Intermediate Teacher's Association

Wales
首选名称记录为: National Entrepreneurship Observatory

例外

如果这样的地名未提供充分的识别或地名不适用（如相同名称的国立、州立、省立等大学服务于相同的国家、州、省等），则依如下所述记录本地地名。

如果是任何其他团体，则记录通常与该团体名称相联系的本地地名，无论该地是否为行政管辖区。

Newport, Ky.
首选名称记录为： Newport High School

Newport, R.I.
首选名称记录为： Newport High School

Newport, Wash.
首选名称记录为： Newport High School

Washington County, Ind.
首选名称记录为： Washington County Historical Society

Washington County, N.Y.
首选名称记录为： Washington County Historical Society

Hope, England
首选名称记录为： St. Peter's Church

Limpsfield, England
首选名称记录为： St. Peter's Church

Stourton, Wiltshire, England
首选名称记录为： St. Peter's Church

Florence, Italy
首选名称记录为： Grand Hotel

Mackinac Island, Mich.
首选名称记录为： Grand Hotel

Stockholm, Sweden
首选名称记录为： Grand Hôtel

Chittenden County, Vt.
首选名称记录为： Project HOME

Ingleside, N.S.W.
首选名称记录为： Baha'i House of Worship

Toronto, Ont.
首选名称记录为： Beth Tikvah Synagogue

Abberley, England
首选名称记录为： St. Mary

Cape May County, N.J.
首选名称记录为： First Baptist Church

Gleninagh Heights, Galway, Ireland
首选名称记录为： St. James' Church

Kathmandu, Nepal
首选名称记录为： Bhadrakāli

Iṣfahān, Iran
首选名称记录为： Masjid-i Jumʻah

La Paz, Bolivia
首选名称记录为： Basílica de San Francisco

Havana, Cuba
首选名称记录为： CMQ

Brisbane, Qld.
首选名称记录为： Radio 4EBFM

Prague, Czech Republic
首选名称记录为： Televize Nova

如果需要进一步区分，则在本地地名之前给出该地特定区域的名称。

Georgetown, Washington, D.C.
首选名称记录为： St. John's Church

Lafayette Square, Washington, D.C.
首选名称记录为： St. John's Church

11.3.3.4 行政管辖区或地区名称的变化

如果本地行政管辖区或地理名称在团体存在期间发生变化，则记录该团体存在期间使用的最新名称。

Harare, Zimbabwe
不用 Salisbury, Zimbabwe
首选名称记录为： School of Social Work。*学院建于 1968 年。地名于 1982 年从 Salisbury 改为 Harare*

但是

Kristiania, Norway
首选名称记录为： Skulpturmuseet。*建于 1982 年，关闭于 1902 年。Kristiania 于 1925 年改为 Oslo 之前，团体已不存在*

11.4 与团体相关的日期

核心元素

11.4.1 记录与团体相关的日期的基本说明

11.4.1.1 范围

与团体相关的日期是指会议等举办的日期或日期范围，或其他与团体相联系的日期（例如，成立日期）。

11.4.1.2 信息源

关于与团体相关的日期的信息取自任何来源。

11.4.1.3 一般性规则

用创建数据的机构首选的历法记录日期。关于用公历记录日期的细节，见附录 H。

记录与团体相关的日期时，仅记录年份。

> *例外*
>
> 关于记录同年举办且具有相同名称的两个或两个以上会议等日期的说明，见 **11.4.2.3**。

11.4.2 会议等的日期

<u>核心元素</u>

11.4.2.1 范围

会议等的日期 是指会议、大会、集会、展览、博览会、节日等举办的日期或日期范围。

11.4.2.2 信息源

关于会议等日期的信息取自任何来源。

11.4.2.3 记录会议等的日期

应用 **11.4.1** 所列的关于记录与团体相关的日期的基本说明，记录会议等举办的年份。以*[某年]*–*[某年]* 的形式记录两年或两年以上的时间范围。

> 1995
> *首选名称记录为：* International Conference on Georgian Psalmody
>
> 2010
> *首选名称记录为：* Olympic Winter Games
>
> 1911–1912
> *首选名称记录为：* Deutsche Antarktische Expedition

如果有必要区分同年举办且具有相同名称的两个或两个以上会议等，则记录具体日期。以*[年][月][日]* 的形式记录日期。用创建数据的机构首选的语言和文字记录月份。

> 1978 February 13 –15
> *首选名称记录为：* Federal-Provincial Conference of First Ministers
>
> 1978 November 27–29
> *首选名称记录为：* Federal-Provincial Conference of First Ministers

11.4.3 成立日期

<u>核心元素</u>

11.4.3.1 范围

成立日期 是指团体成立或创建的日期。

11.4.3.2 信息源

关于成立日期的信息取自任何来源。

11.4.3.3 记录成立日期

应用 **11.4.1** 所列的关于记录与团体相关的日期的基本说明，记录团体的成立日期。

1868
首选名称记录为： Gesellschaft für Musikforschung

1946
首选名称记录为： Gesellschaft für Musikforschung

1977
首选名称记录为： Double Image

1989
首选名称记录为： Double Image

如果两个或两个以上的政府对同一区域都主张管辖权（例如，占领国和叛乱政府），则酌情记录政府的成立年份。

1940
首选名称记录为： France。*检索点代表 1940 年至 1944 年间德国占领下的领土*

1945
首选名称记录为： Germany。*检索点代表 1945 年至 1955 年间盟军占领下的领土*

1958
首选名称记录为： Algeria。*检索点代表 1958 年至 1962 年间当权的临时政府*

11.4.4 终止日期

核心元素

11.4.4.1 范围

终止日期是指团体终结或解散的日期。

11.4.4.2 信息源

关于终止日期的信息取自任何来源。

11.4.4.3 记录终止日期

应用 **11.4.1** 所列的关于记录与团体相关的日期的基本说明，记录团体的终止日期。

1906
首选名称记录为: Gesellschaft für Musikforschung

如果两个或两个以上的政府对同一区域都主张管辖权（例如，占领国和叛乱政府），则酌情记录政府的终止年份。

1944
首选名称记录为: France。*检索点代表 1940 年至 1944 年间德国占领下的领土*

1955
首选名称记录为： Germany。*检索点代表 1945 年至 1955 年间盟军占领下的领土*

1962
首选名称记录为： Algeria。*检索点代表 1958 年至 1962 年间当权的临时政府*

11.5 相关机构

<u>核心元素</u>

如果相关机构的名称相对于本地地名提供了更好的识别，或者本地地名未知或不易确定，则相关机构是会议等的核心元素。如果相关机构的名称相对于本地地名提供了更好的识别，或者本地地名未知或不易确定，且又需要区分具有相同名称的团体，则相关机构是其他团体的核心元素。

11.5.1 记录相关机构的基本说明

11.5.1.1 范围

相关机构是指通常与一个团体相联系的机构。

11.5.1.2 信息源

关于相关机构的信息取自任何来源。

11.5.1.3 记录相关机构

用记录为相关机构首选名称的形式和语言记录相关机构的名称。

University of Cincinnati
首选名称记录为： B'nai B'rith Hillel Federation Jewish Student Center

University of Maryland, College Park
首选名称记录为： B'nai B'rith Hillel-Federation Jewish Student Center

Akademii͡a nauk SSSR. Karel'skiĭ nauchnyĭ t͡sentr
首选名称记录为： Institut geologii

Akademii͡a nauk SSSR. Komi nauchnyĭ t͡sentr
首选名称记录为： Institut geologii

Practising Law Institute
首选名称记录为： Annual Computer Law Institute。*与 Practising Law Institute 相关的一系列会议*

University of Southern California. Law Center
首选名称记录为： Annual Computer Law Institute。*与 University of Southern California Law Center 相关的不同系列的会议*

American Museum of Natural History
首选名称记录为： Center for Biodiversity and Conservation

Cornell University
首选名称记录为： Delta Tau Delta Fraternity. Beta Omicron Chapter

例外

用其在所描述资源中出现的语言和形式的主格记录与会议等相关的机构的名称。

Colchester Institute
会议的首选名称记录为： International Conference on Georgian Psalmody

Pacific Harbour International Hotel
会议的首选名称记录为： Marine Awareness Workshop for Beqa Lagoon

Universitat des les Illes Baleares
会议的首选名称记录为： Society for the Study of Economic Inequality. Meeting。*所描述资源中出现的相关机构的名称为：* Universitat des les Illes Baleares。*相关机构的首选名称记录为：* Universitat de les Illes Balears

University of Michigan School of Dentistry
会议的首选名称记录为： Symposium on Herpes, Hepatitis, and AIDS。*所描述资源中出现的相关机构的名称为：* University of Michigan School of Dentistry。*相关机构的首选名称记录为：* University of Michigan. School of Dentistry

Moscow State University
会议的首选名称记录为： International Conference "Linguistics by the End of the XXth Century—Achievements and Perspectives"。*所描述资源中出现的相关机构的名称为：* Moscow State University。*相关机构的首选名称记录为：* Moskovskiĭ gosudarstvennyĭ universitet im. M.V. Lomonosova

Faculdade de Economia da Universidade Eduardo Mondlane
会议的首选名称记录为： Seminário a Situação Económica de Moçambique e os Possíveis Cenários para o seu Desenvolvimento。*所描述资源中出现的相关机构的名称为：* Faculdade de Economia da Universidade Eduardo Mondlane。*相关机构的首选名称记录为：* Universidade Eduardo Mondlane. Faculdade de Economia

Oak Hill Country Club
事件的首选名称记录为： U.S. Open

James Madison University
Mary Baldwin College
会议的首选名称记录为： Conference on the Appalachian Frontier

11.6 会议等的届次

核心元素

11.6.1 记录会议等的届次的基本说明

11.6.1.1 范围

会议等的届次 是指在系列会议中对会议先后顺序所作的标识。

1st
首选名称记录为： International Conference on Georgian Psalmody

48th
首选名称记录为： International Whaling Commission. Annual Meeting

11.6.1.2 信息源

关于会议等届次的信息取自任何来源。

11.6.1.3 记录会议等的届次

如果一个会议等被规定或推断为一系列已编号的同名会议之一，则用创建数据的机构首选的形式记录序数词。

11.7 与团体相关的其他标识

<u>核心元素</u>

当团体名称无法表达团体概念时，与团体相关的其他标识是核心元素。对于其他团体，当需要与另一名称相同的团体做区分时，与团体相关的其他标识是核心元素。

11.7.1 记录与团体相关的其他标识的基本说明

11.7.1.1 范围

与团体相关的其他标识是指指示团体机构为公司或表示其法律状态的词、短语或缩写，或将该团体与其他机构或个人相区分的任何术语。

11.7.1.2 信息源

关于与团体相关的其他标识的信息取自任何来源。

11.7.1.3 记录与团体相关的其他标识

如适用，应用 **11.7.1.4–11.7.1.6** 所列的说明，记录与团体相关的其他标识。

11.7.1.4 不能表达团体概念的名称

如果团体首选名称不能表达团体概念，则用创建数据的机构首选的语言记录一个合适的标识。

Spacecraft
*首选名称记录为：*Apollo 11

Sloop
*首选名称记录为：*Rachel Ann

Program
*首选名称记录为：*Health of the Public。*机构依美式英语拼写记录的标识*

Programme
*首选名称记录为：*Security at Work。*机构依英式英语拼写记录的标识*

Fraternal order
*首选名称记录为：*Elks

Firm
*首选名称记录为：*Johann Traeg

Organisation
*首选名称记录为：*Gingerbread。*机构依英式英语拼写记录的标识*

Organization
*首选名称记录为：*Environmental Defense。*机构依美式英语拼写记录的标识*

Musical group
*首选名称记录为：*Red Hot Chili Peppers

Church
*首选名称记录为：*St. Mary

Radio station
*首选名称记录为：*CMQ

Radio station
首选名称记录为： KBS Kyōto

Television station
首选名称记录为： KUON

11.7.1.5 行政管辖区的类型

对于城市或城镇之外的政府，用创建数据的机构首选的语言记录行政管辖区的类型。如果在机构首选的语言中没有与行政管辖区类型对应的词，或有疑问，则用行政管辖区的官方语言记录其类型。

County
首选名称记录为： Cork (Ireland)

Landkreis
首选名称记录为： Darmstadt (Germany)

Regierungsbezirk
首选名称记录为： Darmstadt (Germany)

Province
首选名称记录为： Guadalajara (Spain)

Powiat
首选名称记录为： Lublin (Poland)

Voivodeship
首选名称记录为： Lublin (Poland)

State
首选名称记录为： New York

Federation
首选名称记录为： Russia

Judeţ
首选名称记录为： Tulcea (Romania)

Duchy
首选名称记录为： Westphalia

Kingdom
首选名称记录为： Westphalia

Ecclesiastical principality
首选名称记录为： Würzburg

如果行政管辖区的类型不能提供良好的区分，则依 **11.7.1.6.**所列的说明，记录一个适用的词或短语标识。

如果两个或两个以上的政府对同一区域都主张管辖权（例如，占领国和叛乱政府），则酌情依 **11.7.1.6** 所列的说明，记录合适的标识将它们相区分。

11.7.1.6 其他标识

如果与团体相关的地点或日期、相关机构、行政管辖区的类型都不能充分或适当地区分两个或两个以上的团体，则用创建数据的机构首选的语言记录一个适用的标识。

Holiness
首选名称记录为: Church of God

Seventh Day
首选名称记录为: Church of God

Cricket
首选名称记录为: World Cup

Soccer
首选名称记录为: World Cup。*由美国的一个机构记录的标识*

Brazzaville
首选名称记录为: Congo

Democratic Republic
首选名称记录为: Congo

North
首选名称记录为: Korea

South
首选名称记录为: Korea

BB-50
首选名称记录为: Indiana。*表达团体概念的标识记录为:* Battleship

BB-58
首选名称记录为: Indiana。*表达团体概念的标识记录为:* Battleship

如果两个或两个以上的政府对同一区域都主张管辖权（例如，占领国和叛乱政府），则酌情记录合适的标识将它们相区分。

British military government
首选名称记录为: Michigan。*1812 至 1813 年间当权的军政府的标识*

Provisional government
首选名称记录为: Algeria。*1958 至 1962 年间当权的临时政府的标识*

Territory under Allied occupation
首选名称记录为: Germany。*1945 至 1955 年间盟军占领下的领土的标识*

Territory under German occupation
首选名称记录为: France。*1940 至 1944 年间德国占领下的领土的标识*

11.8 团体语言

11.8.1 记录团体语言的基本说明

11.8.1.1 范围

团体语言 是指团体在交流时所用的语言。

11.8.1.2 信息源

关于团体语言的信息取自任何来源。

11.8.1.3 记录团体语言

用创建数据的机构首选的语言中的一个或多个适用的术语记录团体在交流时所用的语言。如果有语言名称的标准列表，则从中选择术语。

> Russian
> *团体 Institut geologii 使用的语言*
>
> English
> French
> *团体 Canadian Standards Association 使用的语言*

应用 **8.12** 所列的说明，指示获取语言信息的来源。

11.9 团体地址

11.9.1 记录团体地址的基本说明

11.9.1.1 范围

团体地址 是指团体总部或办公室的地址、电子邮件地址或网址。

11.9.1.2 信息源

关于团体地址的信息取自任何来源。

11.9.1.3 记录团体地址

记录团体营业场所的地址和/或团体的电子邮件地址或网址。

> 119 Spadina Avenue, Suite 600, Toronto, ON M5V 2L1 Canada
> *Community Legal Education Ontario 的通信地址*
>
> cleo@cleo.on.ca
> *Community Legal Education Ontario 的电子邮件地址*
>
> http://www.cleo.on.ca/
> *Community Legal Education Ontario 的网址*

应用 **8.12** 所列的说明，指示获取地址信息的来源。

11.10 团体活动领域

11.10.1 记录团体活动领域的基本说明

11.10.1.1 范围

团体活动领域 是指团体所参与的行业领域，也是该团体管辖、负责或有司法权的领域。

11.10.1.2 信息源

关于团体活动领域的信息取自任何来源。

11.10.1.3 记录团体活动领域

记录团体所参与的行业领域，也是该团体管辖、负责或有司法权的领域。

> The North Atlantic Treaty Organization (NATO) is a political and military alliance of 26 countries from North America and Europe committed to fulfilling the goals of the North Atlantic Treaty signed on 4 April 1949
> *描述 North Atlantic Treaty Organization*（北大西洋公约组织）*活动领域的附注*
>
> CSA Group consists of 3 divisions: Canadian Standards Association, which develops and aids in the application of standards; CSA International, which provides testing and certification services; and Quality Management Institute (QMI), which delivers management system registration and training services
> *描述 CSA Group 及其下属机构：Canadian Standards Association、CSA International, and Quality Management Institute 活动领域的附注*

应用 **8.12** 所列的说明，指示获取活动领域信息的来源。

11.11 团体历史

11.11.1 记录团体历史的基本说明

11.11.1.1 范围

团体历史 是指与团体的历史有关的信息。

11.11.1.2 信息源

关于团体历史的信息取自任何来源。

11.11.1.3 记录团体历史

记录与团体的历史有关的信息。

> Established 28 January (8 February) 1724 in Saint Petersburg by decree of Peter I; opened in 1725. According to regulation of 1747 officially called Imperatorsk͡aia akadem͡iia nauk i khudozhestv; 1803 –1855 called Imperatorsk͡aia akadem͡iia nauk; 1836 – 1917 officially named Imperatorsk͡aia Sankt-Peterburgsk͡aia akadem͡iia nauk. From 1724 to 1917 conventional name was Peterburgsk͡aia akadem͡iia nauk. Name changed May 1917 to Rossiĭsk͡aia akadem͡iia nauk. Renamed Akadem͡iia nauk SSSR June 1925
> *Akadem͡iia nauk SSSR 的团体历史*
>
> The Salem Female Academy was originally founded in 1772 and chartered as Salem Female Academy and College in 1866. In 1907 name was changed to Salem Academy and College, and in 1912, the institution was separated into Salem College and Salem Academy
> *Salem College 的团体历史*

酌情在团体历史元素中加入关于特定识别元素（见 11.3–11.10）的信息。

> The company was incorporated in 1911 as the Computing-Tabulating-Recording Corporation. It adopted the current name in 1924. The company headquarters are located at 1 New Orchard Road, Armonk, NY 10504-1722 United States. A more detailed history of the company may be found at http://www-03.ibm.com/ibm/history/history/history_intro.html
> *International Business Machines Corporation 的团体历史*

应用 8.12 所列的说明，指示获取团体历史信息的来源。

11.12 团体标识符

核心元素

11.12.1 记录团体标识符的基本说明

11.12.1.1 范围

团体标识符 是指与团体或团体的替代物（例如，一条规范记录）唯一相联系的字符串，它可将该团体与其他团体相区分。

11.12.1.2 信息源

关于团体标识符的信息取自任何来源。

11.12.1.3 记录团体标识符

记录团体标识符。如果易于确定，标识符前置以负责分配标识符的机构等的名称或标识。

> Library of Congress control number: no 88000581
> *American Academy of Actuaries 的标识符*
>
> Library and Archives Canada control number: 0067B4875
> *American Academy of Actuaries 的标识符*
>
> Union List of Artist Names ID: 5000033242
> *Barton Myers Associates, Architects & Planners 的标识符*
>
> AMG Artist ID: P 435023
> *Coldplay 乐队在 AMG Data Solutions 中的标识符*

11.13 构建代表团体的检索点

11.13.1 代表团体的规范检索点

11.13.1.1 构建代表团体的规范检索点的一般性规则

当构建代表团体的规范检索点时，用团体首选名称（见 11.2.2）作为规范检索点的基础。

Museum of American Folk Art
Royal Aeronautical Society
World Methodist Conference
Eurovision Song Contest
E. Azalia Hackley Memorial Collection
Unesco
Society of St. John the Evangelist
Synagogue de la place des Vosges
Boundary Commission for England
Centro Universitário Belas Artes de São Paulo
National Association of Insurance Commissioners. Securities Valuation Office
California Home Economics Association. Orange District
University of London. School of Pharmacy
American Library Association. Resources and Technical Services Division. Board of Directors
Jean Piaget Society. Annual Meeting
Italy. Ministero del bilancio e della programmazione economica
Catholic Church. Diocese of Newport and Menevia

如适用，依 **11.13.1.2–11.13.1.8** 所列的说明和顺序，为名称添加附加成分。

Elks (Fraternal order)
National Gallery of Art (Nigeria)
National Gallery of Art (U.S.)
Fusion (Organization : Brighton, England)
Fusion (Organization : Chichester, England)
Center for the Study of Man (Smithsonian Institution)
Blackfoot Mining and Milling Company (1885 – 1905)
Elizabeth (Schooner : 1846 – 1855)
Georgia (Republic)
Bagua (Peru : Province)
New England Invitational Tournament (Hockey)
National and Household Food Security Workshop (2003 : Lusaka, Zambia)
European Society for Neurochemistry. Meeting (11th : 1996 : Groningen, Netherlands)

例外

如果检索点代表两个或两个以上政府都主张管辖权的行政管辖区（例如，占领国和叛乱政府），则在与政府相关的日期（见 **11.13.1.5**）之前添加一个将两者相区分的标识（见 **11.13.1.7**）。

Belgium (Territory under German occupation, 1914 – 1918)

China (Provisional government, 1937 – 1940)

China (Reformed government, 1938 – 1940)

11.13.1.2 不能表达团体概念的名称的附加

如果团体首选名称不能表达团体概念，则用创建数据的机构首选的语言为名称添加一个合适的标识（见 11.7.1.4）。

Apollo 11 (Spacecraft)

Beanpot (Hockey tournament)

Gingerbread (Organisation)
机构依英式英语拼写习惯附加的标识

Health of the Public (Program)
机构依美式英语拼写习惯附加的标识

Johann Traeg (Firm)

KBS Kyōto (Radio station)

Merced de Quito (Monastery)

Niagara (Passenger ship)

Niagara (Whaling ship)

Rachel Ann (Sloop)

Red Hot Chili Peppers (Musical group)

11.13.1.3 与团体相关的地点

如果必要，附加国家、州、省等名称，或与团体相关的当地地名（见 11.3.3），用以将两个或两个以上具有相同名称或名称相似易造成混淆的团体的检索点相区分。

国家、州、省等

Republican Party (Ill.)

Republican Party (Mont.)

Sociedad Nacional de Agricultura (Chile)

Sociedad Nacional de Agricultura (Peru)

National Measurement Laboratory (Australia)

National Measurement Laboratory (U.S.)

Governor's Conference on Aging (Ariz.)

Governor's Conference on Aging (Fla.)

当地地名

Newport High School (Newport, Ky.)

Newport High School (Newport, R.I.)

Newport High School (Newport, Wash.)

Washington County Historical Society (Washington County, Ind.)

Washington County Historical Society (Washington County, N.Y.)

Grand Hotel (Florence, Italy)

Grand Hotel (Mackinac Island, Mich.)

Grand Hôtel (Stockholm, Sweden)

Dominique's (Restaurant : New Orleans, La.)

Dominique's (Restaurant : Washington, D.C.)

St. Peter's Church (Hope, England)

St. Peter's Church (Limpsfield, England)

St. Peter's Church (Stourton, Wiltshire, England)

St. John's Church (Georgetown, Washington, D.C.)

St. John's Church (Lafayette Square, Washington, D.C.)

可选择的附加

如果有助于识别团体，则附加此类与团体相关的地名。

Provincial Intermediate Teachers' Association (B.C.)
没有冲突

National Entrepreneurship Observatory (Wales)
没有冲突

Project HOME (Chittenden County, Vt.)
没有冲突

Bushcare (Program : Australia)
没有冲突

如果记录为上级团体复分的分会、分支机构等（见 **11.2.2.14**）在某一特定地点开展团体活动，则附加该地点名称，除非其为分会、分支机构等名称的一部分。

Knights Templar (Masonic order). Grand Commandery (Ohio)

Knights Templar (Masonic order). DeWitt Clinton Commandery No. 1 (Virginia City, Nev.)

但是

Knights Templar (Masonic order). Boston Encampment
不用 Knights Templar (Masonic order). Boston Encampment (Boston, Mass.)

附加地方教会等所在地的名称或所属教会管辖区（例如，parish、Pfarrei）的名称，除非团体名称本身已经清楚地表明了地点。

Baha'i House of Worship (Ingleside, N.S.W.)
Beth Tikvah Synagogue (Toronto, Ont.)
St. Mary (Church : Abberley, England)
First Baptist Church (Cape May County, N.J.)
St. James' Church (Gleninagh Heights, Galway, Ireland)
Bhadrakāli (Temple : Kathmandu, Nepal)
Masjid-i Jumʻah (Iṣfahān, Iran)
Basílica de San Francisco (La Paz, Bolivia)
但是
Grande synagogue de Bruxelles
London Central Mosque
Mesa Arizona Temple
Montreal South Methodist Church
Abingdon Abbey
Cattedrale di Palermo

如果广播电台或电视台的首选名称完全或主要由其呼号组成，则附加广播电台或电视台所在地的名称。

KUON (Television station : Lincoln, Neb.)
Radio 4EBFM (Brisbane, Qld.)

附加广播电台或电视台所在地的名称，除非该地名是广播电台或电视台名称一个必不可少的组成部分。

Rádio Moçambique (Maputo, Mozambique)
但是
KBS Kyōto (Radio station)
TV Tacoma

如果相关机构的名称（见 **11.13.1.4**）、与团体相关的日期（见 **11.13.1.5**）或其他标识（见 **11.13.1.7**）提供了更好的识别，则不附加本地地名。

关于为会议等的首选名称附加地名的说明，见 **11.13.1.8**。

11.13.1.4 相关机构

如果相关机构的名称通常与团体名称相联系（见 **11.5**），则附加相关机构的名称而不是本地地名（见 **11.13.1.3**），附加需要将两个或两个以上具有相同名称或是名称相似易造成混淆的团体的检索点相区分。

B'nai B'rith Hillel Federation Jewish Student Center (University of Cincinnati)
不用 B'nai B'rith Hillel Federation Jewish Student Center (Cincinnati, Ohio)

B'nai B'rith Hillel-Federation Jewish Student Center (University of Maryland, College Park)
不用 B'nai B'rith Hillel-Federation Jewish Student Center (College Park, Md.)

Institut geologii (Akademii͡a nauk SSSR. Karel'skiĭ nauchnyĭ t͡sentr)

Institut geologii (Akademii͡a nauk SSSR. Komi nauchnyĭ t͡sentr)

Annual Computer Law Institute (Practising Law Institute)

Annual Computer Law Institute (University of Southern California. Law Center)

可选择的附加

如果有助于识别团体，则附加此类与团体相关的机构的名称。

Center for Biodiversity and Conservation (American Museum of Natural History)
没有冲突

Delta Tau Delta Fraternity. Beta Omicron Chapter (Cornell University)
没有冲突

11.13.1.5 与团体相关的日期

如果两个或两个以上团体的名称不能通过地点（见 **11.13.1.3**）或相关机构（见 **11.13.1.4**）相区分，则附加与团体相关的日期（见 **11.4.3–11.4.4**）。

Gesellschaft für Musikforschung (1868–1906)

Gesellschaft für Musikforschung (1946–)

South Dakota. Department of Public Safety (1973–1984)

South Dakota. Department of Public Safety (2003–)

Double Image (Musical group : 1977–)

Double Image (Musical group : 1989–)

Double Image (Musical group : 1997–)

Mary (Sloop : 1752)

Mary (Sloop : 1846–1855)

可选择的附加

如果有助于识别团体，则附加与团体相关的日期。

如果检索点代表两个或两个以上的政府都主张管辖权的行政管辖区（例如，占领国和叛乱政府），则在与政府相关的日期之前添加一个将两者相区分的标识（见 **11.13.1.7**）。

Dutch East Indies (Territory under Japanese occupation, 1942–1945)

Korea (Provisional government, 1919–1945)

关于为会议等的首选名称附加日期的说明，见 **11.13.1.8**。

11.13.1.6 行政管辖区的类型

如果必要，为城市或城镇之外的政府名称附加一个指明行政管辖区类型的术语（见 **11.7.1.5**），用以将代表两个或两个以上具有相同名称或是名称相似易造成混淆的团体的检索点相区分。

Cork (Ireland)

Cork (Ireland : County)

Darmstadt (Germany)

Darmstadt (Germany : Landkreis)

Darmstadt (Germany : Regierungsbezirk)

Guadalajara (Spain)

Guadalajara (Spain : Province)

Lublin (Poland)

Lublin (Poland : Powiat)

Lublin (Poland: Voivodeship)

New York (N.Y.)

New York (State)

Tulcea(Romania)

Tulcea (Romania : Judeţ)

Westphalia (Duchy)

Westphalia (Kingdom)

Würzburg (Germany)

Würzburg (Ecclesiastical principality)

11.13.1.7 与团体相关的其他标识

如果 **11.13.1.2–11.13.1.6** 所涵盖的附加成分都不能充分或适当地区分两个或两个以上的团体，则附加一个合适的标识（见 **11.7.1.6**）。

Church of God (Holiness)

Church of God (Seventh Day)

Congo (Brazzaville)

Congo (Democratic Republic)

Indiana (Battleship : BB-50)

Indiana (Battleship : BB-58)

Korea (North)

Korea (South)

World Cup (Cricket)

World Cup (Soccer)
由美国的一个机构附加的标识

可选择的附加

如果有助于理解团体的性质和目的，则附加此类标识。

World Series (Baseball)

HSBC World Match Play Championship (Golf tournament)

Oxford University International (Chess tournament)

Rucker Tournament (Basketball)

Bunker Hill (Aircraft Carrier : CV-17)
与其他航空母舰没有冲突

Bunker Hill (Cruiser : CG-52)
与其他巡洋舰没有冲突

如果需用标识将两个或两个以上具有相同名称的、与相同地点相关的团体相区分，则在地名之后附加标识。

All Hallows (Church : London, England : Bread Street)

All Hallows (Church : London, England : Honey Lane)

All Hallows (Church : London, England : London Wall)

如果检索点代表两个或两个以上政府都主张管辖权的行政管辖区（例如，占领国和叛乱政府），则在与政府相关的日期之前添加一个将两者相区分的标识（见 **11.13.1.5**）。

Algeria (Provisional government, 1958–1962)

France (Territory under German occupation, 1940–1944)

Germany (Territory under Allied occupation, 1945–1955)

Michigan (British military government, 1812–1813)

11.13.1.8 会议等的届次、日期和地点

如果适用且易于确定，为会议名称等（包括从属记录的会议名称，见 **11.2.2.14**）附加（按下列顺序）：

a) 会议等的届次（见 **11.6**）

b) 会议等的日期（见 **11.4.2**）

c) 会议等的地点（见 **11.3.2**）

Clambake Conference on the Nature and Source of Human Error (1st : 1980 : Columbia Falls, Me.)

Governor's Conference on Aging (Fla.) (3rd : 1992 : Tallahassee, Fla.)

Mezhdunarodnyĭ simpozium "Global'noe rasselenie gominid" (1993 : Moscow, Russia)
没有适用的届次

Australian Bioethics Association. National Conference (6th : 1998 : Hobart, Tas.)

Federal-Provincial Conference of First Ministers (1978 November 27–29 : Ottawa, Ont.)
没有适用的届次，附加具体日期将同年举行的具有相同名称的会议相区分

Gapapaiwa Writers' Workshop (1st : 1993)
研讨会地点不易确定

Olympic Winter Games (21st : 2010 : Vancouver, B.C.)

Inter-American Music Festival (12th : 1981 : Washington, D.C.)

Auckland Art Fair (2009 : Auckland, N.Z.)
博览会届次不易确定

Polyurethanes Expo (1999 : Orlando, Fla.)
没有适用的届次

EuroSSC (2006 : Enschede, Netherlands)
没有适用的届次

Deutsche Antarktische Expedition (1911–1912)
没有适用的届次或地点

Archbold Expedition to New Guinea (7th : 1964)
没有适用的地点

例外

如果机构等的名称比本地地名提供了更好的识别，或者本地地名未知或不易确定（见11.5），则附加机构等名称。

International Conference on Georgian Psalmody (2nd : 1997 : Colchester Institute)

Marine Awareness Workshop for Beqa Lagoon (1996 : Pacific Harbour International Hotel)
没有适用的届次

Society for the Study of Economic Inequality. Meeting (1st : 2005 : Universitat des les Illes Baleares)

Symposium on Herpes, Hepatitis, and AIDS (1983 : University of Michigan School of Dentistry)
没有适用的届次

International Conference "Linguistics by the End of the XXth Century— Achievements and Perspectives" (1995 : Moscow State University)
没有适用的届次

Seminário a Situação Económica de Moçambique e os Possíveis Cenários para o seu Desenvolvimento (1994 : Faculdade de Economia da Universidade Eduardo Mondlane)
没有适用的届次

U.S. Open (Golf tournament) (1989 : Oak Hill Country Club)
锦标赛的届次不易确定

如果会议等在线举行，将 *Online*（在线）作为地点予以记录。

Electronic Conference on Land Use and Land Cover Change in Europe (1997 : Online)
没有适用的届次

如果检索点代表一系列会议等，除非一系列会议都在同一地点举行，否则不附加地点。

Annual Symposium on Sea Turtle Biology and Conservation
作为连续出版物描述的会议录的检索点。每年在不同地点举行

World Series (Baseball)
不同年份场刊合集的检索点。每年在不同地点举行

但是

Blue Ridge Folklife Festival (Ferrum, Va.)
作为连续出版物描述的年度节目指南的检索点。每年在同一地点举行

Salzburger Festspiele (Salzburg, Austria)
在 1956-1965 年音乐节上演奏曲目的录音资料的检索点

Intermountain West Student Philosophy Conference (University of Utah)
会议网址的检索点。每年在 University of Utah 举行

如果一系列会议等，在两个或两个以上地点举行，则附加每一个地点的名称。

Symposium on Breeding and Machine Harvesting of Rubus and Ribes (1976 : East Malling, England; Dundee, Scotland)
没有适用的届次

Conference on the Appalachian Frontier (1985 : James Madison University; Mary Baldwin College)
没有适用的届次

International Congress of Iranian Art and Archaeology (5th : 1968 : Tehran, Iran; Iṣfahān, Iran; Shīrāz, Iran)
没有适用的届次

Danish-Swedish Analysis Seminar (1995 : Copenhagen, Denmark; Lund, Sweden; Paris, France)
没有适用的届次

Adolescent Medicine Symposium (1984–1985 : Yale University School of Medicine; St. Joseph Hospital; Dartmouth Medical School; Maine Medical Center; University of Massachusetts Medical Center)
没有适用的届次

11.13.2 代表团体的变异检索点

11.13.2.1 构建代表团体的变异检索点的一般性规则

当构建代表团体的变异检索点时，用团体变异名称（见 **11.2.3**）作为变异检索点的基础。

Hertfordshire Technical Information Service
记录为规范检索点的形式: Hertis

Uffizi Gallery
规范检索点记录为: Galleria degli Uffizi

HMS Beagle
H.M.S. Beagle
记录为规范检索点的形式: Beagle (Ship)

Concours Eurovision de la chanson
Eurovisie Songfestival
Eurovision laulukilpailu
Festival de la Canción de Eurovisión
Festival Eurovisão da Canção
Gran premio Eurovisione della canzone europea
Grand Prix Eurovision de la chanson
Konkurs pesni Eŭrabachanne
Konkurs pesni "Evrovidenie"
Pesma Evrovizije
Söngvakeppni evrópskra sjónvarpsstöðva
Конкурс песні Еўрабачанне
Конкурс песни «Евровидение»
Песма Евровизије
记录为规范检索点的形式: Eurovision Song Contest

Black Friars
Friars Preachers
Order of Preachers
Ordo Praedicatorum
记录为规范检索点的形式: Dominicans

London School of Economics and Political Science. British Library of Political and Economic Science
BLPES
记录为规范检索点的形式: British Library of Political and Economic Science

King County (Wash.). Cultural Development Authority
记录为规范检索点的形式: Cultural Development Authority of King County

Newport (Ky.). High School
记录为规范检索点的形式: Newport High School (Newport, Ky.)

Koryŏ Taehakkyo. Legal Association
Legal Association of Korea University
高麗大學校. 法律學會
记录为规范检索点的形式: Koryŏ Taehakkyo. Pŏmnyul Hakhoe

Yale University. ITSMed. Media Services. Video Production
记录为规范检索点的形式: Yale University. ITSMed. Video Production

West Virginia Agricultural College
West Virginia. Agricultural College
记录为规范检索点的形式: Agricultural College of West Virginia

Conference on Georgian Psalmody, International
记录为规范检索点的形式: International Conference on Georgian Psalmody

Exhibition of Contemporary American Painting, Biennial
Corcoran Biennial Exhibition of American Painting

Exhibition of Contemporary American Painting, Biennial
Corcoran Gallery of Art. Biennial Exhibition of Contemporary American Painting
记录为规范检索点的形式: Biennial Exhibition of Contemporary American Painting

New South Wales. Environment and Climate Change, Department of
DECC
记录为规范检索点的形式: New South Wales. Department of Environment and Climate Change

如果必要，应用 **11.13.1.2–11.13.1.8** 所列的说明，为名称添加适用的附加成分。

不能表达团体概念的名称的附加成分

Apollo Eleven (Spacecraft)
Apollo XI (Spacecraft)
记录为规范检索点的形式: Apollo 11 (Spacecraft)

Erovizyon (Contest)
Eurovisió (Contest)
Evrovizija (Contest)
Евровизија (Contest)
记录为规范检索点的形式: Eurovision Song Contest

与团体相关的地点

Royal Academy of Music (Denmark)
记录为规范检索点的形式: Jydske musikkonservatorium

Royal Academy of Music (France)
记录为规范检索点的形式: Opéra de Paris

Royal Academy of Music (Sweden)
记录为规范检索点的形式: Kungl. Musikaliska akademien (Sweden)

Smith and Son (Dublin, Ireland)
记录为规范检索点的形式: Smith & Son (Dublin, Ireland)

Smith and Son (Houma, La.)
记录为规范检索点的形式: T. Baker Smith and Son

Joe's (Restaurant : Miami, Fla.)
记录为规范检索点的形式: Joe's Stone Crab Restaurant

相关机构

Digital Library Project (American Museum of Natural History)
记录为规范检索点的形式: AMNH Digital Library Project

Ripley Center (Smithsonian Institution)
记录为规范检索点的形式: S. Dillon Ripley Center (Smithsonian Institution)

与团体相关的日期

Universidad de Puerto Rico (1903 –1966)
记录为规范检索点的形式: University of Puerto Rico (1903 –1966)

Alexander (Ship : 1805 –1851)
记录为规范检索点的形式: Ann Alexander (Ship)

行政管辖区的类型

Budyšin (Germany : Landkreis)
记录为规范检索点的形式: Bautzen (Germany : Landkreis)

Géorgie (Republic)
Gjeorgjia (Republic)
Gruusia (Republic)
Gruzija (Republic)
Gúrzhīstan (Republic)
Jorjia (Republic)
Sakʻartʻvelo (Republic)
Xeorxia (Republic)
Γεωργία (Republic)
Грузија (Republic)
Гүржістан (Republic)
საქართველო (Republic)
记录为规范检索点的形式: Georgia (Republic)

与团体相关的其他标识

Beanpot Tournament (Hockey)
记录为规范检索点的形式: Beanpot (Hockey tournament)

All Souls Church (Washington, D.C. : Episcopal)
记录为规范检索点的形式: All Souls Memorial Episcopal Church (Washington, D.C.)

Church of All Hallows (London, England : Bread Street)
记录为规范检索点的形式: All Hallows (Church : London, England : Bread Street)

Congo (People's Republic)
Kongo (Brazzaville)
République du Congo (Brazzaville)
Republic of Congo (Brazzaville)
Republic of the Congo (Brazzaville)
记录为规范检索点的形式: Congo (Brazzaville)

USS Indiana (BB-58)
记录为规范检索点的形式: Indiana (Battleship : BB-58)

会议等的届次、日期和地点

Corps of Discovery (1804 –1806)
Corps of Discovery Expedition (1804 –1806)

Lewis & Clark Expedition (1804 –1806)
Meriwether Lewis and William Clark Expedition (1804 –1806)
记录为规范检索点的形式： Lewis and Clark Expedition (1804 –1806)

Conférence internationale de mécanique des sols (1982 : Mexico City, Mexico)
Conferencia Internacional de Mecánica de Suelos (1982 : Mexico City, Mexico)
记录为规范检索点的形式： International Conference of Soil Mechanics (1982 : Mexico City, Mexico)

第四部分　记录概念、物体、事件和地点的属性

12

记录概念、物体、事件和地点属性的一般性规则

[待补充]

13
识别概念

[待补充]

14

识别物体

[待补充]

15
识别事件

[待补充]

16
识别地点

16.0 目的和范围

本章提供选择和记录地点首选名称和变异名称，以及记录地点其他识别属性的一般性规则和说明。

地名通常用作政府名称（见 **11.2.2.5.4**）和非政府的团体名称。地名还用作作品题名的附加成分（见 **6.5**）、区分具有相同名称的团体名称的附加成分（见 **11.13.1.3**）、会议名称的附加成分（见 **11.13.1.8**），以及用于记录与个人（见 **9.8 – 9.11**）、家族（见 **10.5**）或团体（见 **11.3**）相关的地点。

16.1 识别地点的一般性规则

16.1.1 信息源

地名取自任何来源。

关于首选地名信息源的附加规则，见 **16.2.2.2**。

关于地点其他识别属性的信息取自任何来源。

16.1.2 使用检索点识别地点

[待补充]

16.2 地名

16.2.1 记录地名的基本说明

16.2.1.1 范围

地名是指某地点为人所知的一个词、字符或一组词和/或字符。

为识别地点，地理名称分类如下：

a)　首选地名（见 **16.2.2**）

b)　变异地名（见 **16.2.3**）

16.2.1.2 信息源

地名取自任何来源。

关于首选地名信息源的附加规则，见 **16.2.2.2**。

16.2.1.3 记录地名的一般性规则

依名称来源中所见的形式记录地名，除非 **16.2.2.8–16.2.2.13** 所列的说明另有规定。

16.2.2 首选地名

16.2.2.1 范围

首选地名是指作为政府等惯用名称使用的，或作为某家族名称、团体名称、会议名称或一部作品等的附加成分使用的地名或地名的名称形式；或是记录与个人、家族或团体相联系的地名时使用的地名或地名的名称形式。

16.2.2.2 信息源

从下列来源，确定首选地名（按优先顺序）：

a) 创建数据的机构首选语言的地名词典或其他参考源

b) 以该地点所在行政管辖区的一种或多种官方语言、且在该行政管辖区发行的地名词典或其他参考源

16.2.2.3 选择首选名称

选择首选地名（按如下顺序）：

a) 编制数据的机构首选语言的名称形式，如果在该语言中有一个通用的名称形式

b) 地点所在行政管辖区官方语言的名称形式

关于在名称的不同语言形式之间选择的附加说明，见 **16.2.2.6**。

关于名称变化的说明，见 **16.2.2.7**。

16.2.2.4 记录首选名称

以用于选择名称的地名词典或其他参考源中最常见的形式记录地名，除非 **16.2.2.8 – 16.2.2.13** 所列的说明另有规定。

应用 **16.2.2.9–16.2.2.13** 所列的说明，将某地点所处的更大地点的名称或所属的更大行政管辖区的名称作为该地点（不是 **16.2.2.9.1** 或 **16.2.2.10.1** 中所列的国家或州等）名称的一部分予以记录。

如果地名用作政府的惯用名称（见 **11.2.2.5.4**），则将较大的地名置于圆括号内。

> Budapest (Hungary)

如果地名用于记录会议等的地点（见 **11.3.2**）、总部等的位置、团体的地点（见 **11.3.3**）、作品原创地（见 **6.5**），或与个人（见 **9.8–9.11**）、家族（见 **10.5**）或团体（见 **11.3**）相关的地点，则较大的地名前置以逗号。

> Budapest, Hungary
> *作为团体地点记录的地名，团体的首选名称为：* Rumbach Utcai Zsinagóga

16.2.2.5 音译

如果地名所用的语言不是以创建数据的机构首选的文字书写，则根据创建数据的机构所用的该语言音译表，音译该名称。

> ʻAqabah
> *根据 ALA-LC 罗马化音译表音译的阿拉伯文*عقبة *的名称*

交替规则

如果地名所用的语言不是以创建数据的机构首选的文字书写，且音译形式已出现在参考源中，则用该音译形式。如果有多种音译形式，则用根据创建数据的机构所用的该语言音译表音译的形式。

Tétouan
不用 Tiṭwān
出现在参考源中的阿拉伯文名称 تطوان 的音译形式

如果必要，将名称的其他音译形作为变异名称予以记录（见 **16.2.3.6**）。

16.2.2.6 名称的不同语言形式

如果编制数据的机构首选的语言中有一个通用的名称形式，则选择该形式作为地点的首选名称。根据用该机构首选语言出版的地名词典和其他参考源确定这一形式。

Austria
不用 Österreich

Copenhagen
不用 København

Florence
不用 Firenze

Ghent
不用 Gent
不用 Gand

如果该机构首选语言的地名形式是该地点具有行政管辖权的政府名称，则选择该形式。

Soviet Union
不用 Sovetskiĭ So͡iuz
不用 Russia
1923 至 1991 年间对该地点具有行政管辖权的政府名称

如果该机构的首选语言中无通用形式，则选择该地点所在地行政管辖区的官方语言形式。

Buenos Aires

Horlivka

Tallinn

Livorno
不用 Leghorn
英语形式不再通用

如果行政管辖区有多种官方语言，则选择该机构首选语言的来源中最常见的形式。

Louvain
不用 Leuven

Helsinki
不用 Helsingfors

16.2.2.7 名称的变化

如果地名发生变化，则满足如下要求的名称都可选择：

a) 关于政府名称（见 **11.2.2.5.4**）的说明［例如，酌情使用 *Nyasaland*（尼亚萨兰）或 *Malawi*（马拉维）］

或

b) 关于家族名称（见 **10.10.1.4**）、团体名称（见 **11.13.1.3**）和会议名称（见 **11.13.1.8**）的附加成分的说明［例如，酌情使用 *Leopoldville*（利奥波德维尔）或 *Kinshasa*（金沙萨）］

或

c) 第 **11** 章中的其他有关说明

16.2.2.8 行政管辖区的地名

如适用，依 **16.2.2.8.1**（包含指示行政管辖区类型术语的地名）或 **16.2.2.8.2**（需要指示行政管辖区类型术语的地名）所列的说明，记录行政管辖区的首选地名。

16.2.2.8.1 包含指示行政管辖区类型术语的地名

如果地名的第一部分是一个指示行政管辖区类型的术语，且该地点通常列入用该国语言出版的名称列表中其名称的另一部分之下，则省略指示行政管辖区类型的术语。

Kerry (Ireland)
不用 County Kerry (Ireland)

Ostholstein (Germany)
不用 Kreis Ostholstein (Germany)

在所有其他情况下，保留指示行政管辖区类型的术语。

Città di Castello (Italy)

Ciudad Juárez (Mexico)

District of Columbia

Distrito Federal (Brazil)

Mexico City (Mexico)

16.2.2.8.2 需要指示行政管辖区类型术语的地名

如果非城镇名称的地名没有包含指示行政管辖区类型的术语，且该地名用作政府的惯用名称，则应用 **11.13.1.6** 所列的说明。

16.2.2.9 澳大利亚、加拿大、马来西亚、美国、苏联或南斯拉夫的地点

如适用，依 **16.2.2.9.1**（州、省、领地等）或 **16.2.2.9.2**（州、省、领地等内的地点）所列的说明，记录澳大利亚、加拿大、马来西亚、美国、苏联或南斯拉夫的地点的首选名称。

16.2.2.9.1 州、省、领地等

对于澳大利亚、加拿大、马来西亚、美国、苏联或南斯拉夫，不将更大的行政管辖区的名称作为州、省、领地等的名称的一部分予以记录。

Northern Territory

Prince Edward Island

Sarawak

Oregon

District of Columbia

Guam

Puerto Rico

Azerbaijan S.S.R.

Slovenia

16.2.2.9.2 州、省、领地等内的地点

如果地点是 **16.2.2.9.1** 中所列国家中的州、省、领地等之内的地点，则应用 **16.2.2.4** 所列的说明，将其所在州等的名称作为名称的一部分予以记录。如适用，依附录 **B(B.2)**所列的说明，缩写较大地点的名称。

Darwin (N.T.)

Jasper (Alta.)

Clayoquot Land District (B.C.)

Ipoh (Perak)

Kota Kinabalu (Sabah)

Cook County (Ill.)

Alexandria (Va.)

Latah Soil and Water Conservation District (Idaho)

Washington (D.C.)

San Juan (P.R.)

Kiev (Ukraine)

Split (Croatia)

16.2.2.10 不列颠群岛内的地点

如适用，依 **16.2.2.10.1**（英格兰、爱尔兰共和国、北爱尔兰、苏格兰、威尔士、曼恩岛和海峡群岛）或

16.2.2.10.2（其他地点）所列的说明，记录不列颠群岛内地点的首选名称。

16.2.2.10.1 英格兰、爱尔兰共和国、北爱尔兰、苏格兰、威尔士、曼恩岛和海峡群岛

对于不列颠群岛的下列部分：英格兰、爱尔兰共和国、北爱尔兰、苏格兰、威尔士、曼恩岛、海峡群岛，不将上级的行政管辖区名称作为其名称的一部分予以记录。

> England
> Ireland
> Isle of Man

16.2.2.10.2 其他地点

如果地点位于英格兰、爱尔兰共和国、北爱尔兰、苏格兰、威尔士、曼恩岛或海峡群岛之内，则应用 16.2.2.4 所列的说明，酌情将 *England*（英格兰）、*Ireland*（爱尔兰共和国）、*Northern Ireland*（北爱尔兰）、*Scotland*（苏格兰）、*Wales*（威尔士）、*Isle of Man*（曼恩岛）或 *Channel Islands*（海峡群岛）作为该地点名称的一部分予以记录。

> Dorset (England)
> Waterville (Ireland)
> Bangor (Northern Ireland)
> Dumfries and Galloway (Scotland)
> Powys (Wales)
> Ramsey (Isle of Man)
> Jersey (Channel Islands)

16.2.2.11 其他行政管辖区内的地点

对于 16.2.2.9（澳大利亚、加拿大、马来西亚、美国、苏联或南斯拉夫的地点）或 16.2.2.10（不列颠群岛内的地点）中未涵盖的行政管辖区内的地名，将该地点所在国家的名称作为地名的一部分予以记录。如适用，依附录 B(B.2)所列的说明，缩写国家名称。

> Formosa (Argentina)
> Maputo (Mozambique)
> Lucca (Italy)
> Queenstown-Lakes District (N.Z.)
> Madras (India)
> Palawan (Philippines)
> Region Sjælland (Denmark)
> Paris (France)
> Spanish Town (V.I.)
> Papeete (French Polynesia)
> Far North Province (Cameroon)

16.2.2.12 具有相同名称的地点

如果依 16.2.2.9–16.2.2.11 所列的说明将较大地点或行政管辖区名称作为名称的一部分予以记录，仍不足以区分两个或两个以上拥有相同名称的地点，则增加一个通常用于区分它们的词或短语作为地名的一部分。

Alhama de Almería (Spain)
名称的简写形式： Alhama。*名称的更完整形式用来区分具有相同名称的其他地点*

Alhama de Granada (Spain)
名称的简写形式： Alhama。*名称的更完整形式用来区分具有相同名称的其他地点*

如果没有此类词或短语，则在较大地名之前记录一个适用的较小的地名。

Friedberg (Bavaria, Germany)

Friedberg (Hesse, Germany)

Tarbert (Argyll and Bute, Scotland)

Tarbert (Western Isles, Scotland)

Farnham (Dorset, England)

Farnham (Essex, England)

Oakdale (Stearns County, Minn.)

Oakdale (Washington County, Minn.)

16.2.2.13 城市等内部的地点

当记录城市等之内的地名时，依 16.2.2.9–16.2.2.12 所列的说明，记录该城市等以及该城市等所在的较大地点的名称。

Hyde Park (Chicago, Ill.)

Chelsea (London, England)

Tamaki (Auckland, N.Z.)

Las Condes (Santiago, Chile)

Cabbagetown (Toronto, Ont.)

Quartier latin (Paris, France)

Minato-ku (Tokyo, Japan)

Art Deco Historic District (Miami Beach, Fla.)

16.2.3 变异地名

16.2.3.1 范围

变异地名 是指某地点为人所知但与其首选名称不同的名称或名称形式。

16.2.3.2 信息源

变异名称取自任何来源。

16.2.3.3 记录变异地名的一般性规则

将在参考源中所见的与被选作首选地名有显著区别的名称作为变异名称予以记录。

如果在参考源中所见的或不同音译的名称形式与记录为首选地名的名称形式有显著的区别，则将其作为变异名称予以记录。

如适用，应用 **16.2.3.4–16.2.3.7** 所列的附加特定说明以及本章前述部所列的说明。

16.2.3.4 扩展名称

如果被选作首选地名的是名称的首字母缩略词、缩写或缩短形式，则将该名称的扩展形式作为变异名称予以记录。

Saint John's (N.L.)
记录为首选名称的缩写形式： St. John's (N.L.)

Armenian Soviet Socialist Republic
记录为首选名称的缩写形式： Armenian S.S.R.

如果被选作首选名称的名称以缩写词起首或含有缩写词的位置影响检索，而在目录中缩写词与全称的检索不同，则将含有缩写词的名称的完整形式（用首选名称的语言）作为变异名称予以记录。

Sankt Veit im Pongau (Austria)
记录为首选名称的缩写形式： St. Veit im Pongau (Austria)

Thorpe Saint Andrew (England)
记录为首选名称的缩写形式： Thorpe St. Andrew (England)

16.2.3.5 首字母缩略词/缩写形式

如果被选作首选地名的名称是名称的完整形式，则将该名称的首字母缩略词或缩写形式作为变异名称予以记录。

P.E.I.
记录为首选名称的完整形式： Prince Edward Island

So. Daytona (Fla.)
记录为首选名称的完整形式： South Daytona (Fla.)

Mt. Morgan (Qld.)
记录为首选名称的完整形式： Mount Morgan (Qld.)

SOMA (San Francisco, Calif.)
记录为首选名称的完整形式： South of Market (San Francisco, Calif.)

Lo Do (Denver, Colo.)
LoDo (Denver, Colo.)
记录为首选名称的完整形式： Lower Downtown (Denver, Colo.)

如果被选作首选名称的名称由首字母缩略词组成，而在目录中有句点的首字母缩写和无句点的首字母缩写的检索不同，则将未被选作首选名称的形式作为变异名称予以记录。

> RAF Kenley (England)
> *记录为带有句点的首字母缩写的首选形式：* R.A.F. Kenley (England)

在这样的目录环境下，如果全称被选作了首选名称，则将不含句点和含有句点的首字母缩写均作为变异名称予以记录。

> US
> USA
> U.S.
> U.S.A.
> *记录为首选名称的完整形式：* United States

16.2.3.6 名称的交替语言学形式

如果记录为首选地名的名称有一个或多个交替语言学形式，则将其作为变异名称予以记录。

> 不同语言形式
>
> Danmark
> *记录为首选名称的英语形式：* Denmark
>
> Grussia
> Sak'art'velo
> Xeorxia
> *记录为首选名称的英语形式：* Georgia
>
> Albaanje
> Albanie
> Albanija
> Albánsko
> Arbinishia
> Arnavutluk
> Arubania
> Elbanya
> Shkiperiya
> Shqipëria
> *记录为首选名称的英语形式：* Albania
>
> Aix-la-Chapelle (Germany)
> Aken (Germany)
> Akwizgran (Germany)
> Aquisgrão (Germany)
> Cáchy (Germany)
> Oche (Germany)
> *记录为首选名称的德语形式：* Aachen (Germany)
>
> Latin Quarter (Paris, France)
> *记录为首选名称的法语形式：* Quartier latin (Paris, France)

不同文字

Србија
记录为首选名称的英文形式： Serbia

日本
记录为首选名称的英文形式： Japan

საქართველო
记录为首选名称的英文形式： Georgia

ᓄᓇᕗᑦ
记录为首选名称的英文形式： Nunavut

Москва (Russia)
Μόσχα (Russia)
记录为首选名称的英文形式： Moscow (Russia)

(Morocco) تطوان
记录为首选名称的法文形式： Tétouan (Morocco)

(Israel) אשדוד
记录为首选名称的希伯来文音译形式： Ashdod (Israel)

Αλβανία
Албанија
Албания
Албанія
אלבניה
ألبانيا
آلباني
阿尔巴尼亚
アルバニア
알바니아
अल्बानिया
আলব্যানিয়া
அல்பேனியா
แอลเบเนีย
记录为首选名称的英文形式： Albania

不同拼写形式

Rumania
记录为首选名称的不同拼写形式： Romania

Allapatah (Miami, Fla.)
记录为首选名称的不同拼写形式： Allapattah (Miami, Fla.)

不同音译形式

Aqaba
Akaba
记录为首选名称的不同音译形式： ‘Aqabah

Tiṭwān (Morocco)
记录为首选名称的不同音译形式： Tétouan (Morocco)

Halandri (Athens, Greece)
Khalandri (Athens, Greece)
记录为首选名称的不同音译形式: Chalandri (Athens, Greece)

如果记录为首选名称的名称以用数字表达的数起首或含有用数字表达的数的位置影响检索，而在目录中用词表达的数和用数字表达的数的检索不同，则将含有用词表达的数的形式作为变异名称予以记录。

Zweiter Bezirk (Vienna, Austria)
首选名称以用数字表达的数起首: 2. Bezirk (Vienna, Austria)

Tredicesima Circoscrizione (Perugia, Italy)
首选名称以罗马数字表达的数起首: XIII Circoscrizione (Perugia, Italy)

Quận tám (Ho Chi Minh City, Vietnam)
首选名称包含用数字表达的数: Quận 8 (Ho Chi Minh City, Vietnam)

East Seventh Avenue Historic District (Denver, Colo.)
首选名称包含用序数词表达的数: East 7th Avenue Historic District (Denver, Colo.)

Pio Doze (Brazil)
首选名称包含用罗马数字表达的数: Pio XII (Brazil)

如果记录为首选名称的名称以用词表达的数起首或含有用词表达的数的位置影响检索，而在目录中用词表达的数和用数字表达的数的检索不同，则将含有用阿拉伯数字表达的数的形式作为变异名称予以记录。

9th Ward (New Orleans, La.)
首选名称以用词表达的序数词起首: Ninth Ward (New Orleans, La.)

District 6 (Cape Town, South Africa)
首选名称包含用词表达的数: District Six (Cape Town, South Africa)

16.2.3.7 其他变异名称

根据需要将 16.2.3.4–16.2.3.6 中未涵盖的首选名称的其他变体和变异形式作为变异名称予以记录。

不同名称

People's Republic of Albania
People's Socialist Republic of Albania
Republic of Albania
República d'Albània
Republika e Shqipërisë
Republika Popullore e Shqipërisë
Republika Popullore Socialiste e Shqipërisë
记录为首选名称的名称: Albania

The Dalles (Or.)
记录为首选名称的名称: Dalles (Or.)

Pio 12 (Brazil)
记录为首选名称的名称: Pio XII (Brazil)

13. Circoscrizione (Perugia, Italy)
记录为首选名称的名称: XIII Circoscrizione (Perugia, Italy)

Region 7 (Guyana)
Region Seven (Guyana)
记录为首选名称的名称: Cuyuni-Mazaruni Region (Guyana)

Little Dominican Republic (Miami, Fla.)
记录为首选名称的名称: Allapattah (Miami, Fla.)

Camden Town (London, England)
London Borough of Camden (England)
记录为首选名称的名称: Camden (London, England)

城市等内部的地名，作为城市等的规范检索点的复分

Toronto (Ont.). Cabbagetown
记录为首选名称的名称: Cabbagetown (Toronto, Ont.)

Paris (France). Quartier latin
Paris (France). Latin Quarter
记录为首选名称的名称: Quartier latin (Paris, France)

16.3 地点标识符

[待补充]

16.4 构建代表地点的检索点

关于用地名作为政府惯用名称构建地名检索点，见 **11.13.1.1**。

16.4.1 地点的规范检索点

[待补充]

16.4.2 地点的变异检索点

[待补充]

第五部分　记录作品、内容表达、载体表现和单件之间的基本关系

17
记录基本关系的一般性规则

17.0 目的和范围

本章阐述记录基本关系的规则和说明中所蕴含的功能性目标和原则，并指定实现这些目标的核心元素。

本章还提供使用标识符、规范检索点和混合著录记录基本关系的一般性规则和说明。

17.1 术语

17.1.1 关键术语的说明

本章使用了一些在 RDA 中承载特定含义的术语。一些关键术语的含义在 **17.1.2–17.1.3** 中进行了说明。本章中用作数据元素名称的术语在特定元素说明的开始处进行了定义。此外，本章使用的具有特定技术含义的所有术语在术语表中进行了定义。

17.1.2 作品、内容表达、载体表现和单件

术语*作品*、*内容表达*、*载体表现*和*单件*的使用如下：

术语***作品***是指独特的知识或艺术创作（即知识或艺术内容）。

术语***内容表达***是指作品的知识或艺术创作得以实现的方式，包括字母–数字、音符或舞谱、声音、图像、物体、动作等或上述形式的任何组合。

术语***载体表现***是指作品的一个内容表达的物理体现。

术语***单件***是指载体表现的一个样例或实例。

如适用，上述术语应理解为不仅包括单独的实体，还包括此类实体的集合和组成部分（即术语*作品*应理解为除单独的作品等之外，还包括作品集合和作品的组成部分）。

17.1.3 检索点

术语*检索点*和*规范检索点*的使用如下：

术语***检索点***是指代表特定作品或内容表达的名称、术语、代码等。

术语***规范检索点***是指代表一个实体的标准化检索点。用作品的首选题名并酌情前置以代表对此作品负有责任的个人、家族或团体的规范检索点，构建代表作品或内容表达的规范检索点。

17.2 功能性目标和原则

记录反映基本关系的数据应能使用户：

a) *查找*体现特定作品或特定内容表达的所有资源

b) *查找*例证特定载体表现的所有单件

为确保使用 RDA 创建的数据能实现上述功能性目标，数据应反映基本关系。

17.3 核心元素

当记录基本关系时，应至少包括被表现的作品。如果作品的内容表达有多个，则记录被表现的内容表达。

如果载体表现中体现了多部作品，则仅主要的或名列首位的被表现的作品是必需的。

如果载体表现中体现了多个内容表达，则仅主要的或名列首位的被表现的内容表达是必需的。

17.4 记录基本关系

17.4.1 范围

基本关系是指 FRBR 中所定义的作品、内容表达、载体表现和单件这些实体之间的内在关系：

a) 作品和使作品得以实现的内容表达之间的关系

b) 作品的内容表达和使内容表达具体化的载体表现之间的关系

c) 载体表现和使载体表现得以例证的单件之间的关系

在没有识别作品得以实现的内容表达时，也可以记录作品和体现作品的载体表现之间的关系［见 **17.7**（作品的载体表现）和 **17.8**（被表现的作品）］。

17.4.2 记录基本关系的规则

如适用，依 **17.4.2.1**（标识符）、**17.4.2.2**（规范检索点）或 **17.4.2.3**（混合著录）所列的一种或多种规则，记录基本关系。

17.4.2.1 作品、内容表达、载体表现或单件的标识符

如适用，依 **6.8**（作品标识符）、**6.13**（内容表达标识符）、**2.15**（载体表现标识符）或 **2.19**（单件标识符）所列的说明，提供作品、内容表达、载体表现或单件的标识符。

> ISWC: T-072.106.546-8
> *Cole Porter 的作品* I love Paris *的国际标准音乐作品编码*
>
> VA 1-403-863 U.S. Copyright Office
> State highway map of Minnesota *的著作权登记号*
>
> http://larvatusprodeo.net
> *博客* Larvatus prodeo *的 URI*
>
> ISBN 978-1-59688-083-2
> *Joseph Conrad 的作品* The secret agent *的大字印刷载体表现的 ISBN*

17.4.2.2 代表作品或内容表达的规范检索点

提供下列两者之一：

1. 代表作品的规范检索点，依 **6.27.1 – 6.27.2** 所列的说明构建

> United States. Constitution of the United States

2. 代表内容表达的规范检索点，依 **6.27.3** 所列的说明构建

United States. Constitution of the United States. Lao

17.4.2.3 混合著录

将识别作品和/或内容表达的一个或多个元素与载体表现本身的描述结合起来编制混合著录。

Beethoven, Ludwig van, 1770 – 1827. Sonatas, violin, piano, no. 2, op. 12, no. 2, A major. Allegro piacèvole; arranged
Divertimento, op. 12, no. 2 / L. van Beethoven ; transcribed for woodwind by George J. Trinkaus. — New York : M. Witmark & Sons, ©1933. — Arranged for flute, oboe, clarinet, horn, and bassoon
音乐内容的表演媒介——内容表达的属性——结合载体表现的描述

17.5 作品的内容表达

17.5.1 记录作品的内容表达的基本说明

17.5.1.1 范围

作品的内容表达是指通过字母–数字、音符或舞谱、声音、图像、物体、动作等或上述形式的任何组合对作品的实现。

17.5.1.2 信息源

关于作品和该作品的内容表达之间关系的信息取自任何来源。

17.5.1.3 记录作品的内容表达

应用 17.4 所列的关于记录基本关系的一般性规则，记录作品的内容表达。

内容表达标识符

Library and Archives Canada control number: 1011A7775E
Margaret Atwood 所作的 The handmaid's tale *斯洛伐克译本的标识符*

Library of Congress control number: n 80008554
Edmond de Goncourt 所作的 Les frères Zemganno *英语译本的标识符*

Library of Congress control number: no2008127532
电影 Blade runner *的最终剪辑版的标识符*

代表内容表达的规范检索点

Qur'an. Spoken word
代表内容表达的规范检索点，通过为代表作品的规范检索点添加指示内容表达的内容类型的术语构建

United States. Constitution of the United States. Lao
代表内容表达的规范检索点，通过为代表作品的规范检索点添加指示内容表达的语言的术语构建

混合著录

Mercadante, Saverio, 1795 – 1870. Concertos, clarinet, orchestra, op. 101, B♭ major; arranged Concerto in si bemolle minore per clarinetto e orchestra da camera / Saverio Mercadente ; revisione di Giovanni Carli Ballola. — Milano : Editioni Suvini Zerboni, ©1975. — Originally for clarinet and chamber orchestra; this version a reduction for clarinet and piano
内容表达的音乐内容的表演媒介与载体表现的描述相结合

17.6 被表达的作品

17.6.1 记录被表达的作品的基本说明

17.6.1.1 范围

被表达的作品 是指通过内容表达实现的作品。

17.6.1.2 信息源

关于内容表达和通过该内容表达实现的作品之间关系的信息取自任何来源。

17.6.1.3 记录被表达的作品

应用 **17.4** 所列的关于记录基本关系的一般性规则，记录被表达的作品。

作品标识符

ISWC: T-010.190.038-2
Mozart（莫扎特）所作的 Eine kleine Nachtmusik *的国际标准音乐作品编码*

Library of Congress control number: n 80008555
Edmond de Goncourt 所作的 Les frères Zemganno *的标识符*

代表作品的规范检索点

Qur'an

United States. Constitution of the United States

Mozart, Wolfgang Amadeus, 1756–1791. Kleine Nachtmusik

Straits times (Kuala Lumpur, Malaysia)

混合著录

The three evangelists / Fred Vargas ; translated from the French by Siân Reynolds. — London : Vintage Books, 2006. — Translation of: Debout les morts
作品的原题名与载体表现的描述相结合

17.7 作品的载体表现

17.7.1 记录作品的载体表现的基本说明

17.7.1.1 范围

作品的载体表现 是指作品的一个内容表达的物理体现。

17.7.1.2 信息源

关于作品和该作品的载体表现之间关系的信息取自任何来源。

17.7.1.3 记录作品的载体表现

应用 **17.4** 所列的关于记录基本关系的一般性规则，记录作品的载体表现。

载体表现标识符

ISSN 1440-0960

Australasian journal of dermatology *的联机载体表现的 ISSN*

ISBN 978-1-59688-083-2

Joseph Conrad 所作的 The secret agent *大字印刷本的 ISBN*

Roadshow Entertainment: 1034539

2001 年电影 Ocean's eleven *的 DVD 载体表现的出版者号*

http://larvatusprodeo.net

博客 Larvatus prodeo *的 URI*

混合著录

Babylon and golden city : representations of London in Black and Asian British novels since the 1990s / Susanne Cuevas. — Heidelberg : Universitätsverlag Winter, [2008], ©2008. — Thesis (doctoral)—Technische Universität Dresden, 2007

作品的学位论文信息与载体表现的描述相结合

Mongol Khans and their legacy / produced by the Cartographic Division, National Geographic Society ; John F. Shupe, chief cartographer. — Scale 1:18,500,000 ; orthographic projection (E 0°—E 180°/N 90°—N 0°). — Washington, D.C. : National Geographic Society, [1996], ©1996. — Shows all of Asia: west to Mediterranean Sea, east to Japan, north to Arctic Ocean, and south to Java

比例尺、投影、坐标和内容覆盖范围与载体表现的描述相结合

17.8 被表现的作品

核心元素

如果载体表现体现了多部作品，则仅主要的或名列首位的被表现的作品是必需的。

17.8.1 记录被表现的作品的基本说明

17.8.1.1 范围

被表现的作品 是指体现在载体表现中的作品。

17.8.1.2 信息源

关于载体表现和体现在该载体表现中的作品之间关系的信息取自任何来源。

17.8.1.3 记录被表现的作品

应用 **17.4** 所列的关于记录基本关系的一般性规则，记录被表现的作品。

作品的标识符

Library of Congress control number: n 80025571
Joseph Conrad 所作的作品 The secret agent *的标识符*

代表作品的规范检索点

Larvatus prodeo

Écho (Louiseville, Québec)

Ocean's eleven (Motion picture : 2001)

Conrad, Joseph, 1857–1924. Secret agent

Schumann, Clara, 1819–1896. Scherzos, piano, no. 1, op. 10, D minor

混合著录

Gabriella's Book of fire / Venero Armanno. — New York : Hyperion, 2000. — Original title: Firehead
作品的原题名与载体表现的描述相结合

17.9 内容表达的载体表现

17.9.1 记录内容表达的载体表现的基本说明

17.9.1.1 范围

内容表达的载体表现 是指内容表达的物理体现。

17.9.1.2 信息源

关于内容表达和该内容表达的载体表现之间关系的信息取自任何来源。

17.9.1.3 记录内容表达的载体表现

应用 **17.4** 所列的关于记录基本关系的一般性规则，记录内容表达的载体表现。

载体表现的标识符

ISBN 99918-42-25-X
Shakespeare（莎士比亚）所作的 Julius Caesa（尤里乌斯·恺撒）*的法罗语译本的一个载体表现的 ISBN*

ISMN M-006-52070-1
Mozart（莫扎特）所作的 Eine kleine Nachtmusik（小夜曲）*弦乐四重奏的一个印刷型载体表现的 ISMN*

ISBN 1-85549-961-4
Dickens（狄更斯）所作的 Bleak House（荒凉山庄）*口述录音的一个载体表现的 ISBN*

VCI Entertainment: 8202
电影 Uccello dalle piume di cristallo *从原版意大利语译制成英语的 DVD 载体表现的出版者号*

Library and Archives Canada control number: 910025029
Alice Munro 所作的 Who do you think you are? *德语译本 1989 年载体表现的标识符*

混合著录

My cousin, my husband : clans and kinship in Mediterranean societies / Germaine Tillion ; translated from the French by Quintin Hoare. — London : Saqi Books, 2007. — Translation of: Le harem et les cousins. Paris : Éditions du Seuil, 1966. This translation first published as The republic of cousins
与内容表达相关的变异题名与载体表现的描述相结合

17.10 被表现的内容表达

核心元素

如果被表现的作品的内容表达有多个，则被表现的内容表达是核心元素。如果载体表现体现了多个内容表达，则仅主要的或名列首位的被表现的内容表达是必需的。

17.10.1 记录被表现的内容表达的基本说明

17.10.1.1 范围

被表现的内容表达 是指体现在载体表现中的内容表达。

17.10.1.2 信息源

关于载体表现和在该载体表现中体现的内容表达之间关系的信息取自任何来源。

17.10.1.3 记录被表现的内容表达

应用 **17.4** 所列的关于记录基本关系的一般性规则，记录被表现的内容表达。

内容表达标识符

Library of Congress control number: n 2001092139
Shakespeare（莎士比亚）所作的 Julius Caesar（尤里乌斯·恺撒）*的法罗语译本的标识符*

Library of Congress control number: no2008110036
William Langland 所作的 Piers Plowman *的 B 文字版的标识符*

代表内容表达的规范检索点

Dickens, Charles, 1812–1870. Bleak house. Spoken word
代表内容表达的规范检索点，通过为代表作品的规范检索点添加指示内容表达的内容形式的术语构建

Blade runner (Motion picture : Final cut)
代表内容表达的规范检索点，通过为代表作品的规范检索点添加指示内容表达的另一个区别性特征的术语构建

Bacewicz, Grażyna. Sonatas, violin, no. 2; arranged
代表音乐内容表达的规范检索点，通过为代表原始作品的规范检索点添加术语 arranged（改编）*构建*

混合著录

Keep swingin' / Julian Priester. — Berkeley, CA : Riverside, [1995]. — Place of capture: Reeves Sound Studios, New York City. — Date of capture: January 11, 1960. — Riverside: OJCCD-1863-2
内容表达的获取地和获取日期与载体表现的描述相结合

Het officie van Antonius Eremita : critische uitgave volgens Ms. Leeuwarden 6168hs / door een team van candidaten in de muziekwetenschap ; ingeleid door H. Wagenaar-Nolthenius en J. Smits van Waesberge. — Plainsong notation. — Utrecht : Instituut voor Muziekwetenschap der Rijksuniversiteit, 1975. — (Scripta musicologica Ultrajectina ; 5). — Text in Latin; commentary in Dutch; summary in English
内容表达的内容语言和标记形式与载体表现的描述相结合

17.11 载体表现的例证

17.11.1 记录载体表现的例证的基本说明

17.11.1.1 范围

载体表现的例证 是指载体表现的单个样例或实例。

17.11.1.2 信息源

关于载体表现和该载体表现的例证之间关系的信息取自任何来源。

17.11.1.3 记录载体表现的例证

应用 **17.4** 所列的关于记录基本关系的一般性规则，记录载体表现的例证。

单件标识符

YK.2001.a.5815
British Library 所藏 Michael Clarke 所作的 The concise Oxford dictionary of art terms *的复本的排架号*

E887.C55 A3 2003 c.2
Washington State University Libraries 所藏 Hillary Clinton（希拉里·克林顿）*所作的* Living history（亲历历史）*2003 年 Simon & Schuster 印刷型载体表现的第二复本的索取号*

Score M452.M69 K.525 1964
Griffith University Library 所藏 Mozart（莫扎特）*所作的* Eine kleine Nachtmusik（小夜曲）*弦乐四重奏的 1964 年载体表现的复本的索取号*

P780 QS M939 KLE
Monash University Library 所藏 Mozart（莫扎特）*所作的* Eine kleine Nachtmusik（小夜曲）*弦乐四重奏相同内容表达的 2002 年载体表现的复本的索取号*

I86831380
University of Washington Libraries 所藏电影 Blade runner *最终剪辑版内容表达的 DVD 载体表现的一个复本的系统单件记录号*

39352069538890
University of Washington Libraries 所藏电影 Blade runner *最终剪辑版内容表达的 DVD 载体表现的相同复本的条码号*

混合著录

Noah and the waters / C. Day Lewis. — London : Published by Leonard & Virginia Woolf at the Hogarth Press, 1936. — Limited edition of 100 numbered copies, signed by the author. Library's copy is no. 80
单件上的标识/题字与载体表现的描述相结合

17.12 被例证的载体表现

17.12.1 记录被例证的载体表现的基本说明

17.12.1.1 范围

被例证的载体表现是指通过单件例证的载体表现。

17.12.1.2 信息源

关于单件和被该单件例证的载体表现之间关系的信息取自任何来源。

17.12.1.3 记录被例证的载体表现

应用 **17.4** 所列的关于记录基本关系的一般性规则，记录被例证的载体表现。

载体表现的标识符

British national bibliography number: GBA1-Z5901
Michael Clarke 所作的 The concise Oxford dictionary of art terms *的 2001 年印刷型载体表现的标识符*

Libraries Australia system control number: 000013619137
Robert Schumann（舒曼）*的* Carnaval（狂欢节）*乐谱的一个内容表达的 1997 年布莱叶盲文载体表现的标识符*

ISBN 978-0-8416-5457-0
Chicagoland seven county 2007 street atlas *大字印刷本载体表现的 ISBN*

混合著录

History of the Indian tribes of North America : with biographical sketches and anecdotes of the principal chiefs / embellished with one hundred and twenty portraits, from the Indian Gallery in the Department of War, at Washington ; by Thomas L. M'Kenney and James Hall. — Philadelphia : Edward C. Biddle, 1836–1844. — Library's copy once belonged to Charles Dickens and has his personal bookplate and a label that reads: "From the Library of Charles Dickens, Gadshill Place, June 1870."

载体表现的描述与保管历史相结合

第六部分　记录个人、家族和团体的关系

18

记录与资源相关的个人、家族和团体关系的一般性规则

18.0 范围

本章阐述第 19 – 22 章记录与资源相关的个人、家族和团体关系的规则和说明中所蕴含的功能性目标和原则，并指定记录这些关系的核心元素。

本章提供使用标识符和规范检索点记录这些关系的一般性规则和说明。

本章还提供关系说明语的使用说明，关系说明语指示的个人、家族或团体相对于资源所承担的职能比用关系元素本身所定义的范围更为专指。

18.1 术语

18.1.1 关键术语的说明

本章及第 19 – 22 章中使用了一些在 RDA 中承载特定含义的术语。一些关键术语的含义在 **18.1.3–18.1.6** 中进行了说明。第 19 – 22 章中用作数据元素名称的术语在特定元素说明的开始处进行了定义。此外，这些章节中使用的具有特定技术含义的所有术语在术语表中进行了定义。

18.1.2 个人、家族和团体

术语*个人*、*家族*和*团体*的使用如下：

术语***个人***是指一个个人或是由个人建立的识别身份（单独的或与其他一个/多个个人的合作）。

术语***家族***是指通过出生、婚姻、收养、民事结合或类似的法律身份发生关系的，或以一个家庭的方式呈现的两个或两个以上的人。

术语***团体***是指由特定名称识别，并作为一个单位进行或可能进行活动的一个组织或一群人和/或组织。

18.1.3 资源

第 19–22 章中所用的术语***资源***是指作品、内容表达、载体表现或单件（见 **18.1.4**）。

如适用，术语*资源*应理解为不仅包括单独的实体，还包括此类实体的集合和组成部分（例如，三张地图、作为一套发行的二十张幻灯片中的一张幻灯片、学术期刊一期中的一篇文章）。

术语*资源*可以指有形实体（例如，一盘卡式录音带）或无形实体（例如，一个网站）。

18.1.4 作品、内容表达、载体表现和单件

术语*作品*、*内容表达*、*载体表现*和*单件*的使用如下：

术语***作品***是指独特的知识或艺术创作（即知识或艺术内容）。

术语***内容表达***是指作品的知识或艺术创作得以实现的方式，包括字母–数字、音符或舞谱、声音、图像、物体、动作等或上述形式的任何组合。

术语***载体表现***是指作品的一个内容表达的物理体现。

术语***单件***是指载体表现的一个样例或实例。

如适用，上述术语应理解为不仅包括单独的实体，还包括此类实体的集合和组成部分（即术语*作品*应理解为除单独的作品等之外，还包括作品集合和作品的组成部分）。

18.1.5 检索点

术语*检索点*和*规范检索点*的使用如下：

术语***检索点***是指代表特定个人、家族或团体的名称、术语、代码等。

术语***规范检索点***是指代表一个实体的标准化检索点。用个人、家族或团体的首选名称，构建代表个人、家族或团体的规范检索点。

18.1.6 关系说明语

术语***关系说明语***是指指示资源和与该资源相关的由规范检索点和/或标识符所代表的个人、家族或团体之间关系本质的标识符。

18.2 功能性目标和原则

记录反映与资源相关的个人、家族和团体关系的数据，应能使用户*查找*与特定的个人、家族或团体相关的所有资源。

为确保使用 RDA 创建的数据能实现上述功能性目标，数据应反映资源和与该资源相关的个人、家族和团体之间所有的重要关系。

18.3 核心元素

当记录资源和与该资源相关的个人、家族和团体之间关系时，应至少包括适用且易于确定的下列所有元素：

创作者（如果有多个，则仅在体现作品的资源或参考源中名列首位的、负有主要责任的创作者是必需的；如果主要责任未指明，则仅名列首位的创作者是必需的）

与作品相关的其他个人、家族或团体（如果代表个人、家族或团体的检索点用于构建代表作品的规范检索点）

18.4 记录与资源相关的个人、家族和团体关系

18.4.1 记录与资源相关的个人、家族和团体的规则

如适用，依 18.4.1.1（标识符）和/或 18.4.1.2（规范检索点）所列的说明，记录资源和与该资源相关的个人、家族或团体之间的关系。

在记录代表个人、家族或团体的标识符和/或规范检索点的同时，记录一个适用的关系说明语（见 18.5），该说明语比用关系元素本身所定义的范围更为专指地指示关系的本质。

18.4.1.1 个人、家族或团体的标识符

如适用，依 9.18（个人标识符）、10.9（家族标识符）或 11.12（团体标识符）所列的说明，提供个人、家族或团体的标识符。

> Library and Archives Canada control number: 0062A7592E
> Canadian Lesbian and Gay History Network newsletter *的发行者 Canadian Lesbian and Gay History Network 的标识符*

18.4.1.2 代表个人、家族或团体的规范检索点

如适用，依 **9.19.1**（代表个人的规范检索点）、**10.10.1**（代表家族的规范检索点）或 **11.13.1**（代表团体的规范检索点）所列的规则和说明，提供代表个人、家族或团体的规范检索点。

> Canadian Lesbian and Gay History Network
> *代表* Canadian Lesbian and Gay History Network newsletter *发行者的规范检索点*

18.4.2 责任的变化

对于多部分专著的各部分之间、连续出版物的各卷期或部分之间、集成性资源各更新后的整体之间责任的变化，如适用，依 **18.4.2.1**（多部分专著）、**18.4.2.2**（连续出版物）、**18.4.2.3**（集成性资源）所列的说明，提供附加检索点。

关于作为多部分专著、连续出版物或集成性资源发行的作品发生影响作品识别的、需要构建代表新作品的规范检索点的变化的说明，见 **6.1.3**。

18.4.2.1 多部分专著

如果在多部分专著的各部分之间发生责任的变化，对检索重要时，需提供与后来的部分相关的任何个人、家族或团体的附加检索点（见 **19.1**、**20.1** 和 **21.1**）。

18.4.2.2 连续出版物

如果在无需建立新著录的连续出版物的各卷期或部分之间发生责任的变化（见 **1.6.2**），对检索重要时，需提供与后来卷期或部分相关的任何个人、家族或团体的附加检索点（见 **19.1**、**20.1** 和 **21.1**）。

18.4.2.3 集成性资源

如果在集成性资源各更新后的整体之间发生责任的变化，对检索重要时，需提供与当前更新后的整体相关的任何个人、家族或团体的检索点（见 **19.1**、**20.1** 和 **21.1**）。

如果集成性资源先前的责任对检索重要，则保留先前相关的任何个人、家族或团体的检索点。

18.5 关系说明语

18.5.1 记录关系说明语的基本说明

18.5.1.1 范围

关系说明语 是指指示资源和与该资源相关的由规范检索点和/或标识符所代表的个人、家族或团体之间关系本质的标识符。

18.5.1.2 信息源

关于资源和与该资源相关的个人、家族、团体之间关系本质的信息取自任何来源。

18.5.1.3 记录关系说明语

在记录代表个人、家族或团体的标识符和/或规范检索点的同时，记录附录 **I** 列表中一个或多个适用的术语，该术语比用关系元素本身所定义的范围更为专指地指示关系的本质。

author
*与代表*Lives of girls and women *的作者 Alice Munro 的规范检索点一起使用的关系说明语*

film producer
film director
actor
composer (expression)
*与代表*Million dollar baby *的制片人、导演、演员和作曲者 Clint Eastwood 的规范检索点一起使用的关系说明语*

enacting jurisdiction
*与代表制定*Disability Discrimination Ordinance *并受其管辖的行政管辖区 Hong Kong, China（中国香港）的规范检索点一起使用的关系说明语*

Cartographer
*与代表*International travel map of Syria, scale 1:850,000 *的制图者 Multi Mapping Ltd.的标识符一起使用的关系说明语*

Printer
*与代表*Here begynneth the table of the rubryshys of the boke of the fayt of armes and of chyualrye（*Christine de Pisan 的*Livre des faits d'armes et de chevalerie *的英语内容表达的一个载体表现）的生产者 William Caxton 的标识符一起使用的关系说明语*

issuing body
*与代表*Canadian Lesbian and Gay History Network newsletter *的发行者 Canadian Lesbian and Gay History Network 的标识符一起使用的关系说明语*

composer
conductor
*与代表*The frog prince *演出录音的作曲者和指挥 Victoria Bond 的标识符和规范检索点一起使用的关系说明语*

如果附录 I 所列的术语均不适用或不够专指，则用尽可能简洁的指示关系本质的术语。

18.6 与资源相关的个人、家族和团体的附注

如果与资源相关的个人、家族或团体的关系需要说明（例如，在某种情况下著作人的责任归属存疑），如适用，编制下列一种或多种类型的附注：

a) 责任说明的附注（见 **2.20.3**）
b) 版本说明的附注（见 **2.20.4**）
c) 制作说明的附注（见 **2.20.6**）
d) 出版说明的附注（见 **2.20.7**）
e) 发行说明的附注（见 **2.20.8**）
f) 生产说明的附注（见 **2.20.9**）
g) 编目员附注（见 **5.9**）

19

与作品相关的个人、家族和团体

19.0 目的和范围

本章提供记录与作品相关的个人、家族和团体——创作者等——的关系的一般性规则和说明。

19.1 记录与作品相关的个人、家族和团体的一般性规则

19.1.1 信息源

关于与作品相关的个人、家族和团体的信息取自出现在体现作品的资源的首选信息源（见 **2.2.2**）上的说明。

如果这些说明不明确或不充分，则按优先顺序采用下列信息源：

a)　在资源中显著出现的其他说明

b)　仅在资源内容中出现的信息（例如，图书的正文、录音资料的声音内容）

c)　其他来源

关于反映多部分专著、连续出版物和集成性资源责任变化的说明，见 **18.4.2**。

19.1.2 记录与作品相关的个人、家族和团体

依 **19.2–19.3** 所列的说明，记录与作品相关的个人、家族和团体。

如果所描述的资源包含两部或两部以上与不同个人、家族或团体相关的作品，则依 **19.2–19.3** 所列的说明，记录与资源集合的每部作品相关的个人、家族和团体。

19.2 创作者

<u>核心元素</u>

如果对作品负有责任的创作者有多个，则仅在体现作品的资源或参考源中名列首位的、负有主要责任的创作者是必需的。如果主要责任未指明，则仅名列首位的创作者是必需的。

19.2.1 记录创作者的基本说明

19.2.1.1 范围

创作者是指对作品的创作负有责任的个人、家族或团体。

创作者包括对作品的创作共同负有责任的个人、家族或团体。对作品的创作共同负有责任的个人、家族或团体可承担相同的责任方式（例如，两个作者之间的合作），也可承担不同的责任方式（例如，一个作曲者和一个作词者之间的合作）。

如果对汇编作品内容的选取、布局、编辑等实际上创作了一部新作品，则对作品集合汇编负有责任的个人、家族或团体可视为其创作者。

以实质上改变了原件的性质或内容的方式修改已有作品，对此负有责任的个人、家族或团体可视为该新作品的创作者。

关于提供通过内容表达对作品的实现做出贡献的个人、家族或团体（例如，编者、译者）的规范检索点的说明，见 **20.2.1**。

对于仅承担制作者、出版者或生产者职能的团体，见 **21.2–21.5**。

19.2.1.1.1 视为创作者的团体

当团体对作品的产生、发行或导致其发行负有责任，且作品属于下列一种或多种类别时，团体可视为创作者：

a) 涉及团体本身下列任何方面的行政性作品：

i. 内部政策、程序、财政和/或运作

或

ii. 管理人员、工作人员和/或成员（例如，名录）

或

iii. 资源（例如，目录、清单）

b) 记录团体集体思想的作品（例如，委员会报告，关于对外政策、标准的官方立场声明）

c) 报道如下集体活动的作品：

i. 会议（例如，会议录、论文集）

或

ii. 考察（例如，勘查、调查的成果）

或

iii. 属于团体定义范围内的事件（例如，展览、博览会、节日、听证会）（见 **18.1.2**）

只要会议、考察或事件的名称在所描述资源中被提及

d) 由作为一个整体的表演团体集体活动产生的作品，该团体的责任超出纯粹的表演、执行等

e) 团体原创的地图作品，但不包含仅对作品的出版或发行负有责任的团体

f) 下列类型的法律作品：

i. 政治行政管辖区的法律

ii. 国家元首、行政长官或执政机构的法令

iii. 法案和立法草案

iv. 行政法规等

v. 宪法、宪章等

vi. 法院规章

vii. 条约、国际协定等

viii. 对陪审团的指示、起诉书、法院诉讼和法院判决

g) 由两个或两个以上的艺术家作为一个团体创作的命名的单个艺术作品

19.2.1.1.2 视为创作者的政府官员和宗教官员

当政府官员和宗教官员对下列类型的官方通信负有责任时，视为创作者：

a) 国家元首、政府首脑、属地或被占领土首领、国际团体负责人的官方通信（例如，致立法机构的信件、文告、行政命令）

b) 出自教皇、大主教、主教等的官方通信（例如，命令、教令、牧函、诏书、通谕，致宗教会议的官方信件）

19.2.1.1.3 视为连续出版物创作者的个人或家族

如果个人或家族对作为整体的连续出版物而非单期或几期负有责任，则视为连续出版物的创作者。

个人或家族可视为对作为整体的连续出版物负有责任的标识包括：

a) 个人名称或个人名称的部分位于正题名中

b) 个人或家族是连续出版物的出版者

c) 内容由个人观点等组成

d) 缺少与连续出版物相关的其他个人、其他家族或团体

Stone, I. F. (Isidor Feinstein), 1907-1989
代表创作者的规范检索点，用于： I.F. Stone's weekly。*Stone 也是出版者*

Bolles, Richard Nelson
代表创作者的规范检索点，用于： What color is your parachute?。*Bolles 职业咨询的年度出版物*

Lehrer, Jonah
代表创作者的规范检索点，用于： Frontal cortex。*博客*

如果连续出版物的不同卷期可能由不同的个人或家族创作，则不将某个个人或家族视为创作者。

如果在某个个人或家族没有对连续出版物负有责任的情况下，该连续出版物还继续出版，则不将该个人或家族视为创作者。如有疑问，不将个人或家族视为创作者。

19.2.1.2 信息源

关于创作者的信息取自 **19.1.1** 所规定的来源。

19.2.1.3 记录创作者

应用 **18.4** 所列的关于记录与资源相关的个人、家族和团体关系的一般性规则，记录创作者。

单个个人对作品的创作负有责任

Hemingway, Ernest, 1899 – 1961
代表创作者的规范检索点，用于： The sun also rises / by Ernest Hemingway

Riverbend
代表创作者的规范检索点，用于： Baghdad burning : girl blog from Iraq... let's talk war, politics, and occupation。*博客*

Kermit, the Frog
代表创作者的规范检索点，用于： Before you leap: a frog's-eye view of life's greatest lessons / by Kermit the Frog

Ebert, Roger
代表创作者的规范检索点，用于： Roger Ebert's movie yearbook。*Ebert 影评和访谈的年度汇编*

Andrews, Emery E., 1894 – 1976
代表创作者的规范检索点，用于： Emery E. Andrews papers, 1925 – 1969 (bulk 1942 – 1947)。*档案收藏*

Axel-Lute, Paul
代表创作者的规范检索点，用于: Same-sex marriage : a selective bibliography of the legal literature / compiled by Paul Axel-Lute

Goodman, Alice
代表创作者的规范检索点，用于: Nixon in China: an opera in three acts / music by John Adams ; libretto by Alice Goodman。*Adams 作曲的歌剧的一个单独发行的台本*

John Paul II, Pope, 1920 – 2005
代表创作者的规范检索点，用于: The role of the Christian in the world / Pope John Paul II。*非官方通信*

Ford, E. B.
代表创作者的规范检索点，用于: British butterflies / by E.B. Ford; with 16 colour plates by Paxton Chadwick

Lindemans, Micha F.
代表创作者的规范检索点，用于: Encyclopedia mythica. — "Micha F. Lindemans, founder, main contributor, editor & webmaster"—Information page。*网站*

Sutliff, Milton, 1806 – 1879
代表创作者的规范检索点，用于: Dissenting opinion of Hon. Milton Sutliff, one of the judges : ex parte Simeon Bushnell : ex parte Charles Langston : on habeas corpus. — At head of title: Supreme Court of Ohio

Blunden, Edmund, 1896 – 1974
代表创作者的规范检索点，用于: De bello Germanico : a fragment of trench history / written in 1918 by the Author of Undertones of war。*已知* Undertones of war *的作者是 Edmund Blunden*

Gemmell, Nikki
代表创作者的规范检索点，用于: The bride stripped bare : a novel / Anonymous ; with an afterword by the author。*已知该作品是由 Nikki Gemmell 创作*

Miller, Wade
代表创作者的规范检索点，用于: Deadly weapon / Wade Miller。*Wade Miller 是一个由 Bill Miller 和 Bob Wade 共同组成的交替身份*

Rogers, Robert Bruce, 1907 –
代表创作者的规范检索点，用于: Toccata Manhatta / designed, animated, and filmed by R.B. Rogers。*动画短片*

Friedlander, Martin
代表创作者的规范检索点，用于: Stemming vision loss with stem cells / Martin Friedlander。*由 Friedlander 创作并演讲的在线视频流文件*

Brahms, Johannes, 1833 – 1897
代表创作者的规范检索点，用于: Symphony no. 4, E minor, for orchestra, op. 98 / by Johannes Brahms。*乐谱*

Beethoven, Ludwig van, 1770 – 1827
代表创作者的规范检索点，用于: Divertimento, op. 12, no. 2 / L. van Beethoven ; transcribed for woodwind by George J. Trinkaus

Weber, Carl Maria von, 1786 – 1826
代表创作者的规范检索点，用于: Aufforderung zum Tanz : Rondo brillant für das Pianoforte, op. 65 / by Carl Maria von Weber ; arranged for orchestra by Hector Berlioz

Ornes, Rafael V.
代表创作者的规范检索点，用于: Choral public domain library。*一个由 Ornes 和许多其他贡献者创作并管理的可提供免费乐谱访问的维基*

Hines, Earl, 1903 – 1983
代表创作者的规范检索点，用于: The indispensable Earl Hines。*该爵士乐钢琴家和多个伴奏音乐家的录音选集*

Winehouse, Amy
代表创作者的规范检索点，用于： Back to black / Amy Winehouse。*Winehouse 和其他作曲家的歌曲，由 Winehouse 和其他伴奏音乐家演奏*

Barrère, Georges, 1876 – 1944
代表创作者的规范检索点，用于： Cadenzas for the Flute concerto in G major (K. 313) by Mozart / Georges Barrère

Cassatt, Mary, 1844 – 1926
代表创作者的规范检索点，用于： Children playing on the beach / Mary Cassatt。*照相复制品*

Leonardo, da Vinci, 1452 – 1519
代表创作者的规范检索点，用于： Leonardo da Vinci (1452–1519) : an introductory survey。*一套 41 张幻灯片*

Bewick, Thomas, 1753 – 1828
代表创作者的规范检索点，用于： Thomas Bewick : ten working drawing reproductions : shown with impressions of the corresponding engravings。*成对的图版安装在一个函装卷宗的 10 个编号的文件夹内*

Popple, Henry, died 1743
代表创作者的规范检索点，用于： map of the British Empire in America with the French and Spanish settlements adjacent thereto / by Henry Popple

Blaeu, Joan, 1596 – 1673
代表创作者的规范检索点，用于： Blaeu's The grand atlas of the 17th century world / introduction, captions, and selection of maps by John Goss ; foreword by Peter Clark。*Blaeu 所作的 1662 Atlas maior 精选地图的摹真品*

Physician
代表创作者的规范检索点，用于： Shall we teach cruelty as an art? / by a Physician。*个人责任者的真实名称未知*

Author of Honesty the best policy
代表创作者的规范检索点，用于： Plain facts / by the Author of Honesty the best policy。Honesty the best policy *作者的真实名称未知*

单个家族对作品的创作负有责任

Eakin (Family : New Castle County, Del.)
代表创作者的规范检索点，用于： Eakin family papers, 1781–1828。*档案收藏*

Romanov (Dynasty)
代表创作者的规范检索点，用于： Romanov collection, 1894–1935 (bulk 1907–1918)。*档案收藏*

Austen (Family : Austen, Jane, 1775–1817)
代表创作者的规范检索点，用于： Austen papers, 1704–1856 / edited by R.A. Austen-Leigh。*出版的家族文件收藏*

Barner (Family)
代表创作者的规范检索点，用于： The Barner family newsletter. — Harrisburg, Pa. : Barner Family

Adey (Family : Sydney, N.S.W.)
代表创作者的规范检索点，用于： Fresh from the garden : recipes from Darling Mills / the Adey Family。*由拥有和经营 Darling Mills 餐厅的家族创作的食谱*

两个或两个以上承担相同责任方式的个人、家族或团体对作品的创作负有责任

Gumbley, Warren, 1962–
Johns, Dilys
Law, Garry
代表创作者的规范检索点，用于: Management of wetland archaeological sites in New Zealand / Warren Gumbley, Dilys Johns, and Garry Law

Zim, Herbert S. (Herbert Spencer), 1909 – 1994
Gabrielson, Ira Noel, 1889–1977
代表创作者的规范检索点，用于 : Birds : a guide to the most familiar American birds / by Herbert S. Zim and Ira N. Gabrielson ; illustrated by James Gordon Irving

Hamill, Dorothy
Amelon, Deborah
代表创作者的规范检索点，用于: A skating life / Dorothy Hamill with Deborah Amelon

Tracey, John Paul
Bomford, Mary
Hart, Quentin
Saunders, Glen
Sinclair, Ron
代表创作者的规范检索点，用于: Managing bird damage to fruit and other horticultural crops / John Tracey, Mary Bomford, Quentin Hart, Glen Saunders, Ron Sinclair

Jepson, Willis Linn, 1867–1946
Dempster, Lauramay T., 1905–1997
代表创作者的规范检索点，用于: A flora of California / by Willis Linn Jepson。*第 4 卷的第 2 部分由 Dempster 创作，其他部分由 Jepson 创作*

Adams, Phillip
Newell, Patrice, 1956 –
代表创作者的规范检索点，用于: The Penguin book of jokes from cyberspace / collected by Phillip Adams and Patrice Newell

Amadei, Filippo, flourished 1690 – 1730
Bononcini, Antonio Maria, 1677 – 1726
Handel, George Frideric, 1685 – 1759
代表创作者的规范检索点，用于: The most favourite songs in the opera of Muzio Scaevola / compos'd by three famous masters。*这三位作曲家是 Amadei、Bononcini 和 Handel*

Kaufman, Moisés
Tectonic Theater Project
代表创作者的规范检索点，用于: The Laramie project / by Moisés Kaufman and the members of Tectonic Theater Project。*戏剧剧本*

Beyard, Michael D.
Braun, Raymond E.
McLaughlin, Herbert
Phillips, Patrick L.
Rubin, Michael S.
Bald, Andre
Fader, Steven,
1951– Jerschow,
Oliver Lassar, Terry J.
Mulvihill, David A.
Takesuye, David
代表创作者的规范检索点，用于: Developing retail entertainment destinations / principal authors, Michael D. Beyard, Raymond E. Braun, Herbert McLaughlin, Patrick L. Phillips, Michael S. Rubin ; contributing authors, Andre Bald, Steven Fader, Oliver Jerschow, Terry Lassar, David Mulvihill, David Takesuye

Asher, Robert E., 1910 –
Kotschnig, Walter M. (Walter Maria), born 1901
Brown, William Adams, Jr., 1894 – 1957
代表创作者的规范检索点，用于： The United Nations and economic and social co- operation / by Robert E. Asher, Walter M. Kotschnig, William Adams Brown, Jr., and associates

Harrison, Benjamin, 1833 – 1901
Blaine, James Gillespie, 1830 – 1893
代表创作者的规范检索点，用于： The correspondence between Benjamin Harrison and James G. Blaine, 1882–1893

Darrow, Clarence, 1857 – 1938
Holmes, John Haynes, 1879 – 1964
代表创作者的规范检索点，用于： Debate, subject, resolved that the United States continue the policy of prohibition as defined in the Eighteenth Amendment / Clarence Darrow, negative, versus John Haynes Holmes, affirmative ; introduction by Royal S. Copeland

Savage, George A., 1844 – 1920
Pulsipher, Catherine Savage
代表创作者的规范检索点，用于： George A. Savage and Catherine Savage Pulsipher papers, 1916–1963。*档案收藏*

Short (Family : Ohio)
Harrison (Family : Ohio)
Symmes (Family : Symmes, John Cleves, 1742 – 1814)
代表创作者的规范检索点，用于： Short-Harrison-Symmes family papers, 1760 – 1878 (bulk 1800–1860)。*档案收藏*

两个或两个以上承担不同责任方式的个人、家族或团体对作品的创作负有责任

Shinozaki, Mamoru, 1908 – 1991
Lim, Yoon Lin
代表创作者的规范检索点，用于： My wartime experiences in Singapore / Mamoru Shinozaki ; interviewed by Lim Yoon Lin

Boetticher, Budd, 1916–2001
Bogdanovich, Peter, 1939 –
Fuller, Samuel,1912 – 1997
Penn, Arthur, 1922 –
Polonsky, Abraham
Sherman, Eric
Rubin, Martin, 1947 –
代表创作者的规范检索点，用于： The director's event : interviews with five American film- makers : Budd Boetticher, Peter Bogdanovich, Samuel Fuller, Arthur Penn, Abraham Polonsky / by Eric Sherman and Martin Rubin

Aaron, Hank, 1934 – Bisher, Furman
代表创作者的规范检索点，用于： "Aaron, r.f." / by Henry Aaron as told to Furman Bisher

Snoopy, Dr.
Schulz, Charles M. (Charles Monroe), 1922–2000
代表创作者的规范检索点，用于： Dr. Snoopy's advice to pet owners / by Dr. Snoopy ; illustrations by Charles M. Schulz

Pekar, Harvey
Haspiel, Dean

Loughridge, Lee
Brosseau, Pat
代表创作者的规范检索点 The quitter / Harvey Pekar, writer ; Dean Haspiel, artist ; Lee Loughridge, gray tones ; Pat Brosseau, letters。*漫画小说*

Schurtzfleisch, Konrad Samuel, 1641 – 1708
Küpfender, Gottfried
代表创作者的规范检索点，用于： Principium Mosellae Ausonii, ad disputandum publice propositum / praeside Conrado Samuele Schurzfleischio ; respondente M. Godefrido Kupfender

Lloyd Webber, Andrew, 1948 –
Hart, Charles, 1961 –
Stilgoe, Richard
代表创作者的规范检索点，用于： The phantom of the Opera / music by Andrew Lloyd Webber ; lyrics by Charles Hart ; additional lyrics by Richard Stilgoe

Schumann, Robert, 1810 – 1856
Rückert, Friedrich, 1788 – 1866
代表创作者的规范检索点，用于： Dedication = Widmung : op. 25, no. 1 / Robert Schumann ; original poem by Friedrich Rückert

Gay, John, 1685 – 1732
Pepusch, John Cristopher,1667 – 1752
代表创作者的规范检索点，用于： The beggar's opera / written by John Gay ; the overture composed and the songs arranged by John Christopher Pepusch。*乐谱*

Still, William Grant, 1895 – 1978
Forsythe, Harold Bruce
代表创作者的规范检索点，用于： The sorcerer: fantastic scene for pantominists and dancers / music by William Grant Still ; scenario by Bruce Forsythe

Nuitter, Charles, 1828 – 1899
Saint–Léon, Arthur, 1821 – 1870
Delibes, Léo, 1836 – 1891
代表创作者的规范检索点，用于： Coppélia, ou, La fille aux yeux d'émail : ballet en 2 actes et 3 tableaux / de Ch. Nuitter et Saint-Léon ; musique de Léo Delibes

Bailey, David, 1938 –
Evans, Peter, 1933 –
代表创作者的规范检索点，用于： Goodbye baby & amen : a saraband for the sixties / David Bailey & Peter Evans。*Bailey 摄影、Evans 撰文*

Simkin, Tom
Tilling, Robert I.
Vogt, Peter R. (Peter Richard), 1939 –
Kirby, Stephen H.
Kimberly, Paul
Stewart, David B. (David Benjamin), 1928 –
Stettner, Will R.
代表创作者的规范检索点，用于： This dynamic planet : world map of volcanoes, earthquakes, impact craters, and plate tectonics / by Tom Simkin, Robert I. Tilling, Peter R. Vogt, Stephen H. Kirby, Paul Kimberly, and David B. Stewart ; cartography and design by Will R. Stettner, with contributions by Antonio Villaseñor, and edited by Katharine S. Schindler ; U.S. Department of the Interior, U.S. Geological Survey ; prepared in cooperation with the Smithsonian Institution and the U.S. Naval Research Laboratory

个人、家族或团体对根据已有作品创作的新作品负有责任

Gray, Patsey
代表创作者的规范检索点，用于： J.R.R. Tolkien's The hobbit / dramatized by Patricia Gray

Rusch, Kristine Kathryn
Smith, Dean Wesley
代表创作者的规范检索点，用于： X-men : a novelization / by Kristine Kathryn Rusch and Dean Wesley Smith ; based on the movie written by Christopher McQuarrie and Ed Solomon

Bell, Florence
代表创作者的规范检索点，用于： Great expectations / Charles Dickens ; retold by Florence Bell

Vande Velde, Vivian
代表创作者的规范检索点，用于： Tales from the Brothers Grimm and the Sisters Weird / Vivian Vande Velde。*某些 Grimm's fairy tales*（格林童话）*的戏仿作品*

Smith, Wade C. (Wade Cothran), 1869 or 1870 – 1960
代表创作者的规范检索点，用于： Pilgrim's progress : John Bunyan's story rewritten for young people / by Wade C. Smith ; read by Betty Panosian。*两盒卡式录音带*

Heuston, R. F. V.
代表创作者的规范检索点，用于： Salmond on the law of torts. — 17th edition / by R.F.V. Heuston

Heuston, R. F. V.
Chambers, R. S.
代表创作者的规范检索点，用于： Salmond and Heuston on the law of torts. — 18th edition / by R.F.V. Heuston and R.S. Chambers

Dutch, Robert A.
代表创作者的规范检索点，用于： Roget's Thesaurus of English words and phrases. — New edition / completely revised and modernized by Robert A. Dutch

Marshall, Wayne
代表创作者的规范检索点，用于： Organ improvisations / Wayne Marshall。*Marshall 即兴表演 George Gershwin、Billy Strayhorn、Jule Styne、Vincent Youmans 以及 Leonard Bernstein 等人的歌曲*

Elling, Kurt
Hobgood, Laurence
Amster, Rob
Raynor, Michael
代表创作者的规范检索点，用于： Live in Chicago / Kurt Elling. — Kurt Elling, vocals; Laurence Hobgood, piano; Rob Amster, bass; Michael Raynor, drums, percussion。*多位作曲家歌曲的爵士乐表演*

Tausig, Carl, 1841 – 1871
代表创作者的规范检索点，用于： Nouvelles soirées de Vienne : valses-caprices d'après J. Strauss / Ch. Tausig

Wuorinen, Charles
代表创作者的规范检索点，用于： The magic art : an instrumental masque drawn from works of Henry Purcell, 1977 – 1978 : in two acts / Charles Wuorinen

Sartain, John, 1808–1897
代表创作者的规范检索点，用于： The artist's dream / painted by Geo. H. Comegys ; engraved by J. Sartain

行政性质的作品

Kiowa Indian Tribe of Oklahoma
代表创作者的规范检索点，用于： Annual report / Kiowa Tribe of Oklahoma

Maine
代表创作者的规范检索点，用于： Maine.gov : official Web site of the state of Maine

Asiatic Society of Bangladesh
代表创作者的规范检索点，用于： The constitution of the Asiatic Society of Bangladesh

Multi-State Teacher Education Project
代表创作者的规范检索点，用于： M-Step today : interim report of project activities. — Baltimore : Multi-State Teacher Education Project

Bon Homme Richard (Ship)
代表创作者的规范检索点，用于： The log of the Bon Homme Richard / with introduction by Louis F. Middlebrook

American Bar Association. Section of Intellectual Property Law
代表创作者的规范检索点，用于： Membership directory / American Bar Association, Section of Intellectual Property Law

Canadian Botanical Association
Canadian Society of Plant Physiologists
代表创作者的规范检索点，用于： Directory of the Canadian Botanical Association & Canadian Society of Plant Physiologists

First National Bank of Chicago
代表创作者的规范检索点，用于： The art collection of the First National Bank of Chicago. — Chicago : First National Bank of Chicago。*收藏目录*

Victoria and Albert Museum
Peabody Essex Museum
代表创作者的规范检索点，用于： Furniture from British India and Ceylon : a catalogue of the collections in the Victoria and Albert Museum and the Peabody Essex Museum / Amin Jaffer ; assisted in Salem by Karina Corrigan and with a contribution by Robin D. Jones ; photographs by Mike Kitcatt, Markham Sexton and Jeffrey Dykes. — Salem, Massachusetts : Peabody Essex Museum

University of Michigan. Library
代表创作者的规范检索点，用于： Microforms relating to African Americans at the University of Michigan Libraries / compiled by Charles G. Ransom. — [Ann Arbor, Michigan] : University Library。*不断更新的网站*

Asahel Curtis Photo Co.
代表创作者的规范检索点，用于： Asahel Curtis Photo Co. photographs, 1853–1941。*照片收藏*

Northern Pacific Railway Company
代表创作者的规范检索点，用于： Northern Pacific Railway Company records, 1864–1957。*档案收藏*

British American Tobacco Company
Cameron and Cameron
D.B. Tennant and Company
David Dunlop (Firm)
Export Leaf Tobacco Company
T.C. Williams Company
代表创作者的规范检索点，用于： British American Tobacco Company records。*包括 Cameron and Cameron、D.B. Tennant and Company、David Dunlop、Export Leaf Tobacco Company 和 T.C. Williams Company 公司报告的档案收藏，这些公司都是 British American Tobacco Company 收购的公司*

记录团体集体思想的作品

Zambia
代表创作者的规范检索点，用于: The national conservation strategy for Zambia / prepared by the Government of the Republic of Zambia with assistance from the Conservation for Development Centre of the International Union for Conservation of Nature and Natural Resources (IUCN)

Victoria. Parliament. Drugs and Crime Prevention Committee
代表创作者的规范检索点，用于: Inquiry into misuse/abuse of benzodiazepines and other forms of pharmaceutical drugs : interim report / Parliament of Victoria, Drugs and Crime Prevention Committee

United States. Bureau of Customs
代表创作者的规范检索点，用于: Draft of proposed Navigation Act of 1967 / United States Bureau of Customs

Seattle Public Utilities
代表创作者的规范检索点，用于: Drinking water quality : a report to the community. — Seattle, WA : Seattle Public Utilities

Parti québécois
代表创作者的规范检索点，用于: Restons forts : plate-forme électorale 2003 / Parti québécois

American National Standards Institute
National Information Standards Organization
代表创作者的规范检索点，用于: American national standard for permanence of paper for publications and documents in libraries and archives / approved October 26, 1992 by the American National Standards Institute ; developed by the National Information Standards Organization

American Academy of Arts and Sciences. Committee on International Security Studies. Middle East Program
代表创作者的规范检索点，用于: Transition to Palestinian self-government : practical steps toward Israeli-Palestinian peace : report of a study group of the Middle East Program, Committee on International Security Studies, American Academy of Arts and Sciences / Ann Mosely Lesch, principal author。*该研究组未命名*

报道会议、考察或事件等集体活动的作品

Annual Workshop on Sea Turtle Biology and Conservation
代表创作者的规范检索点，用于: Proceedings of the … Annual Workshop on Sea Turtle Biology and Conservation

Janus Conference on Research Library Collections (2005 : Cornell University Library)
代表创作者的规范检索点，用于: Janus Conference on Research Library Collections : managing the shifting ground between writers and readers : October 9 – 11, 2005, Cornell University Library。
会议录。记录在两张 DVD 视盘上，第二张盘是包含数据文件的混合型 DVD

Army Materials Technology Conference (2nd : 1973 : Hyannis, Mass.)
代表创作者的规范检索点，用于: Ceramics for high-performance applications : proceedings of the Second Army Materials Technology Conference, held at Hyannis, Massachusetts, November 13 – 16, 1973 / sponsored by Army Materials and Mechanics Research Center ; editors, John J. Burke, Alvin E. Gorum, R. Nathan Katz

Association for Computational Linguistics. Annual Meeting (45th : 2007 : Prague, Czech Republic)

代表创作者的规范检索点，用于： ACL 2007: proceedings of the 45th Annual Meeting of the Association for Computational Linguistics, June 23 – 30, 2007, Prague, Czech Republic

International Organization for Masoretic Studies. International Congress (9th : 1989 : Jerusalem; Louvain, Belgium; Anaheim, Calif.)
代表创作者的规范检索点，用于： Proceedings of the Ninth Congress of the International Organization for Masoretic Studies, 1989 / edited by Aron Dotan。*会议举办于：耶路撒冷，8 月 16 日；比利时鲁汶，8 月 27 日；加利福尼亚州阿纳海姆，11 月 20 日*

Asia-Pacific Conference on Communications (10th : 2004 : Tsinghua University)
International Symposium on Multi-Dimensional Mobile Communications (5th : 2004 : Tsinghua University)
代表创作者的规范检索点，用于： C/MDMC '04 : the 2004 joint conference of the 10th Asia-Pacific Conference on Communications and the 5th International Symposium on Multi-Dimensional Mobile Communications proceeding : August 29 – September 1, 2004, Tsinghua University, Beijing, China / editors, Ke Gong, Zhisheng Niu, Pingyi Fan, Jian Yang

Australia. Parliament. House of Representatives. Standing Committee on Legal and Constitutional Affairs
代表创作者的规范检索点，用于： Inquiry into equal opportunity and equal status for Australian women : public hearings 24–25 July 1990 / House of Representatives Standing Committee on Legal and Constitutional Affairs

Council of Trent (1545 – 1563)
代表创作者的规范检索点，用于： The canons and decrees of the Council of Trent : celebrated under Paul III, Julius III, and Pius IV, Bishops of Rome / faithfully translated into English

Antarctic Walk Environmental Research Expedition (1991 – 1993)
代表创作者的规范检索点，用于： Scientific results from the Antarctic Walk Environmental Research Expedition, 1991–1993 / edited by K. Yoshikawa, K. Harada, S. Ishimaru

Miss America Pageant
代表创作者的规范检索点，用于： Miss America Pageant programs, 1957 – 1985。*档案收藏*

Eurovision Song Contest (48th : 2003 : Rīga, Latvia)
代表创作者的规范检索点，用于： Eurovision Song Contest, Riga 2003 : the official album of the Eurovision Song Contest 2003, including all the songs of all participating countries。*录音资料*

Salzburger Festspiele (1996 : Salzburg, Austria)
代表创作者的规范检索点，用于： Salzburger Festspiele 20. Juli–31. August 1996. — "Offizielles Programm"—Cover

Biennale di Venezia (35th : 1970 : Venice, Italy)
代表创作者的规范检索点，用于： Catalogo della 35a Esposizione biennale internazionale d'arte, Venezia

由一个表演团体集体活动产生的作品

Living Theatre (New York, N.Y.)
代表创作者的规范检索点，用于： Paradise now / collective creation of the Living Theatre ; written down by Judith Malina and Julian Beck。*由该团体创作的一个戏剧的书面记录*

Coldplay (Musical group)
代表创作者的规范检索点，用于： Parachutes / Coldplay。*Coldplay 作曲并表演*

Red Hot Chili Peppers (Musical group)
代表创作者的规范检索点，用于： Stadium arcadium / Red Hot Chili Peppers ; music transcriptions by Pete Billman and David Stocker。*摇滚团体 Red Hot Chili Peppers 作曲*

Nils-Bertil Dahlander Quartet
Paul Hindberg Quintet
代表创作者的规范检索点，用于： Jazz smorgasbord / Nils-Bertil Dahlander Quartet and the Paul Hindberg Quintet。*由两个爵士乐团联合演出的流行经典*

不单纯对出版或发行负有责任的团体原创的地图作品

Ordnance Survey of Ireland
代表创作者的规范检索点，用于： Cork city street map and index : scale 1:15,000 / Ordnance Survey of Ireland

Kansas Geological Survey
代表创作者的规范检索点，用于： Geothermal map of North America / North American map editors, David D. Blackwell and Maria C. Richards ; map production by the Kansas Geological Survey

Australia. Department of the Environment and Heritage
代表创作者的规范检索点，用于： Major vegetation groups in Australia ; Native vegetation in Australia / produced by Australian Government Department of the Environment and Heritage, January 2006。*一张上的两幅地图*

Pittsburgh (Pa.). GIS Division
代表创作者的规范检索点，用于： City of Pittsburgh : ESRI shapefiles complete / GIS Division, City of Pittsburgh。*只读光盘*

United States Exploring Expedition (1838 – 1842)
代表创作者的规范检索点，用于： Map of the Oregon Territory / by the U.S. Ex. Ex., Charles Wilkes, Esqr., Commander, 1841

East View Cartographic, Inc.
代表创作者的规范检索点，用于： Digital aeronautical flight information file / East View Cartographic。*数字视盘*

Oxford University Press. Cartographic Department
代表创作者的规范检索点，用于： The new Oxford atlas for Pakistan / all maps drawn by the Cartographic Unit, Oxford University Press ; editorial adviser, Fazle Karim Khan

National Geographic Society (U.S.). Cartographic Division
代表创作者的规范检索点，用于： National Geographic globe / produced by the Cartographic Division, National Geographic Society ; John F. Shupe, chief cartographer

政治行政管辖区的法律

Canada
代表制定法律的行政管辖区的规范检索点，用于： Canada Corporations Act : chap. 53, R.S.C. 1952, as amended

United States
代表制定法律的行政管辖区的规范检索点，用于： An Act to Assist in the Conservation of Marine Turtles and the Nesting Habitats of Marine Turtles in Foreign Countries

Vancouver (B.C.)
代表制定法律的行政管辖区的规范检索点，用于： 2010 Winter Games Sign Designation and Relaxation By-law No. 9697 / City of Vancouver, British Columbia

Richmond (Va.)
代表制定法律的行政管辖区的规范检索点，用于： Building code of the city of Richmond, Virginia

Tulalip Tribes of the Tulalip Reservation, Washington
代表制定法律的行政管辖区的规范检索点，用于: Tulalip ordinances & codes / Tulalip Tribes

Bermuda Islands
代表制定法律的行政管辖区的规范检索点，用于: Bermuda laws online

Maryland
代表制定法律的行政管辖区的规范检索点，用于: Code of the public local laws of Worcester County : article 24 of the Code of public local laws of Maryland : comprising all the local laws of the state of Maryland in force in Worcester County to and inclusive of the Acts of the General Assembly of 1961 / edited by Carl N. Everstine

Catawba Indian Nation
代表制定法律的行政管辖区的规范检索点，用于: Constitution and By-laws of the Catawba Indian Tribe of South Carolina

Bern (Switzerland : Canton)
代表制定法律的管辖区的规范检索点，用于: Bernische Systematische Gesetzessammlung : BSG

United States
Mexico
California
Baja California (Mexico : State)
代表制定法律的管辖区的规范检索点，用于: The narcotic laws of Mexico and the United States of America. — Cover title: Drugs and the law : compilation of laws on narcotics and dangerous drugs from the United States of America, the United States of Mexico, the state of California, and the state of Baja California

国家元首、行政长官或执政机构的法令

Kazakhstan. President (1991– : Nazarbaev)
代表国家元首的规范检索点，用于: Decrees of the President of the Kazakh Republic, valid as a law

Indonesia. President (2004 – : Yudhoyono)
代表国家元首的规范检索点，用于: Peraturan presiden nomor 73 tahun 2005。*2006 财政年度印度尼西亚政府预算的总统法令*

Peru. Junta Militar de Gobierno (1948 –1956)
代表执政机构的规范检索点，用于: Decretos-leyes de la Junta Militar de Gobierno。*秘鲁的执政机构于 1949 年公布的法令*

法案和立法草案

Australia. Parliament. House of Representatives
代表立法团体的规范检索点，用于: Second Corporate Law Simplification Bill : second draft

United States. Congress (107th, 1st session: 2001). Senate
代表立法团体的规范检索点，用于: S. 1216 in the Senate of the United States : a bill making appropriations for the Departments of Veterans Affairs and Housing and Urban Development, and for sundry independent agencies, boards, commissions, corporations, and offices for the fiscal year ending September 30, 2002, and for other purposes

行政法规等

Canada
代表制定法规的行政管辖区的规范检索点，用于： The Queen's regulations and orders for the Canadian Forces (1994 revision) : issued under the authority of the National Defence Act = Ordonnances et règlements royaux applicables aux Forces canadiennes (révision de 1994) : publiés en vertu de l'autorité conférée par la Loi sur la défense nationale

Saskatchewan
代表制定法规的行政管辖区的规范检索点，用于： The regulations of Saskatchewan

Canada. Governor General
代表颁布者的规范检索点，用于： Regulations under the Destructive Insect and Pest Act as they apply to the importation of plants and plant products / Department of Agriculture。*由总督颁布*

Illinois. Department of Public Health
代表颁布机构的规范检索点，用于： Rules and regulations for recreational areas : prescribed under the Recreational Area Licensing Act, chapter 111 1/2, paragraphs 761–792 inclusive。*由 The Illinois Department of Public Health 颁布*

宪法、宪章等

United States
代表制定法律的管辖区的规范检索点，用于： The Constitution of the United States

Kosovo (Republic)
代表制定法律的行政管辖区的规范检索点，用于： Kushtetuta e Republikës së Kosovës

Georgia
代表制定法律的行政管辖区的规范检索点，用于： Charter of Columbus Savings Bank, incorporated by special act of Legislature of the state of Georgia, December 24, 1888

Colima (Mexico : State)
代表制定法律的行政管辖区的规范检索点，用于： Constitución política del estado libre y soberano de Colima

Los Angeles County (Calif.)
代表制定法律的行政管辖区的规范检索点，用于： Charter of the County of Los Angeles

Montréal (Québec)
代表制定法律的行政管辖区的规范检索点，用于： Charte montréalaise des droits et esponsabilités

United Nations
代表所管辖的国际政府间团体的规范检索点，用于： Charter of the United Nations

Universal Postal Union
代表所管辖的国际政府间团体的规范检索点，用于： Constitution, general regulations : resolutions and decisions, rules of procedure, legal status of the UPU : with commentary by the International Bureau of the UPU / Universal Postal Union

法院规章

India
代表制定法律的行政管辖区的规范检索点，用于： Code of civil procedure, 1908 (5 of 1908), as modified up to the 1st May 1977

Oregon. Council on Court Procedures
代表颁布机构的规范检索点，用于: Oregon rules of civil procedure / promulgated by Council on Court Procedures

Palau. Supreme Court
代表颁布机构的规范检索点，用于: Rules and regulations of the Land Court / promulgated by the Palau Supreme Court, pursuant to RPPL no. 4-43 section 16

条约、国际协定等

Netherlands
Belgium
Luxembourg
代表协定的签署方的规范检索点，用于: Convention monétaire belgo- luxembourgeoise-néerlandaise

United States
Burma
代表协定的签署方的规范检索点，用于: Special Economic Assistance : agreement between the United States of America and Burma, effected by exchange of notes

Great Britain
France
Spain
Portugal
代表条约的签署方的规范检索点，用于: The definitive treaty of peace and friendship between His Britannick Majesty, the most Christian King, and the King of Spain : concluded at Paris, the 10th day of February, 1763 : to which the King of Portugal acceded on the same day。*签署方是英国、法国、西班牙和葡萄牙*

Iceland
World Bank
代表协定的签署方的规范检索点，用于: Guarantee agreement, Second Agricultural Project, between Republic of Iceland and International Bank for Reconstruction and Development

United Nations
International Civil Aviation Organization
代表协定的签署方的规范检索点，用于: Agreement between the United Nations and the International Civil Aviation Organization

Asian Development Bank
North-West Frontier Province (Pakistan)
代表协定的签署方的规范检索点，用于: Project agreement (forestry sector project) between Asian Development Bank and North-West Frontier Province

World Bank
Corporación de Fomento de la Producción (Chile)
Compañía Manufacturera de Papeles y Cartones
代表协定的签署方的规范检索点，用于: Loan agreement, (paper and pulp project) between International Bank for Reconstruction and Development and Corporación de Fomento de la Producción and Compañía Manufacturera de Papeles y Cartones

Catholic Church
Ecuador
代表协定的签署方的规范检索点，用于: Concordato celebrado entre su santidad Pío IX y el gobierno de Ecuador

Ontario
Canada
代表协定的签署方的规范检索点，用于: Memorandum of agreement between the government of the province of Ontario and the government of Canada pursuant to section 4(3) of the Anti-Inflation Act

Maine
New Brunswick
代表协定的签署方的规范检索点，用于: Joint agreement between the state of Maine and the province of New Brunswick

Canada. Treasury Board
Professional Institute of the Public Service of Canada
代表协定的签署方的规范检索点，用于: Master agreement (PIPSC) : agreement between the Treasury Board and the Professional Institute of the Public Service of Canada : expiry date, September 30, 1990

Liberia
Liberia Iron and Steel Corporation
代表协定的签署方的规范检索点，用于: Concession agreement between the Government of the Republic of Liberia and Liberia Iron and Steel Corporation

Intergovernmental Conference on Copyright (1952 : Geneva, Switzerland)
代表达成协定的国际会议的规范检索点，用于: Universal Copyright Convention : with protocols 1, 2, and 3 : Geneva, September 6, 1952. – London : Her Majesty's Stationery Office, Drawn up by the Intergovernmental Conference on Copyright

对陪审团的指示、起诉书、法院诉讼和法院判决

United States. Circuit Court (Middle Circuit)
代表法院的规范检索点，用于: The charge of Judge Paterson to the jury, in the case of Vanhorne's lessee against Dorrance : tried at a Circuit Court for the United States, held at Philadelphia, April term, 1795 : wherein the controverted title to the Wyoming lands, between the claimants under Pennsylvania and Connecticut, received a decision。*未提及承租方*

International Tribunal for the Prosecution of Persons Responsible for Serious Violations of International Humanitarian Law Committed in the Territory of the Former Yugoslavia since 1991
代表法院的规范检索点，用于: Indictment, Rajic ("Stupni Do"), 23 August 1995

Wisconsin. Circuit Court (Marinette County)
代表法院的规范检索点，用于: Indictment record book, 1889-1897。*由检察官向巡回法庭提出指控被告违法犯罪的起诉书的复本；档案收藏*

United States. District Court (New York : Eastern District)
代表法院的规范检索点，用于: Transcript of trial proceedings in the case of United States of America v. Mario Biaggi and Meade Esposito : in the United States District Court for the Eastern District of New York : Crim. no. 87–151 and related materials

Massachusetts. Supreme Judicial Court
代表法院的规范检索点，用于: Report of the trial of Leavitt Alley, indicted for the murder of Abijah Ellis, in the Supreme Judicial Court of Massachusetts / reported by Franklin Fiske Heard

California. Supreme Court
代表法院的规范检索点，用于: Reports of cases determined in the Supreme Court of the state of California, October 23, 1969, to January 30, 1970 / Robert E. Formichi, reporter of decisions

Canada. Federal Court
*代表法院的规范检索点，用于：*Canada Federal Court reports / editor, Florence Rosenfeld

United States. Supreme Court
*代表法院的规范检索点，用于：*Freedom of the press : opinion of the Supreme Court of the United States in the case of Alice Lee Grosjean, supervisor of public accounts for the state of Louisiana, appellant, v. American Press Company, Inc., et al.

European Court of Human Rights
*代表法院的规范检索点，用于：*Case of Foti and others, 4/1981/43/68–71 : judgment

由两个或两个以上艺术家作为一个团体创作的单个艺术作品

Critical Art Ensemble
*代表创作者的规范检索点，用于：*Molecular invasion

Seekers of Lice
*代表创作者的规范检索点，用于：*Quandries

Pierre et Gilles
*代表创作者的规范检索点，用于：*Maison de poupée

General Idea
*代表创作者的规范检索点，用于：*No mean feet

官方通信

United States. President (1993 –2001 : Clinton)
Clinton, Bill, 1946 –
*代表发布通信的官方和个人的规范检索点，用于：*Additional steps with the continuing human rights and humanitarian crisis in Kosovo : message from the President of the United States transmitting a report on developments concerning the national emergency with regards to Kosovo as described and declared in Executive Order 13088 of June 9, 1998, pursuant to 50 U.S.C. 1703(c)。*Bill Clinton*（克林顿）*总统的官方通信*

France. Sovereign (1774 –1792 : Louis XVI)
Louis XVI, King of France, 1754 –1793
*代表发布通信的官方和个人的规范检索点，用于：*Proclamation du roi, pour la conservation des forêts & bois: du 3 novembre 1789。*King Louis XVI*（路易十六国王）*的官方通信*

Virginia. Governor (2002 –2006 : Warner)
Warner, Mark R. (Mark Robert)
*代表发布通信的官方和个人的规范检索点，用于：*Declaration of a state of emergency for central Virginia due to significant flooding caused by Tropical Depression Gaston。*州长 Mark Warne 的行政命令*

New York (N.Y.). Mayor (1933 –1945 : La Guardia)
La Guardia, Fiorello H. (Fiorello Henry), 1882–1947
*代表发布通信的官方和个人的规范检索点，用于：*New York City at war : emergency services : report / by F.H. La Guardia, mayor。*官方通信*

Hong Kong. Governor (1992–1997 : Patten)
Patten, Chris, 1944 –
*代表发布通信的官方和个人的规范检索点，用于：*Hong Kong : today's success, tomorrow's challenges : address by the Governor, the Right Honourable Christopher Patten at the opening of the 1993/1994 session of the Legislative Council, 6 October, 1993。*官方通信*

Catholic Church. Pope (1939 –1958 : Pius XII)
Pius XII, Pope, 1876 –1958
代表发布通信的官方和个人的规范检索点，用于: Fulgens Corona : on the Marian Year and the dogma of the Immaculate Conception / encyclical letter of Pius XII。*官方通信*

Franciscans. Minister General (1947–1952 : Perantoni)
Perantoni, Pacifico M. (Pacifico Maria), 1895 –1982
代表发布通信的官方和个人的规范检索点，用于: Our vocation as children of Saint Francis : being the encyclical letter Divina Providentia of the Most Rev. Fr. General Pacific M. Perantoni, O.F.M。*官方通信*

United Hebrew Congregations of the British Empire. Chief Rabbi (1913 –1946 : Hertz)
Hertz, Joseph H. (Joseph Herman), 1872–1946
代表发布通信的官方和个人的规范检索点，用于: Civilian morale: grave warning : and the Chief Rabbi's Passover letter / by the Chief Rabbi。*The United Hebrew Congregations of the British Empire 的 大拉比 Joseph H. Hertz 的官方通信*

Catholic Church. Archdiocese of St. Paul and Minneapolis. Archbishop (1995 –2008 : Flynn)
Flynn, Harry J. (Harry Joseph), 1933 –
代表发布通信的官方和个人的规范检索点，用于: In God's image : a pastoral letter on racism = A imagen y semejanza de Dios : carta pastoral acerca del racismo / Harry J. Flynn。*大主教 St. Paul 和 Minneapolis 的牧函*

United States. President
代表发布通信的官员的规范检索点，用于: Economic report of the President transmitted to the Congress。*年度官方通信，多位官员通信的汇编*

Catholic Church. Pope
代表发布通信的官员的规范检索点，用于: Tutte le encicliche dei sommi pontefici / raccolte e annotate da Eucardio Momigliano。*多位官员官方通信的汇编*

Baltimore (Md.). Mayor
代表发布通信的官员的规范检索点，用于: Annual report from the Mayor to the people of Baltimore。*官方通信，多位官员通信的汇编*

Brunei. Jabatan Mufti Kerajaan
代表发布通信的官员的规范检索点，用于: Fatwa mufti kerajaan。*文莱国家穆夫提连续发布的官方通信的汇编*

Catholic Church. Pope
代表发布通信的官员的规范检索点，用于: Papal thought on the state : excerpts from encyclicals and other writings of recent popes / edited by Gerard F. Yates。*包括官方通信和其他作品*

United States. President
代表发布通信的官员的规范检索点，用于: A compilation of the messages and papers of the Presidents, 1789-1902 / by James D. Richardson。*包括官方通信和其他作品*

19.3 与作品相关的其他个人、家族或团体

<u>核心元素</u>

*如果用代表与作品相关的其他个人、家族或团体的检索点构建代表作品的规范检索点（见 **6.27 – 6.31**），则与作品相关的其他个人、家族或团体是核心元素。*

19.3.1 记录与作品相关的其他个人、家族和团体的基本说明

19.3.1.1 范围

与作品相关的其他个人、家族或团体是指除创作者之外的与作品相联系的个人、家族或团体。

与作品相关的其他个人、家族或团体包括接收通信的个人等、纪念文集的被纪念者等、导演、电影摄影师、赞助机构、制作公司，以及展览或活动等的举办机构等。

关于记录作为作品主题的个人、家族和团体的关系的规则，见第 23 章。

19.3.1.2 信息源

关于与作品相关的其他个人、家族和团体的信息取自 19.1.1 所规定的来源。

19.3.1.3 记录与作品相关的其他个人、家族和团体

如果对检索重要，则依 18.4 所列的关于记录与资源相关的个人、家族和团体关系的一般性规则，记录与作品相关的其他个人、家族和团体。

Macmillan, Alexander, 1818 –1896
Ellis, Frederick Startridge, 1830 –1901
代表收件者的规范检索点，用于： The Rossetti-Macmillan letters : some 133 unpublished letters written to Alexander Macmillan, F.S. Ellis, and others, by Dante Gabriel, Christina, and William Michael Rossetti, 1861–1889 / edited, with an introduction and notes, by Lona Mosk Packer

Brook, Barry S.
代表被纪念者的规范检索点，用于： Music in the classic period : essays in honor of Barry S. Brook / [edited by] Allan W. Atlas

Lot, Ferdinand, 1866 –1952
代表被题献者的规范检索点，用于： Mélanges d'histoire du Moyen Âge / offerts à Ferdinand Lot par ses amis et ses élèves

American Geological Institute
代表与如下作品相关的团体的规范检索点： Dictionary of mining, mineral, and related terms / compiled by the American Geological Institute

Canadian Wildlife Service. Migratory Birds Conservation Division
代表与如下作品相关的团体的规范检索点： Directory of Canadian ornithologists = Répertoire des ornithologistes canadiens. — Gatineau, QC: Environment Canada, [2000]- — "Compiled by the Migratory Birds Conservation Division of the Canadian Wildlife Service, with assistance from the Society of Canadian Ornithologists"—English home page。*英文网站*

Travel Industry Association of America. Research Department
代表与如下作品相关的团体的规范检索点： Japan travel view / prepared by the Research Department of the Travel Industry Association of America

Daughters of St. Paul
代表与如下作品相关的团体的规范检索点： The Bible for young readers / written and illustrated by the Daughters of St. Paul。*圣经故事的复述*

Canon Law Society of America
代表主办机构的规范检索点，用于： The Code of Canon Law : a text and commentary / commissioned by the Canon Law Society of America ; edited by James A. Coriden, Thomas J. Green, Donald E. Heintschel

Cleveland Museum of Art
代表举办机构的规范检索点，用于： Fifty years of modern art, 1916–1966 / Edward B. Henning. — Cleveland, Ohio : Cleveland Museum of Art。*博物馆举办的展览目录*

United Nations. Secretariat
代表注册机构的规范检索点，用于： Treaty series : treaties and international agreements registered or filed and recorded with the Secretariat of the United Nations

Salzburger Festspiele (Salzburg, Austria)
代表举办机构的规范检索点，用于： Die Salzburger Liederabende, 1956–1965 / Dietrich Fischer-Dieskau, Gerald Moore。*在 1956-1965 年 Salzburg Festivals（萨尔茨堡艺术节）上由男中音 Fischer-Dieskau 演唱、Moore 钢琴弹奏多位作曲家歌曲的现场录制节目*

European Monitoring Centre on Racism and Xenophobia
代表主办机构的规范检索点，用于： Policing racist crime and violence : a comparative analysis / prepared by Robin Oakley on behalf of the EUMC

Illinois. Institute for Environmental Quality
代表主办机构的规范检索点，用于： Hydrogen sulfide health effects and recommended air quality standard / prepared for the Illinois Institute for Environmental Quality by the Environmental Health Resource Center

Army Materials and Mechanics Research Center (U.S.)
代表主办机构的规范检索点，用于： Ceramics for high-performance applications : proceedings of the Second Army Materials Technology Conference, held at Hyannis, Massachusetts, November 13 – 16, 1973 / sponsored by Army Materials and Mechanics Research Center ; editors, John J. Burke, Alvin E. Gorum, R. Nathan Katz

Stanwood Chamber of Commerce
Camano Island Chamber of Commerce
代表协办机构的规范检索点，用于： Stanwood area and Camano Island street map. — Sedro-Woolley, Washington : Published by Sizemore Enterprises in conjunction with the Stanwood & Camano Island Chambers of Commerce

ABC News Productions
代表制作公司的规范检索点，用于： Gay rights, marriage, and the Supreme Court / ABC News Productions

Lee, Ang, 1954 –
McMurtry, Larry
Ossana, Diana
Schamus, James, 1959 –
Prieto, Rodrigo
Focus Features
River Road Entertainment (Firm)
代表与如下作品相关的其他个人和团体的规范检索点： Brokeback Mountain / Focus Features and River Road Entertainment ; directed by Ang Lee ; screenplay by Larry McMurtry & Diana Ossana ; producers, Diana Ossana, James Schamus. — Credits: Director of photography, Rodrigo Prieto ; art director, Laura Ballinger ; edited, Geraldine Peroni, Dylan Tichenor ; music, Gustavo Santaolalla ; costume designer, Marit Allen ; production designer, Judy Becker。*记录的特定检索点反映编目机构所作出的选择*

Agonito, Joseph
Onondaga Community College. Radio/Television Department
代表与如下作品相关的其他个人和团体的规范检索点： Womanpriest : Betty Bone Schiess, Episcopal priest / produced & directed by Joseph Agonito. — "Produced under the auspices of the Radio and Television Department at Onondaga Community College, chairperson, Catherine Hawkins"

Vilniaus Universitetas. Tarptautinių santykių ir politikos mokslų institutas
代表与如下作品相关的团体的规范检索点： Lithuania under German occupation, 1941–1945 : despatches from US Legation in Stockholm / compiled and edited by Thomas Remeikis. — Vilnius : Vilnius University Press. — At head of title: Institute of International Relations and Political Science, Vilnius University

> **West (Firm)**
> *代表与如下作品相关的团体的规范检索点：* American law reports. ALR 6th, Annotations and cases. — [Eagan, Minnesota] : Thomson/West。*出版者对作品的创作负有重要责任*
>
> **California Academy of Sciences**
> *代表发行者的规范检索点，用于：* Occasional papers of the California Academy of Sciences
>
> **Gandhi-King Society**
> *代表发行者的规范检索点，用于：* The acorn. Published by the Philosophy Department of Eastern Illinois University (1986 –1990) and the Philosophy Department of St. Bonaventure University (1990 –); issued by the Gandhi-King Society
>
> **American Association of Zoological Parks and Aquariums**
> **American Zoo and Aquarium Association**
> *代表发行者的规范检索点，用于：* Zoological parks and aquariums in the Americas。*1978–79 至 1993–94 卷由 American Association of Zoological Parks and Aquariums 发行，1994–95 至 1996–97 卷由 American Zoo and Aquarium Association 发行*
>
> **Società italiana di gastroenterologia**
> **Associazione italiana per lo studio del fegato**
> *代表发行者的规范检索点，用于：* Digestive and liver disease : official journal of the Italian Society of Gastroenterology and the Italian Association for the Study of the Liver

19.3.2 与法律作品相关的其他个人、家族或团体

<u>核心元素</u>

如果用代表与作品相关的其他个人、家族或团体的检索点构建代表作品的规范检索点（见 ***6.29****），则与作品相关的其他个人、家族或团体是核心元素。*

19.3.2.1 应用

将 **19.3.2.2–19.3.2.5** 所列的说明应用于：

a) 立法性的法规和政治行政管辖区的法令（包括宪法、宪章等基本法）

b) 具有法律效力的行政长官的法令

c) 行政法规

d) 法院规章

e) 其他非行政管辖区机构的宪法、宪章等

将 **19.3.2.6 –19.3.3.4** 中的说明应用于：

a) 一审法院、上诉法院、法庭等所用的判例汇编

b) 涉及两个或两个以上法院的判例汇编

c) 法院报告的引文、摘要和索引

d) 刑事诉讼与上诉

e) 民事和其他非刑事诉讼与上诉

f) 起诉书

g) 对陪审团的指示

h) 司法判决

i) 司法意见

j）一方当事人的记录

对于其他类型的法律作品，依 **19.3.1** 所列的关于记录与作品相关的其他个人、家族和团体的基本说明。

19.3.2.2 受法律法规等管辖的行政管辖区

如果受法律法规等管辖的行政管辖区并非制定它的行政管辖区，应用 **19.3.1** 所列的关于记录与作品相关的其他个人、家族和团体的基本说明，记录受法律法规等管辖的行政管辖区。

Worcester County (Md.)
代表受管辖的行政管辖区的规范检索点，用于: Code of the public local laws of Worcester County : article 24 of the Code of public local laws of Maryland : comprising all the local laws of the state of Maryland in force in Worcester County to and inclusive of the Acts of the General Assembly of 1961 / edited by Carl N. Everstine

19.3.2.3 颁布机构或颁布者

应用 **19.3.1** 所列的关于记录与作品相关的其他个人、家族和团体的基本说明，记录对颁布法律负有责任的团体（立法团体除外）。

North Dakota. Department of Public Instruction
代表颁布机构的规范检索点，用于: North Dakota century school code / issued by the Department of Public Instruction ; Wayne G. Sanstead, state superintendent

如果法规等由除颁布机构或颁布者之外的代理机构或代理者发布，则应用 **19.3.1** 所列的关于记录与作品相关的其他个人、家族和团体的基本说明，记录颁布机构或颁布者。

Virginia. Department of Labor and Industry
代表颁布机构的规范检索点，用于: Virginia occupational safety and health standards for general industry (29 CFR part 1910) / as adopted by the Safety and Health Codes Commission of the Commonwealth of Virginia ; issued by the Department of Labor and Industry

Canada. Department of Agriculture
代表颁布机构的规范检索点，用于: Regulations under the Destructive Insect and Pest Act as they apply to the importation of plants and plant products / Department of Agriculture。*由总督颁布*

19.3.2.4 受规章管辖的法院

对于法院规章（无论其官方性质，例如法律、行政法规），应用 **19.3.1** 所列的关于记录与作品相关的其他个人、家族和团体的基本说明，记录受规章管辖的法院。

United States. Tax Court
代表受管辖的法院的规范检索点，用于: Rules of practice and procedure of United States Tax Court

Palau. Land Court
代表受管辖的法院的规范检索点，用于: Rules and regulations of the Land Court / promulgated by the Palau Supreme Court, pursuant to RPPL no. 4-43 section 16

19.3.2.5 受宪法等管辖的团体

对于由一个行政管辖区制定并管辖非行政管辖区团体的宪法、宪章等，应用 **19.3.1** 所列的关于记录与作品相关的其他个人、家族和团体的基本说明，记录受管辖的团体。

> Columbus Savings Bank (Columbus, Ga.)
> *代表受宪法等管辖的团体的规范检索点，用于:* Charter of Columbus Savings Bank, incorporated by special act of Legislature of the state of Georgia, December 24, 18

19.3.2.6 刑事审判等中被起诉的个人或团体

对于刑事审判、弹劾、军事法庭等的正式诉讼和记录，以及此类案例的上诉程序，应用 **19.3.1** 所列的关于记录与作品相关的其他个人、家族和团体的基本说明，记录被起诉的个人或团体。

> Alley, Leavitt
> *代表被告的规范检索点，用于:* Report of the trial of Leavitt Alley, indicted for the murder of Abijah Ellis, in the Supreme Judicial Court of Massachusetts / reported by Franklin Fiske Heard
>
> Hull, William, 1753 – 1825
> *代表被告的规范检索点，用于:* Report of the trial of Brig. General William Hull, commanding the North-Western Army of the United States, by a court martial held at Albany on Monday, 3rd January, 1814, and succeeding days / taken by Lieut. Col. Forbes
>
> Meteor (Ship)
> *代表被告的规范检索点，用于:* Report of the case of the steamship Meteor, libelled for alleged violation of the Neutrality Act / edited by F.V. Balch
>
> American Tobacco Company
> *代表被告的规范检索点，用于:* United States of America, et al., plaintiff, vs. the American Tobacco Company, et al., defendants : criminal no. 6670: transcripts of proceedings, Lexington, Kentucky, May 5–Dec. 11, 1941. — At head of title: In the District Court of the United States, Eastern District of Kentucky (at Lexington)
>
> Williams, Harrison A.
> *代表被告的规范检索点，用于:* Trial proceedings (trial transcript excerpts and tape recording transcripts) in the case of the United States of America v. Harrison A. Williams, Jr., et al. in the United States District Court for the Eastern District of New York, crim no. 80 CR-00575 / prepared for the use of the Select Committee on Ethics, United States Senate, 97th Congress, first session

对于对陪审团的指示，记录被起诉的个人或团体。

> Latrimouille, Hilaire
> *代表被告的规范检索点，用于:* The charge to the jury and the sentence by Judge Theodoric R. Westbrook in the case of Hilaire Latrimouille / reported by James M. Ruso, court stenographer
>
> Warner Bros.
> Paramount Pictures, Inc.
> RKO Radio Pictures, Inc.
> *代表被告的规范检索点，用于:* Charge to the jury by Hon. George H. Moore, judge of the United States District Court in St. Louis, in the case of United of America States of America vs. Warner Bros. Pictures, Inc., et al., delivered November 11, 1935。*被告包括发行公司 Warner、 Paramount 和 R.K.O.*

对于案件中法院的审判或其他判决，记录被起诉的个人或团体。

Danforth, Stephen
代表被告的规范检索点，用于: Stephen Danforth, petitioner v. Minnesota : on writ of certiorari to the Supreme Court of Minnesota: opinion of the court. — At head of title: Supreme Court of the United States

对于法官意见，记录被起诉的个人或团体。

Milligan, Lambdin P.
代表被告的规范检索点，用于: The dissenting opinion in the Milligan case。*首席大法官 Salmon P. Chase 撰写；有关 Lambdin P. Milligan 在美国最高法院辩论和判决的案例*

Tadić, Dušan
代表被告的规范检索点，用于: Prosecutor v. Dusko Tadic a/k/a “Dule” : separate and dissenting opinion of Judge McDonald regarding the applicability of Article 2 of the statute

19.3.2.7 被起诉的个人或团体

对于起诉书，应用 **19.3.1** 所列的关于记录与作品相关的其他个人、家族和团体的基本说明，记录被起诉的个人或团体。

Duane, William, 1760 – 1835
代表被起诉的个人的规范检索点，用于: Copy of an indictment (No. 1) in the Circuit Court of the United States in and for the Pennsylvania District of the Middle Circuit。*William Duane 的起诉书*

Rajic, Ivica
代表被起诉的个人的规范检索点，用于: Indictment, Rajic (“Stupni Do”), 23 August 1995。*前南斯拉夫问题国际刑事法庭的起诉书*

19.3.2.8 非刑事诉讼中提起诉讼的个人或团体

对于民事和其他非刑事诉讼（包括选举案件）的正式诉讼和报告，以及这些案件的上诉诉讼，应用 **19.3.1** 所列的关于记录与作品相关的其他个人、家族和团体的基本说明，记录提起诉讼的个人或团体。

Brooks, William, 1803 –1863
代表原告的规范检索点，用于: The case of William Brooks versus Ezekiel Byam and others, in equity, in the Circuit Court of the United States, for the First Circuit–District of Massachusetts

Goodwin Film and Camera Company
代表原告的规范检索点，用于: The Goodwin Film and Camera Company, complainant, vs. Eastman Kodak Company, defendant。*案件在纽约西区的美国巡回法庭上听证过*

Goodwin Film and Camera Company
代表原告的规范检索点，用于: The Goodwin Film and Camera Company, complainant- appellee, vs. Eastman Kodak Company, defendant-appellant : transcript of record。*上诉在美国第二巡回上诉法庭上听证过*

对于对陪审团的指示，记录提起诉讼的个人或团体。

Dalton, Benjamin Franklin
代表原告的规范检索点，用于: Judge Merrick's charge to the jury, in the Dalton divorce case

Granville (Family)
代表原告的规范检索点，用于: The charge of Judge Potter to the jury in the suit of the devisees of the Earl Granville against Josiah Collins in the Circuit Court of the United States, December term, 1805 as it appeared in the Raleigh register, Jan. 20 & 27, 1806

对于案件中法院的审判或其他判决，记录提起诉讼的个人或团体。

Steel, Helen, 1965 –
Morris, David, 1954 –
代表原告的规范检索点，用于: Helen Marie Steel and David Morris, appellants, v. McDonald's Corporation and McDonald's Restaurants Ltd., respondents: judgment (as approved by the Court) / handed down transcript of Smith Bernal Reporting Limited. — At head of title: In the Supreme Court of Judicature, in the Court of Appeal (Civil Division), on appeal from the Queen's Bench Division (the Hon. Mr. Justice Bell), before Lord Justice Pill, Lord Justice May, Mr. Justice Keene

对于法官意见，记录提起诉讼的个人或团体。

Goodyear, Charles, 1800 –1860
代表原告的规范检索点，用于: Opinion of Judge Pitman in the case of Charles Goodyear et al. vs. Bourn, Brown et al. : in the Circuit Court of the United States, Rhode Island District, November term,1856. — "A bill in equity has been filed in this court in the name of Charles Goodyear and others against George O. Bourn, Wm. W. Brown and Edwin M. Chaffee, charging them with a violation of a patent granted to Charles Goodyear"—Page 3

Little, Edwin C.
Scoville, Oliver
代表原告的规范检索点，用于: Opinion of the Hon. Alfred Conkling, District Judge of the United States for the Northern District of New York, sitting in the Circuit Court of the United States : upon the question of copyright in manuscripts, in the case of Little and company against Hall, Goulds, and Banks, respecting the fourth volume of Comstock's reports. — "Edwin C. Little & Oliver Scoville vs. Levi W. Hall, Anthony Gould, William Gould, David Banks and David Banks, Jr."—Page 3

19.3.2.9 非刑事诉讼中辩方的个人或团体

对于民事和其他非刑事诉讼（包括选举案件）的正式诉讼和报告，以及这些案件的上诉诉讼，应用 **19.3.1** 所列的关于记录与作品相关的其他个人、家族和团体的基本说明，记录辩方（即被提起诉讼的一方或多方）的个人或团体。

Webb, E. Y. (Edwin Yates), 1872–1955
代表被告的规范检索点，用于: Contested election case of John A. Smith, contestant, v. Edwin Y. Webb, contestee, from the Ninth Congressional District of North Carolina, before Committee on Elections No. 2

对于对陪审团的指示，记录辩方的个人或团体。

Dalton, Helen Maria, born 1837
代表被告的规范检索点，用于: Judge Merrick's charge to the jury, in the Dalton divorce case

Collins, Josiah
代表被告的规范检索点，用于: The charge of Judge Potter to the jury in the suit of the devisees of the Earl Granville against Josiah Collins in the Circuit Court of the United States, December term, 1805 as it appeared in the Raleigh register, Jan. 20 & 27, 1806

对于案件中法院的审判或其他判决，记录辩方的个人或团体。

McDonald's Corporation
McDonald's Restaurants Ltd.
代表被告的规范检索点，用于: Helen Marie Steel and David Morris, appellants, v. McDonald's Corporation and McDonald's Restaurants Ltd., respondents: judgment (as approved by the Court) / handed down transcript of Smith Bernal Reporting Limited. — At head of title: In the Supreme Court of Judicature, in the Court of Appeal (Civil Division), on appeal from the Queen's Bench Division (the Hon. Mr. Justice Bell), before Lord Justice Pill, Lord Justice May, Mr. Justice Keene

对于法官意见，记录辩方的个人或团体。

Bourn, George Osborn, 1809 – 1859
Brown, Wm. W. (William W.)
Chaffee, Edwin M.
代表被告的规范检索点，用于: Opinion of Judge Pitman in the case of Charles Goodyear et al. vs. Bourn, Brown et al. : in the Circuit Court of the United States, Rhode Island District, November term, 1856. — "A bill in equity has been filed in this court in the name of Charles Goodyear and others against George O. Bourn, Wm. W. Brown and Edwin M. Chaffee, charging them with a violation of a patent granted to Charles Goodyear"—Page 3

Hall, Levi W.
Gould, Anthony, 1802?–1858
Gould, William, 1772 –1846
Banks, David, 1786 –1871
Banks, David, Jr.
代表被告的规范检索点，用于: Opinion of the Hon. Alfred Conkling, District Judge of the United States for the Northern District of New York, sitting in the Circuit Court of the United States : upon the question of copyright in manuscripts, in the case of Little and company against Hall, Goulds, and Banks, respecting the fourth volume of Comstock's reports. — "Edwin C. Little & Oliver Scoville vs. Levi W. Hall, Anthony Gould, William Gould, David Banks and David Banks, Jr."—Page 3

19.3.2.10 法官

对于对陪审团的指示，应用 **19.3.1** 所列的关于记录与作品相关的其他个人、家族和团体的基本说明，记录陈述指示的法官。

Westbrook, Theodoric R., died 1885
代表陈述指示的法官的规范检索点，用于: The charge to the jury and the sentence by Judge Theodoric R. Westbrook in the case of Hilaire Latrimouille / reported by James M. Ruso, court stenographer

Sprague, Peleg, 1756 –1800
代表陈述指示的法官的规范检索点，用于： William Johnson vs. James E. Root : suit for violation of the plaintiff's patent for sewing machines, by sale of a machine containing his feeding mechanism : charge of Hon. Peleg Sprague, district judge, to the jury / phonographic report by James M. Pomeroy. — At head of title: Circuit Court of the United States, District of Massachusetts

Potter, Henry, 1766 – 1857
代表陈述指示的法官的规范检索点，用于： The charge of Judge Potter to the jury in the suit of the devisees of the Earl Granville against Josiah Collins in the Circuit Court of the United States, December term, 1805 as it appeared in the Raleigh register, Jan. 20 & 27, 1806

19.3.2.11 案件的当事人

对于案件一方当事人的陈述、辩解或其他正式记录，应用 **19.3.1** 所列的关于记录与作品相关的其他个人、家族和团体的基本说明，记录案件的当事人。

Morewood, George B.
Morewood, John Rowland, 1821–1903
Routh, Frederic R.
Enequist, Lorenzo N.
代表案件当事人的规范检索点，用于： George B. Morewood, John R. Morewood, Frederic R. Routh, respondents, appellants versus Lorenzo N. Enequist, libellant, appellee : brief for appellants on admiralty jurisdiction / Robert Dodge, attorney for appellants. — At head of title: Supreme Court of the United States, no. 132

对于律师所作的法庭辩论，记录被代表的一方，除了被行政管辖区起诉的涉案行政管辖区。

Stanford, Leland, 1824 –1893
法庭辩论中代表被告的规范检索点，用于： In the Superior Court of the county of Sonoma, state of California, Ellen M. Colton, plaintiff, vs. Leland Stanford et al., defendants : argument of Mr. Cohen on behalf of the defendants

19.3.2.12 代表一方的律师

对于案件一方当事人的辩护状、辩解或其他正式记录，应用 **19.3.1** 所列的关于记录与作品相关的其他个人、家族和团体的基本说明，记录相关的律师。

Belli, Melvin M., 1907–1996
代表提交辩护状的律师的规范检索点，用于： Jack Ruby, appellant vs. the state of Texas, appellee : amicus curiae brief for Jack Ruby, defendant and appellant / Melvin M. Belli, Sr. — At head of title: In the Court of Criminal Appeals of the state of Texas

对于律师所作的法庭辩论，记录律师。

Gowen, Franklin B. (Franklin Benjamin), 1836 –1889
代表律师的规范检索点，用于： Argument of Franklin B. Gowen, Esq., of counsel for the

Commonwealth in the case of the Commonwealth vs. Thomas Munley, indicted in the Court of Oyer and Terminer of Schuylkill County, Pa., for the murder of Thomas Sanger, a mining boss, at Raven Run, on September 1st, 1875 / stenographically reported by R.A. West

Cohen, Alfred A. (Alfred Andrew), 1829 –1887
代表律师的规范检索点，用于: In the Superior Court of the county of Sonoma, state of California, Ellen M. Colton, plaintiff, vs. Leland Stanford et al., defendants : argument of Mr. Cohen on behalf of the defendants

19.3.3 与宗教作品相关的其他个人、家族或团体

<u>核心元素</u>

如果用代表与作品相关的其他个人、家族或团体的检索点构建代表作品的规范检索点（见 6.30），则与作品相关的其他个人、家族或团体是核心元素。

19.3.3.1 应用

将 19.3.3.2 所列的说明应用于被一个或多个教派团体所接受的神学教义、宗教忏悔等。

将 19.3.3.3–19.3.3.4 所列的说明应用于：

a) 官方批准或传统上接受的宗教仪式文本

b) 既定时间提供的义务祈祷书（包括时辰礼仪、日课等）

c) 执行宗教仪式的历法和手册

d) 用于宗教仪式的取自宗教经典的阅读物

e) 称作"books of hours"（时间之书）的祈祷书

对于下列类别的作品，依 19.2 所列的一般性规则和说明：

a) 用于私人祈祷的作品 ["books of hours" （时间之书）除外]

b) 圣会和唱诗班所用的圣歌汇编

c) 非官方批准的礼拜仪式的提议

d) 非官方的礼仪书

e) 宗教仪式的程序

f) 无经文的圣句集

对于其他类型的宗教作品，依 19.3.1 所列的记录与作品相关的其他个人、家族和团体的基本说明。

19.3.3.2 与教义等相关的教派团体

对于被一个或多个教派团体所接受的神学教义、宗教忏悔等，应用 19.3.1 所列的关于记录与作品相关的其他个人、家族和团体的基本说明，记录教派团体。

Orthodox Presbyterian Church
代表与如下宗教忏悔和教义问答相关的教派团体的规范检索点: The confession of faith and catechisms : the Westminster Confession of Faith and catechisms as adopted by the Orthodox Presbyterian Church : with proof texts

General Conference Mennonite Church
Mennonite Church

代表与如下宗教忏悔相关的教派团体的规范检索点： Confession of Faith in a Mennonite Perspective。*该宗教忏悔于 1995 年 7 月 25 日至 30 日在堪萨斯州威奇托召开的门诺教堂大会和门诺派教会的代表会议上通过*

Catholic Church
代表与如下教义问答相关的教派团体的规范检索点： Catechism of the Catholic Church: revised in accordance with the official Latin text promulgated by Pope John Paul II

19.3.3.3 与礼拜仪式作品相关的教会或教派团体

对于礼拜仪式作品，应用 **19.3.1** 所列的关于记录与作品相关的其他个人、家族和团体的基本说明，记录作品所属的教会或教派团体。

United Methodist Church (U.S.)
代表与如下作品相关的教会的规范检索点： The United Methodist book of worship

Church of England
代表与如下作品相关的教会的规范检索点： The book of common prayer and administration of the sacraments and other rites and ceremonies of the church, according to the use of the Church of England

Central Conference of American Rabbis
代表与如下作品相关的教派团体的规范检索点： A Passover Haggadah : the new Union Haggadah / prepared by the Central Conference of American Rabbis ; edited by Herbert Bronstein ; drawings by Leonard Baskin

Catholic Church
代表与如下作品相关的教会的规范检索点： Horae diurnae Breviarii Romani ex decreto sacrosancti Concilii Tridentini restituti

Rabbinical Council of America
代表与如下作品相关的教派团体的规范检索点： The ArtScroll Rabbinical Council of America Sabbath and festival Siddur = סדור בית רנוב : שבת , שלוש רגלים / a new translation and anthologized commentary by Nosson Scherman ; co-edited by Meir Zlotowitz ; designed by Sheah Brander

United Lutheran Church in America
代表与如下作品相关的教会的规范检索点： Common service book of the Lutheran church / authorized by the United Lutheran Church in America

Church of England
代表与如下作品相关的教会的规范检索点： The coronation service of Her Majesty Queen Elizabeth II

Catholic Church
代表与如下作品相关的教会的规范检索点： Epistles and Gospels for Sundays and holy days / prepared, with the addition of brief exegetical notes, by the Catholic Biblical Association of America

Episcopal Church
代表与如下作品相关的教会的规范检索点： Proper lessons for the Sundays and holy days throughout the year. — Caption title: Lessons of the Protestant Episcopal Church

Catholic Church
代表与如下作品相关的教会的规范检索点： The liber usualis : with introduction and rubrics in English / edited by the Benedictines of Solesmes

Catholic Church
代表与如下作品相关的教会的规范检索点： The restored Holy Week liturgy : practical arrangement of the prescribed music for the average church choir / by Carlo Rossini

Orthodox Eastern Church
代表与如下作品相关的教会的规范检索点： The Menaion / translated from Greek by the Holy Transfiguration Monastery

Orthodoxos Ekklēsia tēs Hellados
代表与如下作品相关的教堂的规范检索点： The Gospel lectionary : the Evangelion of the Greek Orthodox Church according to the King James Version, emended and arranged for the liturgical year

Catholic Church
代表与如下作品相关的教会的规范检索点： Sacramentary for celebrations proper to the Society of Jesus / edited by Martin D. O'Keefe

Church of England
代表与如下作品相关的教会的规范检索点： The communion in Coventry Cathedral。*礼拜仪式作品*

19.3.3.4 与礼拜仪式作品相关的教会等的内部团体

如果作品与教会内部的特定团体（例如，主教教区、大教堂、修道院、教团）相关，则应用 **19.3.1** 所列的关于记录与作品相关的其他个人、家族和团体的基本说明，记录该团体。

Jesuits
代表与如下作品相关的特定团体的规范检索点： Sacramentary for celebrations proper to the Society of Jesus / edited by Martin D. O'Keefe

Cyprus (Archdiocese)
代表与如下作品相关的特定团体的规范检索点： Hēmerologion Ekklēsias Kyprou : typikē diataxis Hierōn Akolouthiōn, 1997. A liturgical calendar

Catholic Church. Maronite Patriarchate of Antioch (Syria)
代表与如下作品相关的特定团体的规范检索点： Official text of the divine liturgy according to the Maronite Antiochene Church / translated by the Maronite Seminary and revised by the Maronite Chancery Office

United Hebrew Congregations of the Commonwealth
代表与如下作品相关的特殊团体的规范检索点： The authorised daily prayer book of the United Hebrew Congregations of the Commonwealth / original translation by Simeon Singer ; with a new translation and commentary by Sir Jonathan Sacks

Coventry Cathedral
代表与如下作品相关的特定团体的规范检索点： The communion in Coventry Cathedral。*礼拜仪式作品*

Temple Emanuel (Grand Rapids, Mich.)
代表与如下作品相关的特定团体的规范检索点： Temple Emanuel High Holy Day prayer book / Albert M. Lewis, editor

20

与内容表达相关的个人、家族和团体

20.0 目的和范围

本章提供记录与内容表达相关的个人、家族和团体——编者、译者、插图者、表演者等——的关系的一般性规则和说明。

20.1 记录与内容表达相关的个人、家族和团体的一般性规则

20.1.1 信息源

关于与内容表达相关的个人、家族和团体的信息取自出现在体现内容表达的资源的首选信息源（见 2.2.2）上的说明。

如果这些说明不明确或不充分，则按优先顺序采用下列信息源：

a) 在资源中显著出现的其他说明

b) 仅在资源的内容中出现的信息（例如，图书的正文、录音资料的声音内容）

c) 其他来源

关于反映多部分专著、连续出版物和集成性资源责任变化的说明，见 18.4.2。

20.1.2 记录与内容表达相关的个人、家族和团体

依 20.2 所列的说明，记录与内容表达相关的个人、家族和团体。

如果所描述的资源包含两个或两个以上与不同个人、家族或团体相关的内容表达，则依 20.2 所列的说明，记录与资源集合的每个内容表达相关的个人、家族和团体。

20.2 贡献者

20.2.1 记录贡献者的基本说明

20.2.1.1 范围

贡献者是指通过内容表达对作品的实现做出贡献的个人、家族或团体。

贡献者包括编者、译者、音乐改编者、表演者等。

对于包含一部主要作品且添加了评注等、插图、附加音乐部分等的内容表达，评注等的作者、插图者、附加音乐的作曲者等均视为贡献者。

20.2.1.2 信息源

关于贡献者的信息取自 20.1.1 所规定的来源。

20.2.1.3 记录贡献者

应用 **18.4** 所列的关于记录与资源相关的个人、家族和团体关系的一般性规则，记录贡献者。

编者、编纂者等

Borchardt, Julian, 1868 –1932
代表编者的规范检索点，用于： The people's Marx : abridged popular edition of the three volumes of Capital / edited by Julian Borchardt ; translated by Stephen L. Trask

Blackwell, David D.
Richards, Maria C.
代表编者的规范检索点，用于： Geothermal map of North America / North American map editors, David D. Blackwell and Maria C. Richards ; map production by the Kansas Geological Survey

Goss, Charles Mayo, born 1899
代表编者的规范检索点，用于： Anatomy of the human body / by Henry Gray. — 25th edition / edited by Charles Mayo Goss

Committee on Women's Studies in Asia
代表编者的规范检索点，用于： Changing lives : life stories of Asian pioneers in women's studies / edited by the Committee on Women's Studies in Asia ; foreword by Florence Howe

Arneil, Barbara
Deveaux, Monique
Dhamoon, Rita, 1970 –
Eisenberg, Avigail I., 1962–
代表编者的规范检索点，用于： Sexual justice/cultural justice : critical perspectives in political theory and practice / edited by Barbara Arneil, Monique Deveaux, Rita Dhamoon and Avigail Eisenberg

Jonas, Wayne B.
代表编者的规范检索点，用于： Mosby's dictionary of complementary and alternative medicine / editorial consultant, Wayne B. Jonas

Atlas, Allan W.
代表编者的规范检索点，用于： Music in the classic period : essays in honor of Barry S. Brook / [edited by] Allan W. Atlas

Payne, Claire
Bowker, James M.
Reed, Patrick C.
代表汇编者的规范检索点，用于： The economic value of wilderness : proceedings of the conference, Jackson, Wyoming, May 8–11, 1991 / compilers, Claire Payne, J.M. Bowker, Patrick C. Reed

Dionne, René, 1929 –
代表汇编者的规范检索点，用于： Anthologie de la littérature franco-ontarienne des origines à nos jours / [compilé par] René Dionne

Rousset, Jean
代表汇编者的规范检索点，用于： Anthologie de la poésie baroque française / textes choisis et présentés par Jean Rousset

Perigault de Ortíz, Tilsia
代表汇编者的规范检索点，用于： Colección de rimas infantiles / [seleccionada por] Tilsia Perigault

Richardson, James D. (James Daniel), 1843 –1914
代表汇编者的规范检索点，用于： A compilation of the messages and papers of the Presidents, 1789 –1902 / by James D. Richardson

Momigliano, Eucardio, born 1888
代表汇编者的规范检索点，用于： Tutte le encicliche dei sommi pontefici / raccolte e annotate da Eucardio Momigliano

圣经主题对照编制者

Stevens, William Arnold, 1839 –1910
Burton, Ernest DeWitt, 1856 –1925
代表圣经主题对照编制者的规范检索点，用于： A harmony of the Gospels for historical study : an analytical synopsis of the four Gospels / by Wm. Arnold Stevens and Ernest DeWitt Burton

Swanson, Reuben J.
代表圣经主题对照编制者的规范检索点，用于： The horizontal line synopsis of the Gospels / Reuben J. Swanson

Ponsonby, Reginald G. (Reginald Gordon)
代表圣经主题对照编制者的规范检索点，用于： The life of Our Lord / compiled from the Gospels of the four Evangelists and presented in the very words of the Sc riptures as one continuous narrative by Reginald G. Ponsonby ; with a preface by Sir Wilfred Grenfell

附加评注者等

Whiston, Robert
代表附加评注者的规范检索点，用于： D emosthenes : with an English commentary / by Robert Whiston

Bellinger, Carl-Hermann, 1935 –
代表附加评注者的规范检索点，用于： Wohnungsbindungsgesetz : Textausgabe mit Verwaltungsvorschriften des Landes Nordrhein-Westfalen und Kommentar / von Carl-Hermann Bellinger

Burian, Peter, 1943 –
代表附加评注者的规范检索点，用于： Ion / Euripides ; translated by W.S. Di Piero ; introduction, notes, and commentary by Peter Burian

Cobb, Margaret G.
代表附加评注者的规范检索点，用于： Debussy's letters to Inghelbrecht : the story of a musical friendship / annotated by Margaret G. Cobb ; translations by Richard Miller

Feaster, Patrick, 1971–
Giovannoni, David
代表附加评注者的规范检索点，用于： Actionable offenses : indecent phonograph recordings from the 1890s. — Program, historical, and biographical notes, with discographical information and bibliographical references, and transcripts of the performances, all in English, by Patrick Feaster and David Giovannoni (58 pages : illustrations (some coloured), portraits) inserted in container。*录制了 1892 至 1900 年间淫秽和低俗喜剧表演片段的光盘*

Lambourne, Nigel, 1919 –
代表附加评注者的规范检索点，用于： Renoir : paintings, drawings, lithographs, and etchings / selected and introduced by Nigel Lambourne

Bayes, Walter (Walter John), 1869 –1956
代表附加评注者的规范检索点，用于： The landscapes of George Frederick Watts。*在目次表中列出评注者 Walter Bayes 的名称*

Wynberg, Simon, 1955 –
代表附加评注者的规范检索点，用于： Concert works for guitar / Giulio Regondi ; in reprints of the first editions with historical notes and a commentary by Simon Wynberg。*乐谱*

Del Mar, Jonathan
代表附加评注者的规范检索点，用于： Concerto for violoncello and orchestra in E minor, op. 85 : Royal College of Music London MS 402 / Edward Elgar ; introduction by Jonathan Del Mar ; foreword by Steven Isserlis。*乐谱手稿摹真品*

增加伴奏等的作曲者

Kelley, Daniel
代表附加音乐的作曲者的规范检索点，用于： Syrinx : for flute and piano : flute solo / Claude Debussy ; with piano accompaniment by Daniel Kelley

Pilati, Mario, 1903 –1938
代表附加音乐的作曲者的规范检索点，用于： Caprices, op. 1 / Paganini ; with piano accompaniment by Mario Pilati

Schumann, Robert, 1810 –1856
代表附加音乐的作曲者的规范检索点，用于： Sechs Sonaten für Violine solo / von Joh. Seb. Bach ; herausgegeben von J. Hellmesberger ; Klavierbegleitung von Robert Schumann

Abramson, Robert M.
代表配乐的作曲者的规范检索点，用于： The Countess Cathleen / by W.B. Yeats ; incidental music composed by Robert M. Abramson。*戏剧表演的录音资料*

插图者

Irving, James Gordon
代表插图者的规范检索点，用于： Birds : a guide to the most familiar American birds / by Herbert S. Zim and Ira N. Gabrielson ; illustrated by James Gordon Irving

Dulac, Edmund, 1882–1953
代表插图者的规范检索点，用于： Stories from the Arabian nights / retold by Laurence Housman ; with drawings by Edmund Dulac

Bishop, Nic, 1955 –
代表插图者的规范检索点，用于： Red-eyed tree frog / story by Joy Cowley ; illustrated with photographs by Nic Bishop

Chadwick, Paxton
代表插图者的规范检索点，用于： British butterflies / by E.B. Ford ; with 16 colour plates by Paxton Chadwick

Weir, Harrison, 1824 –1906
Greenaway, John, 1816 –1890
代表插图者的规范检索点，用于： Three hundred and fifty Aesop's fables / literally translated from the Greek by Geo. Fyler Townsend ; with one hundred and fourteen illustrations, designed by Harrison Wier, and engraved by J. Greenaway

Nature Photographers Ltd.
代表插图者的规范检索点，用于： Field guide to the trees of Britain, Europe, and North America / Andrew Cleave ; photographs by Nature Photographers Ltd.

译者

Edmonds, Rosemary
代表译者的规范检索点，用于： Fathers and sons / Ivan Turgenev ; translated by Rosemary Edmonds

Kapari, Jaana, 1955 –
代表译者的规范检索点，用于： Harry Potter ja Azkabanin vanki / J.K. Rowling ; suomentanut Jaana Kapari

Heaney, Seamus, 1939 –
代表译者的规范检索点，用于： Beowulf : a new verse translation / Seamus Heaney

Cruse, Mark
Hoogenboom, Hilde
代表译者的规范检索点，用于： The memoirs of Catherine the Great / a new translation by Mark Cruse and Hilde Hoogenboom

Buddhist Text Translation Society
代表译者的规范检索点，用于： Relatos sobre la vida del venerable maestro Hsuan Hua / compilado por la Bhikṣuṇī Heng Yin ; traducido al español por la Sociedad de Traducción de Textos Budistas

Lauzières, Achille de
Louis, D.
代表译者的规范检索点，用于： Carmen : opéra en 4 actes / de Henri Meilhac et Ludovic Halévy ; musique de Georges Bizet ; traduction italienne de A. de Lauzières ; traduction allemande de D. Louis。*声乐缩编谱*

Brunse, Niels
代表译者的规范检索点，用于： Les misérables / musical af Alan Boubil og Claude- Michel Schönberg ; tekst, Herbert Kretzmer ; oversættelse, Niels Brunse。*音乐剧录音资料，由法语原版译成丹麦语演出*

Taverner, Richard, 1505?–1575
Jacobs, Henry Eyster, 1844–1932
代表译者和编者的规范检索点，用于： The Augsburg Confession / translated from the Latin, in 1536, by Richard Taverner ; with variations of the English translations, directly or indirectly dependent thereon ; edited for the use of the Joint Committee of the General Council, the General Synod, and the United Synod of the South, charged with the preparation of a revised translation, by Henry E. Jacobs

音乐的改编者、改写者等

Price, Florence, 1887–1953
代表音乐改编者的规范检索点，用于： Peter go ring dem bells : Negro spiritual / arranged by Florence B. Price

Trinkaus, George J., 1878 –1960
代表音乐改编者的规范检索点，用于： Divertimento, op. 12, no. 2 / L. van Beethoven ; transcribed for woodwind by George J. Trinkaus

Berlioz, Hector, 1803 –1869
代表音乐改编者的规范检索点，用于： Aufforderung zum Tanz : Rondo brillant für das Pianoforte, op. 65 / by Carl Maria von Weber ; arranged for orchestra by Hector Berlioz

表演者

Baez, Joan
代表表演者的规范检索点，用于： Any day now : Bob Dylan's songs / sung by Joan Baez

Ruiz, Adrian, 1937–
代表表演者的规范检索点，用于： Adrian Ruiz plays Niels Gade and Christian Sinding

Dion, Céline
Anastacia, 1968 –
Cher, 1946 –
Shakira
Dixie Chicks (Musical group)
Nicks, Stevie

代表表演者的规范检索点，用于: Divas Las Vegas : a concert to benefit the VH1 Save the Music Foundation。*Celine Dion、Anastacia、Cher、Shakira、Dixie Chicks 和 Stevie Nicks 演唱了不同作曲家的歌曲*

Chieftains
代表表演者的规范检索点，用于: Bonaparte's retreat。*Chieftains 乐队表演了不同作曲家的民间音乐和歌曲*

Blind Boys of Alabama
代表表演者的规范检索点，用于: If I had a hammer / Blind Boys of Alabama。*Blind Boys of Alabama 组合表演的传统灵魂音乐*

St. Paul Chamber Orchestra
Davies, Dennis Russell
代表表演者的规范检索点，用于: Sinfonia in G minor, op. 6, no. 6 / Johann Christian Bach. Symphony in G / Michael Haydn. Cassation in D, K. 62a / Wolfgang Amadeus Mozart。*所有曲目由 Saint Paul Chamber Orchestra*（圣保罗室内乐团）*表演，Dennis Russell Davies 指挥*

Kubelík, Rafael, 1914 –1996
Chicago Symphony Orchestra
Dorati, Antal
Minneapolis Symphony Orchestra
代表表演者的规范检索点，用于: Concerto grosso no. 1 : for string orchestra with piano obbligato / Bloch. Spirituals : for string choir and orchestra / Gould。*第一部作品由 Rafael Kubelík 指挥、Chicago Symphony Orchestra*（芝加哥交响乐团）*演奏，第二部作品由 Antal Dorati 指挥、Minneapolis Symphony Orchestra*（明尼阿波利斯交响乐团）*演奏*

Mikulaš, Peter, 1954 –
Slovenská filharmónia. Zbor
Symfonický orchester Čs. rozhlasu v Bratislave
Slovák, Ladislav, 1919 –1999
代表表演者的规范检索点，用于: Symphony no. 13, "Babi Yar" / Shostakovich。*表演者：男低音 Peter Mikulaš、Slovak Philharmonic Chorus*（斯洛伐克爱乐合唱团）、*Czecho-Slovak Radio Symphony Orchestra ((Bratislava)*（捷克-斯洛伐克广播交响乐团）、*指挥 Ladislav Slovák*

Edmonton Symphony Orchestra
Mayer, Uri, 1946–
代表表演者的规范检索点，用于: Orchestral suites of the British Isles。*Edmonton Symphony Orchestra*（埃德蒙顿交响乐团）*演奏、Uri Mayer 指挥的不同作曲家的作品*

Thigpen, Lynne
代表表演者的规范检索点，用于: The bluest eye / by Toni Morrison。*Lynne Thigpen 讲述的有声读物*

Sarandon, Susan, 1946 –
代表表演者的规范检索点，用于: Dying to be thin / a Nova production by Twin Cities Public Television, Inc. for WGBH/Boston ; written, produced, and directed by Larkin McPhee. — Narrator, Susan Sarandon

Koppel, Ted, 1940 February 8 –
代表表演者的规范检索点，用于: Gay rights, marriage, and the Supreme Court / ABC News Productions. — Hosted by Ted Koppel

Kermit, the Frog
Whitmire, Steve, 1959 –
代表表演者的规范检索点，用于: One frog can make a difference : Kermit's guide to life in the '90s / by Kermit the Frog, as told to Robert P. Riger ; read by Kermit the Frog ; sound effects by Tom Keith。*有声读物；Kermit the Frog 由 Steve Whitmire 配音*

Streep, Meryl
Chieftains

代表表演者的规范检索点，用于： Meryl Streep reads The tailor of Gloucester / written by Beatrix Potter ; music by the Chieftains

Ledger, Heath, 1979 – 2008
Gyllenhaal, Jake, 1980 –
Cardellini, Linda, 1975 –
Faris, Anna, 1976 –
Hathaway, Anne, 1982 –
Williams, Michelle,1980 –
Quaid, Randy, 1953 –
代表表演者的规范检索点，用于： Brokeback Mountain / Focus Features and River Road Entertainment ; directed by Ang Lee ; screenplay by Larry McMurtry & Diana Ossana ; producers, Diana Ossana, James Schamus. — Cast: Heath Ledger, Jake Gyllenhaal, Linda Cardellini, Anna Faris, Anne Hathaway, Michelle Williams, Randy Quaid。*记录的特定检索点反映编目机构所作出的选择*

法院书记官

Manning, James, 1803 –1896
Granger, Thomas Colpitts, died 1852
Scott, John, 1803 –1896
代表法院书记官的规范检索点，用于： Common bench reports : cases argued and determined in the Court of Common Pleas / [reported] by James Manning, T.C. Granger, and John Scott

Bosanquet, John Bernard, 1773 –1847
Puller, Christopher, 1774 –1824
代表法院书记官的规范检索点，用于： Reports of cases argued and determined in the Courts of Common Pleas, and Exchequer Chamber, and in the House of Lords / by John Bernard Bosanquet and Christopher Puller

Ruso, James M.
代表法院书记官的规范检索点，用于： The charge to the jury and the sentence by Judge Theodoric R. Westbrook in the case of Hilaire Latrimouille / reported by James M. Ruso, court stenographer

Pomeroy, James M. (James Morgarum), 1836 –1887
代表法院书记官的规范检索点，用于： William Johnson vs. James E. Root : suit for violation of the plaintiff's patent for sewing machines, by sale of a machine containing his feeding mechanism : charge of Hon. Peleg Sprague, district judge, to the jury / phonographic report by James M. Pomeroy. — At head of title: Circuit Court of the United States, District of Massachusetts

法律编纂者

Lumley, W. G. (William Golden), 1802–1878
Lumley, Edmund
代表汇编者的规范检索点，用于： The public health acts / annotated by William Golden Lumley and Edmund Lumley

法规编纂者等

National Insurance Law Service
代表汇编者的规范检索点，用于： Michigan related regulations / compiled by National Insurance Law Service

Shoemaker, Alan H.
Vehrs, Kristin L.
代表汇编者的规范检索点，用于： AAZPA manual of federal wildlife regulations. — Contents: v. 1. Protected species / compiled by Alan H. Shoemaker — v. 2. Laws and regulations / compiled by Kristin L. Vehrs

条约编纂者等

Bevans, Charles I. (Charles Irving), 1908 –1986
代表汇编者的规范检索点，用于： Treaties and other international agreements of the United States of America, 1776 –1949 / compiled under the direction of Charles I. Bevans

Rengger, N. J. (Nicholas J.)
Campbell, John (John R. E.)
代表汇编者的规范检索点，用于： Treaties and alliances of the world / [compiled by] N.J. Rengger with John Campbell

法院规章编纂者

West Publishing Company
代表汇编者的规范检索点，用于： West's California rules of court, 1975, state and federal : with amendments received for January 1, 1975. — St. Paul, Minnesota : West Publishing Co.。*本规章适用于加利福尼亚州的诸多州和联邦法院，是由 California Judicial Council*（加州司法委员会）*颁布的州级规章*

法院报告等的编纂者

Hayes, Robert A. (Robert Alexander), 1942 –
代表汇编者的规范检索点，用于： Australian law reports : being reports of judgments of the High Court of Australia and the Judicial Committee of the Privy Council and of state supreme courts exercising federal jurisdiction, other federal courts and tribunals, together with selected cases from the Supreme Court of the Northern Territory and reports of the Supreme Court of the Australian Capital Territory (authorized by the judges) / editor, Robert Hayes。*由书记员签名的每宗案件的报告*

Phillips, Richard H. (Richard Henry), 1890 –1971
代表汇编者的规范检索点，用于： Connecticut digest, 1785 to date : Kirby to volume 129 inclusive ... / by Richard H. Phillips

Michie, A. Hewson (Addinell Hewson), born 1897
代表汇编者的规范检索点，用于： Michie's digest of Virginia and West Virginia reports : being a complete encyclopedia and digest of all the Virginia and West Virginia case law up to and including volume 151 Virginia reports and volume 105 West Virginia reports : also federal cases decided pursuant to and including volume 22F (2d) / under the editorial supervision of A. Hewson Michie

其他贡献者

Albanese, Denise
Haselkom, Anne M.

Gross, Janet S. (Janet Sussman), 1944 –
Pauley, Caren A. (Caren Altchek)
代表其他贡献者的规范检索点，用于： The instruction of a Christen woman / Juan Luis Vives ; coordinating editors, Virginia Walcott Beauchamp, Elizabeth H. Hageman, and Margaret Mikesell ; contributing editors, Sheila Ffolliott and Betty S. Travitsky ; other contributors, Denise Albanese, Anne M. Haselkorn, Janet S. Gross, and Caren A. Pauley

Feistner, Kelly
Halverson, Janet
Yunag, Lori
Matheson, Greg
Dee, David
Delinski, George
Warren, Alden
代表其他贡献者的规范检索点，用于： South Florida Everglades : satellite image map / U.S. Department of the Interior, U.S. Geological Survey ; authors: John W. Jones, Jean-Claude Thomas and Gregory B. Desmond ; other contributors: Kelly Feistner, Janet Halverson, Lori Yunag, Greg Matheson, David Dee, George Delinski, Alden Warren

Russotto, Ellen
代表其他贡献者的规范检索点，用于： Esteban Vicente / by Elizabeth Frank ; chronology and appendices by Ellen Russotto

Daugherty, Ruth A.
代表其他贡献者的规范检索点，用于： John Wesley : holiness of heart & life / Charles Yrigoyen, Jr. ; with study guide by Ruth A. Daugherty

Isserlis, Steven, 1958 –
代表其他贡献者的规范检索点，用于： Concerto for violoncello and orchestra in E minor, op. 85 : Royal College of Music London MS 402 / Edward Elgar ; introduction by Jonathan Del Mar ; foreword by Steven Isserlis。*乐谱手稿的复制品*

United States. Embassy (Greece). Foreign Commercial Service
United States. Embassy (Greece). Economic Section
代表其他贡献者的规范检索点，用于： Marketing in Greece / prepared by Ann Corro ; with contributions by the Foreign Commercial Service and the Economic Section of U.S. Embassy, Athens

Society of Canadian Ornithologists
代表其他贡献者的规范检索点，用于： Directory of Canadian ornithologists = Répertoire des ornithologistes canadiens. — Gatineau, QC : Environment Canada, [2000]- — "Compiled by the Migratory Birds Conservation Division of the Canadian Wildlife Service of Environment Canada, with assistance from the Society of Canadian Ornithologists"—English home page。*网站*

Ballinger, Laura
Peroni, Geraldine
Tichenor, Dylan
Santaolalla, Gustavo
Allen, Marit
Becker, Judy
代表其他贡献者的规范检索点，用于： Brokeback Mountain / Focus Features and River Road Entertainment ; directed by Ang Lee ; screenplay by Larry McMurtry & Diana Ossana ; producers, Diana Ossana, James Schamus. — Credits: Director of photography, Rodrigo Prieto ; art director, Laura Ballinger ; editors, Geraldine Peroni, Dylan Tichenor ; music, Gustavo Santaolalla ; costume designer, Marit Allen ; production designer, Judy Becker。*记录的特定检索点反映编目机构所作出的选择*

21

与载体表现相关的个人、家族和团体

21.0 目的和范围

本章提供记录与载体表现相关的个人、家族和团体——生产者、出版者、发行者、制作者等——的关系的一般性规则和说明。

21.1 记录与载体表现相关的个人、家族和团体的一般性规则

21.1.1 信息源

关于与载体表现相关的个人、家族和团体的信息取自出现在所描述资源的首选信息源（见 **2.2.2**）上的说明。

如果这些说明不明确或不充分，则按优先顺序采用下列信息源：

a)　在资源中显著出现的其他说明

b)　仅在资源内容中出现的信息（例如，图书的正文、录音资料的声音内容）

c)　其他来源

关于反映多部分专著、连续出版物和集成性资源责任变化的说明，见 **18.4.2**。

21.1.2 记录与载体表现相关的个人、家族和团体

依 **21.2–21.6** 所列的说明，记录与载体表现相关的个人、家族和团体。

如果所描述的资源包含两个或两个以上与不同个人、家族或团体相关的载体表现，则依 **21.2–21.6** 所列的说明，记录与资源集合的每个载体表现相关的个人、家族和团体。

21.2 非出版资源的制作者

21.2.1 记录非出版资源的制作者的基本说明

21.2.1.1 范围

非出版资源的制作者 是指对非出版形式资源的镌刻、制造、构建等负有责任的个人、家族或团体。

21.2.1.2 信息源

关于非出版资源的制作者的信息取自 **21.1.1** 所规定的来源。

21.2.1.3 记录非出版资源的制作者

如果对检索重要，则应用 **18.4** 所列的关于记录与资源相关的个人、家族和团体关系的一般性规则，记录非出版资源的制作者。

Hitchman, Robert
代表制作者的规范检索点，用于: Vessels on the Northwest coast between Alaska and California--1543–1811 / J. Neilson Barry. — [Place of production not identified] : Robert Hitchman, 1952. — Typewritten carbon, "copied from Doctor Barry's typescript by Robert Hitchman, April 27, 1952"

Middleton, R. Hunter (Robert Hunter), 1898 – 1985
代表制作者的规范检索点，用于: The large water spaniel. — [United States?] : R. Hunter Middleton, [1960s?]. — 1 print : wood engraving, black and white ; 5 x 8 cm, on sheet 11 x 15 cm。*R. Hunter Middleton 根据 Thomas Bewick (1753 – 1828)的白线木版画制作的现代印刷图片*

Edison, Thomas A. (Thomas Alva), 1847–1931
代表制作者的规范检索点，用于: Annabella / produced by Thomas A. Edison. — [United States?] : Thomas A. Edison, 1897。*早期电影*

Grainger, Percy, 1882–1961
Cross, Burnett
代表制作者的规范检索点，用于: Sliding pipe free music invention / Percy Grainger, Burnett Cross. — [Place of production not identified] : Percy Grainger : Burnett Cross, 1946。*实验性乐器*

Weequahic High School (Newark, N.J.)
代表制作者的规范检索点，用于: Bookends made with bricks from the house in which Stephen Crane was born / prepared by industrial arts students in Weequahic High School, Newark, New Jersey.— [Newark, New Jersey?] : Industrial Arts Students in Weequahic High School, [1940?]. — "These bookends were constructed from bricks taken from the house in which Stephen Crane was born, 14 Mulberry Place, Newark, N.J., at its demolition in October, 1940"—Inscription

21.3 出版者

21.3.1 记录出版者的基本说明

21.3.1.1 范围

出版者是指对资源的出版、发布或发行负有责任的个人、家族或团体。

21.3.1.2 信息源

关于出版者的信息取自 **21.1.1** 所规定的来源。

21.3.1.3 记录出版者

如果对检索重要，则应用 **18.4** 所列的关于记录与资源相关的个人、家族和团体关系的一般性规则，记录出版者。

Northern Prairie Wildlife Research Center
代表出版者的规范检索点，用于: Tiger beetles of the United States / coordinated by W. Wyatt Hoback and John J. Riggins. — Jamestown, ND : Northern Prairie Wildlife Research Center, [2001]。*不断更新的网站*

American Association of Petroleum Geologists
代表出版者的规范检索点，用于: Geothermal map of North America / North American map editors, David D. Blackwell and Maria C. Richards ; map production by the Kansas Geological Survey. — Tulsa, OK : American Association of Petroleum Geologists, 2004。*挂图*

Sizemore Enterprises
代表出版者的规范检索点，用于： Stanwood area and Camano Island street map. — Sedro-Woolley, Washington : Published by Sizemore Enterprises in conjunction with the Stanwood & Camano Island Chambers of Commerce, ©2003

Chard, Thomas, died 1624
代表出版者的规范检索点，用于： A very fruitfull exposition of the commaundements by way of questions and answeres for greater plainnesse : together with an application of euery one to the soule and conscience of man : profitable for all, and especially for them that (beeing not otherwise furnished) are yet desirous both to see themselues and to deliuer to others some larger speech of euerie point that is but briefely named in the shorter catechismes / by Geruase Babington ; whereunto is newely annexed a table, conteyning the principall matters in this booke. — At London : Printed by Henrie Midleton for Thomas Charde, 1586

Kelmscott Press
代表出版者的规范检索点，用于： The poetical works of Percy Bysshe Shelley. — Hammersmith : Kelmscott Press, 1895

Farmhouse Press
代表出版者的规范检索点，用于： A train / Jim Koss. — Seattle : Farmhouse Press, [1996]

Women's Studio Workshop
Paradise Press
代表出版者的规范检索点，用于： The Queen of Wands : a paper sculpture / Susan E. King. — Rosendale, NY : Women's Studio Workshop ; Santa Monica, CA : Paradise Press, ©1993 (Rochester, New York : Printed offset by Paul Muhly at Visual Studies Workshop Press, [date of printing not identified])。*与两张印有出版信息和操作说明的卡片一起装在塑料袋里发行的纸模*

Milton Bradley Company
代表出版者的规范检索点，用于： Scrabble crossword game. — Deluxe edition. — Springfield, MA : Milton Bradley Company, ©1989。*棋盘游戏*

Currier & Ives
代表出版者的规范检索点，用于： Woodcock shooting / from nature and on stone by F.F. Palmer ; lith. of N. Currier N.Y. — New York : Currier & Ives, ©1852。*石版画*

Australian National Parks and Wildlife Service
代表出版者的规范检索点，用于： Australian macropods. — Canberra, ACT : Produced by Australian National Parks and Wildlife Service, [1985]。*一套 4 张宣传画，这里制作者就是出版者*

21.4 发行者

21.4.1 记录发行者的基本说明

21.4.1.1 范围

发行者 是指对资源发行负有责任的个人、家族或团体。

21.4.1.2 信息源

关于发行者的信息取自 **21.1.1** 所规定的来源。

21.4.1.3 记录发行者

如果对检索重要，则应用 **18.4** 所列的关于记录与资源相关的个人、家族和团体关系的一般性规则，记录发行者。

Genius Entertainment
代表发行者的规范检索点，用于： This film is not yet rated / IFC presents in association with Netflix and BBC ; a Chain Camera production ; produced by Eddie Schmidt ; directed by Kirby Dick. — [United States?] : [publisher not identified], [2007] ; Santa Monica, CA : Distributed by Genius Entertainment, [2007]。*通过 DVD 发布的电影*

Health Edco, Inc.
代表发行者的规范检索点，用于： Detailed ear model. — [Hamburg, Germany] : 3B Scientific, 2000 ; Waco, TX : Distributed by Health Edco, [date of distribution not identified]。*解剖模型*

Murray the Map Man (Firm)
代表发行者的规范检索点，用于： Street map of Everett & vicinity. — San Francisco, CA : North American Maps, ©1978 ; Belmont, CA : Murray the Map Man [distributor], [date of distribution not identified]

21.5 生产者

21.5.1 记录生产者的基本说明

21.5.1.1 范围

生产者是指对出版形式资源的印刷、复印、铸造等负有责任的个人、家族或团体。

21.5.1.2 信息源

关于生产者的信息取自 **21.1.1** 所规定的来源。

21.5.1.3 记录生产者

如果对检索重要，则应用 **18.4** 所列的关于记录与资源相关的个人、家族和团体关系的一般性规则，记录生产者。

Columbia Music Video (Firm)
代表生产者的规范检索点，用于： The blues, a musical journey / Vulcan Productions and Road Movies Production in association with Cappa Productions & Jigsaw Productions ; series producer, Alex Gibney. — New York : Sony Music Entertainment, ©2003 ([Place of manufacture not identified] : Manufactured by Columbia Music Video, [date of manufacture not identified])。*一套 7 张的 DVD 光盘*

Middleton, Henry, died 1587
代表印刷者的规范检索点，用于： A very fruitfull exposition of the commaundements by way of questions and answeres for greater plainnesse : together with an application of euery one to the soule and conscience of man : profitable for all, and especially for them that (beeing not otherwise furnished) are yet desirous both to see themselues and to deliuer to others some larger speech of euerie point that is but briefely named in the shorter catechismes / by Geruase Babington ; whereunto is newely annexed a table, conteyning the principall matters in this booke. — At London : Printed by Henrie Midleton for Thomas Charde, 1586

Worde, Wynkyn de, died 1534?
代表印刷者的规范检索点，用于： Here begynneth the lyf of Saint Katherin of Senis the Blessid Virgin. — [Place of publication not identified] : [publisher not identified], [date of publication not identified] (Emprynted at Westemynster : By Wynkyn de Worde, [1492?])

Grabhorn Press
代表印刷者的规范检索点，用于: San Francisco, old & new / written by Marion Brown and pictured by Jean Williamson. — [Place of publication not identified] : [publisher not identified], [date of publication not identified] (San Francisco : Printed by the Grabhorn Press, 1939)

Muhly, Paul
Visual Studies Workshop. Press
代表印刷者的规范检索点，用于: The Queen of Wands : a paper sculpture / Susan E. King. — Rosendale, NY : Women's Studio Workshop ; Santa Monica, CA : Paradise Press, ©1993 (Rochester, New York : Printed offset by Paul Muhly at Visual Studies Workshop Press, [date of printing not identified])。*与两张印有出版信息和操作说明的卡片一起装在塑料袋里发行的纸模*

Heliotype Printing Co.
代表印刷者的规范检索点，用于: Central Virginia / from the map prepared by authority of the Hon. Secretary of War ; under the direction of A.A. Humphreys, Chief of Engineers, U.S.A. ; by N. Michler, Major of Engineers. — [United States] : [publisher not identified], [1870s?] (Boston : Heliotype Printing Co., [date of printing not identified])

21.6 与载体表现相关的其他个人、家族或团体

21.6.1 记录与载体表现相关的其他个人、家族和团体的基本说明

21.6.1.1 范围

与载体表现相关的其他个人、家族或团体是指除制作者、出版者、发行者或生产者之外的与载体表现相联系的个人、家族或团体。

与载体表现相关的其他个人、家族或团体包括图书设计者、制版者等。

21.6.1.2 信息源

关于与载体表现相关的其他个人、家族和团体的信息取自 **21.1.1** 所规定的来源。

21.6.1.3 记录与载体表现相关的其他个人、家族和团体

如果对检索重要，则应用 **18.4** 所列的关于记录与资源相关的个人、家族和团体关系的一般性规则，记录与载体表现相关的其他个人、家族和团体。

Vignelli, Massimo
代表图书设计者的规范检索点，用于: The architecture of Ulrich Franzen : selected works / text by Peter Blake ; foreword by George Weissman ; project descriptions by Ulrich Franzen ; book design by Massimo Vignelli. — Basel ; Boston : Birkhäuser, 1999

Currier, Nathaniel, 1813–1888
代表制版者的规范检索点，用于: Woodcock shooting / from nature and on stone by F.F. Palmer ; lith. of N. Currier N.Y. — New York : Currier & Ives, ©1852。*石版画*

Thompson, Edmund, 1897–1974
Hawthorne House (Firm)
Meridien Gravure Company
代表与如下载体表现相关的其他个人和团体的规范检索点: Specimens of printing types / by John Baskerville ; in facsimile with a bibliographical note by Paul Alcorn. — Connecticut : The Columbiad Club, 1939. — "Of one hundred copies issued, seventy are offered for sale ... The collotype plates are by the Meridien Gravure Company, typography by Edmund Thompson at Hawthorne House"

American Printing House for the Blind (Louisville, Ky.)
代表布莱叶盲文点字制版者的规范检索点，用于： Red book on work incentives : a summary guide to social security and supplemental security income work incentives for people with disabilities / developed by Social Security Administration, Office of Disability, Office of Supplemental Security Income. — [Baltimore, Maryland?] : Social Security Administration, 1998. — "Embossed by American Printing House for the Blind, Louisville, Kentucky"

22

与单件相关的个人、家族和团体

22.0 目的和范围

本章提供记录与单件相关的个人、家族和团体——拥有者、保管者等——的关系的一般性规则和说明。

22.1 记录与单件相关的个人、家族和团体的一般性规则

22.1.1 信息源

关于与单件相关的个人、家族和团体的信息取自任何来源。

22.1.2 记录与单件相关的个人、家族和团体

依 **22.2–22.4** 所列的说明，记录与单件相关的个人、家族和团体。

如果所描述的资源包含两个或两个以上与不同个人、家族或团体相关的单件，则依 **22.2–22.4** 所列的说明，记录与资源集合的每个单件相关的个人、家族和团体。

22.2 拥有者

22.2.1 记录拥有者的基本说明

22.2.1.1 范围

拥有者是指对单件（即资源的一个特定复本或实例）拥有产权的个人、家族或团体。

22.2.1.2 信息源

关于拥有者的信息取自 **22.1.1** 所规定的来源。

22.2.1.3 记录拥有者

如果对检索重要，则应用 **18.4** 所列的关于记录与资源相关的个人、家族和团体的一般性规则，记录拥有者。

> Ebenezer Reformed Church (Holland, Mich.)
> *代表拥有者的规范检索点，用于:* Ebenezer Reformed Church records, 1867–1979. — [Holland, Michigan] : Ebenezer Reformed Church, 1867–1979. — Ownership retained by Ebenezer Reformed Church. Joint Archives of Holland serves as custodian.。*档案馆藏*
>
> Dickens, Charles, 1812–1870
> *代表先前拥有者的规范检索点，用于:* History of the Indian tribes of North America : with biographical sketches and anecdotes of the principal chiefs / embellished with one hundred and twenty portraits, from the Indian Gallery in the Department of War, at Washington ; by Thomas L. M'Kenney and James Hall. — Philadelphia : Edward C. Biddle, 1836–1844. — Library's copy once belonged to Charles Dickens and has his personal bookplate and a label that reads: "From the Library of Charles Dickens, Gadshill Place, June 1870." *一套三卷本的图书*

Roethke, Theodore, 1908 – 1963
代表先前拥有者的规范检索点，用于： Friday's child / by Wilfred Watson. — London : Faber and Faber, 1955. — This copy belonged to Theodore Roethke and is signed by him on the title page. Roethke has also made a correction to the text on the inside front dust jacket

Grolier Club. Library
代表先前拥有者的规范检索点，用于： The other house / by Henry James. — London : William Heinemann, 1896. — This copy once in the Grolier Club Library and has their bookplate

Kissinger, Henry, 1923 –
代表捐赠者的规范检索点，用于： Palatinatvs Bavariæ. — [Amsterdam] : Apud Ioannem Ianssonium, [1660s?]. — Donated by Henry Kissinger, former Secretary of State. Mr. Kissinger received the map as a gift from the Federal Republic of Germany

22.3 保管者

22.3.1 记录保管者的基本说明

22.3.1.1 范围

保管者是指对单件（即资源的一个特定复本或实例）拥有合法保管权的个人、家族或团体。

22.3.1.2 信息源

关于保管者的信息取自 22.1.1 所规定的来源。

22.3.1.3 记录保管者

如果对检索重要，则应用 **18.4** 所列的关于记录与资源相关的个人、家族和团体关系的一般性规则，记录保管者。

Owens, Virginia Ronzio
代表先前保管者的规范检索点，用于： Gilpin tram, Black Hawk, iron mill. — [Place of production not identified] : [producer not identified], [1898]。*最初由 Richard A. Ronzio 收藏，财产托管人 Virginia Ronzio Owens 保存。1996 年 9 月被 Jefferson County Public Library 购买*

Joint Archives of Holland
代表保管者的规范检索点，用于： Ebenezer Reformed Church records, 1867–1979. — [Holland, Michigan] : Ebenezer Reformed Church, 1867–1979. — Ownership retained by Ebenezer Reformed Church. Joint Archives of Holland serves as custodian。*档案收藏*

22.4 与单件相关的其他个人、家族或团体

22.4.1 记录与单件相关的其他个人、家族和团体的基本说明

22.4.1.1 范围

与单件相关的其他个人、家族或团体是指除拥有者或保管者之外的与单件相联系的个人、家族或团体。

与单件相关的其他个人、家族或团体包括管理者、装订者、修复者等。

22.4.1.2 信息源

关于与单件相关的其他个人、家族和团体的信息取自 **22.1.1** 所规定的来源。

22.4.1.3 记录与单件相关的其他个人、家族和团体

如果对检索重要，则应用 **18.4** 所列的关于记录与资源相关的个人、家族和团体关系的一般性规则，记录与单件相关的其他个人、家族和团体。

Brock, David
代表装订者的规范检索点，用于： I dream Atget / Susan E. King. — Los Angeles : Paradise Press, 1997. — "Letterpress printed in an edition of seventeen. The paper is Stonehenge, the type is Greeting Monotone. The photographs are Polaroid transfers printed on silk by the artist. The binding is by David Brock in San Diego"—Colophon

Kreger, David J.
代表收藏者的规范检索点，用于： Berlin Wall portion. — [Berlin, Germany] : [producer not identified], [1961?] — Collected by S.Sgt. David J. Kreger at Karl Marx Strasse and Duppel (block W8) during summer 1990

Reitz, Ralph B.
代表收藏者的规范检索点，用于： 100 botanical specimens from Meadville and vicinity / collected and presented to Allegheny College, by Ralph B. Reitz. — [Pennsylvania] : Ralph B. Reitz, [1889]。*从 1887 年至 1889 年间收藏了 100 个标本，放置在剪贴簿中*

Bakken, Dick, 1941 –
代表单件受赠者的规范检索点，用于： The Buddha uproar : poems / by John Tagliabue ; with illustrations by Jacqueline McFarland. — San Francisco : Kayak Press, [1967?]. — One of 1,000 copies printed by George Hitchcock at the Kayak Press. This copy is inscribed by the author and is a presentation copy to poet Dick Bakken

Chapple, Stanley, 1900 – 1987
代表单件受赠者的规范检索点，用于： The martyred : an opera in two acts and 10 scenes / music and libretto by James Wade (1965 – 1967) ; Korean version by David Yousun Lee ; based on the novel by Richard E. Kim and the drama by Kim Ki-pal ; special lyrics for Italian song by Valerio Anselmo. — [Seattle, Washington] : J. Wade, ©1968. — Composer's autograph presentation copy to Stanley Chapple。*声乐缩编谱*

Santen, Dirck Jansz van, 1637 or 1638 – 1708
代表装饰者的规范检索点，用于： Helvetiæ, Rhetiæ & Valesiæ cum omnibus finitimis regionibus tabula, vulgo Schweitzerland. — Amstelodami : Apud Joannem Janssonium, [1649]. — Illuminated in gold and watercolor by Dirck Jansz van Santen。*地图*

Ryan, Nolan, 1947 –
代表亲笔签名者的规范检索点，用于： Baseball autographed by Nolan Ryan. — [Place of manufacture not identified] : [manufacturer not identified], [date of manufacture not identified]. — Baseball autographed by Nolan Ryan in black ink. Awarded to the Cornette Library as first place winners in the First Annual Chili Challenge held at the West Texas A & M University Baseball Complex on April 13, 1996

第七部分　记录概念、物体、事件和地点的关系

23

记录作品主题的一般性规则

[待补充]

第八部分　记录作品、内容表达、载体表现和单件之间的关系

24

记录作品、内容表达、载体表现和单件之间关系的一般性规则

24.0 范围

本章阐述第 25–28 章记录作品、内容表达、载体表现和单件之间关系的规则和说明中所蕴含的功能性目标和原则，并指定记录这些关系的核心元素。

本章提供记录由标识符、规范检索点或描述所代表的作品、内容表达、载体表现或单件与相关的作品、内容表达、载体表现和单件之间关系的一般性规则和说明。

本章还提供记录关系说明语和部分的编号，引用获取关系信息的来源，以及为关系数据的使用或修改编制附注的说明。

24.1 术语

24.1.1 关键术语的说明

本章及第 25 – 28 章中使用了一些在 RDA 中承载特定含义的术语。一些关键术语的含义在 24.1.2–24.1.5 中进行了说明。第 25 – 28 章中用作数据元素名称的术语在特定元素说明的开始处进行了定义。此外，这些章节中使用的具有特定技术含义的所有术语在术语表中进行了定义。

24.1.2 作品、内容表达、载体表现和单件

术语*作品*、*内容表达*、*载体表现* 和*单件* 的使用如下:

术语***作品*** 是指独特的知识或艺术创作（即知识或艺术内容)。

术语***内容表达*** 是指作品的知识或艺术创作得以实现的方式，包括字母–数字、音符或舞谱、声音、图像、物体、动作等或上述形式的任何组合。

术语***载体表现***是指作品的一个内容表达的物理体现。

术语***单件***是指载体表现的一个样例或实例。

如适用，上述术语应理解为不仅包括单独的实体，还包括此类实体的集合和组成部分（即术语*作品*应理解为除单独的作品等之外，还包括作品集合和作品的组成部分）。

24.1.3 相关的作品、内容表达、载体表现和单件

术语*相关作品*、*相关内容表达*、*相关载体表现* 和*相关单件* 的使用如下:

术语***相关作品*** 是指与由标识符、规范检索点或描述所代表的作品相关的作品（例如，改编、评注、补编、续集、较大作品的一部分）。

术语***相关内容表达*** 是指与由标识符、规范检索点或描述所代表的内容表达相关的内容表达（例如，修订版、译本）。

术语***相关载体表现*** 是指与所描述资源相关的载体表现（例如，不同格式的载体表现）。

术语***相关单件*** 是指与所描述资源相关的单件（例如，作为缩微复制基础的单件）。

24.1.4 检索点

术语*检索点*和*规范检索点*的使用如下：

术语***检索点***是指代表特定作品或内容表达的名称、术语、代码等。

术语***规范检索点***是指代表一个实体的标准化检索点。用作品的首选题名并酌情前置以代表对此作品负有责任的个人、家族或团体的规范检索点，构建代表作品或内容表达的规范检索点。

24.1.5 关系说明语

术语***关系说明语***是指指示由规范检索点、描述和/或标识符所代表的作品、内容表达、载体表现或单件之间关系本质的标识符。

24.2 功能性目标和原则

记录反映作品、内容表达、载体表现和单件之间关系的数据应能使用户：

a) *查找* 与用户检索的数据所代表的作品、内容表达、载体表现和单件相关的作品、内容表达、载体表现和单件

b) *理解* 两个或两个以上的作品、内容表达、载体表现或单件之间的关系

为确保使用 RDA 创建的数据能实现上述功能性目标，数据应反映由规范检索点、描述和/或标识符所代表的作品、内容表达、载体表现和单件之间所有重要的书目关系。

24.3 核心元素

除 17.3 所规定的基本关系之外，记录作品、内容表达、载体表现和单件之间的关系不是必需的。

24.4 记录作品、内容表达、载体表现和单件之间的关系

如适用，依 24.4.1 （标识符）、24.4.2 （规范检索点）或 24.4.3 （描述）所列的一个或多个规则，记录作品、内容表达、载体表现或单件与相关的作品、内容表达、载体表现或单件之间的关系。

记录适用的关系说明语（见 24.5），该说明语比用关系元素本身所定义的范围更为专指地指示关系的本质。

如果重要且适用，则记录较大作品中部分的编号（见 24.6）。

关于用代表相关作品或相关内容表达的规范检索点建立参见参照的规则，见附录 E(E.1.3.3)。

24.4.1 相关的作品、内容表达、载体表现或单件的标识符

如适用，依 6.8 （作品标识符）、 6.13 （内容表达标识符）、2.15（载体表现标识符）或 2.19（单件标识符）所列的说明，提供相关的作品、内容表达、载体表现或单件的标识符。

University of Western Australia law review = ISSN 0042-0328
提供 ISSN 和相关资源的识别题名

ISBN 978-1-74146-163-3
相关载体表现的 ISBN

urn-3:RAD.ARCH:15009
相关资源的资源标识符

24.4.2 代表相关的作品或内容表达的规范检索点

如适用，依 **6.27.1–6.27.2**（代表作品或作品组成部分的规范检索点）或 **6.27.3**（代表内容表达的规范检索点）所列的规则和说明，提供由此构建的代表相关的作品或内容表达的规范检索点。

Shakespeare, William, 1564–1616. Taming of the shrew

TEIC quarterly seismological bulletin

Connecticut Commission on Children. Annual report (2005)

Goncourt, Edmond de, 1822–1896. Frères Zemganno. English

24.4.3 相关的作品、内容表达、载体表现或单件的描述

酌情采用下列形式之一，提供相关的作品、内容表达、载体表现或单件的描述：

a) 结构化描述（即对相关资源的整体或部分的描述与对资源的描述采用相同的元素顺序）

b) 非结构化描述（即用句子或段落对相关资源的整体或部分进行描述）

结构化描述

Reprint of: Venice / by Cecil Roth. — Philadelphia : The Jewish Publication Society of America, 1930. — (Jewish communities series)

Verse adaptation: Harshacarita gāthā : mahākāvya / Śarada Miśra. — 1. saṃskaraṇa. — Śahaḍola : Racanā Prakāśana, [2000]

Supplement: Forbes ASAP. — New York, NY : Forbes, 1992–2001. — Absorbed by: Forbes, September 2001

Filmed with: Russkie skazki Vostochnoĭ Sibiri / sbornik Aleksandra Gurevicha. — Irkutsk : Ogiz, 1939

Facsimile of: 2nd edition, revised. — London : Routledge,
对相关资源的部分描述

非结构化描述

Reprint of the revised and updated edition published in 1971 by Farrar, Straus & Giroux

Original letters in the collection of the Watkinson Library, Trinity College, Hartford, Connecticut

Related materials providing visual documentation of racially segregated facilities may be found in the following collections in this repository: Birmingfind Project Photographs and Common Bonds Project Photographs

Filmed with three other titles

Activities are based on the book How the brain learns, by David A. Sousa, 3rd edition, 2006

Motion picture films and sound and video recordings transferred to Library of Congress Motion Picture, Broadcasting and Recorded Sound Division

Continues in part: Journal de physique; and replaces the supplement to Journal de physique called: Revue de physique appliquée

24.5 关系说明语

24.5.1 记录关系说明语的基本说明

24.5.1.1 范围

关系说明语是指指示由规范检索点、描述和/或标识符所代表的作品、内容表达、载体表现或单件之间关系本质的标识符。

24.5.1.2 信息源

关于作品、内容表达、载体表现或单件之间关系本质的信息取自任何来源。

24.5.1.3 记录关系说明语

记录附录 J 列表中适用的术语，该术语比用关系元素本身所定义的范围更为专指地指示关系的本质。

> continued by
> *所描述资源:* Annual law review / University of Western Australia。*同时记录关系说明语和* University of Western Australia law review *的标识符，该刊继承* Annual law review
>
> motion picture adaptation of
> *所描述资源:* 10 things I hate about you / Touchstone Pictures presents a Mad Chance/Jaret Entertainment production ; produced by Andrew Lazar ; written by Karen McCullah Lutz & Kirsten Smith ; directed by Gil Junger。*同时记录关系说明语和代表 Shakespeare*（莎士比亚）*的作品* The taming of the shrew（驯悍记）*的规范检索点*
>
> augmented by
> *所描述资源:* Die slavischen und Slavica betreffenden Drucke der Wiener Mechitharisten : ein Beitrag zur Wiener Druck-und zur österreichischen Kulturgeschichte / Günther Wytrzens. — Wien : Verlag der Österreichischen Akademie der Wissenschaften,1985。*同时记录关系说明语和相关作品的结构化描述:* Addenda und Corrigenda zum Buch “Die Slavica der Wiener Mechitharisten-Druckerei” / Günther Wytrzens, Ashot Hovakimian. — Wien : Verlag der Österreichischen Akademie der Wissenschaften, 2001

如果附录 J 中所列术语均不适用或不够专指，则用尽可能简洁的指示关系本质的术语。

当采用非结构化描述时，将关系本质作为非结构化描述的一部分予以说明。

> Based on the author's dissertation (doctoral—University of Helsinki, 2002)
>
> Accompanying disc (Hataklit: CD 9415) includes selections set to music by Gideon Koren and performed by The Brothers and the Sisters
>
> Includes an abridgement of the original text, an adaptation into vernacular English, and discussions of Shakespearean English, character analysis, and performance and production

24.6 部分的编号

24.6.1 记录部分的编号的基本说明

24.6.1.1 范围

部分的编号 是指在较大作品中对各部分顺序的标识。

部分的编号可包括附带或不附带标识性词语（卷、期等）的数字、字母、任何其他字符或前述形式的组合和/或年代标识。

24.6.1.2 信息源

关于部分的编号的信息取自任何来源。

24.6.1.3 记录部分的编号

按信息源所呈现的形式记录一个或多个部分的编号。应用 **1.8** 所列的关于用数字或词表达的数的一般性规则。依附录 B (B.5.5)所列的说明，缩写作为编号一部分的术语。

1
作品 Central Institute of Indian Languages. CIIL linguistic atlas series *中部分的编号*

t. 15
作品 Mémoires de la Société archéologique de Montpellier *中部分的编号*

AW14
作品 ArtWorld video series *中部分的编号*

new series, no. 21
作品 Synopses of the British fauna *中部分的编号*

řada D, sv. 7
作品 Janáček, Leoš, 1854–1928. Works (1978) *中部分的编号*

1980, Heft 7/8
作品 Aus Theorie und Praxis des Films *中部分的编号*

dai 8-gō
作品 Kankyōhō Seisaku Gakkai shi *中部分的编号*

13 September 1993
作品 International Court of Justice. Reports of judgments, advisory opinions, and orders *中部分的编号*

v. 3–5, 11–12
作品 Sources and studies for the history of the Americas *中部分的编号*

24.7 已查询的参考源

24.7.1 记录已查询的参考源的基本说明

24.7.1.1 范围

已查询的参考源 是指用于确定作品、内容表达、载体表现或单件之间关系的资源。

24.7.1.2 信息源

关于已查询的参考源的信息取自任何来源。

24.7.1.3 记录已查询的参考源

引用用于确定关系的来源，其后随以已找到的信息的简短说明。

Internet movie database, viewed on June 10, 2008 (10 things I hate about you: adaptation of the classic Shakespeare play "The taming of the shrew," set in a modern day high school)

Schoenberg, Arnold. Gurrelieder, ℗1995: booklet, page 7 (The libretto is based on the Gurresange (1868) by Jens Peter Jacobsen; it was translated by Robert Franz Arnold, and set by Schoenberg with some alterations)

Preventing illness among people with coronary heart disease, ©1996, series title page: The prevention & intervention in the community series; formerly The prevention in human services series

ISSN portal, viewed January 13, 2006: Australasian studies in history and philosophy of science, ISSN 0929-6425; continued by Studies in history and philosophy of science (Dordrecht), ISSN 1871-7381

24.8 编目员附注

24.8.1 编制编目员附注的基本说明

24.8.1.1 范围

编目员附注是指有助于使用或修改关系数据，或有助于创建代表相关的作品或内容表达的规范检索点的注释。

24.8.1.2 信息源

用于编目员附注的信息取自任何来源。

24.8.1.3 编制编目员附注

编制任何有助于编目员使用或修改关系数据，或有助于创建相关的作品或内容表达的规范检索点的附注。

The words "Vocal works," "Orchestral works," etc., appearing on the container are considered an aid to retail store presentation and not a subseries

Make room for daddy changed its title to The Danny Thomas show for seasons 5 – 11. Reference sources continue the season numbering of the earlier title, rather than starting back at one

Originally suite for piano, 4 hands; orchestrated by the composer; later new music added by the composer for ballet version

Title fluctuates between Geological Survey professional paper and U.S. Geological Survey professional paper but as of 1300 is more consistently given in latter form; 1299 chosen as cut-off in consultation with U.S. Department of the Interior Library

Cannot determine which Molodaia gvardiia published in Moscow is related

May be related to: GUM (Series). Storia e documenti. (Title appeared in both forms in 1995)

Possibly related to: Cmd. R.Z. (n 42007388); and to: Cmd. R. ZR. (n 42007389)

Not related to: Technical report series (Tennessee Valley Authority)

Does not appear to be related to the American traveler series published by Renaissance House in Frederick, Colorado

Unable to determine if related to Lippincott's educational guides

25
相关作品

25.0 目的和范围

本章提供记录作品之间关系的一般性规则和说明。

25.1 相关作品

25.1.1 参照相关作品的基本说明

25.1.1.1 范围

相关作品是指与所描述资源相关的作品 (例如，改编、评注、补编、续集、较大作品的一部分)。

25.1.1.2 信息源

关于相关作品的信息取自任何来源。

25.1.1.3 参照相关作品

应用 **24.4** 所列的关于参照相关的作品、内容表达、载体表现和单件的一般性规则，参照相关作品。

相关作品标识符

Paraphrase of: ISWC T-010.304.108-2
所描述资源： Triumph : for concert band (1992) / Michael Tippett. — "A paraphrase on music from The mask of time"

Review in: http://www.mrqe.com/lookup?Capote+(2005)
所描述资源： Capote / A-Line Pictures/Cooper's Town Productions/Infinity Media production ; produced by Caroline Baron, Michael Ohoven, William Vince ; screenplay by Dan Futterman ; directed by Bennett Miller。*电影。由资源标识符识别的载体表现所代表的相关作品*

Finding aid: http://bibpurl.oclc.org/web/14192
所描述资源： Andrews, Emery E., 1894–1976. Emery E. Andrews papers, 1925–1969。*文件和相关资料的档案收藏。由资源标识符识别的载体表现所代表的相关作品*

Supplement: Supplément historique et littéraire de Recherches et débats = ISSN 1273-9901
所描述资源： Recherches et débats du Centre catholique des intellectuels français。*由识别题名和 ISSN 识别的载体表现所代表的相关作品*

Supplement to: Novum Testamentum = ISSN 0048-1009
所描述资源： Supplements to Novum Testamentum. Irregular; the augmented work, Novum Testamentum, is quarterly。 *由识别题名和 ISSN 识别的载体表现所代表的相关作品*

Complemented by: Health technology trends = ISSN 1041-6072
所描述资源： Health technology forecast. An annual; the complemented work is monthly。*由识别题名和 ISSN 识别的载体表现所代表的相关作品*

Continues: **Arctic & Antarctic regions = ISSN 1043-7479**
所描述资源： PolarInfo. An online resource that indexes materials published between 1996 and June 2004; the preceding CD-ROM publication covers materials published between 1972 and 1995。*由识别题名和ISSN识别的载体表现所代表的相关作品*

Continued by: **Tropical ecology = ISSN 0564-3295**
所描述资源： Bulletin of the International Society for Tropical Ecology. A semiannual published in 1960; the succeeding semiannual work began in 1961. *由识别题名和ISSN识别的载体表现所代表的相关作品*

代表相关作品的规范检索点

Parody of: **Tolkien, J. R. R. (John Ronald Reuel), 1892–1973. Lord of the rings**
所描述资源： Bored of the rings : a parody of J.R.R. Tolkien's The lord of the rings / by Henry N. Beard and Douglas C. Kenney of The Harvard lampoon

Musical variations based on: **Mozart, Wolfgang Amadeus, 1756 –1791. Don Giovanni. Là ci darem la mano**
所描述资源： Variationen über Là ci darem la mano : für das Pianoforte mit Begleitung des Orchesters / von Friedrich Chopin。*基于Mozart*（莫扎特）*所作的*Don Giovanni（唐乔凡尼）*中的咏叹调*

Libretto based on: **Michener, James A. (James Albert), 1907–1997. Tales of the South Pacific**
所描述资源： South Pacific : a musical play / music by Richard Rodgers ; lyrics by Oscar Hammerstein II ; book by Oscar Hammerstein II and Joshua Logan。*声乐缩编谱；台本基于James A. Michener所作的*Tales of the South Pacific

Adaptation of: **Healy, G. P. A. (George Peter Alexander), 1813 –1894. Abraham Lincoln**
所描述资源： Abraham Lincoln / Edward V. Bremer. *林肯肖像，仿G.P.A. Healy的画作*

Remake of: **Psycho (Motion picture : 1960)**
所描述资源： Psycho / Universal Pictures and Imagine Entertainment ; screenplay, Joseph Stefano ; produced by Brian Grazer, Gus Van Sant ; directed by Gus Van Sant。*1998年逐镜头翻拍Alfred Hitchcock*（希区柯克）*1960年的电影*

Motion picture adaptation of: **Jonas, George, 1935 – . Vengeance**
所描述资源： Munich / Universal Pictures and Dreamworks Pictures present an Amblin Entertainment- Kennedy/Marshall-Barry Mendel production in association with Alliance Atlantis Communications ; produced by Kathleen Kennedy, Barry Mendel, Steven Spielberg, Colin Wilson ; screenplay by Tony Kushner and Eric Roth ; directed by Steven Spielberg。*基于George Jonas所作的图书*Vengeance *的电影*

Based on: **Star trek, Deep Space Nine (Television program)**
所描述资源： The fallen。*基于电视系列剧*Star trek, Deep Space Nine *的计算机游戏*

Dramatized as: **Gilsenan, Nancy. Judith Guest's Ordinary people**
所描述资源： Ordinary people / Judith Guest。*小说*

Screenplay for the motion picture: **Hiroshima mon amour (Motion picture)**
所描述资源： Hiroshima mon amour : scénario et dialogues / Marguerite Duras ; réalisation, Alain Resnais。*剧本*

Analysis of: **Mozart, Wolfgang Amadeus,1756 –1791. Quartets, strings, K. 465, C major**
所描述资源： Microsoft multimedia Mozart : the Dissonant quartet : an illustrated, interactive musical exploration。*只读光盘*

Description of: **Swan lake (Choreographic work)**
所描述资源： Swan lake / Ann Nugent。*芭蕾舞剧的剧情简介和历史*

Commentary in: **Tingey, Robert J. Commentary on Schematic geological map of Antarctica, scale 1:10,000,000**
所描述资源： Schematic geological map of Antarctica : 1991 / Australian Geological Survey Organisation ; compiled by R.J. Tingey。*地图*

Guide: **Guide to the microfilm edition of Papers of the NAACP**
所描述资源： National Association for the Advancement of Colored People. Papers of the NAACP。*手稿和打字稿原件的缩微版*

Supplement to: **Journal of clinical psychology**
所描述资源： Archives of the behavioral sciences。*不定期出版的专著丛编；作为连续出版物* Journal of clinical psychology *的补编发行*

Subseries of: **Agriculture handbook (United States. Department of Agriculture)**
所描述资源： Forest management chemicals。*主丛编* Agriculture handbook *的年度分丛编*

Special issue of: **Journal of psychology and Judaism**
所描述资源： The family : Biblical and psychological foundations / Kalman J. Kaplan, M.W. Schwartz, and Moriah Markus-Kaplan。Journal of psychology and Judaism *的特刊*

Contained in: **Diptera site**
所描述资源： The biosystematic database of world Diptera。*基于网络的科学名称目录，是更大网站* The Diptera site *的一部分*

Contained in: **Farquharson, Mary U. Mary U. Farquharson papers, 1875–1982**
所描述资源： Mary Farquharson papers relating to the incarceration of Japanese Americans during World War II, 1942–1945。*档案收藏；是更大收藏 Farquharson 文件的一部分*

In series: **Central Institute of Indian Languages. CIIL linguistic atlas series**
所描述资源： India literacy atlas。*作为* CIIL linguistic atlas series *一部分出版的地图集*

Contains: **Davis, Jack, 1917–2000. Dreamers**
Contains: **Johnson, Eva. Murras**
Contains: **Walley, Richard. Coordah**
Contains: **Maza, Bob, 1939 –2000. Keepers**
所描述资源： Plays from Black Australia / Jack Davis, Eva Johnson, Richard Walley, Bob Maza ; with an introduction by Justine Saunders. *四部戏剧的选集*

Contains: **Bax, Arnold, 1883 –1953. Sketches. Dance of wild Irravel**
Contains: **Bax, Arnold, 1883 –1953. Paean; arranged**
Contains: **Bax, Arnold, 1883 –1953. Symphonies, no. 3**
所描述资源： Dance of wild Irravel ; Paean ; Symphony no. 3 / Sir Arnold Bax。*音频光盘，包含 Bax 三部作品的演奏*

Contains: **Wizard of Oz (Motion picture : 1910)**
Contains: **Magic cloak of Oz**
Contains: **His majesty, the Scarecrow of Oz**
Contains: **Wizard of Oz (Motion picture : 1925)**
Contains: **Wizard of Oz (Motion picture : 1933)**
Contains: **Wizard of Oz (Motion picture : 1939)**
所描述资源： The Wizard of Oz / a Metro-Goldwyn-Mayer picture ; produced by Loew's Incorporated ; screen play by Noel Langley, Florence Ryerson and Edgar Allan Woolf ; produced by Mervyn LeRoy ; directed by Victor Fleming. — Three-disc collector's edition。*一套三张 1939 年电影的 DVD，还包括基于相同人物的早期短片和正片*

Libretto for: **Adams, John, 1947– . Nixon in China**
所描述资源： Nixon in China : an opera in three acts / music by John Adams; libretto by Alice Goodman。*单独出版的台本*

Index: Cumulative book index
所描述资源: The United States catalog. Cumulative book index *的年度累计补编*

Augmented by: Roche, Don. Microsoft Access 2000 bible quick start
所描述资源: Microsoft Access 2000 bible / Cary N. Prague and Michael R. Irwin。*附有 Don Roche 所作的* Microsoft Access 2000 bible quick start

Guide to: Fischer, Louis, 1924 – . Teachers and the law
所描述资源: Instructor's manual to accompany Teachers and the law, fourth edition, Louis Fischer, David Schimmel, Cynthia Kelly / prepared by Max E. Pierson。*教材的教师手册*

Index to: Colloquium on the Law of Outer Space. Proceedings
所描述资源: Space law : a bibliography : cumulative index of the proceedings of colloquiums of the International Institute of Space Law, 1958–1994 / prepared in cooperation with the International Institute of Space Law (IISL). — New York : United Nations, 1996。*讨论会会议录的累积索引*

Cadenza composed for: Mozart, Wolfgang Amadeus, 1756 –1791. Concertos, flute, orchestra, K. 313, G major
所描述资源: Cadenzas for the Flute concerto in G major (K. 313) by Mozart / Georges Barrère。*由 Barrère 为 Mozart*（莫扎特）*的协奏曲所作的长笛华彩乐段*

Augmentation of: Goethe, Johann Wolfgang von, 1749–1832. Egmont
所描述资源: Musik zu Goethes Trauerspiel Egmont : op. 84 / Ludwig van Beethoven。*Beethoven*（贝多芬）*为 Goethe*（歌德）*的悲剧* Egmont *所作的配乐总谱*

Illustrations for: Dante Alighieri, 1265–1321. Divina commedia
所描述资源: The Doré illustrations for Dante's Divine comedy : 136 plates / by Gustave Doré。*Doré 描绘 Dante*（但丁）*作品场景的木刻的复制品*

Contains: WONCA news
所描述资源: Family practice。*季刊，其中一个分部的题名:* WONCA news，*是为 World Organization of National Colleges, Academies, and Academic Associations of General Practitioners/Family Physicians 出版的*

Continues: Jane's intelligence review pointer
所描述资源: Pointer。*继承* Jane's intelligence review pointer *出版的月刊*

Continues in part: Journal of youth services in libraries
所描述资源: Young adult library services。*部分继承* Journal of youth services in libraries *的季刊*

Continues: Top of the news
Split into: Children & libraries
Split into: Young adult library services
所描述资源: Journal of youth services in libraries。*继承* Top of the news *的季刊，后分成* Children & libraries *和* Young adult library services

Separated from: International authors' and writers' who's who
所描述资源: International who's who in poetry and poets' encyclopaedia。*从 1993/1994 年* International authors' and writers' who's who *中分离出来*

Absorbed: Curriculum report (Reston, Va.)
所描述资源: The high school magazine。*吸收了双月刊* Curriculum report

Motion picture adaptation of: Boulle, Pierre, 1912–1994. Planète des singes
Remade as: Planet of the apes (Motion picture : 2001)
所描述资源: Planet of the apes / Apjac Productions and Twentieth Century-Fox presents an Arthur P. Jacobs production ; producer, Arthur P. Jacobs ; director, Franklin Schaffner ; screenplay, Michael Wilson, Rod Serling。*电影，改编自 Pierre Boulle 所作的图书* La planète des singes，*2001 年重拍*

Sequel to: Planet of the apes (Motion picture : 1968)
所描述资源： Beneath the planet of the apes。*1968 年的电影* Planet of the apes *的续集*

Continued by: British journal of animal behaviour
所描述资源： Bulletin of animal behaviour。*被季刊* The British journal of animal behavior *继承的不定期刊物*

Absorbed by: Bobbin (Columbia, S.C. : 1987)
所描述资源： Apparel industry magazine。*2001 年被杂志* Bobbin *吸收的月刊*

Sequel: Harris, Edwin. John Jasper's gatehouse
所描述资源： The mystery of Edwin Drood / Charles Dickens。*Harris 的作品是 Dickens*（狄更斯）*未完成的最后一部小说的续集*

Prequel to: Exorcist (Motion picture)
所描述资源： Dominion : prequel to The exorcist / James G. Robinson presents a Morgan Creek production ; a film by Paul Schrader ; produced by James G. Robinson ; written by William Wisher and Caleb Carr ; directed by Paul Schrader。*1973 年电影* The exorcist *的前传*

相关作品的结构化描述

Described in: Virginia Woolf : a list of manuscripts. — London : Spencer, 1986

Described in: Sibelius, Symphony no. 5 / James Hepokoski. — Cambridge ; New York : Cambridge University Press, 1993. — (Cambridge music handbooks)
所描述资源： Symphony no. 5 in E-flat major, op. 82 / Jean Sibelius。*乐谱*

Contained in: Acadia early music facsimile archive / Gordon J. Callon (editor). — http://ace.acadiau.ca/score/archive/facsim.htm
所描述资源： Louis Moreau Gottschalk / site designed by Michelle E. Keddy。*网站，包括 Gottschalk 传记、1881 年 Lippincott 出版社出版的 Gottschalk 日记的摹真复制品和研究者感兴趣的其他网站链接。它是* Acadia early music facsimile archive *网站的一部分。同时提供资源的标识符和相关作品的部分描述*

Contains: 'Til death do us plots / by Julianne Bernstein — Class act / by Michael Elkin — Where's your stuff? / by Daniel Brenner — Foot peddler / by Vivian Green — Smoke / by Louis Greenstein — Single Jewish female / by Julianne Bernstein — In spite of everything / by Hindi Brooks — Ger (the convert) / by Leslie B. Gold and Louis Greenstein — Golden opportunity / by Julianne Bernstein — Interview with a scapegoat / by Louis Greenstein
所描述资源： Voices from Ariel : ten-minute plays reflecting the Jewish experience : a collection of ten short plays / compiled and edited by Julianne Bernstein and Deborah Baer Mozes。*十分钟戏剧作品选*

Contains: The woman voter : official organ of the League of Women Voters
所描述资源 : The woman's journal。*出版于 1917–1931 年的期刊;其中 1922–1931 年的卷期包括* The woman voter

Guide: The Jane Addams papers : a comprehensive guide / Mary Lynn McCree Bryan, editor ; Nancy Slote, associate editor ; Maree de Angury, assistant to the editor
所描述资源： Addams, Jane, 1860 –1935. The Jane Addams papers, 1860–1960 / Mary Lynn McCree Bryan, editor。*Addams 文件的 82 卷缩微胶卷*

Augmented by: A manual on perspective / by Marcel Sedletzky
所描述资源： Marcel Sedletzky : architect and teacher / by Bill Staggs. *对 Sedletzky 的评论和分析，附带包含 Sedletzky 作品* A manual on perspective *的只读光盘*

Supplement to: Flammulated, boreal, and great gray owls in the United States : a technical conservation assessment / Gregory D. Hayward, technical editor ; Jon Verner, co-technical editor. — Fort Collins, CO : U.S. Department of Agriculture, Forest Service, Rocky

Mountain Forest and Range Experiment Station, 1994. — (USDA Forest Service general technical report RM ; 253)
所描述资源： Boreal owl locations and distribution of associated vegetative ecosystems in the United States, 1993. — At head of title: Map 2a (addendum to map 2)。*单独发行的地图，补充与图书* Flammulated, boreal, and great gray owls in the United States *一起发行的 3 张地图的第 2 张*

Supersedes: The action plan for Australian birds / by Stephen Garnett. — Canberra : Australian National Parks and Wildlife Service, 1992
所描述资源： The action plan for Australian birds, 2000 / by Stephen T. Garnett and Gabriel M. Crowley.— Canberra, ACT : Environment Australia ; [Hawthorn East, Victoria] : Birds Australia, 2000

Sequel: Scarlett : the sequel to Margaret Mitchell's Gone with the wind / by Alexandra Ripley. — New York, NY : Warner Books, 1991
所描述资源： Gone with the wind / by Margaret Mitchell。*Alexandra Ripley 所作的 Mitchell 小说* Scarlett *的续集，1991 年出版*

相关作品的非结构化描述

Author's adaptation of his Russian text

Inspired by themes from the music of George Butterworth

A shot-for-shot remake of the 1960 Alfred Hitchcock film of the same name
所描述资源： Psycho / Universal Pictures and Imagine Entertainment ; screenplay, Joseph Stefano ; produced by Brian Grazer, Gus Van Sant ; directed by Gus Van Sant

"An exegesis of Mark 11:15:19"
所描述资源： God's order vs. the Jewish/Roman social order / by Douglas Cunningham

A collection of material about the play Der gute Mensch von Sezuan; includes several versions of selected scenes from the play
所描述资源： Brechts "Guter Mensch von Sezuan" / herausgegeben von Jan Knopf

"As described in: The proposed water quality standards for surface waters of the State of Washington, Chapter 173-201A"—Cover
所描述资源： Waters requiring supplemental spawning and incubation protection for salmonid species / prepared by Sabrina Payne. — Revised November 2006

Reviews available on the composer's Web site

Links to reviews, blogs, and news are available from the Movie review query engine Web site

Also contains two short prose pieces dated 1937

Contains letters to Mrs. Wells and Gabrielle Gissing

Includes "Travel connections" map of air, rail, bus, and ferry routes, insets of "Ryukyu Islands, 1:2,000,000" and "Okinawa, 1:1,000,000," and 5 city map insets showing places of interest: Sapporo — Kyōto — Tōkyō — Ōsaka — Kōbe
所描述资源： Japan. — London : Published by Collins, an imprint of HarperCollins Publishers, ©2001。*导游图*

Includes: Bibliography of Northwest materials

Kept up to date between editions by annual supplements
所描述资源： Public library catalog / edited by Paula B. Entin and Juliette Yaakov

Accompanied by annual supplements covering: periodicals and series; maps and atlases; and: music, 1982 –
所描述资源： Bibliographie de Belgique

One issue each year includes: AMWA annual freelance directory

Includes separately paged newsletter: PPO perspectives

Finding aid available in the repository and online

"This cumulative index covers the Quarterly newsletter numbers 1 to 17 (1966 –1972), Occasional paper numbers 1 and 2 (1969 & 1970), Garden history volumes 1 to 27 (1972–1999), and Newsletter numbers 1 to 57 (1981–1999)"
所描述资源： The Garden History Society cumulative index to the Quarterly newsletters, Garden history, Newsletters & the Occasional papers, 1966 –1999

Volumes for 2001–2005 complemented by: Physicians' desk reference companion guide; 2006– by: PDR guide to drug interactions, side effects, and indications
所描述资源： Physicians' desk reference for ophthalmic medicines

Mounted on a wooden stand to form a pair with: Bale's new celestial globe. 1845

Merger of: British abstracts. B I, Chemical engineering, fuels, metallurgy, applied electrochemistry, and industrial inorganic chemistry; and: British abstracts. B II, Industrial organic chemistry
所描述资源： Journal of applied chemistry

"Updated and expanded version of an original publication by the Great Lakes Planetarium Association, ©1983 and 1999"
所描述资源： Tips for excellent planetarium scriptwriting / contributing editor, Steve Tidey

A later state of the map first published in 1715 and later in 1745. This state has the additions of "King's roads" and an advertisement for Overton's large map of the British Isles, dated 1746

Sequel to both the Alien and Predator films
所描述资源： AVP : Alien vs. Predator / Twentieth Century Fox presents a Davis Entertainment Company/ Brandywine production ; produced by Gordon Carroll, John Davis, David Giler, Walter Hill, Thierry Potok ; screenplay, Paul W.S. Anderson ; director, Paul W.S. Anderson

Merged with: International legal perspectives, to form: Lewis & Clark law review
所描述资源： Journal of small and emerging business law

Split into: Children & libraries; and: Young adult library services
所描述资源： Journal of youth services in libraries

Continued by unnumbered monographic series with same title
所描述资源： Progress in molecular and subcellular biology

Absorbed in 2002 by: Reference & user services quarterly
所描述资源： RUSA update / Reference and User Services Association, a division of the American Library Association。*2002 年被* Reference & user services quarterly *吸收的季刊*

Continued in part by: Medical humanities, which split off in June 2000 and assumed volume numbering beginning with volume 26
所描述资源： Journal of medical ethics

25.2 关系说明

25.2.1 记录关系说明的基本说明

25.2.1.1 范围

关系说明 是指详细说明或澄清由规范检索点和/或标识符所代表的作品与相关作品之间关系的信息。

25.2.1.2 信息源

说明关系的信息取自任何来源。

25.2.1.3 记录关系说明

根据需要记录详细说明或澄清由规范检索点和/或标识符所代表的作品与相关作品之间关系的信息。

> Proust, Marcel, 1871–1922. À la recherche du temps perdu
> For the separately published parts of this work, see
> Proust, Marcel, 1871–1922. Du côté de chez Swann
> Proust, Marcel, 1871–1922. À l'ombre des jeunes filles en fleurs
> Proust, Marcel, 1871–1922. Côté de Guermantes
> Proust, Marcel, 1871–1922. Sodome et Gomorrhe Proust, Marcel, 1871-1922. Sodome et Gomorrhe
> Proust, Marcel, 1871–1922. Prisonnière
> Proust, Marcel, 1871–1922. Albertine disparue
> Proust, Marcel, 1871–1922. Temps retrouvé

关于说明性参照中提供关系说明的规则，见附录 E(E.1.3.4)。

26
相关内容表达

26.0 目的和范围

本章提供记录内容表达之间关系的一般性规则和说明。

26.1 相关内容表达

26.1.1 参照相关内容表达的基本说明

26.1.1.1 范围

相关内容表达 是指与由标识符、规范检索点或描述所代表的内容表达相关的内容表达（例如，修订版、译本）。

26.1.1.2 信息源

关于相关内容表达的信息取自任何来源。

26.1.1.3 参照相关内容表达

应用 **24.4** 所列的关于参照相关的作品、内容表达、载体表现和单件的一般规则，参照相关内容表达。

> 相关内容表达标识符
>
> *Translated as:* http://bibpurl.oclc.org/web/14222
> *所描述资源:* After Amsterdam : sexual orientation and the European Union : a guide / ILGA-Europe。*由法语、德语、匈牙利语、立陶宛语和西班牙语译本的资源标识符所识别的载体表现所代表的相关内容表达*
>
> *Revised as:* Library of Congress control number: no2008127546
> *拍摄于 1982 年的电影* Blade runner *1992 年导演剪辑版的标识符*
>
> *Abridged as:* Library of Congress control number: no 91002344
> *Charles Alexandre de Calonne 所作的* Requête au roi *的英语删节版的标识符*
>
> *Continued by: Izvestiya. Mathematics = ISSN 1064-5632*
> *所描述资源:* Mathematics of the USSR. Izvestija。*由识别题名和 ISSN 所识别的载体表现所代表的相关内容表达*

> 代表相关内容表达的规范检索点
>
> *Revision of:* Roget, Peter Mark, 1779 – 1869. Thesaurus of English words and phrases
> *所描述资源:* Roget's Thesaurus of English words and phrases. — New edition / completely revised and modernized by Robert A. Dutch
>
> *Expanded version of:* Saw, Swee-Hock, 1931– . Population control for zero growth in Singapore

所描述资源: Population policies and programmes in Singapore / Saw Swee-Hock

Translation of: **Simenon, Georges, 1903–1989. Long cours**
所描述资源: The long exile / Georges Simenon ; translated from the French by Eileen Ellenbogen

Libretto for: **Weill, Kurt, 1900–1950. Dreigroschenoper. English**
所描述资源: The threepenny opera / Bertolt Brecht ; translated by Ralph Manheim and John Willett ;with commentary and notes by Non and Nick Worrall

Revised as: **Bauer, Michael D. Linux server security**
所描述资源: Building secure servers with Linux / Michael D. Bauer

Supplement: **Adweek agency directory (Midwestern edition)**
所描述资源: Adweek. — Midwest edition

Continued by: **Izvestia Rossiiskoi Akademii nauk. Seriia matematicheskaia. English**
所描述资源: Mathematics of the USSR. Izvestija

相关内容表达的结构化描述

Revision of: **Biology of fishes / Carl E. Bond. — Second edition. — Fort Worth : Saunders College Publishing, ©1996**
所描述资源: Bond's Biology of fishes / Michael Barton. — Third edition — Belmont, CA : Thomson, ©2007

Abridged as: **The concise Oxford companion to Irish literature / edited by Robert Welch**
所描述资源: The Oxford companion to Irish literature / edited by Robert Welch ; assistant editor, Bruce Stewart

相关内容表达的非结构化描述

Revised and shortened version of the author's thesis (Ph.D.)—Yale University, 1982

Revised edition of Lectures chantées, originally published in 1968

The English edition of a Spanish publication, which is also issued in French, German, and Arabic editions

Recast in bronze from artist's plaster original of 1903

Shorter version of the 1969 motion picture of the same name
所描述资源: Walt Whitman's Civil War / Churchill Films ; produced by Magus Films ; produced and directed by Frederic Goodich ; written by Neal Ruben

Issued also in Portuguese as: Air & space power journal em portugues; and in Spanish as: Air & space power journal español
所描述资源: Air & space power journal

Also issued in other regional editions: Eastern edition; Midwest edition; New England edition; Southwest edition; and Western edition
所描述资源: Adweek. — Southeast edition

Also available in a 45 min. abridged version
所描述资源: Inside America's military academies / presented courtesy of the USAA Educational Foundation ; written and directed by Dan Jackson. — Unabridged version

"This concordance is based on Paul de Woestijne's edition of Priscian's Periegesis"—Preface

26.2 关系说明

26.2.1 记录关系的基本说明

26.2.1.1 范围

关系说明是指详细说明或澄清由规范检索点和/或标识符所代表的内容表达与相关内容表达之间关系的信息。

26.2.1.2 信息源

说明关系的信息取自任何来源。

26.2.1.3 记录关系说明

根据需要记录详细说明或澄清由规范检索点和/或标识符所代表的内容表达与相关内容表达之间关系的信息。

> Illustrated directory of modern Soviet weapons
> For the separately published parts revised for this compilation, see
> Gunston, Bill. Illustrated guide to the modern Soviet Air Force
> Illustrated guide to weapons of the modern Soviet ground forces
> Jordan, John. Illustrated guide to the modern Soviet Navy

关于说明性参照中提供关系说明的规则，见附录 E(E.1.3.4)。

27

相关载体表现

27.0 目的和范围

本章提供记录载体表现之间关系的一般性规则和说明。

27.1 相关载体表现

27.1.1 参照相关载体表现的基本说明

27.1.1.1 范围

相关载体表现 是指与所描述资源相关的载体表现（例如，不同格式的载体表现）。

27.1.1.2 信息源

关于相关载体表现的信息取自任何来源。

27.1.1.3 参照相关载体表现

应用 **24.4** 所列的关于参照相关的作品、内容表达、载体表现和单件的一般性规则，参照相关载体表现。

相关载体表现标识符

Also issued as: ISBN 978-0-06128-533-2
所描述资源: Michael Tolliver lives / Armistead Maupin. — New York : HarperCollins, 2007。*为等同的大字印刷本载体表现提供的 ISBN*

Also issued as: Walt Disney Studios Home Entertainment: 5568103
所描述资源: Enchanted / Walt Disney Pictures presents a Barry Sonnenfeld/Josephson Entertainment Production ; Andalasia Productions ; produced by Barry Josephson and Barry Sonnenfeld ; written by Bill Kelly ; directed by Kevin Lima. — Walt Disney Studios Home Entertainment: 52391。*为等同的蓝光光盘载体表现提供的出版者号*

Review of: Docurama: NVG-9830
DVD 评论主题的标识符

Review in: SICI 0003-0716(200903/04)72:2>170:MS3<2.0.TX;2-K
所描述资源: Symphony no. 3 / Mahler. — London, UK : LSO Live, ©2008. — London Symphony Orchestra ; Valery Gergiev, conductor ; Anna Larsson, alto ; Tiffin Boys' Choir ; Ladies of the London Symphony Chorus。American record guide *上出现的录音资料评论的连续出版物单件和贡献者的标识符*

Also issued as: Euscorpius (Online) = ISSN 1536-9307
所描述资源: Euscorpius : occasional publications in scorpiology. — Huntington, WV : Marshall University, [2001]- — computer discs ; 12 cm。*以只读光盘发行的连续出版物。同时提供 ISSN 与等同的在线载体表现的识别题名*

Inserted in: Canadian theatre review = ISSN 0315-0836
所描述资源: The Canadian newsletter / ITI。*作为* Canadian theatre review *插页出版的季刊。同时提供 ISSN 与相关载体表现的识别题名*

Special issue of: ISSN 0024-4937
所描述资源: Granites and migmatites : their temporal, spatial and causal relationships / edited by Carlo Dietl, Friedrich Finger. — Amsterdam : Elsevier, 2008。*期刊* Lithos *的特刊*

Special issue of: Art and AsiaPacific = ISSN 1039-3625
所描述资源: Art AsiaPacific almanac. — New York : Art AsiaPacific, ©2006-. — Annual special issue of Art and AsiaPacific。*同时提供 ISSN 与相关载体表现的识别题名*

Electronic reproduction: http://hdl.handle.net/2246/4473
所描述资源: Adaptive branching of the kangaroo family in relation to habitat / by H.C. Raven and William K. Gregory. — New York City : The American Museum of Natural History, [1946]. — (American Museum novitates ; no. 1309)

Mirror site: http://muse.uq.edu.au/
所描述资源: Project MUSE : scholarly journals online. — Baltimore, MD : Johns Hopkins University Press in collaboration with the Milton S. Eisenhower Library, [1995]- — http://muse.jhu.edu/

Reprint of: ISBN 0-80-523932-4
所描述资源: Mountain time : a Yellowstone memoir / Paul Schullery. — Albuquerque : University of New Mexico Press, 2008. — "Reprinted from the original 1984 edition by Nick Lyons/Schocken" — Title page verso

Issued with: ISBN 978-0-7575-4388-3
所描述资源: An introduction to the aquatic insects of North America / edited by R.W. Merritt, K.W. Cummins, M.B. Berg. — 4th edition. — Dubuque, Iowa : Kendall/Hunt Publishing Company, ©2008。*为伴随的载体表现:* Interactive key to the aquatic insect orders of North America / R.W. Holzenthal, A.L. Prather, S.A. Marshall *提供的 ISBN*

Contains: ISBN 978-1-86969-287-2
Contains: ISBN 978-1-86969-288-9
Contains: ISBN 978-1-86969-289-6
Contains: ISBN 1-86969-282-9
所描述资源: Ka mau te wehi! : an introduction to Te Reo Māori. — Wellington, New Zealand : Published for the Ministry of Education by CWA New Media, 2007。*多媒体配套资料包括 1 本教师手册、2 张 DVD 和 1 张音频光盘*

相关载体表现的结构化描述

Reprint of: Venice / by Cecil Roth. — Philadelphia : The Jewish Publication Society of America, 1930. — (Jewish communities series)
所描述资源: History of the Jews in Venice / Cecil Roth. — New York : Schocken Books, 1975

Contained in: Understanding our environment / NSTA. — Arlington, VA : National Science Teachers Association, ©1995
所描述资源: The Earth's fractured surface ; Living on the edge : [West Coast of U.S.] / produced by the Cartographic Division, National Geographic Society ; John F. Shupe, chief cartographer. — Washington, D.C. : National Geographic Society, 1995。*一张上的两幅地图*

Contains: Map of area with highlighted street. — NYDA.1933.010.00130
Contains: View of Mill Brooks Houses from one of the houses, 89/05. — NYDA. 1993.010.00131
Contains: View SE from Mill Brook House on rooftop on Cypress Ave. between 136th St. and 137th St., 93/05. — NYDA.1933.010.00132
Contains: View N from 136th St. rooftop of area between Bruckner Expressway and Cypress Ave., 93/06. — NYDA.1933.010.00133
Contains: View E from rooftop of garden bounded by Bruckner Expressway, 136th St. and

135th St., 93/06. — NYDA.1933.010.00134
所描述资源: 136th Street, southeastern section of the Bronx。*一套 11 张的幻灯片*

Contains: v. 1. Status, distribution, and taxonomy (xvii, 848 pages : 1 map) — v. 2. Field guide (xvii, 740 pages, 96 leaves of plates : illustrations (some coloured), maps (1 coloured))
所描述资源: The birds of Ecuador / by Robert S. Ridgely and Paul J. Greenfield ; with the collaboration of Mark B. Robbins and Paul Coopmans ; in association with the Academy of Natural Sciences. — Ithaca, NY : Comstock Publishing, 2001。*一套两卷集*

Filmed with: The Jewish faith : its spiritual consolation, moral guidance, and immortal hope : with a brief notice of the reasons for many of its ordinances and prohibitions : a series of letters answering the inquiries of youth / by Grace Aguilar. — London : Richard Groombridge and Sons, 1846
所描述资源: Catalogue sommaire des manuscrits indiens, indo-chinois & malayo-polynésiens / par A. Cabaton. — Paris : Ernest Leroux éditeur, 1912

Facsimile of: A classification and subject index for cataloguing and arranging the books and pamphlets of a library. — Amherst, Mass. : Melvil Dewey, 1876 (Hartford, Conn. : Printed by the Case, Lockwood & Brainard Company, [1876])
所描述资源: Dewey decimal classification : centennial 1876 –1976. — [Lake Placid?, New York] : Forest Press Division, Lake Placid Education Foundation, [1976]

Electronic reproduction: Boulder, Colorado : NetLibrary, 2007. — Available via World Wide Web. Access may be limited to NetLibrary affiliated libraries. — http://www.netLibrary.com/urlapi.asp?action=summary&v=1&bookid=186297
等同载体表现的部分描述

Reproduced as: Lacey, WA : OCLC Preservation Service Center on behalf of University of Washington Libraries, 2005. — 1 microfilm reel ; 10 cm, 35 mm. — On reel with other titles
等同载体表现的部分描述

Also issued as: Large print edition. — Thorndike, Maine : Center Point Publishing, ©2005
等同载体表现的部分描述

Facsimile of: 2nd edition, revised. — London : Routledge, 1877
等同载体表现的部分描述

Electronic reproduction of: New York : Bettini Phonograph Laboratory, [1898?]. — 1 sound cylinder (2 min., 33 sec.) : analog, 125 rpm, mono ; 2 1/4 x 4 in. — Originally for voice with orchestra. — Title announced at beginning of recording. — Acoustic recording
等同载体表现的部分描述

Contained in: The New Yorker. — Volume 73, number 31 (October 13, 1997)
所描述资源: Brokeback Mountain / by Annie Proulx. — pages 74–80, 82–85

相关载体表现的非结构化描述

Also issued electronically via World Wide Web in PDF format

Electronic reproduction of thesis is available through the Theses Canada portal Web site

Issued also as Super Audio CD

Issued also in Blu-ray Disc format

Reprinted from chapters 1–9 of: Atlas of virtual colonoscopy / Abraham H. Dachman, editor

Annual special issue of Art and AsiaPacific

"Shōwa Sensō zen'ikizu" inserted in volume 2

Offprint from: Indiana Slavic studies, v. 9, 1998

Available also as streaming video in both Windows Media and RealPlayer formats on the Frontline Web site

Articles reprinted from various journals

Compilation of essays, interviews, and discussions previously published in the webzine Library juice between 1998 and 2005

Also issued as a set of wall charts

Available also through the Library of Congress Web site as a raster image

Numerous mirror sites available

Includes petition to the King from the citizens of London, 1783, in scroll form

The reporter contains binders: Current developments; Monographs; State solid waste — Land use; Federal laws; Federal regulations; State water laws; State air laws; Mining; Decisions (later published in bound volumes as Environment reporter. Cases)

Filmed with five other titles

Reports for 2000/01 and 2001/02 issued together

"Lịch sử chiến tranh : đính chính" (53 pages ; 20 cm) inserted in pocket

Disc 1 includes feature length commentary by the director, Julia Stiles, and cinematographer, and theatrical trailer; disc 2 includes comprehensive analysis of key basketball scenes, deleted scenes with commentary, and the restored 1922 film: Othello (80 min.) / National Film Museum Incorporated ; Ben Blumenthal presents ; directed by Dimitri Buchowetzki

所描述资源: "O" / a Chickie the Cop production in association with Daniel Fried Productions and Rhulen Entertainment ; a film by Tim Blake Nelson ; producers, Eric Gitter, Daniel L. Fried, Anthony Rhulen ; screenplay writer, Brad Kaaya ; director, Tim Blake Nelson. — Deluxe edition. — [United States] : Trimark Home Video : Lions Gate Home Entertainment, [2002]。*两张视盘*

Shots: LS through heat haze of jet landing towards camera (20 ft.). CU front view of jet as it taxis towards camera (40 ft.). CU fuselage turning right to left through picture (30 ft.). CU braking parachute as it is discarded (52 ft.). CU nose and engines (57 ft.)

28

相关单件

28.0 目的和范围

本章提供记录单件之间关系的一般性规则和说明。

28.1 相关单件

28.1.1 参照相关单件的基本说明

28.1.1.1 范围

相关单件是指与所描述资源相关的单件 (例如，用作缩微复制基础的单件)。

28.1.1.2 信息源

关于相关单件的信息取自任何来源。

28.1.1.3 参照相关单件

应用 **24.4** 所列的关于参照相关的作品、内容表达、载体表现和单件的一般性规则，参照相关单件。

> 相关单件标识符
>
> *Facsimile of:* Bodleian Library: MS. Junius 11
> *相关单件登录号*
>
> *Reproduction of:* ADM 55/40
> *The National Archives, Kew 为其拥有的相关单件提供的件号*

> 相关单件的结构化描述
>
> Bound with: Report of the Committee on the District of Columbia in relation to the city of Washington : read in Senate, February 2, 1835. — [Washington] : [publisher not identified], [1835] (City of Washington : Printed at the Globe Office, 1835)
> *所描述的资源:* Memorial of the Committee of the Corporation of Washington : relating to the pecuniary claims of said corporation on the general government, &c. — [Washington] : [publisher not identified], [1835] (Washington : Blair & Rives, [1835])。*Library of Congress*（美国国会图书馆）*收藏的复本*

> 相关单件的非结构化描述
>
> Reproduction of original from Harvard Law School Library
>
> Library's copy bound with 11 other songs

Electronic reproduction of more than 9,000 notarial protocols registered in the books of the notaries Joseph Manuel Albarez de Aragón (1701–1743) and Joseph Alvarez (1780 – 1821)

Library's copy has separately published index bound with each volume

Electronic reproduction of the copy in the National Wetlands Research Center Library

Original letters in the collection of the Watkinson Library, Trinity College, Hartford, Connecticut

第九部分　记录个人、家族和团体之间的关系

29

记录个人、家族和团体之间关系的一般性规则

29.0 范围

本章阐述第 30–32 章记录个人、家族和团体之间关系的规则和说明中所蕴含的功能性目标和原则，并指定记录这些关系的核心元素。

本章提供记录由规范检索点和/或标识符所代表的个人、家族或团体与相关的个人、家族和团体之间关系的一般性规则和说明。

本章还提供记录关系说明语，引用获取关系信息的来源，以及为关系数据的使用或修改编制附注的说明。

29.1 术语

29.1.1 关键术语的说明

本章及第 30–32 章中使用了一些在 RDA 中承载特定含义的术语。一些关键术语的含义在 **29.1.2–29.1.5** 中进行了说明。第 30–32 章中用作数据元素名称的术语在特定元素说明的开始处进行了定义。此外，这些章节中使用的具有特定技术含义的所有术语在术语表中进行了定义。

29.1.2 个人、家族和团体

术语*个人*、*家族* 和*团体* 的使用如下：

术语***个人*** 是指一个个人或是由个人建立的识别身份（单独的或和其他一个或多个个人的合作）。

术语***家族*** 是指通过出生、婚姻、收养、民事结合或类似的法律身份发生关系的，或以一个家庭的方式呈现的两个或两个以上的人。

术语***团体*** 是指由特定名称识别，并作为一个单位进行或可能进行活动的一个组织或一群人和/或组织。

29.1.3 相关的个人、家族和团体

术语*相关个人*、*相关家族* 和*相关团体* 的使用如下：

术语***相关个人*** 是指与由规范检索点和/或标识符所代表的个人、家族或团体相联系的个人（例如，合作者、家庭成员、团体创建者）。相关个人包括由一个人所确立的不同识别身份。

术语***相关家族*** 是指与由规范检索点和/或标识符所代表的个人、家族或团体相联系的家族（例如，某一个人的家族、一个对团体机构拥有控制权的家族）。

术语***相关团体*** 是指与由规范检索点和/或标识符所代表的个人、家族和团体相联系的团体（例如，某一个人所属的一个音乐组合、一个子公司）。相关团体包括由规范检索点和/或标识符所代表的团体由于更名而产生的先前或后续的团体。

29.1.4 检索点

术语*检索点* 和*规范检索点* 的使用如下：

术语***检索点*** 是指代表特定个人、家族或团体的名称、术语、代码等。

术语***规范检索点*** 是指用个人、家族或团体的首选名称构建的代表个人、家族或团体的检索点。

29.1.5 关系说明语

术语***关系说明语***是指指示由规范检索点和/或标识符所代表的个人、家族或团体之间关系本质的标识符。

29.2 功能性目标和原则

记录反映个人、家族和团体之间关系的数据应能使用户：

a) *查找*与用户检索的数据所代表的个人、家族或团体相关的个人、家族或团体

b) *理解*两个或两个以上的个人、家族或团体之间的关系

为确保使用 RDA 创建的数据能实现上述功能性目标，数据应反映由规范检索点和/或标识符所代表的个人、家族和团体之间所有重要的书目关系。

29.3 核心元素

记录个人、家族和团体之间的关系不是必需的。

29.4 记录个人、家族和团体之间的关系

如适用，依 **29.4.1**（标识符）和/或 **29.4.2**（规范检索点）所列的一个或多个规则，记录个人、家族或团体和相关的个人、家族或团体之间的关系。

记录适用的关系说明语（见 **29.5**），该说明语比用关系元素本身所定义的范围更为专指地指示关系的本质。

关于用代表相关的个人、家族或团体的规范检索点建立参见参照的规则，见附录 E(E.1.3.3)。

29.4.1 相关个人、家族或团体的标识符

如适用，依 **9.18**（个人标识符）、**10.9**（家族标识符）或 **11.11**（团体标识符）所列的说明，提供相关的个人、家族或团体的标识符。

> Library and Archives Canada control number: 1007F6454
> *C. Day Lewis 交替身份 Nicholas Blake 的标识符*
>
> Library of Congress control number: n 79065003
> *I.M. Pei（贝聿铭） 的标识符，此人为 I.M. Pei & Partners 的创建者*
>
> Union List of Artist Names ID: 500114961
> *Medici family（美第奇家族）的标识符，此家族为 Lorenzo de' Medici 的后裔*
>
> Library of Congress control number: nr 95008045
> *Newport Jazz Festival 的标识符，此音乐节为 American Jazz Festival 的后继者*

29.4.2 代表相关的个人、家族或团体的规范检索点

如适用，依 **9.19.1**（代表个人的规范检索点）、**10.10.1**（代表家族的规范检索点）或 **11.12.1**（代表团体的规范检索点）所列的规则和说明，提供由此构建的代表相关的个人、家族或团体的规范检索点。

> Blake, Nicholas, 1904 –1972
> *代表诗人 C. Day Lewis 推理作家交替身份的规范检索点*
>
> Pei, I. M., 1917–
> *代表 I.M. Pei & Partners 创建者的规范检索点*

Medici (Royal house : Medici, Lorenzo de', 1449–1492)
代表 Lorenzo de' Medici 后裔的规范检索点

Newport Jazz Festival
代表 American Jazz Festival 的后继者 Newport Jazz Festival 的规范检索点

29.5 关系说明语

29.5.1 记录关系说明语的基本说明

29.5.1.1 范围

关系说明语是指指示由规范检索点和/或标识符所代表的个人、家族或团体之间关系本质的标识符。

29.5.1.2 信息源

关于个人、家族或团体之间关系本质的信息取自任何来源。

29.5.1.3 记录关系说明语

记录附录 K 列表中适用的术语，该术语比用关系元素本身所定义的范围更为专指地指示关系的本质。

alternate identity
与 Nicholas Blake，即 C. Day Lewis 的标识符一起记录的关系说明语

real identity
与 C. Day Lewis 的标识符一起记录的关系说明语

successor
与代表 Newport Jazz Festival，即 American Jazz Festival 的后继者的规范检索点一起记录的关系说明语

predecessor
与代表 American Jazz Festival，即 Newport Jazz Festival 前身的规范检索点一起记录的关系说明语

如果附录 K 中所列术语均不适用或不够专指，则用尽可能简洁的指示关系本质的术语。

29.6 已查询的参考源

29.6.1 记录已查询的参考源的基本说明

29.6.1.1 范围

已查询的参考源是指用于确定个人、家族或团体之间关系的资源。

29.6.1.2 信息源

关于已查询的参考源的信息取自任何来源。

29.6.1.3 记录已查询的参考源

引用用于确定关系的来源，其后随以已找到的信息的简短说明。

Somerville, Wilson. A history of the Department of Anesthesiology, 1942–1997, ©1998: title page (Wake Forest University School of Medicine) page 79 (name changed from Bowman Gray School of Medicine to Wake Forest University School of Medicine in 1997)

Familia de Yan desde 1719 Pagsanjaniaguna, ©2005 page 47: family changed its surname "De La Resurección" to "Yan" in 1849; lived in Pagsanjan, Philippines

Wikipedia, viewed December 2, 2007 (Howard Fast; Howard Melvin Fast (11 November 1914, New York City–12 March 2003, Old Greenwich, Connecticut) was a Jewish American novelist and television writer, who wrote also under the pen names E.V. Cunningham and Walter Ericson)

29.7 编目员附注

29.7.1 编制编目员附注的基本说明

29.7.1.1 范围

编目员附注 是指有助于使用或修改关系数据，或有助于创建代表相关的个人、家族或团体的规范检索点的注释。

29.7.1.2 信息源

用于编目员附注的信息取自任何来源。

29.7.1.3 编制编目员附注

编制任何有助于编目员使用或修改关系数据，或有助于创建相关的个人、家族或团体的规范检索点的附注。

Pseudonyms of Robert Silverberg not found on published works: Ivor Jorgenson; Walter Drummond; David Osborne

King has written seven novels under the pseudonym Richard Bachman and one short story under the pseudonym John Swithen

Relationship between Count Basie Big Band and Count Basie Orchestra uncertain

Relationship between Robert Shaw Festival Chorus and Robert Shaw Festival Singers unknown

Access point Nationalgalerie (Germany : West) valid for 1949–1991. Resources by and about the museum after the German reunification can be found under the access point: Neue Nationalgalerie (Germany)

Census Office is valid name for U.S. censuses up to and including the twelfth (1900); the thirteenth census (1910) and those subsequent were conducted by the Bureau of the Census

Access point valid for period from 1958 (when established) to March 23, 1972 (when name changed to Defense Advanced Research Projects Agency); also valid from March 15, 1993 to March 11, 1996, when body resumed earlier name

Access point valid from March 23, 1972 (name changed from Advanced Research Projects Agency) to March 15, 1993 when body resumed earlier name, and also valid after March 11, 1996

Do not use Luftwaffe in access points for German air force units prior to 1933; use instead "Germany. Heer. Luftstreitkräfte" to cover the period 1910 – 1920

Byron Company was established in 1888 in New York City by Joseph Byron, a photographer who had just emigrated from the United Kingdom in that same year. Previously, he had worked for Byron Company, a firm started by his grandfather in Nottingham-on-Trent, England, in 1844. The exact connection between the English and American firms is unknown

30
相关个人

30.0 目的和范围

本章提供记录个人、家族或团体与相关个人之间关系的一般性规则和说明。

30.1 相关个人

30.1.1 参照相关个人的基本说明

30.1.1.1 范围

相关个人 是指与由规范检索点和/或标识符所代表的个人、家族或团体相联系的个人（例如，合作者、家庭成员、团体创建者）。

相关个人包括由一个人（单独或与一个或多个其他人）所确立的不同识别身份。

30.1.1.2 信息源

关于相关个人的信息取自任何来源。

30.1.1.3 参照相关个人

应用 **29.4** 所列的关于参照相关的个人、家族和团体的一般性规则，参照相关个人。

相关个人标识符

Library of Congress control number: n 79056546
Lewis Carroll 的标识符，该名称是由 Charles Lutwidge Dodgs 确立的在文学作品方面的交替身份

Union List of Artist Names ID: 500017044
Peale family 成员 Titian Ramsay Peale 的标识符

Library of Congress control number: n 50035608
Miles Davis 的标识符，此人为 Miles Davis Quintet 的创建者

Library and Archives Canada control number: 1013B3788E
加拿大总理任职者（2003-2006）Paul Martin 的标识符

代表相关个人的规范检索点

Innes, Michael, 1906 – 1994
代表 J.I.M. Stewart 在侦探小说方面交替身份的规范检索点

Carroll, Lewis, 1832–1898
代表 Charles L. Dodgson 在文学作品方面交替身份的规范检索点

Dannay, Frederic, 1905 – 1982
Lee, Manfred B. (Manfred Bennington), 1905 – 1971
分别代表两个人真实身份的规范检索点，此两人还以联合笔名 Ellery Queen 写作

Brutus, Marcus Junius, 85? – 42 B.C.
代表个人的规范检索点，其名称构成了以 Pseudo-Brutus 识别的不知名个人的称呼的一部分

Peale, Titian Ramsay, 1799–1885
代表 Peale family 成员的规范检索点

Davis, Miles
代表 Miles Davis Quintet 创建者的规范检索点

Bono, Sonny
Cher, 1946–
代表 Sonny & Cher 乐队成员的规范检索点

Martin, Paul, 1938–
代表加拿大总理任职者（2003-2006）的规范检索点

30.2 关系说明

30.2.1 记录关系说明的基本说明

30.2.1.1 范围

关系说明 是指详细说明或澄清由规范检索点和/或标识符所代表的个人、家族或团体与相关个人之间关系的信息。

30.2.1.2 信息源

说明关系的信息取自任何来源。

30.2.1.3 记录关系说明

根据需要记录详细说明或澄清由规范检索点所代表的个人、家族或团体与相关个人之间关系的信息。

Greek letters by the person identified as Pseudo-Brutus were erroneously attributed to Marcus Junius Brutus

Real name: Ngô Thế Thái; pseudonym: Thanh Nam

Author wrote picture books under the pseudonym Will, and young adult fiction and a thesis under the name William Lipkind

American architectural firm McKim, Mead & White was formed in 1879 by Charles Follen McKim (1847–1909), William Rutherford Mead (1846–1928), and Stanford White (1853 – 1906)

For works of this author written under other names, see: Carr, Philippa, 1906 – 1993; Ford, Elbur, 1906–1993; Holt, Victoria, 1906–1993; Kellow, Kathleen, 1906–1993; Tate, Ellalice, 1906 – 1993

关于说明性参照中提供关系说明的规则，见附录 E(E1.3.4)。

31

相关家族

31.0 目的和范围

本章提供记录个人、家族或团体和相关家族之间关系的一般性规则和说明。

31.1 相关家族

31.1.1 参照相关家族的基本说明

31.1.1.1 范围

相关家族 是指与由规范检索点和/或标识符所代表的个人、家族或团体相联系的家族（例如，某一个人的家族、一个对团体机构拥有控制权的家族）。

31.1.1.2 信息源

关于相关家族的信息取自任何来源。

31.1.1.3 参照相关家族

应用 29.4 所列的关于参照相关的个人、家族和团体的一般性规则，参照相关家族。

> 相关家族标识符
>
> Libraries Australia control number: 000035401429
> *Adey family of Sydney, N.S.W.的标识符，该家族是 Darling Mills Restaurant 的创始人*
>
> Union List of Artist Names ID: 500092478
> *Duchamp family 的标识符，该家族是法国的艺术世家，其成员包括 Marcel Duchamp、Suzanne Duchamp、Raymond Duchamp-Villon 和 Jacques Villon*

> 代表相关家族的规范检索点
>
> Adey (Family : Sydney, N.S.W.)
> *代表 Darling Mills Restaurant 创始家族的规范检索点*
>
> Duchamp (Family : France)
> *代表家族的规范检索点，其成员包括 Marcel Duchamp、Suzanne Duchamp、Raymond Duchamp-Villon 和 Jacques Villon*
>
> Romanov (Dynasty)
> *代表俄国沙皇 Peter I（彼得一世）后代的规范检索点*
>
> Chola (Dynasty : 850 – 1279)
> *代表 Kulottunga I， Chola King 后代的规范检索点*
>
> Wettin (Royal house)
> *代表 House of Windsor（温莎皇室）先祖的规范检索点*
>
> McMahon (Family : McMahon, Vince)
> *代表 World Wrestling Entertainment, Inc.创始家族的规范检索点*

31.2 关系说明

31.2.1 记录关系说明的基本说明

31.2.1.1 范围

关系说明 是指详细说明或澄清由规范检索点和/或标识符所代表的个人、家族或团体与相关家族之间关系的信息。

31.2.1.2 信息源

说明关系的信息取自任何来源。

31.2.1.3 记录关系说明

根据需要记录详细说明或澄清由规范检索点所代表的个人、家族或团体与相关家族之间关系的信息。

Pierre Samuel du Pont de Nemours was the progenitor of the du Pont family of Delaware

Charles-Pierre Coustou, a member of the Coustou family of French artists, was architect to King Louis XIV

Marcel Duchamp was the last surviving member of the Duchamp family of artists

As of November 2007, the McMahon family holds approximately 70% of World Wrestling Entertainment, Inc.'s economic interest and 96% of all voting power in the company

关于说明性参照中提供关系说明的规则，见附录 **E(E1.3.4)**。

32
相关团体

32.0 目的和范围

本章提供记录个人、家族或团体和相关团体之间关系的一般性规则和说明。

32.1 相关团体

32.1.1 参照相关团体的基本说明

32.1.1.1 范围

相关团体 是指与由规范检索点和/或标识符所代表的个人、家族和团体相联系的团体（例如，某一个人所属的一个音乐组合、一个子公司）。

相关团体包括由规范检索点和/或标识符所代表的团体由于更名而产生的先前或后续的团体。

32.1.1.2 信息源

关于相关团体的信息取自任何来源。

32.1.1.3 参照相关团体

应用 **29.4** 所列的关于参照相关的个人、家族和团体的一般性规则，参照相关团体。

> 相关团体标识符
>
> Library and Archives Canada control number: 1009J7378E
> *CSA Group 的标识符，该集团是 Quality Management Institute、CSA International 和 Canadian Standards Association 的上级机构*
>
> Library of Congress control number: n 85375529
> *Royal Australasian College of Surgeons 前身 College of Surgeons of Australasia 的标识符*
>
> Library of Congress control number: n 85375527
> *College of Surgeons of Australasia 后继者 Royal Australasian College of Surgeons 的标识符*
>
> Union List of Artist Names ID: 500033103
> *由 I.M. Pei（贝聿铭）创建的 I.M. Pei & Partners, the architectural firm 的标识符*
>
> Library of Congress control number: no2007001419
> *由 Miles Davis 创建的 Miles Davis Quintet 的标识符*
>
> Library of Congress control number: no 96050543
> *Heinz Family Foundation 的标识符，该基金会由 Heinz family of Pittsburgh, Pennsylvania 赞助*

代表相关团体的规范检索点

Canadian Standards Association
CSA International
Quality Management Institute
代表 CSA Group 从属机构的规范检索点

College of Surgeons of Australasia
代表 Royal Australasian College of Surgeons 前身的规范检索点

Royal Australasian College of Surgeons
代表 College of Surgeons of Australasia 后继者的规范检索点

Miles Davis Quartet
代表由 Miles Davis 创建的乐队的规范检索点

Heinz Family Foundation
代表由 Heinz family of Pittsburgh, Pennsylvania 赞助的基金会的规范检索点

Lewis and Clark Expedition (1804 – 1806)
代表与探险队员 Meriwether Lewis 和 William Clark 相关的探险活动的规范检索点

Canada. Prime Minister (2003–2006 : Martin)
代表与任职者 Paul Martin 相关的政府职位的规范检索点

32.2 关系说明

32.2.1 记录关系说明的基本说明

32.2.1.1 范围

关系说明 是指详细说明或澄清由规范检索点和/或标识符所代表的个人、家族或团体与相关团体之间关系的信息。

32.2.1.2 信息源

说明关系的信息取自任何来源。

32.2.1.3 记录关系说明

根据需要记录详细说明或澄清由规范检索点所代表的个人、家族或团体与相关团体之间关系的信息。

The National Library of Canada and the National Archives of Canada merged in 2003 to form Library and Archives Canada

The American-Asian Educational Exchange was founded in 1957. In 1962 the name was changed to American Afro-Asian Educational Exchange. In 1967 the name American-Asian Educational Exchange was resumed

William Nicholson and his brother-in-law, James Pryde, adopted the pseudonym Beggarstaff Brothers while collaborating in the 1890s as poster artists

As per the family genealogy committee, the official form of the surname of all of the American descendants of Pierre Samuel du Pont de Nemours is "du Pont" with a space. Some, but not all, institutions founded by family members have since changed the spelling to “duPont” or “DuPont”

关于说明性参照中提供关系说明的规则，见附录 E(E1.3.4)。

第十部分　记录概念、物体、事件和地点之间的关系

33

记录概念、物体、事件和地点之间关系的一般性规则

[待补充]

34
相关概念

[待补充]

35
相关物体

[待补充]

36
相关事件

[待补充]

37
相关地点

[待补充]

附　　录

A

大写

A.0 范围

本附录提供在转录或记录特定元素时适用于英语和其他所涉及语言的大写规则。

A.1 一般性规则

除 **A.2–A.9** 有特定规则之外，均依所涉及语言的规则对词予以大写。关于特定语言的更多信息，见 **A.10 – A.55**；关于其他语言，参考相关语言的格式手册。本附录规则中未涵盖的词，均以小写形式予以记录。

> ***交替规则***
>
> 当记录载体表现或单件的属性（见第 **1– 4** 章）时，如果创建数据的机构已制定了关于大写的本地规则，或指定了已出版的格式手册等作为首选规则，则采用这些规则或格式手册，而不必依本附录所列的说明。

A.2 个人、家族、团体和地点的名称

A.2.1 一般性规则

一般来说，每个名称的首词予以大写；应用 **A.10 – A.55** 所列的适用于所涉及语言的规则大写其他词。对于带有非常规大写的名称，应遵循其广为人知的大写形式。

Alexander, of Aphrodisias
De la Mare, Walter
Musset, Alfred de
Cavour, Camillo Benso, conte di
Third Order Regular of St. Francis
Société de chimie physique
Ontario. High Court of Justice
El Greco Society
eBay (Firm)
netViz Corporation
hHead (Musical group)
doctorjob.com
lang, k. d.

A.2.2 以阿拉伯语或希伯来语冠词起首的名称

如果音译的名称以阿拉伯语冠词 *al* 的任何变异拼写形式起首（例如，*al*、*el*、*es*），或以希伯来语的冠词 *ha*（*he*）起首，则无论该冠词为分写还是用连字符与其后的词连写，均不予大写。

al-Jumhūrīyah al-Islāmīyah al-Mūrītānīyah

A.2.3 描述个人特征的词或短语

描述个人特征以及用作名称的短语（**9.2.2.25 – 9.2.2.26**）中的词或实词予以大写。应用 **A.10 – A.55** 中适用于所涉及语言的规则，将此类短语中包含的专有名词予以大写。依 **A.4** 所列的规则，将个人名称中所引用的题名予以大写。

Physician

Lady of Quality

Citizen of Albany

Author of Early impressions

A.2.4 与个人名称相关的其他术语

应用 **A.10 – A.55** 中适用于所涉及语言的规则，将作为个人名称一个必不可少的组成部分（见 **9.2.2.9 – 9.2.2.26**）或与名称相关的头衔（见 **9.4**）和其他术语予以大写。

Moses, Grandma Moses

Deidier, abbé

Alfonso XIII, King of Spain

John, Abbot of Ford

与个人相关的其他标识中的（见 **9.6**）、指示活动领域术语中的（见 **9.15**）和指示职业或工作术语中的（见 **9.16**）第一个词和任何专有名词予以大写。

Joan, of Arc, Saint, 1412-1431

Butler, Jean (Composer)

A.2.5 首字母缩略词和可拼读的首字母缩略词

团体名称所用的首字母缩略词或可拼读的首字母缩略词中字母的大写，遵循该团体的主要用法。

AFL-CIO

Unesco

A.2.6 与家族和团体名称相关的其他术语

指示家族类型的术语（见 **10.3**）或与团体名称相关的标识（见 **11.7**）的首词予以大写。应用 **A.10–A.55** 中适用于所涉及语言的规则，大写术语或标识中的其他词。

Bounty (Ship)

Knights Templar (Masonic order)

Regional Conference on Mental Measurement of the Blind (1st : 1951 : Perkins Institution)

A.3 作品题名

A.3.1 一般性规则

作品题名依 **A.4** 所列的说明予以大写。

Hard times

Short stories

De bello Gallico

A.3.2 与作品题名相关的其他术语

每个术语的首词予以大写。应用 **A.10 – A.55** 中适用于所涉及语言的规则，大写术语中的其他词。

Seven sages of Rome (Southern version)

Guillaume (Chanson de geste)

Genesis (Middle High German poem)

Goyescas (Opera)

> ***例外***
>
> ***乐谱。***指示表演媒介（见 **6.15**）或音乐作品的数字标识（见 **6.16**）的词或缩写不予大写，除非该词是专有名词或代表专有名词的缩写。对于主题索引号（见 **6.16**），遵循主题索引所用的大写规则。
>
> Trios, piano, strings, no. 2, op. 66, C minor
>
> Sonatas, piano, K. 457, C minor
>
> Suites, ondes Martenot, piano, op. 120c
>
> ***丛编*** 。指示部分的编号（见 **24.6**）的词或缩写不予大写，除非该词或缩写在所涉及语言中是大写（见 **A.10 – A.55**）。

v. 18

Heft 4

no. 7

pt. 1

ABA 16

A.4 载体表现的题名

A.4.1 一般性规则

题名以及部分、卷期或补编的题名（见 2.3.1.7）中的首词或首词的缩写予以大写。应用 A.10 – A.55 中适用于所涉及语言的规则，大写题名中其他词。

The big book of stories from many lands

The 1919/1920 Breasted Expedition to the Far East

Les misérables

IV informe de gobierno

Eileen Ford's a more beautiful you in 21 days

Journal of polymer science

Sechs Partiten für Flöte

Still life with bottle and grapes

Harry Potter and the Order of the Phoenix

Strassenkarte der Schweiz = Carte routière de la Suisse = Carta stradale della Svizzera = Road map of Switzerland

The greenwood tree : newsletter of the Somerset and Dorset Family History Society

Quo vadis? : a narrative from the time of Nero

King Henry the Eighth ; and, The tempest

Marcel Marceau, or, L'art du mime

An interpretation of The ring and the book

Selections from the Idylls of the king

… / by the Author of Memoirs of a fox-hunting man

A dictionary of American English on historical principles

Les cahiers du cinéma

The anatomical record

Faust. Part one

Advanced calculus. Student handbook

Journal of biosocial science. Supplement

Acta Universitatis Carolinae. Philologica

Progress in nuclear energy. Series 2, Reactors

例外

其他题名信息。其他题名信息（见 **2.3.4**）中的首词或首词的缩写不予大写，除非该词或缩写是 **A.10 – A.55** 或附录 **B** 中所列的应予以大写的词。

阿拉伯语和希伯来语的冠词。如果音译题名以阿拉伯语冠词 *al* 的任何变异拼写形式（例如，*al*、*el*、*es*）起首，或以希伯来语冠词 *ha*（*he*）起首，则无论该冠词为分写还是用连字符与其后的词连写，均不予大写。

ha-Milon he-hadash

非常规大写。对于带有非常规大写的题名，遵循信息源中所见题名的大写。

eBay bargain shopping for dummies

SympoTIC '06

RoMoCo '02

eWell being

e-Commerce security

iTV games and gambling

re:Organize

robgray.com

www.jurisdiction.com

www.advertising

A.4.2 冠以标点符号指示其不完整的题名

如果题名冠以标点符号，用于指示获取题名的短语的开始部分被省略，则题名的首词不予大写。

... and master of none

A.4.3 已合并或被吸收的作品题名

当一部作品吸收或合并了另一部作品，并将该作品题名与本身题名合并时，合并后题名的首词不予大写，除非 **A.10 – A.55** 中适用于所涉及语言的规则有其他原因要求将其大写。

Farm chemicals and crop life
不用 Farm chemicals and Crop life

A.5 版本说明

版本标识（见 2.5.2）中的首词或首词的缩写予以大写。应用 A.10 – A.55 中适用于所涉及语言的规则，大写版本说明中的其他词。

A.6 连续出版物编号

编号序列首期或第一部分的数字和/或字母标识（见 2.6.2）的首词或首词的缩写予以大写。如果缺少该元素，则序列首期或第一部分的年代标识（见 2.6.3）的首词或首词的缩写予以大写。

> Vol. 1, no. 1
> Number 1
> Juin 2007

A.7 丛编和分丛编编号

丛编（见 2.12.9）或分丛编（见 2.12.17）中编号部分的术语不予大写，除非 A.10 – A.55 中适用于所涉及语言的规则要求予以大写。根据资源中的用法大写其他词和字母标识。

> Band 33
> group 4
> no. 16
> program 1
> volume 14
> NSRDS-NBS 5

A.8 附注

附注（见 2.20、3.22、5.9、8.13、24.8 和 29.7）中的首词或词的缩写予以大写。如果附注由多个句子组成，则将每个后续句的首词大写。题名依 A.4 所列的说明予以大写。应用 A.10 – A.55 中适用于所涉及语言的规则，大写其他词。

A.9 元素细节

当记录元素细节（例如，7.13.2.4）时，首词或词的缩写予以大写。应用 A.10 – A.55 中适用于所涉及语言的规则，大写其他词。

A.10 一般性规则

英语的大写规则基本遵循《芝加哥格式手册》（*The Chicago Manual of Style*）。[1]某些不同的规则已遵照书目记录和长期的编目实践之需进行了修改。

当规则规定个人名称、团体名称或地名、贵族头衔、荣誉称号、称呼、绰号等需要大写时，应理解为每个分开的词或首字母均应大写，但冠词、介词和连词除外。但是，根据地名词典冠词公认为地名的一部分时，则予以大写。

当复数形式的通用术语出现在由两个或两个以上专有名称组成的具有区别性名词之前时，将该术语大写。通用术语出现在名词之后，则不予大写。

Saints Constantine and Helen
Secretaries of Defense and State
Lakes Erie and Ontario
但是
Industry and Trade departments
Authorized and Revised versions

1. *Chicago Manual of Style*, 15th ed. (Chicago: University of Chicago Press, 2003)

A.11 个人名称

A.11.1 一般性规则

个人名称（包括首字母缩写）予以大写。

D.H. Lawrence
H.D.
John the Baptist
Benjamin Franklin
C. Day-Lewis

A.11.2 带有前缀的名称

如果名称包括除英语之外的语言的前缀（例如，*de*、*des*、*la, l'*、*della*、*von*、*von der*），则前缀是否大写遵循本人的用法。如有疑问，则将前缀大写。

Daphne du Maurier; du Maurier
Eva Le Gallienne; Le Gallienne
Mark Van Doren; Van Doren
Mazo de la Roche; de la Roche

A.11.3 名称前的头衔

个人名称前紧邻的任何头衔、荣誉称号或称谓予以大写。

Dame Judi Dench
Field Marshal Sir Michael Carver

Gen. Fred C. Weyand
Grandma Moses
John Henry Cardinal Newman
Mrs. Humphry Ward
Pope Paul VI
President Carter
Prime Minister Pierre Trudeau
Queen Elizabeth II
Rabbi Stephen Wise
Senator Hubert H. Humphrey
Sir Gordon Richards
Sister Mary Joseph

A.11.4 君主和教皇名称后的序数词

君主和教皇名称后以一个或多个词表示继承顺序的序数词予以大写。

King George the Sixth
John the Twenty-third

A.11.5 名称后的头衔或单独使用以代替名称的头衔

A.11.5.1 皇室、贵族、准男爵

皇族或贵族头衔予以大写。

Elizabeth II, Queen of the United Kingdom; the Queen
Charles, Prince of Wales; the Prince of Wales; the Prince
Frank Pakenham, Earl of Longford; the Earl of Longford; the Earl

bart（准男爵）不予大写。

Sir Thomas Beecham, bart.
准男爵并非贵族成员

A.11.5.2 宗教头衔

宗教头衔予以大写。

His Holiness Paul VI, Pope; the Pope

Most Rev. and Rt. Hon. Frederick Donald Coggan, Archbishop of Canterbury; the Archbishop of Canterbury

the Reverend Michael O'Sullivan, Pastor of Saint Peter's Church; the Pastor

the Dalai Lama

A.11.5.3 官衔和军衔

官衔和军衔不予大写。[2]

Jimmy Carter, president of the United States; the president of the United States; the president

James Callaghan, prime minister; the prime minister

the Hon. Walter Stewart Owen, lieutenant-governor of British Columbia; the lieutenant-governor of British Columbia; the lieutenant-governor

Warren Earl Burger, chief justice of the United States; the chief justice of the United States; the chief justice

Gen. Bernard A. Rogers, chief of staff, U.S. Army; the general

James F. Calvert, rear admiral, USN

Hubert H. Humphrey, senator from Minnesota, the senator from Minnesota; the senator

Kingman Brewster, ambassador to the United Kingdom; the ambassador to the United Kingdom; the ambassador

---

2. 当 *president*（总统）、*prime minister*（首相）和 *governor*（地方长官）表示的是官衔而不是任职的特定个人，此类词应依 A.16.2 所列的说明予以大写。

A.11.5.4 职业和学术头衔

被任命的教授职位予以大写。一般来说，其他职业或学术头衔不予大写。

W. Carson Ryan, Kenan Professor of Education (*但是* the professor)

Robert Paul Bergman, associate professor of fine arts; the professor

R.F. Bennett, president of the Ford Motor Company of Canada; the president

Olga Porotnikoff, secretary, IFLA Committee on Cataloguing

A.11.6 名称后的其他特定术语

学位、荣誉、宗教职衔的名称或缩写等予以大写。

C.D. Needham, Fellow of the Library Association

R.C. Strong, Ph.D., F.S.A.

Father Joseph Anthony Barrett, S.J.
Ralph Damian Goggens, Order of Preachers

姓名中的 *esquire*（骑士、先生、士绅）、*junior*（年少的）或 *senior*（年长的）（及它们的缩写）予以大写。

John Mytton, Esq.
John D. Rockefeller, Jr.

A.11.7 荣誉称号和尊称

荣誉称号和尊称予以大写。

Her Majesty
His Royal Highness
His Holiness
Your Excellency
Your Grace
Your Honour

A.11.8 绰号

与个人名称一起出现的，或用于替代个人名称的绰号予以大写。

the Iron Chancellor
Old Hickory
Bonnie Prince Charlie
Elroy “Crazy Legs” Hirsch
Jerome H. (Dizzy) Dean
Abraham Lincoln, the Great Emancipator

A.11.9 拟人化的词语

拟人化的词语予以大写。

A dialogue between Death and a beautiful lady
Let Fame sound the trumpet

A.12 民族等的名称

民族、种族、部落、民族文化群体或语言群体的名称予以大写。

Africans

Celts Germans

Hottentots

Mongols

Polynesians

Scandinavians Slavs

Teutons

Yoruba

从此类名称中派生出来的形容词予以大写。

African

Scandinavian

语言的名称予以大写。

English

Estonian

A.13 地名

A.13.1 地理特征、区域等

地理特征、地理区域等的名称予以大写。非公认名称组成部分的描述性的形容词不予大写。

Arctic Circle

Arctic Ocean

Asia; Asian continent

Atlantic; South Atlantic (*但是* southern Atlantic)

Central America; central European (*但是在指代地缘政治实体时，用* Central Europe)

Cheviot Hills

the Continent (i.e., Europe); continental Europe; the European continent; Continental customs

East; the Orient; Far East(ern); Near East(ern); Middle East(ern); Eastern customs; oriental (adjective); eastern Europe (*但是在指代地缘政治实体时，用* Eastern Europe); the East (U.S.)

Great Lakes

Great Slave Lake

Isthmus of Suez

Mississippi Delta

North Temperate Zone

Sea of Marmara

South America; South American continent

Southeast Asia; southern Asia

Strait of Dover

Tropic of Capricorn (*但是* the tropics)

the West, Far West, Middle West, Midwest (U.S.) (*但是* western, far western, midwestern)

A.13.2 行政区划

行政区划的名称（例如， 国家、州、省、城市等）予以大写。如果专有名称之后的诸如 *empire*（帝国）、*kingdom*（王国）、*state*（州）、*country*（国家）和 *city*（城市）等词公认为名称的一部分，则予以大写。此类词单独用作指示行政区划时，不予大写。

Austrian Empire (*但是* the empire)

Eleventh Congressional District (*但是* the congressional district)

New York City (*但是* the city of New York)

Simcoe County (*但是* the county)

Sixth Precinct (*但是* the precinct)

Washington State (*但是* the state of Washington)

A.13.3 俗名

地点的俗名或传说中的地名予以大写。

Atlantis

Bay Area

Benelux

the Channel (English Channel)

City of Brotherly Love

Erin

Eternal City

Latin Quarter

Middle Earth

New World
Old World
the Nutmeg State
Old Dominion
Panhandle
the Potteries
South Seas
the Village
West End

A.14 建筑物、街道等的名称

房屋、纪念馆或其他建筑物和街道的名称予以大写。诸如 *avenue*（大街）、*bridge*（桥梁）、*hotel*（酒店）和 *park*（公园）等词单独使用时，不予大写。对于宗教团体集会所在建筑的名称的大写，应用 **A.16.5** 所列的说明。

the Capitol
Central Park (*但是* the park)
Cleopatra's Needle
Drury Lane Theatre (*但是* the theatre)
Forty-second Street
Hoover Dam (*但是* the dam)
Iroquois Lock
Jacques Cartier Bridge (*但是* the bridge)
Oxford Circus (*但是* the circus)
Pyramid of the Sun (*但是* the pyramid)
Royal Air Force Memorial

A.15 专有名称的派生词

从个人名称或地名派生而来、用于专门含义的词不予大写。

angstrom unit
arabic numbers
bikini
bourbon whiskey
burnt sienna
cologne

diesel engine
hamburger
italicize
malapropism
melba toast
nile green
raglan sleeves
roman type
timothy grass
vernier telescope

A.16 团体名称

A.16.1 国际组织和联盟

国际组织和联盟的名称予以大写。

Central Treaty Organization
Common Market
Hanseatic League; Hansa
Holy Alliance
International Monetary Fund
Little Entente
Organization of African Unity
Triple Alliance, 1882
United Nations; United Nations Security Council (*但是* the Security Council; the council)
World Health Organization

A.16.2 政府机构

立法或司法机构、行政管理部门、局或厅、武装部队（或武装部队的一个组成部分）的全名或其名称的公认缩写形式予以大写。从此类名称派生的其他不完整的标识（缩写除外）或形容词，不予大写。

Agency for International Development
Atlantic Fleet
Canadian Armed Forces
Canadian Citizenship Branch

Central Office of Information
Circuit Court of the United States; the federal Circuit Court
Commission on Post-Secondary Education in Ontario
Congress; the Ninety-fifth Congress (*但是* congressional)
Court of Appeals of the State of Colorado
Department of State; State Department
District Court for the Southern District of New York (*但是* district court)
Division of Education for the Disadvantaged
Domestic Council Committee on Illegal Aliens
First Army; the First
First Infantry Division
House of Commons
House of Representatives; the House (*但是* the lower house of Congress)
Juvenile and Domestic Relations Court (*但是* juvenile court; domestic relations court)
Middlesex Regiment; the Diehards (*但是* the regiment)
Ministry of Agriculture, Fisheries, and Food
Parliament (*但是* parliamentary)
Peace Corps
President of the United States (i.e., the office)
Prime Minister (i.e., the office)
Queen's Bench Division of the High Court of Justice
Royal Air Force
Royal Gloucestershire Hussars
Twenty-first Regiment of U.S. Infantry
United States Court of Appeals for the Second Circuit (*但是* court of appeals)
United States Navy

A.16.3 政党

政党及其成员的名称予以大写。

Communist Party of Great Britain; Communist(s)
Democratic Party; Democrat(s)
Liberal Party; Liberal(s)
Nazi Party; Nazi(s)

A.16.4 政治和经济体系

政治、经济体系或思想学派或其支持者的名称，不予大写，除非它派生自专有名词。一般来说，除政党之外的政治团体的名称，不予大写。

anarchism
capitalism
egalitarianism
farm bloc
fascism
independent(s)
mercantilism
monarchism
mugwumps
nationalism
right wing
socialist bloc
但是
Benthamism
Marxism
Thatcherism

A.16.5 其他团体

机构、协会、会议、公司、宗教教派或教团、地方教会等（宗教名称见 **A.17.4**）的名称，或一个部门或分支机构的名称，予以大写。名称前的冠词，即使是官方名称的一部分也不予大写。单独使用或与冠词一起使用的类属词[例如，*society*（学会）、*company*（公司）、*conference*（会议）]不予大写。从团体名称派生而来，并指代团体成员的名词、名词短语、形容词或形容词短语，予以大写。

Abbey of Mont Saint-Michel
American Library Association
the Board of Regents of the University of California
Boy Scouts of America; a Boy Scout; a Scout
Canadian National Railways
Christian Brothers
Church of England
Church of the Redeemer
Conference, 1980 Advances in Reactor Physics and Shielding
Congregation Anshe Mizrach

Fifty-second Annual Meeting of the American Historical Association
First Baptist Church
Garrick Club
General Council of the United Church of Canada
General Foods Corporation
Green Bay Packers; the Packers (*但是* the team)
Independent Order of Odd Fellows; IOOF; an Odd Fellow
Iowa Falls High School
League of Women Voters
Midwest Baptist Conference
Mosque of Sidi Okba
National Bank of New Zealand, Ltd.
National Dance Theatre Company of Jamaica
Order of Preachers
Presbyterian Church in Canada
Printed Circuit World Expo '81 West
Reference Section of the Canadian Library Association
Second Vatican Council; Vatican II
Society of Jesus; Jesuits; a Jesuit; Jesuitical
Special Session on Ordered Fields and Real Algebraic Geometry
Synod of Whitby
Temple Israel
Textile Workers Union of America (*但是* the union)
Toronto Symphony Orchestra
Young Men's Christian Association

A.17 宗教名称和术语

A.17.1 神祇

神祇名称或涉及基督教三位一体的任何术语均予以大写。

Adonai
Allah
the Almighty
Astarte

Brahma
Christ
the Father
the First Cause
Hera
Holy Ghost
Holy Spirit
Jehovah
King of Kings
Lamb of God
Mars
Messiah (Jesus Christ)
Minerva
the Omnipotent
Prince of Peace
Providence
Son of God
Son of Man
the Supreme Being
Vishnu
the Word
Yahweh
Zeus

指代神祇名称的代词不予大写，除非大写是为了避免歧义所必需。

God as I understand him
The appearance of Christ after his resurrection
但是
God gives man what He wills
Trust Him who doeth all things well

从神祇名称派生而来的词，不予大写。

God's fatherhood, kingship, omnipotence
Jesus' sonship

godlike

messianic hope

christological

但是

Christ-like

A.17.2 撒旦的名称

指代撒旦的词予以大写。

the Devil

His Satanic Majesty

Lord of the Flies

Lucifer

但是

a devil; the devils

devilled eggs

the devil's advocate

A.17.3 受尊敬的个人

诸如先知、领袖、圣徒或其他宗教领袖等受尊敬的个人的称呼予以大写。

the Apostle to the Gentiles

the Baptist

the Beloved Apostle

the Blessed Virgin

Buddha

the Fathers *(但是* church fathers)

the Mahatma

Mother of God

Our Lady

Panchen Lama

the Prophet *(即 Mohammed)*

the Twelve

the Virgin *(即 Mary)*

A.17.4 宗教

宗教、教派或特定的宗教运动的名称予以大写。描述其成员的名称以及从此类名称派生的任何形容词也予以大写。对于宗教教派、教团、地方教会等的名称，应用 **A.16.5** 所列的规则。

Anglicanism; an Anglican; Anglican communion
Arianism; Arian heresy
Buddhism; a Buddhist; Buddhist ideas
Catholicism; a Catholic
Christian Science; a Christian Scientist
Dissenter
Islam; Islamic; Muslim
Judaism; Orthodox Judaism; Reform Judaism; an Orthodox Jew
Lutheranism; a Lutheran
Protestantism; a Protestant
Shinto
Theosophy; Theosophist
Vedanta
Zen; Zen Buddhism
Zoroastrianism

A.17.5 宗教事件和概念

主要的《圣经》/宗教事件或概念的名称予以大写。

Armageddon
the Assumption of the Virgin
the Captivity (Babylonian)
the Crucifixion
the Enlightenment (Buddhism)
the Hegira
Judgment Day
the Last Supper
Redemption
the Second Advent

A.17.6 教义与忏悔

教义与忏悔的名称予以大写。

Augsburg Confession
Nicene Creed
the Thirty-nine Articles

A.17.7 圣餐

指代圣餐的术语予以大写。

Communion
the Divine Liturgy
Holy Communion
the Lord's Supper
the Mass

A.17.8 宗教经典

宗教经典、经典中的一部分、成组圣书或单独一册圣书的题名予以大写。

Holy Bible
Holy Scriptures
Sacred Scriptures
New Testament
Old Testament
New Covenant
Gospels
Acts of the Apostles
Apocalypse of John
Epistles of Paul
Apocrypha
Five Scrolls
Historical Books
Minor Prophets
Pentateuch
History of Susanna
Song of Songs
Koran
Qur'an

Zend-Avesta
Talmud Yerushalmi

当 *book*（圣书）一词指代整部《圣经》时，予以大写，否则不予大写。

the Book
但是
the book of Proverbs
the book of the Prophet Isaiah
the second book of Kings

A.17.9 《圣经》的特殊选集

通常由特定名称指代的《圣经》的特殊选集名称的首词予以大写。

the Beatitudes
the Decalogue
the Lord's prayer
the Miserere
the Nunc dimittis
the Shema
the Sermon on the mount
the Ten commandments

A.17.10 《圣经》的版本

《圣经》版本（见 **6.25.1.4**）的名称予以大写。

Authorized Version
Confraternity Version
Jerusalem Bible
New American Standard Bible
New English Bible
Septuagint
Vulgate

A.18 文件名称

诸如宪章、宪法、立法法案、协定、规划、政策声明或条约等文件的正式或惯用名称予以大写。当类属词[例如，*constitution*（宪法）]单独使用或与冠词一起使用时，不予大写。

Articles of Confederation
Atlantic Charter
Bill of Rights
British North America Act
Civil Rights Act of 1964
Constitution of Virginia (*但是* the constitution)
Declaration of Independence
Fourteenth Amendment (U.S. Constitution)
Magna Charta
Marshall Plan (*但是* the plan)
Reform Bill
Third Five Year Plan (India)
Treaty of Versailles (*但是* the treaty)
Universal Copyright Convention (*但是* the convention)

如果对文件名称是否为正式或惯用名称有疑问，则依本附录中的其他规则将题名大写。

An act to amend the constitution and to prohibit taxes on property ...

A.19 历史、文化事件及时期的名称

历史或文化事件及重要的历史或文化时期的名称予以大写。

Age of Discovery
Battle of Dunkirk
Boxer Rebellion
Dark Ages
Elizabethan Age
French Revolution
Grand National Steeplechase
Norman Conquest
Operation Deep Freeze

Reformation
Second Battle of the Marne
Second World War
Siege of Leningrad
Thirty Years' War

A.20 荣誉象征、奖励章等

特定的荣誉象征、奖励章或奖项的名称予以大写。

Bronze Star Medal
Congressional Medal of Honor
Iron Cross
Victoria Cross

A.21 历法各部分的名称

一年中月份的名称或一周中各天的名称予以大写。

January
Monday

季节的名称不予大写。

winter

A.22 节日名称

世俗节日或宗教节日的名称和宗教节令的名称予以大写。

Advent
Boxing Day
Christmas Day
Epiphany
Feast of the Annunciation
Fourth of July
Lent

Ramadan
Saint Patrick's Day
Thanksgiving

A.23 植物和动物的学名

门、纲、目、科或属以及其中间类（例如，亚纲）的拉丁文名称予以大写。种或亚种的名称，即使是从专有名词派生而来也不予大写。学名的英语派生词不予大写。

Arthropoda *(门)*
Insecta (纲)
但是
arthropod (*派生于* Arthropoda)

A.24 地质学术语

地质时代、地质时期等名称中区别性的词予以大写。诸如 *era*（时代）、*period*（时期）之类的词和仅起描述作用的诸如 *early*（早期）、*middle*（中期）或 *late*（晚期）之类的修饰词不予大写。

Eocene epoch
Jurassic period
Lower Triassic period
Mesozoic period
the early Miocene
the late Eocene

A.25 天文学术语

行星、卫星、恒星、星座、小行星等的名称予以大写。*sun*（太阳）和 *moon*（月亮）不予大写。当 *Earth*（地球）特指该行星时予以大写。

Alpha Centauri
Canis Major
Little Dipper
Mercury
the Milky Way
North Star

A.26 土壤名称

土壤类别的名称予以大写。

Alpine Meadow
Chernozem
Half Bog
Prairie

A.27 商品名称

商品名称、品种名称或市场品级名称予以大写。此类名称后随以的通用名词不予大写。

Choice lamb （*市场品级*）
Formica （*商品名称*）
Orlon （*商品名称*）
Polaroid film （*商品名称*）
Red Radiance rose （*品种名称*）
Yellow Stained cotton （*市场品级*）

A.28 用作词或复合词一部分的单个和多个字母

代词 *I* 和感叹词 *O*（*Oh*）予以大写。指代字母表中一个字母的单个字母予以大写。

A major
H-bomb
U-boat
vitamin B
X-ray
Y is for yellow

对于带有复合词的团体名称，应用 **A.2.1** 所列的规则。

对于以复合词起首的题名，应用 **A.4.1** 所列的规则。

如果在资源的其他地方复合词以带有一个或多个大写字母的形式出现，则遵循所见的大写形式。

A.29 带有连字符的复合词

如果规则要求有连字符的复合词大写，则将其第一部分大写，第二部分等如果是名词或专有形容词或它和第一部分有同样的效力，则也予以大写。

Twentieth-Century

Basket-Maker

Blue-Black

Secretary-Treasurer

如果第二部分是修饰第一部分的，或两个部分共同构成一个词，则第二部分不予大写。

French-speaking

Twenty-five

Co-ordinate

A.30 带有连字符的前缀

以连字符与一个大写的词相连接的前缀，不予大写，除非其他规则要求大写。

ex-President Roosevelt

pre-Cambrian

trans-Siberian

un-American

A.31 一般性规则

A.10 – A.30 所列的英语大写规则适用于其他语言，除非下列部分有处理该语言的相反规则，或编目机构所采用的该语言的音译表另有规定。

A.32 音译名称和题名的大写

依 **A.31** 所列的说明对音译名称和题名中的词予以大写。如果该语言没有大写体系，则将题名或句子的首词和团体名称的首词予以大写。根据英语用法对专有名称予以大写。

A.33 波斯尼亚语

A.33.1 专有名称及其派生词

民族和种族的名称不予大写：*bijelac*、*crnac*、*semit*。

专有形容词不予大写：*bosanski*。

宗教名称及其拥护者名称不予大写：*islam*、*musliman*。

A.33.2 地区、聚居地和地理特征的名称，包括街道、公园等

首词和专有名词予以大写：*Bihaćki okrug*、*Mostarska opština*、*Ulica bosanska*、*Ulica Bosanske Srebrne*、

Opština Bosanski Brod。

A.33.3 国家行政区划名称

国家行政区划名称中的首词和专有名词予以大写：*Bosansko-podrinjski kanton*、*Srednjobosanski kanton*、*Opc´ ina Bihac´* 。

A.33.4 团体名称

团体名称中的首词和专有名词予以大写：*Udruženje izdavača i knjižara Bosne i Hercegovine*、*Republički zavod za zaštitu spomenika*、*Pozorište lutaka Sarajevo*。

A.33.5 个人头衔

个人头衔不予大写：*sultan Mehmed*、*magistar Imamović*、*direktor Kovačević*。但当 *sveti* 出现在节日名称（见 A.33.8）中时，予以大写。

A.33.6 人称代词

ja 不予大写。

正式称谓的代词予以大写：*Ti*、*Tvoj*、*Ti*；*Vi*、*Vam*、*Vas*、*Vaš*。

A.33.7 历法各部分的名称

一周中各天的名称和月份的名称不予大写。

A.33.8 历史事件、节日等的名称

历史时期和事件名称中的首词和专有名词予以大写：*Bronzano doba*、*Isa-begova vakufnama*、*Ustanak Desidijata pod Batonom*、*Prvi svjetski rat*。

节日名称中的首词和专有名词予以大写：*Kurban bajram*、*Božić*、*Ramazanski bajram*、*Sveti Petar*、*Međunarodni praznik rada*。

A.34 保加利亚语

A.34.1 专有名称及其派生词

民族、种族和特定聚居地居民的名称不予大写：българин、софиянец、семит。

宗教名称及其拥护者名称不予大写：будизъм、християнство、лютеранец。

专有形容词不予大写：софийски улици。

A.34.2 地区、聚居地和地理特征的名称，包括街道、公园等

首词予以大写，除非是通用名词。其他词仅专有名词予以大写：Орлово гнездо、Бряг на слоновата кост、Стара Загора、Охридско езеро、село Белица、Червеният площад、ул. Шипка.

A.34.3 国家和行政区划名称

国家和行政区划名称中的首词和专有名词予以大写：Обединена арабска република、Народна република България、Софийска област、Министерство на селскостопанското производство。

A.34.4 团体名称

团体名称中仅首词和专有名词予以大写：Българска комунистическа партия、Организация на обединените народи、Държвна библиотаека "Васил Коларв"、Български червен кръст。

A.34.5 个人头衔

如果 свети（圣）以及皇室、政府高官和教会高层的头衔后随以一个名称，则予以大写：Министър Даскалов、Свети Климент。

任何与名人名称相连的头衔均予以大写：Отец Паисий、Хаджи Димитър、Бачо Киро。

一般来说，其他头衔不予大写：министър、крал、отец、професор、отец Борис。

A.34.6 人称代词

аз 不予大写。

当 Вие (Вий)、Ви、Вас 和 Вам 在正式称谓中使用时，予以大写。

A.34.7 历法各部分的名称

一周中各天的名称和月份的名称不予大写。

A.34.8 历史事件等的名称

历史事件等名称中的首词和专有名称予以大写：Първата световна война、Великата октомврийска социалистическа революция、Възраждането、Битката при Косово поле。

A.35 克罗地亚语

A.35.1 专有名称及其派生词

民族和种族名称不予大写：*bijelac*、*crnac*、*semit*。

专有形容词不予大写：*hrvatski*。

宗教名称及其拥护者名称不予大写：*katoličanstvo*、*katolik*。

A.35.2 地区、聚居地和地理特征的名称，包括街道、公园等

首词和专有名词予以大写：*Slavonski Brod*、*Hrvatsko zagorje*、*Gundulićeva ulica*、*Trg bana Josipa Jelačića*。

A.35.3 国家行政区划名称

国家行政区划名称中的首词和专有名词予以大写：*Splitskodalmatinska županija*、*Istarska županija*、*Primorsko-goranska županija*、*Zadarska županija*、*Grad Zagreb*。

A.35.4 团体名称

团体名称中仅首词和专有名词予以大写：*Turistička zajednica grada Splita*、*Filozofski fakultet u Zagrebu*、*Savez samostalnih sindikata Hrvatske*。

A.35.5 个人头衔

个人头衔不予大写：*kralj Tomislav*、*profesor Jurić*、*sveti Stjepan*。但当 *sveti* 出现在节日名称中时，予以大写（见 A.35.8）。

A.35.6 人称代词

ja 不予大写。

正式称谓的代词予以大写：*Ti*、*Tvoj*、*Ti*；*Vi*、*Vam*、*Vas*、*Vaš*。

A.35.7 历法各部分的名称

一周中各天的名称和月份的名称不予大写。

A.35.8 历史事件、节日等的名称

历史时期和事件名称中的首词和专有名词予以大写：*Srednji vijek*、*Seljačka buna*、*Krbavska bitka*、*Bitka na Mohačkom polju*。

节日名称中的首词和专有名词予以大写：*Sveti Petar*、*Tri kralja*、*Dan domovinske zahvalnosti*。

A.36 捷克（波希米亚）语

A.36.1 专有名词及其派生词

由区别性词和类属词共同组成的地理名称中仅区别性词予以大写：*Tichý oceán*。

派生于街道名称中的专有名词的首词和任何其他词均予以大写：*U invalidovny*、*Na růžku*、*Na Smetance*。

A.36.2 团体名称

一般来说，团体名称中仅首词予以大写：*Československá republika*、*Česká akademie věd a umění*、*Bratří čeští*、 *Milosrdní bratří*。

学校、音乐学院、大学、部委和政府部门等的分支机构名称不予大写：*ministerstvo školství*、*závodní rada*。

A.36.3 个人头衔

个人头衔不予大写：*doktor*、*král*、*ministr*、*svatý*。

A.36.4 人称代词

já 不予大写。

正式称谓的代词予以大写：*Ty*、*Tvůj*、*Tobě*；*Vy*、*Vám*；*Vás*、*Váš*。

A.36.5 历法各部分的名称

一周中各天的名称和月份的名称不予大写。

A.37 丹麦语

应用 A.49 所列的关于斯堪的纳维亚语的规则。

A.38 荷兰语

A.38.1 单个字母作为首词

如果句子中的首词是感叹词 *O*、代词 *U* 或指代字母表中一个字母的单个字母（例如，*A iseen aapje*）时，则予以大写。

句子首词或专有名称首词的任何其他单个字母均不予大写。而紧邻其后的词予以大写：*'s Avonds is het koud*、*'k Weet niet wat hij zegt*、*'s Gravenhage*。

A.38.2 个人名称中的前缀

如果前缀 *de*、*ten*、*van* 之前没有教名，则予以大写。

A.38.3 人称代词

ik 不予大写。

一般来说，个人通信中的 *U*、*Uw* 和 *Gij* 予以大写。

A.38.4 历法各部分的名称

一周中各天的名称和月份的名称不予大写。

A.39 芬兰语

A.39.1 团体名称

国家和地方政府机构、法院和教会团体名称中仅首词和专有名词予以大写：*Erillinen komppania Kontula*、*Helsingin kaupunginkirjasto*、*Kauppa- ja teollisuusministeriö*、*Kirkon ulkomaanasiain toimikunta*、*Korkein oikeus*、*Suomen Unesco-toimikunta*。

一般来说，国家的科学和经济机构名称中仅首词和专有名词予以大写：*Kansallismuseon esihistoriallinen osasto*、*Geodeettinen laitos*、*Helsingin yliopisto*。例外: *Suomen Akatemia*、*Suomen Pankki*。

其他机构、学会和公司的名称，遵循该团体的用法。如果不知其用法，则所有词都予以大写。

A.39.2 建筑物名称

建筑物名称中的专有名词予以大写：*kaupungintalo*、*Helsingin kulttuuritalo*。

A.40 法语

A.40.1 专有名称及其派生词

宗教团体、教派、教团、政治和其他组织的成员名称，宗教名称和语言名称不予大写：*les jésuites*、*les démocrates*、 *le bouddhisme*、*l'anglais*（英语）。

从宗教团体、教派、教团、政治和其他组织的成员名称中或宗教名称、语言名称、地理名称中派生的形容词，以及指代国籍的形容词不予大写：*la religion catholique*、*la région alpine*、*le peuple français*。

指代国籍的名词予以大写：*les Français*。

地理名称中用作类属词的通用名词不予大写：*la mer du Nord*、*l'île aux Oiseaux*。

A.40.2 团体名称

一般来说，团体名称中的首词、出现在首词前的任何形容词、首个名词和所有专有名词均予以大写：*Société de chimie physique*、*Grand Orchestre symphonique de la R.T.B*、*Église réformée de France*。例外：*Société des Nations*、*Nations Unies*。

有连字符的团体名称中的名词和形容词均予以大写：*le Théâtre-Français*。

A.40.3 个人名称的前缀

由冠词或冠词和介词的缩写所组成的前缀予以大写：*La Fontaine; Du Cange*。

A.40.4 个人头衔

指明等级或官职的头衔不予大写：*le roi*、*le ministre*、*le pape Léon X*。

称谓、对对方或他人的尊称予以大写：*Monsieur*、*Mme de Lafayette*、*Son Éminence*、*Sa Majesté le roi de France*。

当 *saint*（*sainte* 等）特指某人时不予大写；否则予以大写：*saint Thomas More*； 但是 *la cathédrale Saint-Lambert*、*l'été de la Saint-Martin*。

A.40.5 人称代词

人称代词不予大写。

A.40.6 历法各部分的名称

一周中各天的名称和月份名称不予大写。

A.40.7 其他

rue 及其同义词都不予大写：*rue de la Nation*、*avenue de l'Opéra*。

当 *église* 用于指示一座建筑物时，不予大写：*l'église Notre-Dame*。当其指代作为机构的教会时，予以大写。

État 指代国家时予以大写：*le Conseil d'État*。

A.41 德语

A.41.1 名词

所有名词和用作名词的词均予以大写：*das Buch*、*das Geben*、*die Armen*、*das intime Du*（参考 *du* 一词）、 *Not tun*、*ausser Acht lassen*、*aufs Neue*、*fürs Erste*、*im Voraus*、*die Übrigen*、*heute Mittag*、*im Grossen und Ganzen*、*das Hundert*、*das Tausend*（但 *hundert* 或 *tausend* 用作基数词时，见 **A.41.4**）。

A.41.2 专有名称及其派生词

一般来说，专有形容词不予大写：*die deutsche Sprache*。

由个人名称随以撇号（'），并以 sche（包括其屈折形式）词尾组成的形容词应予以大写：*die Darwin'sche Evolutionstheorie*、*das Wackernagel'sche Gesetz*、*die Goethe'schen Dramen*。其他包含个人名称的形容词不予大写：*die platonische Liebe*、*eine kafkaeske Stimmung*。

从地理名称派生而成的不变格的形容词予以大写：*Schweizer Ware*、*die Zürcher Bürger*。

用作名称或头衔一部分的形容词、代词和数词予以大写：*Alexander der Grosse*、*das Schweizerische Konsulat*、*Seine Excellenz*、*Friedrich der Zweite*、*Bund der Technischen Angestellten und Beamten*、*der Erste der Klasse*（表示等级）。参见 **A.41.4**。

A.41.3 代词

ich 不予大写。

Sie 和 *Ihr* 及其屈折形式用于正式称谓时予以大写。

A.41.4 其他

下列情况不予大写：

a) 代词（参见 **A.41.3**）：*jemand*、*ein jeder*、*der eine . . . der andere*、*die beiden*、*die meisten*

b) 百万以内的基数词：*hundert*、*tausend*、*an die zwanzig*、*wir zwei*、*alle drei*、*bis drei zählen*

c) 副词：*mittags*、*anfangs*、*morgen*、*montags*

d) 动词短语：*preisgeben*、*teilhaben, wundernehmen*、*zuteil werden, zumute sein (* 但是 *zu Mute sein)*、*schuld sein*（当 *schuld* 或 *leid* 与动词 *sein*、*werden* 或 *bleiben* 联合使用时被视为形容词)

e) 用以代指同一个句子中某处已出现的名词的形容词：*Hier ist die beste Arbeit*、*dort die schlechteste*；

f) 直接在名词或基数词前使用的分数：*ein viertel Kilogramm*（但是 *um ein Viertel vor acht*）

A.42 匈牙利语

A.42.1 专有名称及其派生词

指代国籍的名称不予大写：*az oroszok*。

派生于专有名称的形容词不予大写：*budapesti*。

A.42.2 个人头衔

用作直接称谓的头衔予以大写：*Felséges Uram*。

贵族头衔，包括那些从来源地派生的形容词术语构成的头衔等，不予大写：*gróf Teleki Pál*、*körmendi Frim Jakab*。

A.42.3 人称代词

én 不予大写。

正式称谓中的代词予以大写：*Maga*。

A.42.4 历法各部分的名称

一周中各天的名称和月份的名称不予大写。

A.43 意大利语

A.43.1 专有名称及其派生词

宗教团体、教派、教团、政治和其他组织成员的名称，宗教名称和语言的名称不予大写：*i protestanti*、*i benedettini*、*un democratico*、*il buddhismo*、*il francese* (法语)。

从宗教团体、教派、教团、政治和其他组织成员的名称中，或从宗教名称、语言名称、地理名称和个人名称中派生的形容词，以及指代国籍的形容词不予大写：*la religione cattolica*、*la flora alpina*、*il popolo italiano*、*iconografia dantesca*。

指代国籍的名词予以大写：*gl'Italiani*。

A.43.2 团体名称

一般来说，团体名称中仅首词、专有名词、宗教术语和其后随以指代皇室或教皇特权的形容词予以大写：*Istituto nazionale di fisica nucleare*、*Accademia nazionale de Santa Cecilia*、*Università cattolica del Sacro Cuore*、*Pontificio Seminario francese*、*Chiesa evangelica italiana*。例外：*Società delle Nazioni*、*Nazioni Unite*、*Croce Rossa*。

A.43.3 个人头衔

除由物主代词和抽象性名词构成的荣誉头衔之外，其他个人头衔不予大写：*signora*、*il signor Donati*、*il duca d'Aosta*、*Umberto I, re d'Italia*；但是 *Sua Santità*、*Sua Altezza Reale il principe Umberto*、*le LL. MM. il re e la regina*。

当 *san*（*santo* 等）专指某个人时不予大写；但当其是缩写，或是地名、建筑物名称等一个必不可少的组成部分时，则予以大写：*san Francesco d'Assisi*；但是 *S. Girolamo*、*Castel Sant'Angelo*。

A.43.4 人称代词

io 不予大写。

正式称谓的代词予以大写：*Ella*、*Lei*、*Loro*。

A.43.5 历法各部分的名称

一周中各天的名称和月份的名称不予大写。

A.43.6 世纪的名称

世纪的专有名称予以大写：*il Cinquecento*、*il Seicento*；但是 *il sedicesimo secolo*。

A.43.7 其他

via 及其同义词不予大写：*via Vittorio Veneto*、*corso Umberto I*。

当 *chiesa* 指代建筑物时，不予大写：*la chiesa di S. Maria degli Angeli*。当其指代作为机构的教会时，予以大写。

当 *stato* 指代国籍时，予以大写：*Consiglio di Stato*。

A.44 拉丁语

应用 **A.10–A.30** 所列的关于英语的规则。

A.45 挪威语

应用 **A.49** 所列的关于斯堪的纳维亚语的规则。

A.46 波兰语

A.46.1 专有名称及其派生词

城镇居民的名称不予大写：*warszawianin*。

从专有名称派生的形容词不予大写：*mickiewiczowski*。

宗教名称及其拥护者名称和教团成员名称不予大写：*katolicyzm*、*katolik*、*mahometanin*、*jezuici*。

复合地理名称的每个组成部分均予以大写，除非具有区别性的词是主格，并可独自表示该地名；在这种情况下，仅将具有区别性的词予以大写：*Morze Bałtyckie*； 但是 *jezioro Narocz*。

用于酒类、舞蹈等的地理名称不予大写：*tokaj*、*rakowiak*。

行政区划的名称和地理限定语不予大写：*województwo poznańskie*、*diecezja łomżyńska*。

A.46.2 团体名称

团体名称中除连词和介词之外的其他词均予以大写：*Towarzystwo Naukowe w Toruniu*、*Ewangelicko-Augsburski Kościół*。

A.46.3 个人头衔

除了直接称谓外，个人头衔不予大写：*papież*、*król; święty*。

A.46.4 人称代词

ja 不予大写。

正式称谓的代词予以大写：*Ty*、*Tobie*、*Twój*；*On*、*Ona*、*Jego*、*Jej*、*Jemu*；*Wy*、*Wam*、*Was*。

A.46.5 历法各部分的名称

一周中各天的名称和月份的名称不予大写。

A.46.6 历史事件等的名称

历史事件和战争的名称不予大写：*pokój wersalski*、*wojna siedmioletnia*。

A.47 葡萄牙语

A.47.1 专有名称的派生词

专有名称的派生词不予大写：*os homens alemães*、*os franceses*。

A.47.2 个人头衔

显要人物职位的名称，以及指明头衔的词予以大写：*o Arcebispo de Braga*、*o Duque de Caxias*、*o Presidente da República*、*Senhor Professor*。

A.47.3 人称代词

eu 不予大写。

A.47.4 宗教术语

当 *igreja* 指代作为机构的教会时，予以大写。

A.47.5 历法各部分的名称

一周中各天的名称和月份的名称不予大写。

A.48 俄语

A.48.1 专有名称及其派生词

构成专有名称一部分的前缀、介词和连词不予大写，但当它们用连字符与名称的其余部分相连时予以大写：Фон Клаузевиц; ван Бетховен、Ван-Гог。

民族、种族和特定聚居地居民的名称不予大写：араб、таджик、москвичи。

宗教名称及其拥护者名称不予大写：католицизм、католик。

作为副词一部分的专有名词不予大写：по-пушкински。

A.48.2 地区、聚居地和地理特征的名称，包括街道、公园等

构成地理名称一部分的通用名词不予大写：мыс Горн、остров Рудолъфа、канал Москва-Волга。

如果通用名词为名称一个必不可少的组成部分时，则予以大写：Кривой Рог、Белая Церковъ、Богемский Лес。

如果通用名词是外来语、且并未成为俄语语言的一部分时，则予以大写：Рю-де-ла-Пе (Рю—意为街道, Пе—意为和平); Сыр-Дарья (Дарья—意为河流)。

以个人名称命名的地名中个人的头衔或等级不予大写：остров королевы Виктории、мыс капитана Джеральда。

从地理名称派生的形容词不予大写：московские улицы。

用于酒类、动物、鸟类等的地理名称不予大写：мадера、херес、сенбернар。

A.48.3 国家和行政区划名称

公认的国家集团名称的首词予以大写：Балканские страны。

非官方但得到公认的国名、城市名和领土区划名称予以大写：Советский Союз、Страна Советов、Приуралье、 Белокаменная (属莫斯科)。

苏联的行政区划按下列规定大写：

a) 共和国和自治共和国名称的每个词均予以大写：Башкирская Автономная Советская Социалистическая Республика

b) 省、自治省、领地、地区和农村苏维埃的名称仅首词予以大写：Алма-Атинская область、Приморский край、Коми- Пермяцкий национальный округ、Егоршинский район、Краснинский сельсозет

c) 最高苏维埃和非俄罗斯政府单位以及共产党组织的名称，每个词均予以大写，置于圆括号内的词和“партия”（政党）除外：Верховный Совет СССР（也属于加盟共和国和自治共和

国）、Совет Союза、Совет Национальностей、Всесоюзная Коммунистическая партия (большевнков)、Рейхстаг、Конгресс США、Правительствующий Сенат

d) 其他政府单位的名称仅首词和专有名词予以大写：Государственная плановая комиссия СССР、Народный комиссариат иностранных дел、Военный совет Закавказского военного округа

e) 局的名称用于复数和泛指时不予大写：советы народных комиссаров、народный комиссариат

f) Совет депутатов трудящихся 中的 Совет 予以大写：Загорский районный Совет депутатов трудящихся

A.48.4 团体名称

团体名称中仅首词和专有名词予以大写：Академия наук СССР、Книжная палата、Профессиональный союз работников высшей школы и научных учреждений、Дом книги。

如果团体名称的一部分在引号内，则引号内仅首词和专有名词予以大写：завод "Фрезер"、совхоз "Путъ к социализму"。

如果团体还以其名称的一部分而为人所知，则当其与团体全称一同出现时，该部分的首词予以大写：Государственный ордена Ленина академический Большой театр (Большой театр)。

代表大会、会议等名称中的如下词不予大写：съезд、конференция、сессия、пленум。

совет用于学会或学术机构委员会时不予大写。

A.48.5 个人头衔

最高政府官员的头衔予以大写：Председатель Совета Народных Комиссаров、Маршал Советского Союза。

A.48.6 代词

я不予大写。

正式称谓的代词予以大写：Вы、Вам、Вас。

A.48.7 历法各部分的名称

一周中各天的名称和月份的名称不予大写。

A.48.8 历史事件等的名称

历史时期和事件名称中的首词、区别性的词和专有名词予以大写：Великая Октябрьская социалистическая революция; Возрождение、Третъя республика、Парижская коммуна、Кровавое воскресенье、Ленский расстрел; Бородинский бой。

五年计划（five-year plans）的名称不予大写：третья сталинская пятилетка； 但是 соревнование имени Третьей Сталинской Пятилетки。

战争名称中的война不予大写：Франко-Прусская война、Русско-Японская война、Великая Отечественная война、Отечественная война。

A.49 斯堪的纳维亚语族

A.49.1 专有名称的派生词

从专有名称派生的形容词不予大写：*europeisk*、*københavnsk*、*luthersk*、*svensk*。

A.49.2 团体名称

一般来说，团体名称中的首词和指代皇室特权的形容词后随以的词予以大写。诸如专有名词等其他词的大写依相应的规则：*Kungl. Biblioteket*、*Ministeriet for kulturelle anliggender*、*Selskabet for dansk skolehistorie*。

A.49.3 复合名称

一般来说，复合名称仅首词予以大写，复合个人名称除外：*Förenta staterna*、*Kronborg slot*、*Norske kirke*。

A.49.4 个人头衔

一般来说，个人头衔不予大写：*fru Larsen*、*kong Haakon VII*、*Gustav, prins av Vasa*。

A.49.5 人称代词

A.49.5.1 丹麦语

jeg 不予大写。*De*、*Dem* 和 *Deres* 予以大写。昵称形式 *I*（你）予以大写，以便与 *i*（在……之中）相区分。

A.49.5.2 挪威语

jeg 不予大写。*De*、*Dem*、*Deres*、*Dykk* 和 *Dykkar* 予以大写。

A.49.5.3 瑞典语

jag 不予大写。*Ni*、*Eder* 和 *Er* 在通信中予以大写。

A.49.6 历法各部分的名称

一周中各天的名称和月份的名称以及节日名称不予大写：*jul*、*nyår*。

A.50 塞尔维亚语

A.50.1 专有名称及其派生词

民族和种族名称不予大写：*bijelac*、*crnac*、*semit*。

专有形容词不予大写：*srpski*。

宗教名称及其拥护者名称不予大写：*pravoslavstvo*、*pravoslavac*。

A.50.2 地区、聚居地和地理特征的名称，包括街道、公园等

仅首词和专有名词予以大写：*Velika Morava*、*Beogradska ulica*、*Trg Nikole Tesle*、*Fruška gora*。

A.50.3 国家行政区划的名称

国家行政区划的名称不予大写：*Sremski okrug*、*Grad Beograd*、*Grad Niš*、*Zapadno bački-okrug*。

A.50.4 团体名称

团体名称中仅首词和专有名词予以大写：*Matica srpska*、*Vojvođanska banka*、*Beogradsko dramsko pozorište*、*Narodna biblioteka Srbije*、*Muzej Nikole Tesle*。

A.50.5 个人头衔

个人头衔不予大写：*car Dušan*、*kralj Milutin*、*ministar*、*sveti Petar*。但当 *sveti* 出现在节日名称中时，予以大写（见 **A.50.8**）。

A.50.6 人称代词

ja 不予大写。

正式称谓的代词予以大写：*Ti*、*Tvoj*、*Ti*；*Vi*、*Vam*、*Vas*、*Vaš*。

A.50.7 历法各部分的名称

一周中各天的名称和月份的名称不予大写。

A.50.8 历史事件、节日等的名称

历史时期和事件名称中的专有名词予以大写：*Kameno doba*、*Boj na Kosovu*、*Prvi srpski ustanak*、*Kolubarska bitka*、*Bitka na Ivankovcu*。

节日名称中的首词和专有名词予以大写：*Sveti Sava*、*Veliki četvrtak*。

A.51 斯洛伐克语

应用 **A.36** 关于捷克语的规则。

A.52 斯洛文尼亚语

A.52.1 专有名词及其派生词

民族和种族的名称不予大写：*arijec*、*semit*、*črnec*。

由多个词组成的国籍名称，仅区别性的词予以大写：*severni Korejec*、*zahodni Nemec*。

专有形容词不予大写：*slovenski jezik*。

宗教名称及其拥护者名称不予大写：*slovenski jezik*。

A.52.2 地区、聚居地和地理特征的名称，包括街道、公园等

仅首词和专有名词予以大写：*Ziljska dolina*、*Novo mesto*、*Škofja Loka*、*Daljni vzhod*、*Otok kraljice Viktorije*、*Rtič dobrega upanja*、*Ulica stare pravde*。

A.52.3 国家和行政区划的名称

国家和行政分区划名称中的首词和专有名词予以大写：*Združene države Amerike*。

A.52.4 团体名称

团体名称中的首词和专有名词予以大写：*Društvo slovenskih književnikov*、*Državna založba Slovenije*。

A.52.5 个人头衔

个人头衔不予大写：*predsednik*、*sekretar*、*doktor*、*maršal Tito*、*kralj Matjaž; sveti Pete*。但当 *sveti* 出现在节日名称中时，予以大写（见 **A.52.8**）。

A.52.6 人称代词

jaz 不予大写。

正式称谓的代词予以大写：*Ti*、*Tebe*、*Tebi*、*s Teboj*；*Vidva*、*Vidve*、*Vaju*、*Vama*；*Vi*、*Vas*、*Vam*、*zVami*。

A.52.7 历法各部分的名称

一周中各天的名称和月份的名称不予大写。

A.52.8 历史事件、节日等的名称

历史事件、节日等名称中的专有名词予以大写：*ledena doba*、*renesansa*、*francoska revolucija*、*boj na Mišaru*、*prva srbska vstaja*、*božič*、*velika noč*、*Sveti Peter*。

A.53 西班牙语

A.53.1 专有名称的派生词

专有名称的派生词不予大写：*las mujeres colombianas*。

作为名词使用的形容词不予大写：*los franceses*。

A.53.2 个人头衔

仅当荣誉称号和称谓缩写时，予以大写：*señor*、*Sr.*；*doctor*、*Dr.*；*general*、*Gral*。

当 *Su Excelencia, Su Majestad* 等单独使用时，不论其采用全拼还是缩写形式均予以大写。当这些词与一个名称或另一个头衔合用时不予大写：*su majestad Juan Carlos*、*su majestad el Rey*。

A.53.3 人称代词

yo 不予大写。

正式称谓的代词予以大写：*Vd.*、*Vds. (Ud., Uds.)*。

A.53.4 宗教术语

当 *iglesia* 指代作为机构的教会时，予以大写。

A.53.5 历法各部分的名称

一周中各天的名称和月份的名称不予大写。

A.53.6 句子中的疑问句

一般来说，句子中出现的疑问句的首词不予大写：*Cuando viene la noche ¿cómo se puede ver?*

A.54 瑞典语

应用 **A.49** 所列的关于斯堪的纳维亚语的规则。

A.55 乌克兰语

应用 **A.48** 所列的关于俄语的规则。

B
缩写

B.0 范围

本附录列出记录特定元素时使用的英语及一些其他语言的缩写。

B.1 一般性规则

依 **B.2–B.6** 所列的说明使用 **B.7–B.11** 规定的缩写。

> ***交替规则***
>
> 当记录载体表现或单件的属性时（见第 **1 – 4** 章），如果创建数据的机构已制订了关于缩写使用的本地规则，或指定了已出版的格式手册等作为首选规则，则采用这些规则或格式手册，而不必依本附录所列的说明。

B.2 个人、家族、团体和地点的名称

在个人、家族、团体和地点的名称中，仅使用下列缩写：

a) 作为名称必不可少的组成部分的缩写（例如，“Wm.”），如果个人、家族、团体或地点中使用缩写时

b) 作为另一地点名称的一部分（见 **16.2.2.9** 和 **16.2.2.11**）记录的某些较大地点的名称（见 **B.11**）

B.3 作品题名

在作品题名中仅使用下列缩写：

a) 题名必不可少的组成部分的缩写

b) 题名 *Laws, etc.*（见 **6.19.2.5**）和 *Treaties, etc.*（见 **6.19.2.7–6.19.2.8**）中的 *etc.*

B.4 转录元素

对于转录元素，仅用元素的信息源中所见的缩写。如果自拟转录元素的全部或部分，一般不采用缩写。

B.5 其他元素

B.5.1 尺寸

对于用于尺寸（见 **3.5**）的术语，依 **B.7** 的规定予以缩写。

公制符号不是缩写，此类符号后不加句点。

B.5.2 存储空间的数量

公制符号不是缩写，此类符号后不加句点。

当以非公制测量单位记录存储空间（见 3.4.1.11.2）的数量时，如适用，依 B.7 的规定予以缩写。

B.5.3 持续时间

对于用于持续时间（见 7.22）的术语，依 B.7 的规定予以缩写。

B.5.4 音乐作品的数字标识

对于用作音乐作品的数字标识中一部分的术语，依 B.7–B.10 的规定予以缩写（见6.16）。

B.5.5 部分的编号

对于用作部分的编号中一部分的术语，依 B.7–B.10 的规定予以缩写（见24.6）。

B.5.6 音乐内容的表演媒介

当两种或两种以上的人声[例如，“SA”代表“女高音（soprano）”和“女低音（alto）”]记录为音乐内容的表演媒介（见 7.21）时，依 B.7 的规定予以缩写。

B.5.7 附加比例尺信息

对于用作附加比例尺信息中一部分的术语，依 B.7 的规定予以缩写（见 7.25.5）。

公制符号不是缩写，此类符号后不加句点。

B.5.8 赤经

对于用作赤经的术语，依 B.7 的规定予以缩写（见 7.4.4）。

B.5.9 日期

当记录与个人（见 9.3）、家族（见 10.4）、团体（见 11.4）、作品（见 6.4）或内容表达（见 6.10）相关的公历日期时，用缩写 *A.D.*（公元）和 *B.C.*（公元前）。

B.5.10 法律作品的其他区别特征

在术语 *Protocols, etc.*（议定书，等）中使用缩写 *etc.*（见 6.21.1.3）。

B.5.11 其他元素

B.5.1 和 B.5.3–B.5.9 中未涵盖的元素，一般不予缩写。

在附注中引用的词不予缩写。

作为元素细节部分记录的词一般不予缩写。

B.6 另一种语言的对应词

如果另一种语言的对应词缩写的拼法与本语言常用的缩写拼法相同，则用另一种语言对应词的缩写。如果有疑问，则不予缩写。

B.7 拉丁字母缩写

术语	缩写
alto	A[1]
Anno Domini	A.D.
Band	Bd.
band	bd.
Bände	Bde.
baritone	Bar[1]
bass	B[1]
Before Christ	B.C.
bind	bd.
book	bk.
broj	br.
číslo	čís.
djilid	djil.
et cetera	etc.[2]
foot, feet	ft.
frames per second	fps
hour, -s	hr.
inch, -es	in.
inches per second	ips
jilid	jil.
kniha	kn.
knjiga	knj.
kötet	köt.
mezzo-soprano	Mz[1]
minute, -s	min.
nombor	no.
nomor	no.
number, -s	no.
numer	nr.
numero (Finnish)	n:o

numéro (French)	no
numero (Italian)	n.
número (Spanish)	no.
Nummer	Nr.
nummer	nr.
opus	op.
part, -s	pt., pts.[3]
parte	pt.
partie, -s	ptie, pties[3]
revolutions per minute	rpm
ročník	roč.
rocznik	rocz.
second, -s	sec.
sešit	seš.
soprano	S[1]
številka	št.
svazek	sv.
szám	sz.
Teil, Theil	T.
tenor	T[1]
tome	t.
tomo	t.
volume, -s	v.
vuosikerta	vuosik.
zväzok	zv.
zvezek	zv.

1. 仅在记录音乐内容的表演媒介的细节时使用，以指示列有两个或两个以上人声的声乐作品的音域。
2. 仅在题名 *Laws, etc.*（法律，等）、*Treaties, etc.*（条约，等）和术语 *Protocols, etc.*（议定书，等）中使用。
3. 当记录乐谱数量时，不予使用。

B.8 西里尔字母缩写

术语	缩写
выпуск	вып.

год	г.
головний	гол.
дополненный	доп.
заглавие	загл.
књига	књ.
книга	кн.
отделение	отд-ние
рік	р.
том	т.
часть	ч.

B.9 希腊字母缩写

术语	缩写
ἀριθμός	ἀρ.
μέρος	μέρ.
τεῦχος	τεῦχ.
τόμος	τ.

B.10 希伯来语和意第绪语缩写

术语	缩写
באנד	בד.
גליון	גל'
חוברת	חוב'
טייל	טל.
יארגאנג	יארג.
מספר	מס'
נומער	נומ.

B.11 某些国家、州、省、领地等的名称

当记录某些国家的名称和澳大利亚、加拿大、美国的州、省、领地等的名称时，用表 B.1 所列的缩写：

a) 作为位于这些国家的州、省、领地等（见 16.2.2.9）或其他行政管辖区（见 16.2.2.11）内的

地名的一部分

b) 作为与个人（见 **9.8–9.11**）、家族（见 **10.5**）或团体（见 **11.3**）相关的地名或地名的一部分

城市或城镇的名称不予缩写，即使与表 B.1 中州的名称相同（例如，*Washington, D.C.* 而不是 *Wash., D.C.*）。未列于表中的任何地名均不缩写。

表 B.1

名称	缩写
Alabama	Ala.
Alberta	Alta.
Arizona	Ariz.
Arkansas	Ark.
Australian Capital Territory	A.C.T.
British Columbia	B.C.
California	Calif.
Colorado	Colo.
Connecticut	Conn.
Delaware	Del.
District of Columbia	D.C.
Florida	Fla.
Georgia	Ga.
Illinois	Ill.
Indiana	Ind.
Kansas	Kan.
Kentucky	Ky.
Louisiana	La.
Maine	Me.
Manitoba	Man.
Maryland	Md.
Massachusetts	Mass.
Michigan	Mich.
Minnesota	Minn.
Mississippi	Miss.
Missouri	Mo.

Montana	Mont.
Nebraska	Neb.
Nevada	Nev.
New Brunswick	N.B.
New Hampshire	N.H.
New Jersey	N.J.
New Mexico	N.M.
New South Wales	N.S.W.
New York	N.Y.
New Zealand	N.Z.
Newfoundland	Nfld.
Newfoundland and Labrador	N.L.
North Carolina	N.C.
North Dakota	N.D.
Northern Territory	N.T.
Northwest Territories	N.W.T.
Nova Scotia	N.S.
Oklahoma	Okla.
Ontario	Ont.
Oregon	Or.
Pennsylvania	Pa.
Prince Edward Island	P.E.I.
Puerto Rico	P.R.
Queensland	Qld.
Rhode Island	R.I.
Russian Soviet Federated Socialist Republic	R.S.F.S.R
Saskatchewan	Sask.
South Australia	S. Aust.
South Carolina	S.C.
South Dakota	S.D.
Tasmania	Tas.
Tennessee	Tenn.
Territory of Hawaii	T.H.

Texas	Tex.
Union of Soviet Socialist Republics	U.S.S.R.
United Kingdom	U.K.
United States	U.S.
Vermont	Vt.
Victoria	Vic.
Virgin Islands	V.I.
Virginia	Va.
Washington	Wash.
West Virginia	W. Va.
Western Australia	W.A.
Wisconsin	Wis.
Wyoming	Wyo.

C
首冠词

C.0 范围

本附录列出当应用相应规则记录作品首选题名以及个人和团体的名称时，各语言中需省略的首冠词。

C.1 一般性规则

依 6.2.1.7 （作品题名）、9.2.2.25 （用作个人名称的特征词或短语）、9.2.2.26 （带有个人另一作品题名的短语）和 11.2.2.8 （团体名称）的可选择的说明，省略 C.2 和 C.3 中所列的冠词。C.2 和 C.3 的列表中仅涉及了所列语言的定冠词和不定冠词。该列表并未涵盖所有语言的冠词。

一般认为适用于一种语言的冠词的规定也适用于其方言。

对于未包括在 C.2 和 C.3 中的语言，可查阅参考源以确定其是否使用定冠词和/或不定冠词。

C.2 按语言排列的冠词

冠词后有星号 (*)者指示同一形式也用于其他情况（例如，基数词、指示代词）；要注意区别其含义。

语言	冠词
南非荷兰语（Afrikaans）	die, `n
阿尔巴尼亚语（Albanian）	një
古希腊语（Ancient Greek）	[见下面古希腊语冠词的单独列表]
阿拉伯语（Arabic）	ال al-, el-
俾路支语（Baluchi）	al-
巴斯克语（Basque）	bat*
布拉灰语（Brahui）	al-
布列塔尼语（Breton）	al, an, ar, eul*, eun*, eur*, ul*, un*, ur*
加泰罗尼亚语（Catalan）	el, els, en*, l', la, les, un*, una*
丹麦语（Danish）	de, den, det, en*, et*
荷兰语（Dutch）	de, een*, eene*, het, 'n, 't
英语（English）	a, an, d', de, the, ye
世界语（Esperanto）	la
斐济语（Fijian）	a, e dua na, e na dua, na
法语（French）	l', la, le, les, un*, une*
加里西亚语（Galician）	a, as, o*, unha

德语（German）	das, dem, den, der, des, die, ein*, eine*, einem, einen, einer, eines
夏威夷语（Hawaiian）	he, ka, ke, na, o*
希伯来语（Hebrew）	ה ha-, he-
匈牙利语（Hungarian）	a, az [除非用作 "az az" (that) 或 "ez az" (this)], egy*
冰岛语（Icelandic）	hin, hina, hinar, hinir, hinn, hinna, hinnar, hinni, hins, hinu, hinum, hið, ’r
爱尔兰语（Irish）	an, an t-, an t [只在某些情况下], na, na h-, na h [只在某些情况下]
意大利语（Italian）	gl’, gli, i, il, l’, la, le, lo*, un’, un*, una*, uno*
马拉加斯语（Malagasy）	ny
马耳他语（Maltese）	il-, l-
毛利语（Maori）	he, ngā, te
近代希腊语（Modern Greek）	[见下面近代希腊语冠词的单独列表]
那不勒斯语（Neapolitan）	’o
纽埃语（Niuean）	a, e, e taha, ha, ko e
挪威语（Norwegian）	de, dei, den, det, e, ei*, ein*, eit*, en*, et*
欧西坦语（Occitan）	il, l’, la, las, le, les, lh, lhi, li, lis, lo*, los, lou, lu, un*, una*, uno*, uns, us
古普罗旺斯语（Old Provençal）	ih’, l’, la, las, le, les, lh, lhi, li, lis, lo*, los, lou, lu, un*, una*, uno*, uns, us
旁遮普语（波斯阿拉伯文字）（Panjabi (Perso-Arabic script)）	ال- Al-
波斯语（Persian）	ال- al-
葡萄牙语（Portuguese）	a, as, o*, os, um*, uma*
拉罗汤加语（Rarotongan）	ngā, te
罗马尼亚语（Romanian）	o*, un*
萨摩亚语（Samoan）	le, ‘o le, ‘o lo, ‘o se, se
苏格兰语（Scots）	a, an, ane
苏格兰盖尔语（Scottish Gaelic）	a’, am, an, an t-, na, na h-
设得兰群岛方言（Shetland dialect）	da
西班牙语（Spanish）	el, la, las, lo*, los, un*, una*
瑞典语（Swedish）	de, den, det, en*, ett*

他加禄语（Tagalog）	ang, ang mga, ang m̃g̃a, mga, m̃g̃a ["mga" 或 "m̃g̃a" 可能被拼写为 "manga" 或 "m̃ãa"]
塔希提语（Tahitian）	e, e tahi, hui, ma, maa, mau, na, o, pue, tau, te, te hoe
托克劳语（Tokelau）	he, ko na, ko te, n ā , ni, o, te
汤加语（汤加群岛）（Tonga (Tonga Islands)）	e, ha, he, ko e, ko ha, koe
土耳其语（Turkish）	al-
乌尔都语（Urdu）	ال- Al-
瓦隆语（Walloon）	des, ein*, enne, l', les, li
西弗里斯兰语（Western Frisian）	De, 'e, in, it, 'n, 't
西旁遮普语（Western Panjabi）	ال- al-
威尔士语（Welsh）	y, yr
意第绪语（Yiddish）	א, אן, דעם, דער, די, דיא, דאס, איין, איינע a, an, dem, der, di, die, dos, eyn*, eyne*
古希腊语（Ancient Greek）	hai–αἱ hē–ἡ ho–ὁ hoi–οἱ ta–τά tain–ταῖν tais–ταῖς tas–τάς tē–τῃ tēn–τήν tēs–τῆς to–τό tō–τῳ, τώ [分别为与格阳性/中性单数形式及主格/宾格的双数形式] toin–τοῖν tois–τοῖς ton–τόν tōn–τῶν tou–τοῦ

近代希腊语（Modern Greek）	ē — η (单调) ena* — ένα (单调) enan* — έναν (单调) enas* — ένας (单调) enos* — ενός (单调) hai — αἱ (仅多调) hē — ἡ (多调) heis* — εἷς (仅多调) hen* — ἕν (仅多调) hena* — ἕνα (多调) henan* — ἕναν (多调) henas* — ἕνας (多调) henos* — ἑνός (多调)
	ho — ὁ (多调) hoi — οἱ (多调) mia* — μια (单调), μιά (单调) mian* — μιαν (单调), μιάν (多调) mias* — μιας (单调), μιᾶς (多调) o — ο (单调) oi — οι (单调) ta — τα (单调), τά (多调) tē — τη (单调), τή (多调) tēs — της (单调), τῆς (多调) tis — τις (单调), τίς (多调) to — το (单调), τό (多调) ton — τον (单调), τόν (多调) tōn — των (单调), τῶν (多调) tou — του (单调), τοῦ (多调) tous — τους (单调), τούς (多调)

C.3 逐词排列的冠词

冠词后有星号 (*)者表示同一形式也用于其他的情况（例如，基数词、指示代词）；要注意区别其含义。

冠词	语言
a	英语、斐济语、加利西亚语、匈牙利语、纽埃语、葡萄牙语，苏格兰语、意第绪语
a'	苏格兰盖尔语
al	布列塔尼语
al-	阿拉伯语、俾路支人、布拉灰语、旁遮普语（波斯阿拉伯文）、波斯语、土耳其语、乌尔都语
am	苏格兰盖尔语
an	布列塔尼语、英语、爱尔兰语、苏格兰语、苏格兰盖尔语、意第绪语
an t-	爱尔兰语、苏格兰盖尔语
an t [仅在某些情况下]	爱尔兰语

ane	苏格兰语
ang	他加禄语
ang mga ["mga" 可能被拼写为 "manga"]	他加禄语
ang m͠ga ["mga" 可能被拼写为 “man͠ga”]	他加禄语
ar	布列塔尼语
as	加里西亚语、葡萄牙
az — 如果用作 "az az"（那）或 "ez az"（这），则不是冠词	匈牙利语
bat*	巴斯克语
d’	英语
da	设得兰群岛方言
das	德语
de	丹麦语、荷兰语、英语、西弗里斯兰语、挪威、瑞典语
dei	挪威语
dem	德语、意第绪语
den	丹麦语、德语、挪威语、瑞典语
der	德语、意第绪语
des	德语、瓦隆语
det	丹麦语、挪威语、瑞典语
di	意第绪语
die	阿非利卡语、德语、意第绪语
dos	意第绪语
e	纽埃语、挪威语、塔希提语、汤加语（汤加群岛）
’e	西弗里斯兰语
e dua na	斐济语
e na dua	斐济语
e taha	纽埃语
e tahi	塔希提语
een*	荷兰语
eene*	荷兰语
egy*	匈牙利语
ei*	挪威语
ein*	德语、挪威语、瓦隆语

eine*	德语
einem	德语
einen	德语
einer	德语
eines	德语
eit*	挪威语
el	加泰罗尼亚语、西班牙语
el-	阿拉伯语
els	加泰罗尼亚语
en*	加泰罗尼亚语、丹麦语、挪威语、瑞典语
enne	瓦隆语
et*	丹麦语、挪威语
ett*	瑞典语
eul*	布列塔尼语
eun*	布列塔尼语
eur*	布列塔尼语
eyn*	意第绪语
eyne*	意第绪语
gl'	意大利语
gli	意大利语
ha	纽埃语、汤加语（汤加群岛）
ha-	希伯来语
he	夏威夷语、毛利语、托克劳语、汤加语（汤加群岛）
hai	古希腊语、近代希腊语
he-	希伯来语
hē	古希腊语、近代希腊语
heis*	近代希腊语
hen*	近代希腊语
hena*	近代希腊语
henan*	近代希腊语
henas*	近代希腊语
henos*	近代希腊语
het	荷兰语

hin	冰岛语
hina	冰岛语
hinar	冰岛语
hinir	冰岛语
hinn	冰岛语
hinna	冰岛语
hinnar	冰岛语
hinni	冰岛语
hins	冰岛语
hinu	冰岛语
hinum	冰岛语
hið	冰岛语
ho	古希腊语、近代希腊语
hoi	古希腊语、近代希腊语
hui	塔希提语
i	意大利语
ih’	古普罗旺斯语
il	意大利语、欧西坦语、古普罗旺斯语
il-	马耳他语
in	西弗里斯兰语
it	西弗里斯兰语
ka	夏威夷语
ke	夏威夷语
ko e	纽埃语、汤加语（汤加群岛）
ko ha	汤加语（汤加群岛）
ko na	托克劳语
ko te	托克劳语
koe	汤加语（汤加群岛）
l’	加泰罗尼亚语、法语、意大利语、普罗旺斯语、欧西坦语、瓦隆语
l-	马耳他语
la	加泰罗尼亚语、世界语、法语、意大利语、欧西坦语、古普罗旺斯语、西班牙语

las	欧西坦语、古普罗旺斯语、西班牙语
le	法语、意大利语、欧西坦语、古普罗旺斯语、萨摩亚语
les	加泰罗尼亚语、法语、欧西坦语、古普罗旺斯语、瓦隆语
lh	欧西坦语、古普罗旺斯语
lhi	欧西坦语、古普罗旺斯语
li	欧西坦语、古普罗旺斯语、瓦隆语
lis	欧西坦语、古普罗旺斯语
lo*	意大利语、欧西坦语、古普罗旺斯语、西班牙语
los	欧西坦语、古普罗旺斯语、西班牙语
lou	欧西坦语、古普罗旺斯语
lu	欧西坦语、古普罗旺斯语
ma	塔希提语
maa	塔希提语
mau	塔希提语
mga [可能被拼写为"manga"]	他加禄语
m͠ga [可能被拼写为"man͠ga"]	他加禄语
mia*	近代希腊语
mian*	近代希腊语
mias*	近代希腊语
’n	阿非利卡语、荷兰语、西弗里斯兰语
na	斐济语、夏威夷语、爱尔兰语、苏格兰盖尔语、塔希提语
nā	托克劳语
na h-	爱尔兰语、格兰盖尔语
na h [仅在某些情况下]	爱尔兰语
ngā	毛利语、拉罗汤加语
ni	托克劳语
një	阿尔巴尼亚语
ny	马拉加斯语
o	塔希提语、托克劳语
’o	那不勒斯语
o*	加里西亚语、夏威夷语、葡萄牙语、罗马尼亚语
‘o le	萨摩亚语
‘o lo	萨摩亚语

‘o se	萨摩亚语
os	葡萄牙语
pue	塔希提语
’r	冰岛语
se	萨摩亚语
’t	荷兰语、西弗里斯兰语
ta	古希腊语、近代希腊语
tain	古希腊语
tais	古希腊语
tas	古希腊语
tau	塔希提语
te	毛利语、拉罗汤加语、塔希提语、托克劳语
tē	古希腊语、近代希腊语
te hoe	塔希提语
tēn	古希腊语、近代希腊语
tēs	古希腊语、近代希腊语
the	英语
tis	近代希腊语
to	古希腊语、近代希腊语
tō	古希腊语
toin	古希腊语
tois	古希腊语
ton	古希腊语、近代希腊语
tōn	古希腊语、近代希腊语
tou	古希腊语、近代希腊语
tous	近代希腊语
ul*	布列塔尼语
um*	葡萄牙语
uma*	葡萄牙语
un’	意大利语
un*	布列塔尼语、加泰罗尼亚语、法语、意大利语、欧西坦语、古普罗旺斯语、罗马尼亚语、西班牙语

una*	加泰罗尼亚语、意大利语、欧西坦语、古普罗旺斯语、西班牙语
une*	法语
unha	加里西亚语
uno*	意大利语、欧西坦语、古普罗旺斯语
uns	欧西坦语、古普罗旺斯语
ur*	布列塔尼语
us	欧西坦语、古普罗旺斯语
y	威尔士语
ye	英语
yr	威尔士语

D

记录描述数据的句法

D.0 范围

本附录提供与 ISBD 细则对应的数据显示规则，以及《MARC21 书目数据格式》（*MARC 21 format for bibliographic data*）所定义的可变字段和子字段与 RDA 中对应元素的映射表。

D.1 ISBD 显示

D.1.1 元素顺序

下表中列出了《国际标准书目著录（ISBD）》[*International Standard Bibliographic Description (ISBD)*] 统一版预备版[1]中所规定的著录项以及各著录项内元素的排列顺序。

ISBD 元素名称后括号内的"M"指示该元素在 ISBD 统一版中定义为必备。ISBD 中某些附注也定义为必备（详见统一版预备版第 7 部分）。

表格的中间栏显示的是前置于各 ISBD 元素的标识符或将 ISBD 元素括于其中的标识符。

右栏所列的是对应的 RDA 元素。

ISBD 项/元素	标识符	RDA 元素
1.题名和责任说明项		
1.1. 正题名（M）		**2.3.2 正题名**
1.2. 一般资料标识[2]	[ ]	**3.2 媒介类型**
		6.9 内容类型
1.3. 并列题名	=	**2.3.3 并列正题名**
1.4. 其他题名信息	:	**2.3.4 其他题名信息**
1.5. 责任说明		
第一说明（M）	/	**2.4.2 与正题名相关的责任说明**
后续说明	;	**2.4.2 与正题名相关的责任说明**
2. 版本项		
2.1. 版本说明（M）		**2.5.2 版本标识**
2.2. 并列版本说明	=	**2.5.3 并列版本标识**
2.3. 与版本相关的责任说明		
第一说明（M）	/	**2.5.4 与版本相关的责任说明**
后续说明	;	**2.5.4 与版本相关的责任说明**

2.4. 附加版本说明（M）	,	**2.5.6 特定修订版标识**
2.5. 附加版本说明后的责任说明		
第一说明（M）	/	**2.5.8 与特定修订版相关的责任说明**
后续说明	;	**2.5.8 与特定修订版相关的责任说明**
3. 资料或资源类型特殊项		
3.1. 数学数据（地图资源）（M）		
3.1.1. 比例尺说明		**7.25.3 地图内容的水平比例尺**
		7.25.4 地图内容的垂直比例尺
		7.25.5 附加比例尺信息
3.1.2. 投影说明	;	**7.26 地图内容的投影**
3.1.3. 坐标和二分点说明	(	**7.4.2 经度和纬度**
		7.4.3 坐标对串
		7.4.4 赤经和赤纬
	;)	**7.5 二分点**
		7.6 历元
3.2. 乐谱格式说明（乐谱）（M）		
3.2.1. 乐谱格式说明		**2.5.2 版本标识**
3.2.2. 并列乐谱格式说明	=	**2.5.3 并列版本标识**
3.3. 编号（连续出版物）（M）		
		2.6.2 序列首期或第一部分的数字和/或字母标识
	( )	**2.6.3 序列首期或第一部分的年代标识**
		2.6.4 序列末期或最后一部分的数字和/或字母标识
	( )	**2.6.5 序列末期或最后一部分的年代标识**
		2.6.6 序列首期或第一部分的交替数字和/或字母标识
	( )	**2.6.7 序列首期或第一部分的交替年代标识**
		2.6.8 序列末期或最后一部分的交替数字和/或字母标识
	( )	**2.6.9 序列末期或最后一部分的交替年代标识**
4. 出版、制作、发行等项		
4.1. 出版、制作和/或发行地		
第一地点（M）		**2.7.2 制作地**
		2.8.2 出版地

		2.9.2 发行地
后续地点	;	2.7.2 制作地
		2.8.2 出版地
		2.9.2 发行地
4.2. 出版者、制作者和/或发行者名称（M）	:	2.7.4 制作者名称
		2.8.4 出版者名称
		2.9.4 发行者名称
4.3. 发行者职能说明	[ ]	2.9.4 发行者名称
4.4. 出版、制作和/或发行日期（M）	,	2.7.6 制作日期
		2.8.6 出版日期
		2.9.6 发行日期
		2.11 版权日期
4.5. 印刷、生产或刻版地	(	2.10.2 生产地
4.6. 印刷者、生产者或刻版者名称	:	2.10.4 生产者名称
4.7. 印刷或生产日期	,)	2.10.6 生产日期
5. 载体形态项		
5.1. 特定资料标识和数量（M）		3.4 数量
5.2. 其他物理细节	:	3.6 基底材料
		3.7 应用材料
		7.15 插图性内容
		7.17 色彩内容
		3.15 缩率
		7.18 声音内容
		3.16 声音特征
		3.11 版面设计
		3.9 制作方法
5.3. 尺寸	;	3.5 尺寸
格式（对于古旧专著资源）		3.12 图书开本
5.4. 附件说明	+	27.1 相关载体表现
6. 丛编项		
6.1. 丛编、分丛编或多部分专著资源的正题名（M）		2.12.2 丛编正题名
		2.12.10 分丛编正题名

6.2. 丛编、分丛编或多部分专著资源的并列题名	=	2.12.3 丛编并列正题名
		2.12.11 分丛编并列正题名
6.3. 丛编、分丛编或多部分专著资源的其他题名信息	:	2.12.4 丛编其他题名信息
		2.12.12 分丛编其他题名信息
6.4. 与丛编、分丛编或多部分专著资源相关的责任说明		
第一说明	/	2.12.6 与丛编相关的责任说明
		2.12.14 与分丛编相关的责任说明
后续说明	;	2.12.6 与丛编相关的责任说明
		2.12.14 与分丛编相关的责任说明
6.5. 丛编或分丛编的国际标准连续出版物号	,	2.12.8 丛编的 ISSN
		2.12.16 分丛编的 ISSN
6.6. 丛编、分丛编或多部分专著内部的编号	;	2.12.9 丛编编号
		2.12.17 分丛编编号
7. 附注项		
		25.1 相关作品 [published description]
		2.14 频率
		2.20.12 频率附注
		3.20 设备或系统要求
		26.1 相关内容表达[translation of]
		2.20.2 题名附注
		2.3.6 变异题名
		7.2 内容特性
		7.3 内容覆盖范围
		7.11 获取的地点和日期
		7.21 音乐内容的表演媒介
		7.12 内容的语言
		7.16 增补内容
		2.20.3 责任说明的附注
		7.23 表演者、旁白者和/或出品人
		7.24 艺术和/或技术的贡献者名单

		2.20.4 版本说明的附注
		25.1 相关作品
		26.1 相关内容表达
		27.1 相关载体表现
		7.27 地图内容的其他细节
		2.20.5 连续出版物编号的附注
		2.20.6 制作说明的附注
		2.20.7 出版说明的附注
		2.20.8 发行说明的附注
		2.20.9 生产说明的附注
		2.20.10 版权日期的附注
		3.22.2 载体表现数量的附注
		3.6 基底材料
		3.7 应用材料
		3.8 衬底/底座
		3.9 制作方法
		3.10 代
		3.11 版面设计
		7.17 色彩内容
		3.12 图书开本
		3.13 字体大小
		3.14 极性
		3.15 缩率
		3.16 声音特征
		7.19 宽高比
		3.17 电影放映特征
		3.18 视频特征
		3.19 数字文件特征
		3.20 设备或系统要求
		3.22.4 载体表现尺寸的附注
		3.22.6 载体特征变化的附注
		7.15 插图性内容

		2.20.11 从编说明的附注
		7.16 增补内容
		2.15 载体表现标识符
		2.20.13 作为识别资源依据的卷期、部分或更新后的整体的附注
		7.22 持续时间
		7.13.3 乐谱形式
		7.10 内容提要
		4.4 获取限制
		4.5 使用限制
		7.7 读者对象
		3.22.3 单件数量的附注
		3.21 特定单件的载体特征
		3.22.5 单件尺寸的附注
		2.17 单件保管历史
		2.18 单件的直接获取来源
8. 资源标识号和获得方式项		
8.1. 资源标识号（M）		2.15 载体表现标识符
指纹（对于古旧专著资源）		2.15 载体表现标识符
8.2. 识别题名（连续性资源）	=	2.3.9 识别题名
8.3. 获得方式和/或价格	:	4.2 获得方式
8.4. 限定	( )	2.15 载体表现标识符
		4.2 获得方式

1. *International Standard Bibliographic Description (ISBD)*. Preliminary consolidated edition. München: K.G. Saur, 2007.
2. 在 ISBD 的下一版中，一般资料标识将被第 0 项内容形式和媒介类型所取代。

D.1.2 ISBD 标识符

D.1.2.1 一般性规则

除第一项之外，每项或每个附注或标准号等项均前置以句点、空格、破折号、空格(. —)，除非该项另起一段。

依 **D.1.2.2–D.1.2.9** 的规定，各项中每个元素的每次出现均前置以标准标识符或将元素置于标准标识符内。如果元素为著录项中的第一个元素，则省略任何为该元素规定的前置标识符。

除逗号、句点、左圆括号和右圆括号、左方括号和右方括号之外，每个标识符前后均空一格。逗号、句点和右圆括号和右方括号之前不空格；左圆括号和左方括号之后不空格。

省略所有不适用于所描述资源的著录项或元素；同时也省略其规定的前置或外括标识符。不用省略号指示省略的著录项或元素。

将一个著录项内的相邻元素置于方括号内时，每个元素单独用一组方括号分别括起来。

> [London] : [Phipps], [1870]

当一个元素以缩写形式加句点结尾或以省略号结尾，且该元素后所加的标识符是句点或是以句点起首的标识时，则需保留构成规定标识符的句点或规定标识符起首的句点。

> 3rd ed.. —
> 不用
> 3rd ed. —

当元素中或结尾处的标识符保留时，则按常规的空格规则处理。总是添加规定标识符，即使其结果是出现重复的两个标识符。

> Quo vadis? : a narrative from the time of Nero

当在一个著录项目或元素中相同的信息以两种或两种以上的语言和/或文字出现时，则应用下列规则：

a) 当一个元素以两种和/或两种以上的语言和/或文字记录时，在第一种语言和/或文字信息后的每一种语言和/或文字的信息前置以等号

b) 当在同一著录项中，两个或两个以上的元素是以两种或两种以上的语言和/或文字记录时，每种语言和/或文字的元素与每种元素相应的前置标识符一起著录。所记录的第一种语言和/或文字的整个元素组前置以适用于第一个元素的标识符，其后各元素组前置以等号

c) 当同一说明（例如，责任说明）的一部分是以一种语言和/或文字记录，而另一部分是以两种或两种以上的语言和/或文字记录时，则几种语言的形式均一同转录。酌情用等号或其他标识符

D.1.2.2 题名和责任说明项

分部或补编的题名（见 **2.3.1.7**）前置以句点，除非分部等的题名已经前置了数字或字母标识，这时数字或字母前置以句点，题名前置以逗号。

将一般资料标识置于方括号内。[3]

每个并列题名前置以等号。

其他题名信息的每个单元前置以冒号。

第一责任说明前置以斜线号。

每个后续责任说明前置以分号。

当对缺少总题名的资源（见 **2.3.2.9**）采用综合著录时，应用下列规则：

a) 如果各部分出自相同的个人（多个个人）或相同的团体（多个团体），则将各部分的正题名之间用分号分隔，即使各题名之间有连接词或短语。各部分的正题名随以其并列题名（前置以等号）及其他题名信息（前置以冒号）

Clock symphony : no. 101 ; Surprise symphony : no. 94 / Haydn

Lord Macaulay's essays ; and, Lays of ancient Rome

b) 如果各部分出自不同个人、家族或团体，或有疑问时，则每个部分的正题名随以其并列题名（前置以等号），其他题名信息（前置以冒号）和责任说明（多个说明）（酌情前置以斜线或分号）。用句点分隔数据组。

Saudades do Brasil : suite de danses pour orchestre / Darius Milhaud. Symphonie concertante pour trompette et orchestre / Henry Barraud

Le prince / Machiavel. Suivi de L'anti-Machiavel de Frédéric II
题名页显示为: Machiavel. Le prince, suivi de L'anti-Machiavel de Frédéric II

3. 在 ISBD 的下一版中，一般资料标识将被第 0 项内容形式和媒介类型所取代。

D.1.2.3 版本项

本项前置以句点、空格、破折号、空格。

与特定修订版相关的说明前置以逗号。

版本说明后的第一责任说明前置以斜线。

每个后续责任说明前置以分号。

D.1.2.4 资料或资源类型特殊项

如适用，依 D.1.2.4.1–D.1.2.4.3 所列的说明，著录项的一个元素每次出现均前置以标准标识符或置于标准标识符内。

D.1.2.4.1 数学数据（地图资源）

本项或本项的每次出现，前置以句点、空格、破折号、空格。

投影说明前置以分号。

将坐标和二分点说明置于圆括号内。

如果坐标和二分点均记录时，则二分点说明前置以分号。

历元说明前置以逗号。

D.1.2.4.2 乐谱格式说明（乐谱）

本项或本项的每次出现，前置以句点、空格、破折号、空格。

每个并列乐谱格式说明前置以空格、等号、空格。

D.1.2.4.3 编号（连续出版物）

本项或本项的每次出现，前置以句点、空格、破折号、空格。

连续出版物的首期或第一部分的编号随以连字符。

当仅给出连续出版物末期或最后一部分的编号时，编号前置以连字符。

将数字和/或字母标识后的日期置于圆括号内。

当采用多种标识体系时，交替编号体系前置以等号。

新的编号序列前置以分号。

D.1.2.5 出版、制作、发行等项

本项前置以句点、空格、破折号、空格。

第二或后继出版地、制作地和/或发行地前置以分号。

出版者、制作者和/或发行者名称前置以逗号。

将提供的发行者职能说明置于方括号内。

出版、制作和/或发行日期前置以逗号。

将生产细节（地点、名称、日期）置于圆括号内。

生产者名称前置以冒号。

生产日期前置以逗号。

D.1.2.6 载体形态项

本项前置以句点、空格、破折号、空格，或另起一段。

其他物理细节（即数量或尺寸除外）前置以冒号。

尺寸前置以分号。

每个附件说明前置以加号。

将附件的数量、其他物理细节和尺寸置于圆括号内。

D.1.2.7 丛编项

本项前置以句点、空格、破折号、空格。

将每个丛编说明或多部分专著资源（见 **2.12.1.5**）说明置于圆括号内。

每个并列题名前置以等号。

其他题名信息前置以冒号。

第一责任说明前置以斜线。

每个后继责任说明前置以分号。

丛编或分丛编的 ISSN 前置以逗号。

丛编或分丛编，或是多部分专著资源内部的编号前置以分号。

D.1.2.8 附注项

每个附注前置以句点、空格、破折号、空格，或每个附注另起一段。

D.1.2.9 资源标识号和获得方式项

本项前置以句点、空格、破折号、空格，或另起一段。

本项每次重复，均前置以句点、空格、破折号、空格。

识别题名前置以等号。

获得方式前置以冒号。

将标准号的限定信息或获得方式置于圆括号内。

D.1.3 多层次著录

D.1.3.1 定义

多层次著录是指将描述性信息分成两层或多层显示描述性数据的形式。第一层包含整体或主要资源的共同信息。第二层和后继层包含与各部分有关的信息。

D.1.3.2 多层次著录的显示

当采用多层次著录（见 **1.5.4**）的方式同时著录较大资源及其各个部分时，将描述性信息分成两个或两个以上的层次，第一层仅记录与资源的整体或主体资源有关的信息；第二层记录与一组多部分或单独部分有关的信息。如果第二层的信息与一组多部分有关，则在第三层记录与单独部分有关的信息。通过版面设计和/或其他方式区分各层次。

> The sacred books of the East / translated by various oriental scholars and edited by F. Max Müller. - Oxford : Clarendon Press, 1879 – 1910. – 50 volumes ; 23 cm.
> Volumes 39–40 : Volumes 39–40 : The texts of Taoism / translated by James Legge. – 1891. – (The sacred books of China)
> Part 1 : The Tâo teh king. The writings of Kwang-tsze, books I–XVII. – xxii, 396 pages
>
> American folklore / co-ordinated for the Voice of America by Tristram Coffin. – Washington : United States Information Agency, 1967. – 28 audiotape reels : analog, 19 cm/s, mono ; 18 cm. – (Forum series)
> 8 : The American traditional ballad / G.M. Laws. – 1 audiotape reel (35 min.). – Includes illustrative excerpts
>
> Remembrance of things past / Marcel Proust ; translated by C.K. Scott Moncrieff. – London : Chatto & Windus, 1957. – 12 volumes ; 19 cm. – Translation of: À la recherche du temps perdu Volumes 1–2 : Swann's way / illustrated by Philippe Jullian. – Translation of: Du côté chez Swann. – This translation originally published in 1922
> Part 1 : 1957 (1973 printing). – 303 pages, 4 leaves of plates : illustrations. – ISBN 0-7011-1048-1

当所有部分都获得时，补齐任何开口的元素。

D.2 MARC 21 书目数据格式

D.2.1 MARC 21 书目到 RDA 的映射表

下表是《MARC 21 书目数据格式》（*MARC 21 format for bibliographic data*）中定义的可变字段及其子字段（定义为已废弃的除外）与相应的 RDA 元素的映射表。[4] 控制字段（00X）和控制子字段（$0–$8）未包括在内。

MARC21 字段/子字段	RDA 元素
号码和代码字段 (01X-09X)	
010 美国国会图书馆控制号	N/A
013 专利控制信息	N/A
015 国家书目号	N/A

016 国家书目机构控制号	N/A
017 版权登记号	N/A
018 论文版权费代码	N/A
020 国际标准书号	
$a 国际标准书号	2.15 载体表现标识符
$c 获得方式	4.2 获得方式
$z 注销/无效的 ISBN	2.15 载体表现标识符
022 国际标准连续出版物号	
$a 国际标准连续出版物号	2.15 载体表现标识符
$l 其他载体的 ISSN	N/A
$m 注销的其他载体的 ISSN	N/A
$y 错误的 ISSN	2.15 载体表现标识符
$z 注销的 ISSN	2.15 载体表现标识符
024 其他标准标识符	
$a 标准号或代码	2.15 载体表现标识符
$a 标准号或代码	6.8 作品标识符
$a 标准号或代码	6.13 内容表达标识符
$c 获得方式	4.2 获得方式
$d 标准号后的附加代码	2.15 载体表现标识符
$d 标准号后的附加代码	6.8 作品标识符
$d 标准号后的附加代码	6.13 内容表达标识符
$z 注销/无效的标准号或代码	2.15 载体表现标识符
$z 注销/无效的标准号或代码	6.8 作品标识符
$z 注销/无效的标准号或代码	6.13 内容表达标识符
025 海外采访号	N/A
026 指纹	
$a 第一和第二组字符群	2.15 载体表现标识符
$b 第三和第四组字符群	2.15 载体表现标识符
$c 日期	2.15 载体表现标识符
$d 卷期标识	2.15 载体表现标识符
$e 未解析的指纹	2.15 载体表现标识符
027 标准技术报告号	
$a 标准技术报告号	2.15 载体表现标识符

$z 注销/无效的号	**2.15 载体表现标识符**
028 音乐资料出版者编号	
$a 出版者编号	**2.15.2 乐谱出版者编号**
$b 来源	**N/A**
$a 出版者编号	**2.15.3 乐谱版号**
$b 来源	**N/A**
$a 出版者编号	**2.15 载体表现标识符**
$b 来源	**N/A**
030 CODEN 标识	
$a CODEN 标识	**2.15 载体表现标识符**
$z 注销/无效的 CODEN 标识	**2.15 载体表现标识符**
031 音乐导句信息	**N/A**
032 邮政登记号	**N/A**
033 事件的日期/时间和地点	
$a 格式化的日期/时间	**7.11.3 获取日期**
$b 地理区域分类代码	**N/A**
$c 地理子区域分类代码	**N/A**
$d 获取地	**7.11.2 获取地**
034 编码的地图数学数据	**N/A**
035 系统控制号	**N/A**
036 计算机数据文件的原始研究号	**N/A**
037 采访源	
$a 库存号	**2.15 载体表现标识符**
$b 库存号/采访来源	**4.3 联络信息**
$c 获得方式	**4.2 获得方式**
$f 发行方式	**N/A**
$g 附加格式特征	**N/A**
$n 附注	**N/A**
038 记录内容许可代码	**N/A**
040 编目源	**N/A**
041 语种代码	**N/A**
042 鉴定代码	**N/A**
043 地理区域代码	**N/A**

044 出版/生产实体国代码	N/A
045 文献内容涵盖时间段	N/A
046 特殊编码日期	
$a 日期类型代码	N/A
$b 日期 1，公元前日期	N/A
$c 日期 1，公元后日期	N/A
$d 日期 2，公元前日期	N/A
$e 日期 2，公元后日期	N/A
$j 资源修改的日期	N/A
$k 创作的开始日期或单个日期	6.4 作品日期
$k 创作的开始日期或单个日期	6.10 内容表达的日期
$l 创作的终止日期	6.4 作品日期
$l 创作的终止日期	6.10 内容表达的日期
$m 有效的开始日期	N/A
$n 有效的终止日期	N/A
047 音乐作品形式代码	N/A
048 乐器或人声数代码	N/A
050 美国国会图书馆索取号	N/A
051 美国国会图书馆复制、发行、抽印说明	N/A
052 地理分类	N/A
055 加拿大图书馆与档案馆索取号	N/A
060 美国国家医学图书馆索取号	N/A
061 美国国家医学图书馆复本说明	N/A
066 字符集表示	N/A
070 美国国家农业图书馆索取号	N/A
071 美国国家农业图书馆复本说明	N/A
072 主题类别代码	N/A
074 美国政府出版局文献号	
$a GPO 文献号	2.15 载体表现标识符
$z 注销/无效的 GPO 文献号	2.15 载体表现标识符
080 国际十进分类号	N/A
082 杜威十进索取号	N/A
083 杜威十进附加分类号	N/A

084 其他分类号	N/A
085 合成分类号组成部分	N/A
086 政府文献分类号	
$a 分类号	2.15 载体表现标识符
$z 注销/无效的分类号	2.15 载体表现标识符
088 报告号	
$a 报告号	2.15 载体表现标识符
$z 注销/无效的报告号	2.15 载体表现标识符
09X 本地索取号	N/A
主要款目（1XX）	
100 主要款目——个人名称	19.2 创作者
100 主要款目——个人名称	19.3 与作品相关的其他个人、家族或团体
$a 个人名称	9.2.2 个人首选名称
$b 世次	9.2.2 个人首选名称
$c 头衔和其他与名称相联系的词	9.4 个人头衔
$c 头衔和其他与名称相联系的词	9.6 与个人相关的其他标识
$c 头衔和其他与名称相联系的词	9.15 个人活动领域
$c 头衔和其他与名称相联系的词	9.16 职业或工作
$d 与名称相联系的日期	9.3 与个人相关的日期
$j 属性限定	N/A
$q 名称的更完整形式	9.5 名称的更完整形式
$u 隶属机构	9.12 个人地址
$u 隶属机构	9.13 隶属机构
$a 个人名称	10.2.2 家族首选名称
$a 个人名称	10.3 家族类型
$c 头衔和其他与名称相联系的词	10.5 与家族相关的地点
$c 头衔和其他与名称相联系的词	10.7 世袭头衔
$d 与名称相联系的日期	10.4 与家族相关的日期
$g 其他信息	10.6 家族的著名成员
$e 关系词	18.5 关系说明语
$f 作品日期	6.4 作品日期
$f 作品日期	6.10 内容表达的日期
$k 形式副标目	6.12 内容表达的其他区别特征

$l 作品语言	6.11 内容表达的语言
$n 作品分部/分节号	6.2.2 作品首选题名
$p 作品分部/分节题名	6.2.2 作品首选题名
$t 作品题名	6.2.2 作品首选题名
$t 作品题名	6.3 作品形式
$t 作品题名	6.4 作品日期
$t 作品题名	6.5 作品原创地
$t 作品题名	6.6 作品的其他区别特征
110 主要款目——团体名称	19.2 创作者
110 主要款目——团体名称	19.3 与作品相关的其他个人、家族或团体
$a 作为款目要素的团体名称或行政管辖区名称	6.22 条约等的签署方
$a 作为款目要素的团体名称或行政管辖区名称	11.2.2 团体首选名称
$a 作为款目要素的团体名称或行政管辖区名称	11.3.3 总部所在地
$a 作为款目要素的团体名称或行政管辖区名称	11.4.3 成立日期
$a 作为款目要素的团体名称或行政管辖区名称	11.4.4 终止日期
$a 作为款目要素的团体名称或行政管辖区名称	11.5 相关机构
$a 作为款目要素的团体名称或行政管辖区名称	11.7 与团体相关的其他标识
$b 下属单位	11.2.2 团体首选名称
$c 会议地点	11.3.2 会议等的地点
$c 会议地点	11.5 相关机构
$d 会议日期或签约日期	11.4.2 会议等的日期
$d 会议日期或签约日期	6.4 作品日期
$e 关系词	18.5 关系说明语
$f 作品日期	6.4 作品日期
$f 作品日期	6.10 内容表达的日期
$g 其他信息	11.7 与团体相关的其他标识
$k 形式副标目	6.12 内容表达的其他区别特征
$l 作品语言	6.11 内容表达的语言
$n 分部/分节号、会议届次	6.2.2 作品首选题名
$n 分部/分节号、会议届次	11.6 会议等的届次
$p 作品分部/分节题名	6.2.2 作品首选题名
$t 作品题名	6.2.2 作品首选题名
$t 作品题名	6.3 作品形式

$t 作品题名	6.4 作品日期
$t 作品题名	6.5 作品原创地
$t 作品题名	6.6 作品的其他区别特征
$u 隶属机构	11.9 团体地址
111 主要款目——会议名称	19.2 创作者
111 主要款目——会议名称	19.3 与作品相关的其他个人、家族或团体
$a 作为款目要素的会议名称或行政管辖区名称	11.2.2 团体首选名称
$a 作为款目要素的会议名称或行政管辖区名称	11.3.3 总部所在地
$a 作为款目要素的会议名称或行政管辖区名称	11.4.3 成立日期
$a 作为款目要素的会议名称或行政管辖区名称	11.4.4 终止日期
$a 作为款目要素的会议名称或行政管辖区名称	11.5 相关机构
$a 作为款目要素的会议名称或行政管辖区名称	11.7 与团体相关的其他标识
$c 会议地点	11.3.2 会议等的地点
$c 会议地点	11.5 相关机构
$d 会议日期	11.4.2 会议等的日期
$d 会议日期	6.4 作品日期
$e 下属单位	11.2.2 团体首选名称
$f 作品日期	6.4 作品日期
$f 作品日期	6.10 内容表达的日期
$g 其他信息	N/A
$j 关系词	18.5 关系说明语
$k 形式副标目	6.12 内容表达的其他区别特征
$l 作品语言	6.11 内容表达的语言
$n 分部/分节号、会议届次	6.2.2 作品首选题名
$n 分部/分节号、会议届次	11.6 会议等的届次
$p 作品分部分节题名	6.2.2 作品首选题名
$q 与行政管辖区名称款目要素相连的会议名称	11.2.2 团体首选名称
$t 作品题名	6.2.2 作品首选题名
$t 作品题名	6.3 作品形式
$t 作品题名	6.4 作品日期
$t 作品题名	6.5 作品原创地
$t 作品题名	6.6 作品的其他区别特征
$u 隶属机构	11.9 团体地址

130 主要款目——统一题名	
$a 统一题名	6.2.2 作品首选题名
$a 统一题名	6.3 作品形式
$a 统一题名	6.4 作品日期
$a 统一题名	6.5 作品原创地
$a 统一题名	6.6 作品的其他区别特征
$d 签约日期	6.4 作品日期
$f 作品日期	6.4 作品日期
$f 作品日期	6.10 内容表达的日期
$g 其他信息	N/A
$h 媒介	6.9 内容类型
$k 形式副标目	6.2.2 作品首选题名
$k 形式副标目	6.12 内容表达的其他区别特征
$l 作品语言	6.11 内容表达的语言
$m 音乐表演媒介	6.15 表演媒介
$n 作品分部/分节号	6.2.2 作品首选题名
$n 作品分部/分节号	6.16 音乐作品的数字标识
$o 音乐改编说明	6.12 内容表达的其他区别特征
$p 作品分部/分节题名	6.2.2 作品首选题名
$r 音乐的调	6.17 调
$s 版本	6.12 内容表达的其他区别特征
$t 作品题名	N/A
20X-24X 题名和与题名相关的字段	
210 缩略题名	
$a 缩略题名	2.3.10 缩略题名
$b 限定信息	2.3.10 缩略题名
222 识别题名	
$a 识别题名	2.3.9 识别题名
$b 限定信息	2.3.9 识别题名
240 统一题名	
$a 统一题名	6.2.2 作品首选题名
$a 统一题名	6.3 作品形式
$a 统一题名	6.4 作品日期

$a 统一题名	6.5 作品原创地
$a 统一题名	6.6 作品的其他区别特征
$d 签约日期	6.4 作品日期
$f 作品日期	6.4 作品日期
$f 作品日期	6.10 内容表达的日期
$g 其他信息	6.22 条约等的签署方
$h 媒介	6.9 内容类型
$k 形式副标目	6.12 内容表达的其他区别特征
$l 作品语言	6.11 内容表达的语言
$m 音乐表演媒介	6.15 表演媒介
$n 作品分部/分节号	6.2.2 作品首选题名
$n 作品分部/分节号	6.16 音乐作品的数字标识
$o 音乐改编说明	6.12 内容表达的其他区别特征
$p 作品分部/分节题名	6.2.2 作品首选题名
$r 音乐的调	6.17 调
$s 版本	6.12 内容表达的其他区别特征
242 编目机构提供的翻译题名	
$a 题名	2.3.6 变异题名
$b 题名的其余部分	2.3.6 变异题名
$c 责任说明等	N/A
$h 媒介	N/A
$n 作品分部/分节号	2.3.6 变异题名
$p 作品分部/分节题名	2.3.6 变异题名
$y 翻译题名的语言代码	N/A
243 统一题名 *	
$a 统一题名	6.2.2 作品首选题名
$a 统一题名	6.3 作品形式
$a 统一题名	6.4 作品日期
$a 统一题名	6.5 作品原创地
$a 统一题名	6.6 作品的其他区别特征

*译者注：MARC21 书目数据格式中 243 字段名称为“总题名的统一题名”（Collective Uniform Title），RDA 中该字段名称为“统一题名”（Uniform Title）。

$d 签约日期	6.4 作品日期
$f 作品日期	6.4 作品日期
$f 作品日期	6.10 内容表达的日期
$g 其他信息	6.22 条约等的签署方
$h 媒介	6.9 内容类型
$k 形式副标目	6.12 内容表达的其他区别特征
$l 作品语言	6.11 内容表达的语言
$m 音乐表演媒介	6.15 表演媒介
$n 作品分部/分节号	6.2.2 作品首选题名
$n 作品分部/分节号	6.16 音乐作品的数字标识
$o 音乐改编说明	6.12 内容表达的其他区别特征
$p 作品分部/分节题名	6.2.2 作品首选题名
$r 音乐的调	6.17 调
$s 版本	6.12 内容表达的其他区别特征
245 题名说明	
$a 题名	2.3.2 正题名
$b 题名的其余部分	2.3.3 并列正题名
$b 题名的其余部分	2.3.4 其他题名信息
$b 题名的其余部分	2.3.5 并列其他题名信息
$c 责任说明等	2.4.2 与正题名相关的责任说明
$c 责任说明等	2.4.3 与正题名相关的并列责任说明
$c 责任说明等	2.3.2 正题名
$c 责任说明等	2.3.3 并列正题名
$c 责任说明等	2.3.4 其他题名信息
$c 责任说明等	2.3.5 并列其他题名信息
$f 首尾日期	N/A
$g 主体日期	N/A
$h 媒介	N/A
$k 形式	3.9.2 手稿的制作方法
$k 形式	7.2 内容特性
$n 作品分部/分节号	2.3.2 正题名
$p 作品分部/分节题名	2.3.2 正题名
$s 版本	N/A

246 变异题名	
$a 题名	2.3.3 并列正题名
$b 题名的其余部分	2.3.5 并列其他题名信息
$f 日期或序列标识	N/A
$g 其他信息	N/A
$h 媒介	N/A
$i 显示文字	N/A
$n 作品分部/分节号	2.3.3 并列正题名
$p 作品分部/分节题名	2.3.3 并列正题名
$a 题名	2.3.6 变异题名
$a 题名	2.3.8 较晚正题名
$b 题名的其余部分	2.3.6 变异题名
$b 题名的其余部分	2.3.8 较晚正题名
$f 日期或序列标识	N/A
$g 其他信息	N/A
$h 媒介	N/A
$i 显示文字	N/A
$n 作品分部/分节号	2.3.6 变异题名
$n 作品分部/分节号	2.3.8 较晚正题名
$p 作品分部分节题名	2.3.6 变异题名
$p 作品分部/分节题名	2.3.8 较晚正题名
247 先前题名	
$a 题名	2.3.7 较早正题名
$b 题名的其余部分	2.3.7 较早正题名
$f 日期或序列标识	2.3.7 较早正题名
$g 其他信息	N/A
$h 媒介	N/A
$n 作品分部/分节号	2.3.7 较早正题名
$p 作品分部/分节题名	2.3.7 较早正题名
$x 国际标准连续出版物号	N/A
25X-28X 版本、出版标记等	
250 版本说明	
$a 版本说明	2.5.2 版本标识

$a 版本说明	2.5.6 特定修订版标识
$b 版本说明的其余部分	2.5.3 并列版本标识
$b 版本说明的其余部分	2.5.4 与版本相关的责任说明
$b 版本说明的其余部分	2.5.5 与版本相关的并列责任说明
$b 版本说明的其余部分	2.5.6 特定修订版标识
$b 版本说明的其余部分	2.5.7 并列特定修订版标识
$b 版本说明的其余部分	2.5.8 与特定修订版本相关的责任说明
$b 版本说明的其余部分	2.5.9 与特定修订版本相关的并列责任说明
254 音乐表现形式说明	
$a 音乐表现形式说明	2.5.2 版本标识
$a 音乐表现形式说明	2.5.3 并列版本标识
$a 音乐表现形式说明	2.5.4 与版本相关的责任说明
$a 音乐表现形式说明	2.5.5 与版本相关的并列责任说明
$a 音乐表现形式说明	2.5.6 特定修订版标识
$a 音乐表现形式说明	2.5.7 并列特定修订版标识
$a 音乐表现形式说明	2.5.8 与特定修订版本相关的责任说明
$a 音乐表现形式说明	2.5.9 与特定修订版本相关的并列责任说明
255 制图数学数据	
$a 比例尺说明	7.25.3 地图内容的水平比例尺
$a 比例尺说明	7.25.4 地图内容的垂直比例尺
$a 比例尺说明	7.25.5 附加比例尺信息
$b 投影说明	7.26 地图内容的投影
$c 坐标说明	7.4.2 经度和纬度
$d 天体图分区说明	7.4.4 赤经和赤纬
$e 二分点说明	7.5 二分点
$e 二分点说明	7.6 历元
$f 外部 G 型环坐标对	7.4.3 坐标对串
$g G 型环以外的坐标对	7.4.3 坐标对串
256 计算机文件特征	
$a 计算机文件特征	3.19.2 文件类型
$a 计算机文件特征	3.19.4 文件大小
$a 计算机文件特征	3.4 数量
257 实体生产国	N/A

258 邮政用品发行数据	N/A
260 出版、发行等（出版标记）	
$a 出版地、发行地等	2.8.2 出版地
$a 出版地、发行地等	2.8.3 并列出版地
$a 出版地、发行地等	2.9.2 发行地
$a 出版地、发行地等	2.9.3 并列发行地
$a 出版地、发行地等	4.3 联络信息
$b 出版者、发行者等	2.7.4 制作者名称
$b 出版者、发行者等	2.7.5 并列制作者名称
$b 出版者、发行者等	2.8.4 出版者名称
$b 出版者、发行者等	2.8.5 并列出版者名称
$b 出版者、发行者等	2.9.4 发行者名称
$b 出版者、发行者等	2.9.5 并列发行者名称
$c 出版日期、发行日期等	2.7.6 制作日期
$c 出版日期、发行日期等	2.8.6 出版日期
$c 出版日期、发行日期等	2.9.6 发行日期
$c 出版日期、发行日期等	2.11 版权日期
$e 生产地	2.7.2 制作地
$e 生产地	2.7.3 并列制作地
$e 生产地	2.10.2 生产地
$e 生产地	2.10. 并列生产地
$f 生产者	2.7.4 制作者名称
$f 生产者	2.7.5 并列制作者名称
$f 生产者	2.10.4 生产者名称
$f 生产者	2.10.5 并列生产者名称
$g 生产日期	2.10.6 生产日期
263 计划出版日期	N/A
270 地址	
$a 地址	4.3 联络信息
$b 城市	4.3 联络信息
$c 州或省	4.3 联络信息
$d 国家	4.3 联络信息
$e 邮政编码	4.3 联络信息

$f 收件人名称前置词	4.3 联络信息
$g 收件人名称	4.3 联络信息
$h 收件人职务	4.3 联络信息
$i 地址类型	4.3 联络信息
$j 专用电话号码	4.3 联络信息
$k 电话号码	4.3 联络信息
$l 传真号码	4.3 联络信息
$m 电子邮件地址	4.3 联络信息
$n TDD（听障人士专线）或 TTY（客服电话）号	4.3 联络信息
$p 联系人	4.3 联络信息
$q 联系人称谓	4.3 联络信息
$r 联系时间	4.3 联络信息
$z 公共附注	4.3 联络信息
3XX 载体形态等字段	
300 载体形态	
$a 数量	3.4 数量
$a 数量	3.13 字体大小
$a 数量	3.18 视频特征
$a 数量	3.19.4 文件大小
$a 数量	7.22 持续时间
$b 其他形态细节	3.6 基底材料
$b 其他形态细节	3.7 应用材料
$b 其他形态细节	3.8 衬底/底座
$b 其他形态细节	3.9 制作方法
$b 其他形态细节	3.11 版面设计
$b 其他形态细节	3.14 极性
$b 其他形态细节	3.15 缩率
$b 其他形态细节	3.16 声音特征
$b 其他形态细节	3.17 电影放映特征
$b 其他形态细节	3.19.3 编码格式
$b 其他形态细节	7.15 插图性内容
$b 其他形态细节	7.18 声音内容
$c 尺寸	3.5 尺寸

$c 尺寸	3.12 图书开本
$e 附件	27.1 相关载体表现
$f 单位类型	N/A
$g 单位尺寸	3.5 尺寸
306 播放时间	
$a 播放时间	7.22 持续时间
307 访问或获取时间	N/A
310 当前出版频率	
$a 当前出版频率	2.14 频率
$a 当前出版频率	2.20.12 频率附注
$b 当前出版频率日期	2.20.12 频率附注
321 先前出版频率	
$a 先前出版频率	2.20.12 频率附注
$b 先前出版频率日期	2.20.12 频率附注
336 内容类型	
$a 内容类型术语	6.9 内容类型
$b 内容类型代码	6.9 内容类型
337 媒介类型	
$a 媒介类型术语	3.2 媒介类型
$b 媒介类型代码	3.2 媒介类型
338 载体类型	
$a 载体类型术语	3.3 载体类型
$b 载体类型代码	3.3 载体类型
340 物理载体	
$a 材质与构造	3.6 基底材料
$b 尺寸	3.5 尺寸
$c 表面材料	3.7 应用材料
$d 记录信息的技术方法	3.9 制作方法
$e 支撑材料	3.8 衬底/底座
$f 产品速率/比率	3.16.4 播放速度
$f 产品速率/比率	3.17.3 放映速度
$f 产品速率/比率	3.15 缩率
$h 在媒介中的位置	N/A

$i 媒介的技术规格	3.20 设备或系统要求
342 地理空间参照数据	
$a 名称	7.27 地图内容的其他细节
$b 坐标单位或距离单位	7.27 地图内容的其他细节
$c 纬度分辨率	7.27 地图内容的其他细节
$d 经度分辨率	7.27 地图内容的其他细节
$e 标准纬线或斜线纬度	7.27 地图内容的其他细节
$f 斜线经度	7.27 地图内容的其他细节
$g 中央子午线或投影中心经度	7.27 地图内容的其他细节
$h 投影原点或投影中心纬度	7.27 地图内容的其他细节
$i 向东偏差	7.27 地图内容的其他细节
$j 向北偏差	7.27 地图内容的其他细节
$k 比例尺因子	7.27 地图内容的其他细节
$l 高于表面的透视点高度	7.27 地图内容的其他细节
$m 方位角	7.27 地图内容的其他细节
$n 方位测量点经度或从极点出发的直线垂直经度	7.27 地图内容的其他细节
$o 地球资源卫星号和轨道号	7.27 地图内容的其他细节
$p 分区标识	7.27 地图内容的其他细节
$q 椭球体名称	7.27 地图内容的其他细节
$r 半长轴	7.27 地图内容的其他细节
$s 扁率分母	7.27 地图内容的其他细节
$t 垂直分辨率	7.27 地图内容的其他细节
$u 垂直编码方法	7.27 地图内容的其他细节
$v 局部平面，局部或其他投影或网格说明	7.27 地图内容的其他细节
$w 局部平面或局部地理参照信息	7.27 地图内容的其他细节
343 平面坐标数据	
$a 平面坐标编码方法	7.27 地图内容的其他细节
$b 平面距离单位	7.27 地图内容的其他细节
$c 横坐标分辨率	7.27 地图内容的其他细节
$d 纵坐标分辨率	7.27 地图内容的其他细节
$e 距离分辨率	7.27 地图内容的其他细节
$f 方位分辨率	7.27 地图内容的其他细节
$g 方位单位	7.27 地图内容的其他细节

$h 方位参照方向	7.27 地图内容的其他细节
$i 方位基准子午线	7.27 地图内容的其他细节
351 资料集的组织与编排	
$a 组织	7.8 组织体系
$b 编排	7.8 组织体系
$c 级别	7.8 组织体系
352 数字图形表示	
$a 直接参照方法	3.19.8 地图内容的数字化呈现
$b 对象类型	3.19.8 地图内容的数字化呈现
$c 对象数量	3.19.8 地图内容的数字化呈现
$d 行数	3.19.8 地图内容的数字化呈现
$e 列数	3.19.8 地图内容的数字化呈现
$f 垂直计数	3.19.8 地图内容的数字化呈现
$g 矢量产品格式的拓扑层	N/A
$i 间接参照描述	N/A
$q 数字图像格式	3.19.3 编码格式
355 保密等级控制	N/A
357 原创者传播控制	N/A
362 出版日期和/或序列标识	
$a 出版日期和/或序列标识	2.6.2 序列首期或第一部分的数字和/或字母标识
$a 出版日期和/或序列标识	2.6.3 序列首期或第一部分的年代标识
$a 出版日期和/或序列标识	2.6.4 序列末期或最后一部分的数字和/或字母标识
$a 出版日期和/或序列标识	2.6.5 序列末期或最后一部分的年代标识
$a 出版日期和/或序列标识	2.6.6 序列首期或第一部分的交替数字和/或字母标识
$a 出版日期和/或序列标识	2.6.7 序列首期或第一部分的交替年代标识
$a 出版日期和/或序列标识	2.6.8 序列末期或最后一部分的交替数字和/或字母标识
$a 出版日期和/或序列标识	2.6.9 序列末期或最后一部分的交替年代标识
$z 信息源	N/A
363 格式化的日期和序列标识	
$a 第一级编号	2.6.2 序列首期或第一部分的数字和/或字母标识
$b 第二级编号	2.6.2 序列首期或第一部分的数字和/或字母标识
$c 第三级编号	2.6.2 序列首期或第一部分的数字和/或字母标识
$d 第四级编号	2.6.2 序列首期或第一部分的数字和/或字母标识

$e 第五级编号	2.6.2 序列首期或第一部分的数字和/或字母标识
$f 第六级编号	2.6.2 序列首期或第一部分的数字和/或字母标识
$g 交替编号体系，第一级编号	2.6.6 序列首期或第一部分的交替数字和/或字母标识
$h 交替编号体系，第二级编号	2.6.6 序列首期或第一部分的交替数字和/或字母标识
$i 第一级年代	2.6.3 序列首期或第一部分的年代标识
$j 第二级年代	2.6.3 序列首期或第一部分的年代标识
$k 第三级年代	2.6.3 序列首期或第一部分的年代标识
$l 第四级年代	2.6.3 序列首期或第一部分的年代标识
$m 交替编号体系，年代	2.6.7 序列首期或第一部分的交替年代标识
$u 第一级文字标识	2.6.2 序列首期或第一部分的数字和/或字母标识
$v 第一级年代、发行说明	2.6.3 序列首期或第一部分的年代标识
$a 第一级编号	2.6.4 序列末期或最后一部分的数字和/或字母标识
$b 第二级编号	2.6.4 序列末期或最后一部分的数字和/或字母标识
$c 第三级编号	2.6.4 序列末期或最后一部分的数字和/或字母标识
$d 第四级编号	2.6.4 序列末期或最后一部分的数字和/或字母标识
$e 第五级编号	2.6.4 序列末期或最后一部分的数字和/或字母标识
$f 第六级编号	2.6.4 序列末期或最后一部分的数字和/或字母标识
$g 交替编号体系，第一级编号	2.6.8 序列末期或最后一部分的交替数字和/或字母标识
$h 交替编号体系，第二级编号	2.6.8 序列末期或最后一部分的交替数字和/或字母标识
$i 第一级年代	2.6.5 序列末期或最后一部分的年代标识
$j 第二级年代	2.6.5 序列末期或最后一部分的年代标识
$k 第三级年代	2.6.5 序列末期或最后一部分的年代标识
$l 第四级年代	2.6.5 序列末期或最后一部分的年代标识
$m 交替编号体系，年代	2.6.9 序列末期或最后一部分的交替年代标识
$u 第一级文字标识	2.6.4 序列末期或最后一部分的数字和/或字母标识
$v 第一级年代，发行说明	2.6.5 序列末期或最后一部分的年代标识
365 售价	N/A
366 商业获得信息	N/A
380 作品形式	
$a 作品形式	6.3 作品形式
381 作品或内容表达的其他区别特征	
$a 其他区别特征	6.6 作品的其他区别特征
$a 其他区别特征	6.12 内容表达的其他区别特征

$u 统一资源标识符	N/A
$v 信息源	N/A
382 表演媒介	
$a 表演媒介	6.15 表演媒介
383 音乐作品的数字标识	
$a 序列号	6.16 音乐作品的数字标识
$b 作品号	6.16 音乐作品的数字标识
$c 主题索引号	6.16 音乐作品的数字标识
384 调	
$a 调	6.17 调
4XX 丛编说明	
4XX 丛编说明	
$a 丛编说明	2.12.2 丛编正题名
$a 丛编说明	2.12.10 分丛编正题名
$a 丛编说明	2.12.3 丛编并列正题名
$a 丛编说明	2.12.11 分丛编并列正题名
$a 丛编说明	2.12.4 丛编其他题名信息
$a 丛编说明	2.12.5 丛编并列其他题名信息
$a 丛编说明	2.12.12 分丛编其他题名信息
$a 丛编说明	2.12.13 分丛编并列其他题名信息
$a 丛编说明	2.12.6 与丛编相关的责任说明
$a 丛编说明	2.12.7 与丛编相关的并列责任说明
$a 丛编说明	2.12.14 与分丛编相关的责任说明
$a 丛编说明	2.12.15 与分丛编相关的并列责任说明
$l 美国国会图书馆索取号	N/A
$v 卷期/序列标识	2.12.9 丛编编号
$v 卷期/序列标识	2.12.17 分丛编编号
$v 卷期/序列标识	24.6 部分编号
$x 国际标准连续出版物号	2.12.8 丛编的 ISSN
$x 国际标准连续出版物号	2.12.16 分丛编的 ISSN
5XX 附注	
500 一般性	
$a 一般性附注	2.20.2 题名附注

$a 一般性附注	2.20.3 责任说明的附注
$a 一般性附注	2.20.4 版本说明的附注
$a 一般性附注	2.20.6 制作说明的附注
$a 一般性附注	2.20.7 出版说明的附注
$a 一般性附注	2.20.8 发行说明的附注
$a 一般性附注	2.20.9 生产说明的附注
$a 一般性附注	2.20.10 版权日期的附注
$a 一般性附注	2.20.11 丛编说明的附注
$a 一般性附注	2.20.13 作为识别资源依据的卷期、部分或更新后的整体
$a 一般性附注	3.6 基底材料
$a 一般性附注	3.7 应用材料
$a 一般性附注	3.8 衬底/底座
$a 一般性附注	3.9 制作方法
$a 一般性附注	3.10 代
$a 一般性附注	3.11 版面设计
$a 一般性附注	3.12 图书开本
$a 一般性附注	3.13 字体大小
$a 一般性附注	3.14 极性
$a 一般性附注	3.15 缩率
$a 一般性附注	3.16.2 录音类型
$a 一般性附注	3.16.3 录音媒介
$a 一般性附注	3.16.4 播放速度
$a 一般性附注	3.16.5 纹槽特征
$a 一般性附注	3.16.6 音轨配置
$a 一般性附注	3.16.7 录音带配置
$a 一般性附注	3.16.8 播放声道配置
$a 一般性附注	3.17 电影放映特征
$a 一般性附注	3.21 特定单件的载体特征
$a 一般性附注	3.22.2 载体表现数量的附注
$a 一般性附注	3.22.3 单件数量的附注
$a 一般性附注	3.22.4 载体表现尺寸的附注
$a 一般性附注	3.22.5 单件尺寸的附注
$a 一般性附注	3.22.6 载体特征变化的附注

$a 一般性附注	7.2 内容特性
$a 一般性附注	7.3 内容覆盖范围
$a 一般性附注	7.14 无障碍内容
$a 一般性附注	7.15 插图性内容
$a 一般性附注	7.16 补编内容
$a 一般性附注	7.17 色彩内容
$a 一般性附注	7.19 宽高比
$a 一般性附注	7.20 乐谱格式
$a 一般性附注	7.21 音乐内容的表演媒介
$a 一般性附注	7.22 持续时间
$a 一般性附注	7.27 地图内容的其他细节
$a 一般性附注	25.1 相关作品
$a 一般性附注	26.1 相关内容表达
$a 一般性附注	27.1 相关载体表现
$a 一般性附注	28.1 相关单件
501 合订附注	
$a 合订附注	25.1 相关作品
502 学位论文附注	
$a 学位论文附注	7.9.2 学位
$a 学位论文附注	7.9.3 授予机构或院系
$a 学位论文附注	7.9.4 学位授予年
$b 学位类型	7.9.2 学位
$c 授予机构名称	7.9.3 授予机构或院系
$d 学位授予年	7.9.4 学位授予年
$g 其他信息	N/A
$o 论文标识号	2.15 载体表现标识符
504 书目等附注	
$a 书目等附注	7.16 补编内容
$b 参考文献的数量	N/A
505 格式化内容附注	
$a 格式化内容附注	25.1 相关作品
$g 其他信息	25.1 相关作品
$r 责任说明	25.1 相关作品

$t 题名	25.1 相关作品
$u 统一资源标识符	25.1 相关作品
506 获取限制附注	
$a 控制获取条件	4.4 获取限制
$b 管辖权限	4.4 获取限制
$c 获取实体规定	4.4 获取限制
$d 授权用户	4.4 获取限制
$e 授权	4.4 获取限制
$f 获取的规范术语	4.4 获取限制
$u 统一资源标识符	4.4 获取限制
507 图示资料的比例尺附注	
$a 数字比例尺附注	7.25.2 静态图像或三维形式的比例尺
$b 比例尺附注的其余部分	7.25.2 静态图像或三维形式的比例尺
508 创作/制作责任附注	
$a 创作/制作责任附注	7.24 艺术和/或技术的贡献者名单
510 引文/参考附注	
$a 来源名称	25.1 相关作品
$b 来源收录范围	N/A
$c 来源中的位置	N/A
$u 统一资源标识符	25.1 相关作品
$x 国际标准连续出版物号	N/A
511 参加者或表演者附注	
$a 参加者或表演者附注	7.23 表演者、旁白者和/或出品人
513 报告类型及日期范围附注	
$a 报告类型	7.2 内容特性
$b 日期范围	7.3 内容覆盖范围
514 数据质量附注	N/A
515 编号特点附注	
$a 编号特点附注	2.20.5 连续出版物编号的附注
516 计算机文件类型或数据附注	
$a 计算机文件类型或数据附注	3.19.2 文件类型
$a 计算机文件类型或数据附注	7.2 内容特性
518 事件发生的日期/时间和地点附注	

$a 事件发生的日期/时间和地点附注	7.11.2 获取地
$a 事件发生的日期/时间和地点附注	7.11.3 获取日期
$d 事件日期	7.11.3 获取日期
$o 其他事件信息	N/A
$p 事件地点	7.11.2 获取地
520 摘要等附注	
$a 摘要等附注	7.10 内容提要
$b 摘要附注的扩展	7.10 内容提要
$c 指定来源	N/A
$u 统一资源标识符	7.10 内容提要
521 读者对象附注	
$a 读者对象附注	7.7 读者对象
$b 来源	N/A
522 地理区域范围附注	
$a 地理区域范围附注	7.3 内容覆盖范围
524 编目资料首选引文附注	
$a 编目资料首选引文附注	2.16 首选引文
525 补编附注	
$a 补编附注	25.1 相关作品
526 学习计划信息附注	N/A
530 其他载体形式附注	
$a 其他载体形式附注	27.1 相关载体表现
$b 获取来源	27.1 相关载体表现
$c 获取条件	27.1 相关载体表现
$d 订购号	27.1 相关载体表现
$u 统一资源标识符	27.1 相关载体表现
533 复制品附注	
$a 复制品类型	27.1 相关载体表现
$b 复制地	27.1 相关载体表现
$c 复制责任机构	27.1 相关载体表现
$d 复制日期	27.1 相关载体表现
$e 复制品载体形态	27.1 相关载体表现
$f 复制品丛编说明	27.1 相关载体表现

$m 所复制卷期的日期和/或序列标识	27.1 相关载体表现
$n 复制附注	27.1 相关载体表现
534 原版附注	
$a 原版的主要款目	27.1 相关载体表现
$b 原版的版本说明	27.1 相关载体表现
$c 原版的出版、发行等	27.1 相关载体表现
$e 原版的载体形态等	27.1 相关载体表现
$f 原版的丛编说明	27.1 相关载体表现
$k 原版的识别题名	27.1 相关载体表现
$l 原版地	27.1 相关载体表现
$m 资料特定细节	27.1 相关载体表现
$n 原版附注	27.1 相关载体表现
$o 其他资源标识符	27.1 相关载体表现
$p 导语	27.1 相关载体表现
$t 原版的题名说明	27.1 相关载体表现
$x 国际标准连续出版物号	27.1 相关载体表现
$z 国际标准书号	27.1 相关载体表现
535 原件/复制件收藏地附注	
$a 收藏保管者	27.1 相关载体表现
$b 邮政地址	27.1 相关载体表现
$c 国家	27.1 相关载体表现
$d 电信地址	27.1 相关载体表现
$g 收藏地代码	27.1 相关载体表现
536 资助信息附注	N/A
538 系统细节附注	
$a 系统细节附注	3.16.9 特殊播放特征
$a 系统细节附注	3.18 视频特征
$a 系统细节附注	3.19.3 编码格式
$a 系统细节附注	3.19.5 分辨率
$a 系统细节附注	3.19.6 地区编码
$a 系统细节附注	3.19.7 传输速度
$a 系统细节附注	3.20 设备或系统要求
$i 显示文字	N/A

$u 统一资源标识符	N/A
540 使用与复制条款附注	
$a 使用与复制条款附注	4.5 使用限制
$b 管辖单位	4.5 使用限制
$c 授权	4.5 使用限制
$d 授权用户	4.5 使用限制
$u 统一资源标识符	4.5 使用限制
541 直接采访来源附注	
$a 采访源	2.18 单件的直接获取来源
$b 地址	2.18 单件的直接获取来源
$c 采访方法	2.18 单件的直接获取来源
$d 采访日期	2.18 单件的直接获取来源
$e 登录号	2.18 单件的直接获取来源
$f 拥有者	2.18 单件的直接获取来源
$h 采购价	2.18 单件的直接获取来源
$n 数量	2.18 单件的直接获取来源
$o 单位类型	2.18 单件的直接获取来源
542 与版权状态有关的信息	假定 542 字段中所定义的“出版”除了与 RDA 中的“出版”相关外，还与 “发行”和“生产”相关
$a 个人创作者	19.2 创作者
$b 个人创作者死亡日期	9.3.3 死亡日期
$c 团体创作者	19.2 创作者
$d 版权持有者	19.3 与作品相关的其他个人、家族或团体
$e 版权持有者联络信息	9.12 个人地址
$e 版权持有者联络信息	11.9 团体地址
$f 版权说明	N/A
$g 版权日期	2.11 版权日期
$h 版权更新日期	N/A
$i 出版日期	2.8.6 出版日期
$i 出版日期	2.9.6 发行日期
$i 出版日期	2.10.6 生产日期
$j 创作日期	2.7.6 制作日期
$k 出版者	2.8.2 出版地 子字段$k 定义为“出版者名称及可选择的地点”
$k 出版者	2.8.3 并列出版地 子字段$k 定义为“出版者名称及可选择的地点”

$k 出版者	2.8.4 出版者名称
$k 出版者	2.8.5 并列出版者名称
$k 出版者	2.9.2 发行地 子字段$k 定义为“出版者名称及可选择的地点”
$k 出版者	2.9.3 并列发行地 子字段$k 定义为“出版者名称及可选择的地点”
$k 出版者	2.9.4 发行者名称
$k 出版者	2.9.5 并列发行者名称
$k 出版者	2.10.2 生产地 子字段$k 定义为“出版者名称及可选择的地点”
$k 出版者	2.10.3 并列生产地 子字段$k 定义为“出版者名称及可选择的地点”
$k 出版者	2.10.4 生产者名称
$k 出版者	2.10.5 并列生产者名称
$l 版权状态	N/A
$m 出版状态	N/A
$n 附注	2.20.10 版权日期的附注
$o 研究日期	N/A
$p 出版或创建国	2.7.2 制作地
$p 出版或创建国	2.7.3 并列制作地
$p 出版或创建国	2.8.2 出版地
$p 出版或创建国	2.8.3 并列出版地
$p 出版或创建国	2.9.2 发行地
$p 出版或创建国	2.9.3 并列发行地
$p 出版或创建国	2.10.2 生产地
$p 出版或创建国	2.10.3 并列生产地
$q 提供机构	N/A
$r 版权评估的行政管辖区	N/A
$s 来源信息	N/A
$u 统一资源标识符	N/A
544 其他档案资料收藏地附注	
$a 收藏保管者	27.1 相关载体表现
$b 地址	27.1 相关载体表现
$c 国家	27.1 相关载体表现
$d 题名	27.1 相关载体表现
$e 出处	27.1 相关载体表现
$n 附注	27.1 相关载体表现

545 传记或历史数据	N/A
546 语种附注	
$a 语种附注	6.11 内容表达的语言
$a 语种附注	7.12 内容的语言
$a 语种附注	7.14 无障碍内容
$b 信息代码或字母	7.13.2 文字
$b 信息代码或字母	7.13.3 乐谱形式
$b 信息代码或字母	7.13.4 触摸标记形式
$b 信息代码或字母	7.13.5 运动谱形式
547 先前题名复杂关系附注	
$a 先前题名复杂关系附注	2.20.2 题名附注
550 发行机构附注	
$a 发行机构附注	2.20.7 出版说明的附注
552 实体和属性信息附注	N/A
555 累积索引/检索工具附注	
$a 累积索引/检索工具附注	25.1 相关作品
$b 获取来源	25.1 相关作品
$c 控制级别	25.1 相关作品
$d 书目参考	25.1 相关作品
$u 统一资源标识符	25.1 相关作品
556 文件信息附注	
$a 文件信息附注	25.1 相关作品
$a 文件信息附注	25.1 相关内容表达
$z 国际标准书号	N/A
561 所有权与保管史	
$a 历史	2.17 单件保管历史
562 复本和版本识别附注	N/A
563 装订信息	
$a 装订附注	3.21.2 早期印刷型资源的特定单件载体特征
$u 统一资源标识符	3.21.2 早期印刷型资源的特定单件载体特征
565 案卷特征附注	N/A
567 方法附注	N/A
580 连接款目复杂附注	

$a 连接款目复杂附注	25.1 相关作品
$a 连接款目复杂附注	26.1 相关内容表达
$a 连接款目复杂附注	27.1 相关载体表现
$a 连接款目复杂附注	28.1 相关单件
581 与编目文献有关的出版物附注	
$a 与编目文献有关的出版物附注	25.1 相关作品
$a 与编目文献有关的出版物附注	26.1 相关内容表达
$z 国际标准书号	N/A
583 业务处理附注	N/A
584 累积和使用频率附注	N/A
585 展览附注	N/A
586 获奖附注	
$a 奖项	7.28 奖项
588 著录来源附注	
$a 著录来源附注	2.20.13 作为识别资源依据的卷期、部分或更新后的整体的附注
59X 本地附注	N/A
主题检索字段（6XX）	
6XX 主题检索字段	N/A 首选地名除外
600 主题附加款目——个人名称	
$z 地理复分	16.2.2 首选地名
610 主题附加款目——团体名称	
$z 地理复分	16.2.2 首选地名
611 主题附加款目——会议名称	
$z 地理复分	16.2.2 首选地名
630 主题附加款目——统一题名	
$z 地理复分	16.2.2 首选地名
648 主题附加款目——年代术语	
$z 地理复分	16.2.2 首选地名
650 主题附加款目——论题性术语	
$z 地理复分	16.2.2 首选地名
651 主题附加款目——地理名称	
$a 地理名称	16.2.2 首选地名

$z 地理复分	16.2.2 首选地名
654 主题附加款目——分面主题词	
$a 核心主题词	16.2.2 首选地名
$b 非核心主题词	16.2.2 首选地名
$z 地理复分	16.2.2 首选地名
655 索引词——体裁/形式	
$z 地理复分	16.2.2 首选地名
656 索引词——职业	
$z 地理复分	16.2.2 首选地名
657 索引词——功能	
$z 地理复分	16.2.2 首选地名
69X 本地主题检索字段	N/A
附加款目（7XX）	
700 附加款目——个人名称	19.2 创作者
700 附加款目——个人名称	19.3 与作品相关的其他个人、家族或团体
700 附加款目——个人名称	20.2 贡献者
700 附加款目——个人名称	21.2 非出版资源的制作者
700 附加款目——个人名称	21.3 出版者
700 附加款目——个人名称	21.4 发行者
700 附加款目——个人名称	21.5 生产者
700 附加款目——个人名称	21.6 与载体表现相关的其他个人、家族或团体
700 附加款目——个人名称	22.2 拥有者
700 附加款目——个人名称	22.3 保管者
700 附加款目——个人名称	22.4 与单件相关的其他个人、家族或团体
$a 个人名称	9.2.2 个人首选名称
$b 世次	9.2.2 个人首选名称
$c 头衔和其他与名称相联系的词	9.4 个人头衔
$c 头衔和其他与名称相联系的词	9.6 与个人相关的其他标识
$c 头衔和其他与名称相联系的词	9.15 个人活动领域
$c 头衔和其他与名称相联系的词	9.16 职业或工作
$d 与名称相联系的日期	9.3 与个人相关的日期
$j 责任归属限定	N/A
$q 名称的更完整形式	9.5 名称的更完整形式

$u 隶属机构	9.12 个人地址
$u 隶属机构	9.13 隶属机构
$a 个人名称	10.2.2 家族首选名称
$a 个人名称	10.3 家族类型
$c 头衔和其他与名称相联系的词	10.5 与家族相关的地点
$c 头衔和其他与名称相联系的词	10.7 世袭头衔
$d 与名称相联系的日期	10.4 与家族相关的日期
$g 其他信息	10.6 家族的著名成员
$e 关系词	18.5 关系说明语
$f 作品日期	6.4 作品日期
$f 作品日期	6.10 内容表达的日期
$h 媒介	6.9 内容类型
$i 关系信息	18.5 关系说明语
$k 形式副标目	6.12 内容表达的其他区别特征
$l 作品语言	6.11 内容表达的语言
$m 音乐表演媒介	6.15 表演媒介
$n 作品分部/分节号	6.2.2 作品首选题名
$n 作品分部/分节号	6.16 音乐作品的数字标识
$o 音乐改编说明	6.12 内容表达的其他区别特征
$p 作品分部/分节题名	6.2.2 作品首选题名
$r 音乐的调	6.17 调
$s 版本	6.12 内容表达的其他区别特征
$t 作品题名	6.2.2 作品首选题名
$t 作品题名	6.3 作品形式
$t 作品题名	6.4 作品日期
$t 作品题名	6.5 作品原创地
$t 作品题名	6.6 作品的其他区别特征
$x 国际标准连续出版物号	27.1 相关载体表现
710 附加款目——团体名称	19.2 创作者
710 附加款目——团体名称	19.3 与作品相关的其他个人、家族或团体
710 附加款目——团体名称	20.2 贡献者
710 附加款目——团体名称	21.2 非出版资源的制作者
710 附加款目——团体名称	21.3 出版者

710 附加款目——团体名称	21.4 发行者
710 附加款目——团体名称	21.5 生产者
710 附加款目——团体名称	21.6 与载体表现相关的其他个人、家族或团体
710 附加款目——团体名称	22.2 拥有者
710 附加款目——团体名称	22.3 保管者
710 附加款目——团体名称	22.4 与单件相关的其他个人、家族或团体
$a 作为款目要素的团体名称或行政管辖区名称	6.22 条约等的签署方
$a 作为款目要素的团体名称或行政管辖区名称	11.2.2 团体首选名称
$a 作为款目要素的团体名称或行政管辖区名称	11.3.3 总部所在地
$a 作为款目要素的团体名称或行政管辖区名称	11.4.3 成立日期
$a 作为款目要素的团体名称或行政管辖区名称	11.4.4 终止日期
$a 作为款目要素的团体名称或行政管辖区名称	11.5 相关机构
$a 作为款目要素的团体名称或行政管辖区名称	11.7 与团体相关的其他标识
$b 下属单位	11.2.2 团体首选名称
$c 会议地点	11.3.2 会议等的地点
$c 会议地点	11.5 相关机构
$d 会议日期或签约日期	11.4.2 会议等的日期
$d 会议日期或签约日期	6.4 作品日期
$e 关系词	18.5 关系说明语
$f 作品日期	6.4 作品日期
$f 作品日期	6.10 内容表达的日期
$g 其他信息	6.22 条约等的签署方
$g 其他信息	11.7 与团体相关的其他标识
$h 媒介	6.9 内容类型
$i 关系信息	18.5 关系说明语
$k 形式副标目	6.12 内容表达的其他区别特征
$l 作品语言	6.11 内容表达的语言
$m 音乐表演媒介	6.15 表演媒介
$n 分部/分节号、会议届次	6.2.2 作品首选题名
$n 分部/分节号、会议届次	11.6 会议等的届次
$n 分部/分节号、会议届次	6.16 音乐作品的数字标识
$o 音乐改编说明	6.12 内容表达的其他区别特征
$p 作品分部/分节题名	6.2.2 作品首选题名

$r 音乐的调	6.17 调
$s 版本	6.12 内容表达的其他区别特征
$t 作品题名	6.2.2 作品首选题名
$t 作品题名	6.3 作品形式
$t 作品题名	6.4 作品日期
$t 作品题名	6.5 作品原创地
$t 作品题名	6.6 作品的其他区别特征
$u 隶属机构	11.9 团地地址
$x 国际标准连续出版物号	27.1 相关载体表现
711 附加款目——会议名称	19.2 创作者
711 附加款目——会议名称	19.3 与作品相关的其他个人、家族或团体
711 附加款目——会议名称	20.2 贡献者
711 附加款目——会议名称	21.2 非出版资源的制作者
711 附加款目——会议名称	21.3 出版者
711 附加款目——会议名称	21.4 发行者
711 附加款目——会议名称	21.5 生产者
711 附加款目——会议名称	21.6 与载体表现相关的其他个人、家族或团体
711 附加款目——会议名称	22.2 拥有者
711 附加款目——会议名称	22.3 保管者
711 附加款目——会议名称	22.4 与单件相关的其他个人、家族或团体
$a 作为款目要素的会议名称或行政管辖区名称	11.2.2 团体首选名称
$a 作为款目要素的会议名称或行政管辖区名称	11.3.3 总部所在地
$a 作为款目要素的会议名称或行政管辖区名称	11.4.3 成立日期
$a 作为款目要素的会议名称或行政管辖区名称	11.4.4 终止日期
$a 作为款目要素的会议名称或行政管辖区名称	11.5 相关机构
$a 作为款目要素的会议名称或行政管辖区名称	11.7 与团体相关的其他标识
$c 会议地点	11.3.2 会议等的地点
$c 会议地点	11.5 相关机构
$d 会议日期	11.4.2 会议等的日期
$d 会议日期	6.4 作品日期
$e 下属机构	11.2.2 团体首选名称
$f 作品日期	6.4 作品日期
$f 作品日期	6.10 内容表达的日期

$g 其他信息	N/A
$h 媒介	6.9 内容类型
$i 关系信息	18.5 关系说明语
$j 关系词	18.5 关系说明语
$k 形式副标目	6.12 内容表达的其他区别特征
$l 作品语言	6.11 内容表达的语言
$n 分部/分节号、会议届次	6.2.2 作品首选题名
$n 分部/分节号、会议届次	11.6 会议等的届次
$p 作品分部/分节题名	6.2.2 作品首选题名
$q 与行政管辖区名称款目要素相连的会议名称	11.2.2 团体首选名称
$s 版本	6.12 内容表达的其他区别特征
$t 作品题名	6.2.2 作品首选题名
$t 作品题名	6.3 作品形式
$t 作品题名	6.4 作品日期
$t 作品题名	6.5 作品原创地
$t 作品题名	6.6 作品的其他区别特征
$u 隶属机构	11.9 团体地址
$x 国际标准连续出版物号	27.1 相关载体表现
720 附加款目——非控制名称	N/A
730 附加款目——统一题名	
$a 统一题名	6.2.2 作品首选题名
$a 统一题名	6.3 作品形式
$a 统一题名	6.4 作品日期
$a 统一题名	6.5 作品原创地
$a 统一题名	6.6 作品的其他区别特征
$d 签约日期	6.4 作品日期
$f 作品日期	6.4 作品日期
$f 作品日期	6.10 内容表达的日期
$g 其他信息	N/A
$h 媒介	6.9 内容类型
$i 关系信息	18.5 关系说明语
$k 形式副标目	6.2.2 作品首选题名
$k 形式副标目	6.12 内容表达的其他区别特征

$l 作品语言	**6.11 内容表达的语言**
$m 音乐表演媒介	**6.15 表演媒介**
$n 作品分部/分节号	**6.2.2 作品首选题名**
$n 作品分部/分节号	**6.16 音乐作品的数字标识**
$o 音乐改编说明	**6.12 内容表达的其他区别特征**
$p 作品分部/分节题名	**6.2.2 作品首选题名**
$r 音乐的调	**6.17 调**
$s 版本	**6.12 内容表达的其他区别特征**
$t 作品题名	**N/A**
$x 国际标准连续出版物号	**27.1 相关载体表现**
740 附加款目——非控	
$a 非控相关/分析题名	**25.1 相关作品**
$h 媒介	**N/A**
$n 作品分部/分节号	**25.1 相关作品**
$p 作品分卷/分节题名	**25.1 相关作品**
751 附加款目——地理名称	
$a 地理名称	**N/A**
$e 关系词	**18.5 关系说明语**
752 附加款目——分级地名	**N/A**
753 检索计算机文件的系统细节	**N/A**
754 附加款目——学科分类标识	**N/A**
76X-78X 连接款目	
760 主丛编款目	
$a 主要款目标目	**25.1 相关作品**
$b 版本	**N/A**
$c 限定信息	**25.1 相关作品**
$d 出版地、出版者和出版日期	**N/A**
$g 相关部分	**24.6 部分的编号**
$h 载体形态	**N/A**
$i 关系信息	**18.5 关系说明语**
$m 资料特殊细节	**25.1 相关作品**
$n 附注	**25.1 相关作品**
$o 其他文献标识号	**25.1 相关作品**

$s 统一题名	25.1 相关作品
$t 题名	25.1 相关作品
$w 记录控制号	25.1 相关作品
$x 国际标准连续出版物号	N/A
$y CODEN 标识	N/A
762 分丛编款目	
$a 主要款目标目	25.1 相关作品
$b 版本	N/A
$c 限定信息	25.1 相关作品
$d 出版地、出版者和出版日期	N/A
$g 相关部分	24.6 部分的编号
$h 载体形态	N/A
$i 关系信息	18.5 关系说明语
$m 资料特殊细节	25.1 相关作品
$n 附注	25.1 相关作品
$o 其他文献标识号	25.1 相关作品
$s 统一题名	25.1 相关作品
$t 题名	25.1 相关作品
$w 记录控制号	25.1 相关作品
$x 国际标准连续出版物号	N/A
$y CODEN 标识	N/A
765 原著款目	
$a 主要款目标目	26.1 相关内容表达
$b 版本	N/A
$c 限定信息	26.1 相关内容表达
$d 出版地、出版者和出版日期	N/A
$g 相关部分	24.6 部分的编号
$h 载体形态	N/A
$i 关系信息	18.5 关系说明语
$k 相关文献的丛编数据	N/A
$m 资料特殊细节	26.1 相关内容表达
$b 附注	26.1 相关内容表达
$o 其他文献标识号	26.1 相关内容表达

$r 报告号	N/A
$s 统一题名	26.1 相关内容表达
$t 题名	26.1 相关内容表达
$u 标准技术报告号	N/A
$w 记录控制号	26.1 相关内容表达
$x 国际标准连续出版物号	N/A
$y CODEN 标识	N/A
$z 国际标准书号	N/A
767 译著款目	
$a 主要款目标目	26.1 相关内容表达
$b 版本	N/A
$c 限定信息	26.1 相关内容表达
$d 出版地、出版者和出版日期	N/A
$g 相关部分	24.6 部分的编号
$h 载体形态	N/A
$i 关系信息	18.5 关系说明语
$k 相关文献的丛编数据	N/A
$m 资料特殊细节	26.1 相关内容表达
$n 附注	26.1 相关内容表达
$o 其他文献标识号	26.1 相关内容表达
$r 报告号	N/A
$s 统一题名	26.1 相关内容表达
$t 题名	26.1 相关内容表达
$u 标准技术报告号	N/A
$w 记录控制号	26.1 相关内容表达
$x 国际标准连续出版物号	N/A
$y CODEN 标识	N/A
$z 国际标准书号	N/A
770 补编/特刊款目	
$a 主要款目标目	25.1 相关作品
$b 版本	N/A
$c 限定信息	25.1 相关作品
$d 出版地、出版者和出版日期	N/A

$g 相关部分	24.6 部分的编号
$h 载体形态	N/A
$i 关系信息	18.5 关系说明语
$k 相关文献的丛编数据	N/A
$m 资料特殊细节	25.1 相关作品
$n 附注	25.1 相关作品
$o 其他文献标识号	25.1 相关作品
$r 报告号	N/A
$s 统一题名	25.1 相关作品
$t 题名	25.1 相关作品
$u 标准技术报告号	N/A
$w 记录控制号	25.1 相关作品
$x 国际标准连续出版物号	N/A
$y CODEN 标识	N/A
$z 国际标准书号	N/A
772 正编款目	
$a 主要款目标目	25.1 相关作品
$b 版本	N/A
$c 限定信息	25.1 相关作品
$d 出版地、出版者和出版日期	N/A
$g 相关部分	24.6 部分的编号
$h 载体形态	N/A
$i 关系信息	18.5 关系说明语
$k 相关文献的丛编数据	N/A
$m 资料特殊细节	25.1 相关作品
$n 附注	25.1 相关作品
$o 其他文献标识号	25.1 相关作品
$r 报告号	N/A
$s 统一题名	25.1 相关作品
$t 题名	25.1 相关作品
$u 标准技术报告号	N/A
$w 记录控制号	25.1 相关作品
$x 国际标准连续出版物号	N/A

$y CODEN 标识	N/A
$z 国际标准书号	N/A
773 主文献款目	
$a 主要款目标目	25.1 相关作品
$b 版本	N/A
$d 出版地、出版者和出版日期	N/A
$g 相关部分	24.6 部分的编号
$h 载体形态	N/A
$i 关系信息	18.5 关系说明语
$k 相关文献的丛编数据	N/A
$m 资料特殊细节	25.1 相关作品
$n 附注	25.1 相关作品
$o 其他文献标识号	25.1 相关作品
$p 缩略题名	25.1 相关作品
$q 编号和首页	N/A
$r 报告号	N/A
$s 统一题名	25.1 相关作品
$t 题名	25.1 相关作品
$u 标准技术报告号	N/A
$w 记录控制号	25.1 相关作品
$x 国际标准连续出版物号	N/A
$y CODEN 标识	N/A
$z 国际标准书号	N/A
774 子单元款目	
$a 主要款目标目	25.1 相关作品
$b 版本	N/A
$c 限定信息	25.1 相关作品
$d 出版地、出版者和出版日期	N/A
$g 相关部分	24.6 部分的编号
$h 载体形态	N/A
$i 关系信息	18.5 关系说明语
$k 相关文献的丛编数据	N/A
$m 资料特殊细节	25.1 相关作品

$n 附注	25.1 相关作品
$o 其他文献标识号	25.1 相关作品
$r 报告号	N/A
$s 统一题名	25.1 相关作品
$t 题名	25.1 相关作品
$u 标准技术报告号	N/A
$w 记录控制号	25.1 相关作品
$x 国际标准连续出版物号	N/A
$y CODEN 标识	N/A
$z 国际标准书号	N/A
775 其他版本款目	
$a 主要款目标目	25.1 相关作品
$b 版本	27.1 相关载体表现
$c 限定信息	25.1 相关作品
$d 出版地、出版者和出版日期	27.1 相关载体表现
$e 语种代码	N/A
$f 国家代码	N/A
$g 相关部分	24.6 部分的编号
$h 载体形态	27.1 相关载体表现
$i 关系信息	18.5 关系说明语
$k 相关文献的丛编数据	27.1 相关载体表现
$m 资料特殊细节	27.1 相关载体表现
$n 附注	27.1 相关载体表现
$o 其他文献标识号	27.1 相关载体表现
$r 报告号	27.1 相关载体表现
$s 统一题名	25.1 相关作品
$t 题名	27.1 相关载体表现
$u 标准技术报告号	27.1 相关载体表现
$w 记录控制号	27.1 相关载体表现
$x 国际标准连续出版物号	27.1 相关载体表现
$y CODEN 标识	27.1 相关载体表现
$z 国际标准书号	27.1 相关载体表现
776 附加载体形态款目	

$a 主要款目标目	25.1 相关作品
$b 版本	27.1 相关载体表现
$c 限定信息	25.1 相关作品
$d 出版地、出版者和出版日期	27.1 相关载体表现
$g 相关部分	24.6 部分的编号
$h 载体形态	27.1 相关载体表现
$i 关系信息	18.5 关系说明语
$k 相关文献的丛编数据	27.1 相关载体表现
$m 资料特殊细节	27.1 相关载体表现
$n 附注	27.1 相关载体表现
$o 其他文献标识号	27.1 相关载体表现
$r 报告号	27.1 相关载体表现
$s 统一题名	25.1 相关作品
$t 题名	27.1 相关载体表现
$u 标准技术报告号	27.1 相关载体表现
$w 记录控制号	27.1 相关载体表现
$x 国际标准连续出版物号	27.1 相关载体表现
$y CODEN 标识	27.1 相关载体表现
$z 国际标准书号	27.1 相关载体表现
777 合订款目	
$a 主要款目标目	25.1 相关作品
$b 版本	27.1 相关载体表现
$c 限定信息	25.1 相关作品
$d 出版地、出版者和出版日期	27.1 相关载体表现
$g 相关部分	24.6 部分的编号
$h 载体形态	27.1 相关载体表现
$i 关系信息	18.5 关系说明语
$k 相关文献的丛编数据	27.1 相关载体表现
$m 资料特殊细节	27.1 相关载体表现
$n 附注	27.1 相关载体表现
$o 其他文献标识号	27.1 相关载体表现
$s 统一题名	25.1 相关作品
$t 题名	27.1 相关载体表现

$w 记录控制号	**27.1 相关载体表现**
$x 国际标准连续出版物号	**27.1 相关载体表现**
$y CODEN 标识	**27.1 相关载体表现**
780 先前款目	
$a 主要款目标目	**25.1 相关作品**
$b 版本	**N/A**
$c 限定信息	**25.1 相关作品**
$d 出版地、出版者和出版日期	**N/A**
$g 相关部分	**24.6 部分的编号**
$h 载体形态	**N/A**
$i 关系信息	**18.5 关系说明语**
$k 相关文献的丛编数据	**N/A**
$m 资料特殊细节	**25.1 相关作品**
$n 附注	**25.1 相关作品**
$o 其他文献标识号	**25.1 相关作品**
$r 报告号	**N/A**
$s 统一题名	**25.1 相关作品**
$t 题名	**25.1 相关作品**
$u 标准技术报告号	**N/A**
$w 记录控制号	**25.1 相关作品**
$x 国际标准连续出版物号	**N/A**
$y CODEN 标识	**N/A**
$z 国际标准书号	**N/A**
785 后续款目	
$a 主要款目标目	**25.1 相关作品**
$b 版本	**N/A**
$c 限定信息	**25.1 相关作品**
$d 出版地、出版者和出版日期	**N/A**
$g 相关部分	**24.6 部分的编号**
$h 载体形态	**N/A**
$i 关系信息	**18.5 关系说明语**
$k 相关文献的丛编数据	**N/A**
$m 资料特殊细节	**25.1 相关作品**

$n 附注	25.1 相关作品
$o 其他文献标识号	25.1 相关作品
$r 报告号	N/A
$s 统一题名	25.1 相关作品
$t 题名	25.1 相关作品
$u 标准技术报告号	N/A
$w 记录控制号	25.1 相关作品
$x 国际标准连续出版物号	N/A
$y CODEN 标识	N/A
$z 国际标准书号	N/A
786 数据源款目	
$a 主要款目标目	25.1 相关作品
$b 版本	N/A
$c 限定信息	25.1 相关作品
$d 出版地、出版者和出版日期	N/A
$g 相关部分	24.6 部分的编号
$h 载体形态	N/A
$i 关系信息	18.5 关系说明语
$j 内容时间段	N/A
$k 相关文献的丛编数据	N/A
$m 资料特殊细节	25.1 相关作品
$n 附注	25.1 相关作品
$o 其他文献标识号	25.1 相关作品
$p 缩略题名	25.1 相关作品
$r 报告号	N/A
$s 统一题名	25.1 相关作品
$t 题名	25.1 相关作品
$u 标准技术报告号	N/A
$v 贡献来源	N/A
$w 记录控制号	25.1 相关作品
$x 国际标准连续出版物号	N/A
$y CODEN 标识	N/A
$z 国际标准书号	N/A

787 其他关系款目	
$a 主要款目标目	25.1 相关作品
$a 主要款目标目	26.1 相关内容表达
$b 版本	27.1 相关载体表现
$b 版本	28.1 相关单件
$c 限定信息	25.1 相关作品
$c 限定信息	26.1 相关内容表达
$d 出版地、出版者和出版日期	27.1 相关载体表现
$d 出版地、出版者和出版日期	28.1 相关单件
$g 相关部分	24.6 部分的编号
$h 载体形态	27.1 相关载体表现
$h 载体形态	28.1 相关单件
$i 关系信息	18.5 关系说明语
$k 相关文献的丛编数据	27.1 相关载体表现
$k 相关文献的丛编数据	28.1 相关单件
$m 资料特殊细节	25.1 相关作品
$m 资料特殊细节	26.1 相关内容表达
$m 资料特殊细节	27.1 相关载体表现
$m 资料特殊细节	28.1 相关单件
$n 附注	25.1 相关作品
$n 附注	26.1 相关内容表达
$n 附注	27.1 相关载体表现
$n 附注	28.1 相关单件
$o 其他文献标识号	25.1 相关作品
$o 其他文献标识号	26.1 相关内容表达
$o 其他文献标识号	27.1 相关载体表现
$o 其他文献标识号	28.1 相关单件
$r 报告号	27.1 相关载体表现
$s 统一题名	25.1 相关作品
$s 统一题名	26.1 相关内容表达
$t 题名	25.1 相关作品
$t 题名	26.1 相关内容表达
$t 题名	27.1 相关载体表现

$t 题名	28.1 相关单件
$u 标准技术报告号	27.1 相关载体表现
$w 记录控制号	25.1 相关作品
$w 记录控制号	26.1 相关内容表达
$w 记录控制号	27.1 相关载体表现
$w 记录控制号	28.1 相关单件
$x 国际标准连续出版物号	27.1 相关载体表现
$y CODEN 标识	27.1 相关载体表现
$z 国际标准书号	27.1 相关载体表现
80X-840 从编附加款目	
800 从编附加款目——个人名称	
$a 个人名称	9.2.2 个人首选名称
$b 世次	9.2.2 个人首选名称
$c 头衔和其他与名称相联系的词	9.4 个人头衔
$c 头衔和其他与名称相联系的词	9.6 与个人相关的其他标识
$c 头衔和其他与名称相联系的词	9.15 个人活动领域
$c 头衔和其他与名称相联系的词	9.16 职业或工作
$d 与名称相联系的日期	9.3 与个人相关的日期
$j 责任归属限定	N/A
$q 名称的更完整形式	9.5 名称的更完整形式
$u 隶属机构	9.12 个人地址
$u 隶属机构	9.13 隶属机构
$a 个人名称	10.2.2 家族首选名称
$a 个人名称	10.3 家族类型
$c 头衔和其他与名称相联系的词	10.5 与家族相关的地点
$c 头衔和其他与名称相联系的词	10.7 世袭头衔
$d 与名称相联系的日期	10.4 与家族相关的日期
$g 其他信息	10.6 家族的著名成员
$e 关系词	18.5 关系说明语
$f 作品日期	6.4 作品日期
$f 作品日期	6.10 内容表达的日期
$h 媒介	6.9 内容类型
$k 形式副标目	6.12 内容表达的其他区别特征

$l 作品语言	6.11 内容表达的语言
$m 音乐表演媒介	6.15 表演媒介
$n 作品分部/分节号	6.2.2 作品首选题名
$n 作品分部/分节号	6.16 音乐作品的数字标识
$o 音乐改编说明	6.12 内容表达的其他区别特征
$p 作品分部/分节题名	6.2.2 作品首选题名
$r 音乐的调	6.17 调
$s 版本	6.12 内容表达的其他区别特征
$t 作品题名	6.2.2 作品首选题名
$t 作品题名	6.3 作品形式
$t 作品题名	6.4 作品日期
$t 作品题名	6.5 作品原创地
$t 作品题名	6.6 作品的其他区别特征
$v 卷期/序列标识	2.12.9 从编编号
$v 卷期/序列标识	2.12.17 分丛编编号
$v 卷期/序列标识	24.6 部分的编号
$w 书目记录控制号	25.1 相关作品
$x 国际标准连续出版物号	2.12.8 丛编的 ISSN
$x 国际标准连续出版物号	2.12.16 分丛编的 ISSN
810 丛编附加款目——团体名称	
$a 作为款目要素的团体名称或行政管辖区名称	6.22 条约等的签署方
$a 作为款目要素的团体名称或行政管辖区名称	11.2.2 团体首选名称
$a 作为款目要素的团体名称或行政管辖区名称	11.3.3 总部所在地
$a 作为款目要素的团体名称或行政管辖区名称	11.4.3 成立日期
$a 作为款目要素的团体名称或行政管辖区名称	11.4.4 终止日期
$a 作为款目要素的团体名称或行政管辖区名称	11.5 相关机构
$a 作为款目要素的团体名称或行政管辖区名称	11.7 与团体相关的其他标识
$b 下属单位	11.2.2 团体首选名称
$c 会议地点	11.3.2 会议等的地点
$c 会议地点	11.5 相关机构
$d 会议日期或签约日期	11.4.2 会议等的日期
$d 会议日期或签约日期	6.4 作品日期
$e 关系词	18.5 关系说明语

$f 作品日期	6.4 作品日期
$f 作品日期	6.10 内容表达的日期
$g 其他信息	6.22 条约等的签署方
$g 其他信息	11.7 与团体相关的其他标识
$h 媒介	6.9 内容类型
$k 形式副标目	6.12 内容表达的其他区别特征
$l 作品语言	6.11 内容表达的语言
$m 表演音乐媒介	6.15 表演媒介
$n 分部/分节号、会议届次	6.2.2 作品首选题名
$n 分部/分节号、会议届次	11.6 会议等的届次
$n 分部/分节号、会议届次	6.16 音乐作品的数字标识
$o 音乐改编说明	6.12 内容表达的其他区别特征
$p 作品分部/分节题名	6.2.2 作品首选题名
$r 音乐的调	6.17 调
$s 版本	6.12 内容表达的其他区别特征
$t 作品题名	6.2.2 作品首选题名
$t 作品题名	6.3 作品形式
$t 作品题名	6.4 作品日期
$t 作品题名	6.5 作品原创地
$t 作品题名	6.6 作品的其他区别特征
$u 隶属机构	11.9 团体地址
$v 卷期/序列标识	2.12.9 丛编编号
$v 卷期/序列标识	2.12.17 分丛编编号
$v 卷期/序列标识	24.6 部分的编号
$w 书目记录控制号	25.1 相关作品
$x 国际标准连续出版物号	2.12.8 丛编的 ISSN
$x 国际标准连续出版物号	2.12.16 分丛编的 ISSN
811 丛编附加款目——会议名称	
$a 作为款目要素的会议名称或行政管辖区名称	11.2.2 团体首选名称
$a 作为款目要素的会议名称或行政管辖区名称	11.3.3 总部所在地等
$a 作为款目要素的会议名称或行政管辖区名称	11.4.3 成立日期
$a 作为款目要素的会议名称或行政管辖区名称	11.4.4 终止日期
$a 作为款目要素的会议名称或行政管辖区名称	11.5 相关机构

$a 作为款目要素的会议名称或行政管辖区名称	11.7 与团体相关的其他标识
$c 会议地点	11.3.2 会议等的地点
$c 会议地点	11.5 相关机构
$d 会议日期	11.4.2 会议等的日期
$d 会议日期	6.4 作品日期
$e 下属单位	11.2.2 团体首选名称
$f 作品日期	6.4 作品日期
$f 作品日期	6.10 内容表达的日期
$g 其他信息	N/A
$h 媒介	6.9 内容类型
$j 关系词	18.5 关系说明语
$k 形式副标目	6.12 内容表达的其他区别特征
$l 作品语言	6.11 内容表达的语言
$n 分部/分节号、会议届次	6.2.2 作品首选题名
$n 分部/分节号、会议届次	11.6 会议等的届次
$p 作品分部/分节题名	6.2.2 作品首选题名
$q 与行政管辖区名称款目要素相连的会议名称	11.2.2 团体首选名称
$s 版本	6.12 内容表达的其他区别特征
$t 作品题名	6.2.2 作品首选题名
$t 作品题名	6.3 作品形式
$t 作品题名	6.4 作品日期
$t 作品题名	6.5 作品原创地
$t 作品题名	6.6 作品的其他区别特征
$u 隶属机构	11.9 团体地址
$v 卷期/序列标识	2.12.9 丛编编号
$v 卷期/序列标识	2.12.17 分丛编编号
$v 卷期/序列标识	24.6 部分的编号
$w 书目记录控制号	25.1 相关作品
$x 国际标准连续出版物号	2.12.8 丛编的 ISSN
$x 国际标准连续出版物号	2.12.16 分丛编的 ISSN
830 丛编附加款目——统一题名	
$a 统一题名	6.2.2 作品首选题名
$a 统一题名	6.3 作品形式

$a 统一题名	6.4 作品日期
$a 统一题名	6.5 作品原创地
$a 统一题名	6.6 作品的其他区别特征
$d 签约日期	6.4 作品日期
$f 作品日期	6.4 作品日期
$f 作品日期	6.10 内容表达的日期
$g 其他信息	N/A
$h 媒介	6.9 内容类型
$k 形式副标目	6.2.2 作品首选题名
$k 形式副标目	6.12 内容表达的其他区别特征
$l 作品语言	6.11 内容表达的语言
$m 音乐表演媒介	6.15 表演媒介
$n 作品分部/分节号	6.2.2 作品首选题名
$n 作品分部/分节号	6.16 音乐作品的数字标识
$o 音乐改编说明	6.12 内容表达的其他区别特征
$p 作品分部/分节题名	6.2.2 作品首选题名
$r 音乐的调	6.17 调
$s 版本	6.12 内容表达的其他区别特征
$t 作品题名	N/A
$v 卷期/序列标识	2.12.9 丛编编号
$v 卷期/序列标识	2.12.17 分丛编编号
$v 卷期/序列标识	24.6 部分的编号
$w 书目记录控制号	25.1 相关作品
$x 国际标准连续出版物号	2.12.8 丛编的 ISSN
$x 国际标准连续出版物号	2.12.16 分丛编的 ISSN
841-88X 馆藏，交替图形等	N/A 856 除外
856 电子资源定位与访问	范围限定为资源的定位
$u 统一资源标识符	4.6 统一资源定位符

4. 映射表中所列 MARC21 元素，是经过 9 次更新后，在 1999 年版中所定义的元素，还增加了被批准的 MARC 2009-01/2 建议的元素。直至 2009 年首次发布后仍未包括在 RDA 中的元素，在对应的 RDA 元素栏中用 N/A 标识。

E

记录检索点控制的句法

E.0 范围

本附录提供源自 AACR2 规则和实例中的检索点和参照的显示规则，以及《MARC21 规范数据格式》（*MARC 21 format for authority data*）中所定义的可变字段和子字段与 RDA 对应元素的映射表。

E.1 显示

E.1.1 检索点的显示

下表中列出了 AACR2 中个人和团体标目及参照所用的元素，以及统一题名和题名参照所用的元素。

表格的中间栏显示的是按规则和/或例解中所规定的前置于每个元素或将元素括于其中的标识符。

右栏所列的是对应的 RDA 元素。

AACR2 检索点元素	标识符	RDA 元素
个人标目		
名称		9.2.2 个人首选名称
附加		
贵族头衔	,	9.4 个人头衔
圣徒	,	9.6 与个人相关的其他标识
圣灵	()	9.6 与个人相关的其他标识
皇室	,	9.4 个人头衔
教皇	,	9.4 个人头衔
主教	,	9.4 个人头衔
有宗教职位的其他个人	,	9.4 个人头衔
日期	,	9.3 与个人有关的日期
更完整的形式	()	9.5 名称的更完全形式
区别性术语	()	9.15 个人活动领域
		9.16 职业或工作
团体标目		
名称		11.2.2 团体首选名称
副标目	.	11.2.2 团体首选名称

附加		
不能表达团体概念的名称	()	**11.7 与团体相关的其他标识**
国家、州、省等的名称	()	**11.3.3 总部所在地**
本地地名	()	**11.3.3 总部所在地**
机构	()	**11.5 相关机构**
年份	()	**11.4.3 成立日期**
		11.4.4 终止日期
其他附加	()	**11.7 与团体相关的其他标识**
政府名称的附加		
行政管辖区类型	()	**11.7 与团体相关的其他标识**
区别性词或短语	:	**11.7 与团体相关的其他标识**
会议等名称的附加		
届次	()	**11.6 会议等的届次**
日期	:	**11.4.2 会议等的日期**
地点	:	**11.3.2 会议等的地点**
		11.5 相关机构
展览等名称的附加		
届次	()	**11.6 会议等的届次**
日期	:	**11.4.2 会议等的日期**
地点	:	**11.3.2 会议等的地点**
		11.5 相关机构
统一题名		
统一题名		**6.2.2 作品首选题名**
作品组成部分的标识和/或题名	.	**6.2.2 作品首选题名**
统一题名的附加		
解决冲突	()	**6.3 作品形式**
		6.4 作品日期
		6.5 作品原创地
		6.6 作品的其他区别特征
语言	.	**6.11 内容表达的语言**
一般资料标识	.	**6.9 内容类型**
选集	.	**6.2.2 作品首选题名**
		6.12 内容表达的其他区别特征

法律等统一题名的附加		
颁布年	()	6.4 作品日期
条约等统一题名的附加		
其他签约方		6.22 条约等的签署方
签约年	()	6.4 作品日期
签约日期	,	6.4 作品日期
宗教经典统一题名的附加		
语言	.	6.11 内容表达的语言
版本	.	6.12 内容表达的其他区别特征
交替版本	.	6.12 内容表达的其他区别特征
年份	.	6.10 内容表达的日期
音乐统一题名的附加		
表演媒介	,	6.15 表演媒介
数字识别元素	,	6.16 音乐作品的数字标识
音乐的调	,	6.17 调
其他识别元素	()	6.4 作品日期
		6.5 作品原创地
		6.6 作品的其他区别特征
草稿	()	6.12 内容表达的其他区别特征
改编	;	6.12 内容表达的其他区别特征
声乐缩编谱和合唱总谱	.	6.12 内容表达的其他区别特征
台本和歌词	.	6.12 内容表达的其他区别特征
语言	.	6.11 内容表达的语言
个人变异名称的见参照		
变异名称		9.2.3 个人变异名称
附加		
贵族头衔	,	9.4 个人头衔
圣徒	,	9.6 与个人相关的其他标识
圣灵	()	9.6 与个人相关的其他标识
皇室	,	9.4 个人头衔
教皇	,	9.4 个人头衔
主教	,	9.4 个人头衔
有宗教职位的其他个人	,	9.4 个人头衔

日期	,	9.3 与个人相关的日期
更完整形式	()	9.5 名称的更完整形式
区别性的术语	()	9.15 个人活动领域
		9.16 职业或工作
团体变异名称的见参照		
变异名称		11.2.3 团体变异名称
副标目	.	11.2.3 团体变异名称
附加		
不能表达团体概念的名称	()	11.6 会议等的届次
国家、州、省等的名称	()	11.3.3 总部所在地
本地地名	()	11.3.3 总部所在地
机构	()	11.5 相关机构
年份	()	11.4.3 成立日期
		11.4.4 终止日期
其他附加	()	11.7 与团体相关的其他标识
政府名称的附加		
行政管辖区的类型	()	11.7 与团体相关的其他标识
区别性的词或短语	:	11.7 与团体相关的其他标识
会议等名称的附加		
届次	()	11.6 会议等的届次
日期	:	11.4.2 会议等的日期
地点	:	11.3.2 会议等的地点
		11.5 相关机构
展览等名称的附加		
届次	()	11.7 与团体相关的其他标识
日期	:	11.4.2 会议等的日期
地点	:	11.3.2 会议等的地点
		11.5 相关机构
作品变异题名的见参照		
变异题名		6.2.3 作品变异题名
作品组成部分的标识和/或题名	.	6.2.3 作品变异题名
统一题名的附加		
解决冲突	()	6.3 作品形式

		6.4 作品日期
		6.5 作品原创地
		6.6 作品的其他区别特征
语言	.	6.11 内容表达的语言
一般资料标识	.	6.9 内容类型
选集	.	6.12 内容表达的其他区别特征
法律等统一题名的附加		
颁布年	()	6.4 作品日期
条约等统一题名的附加		
其他签约方		6.22 条约等的签署方
签约年	()	6.4 作品日期
签约日期	,	6.4 作品日期
宗教经典统一题名的附加		
语言	.	6.11 内容表达的语言
版本	.	6.12 内容表达的其他区别特征
交替版本	.	6.12 内容表达的其他区别特征
年份	.	6.10 内容表达的日期
音乐统一题名的附加		
表演媒介	,	6.15 表演媒介
数字识别元素	,	6.16 音乐作品的数字标识
音乐的调	,	6.17 调
其他识别元素	()	6.4 作品日期
		6.5 作品原创地
		6.6 作品的其他区别特征
草稿	()	6.12 内容表达的其他区别特征
改编	;	6.12 内容表达的其他区别特征
声乐缩编谱和合唱总谱	.	6.12 内容表达的其他区别特征
台本和歌词	.	6.12 内容表达的其他区别特征
语言	.	6.11 内容表达的语言
相关个人名称的参见参照		
名称		9.2.2 个人首选名称
附加		
贵族头衔	,	9.4 个人头衔

圣徒	,	9.6 与个人相关的其他标识
圣灵	()	9.6 与个人相关的其他标识
皇室	,	9.4 个人头衔
教皇	,	9.4 个人头衔
主教	,	9.4 个人头衔
有宗教职位的其他个人	,	9.4 个人头衔
日期	,	9.3 与个人相关的日期
更完整形式	()	9.5 名称的更完整形式
区别性的术语	()	9.15 个人活动领域
		9.16 职业或工作
相关团体名称的参见参照		
名称		11.2.2 团体首选名称
副标目	.	11.2.2 团体首选名称
附加		
不能表达团体概念的名称	()	11.7 与团体相关的其他标识
国家、州、省等的名称	()	11.3.3 总部所在地
本地地名	()	11.3.3 总部所在地
机构	()	11.5 相关机构
年份	()	11.4.3 成立日期
		11.4.4 终止日期
其他附加	()	11.7 与团体相关的其他标识
政府名称的附加		
行政管辖区的类型	()	11.7 与团体相关的其他标识
区分性的词或短语	:	11.7 与团体相关的其他标识
会议等名称的附加		
届次	()	11.6 会议等的届次
日期	:	11.4.2 会议等的日期
地点	:	11.3.2 会议等的地点
		11.5 相关机构
展览等名称的附加		
届次	()	11.6 会议等的届次
日期	:	11.4.2 会议等的日期
地点	:	11.3.2 会议等的地点

		11.5 相关机构
相关作品统一题名的参见参照		
统一题名		**6.2.2 作品首选题名**
作品组成部分的标识和/或题名	.	**6.2.2 作品首选题名**
统一题名的附加		
解决冲突	()	**6.3 作品形式**
		6.4 作品日期
		6.5 作品原创地
		6.6 作品的其他区别特征
语言	.	**6.11 内容表达的语言**
一般资料标识	.	**6.9 内容类型**
选集	.	**6.12 内容表达的其他区别特征**
法律等统一题名的附加		
颁布年	()	**6.4 作品日期**
条约等统一题名的附加		
其他签约方		**6.22 条约等的签署方**
签约年	()	**6.4 作品日期**
签约日期	,	**6.4 作品日期**
宗教经典统一题名的附加		
语言	.	**6.11 内容表达的语言**
版本	.	**6.12 内容表达的其他区别特征**
交替版本	.	**6.12 内容表达的其他区别特征**
年份	.	**6.10 内容表达的日期**
音乐作品统一题名的附加		
表演媒介	,	**6.15 表演媒介**
数字识别元素	,	**6.16 音乐作品的数字标识**
音乐的调	,	**6.17 调**
其他识别元素	()	**6.4 作品日期**
		6.5 作品原创地
		6.6 作品的其他区别特征
草稿	()	**6.12 内容表达的其他区别特征**
改编	;	**6.12 内容表达的其他区别特征**
声乐缩编谱和合唱总谱	.	**6.12 内容表达的其他区别特征**

台本和歌词	.	**6.12 内容表达的其他区别特征**
语言	.	**6.11 内容表达的语言**

E.1.2 检索点的标识符

E.1.2.1 概要

E.1.2.2–E.1.2.5 所列的说明反映代表个人、团体和作品的检索点中前置于名称和题名附加成分的标识符或将其置于其中的标识符，与 AACR2 中所列的规则和/或实例相同。

元素内部的标识符在该元素的说明中予以规定。

E.1.2.2 代表个人的检索点

贵族头衔前置以逗号和空格。

术语 *Saint*（圣徒）前置以逗号和空格。

术语 *Spirit*（圣灵）置于圆括号内。

皇室成员或宗教等级的头衔，或个人宗教职位称谓前置以逗号和空格。

日期或日期范围前置以逗号和空格。

出生日期和死亡日期之间用连字符分隔，如果出生日期后没有随以死亡日期，则其后加连字符。如果死亡日期没有前置以出生日期，则其前置以连字符。

将名称的更完整形式置于圆括号内。

将区别性的术语置于圆括号内。

E.1.2.3 代表家族的检索点

将家族名称的附加成分置于一组圆括号内，每个附加成分之间用空格、冒号、空格分隔。

E.1.2.4 代表团体的检索点

副标目前置以句点和空格。

将不能表达团体概念的名称的一般性标识置于圆括号内。

将国家、州、省等的名称置于圆括号内。

将本地地名置于圆括号内。

将机构名称置于圆括号中。

将成立年或起讫年置于圆括号内。

将一般性标识置于圆括号内。

将说明行政管辖区的类型的术语置于圆括号内。

将区分性的词或短语置于圆括号内。

附加于不能表达团体概念名称的一般标识和日期、地名或区别性的词或短语等之间用空格、冒号、空格分隔。

说明行政管辖区类型的术语和区别性的词或短语之间用空格、冒号、空格分隔。

用于区分某一个政府机构与同一行政管辖区内的另一政府机构的术语和该政府机构相关的日期之间用逗号、空格分隔。

将会议等的届次、日期和地点置于圆括号内。届次、日期和地点之间用空格、冒号、空格分隔。多个会议地点之间用分号分隔。

将展览等的届次、日期和地点置于圆括号内。届次、日期与地点之间间用空格、冒号、空格分隔。多个展览地点之间用分号分隔。

E.1.2.5 代表作品和内容表达的检索点

如果代表作品的检索点是由代表个人、家族或团体的检索点和其后随以的作品首选或变异题名所构建的，则酌情应用 **E.1.2.2–E.1.2.4** 所列的关于代表个人或团体的检索点部分的标识符规则。

作品组成部分的标识和/或题名前置以句点和空格。

将为解决冲突所用的词、短语、日期或其他标识置于圆括号内。

将为解决冲突所用的一种与另一种词、短语、日期或其他标识之间用空格、冒号、空格分隔。

语言名称前置以句点和空格。

内容类型前置以句点和空格。

将法律等的颁布年置于圆括号内。

将条约等的签约年置于圆括号内。

条约等的签约日期前置以逗号和空格。

宗教经典的语言名称前置以句点和空格。

术语 *Selections*（选集）前置以句点和空格。

宗教经典版本的名称前置以句点和空格。

宗教经典版本的交替标识前置以句点和空格。

宗教经典的出版年前置以句点和空格。

表演媒介前置以逗号和空格。

音乐作品的数字识别元素前置以逗号和空格。

音乐作品的调前置以逗号和空格。

音乐作品的其他识别元素前置以逗号和空格。

将音乐作品的描述性词或短语置于圆括号内。

将术语 *Sketches*（草稿）置于圆括号内。

术语 *arranged by*（由……改编）前置以分号和空格。

术语 *Vocal*（声乐）缩编谱和 *Chorus*（合唱）总谱前置以句点和空格。

术语 *Libretto*（台本）和 *Text*（文本）前置以句点和空格。

声乐作品的语言名称前置以句点和空格。

E.1.3 参照的提供

E.1.3.1 General

E.1.3.2–E.1.3.4 所列的规则反映*见*参照、*参见*参照和说明性参照的提供，与 AACR2 中的实例相同。

E.1.3.2 代表个人、团体和作品的规范检索点的*见* 参照

从个人、团体或作品的变异检索点指向代表该个人、团体或作品的规范检索点的*见*参照如下所示。

Thascius Caecilius Cyprianus, Saint, Bishop of Carthage
see
Cyprian, Saint, Bishop of Carthage

Beethoven, Ludwig van, 1770 – 1827. Moonlight sonata
see
Beethoven, Ludwig van, 1770 – 1827. Sonatas, piano, no. 14, op. 27, no. 2, C# minor

交替规则

当从一个变异检索点指向两个或两个以上代表不同个人、团体或作品的规范检索点时，提供一个*见* 参照，其下列出所做参照指向的所有代表个人、团体或作品的规范检索点。

Mahfouz, Nagib
see
Maḥfūẓ, Najīb, 1882–1974
Maḥfūẓ, Najīb, 1911–2006

ABM
see
Academia Brasileira de Música
Associação Bahiana de Medicina
Associação Brasileira de Metais
Association des amis de la Bibliothèque et du Musée des beaux-arts de Tours

Bava kamma
see
Mishnah. Bava kamma
Talmud. Bava kamma
Talmud Yerushalmi. Bava kamma
Tosafot. Bava kamma
Tosefta. Bava kamma

如果从变异检索点所做的*见* 参照未能给目录的使用者提供充分的指引，则提供一个说明性参照给出更明确的指引（见 E.1.3.4）。

E.1.3.3 代表相关个人、家族、团体和作品的规范检索点的*参见* 参照

从规范检索点所做的*参见* 参照见如下所示。

Canadian Figure Skating Association
see also
Skate Canada

Klage
see also
Nibelungenlied

Catholic Church. Breviary
see also
Catholic Church. Liturgy of the hours

当一个规范检索点使用关系说明语时，*参见* 参照以该说明语起首，其后随以冒号、空格，然后是相关的个人、家族、团体或作品的规范检索点，如下所示。

Library and Archives Canada
see also
Predecessor: National Archives of Canada
Predecessor: National Library of Canada

Union of American Republics
see also
Predecessor: International Union of American Republics
Successor: Organization of American States

交替规则

当从代表个人、家族、团体或作品的规范检索点做指向两个或两个以上代表不同相关个人、家族、团体或作品的规范检索点的*参见*参照时，提供一个*参见*参照，其下列出所做参照指向的所有相关的个人、家族、团体或作品的规范检索点。

Pennsylvania. Department of Public Welfare
see also
Pennsylvania. Department of Public Assistance
Pennsylvania. Department of Welfare

Nongame Bird and Mammal Program report
see also
Nongame Bird and Mammal Section report
Bird and Mammal Conservation Program report

如果指向代表相关的个人、家族、团体或作品规范检索点的*参见*参照未能给目录的使用者提供充分的指引，则提供一个说明性参照给出更明确的指引（见 **E.1.3.4**）。

E.1.3.4 说明性参照

提供说明性参照如下所示。

Gustaf Adolf, King of Sweden
Kings of Sweden with this name are listed in a single sequence of all the kings of Sweden with the first name Gustaf, e.g.,
Gustaf I Vasa, King of Sweden, 1496 – 1560
Gustaf II Adolf, King of Sweden, 1594 – 1632
Gustaf III, King of Sweden, 1746 – 1792
Gustav IV Adolf, King of Sweden, 1778 – 1837
在 Gustaf Vasa, King of Sweden 下提供类似的参照

Plaidy, Jean, 1906 – 1993
For works of this author written under other names, *see*
Carr, Philippa, 1906 – 1993
Ford, Elbur, 1906 – 1993
Holt, Victoria, 1906 – 1993
Kellow, Kathleen, 1906 – 1993
Tate, Ellalice, 1906 – 1993

需要时列出 etc.（等）

Carr, Philippa, 1906 – 1993
For works of this author written under other names, *see*
Ford, Elbur, 1906 – 1993
Holt, Victoria, 1906 – 1993
Kellow, Kathleen, 1906 – 1993
Plaidy, Jean, 1906 – 1993
Tate, Ellalice, 1906 – 1993
需要时列出 etc.（等）
在其他名称下提供类似的参照

或交替使用

Carr, Philippa, 1906–1993
Works by this author are listed under the name used in the item. For a list of other names used by this author, ***search also under*** Plaidy, Jean, 1906–1993.
在每个其他名称下提供相同的参照

American-Asian Educational Exchange
The American-Asian Educational Exchange was founded in 1957. In 1962 the name was changed to American Afro-Asian Educational Exchange. In 1967 the name American-Asian Educational Exchange was resumed.
Works of this body are listed under the name used at the time of publication.
在 American Afro-Asian Educational Exchange *下提供同样的参照*

Pentateuch
For the Pentateuch as a whole, ***see*** Bible. Pentateuch. For an individual book of the Pentateuch, ***see*** the name of the book as a subdivision of Bible (e.g., Bible. Genesis).

Proust, Marcel, 1871–1922. À la recherche du temps perdu
For the separately published parts of this work, *see*
Proust, Marcel, 1871–1922. Du côté de chez Swann
Proust, Marcel, 1871–1922. À l'ombre des jeunes filles en fleurs
Proust, Marcel, 1871–1922. Côté de Guermantes
Proust, Marcel, 1871–1922. Sodome et Gomorrhe
Proust, Marcel, 1871–1922. Prisonnière
Proust, Marcel, 1871–1922. Albertine disparue
Proust, Marcel, 1871–1922. Temps retrouvé

E.2 MARC 21 规范数据格式

E.2.1 MARC 21 规范与 RDA 的映射表

下表是《MARC 21 规范数据格式》（*MARC 21 format for authority data*）中定义的可变字段及子字段与相应的 RDA 元素的映射表。[1] 控制字段（00X）和控制子字段（$0-$8）未包括在内。

MARC21 字段/子字段	RDA 元素
号码和代码字段（01X-09X）	
010 美国国会图书馆控制号	
$a LC 控制号	6.8 作品标识符
$a LC 控制号	6.13 内容表达标识符

$a LC 控制号	9.18 个人标识符
$a LC 控制号	10.9 家族标识符
$a LC 控制号	11.12 团体标识符
$z 注销/无效的 LC 控制号	6.8 作品标识符
$z 注销/无效的 LC 控制号	6.13 内容表达标识符
$z 注销/无效的 LC 控制号	9.18 个人标识符
$z 注销/无效的 LC 控制号	10.9 家族标识符
$z 注销/无效的 LC 控制号	11.12 团体标识符
014 与连续出版物或多部分文献的书目记录的连接	N/A
016 国家书目机构记录控制号	
$a 记录控制号	6.8 作品标识符
$a 记录控制号	6.13 内容表达标识符
$a 记录控制号	9.18 个人标识符
$a 记录控制号	10.9 家族标识符
$a 记录控制号	11.12 团体标识符
$z 注销/无效的记录控制号	6.8 作品标识符
$z 注销/无效的记录控制号	6.13 内容表达标识符
$z 注销/无效的记录控制号	9.18 个人标识符
$z 注销/无效的记录控制号	10.9 家族标识符
$z 注销/无效的记录控制号	11.12 团体标识符
020 国际标准书号	N/A
022 国际标准连续出版物号	N/A
024 其他标准标识符	
$a 标准号或代码	6.8 作品标识符
$a 标准号或代码	6.13 内容表达标识符
$a 标准号或代码	9.18 个人标识符
$a 标准号或代码	10.9 家族标识符
$a 标准号或代码	11.12 团体标识符
$c 获得方式	N/A
$d 标准号或代码后的附加代码	N/A
$z 取消/无效的标准号或代码	N/A
031 音乐导句信息	N/A
034 编码的地图数学数据	N/A

035 系统控制号	
$a 系统控制号	6.8 作品标识符
$a 系统控制号	6.13 内容表达标识符
$a 系统控制号	9.18 个人标识符
$a 系统控制号	10.9 家族标识符
$a 系统控制号	11.12 团体标识符
$z 取消/无效的系统控制号	N/A
040 编目源	N/A
042 鉴定代码	N/A
043 地理区域代码	N/A
045 标目涵盖的时间段	N/A
046 特殊编码日期	
$f 出生日期	9.3.2 出生日期
$g 死亡日期	9.3.3 死亡日期
$k 创作的开始日期或单个日期	6.4 作品日期
$k 创作的开始日期或单个日期	6.10 内容表达的日期
$l 创作的终止日期	6.4 作品日期
$l 创作的终止日期	6.10 内容表达的日期
$s 开始时间	9.3.4 个人活跃期
$s 开始时间	10.4 与家族相关的日期
$s 开始时间	11.4.2 会议等的日期
$s 开始时间	11.4.3 成立日期
$t 终止时间	9.3.4 个人活跃期
$t 终止时间	10.4 与家族相关的日期
$t 终止时间	11.4.2 会议等的日期
$t 终止时间	11.4.4 终止日期
$u 统一资源标识符	N/A
$v 信息源	N/A
050 美国国会图书馆索取号	N/A
052 地理分类	N/A
053 LC 分类号	N/A
055 加拿大图书馆与档案馆索取号	N/A
060 美国国家医学图书馆索取号	N/A

065 其他分类号	N/A
066 字符集表示	N/A
070 美国国家农业图书馆索取号	N/A
072 主题类别代码	N/A
073 复分用法	N/A
080 国际十进分类号	N/A
082 杜威十进索取号	N/A
083 杜威十进分类号	N/A
086 政府文献索取号	N/A
087 政府文献分类号	N/A
09X 本地索取号	N/A
标目字段（1XX）	
100 标目——个人名称	19.2 创作者
100 标目——个人名称	19.3 与作品相关的其他个人、家族或团体
100 标目——个人名称	20.2 贡献者
$a 个人名称	9.2.2 个人首选名称
$b 世次	9.2.2 个人首选名称
$c 头衔和其他与名称相联系的词	9.4 个人头衔
$c 头衔和其他与名称相联系的词	9.6 与个人相关的其他标识
$c 头衔和其他与名称相联系的词	9.15 个人活动领域
$c 头衔和其他与名称相联系的词	9.16 职业或工作
$d 与名称相联系的日期	9.3 与个人相关的日期
$j 责任归属限定	N/A
$q 名称的更完整形式	9.5 名称的更完整形式
$a 个人名称	10.2.2 家族首选名称
$a 个人名称	10.3 家族类型
$c 头衔和其他与名称相联系的词	10.5 与家族相关的地点
$c 头衔和其他与名称相联系的词	10.7 世袭头衔
$d 与名称相联系的日期	10.4 与家族相关的日期
$g 其他信息	10.6 家族的著名成员
$e 关系词	18.5 关系说明语
$f 作品日期	6.4 作品日期
$f 作品日期	6.10 内容表达的日期

$h 媒介	6.9 内容类型
$k 形式副标目	6.12 内容表达的其他区别特征
$l 作品语言	6.11 内容表达的语言
$m 音乐表演媒介	6.15 表演媒介
$n 作品分部/分节号	6.2.2 作品首选题名
$n 作品分部/分节号	6.16 音乐作品的数字标识
$o 音乐改编说明	6.12 内容表达的其他区别特征
$p 作品分部/分节题名	6.2.2 作品首选题名
$r 音乐的调	6.17 调
$s 版本	6.12 内容表达的其他区别特征
$t 作品题名	6.2.2 作品首选题名
$t 作品题名	6.3 作品形式
$t 作品题名	6.4 作品日期
$t 作品题名	6.5 作品原创地
$t 作品题名	6.6 作品的其他区别特征
$v 形式复分	N/A
$x 通用复分	N/A
$y 年代复分	N/A
$z 地理复分	N/A
110 标目——团体名称	19.2 创作者
110 标目——团体名称	19.3 与作品相关的其他个人、家族或团体
110 标目——团体名称	20.2 贡献者
$a 作为款目要素的团体名称或行政管辖区名称	11.2.2 团体首选名称
$a 作为款目要素的团体名称或行政管辖区名称	11.3.3 总部所在地
$a 作为款目要素的团体名称或行政管辖区名称	11.4.3 成立日期
$a 作为款目要素的团体名称或行政管辖区名称	11.4.4 终止日期
$a 作为款目要素的团体名称或行政管辖区名称	11.5 相关机构
$a 作为款目要素的团体名称或行政管辖区名称	11.7 与团体相关的其他标识
$b 下属单位	11.2.2 团体首选名称
$c 会议地点	11.3.2 会议等的地点
$c 会议地点	11.5 相关机构
$d 会议日期或签约日期	6.4 作品日期
$d 会议日期或签约日期	11.4.2 会议等的日期

$e 关系词	18.5 关系说明语
$f 作品日期	6.4 作品日期
$f 作品日期	6.10 内容表达的日期
$g 其他信息	6.22 条约等的签署方
$g 其他信息	11.2.2 团体首选名称
$g 其他信息	11.7 与团体相关的其他标识
$h 媒介	6.9 内容类型
$k 形式副标目	6.12 内容表达的其他区别特征
$l 作品语言	6.11 内容表达的语言
$m 音乐表演媒介	6.15 表演媒介
$n 分部/分节号、会议届次	6.2.2 作品首选题名
$n 分部/分节号、会议届次	6.16 音乐作品的数字标识
$n 分部/分节号、会议届次	11.6 会议等的届次
$n 分部/分节号、会议届次	11.7 与团体相关的其他标识
$o 音乐改编说明	6.12 内容表达的其他区别特征
$p 作品分部/分节题名	6.2.2 作品首选题名
$r 音乐的调	6.17 调
$s 版本	6.12 内容表达的其他区别特征
$t 作品题名	6.2.2 作品首选题名
$t 作品题名	6.3 作品形式
$t 作品题名	6.4 作品日期
$t 作品题名	6.5 作品原创地
$t 作品题名	6.6 作品的其他区别特征
$v 形式复分	N/A
$x 通用复分	N/A
$y 年代复分	N/A
$z 地理复分	N/A
111 标目——会议名称	19.2 创作者
111 标目——会议名称	19.3 与作品相关的其他个人、家族或团体
111 标目——会议名称	20.2 贡献者
$a 作为款目要素的会议名称或行政管辖区名称	11.2.2 团体首选名称
$a 作为款目要素的会议名称或行政管辖区名称	11.3.3 总部所在地
$a 作为款目要素的会议名称或行政管辖区名称	11.4.3 成立日期

$a 作为款目要素的会议名称或行政管辖区名称	11.4.4 终止日期
$a 作为款目要素的会议名称或行政管辖区名称	11.7 与团体相关的其他标识
$c 会议地点	11.3.2 会议等的地点
$c 会议地点	11.5 相关机构
$d 会议日期	6.4 作品日期
$d 会议日期	11.4.2 会议等的日期
$e 下属单位	11.2.2 团体首选名称
$f 作品日期	6.4 作品日期
$f 作品日期	6.10 内容表达的日期
$g 其他信息	N/A
$h 媒介	6.9 内容类型
$j 关系词	18.5 关系说明语
$k 形式副标目	6.12 内容表达的其他区别特征
$l 作品语言	6.11 内容表达的语言
$n 分部/分节号、会议届次	6.2.2 作品首选题名
$n 分部/分节号、会议届次	11.6 会议等的届次
$n 分部/分节号、会议届次	11.7 与团体相关的其他标识
$p 分部/分节号、会议届次	6.2.2 作品首选题名
$q 与行政管辖区名称款目要素相连的会议名称	11.2.2 团体首选名称
$s 版本	6.12 内容表达的其他区别特征
$t 作品题名	6.2.2 作品首选题名
$t 作品题名	6.3 作品形式
$t 作品题名	6.4 作品日期
$t 作品题名	6.5 作品原创地
$t 作品题名	6.6 作品的其他区别特征
$v 形式复分	N/A
$x 地理复分	N/A
$y 年代复分	N/A
$z 地理复分	N/A
130 标目——统一题名	
$a 统一题名	6.2.2 作品首选题名
$a 统一题名	6.3 作品形式
$a 统一题名	6.4 作品日期

$a 统一题名	6.5 作品原创地
$a 统一题名	6.6 作品的其他区别特征
$d 签约日期	6.4 作品日期
$f 作品日期	6.4 作品日期
$f 作品日期	6.10 内容表达的日期
$g 其他信息	N/A
$h 媒介	6.9 内容类型
$k 形式副标目	6.2.2 作品首选题名
$k 形式副标目	6.12 内容表达的其他区别特征
$l 作品语言	6.11 内容表达的语言
$m 音乐表演媒介	6.15 表演媒介
$n 作品分部/分节号	6.2.2 作品首选题名
$n 作品分部/分节号	6.16 音乐作品的数字标识
$o 音乐改编说明	6.12 内容表达的其他区别特征
$p 作品分部/分节题名	6.2.2 作品首选题名
$r 音乐的调	6.17 调
$s 版本	6.12 内容表达的其他区别特征
$t 作品题名	N/A
$v 形式复分	N/A
$x 地理复分	N/A
$y 年代复分	N/A
$z 地理复分	N/A
148 标目——年代术语	N/A
150 标目——论题性术语	N/A
151 标目——地理名称	N/A
155 标目——体裁/形式术语	N/A
180 标目——通用复分	N/A
181 标目——地理复分	N/A
182 标目——年代复分	N/A
185 标目——形式复分	N/A
336 内容类型	
$a 内容类型术语	6.9 内容类型
$b 内容类型代码	6.9 内容类型

370 相关地点	
$a 出生地	9.8 出生地
$b 死亡地	9.9 死亡地
$c 相关国家	9.10 与个人相关的国家
$e 居住地/总部所在地	9.11 居住地
$e 居住地/总部所在地	10.5 与家族相关的地点
$e 居住地/总部所在地	11.3.3 总部所在地
$e 居住地/总部所在地	11.9 团体地址
$f 其他相关地点	10.5 与家族相关的地点
$f 其他相关地点	11.3.2 会议等的地点
$g 作品原创地	6.5 作品原创地
$s 开始日期	N/A
$t 终止日期	N/A
$u 统一资源标识符	N/A
$v 信息源	N/A
371 地址	
$a 地址	9.12 个人地址
$a 地址	11.9 团体地址
$b 城市	9.12 个人地址
$b 城市	11.9 团体地址
$c 中间级行政管辖区	9.12 个人地址
$c 中间级行政管辖区	11.9 团体地址
$d 国家	9.12 个人地址
$d 国家	11.9 团体地址
$e 邮政编码	9.12 个人地址
$e 邮政编码	11.9 团体地址
$m 电子邮件地址	9.12 个人地址
$m 电子邮件地址	11.9 团体地址
$s 开始日期	N/A
$t 终止日期	N/A
$u 统一资源标识符	N/A
$v 信息源	N/A
$z 公共附注	9.12 个人地址

$z 公共附注	11.9 团体地址
372 活动领域	
$a 活动领域	9.15 个人活动领域
$a 活动领域	11.10 团体活动领域
$s 开始日期	N/A
$t 终止日期	N/A
$u 统一资源标识符	N/A
$v 信息源	N/A
373 隶属机构	
$a 隶属机构	9.13 隶属机构
$s 开始日期	N/A
$t 终止日期	N/A
$u 统一资源标识符	N/A
$v 信息源	N/A
374 职业	
$a 职业	9.16 职业或工作
$s 开始日期	N/A
$t 终止日期	N/A
$u 统一资源标识符	N/A
$v 信息源	N/A
375 性别	
$a 性别	9.7 性别
$s 开始日期	N/A
$t 终止日期	N/A
$u 统一资源标识符	N/A
$v 信息源	N/A
376 家族信息	
$a 家族类型	10.3 家族类型
$b 著名成员的名称	10.6 家族的著名成员
$c 世袭头衔	10.7 世袭头衔
$s 开始日期	N/A
$t 终止日期	N/A
$u 统一资源标识符	N/A

$v 信息源	N/A
377 相关语言	
$a 语言代码	9.14 个人语言
$a 语言代码	11.8 团体语言
380 作品形式	
$a 作品形式	6.3 作品形式
381 作品或内容表达的其他区别特征	
$a 其他区别特征	6.6 作品的其他区别特征
$a 其他区别特征	6.12 内容表达的其他区别特征
$u 统一资源标识符	N/A
$v 信息源	N/A
382 表演媒介	
$a 表演媒介	6.15 表演媒介
383 音乐作品的数字标识	
$a 序列号	6.16 音乐作品的数字标识
$b 作品号	6.16 音乐作品的数字标识
$c 主题索引号	6.16 音乐作品的数字标识
384 调	
$a 调	6.17 调
见参照根查字段（4XX）	
400 见参照根查——个人名称	
$a 个人名称	9.2.3 个人变异名称
$b 世次	9.2.3 个人变异名称
$c 头衔和其他与名称相联系的词	9.4 个人头衔
$c 头衔和其他与名称相联系的词	9.6 与个人相关的其他标识
$c 头衔和其他与名称相联系的词	9.15 个人活动领域
$c 头衔和其他与名称相联系的词	9.16 职业或工作
$d 与名称相联系的日期	9.3 与个人相关的日期
$j 责任归属限定	N/A
$q 名称的更完整形式	9.5 名称的更完整形式
$a 个人名称	10.2.3 家族变异名称
$a 个人名称	10.3 家族类型
$c 头衔和其他与名称相联系的词	10.5 与家族相关的地点

$c 头衔和其他与名称相联系的词	10.7 世袭头衔
$d 与名称相联系的日期	10.4 与家族相关的日期
$g 其他信息	10.6 家族的著名成员
$e 关系词	18.5 关系说明语
$f 作品日期	6.4 作品日期
$f 作品日期	6.10 内容表达的日期
$h 媒介	6.9 内容类型
$i 关系信息	N/A
$k 形式副标目	6.12 内容表达的其他区别特征
$l 作品语言	6.11 内容表达的语言
$m 音乐表演媒介	6.15 表演媒介
$n 作品分部/分节号	6.2.2 作品首选题名
$n 作品分部/分节号	6.2.3 作品变异题名
$n 作品分部/分节号	6.16 音乐作品的数字标识
$o 音乐改编说明	6.12 内容表达的其他区别特征
$p 作品分部/分节题名	6.2.2 作品首选题名
$p 作品分部/分节题名	6.2.3 作品变异题名
$r 音乐的调	6.17 调
$s 版本	6.12 内容表达的其他区别特征
$t 作品题名	6.2.2 作品首选题名
$t 作品题名	6.2.3 作品变异题名
$t 作品题名	6.3 作品形式
$t 作品题名	6.4 作品日期
$t 作品题名	6.5 作品原创地
$t 作品题名	6.6 作品的其他区别特征
$v 形式复分	N/A
$w 控制子字段	N/A
$x 通用复分	N/A
$y 年代复分	N/A
$z 地理复分	N/A
410 见参照根查——团体名称	
$a 作为款目要素的团体名称或行政管辖区名称	11.2.3 团体变异名称
$a 作为款目要素的团体名称或行政管辖区名称	11.3.3 总部所在地

$a 作为款目要素的团体名称或行政管辖区名称	11.4.3 成立日期
$a 作为款目要素的团体名称或行政管辖区名称	11.4.4 终止日期
$a 作为款目要素的团体名称或行政管辖区名称	11.5 相关机构
$a 作为款目要素的团体名称或行政管辖区名称	11.7 与团体相关的其他标识
$b 下属单位	11.2.3 团体变异名称
$c 会议地点	11.3.2 会议等的地点
$c 会议地点	11.5 相关机构
$d 会议日期或签约日期	6.4 作品日期
$d 会议日期或签约日期	11.4.2 会议等的日期
$e 关系词	18.5 关系说明语
$f 作品日期	6.4 作品日期
$f 作品日期	6.10 内容表达的日期
$g 其他信息	6.22 条约等的签署方
$g 其他信息	11.2.3 团体变异名称
$g 其他信息	11.7 与团体相关的其他标识
$h 媒介	6.9 内容类型
$i 关系信息	N/A
$k 形式副标目	6.12 内容表达的其他区别特征
$l 作品语言	6.11 内容表达的语言
$m 音乐表演媒介	6.15 表演媒介
$n 分部/分节号、会议届次	6.2.2 作品首选题名
$n 分部/分节号、会议届次	6.2.3 作品变异题名
$n 分部/分节号、会议届次	6.16 音乐作品的数字标识
$n 分部/分节号、会议届次	11.6 会议等的届次
$n 分部/分节号、会议届次	11.7 与团体相关的其他标识
$o 音乐改编说明	6.12 内容表达的其他区别特征
$p 作品分部/分节题名	6.2.2 作品首选题名
$p 作品分部/分节题名	6.2.3 作品变异题名
$r 音乐的调	6.17 调
$s 版本	6.12 内容表达的其他区别特征
$t 作品题名	6.2.2 作品首选题名
$t 作品题名	6.2.3 作品变异题名
$t 作品题名	6.3 作品形式

$t 作品题名	6.4 作品日期
$t 作品题名	6.5 作品原创地
$t 作品题名	6.6 作品的其他区别特征
$v 形式复分	N/A
$w 控制子字段	N/A
$x 通用复分	N/A
$y 年代复分	N/A
$z 地理复分	N/A
411 见参照根查——会议名称	
$a 作为款目要素的会议名称或行政管辖区名称	11.2.3 团体变异名称
$a 作为款目要素的会议名称或行政管辖区名称	11.3.3 总部所在地
$a 作为款目要素的会议名称或行政管辖区名称	11.4.3 成立日期
$a 作为款目要素的会议名称或行政管辖区名称	11.4.4 终止日期
$a 作为款目要素的会议名称或行政管辖区名称	11.7 与团体相关的其他标识
$c 会议地点	11.3.2 会议等的地点
$c 会议地点	11.5 相关机构
$d 会议日期	6.4 作品日期
$d 会议日期	11.4.2 会议等的日期
$f 作品日期	6.4 作品日期
$f 作品日期	6.10 内容表达的日期
$g 其他信息	N/A
$h 媒介	6.9 内容类型
$i 关系信息	N/A
$j 关系词	18.5 关系说明语
$k 形式副标目	6.12 内容表达的其他区别特征
$l 作品语言	6.11 内容表达的语言
$n 分部/分节号、会议届次	6.2.2 作品首选题名
$n 分部/分节号、会议届次	6.2.3 作品变异题名
$n 分部/分节号、会议届次	11.6 会议等的届次
$n 分部/分节号、会议届次	11.7 与团体相关的其他标识
$p 作品分部/分节题名	6.2.2 作品首选题名
$p 作品分部/分节题名	6.2.3 作品变异题名
$q 与行政管辖区名称款目要素相连的会议名称	11.2.3 团体变异名称

$s 版本	**6.12 内容表达的其他区别特征**
$t 作品题名	**6.2.2 作品首选题名**
$t 作品题名	**6.2.3 作品变异题名**
$t 作品题名	**6.3 作品形式**
$t 作品题名	**6.4 作品日期**
$t 作品题名	**6.5 作品原创地**
$t 作品题名	**6.6 作品的其他区别特征**
$v 形式副标目	**N/A**
$w 控制子字段	**N/A**
$x 通用复分	**N/A**
$y 年代复分	**N/A**
$z 地理复分	**N/A**
430 见参照根查——统一题名	
$a 统一题名	**6.2.2 作品首选题名**
$a 统一题名	**6.2.3 作品变异题名**
$a 统一题名	**6.3 作品形式**
$a 统一题名	**6.4 作品日期**
$a 统一题名	**6.5 作品原创地**
$a 统一题名	**6.6 作品的其他区别特征**
$d 签约日期	**6.4 作品日期**
$f 作品日期	**6.4 作品日期**
$f 作品日期	**6.10 内容表达的日期**
$g 其他信息	**N/A**
$h 媒介	**6.9 内容类型**
$i 关系信息	**24.5 关系说明语**
$k 形式副标目	**6.2.2 作品首选题名**
$k 形式副标目	**6.2.3 作品变异题名**
$k 形式副标目	**6.12 内容表达的其他区别特征**
$l 作品语言	**6.11 内容表达的语言**
$m 音乐表演媒介	**6.15 表演媒介**
$n 作品分部/分节号	**6.2.2 作品首选题名**
$n 作品分部/分节号	**6.2.3 作品变异题名**
$n 作品分部/分节号	**6.16 音乐作品的数字标识**

$o 音乐改编说明	**6.12 内容表达的其他区别特征**
$p 作品分部/分节题名	**6.2.2 作品首选题名**
$p 作品分部/分节题名	**6.2.3 作品变异题名**
$r 音乐的调	**6.17 调**
$s 版本	**6.12 内容表达的其他区别特征**
$t 作品题名	**N/A**
$v 形式副标目	**N/A**
$w 控制子字段	**N/A**
$x 通用复分	**N/A**
$y 年代复分	**N/A**
$z 地理复分	**N/A**
448 见参照根查——年代术语	**N/A**
450 见参照根查——论题性术语	**N/A**
451 见参照根查——地理名称	**N/A**
455 见参照根查——体裁/形式术语	**N/A**
480 见参照根查——通用复分	**N/A**
481 见参照根查——地理复分	**N/A**
482 见参照根查——年代复分	**N/A**
485 见参照根查——形式复分	**N/A**
参见参照根查字段（5XX）	
500 参见参照根查——个人名称	**25.1 相关作品**
500 参见参照根查——个人名称	**26.1 相关内容表达**
500 第 1 指示符为 0 或 1 参见参照根查——个人名称	**30.1 相关个人**
500 第 1 指示符为 3 参见自参照根查——个人名称	**31.1 相关家族**
$a 个人名称	**9.2.2 个人首选名称**
$b 世次	**9.2.2 个人首选名称**
$c 头衔和其他与名称相联系的词	**9.4 个人头衔**
$c 头衔和其他与名称相联系的词	**9.6 与个人相关的其他标识**
$c 头衔和其他与名称相联系的词	**9.15 个人活动领域**
$c 头衔和其他与名称相联系的词	**9.16 职业或工作**
$d 与名称相联系的日期	**9.3 与个人有关的日期**
$i 关系信息	**30.1 相关个人**
$j 责任归属限定	**N/A**

$q 名称的更完整形式	9.5 名称的更完整形式
$a 个人名称	10.2.2 家族首选名称
$a 个人名称	10.3 家族类型
$c 头衔和其他与名称相联系的词	10.5 与家族相关的地点
$c 头衔和其他与名称相联系的词	10.7 世袭头衔
$d 与名称相联系的日期	10.4 与家族相关的日期
$g 其他信息	10.6 家族的著名成员
$i 关系信息	31.1 相关家族
$e 关系词	18.5 关系说明语
$f 作品日期	6.4 作品日期
$f 作品日期	6.10 内容表达的日期
$h 媒介	6.9 内容类型
$k 形式副标目	6.12 内容表达的其他区别特征
$i 关系信息	24.5 关系说明语
$i 关系信息	29.5 关系说明语
$l 作品语言	6.11 内容表达的语言
$m 音乐表演媒介	6.15 表演媒介
$n 作品分部/分节号	6.2.2 作品首选题名
$n 作品分部/分节号	6.16 音乐作品的数字标识
$o 音乐改编说明	6.12 内容表达的其他区别特征
$p 作品分部/分节题名	6.2.2 作品首选题名
$r 音乐的调	6.17 调
$s 版本	6.12 内容表达的其他区别特征
$t 作品题名	6.2.2 作品首选题名
$t 作品题名	6.3 作品形式
$t 作品题名	6.4 作品日期
$t 作品题名	6.5 作品原创地
$t 作品题名	6.6 作品的其他区别特征
$v 形式复分	N/A
$w 控制子字段	N/A
$x 通用复分	N/A
$y 年代复分	N/A
$z 地理复分	N/A

510 参见参照根查——团体名称	25.1 相关作品
510 参见参照根查——团体名称	26.1 相关内容表达
510 参见参照根查——团体名称	32.1 相关团体
$a 作为款目要素的团体名称或行政管辖区名称	11.2.2 团体首选名称
$a 作为款目要素的团体名称或行政管辖区名称	11.3.3 总部所在地
$a 作为款目要素的团体名称或行政管辖区名称	11.4.3 成立日期
$a 作为款目要素的团体名称或行政管辖区名称	11.4.4 终止日期
$a 作为款目要素的团体名称或行政管辖区名称	11.5 相关机构
$a 作为款目要素的团体名称或行政管辖区名称	11.7 与团体相关的其他标识
$b 下属单位	11.2.2 团体首选名称
$c 会议地址	11.3.2 会议等的地点
$c 会议地址	11.5 相关机构
$d 会议日期或签约日期	6.4 作品日期
$d 会议日期或签约日期	11.4.2 会议等的日期
$e 关系词	18.5 关系说明语
$f 作品日期	6.4 作品日期
$f 作品日期	6.10 内容表达的日期
$g 其他信息	6.22 条约等的签署方
$g 其他信息	11.2.2 团体首选名称
$g 其他信息	11.7 与团体相关的其他标识
$h 媒介	6.9 内容类型
$i 关系信息	24.5 关系说明语
$i 关系信息	29.5 关系说明语
$i 关系信息	32.1 相关团体
$k 形式副标目	6.2.2 作品首选题名
$k 形式副标目	6.12 内容表达的其他区别特征
$l 作品语言	6.11 内容表达的语言
$m 音乐表演媒介	6.15 表演媒介
$n 分部/分节号、会议届次	6.2.2 作品首选题名
$n 分部/分节号、会议届次	6.16 音乐作品的数字标识
$n 分部/分节号、会议届次	11.6 会议等的届次
$n 分部/分节号、会议届次	11.7 与团体相关的其他标识
$o 音乐改编说明	6.12 内容表达的其他区别特征

$p 作品分部/分节题名	6.2.2 作品首选题名
$r 音乐的调	6.17 调
$s 版本	6.12 内容表达的其他区别特征
$t 作品题名	6.2.2 作品首选题名
$t 作品题名	6.3 作品形式
$t 作品题名	6.4 作品日期
$t 作品题名	6.5 作品原创地
$t 作品题名	6.6 作品的其他区别特征
$v 形式复分	N/A
$w 控制子字段	N/A
$x 通用复分	N/A
$y 年代复分	N/A
$z 地理复分	N/A
511 参见参照根查——会议名称	25.1 相关作品
511 参见参照根查——会议名称	26.1 相关内容表达
511 参见参照根查——会议名称	32.1 相关团体
$a 作为款目要素的会议名称或行政管辖区名称	11.2.2 团体首选名称
$a 作为款目要素的会议名称或行政管辖区名称	11.3.3 总部所在地
$a 作为款目要素的会议名称或行政管辖区名称	11.4.3 成立日期
$a 作为款目要素的会议名称或行政管辖区名称	11.4.4 终止日期
$a 作为款目要素的会议名称或行政管辖区名称	11.7 与团体相关的其他标识
$c 会议地点	11.3.2 会议等的地点
$c 会议地点	11.5 相关机构
$d 会议日期	6.4 作品日期
$d 会议日期	11.4.2 会议等的日期
$e 下属单位	11.2.2 团体首选名称
$f 作品日期	6.4 作品日期
$f 作品日期	6.10 内容表达的日期
$g 其他信息	N/A
$h 媒介	6.9 内容类型
$i 关系信息	24.5 关系说明语
$i 关系信息	29.5 关系说明语
$j 关系词	18.5 关系说明语

$k 形式副标目	6.2.2 作品首选题名
$k 形式副标目	6.12 内容表达的其他区别特征
$l 作品语言	6.11 内容表达的语言
$n 分部/分节号、会议届次	6.2.2 作品首选题名
$n 分部/分节号、会议届次	11.6 会议等的届次
$n 分部/分节号、会议届次	11.7 与团体相关的其他标识
$p 作品分部/分节题名	6.2.2 作品首选题名
$q 与行政管辖区名称款目要素相连的会议名称	11.2.2 团体首选名称
$s 版本	6.12 内容表达的其他区别特征
$t 作品题名	6.2.2 作品首选题名
$t 作品题名	6.3 作品形式
$t 作品题名	6.4 作品日期
$t 作品题名	6.5 作品原创地
$t 作品题名	6.6 作品的其他区别特征
$v 形式复分	N/A
$w 控制子字段	N/A
$x 通用复分	N/A
$y 年代复分	N/A
$z 地理复分	N/A
530 参见参照根查——统一题名	25.1 相关作品
530 参见参照根查——统一题名	26.1 相关载体表现
$a 统一题名	6.2.2 作品首选题名
$a 统一题名	6.3 作品形式
$a 统一题名	6.4 作品日期
$a 统一题名	6.5 作品原创地
$a 统一题名	6.6 作品的其他区别特征
$a 统一题名	6.22 条约等的签署方
$d 签约日期	6.4 作品日期
$f 作品日期	6.4 作品日期
$f 作品日期	6.10 内容表达的日期
$g 其他信息	N/A
$h 媒介	6.9 内容类型
$i 关系信息	24.5 关系说明语

$k 形式副标目	6.2.2 作品首选题名
$k 形式副标目	6.12 内容表达的其他区别特征
$l 作品语言	6.11 内容表达的语言
$m 音乐表演媒介	6.15 表演媒介
$n 作品分部/分节号	6.2.2 作品首选题名
$n 作品分部/分节号	6.16 音乐作品的数字标识
$o 音乐改编说明	6.12 内容表达的其他区别特征
$p 作品分部/分节题名	6.2.2 作品首选题名
$r 音乐的调	6.17 调
$s 版本	6.12 内容表达的其他区别特征
$t 作品题名	N/A
$v 形式复分	N/A
$w 控制子字段	N/A
$x 通用复分	N/A
$y 年代复分	N/A
$z 地理复分	N/A
548 参见参照根查——年代术语	N/A
550 参见参照根查——论题性术语	N/A
551 参见参照根查——地理名称	N/A
555 参见参照根查——体裁/形式术语	N/A
580 参见参照根查——通用复分	N/A
581 参见参照根查——地理复分	N/A
582 参见参照根查——年代复分	N/A
585 参见参照根查——形式复分	N/A
从编处理字段（64X）	
640 从编出版日期和/或序列标识	N/A
641 从编编号特征	N/A
642 从编编号样例	N/A
643 从编出版地和出版/发行机构	N/A
644 从编分析处理办法	N/A
645 从编根查处理办法	N/A
646 从编分类处理办法	N/A
663-666 复杂名称参照字段	

663 复杂参见参照——名称	
$a 说明文字	25.2 关系说明[相关作品]
$a 说明文字	26.2 关系说明[相关内容表达]
$a 说明文字	30.2 关系说明[相关个人]
$a 说明文字	31.2 关系说明[相关家族]
$a 说明文字	32.2 关系说明[相关团体]
$b 涉及的标目	N/A
$t 涉及的题名	N/A
664 复杂见参照——名称	N/A
665 历史参照	
$a 历史参照	6.7 作品历史
$a 历史参照	9.17 书目信息
$a 历史参照	10.8 家族史
$a 历史参照	11.11 团体历史
666 一般说明性参照	N/A
667-68X 附注字段	
667 非公共一般性附注	
$a 非公共一般性附注	5.9 编目员附注[作品/内容表达]
$a 非公共一般性附注	8.8 使用附注
$a 非公共一般性附注	8.9 使用日期
$a 非公共一般性附注	8.13 编目员附注[个人/家族/团体]
$a 非公共一般性附注	24.8 编目员附注[作品/内容表达/载体表现/单件]
$a 非公共一般性附注	29.7 编目员附注[个人/家族/团体]
670 已找到数据源	
$a 数据源引文	5.8 已查询的参考源[作品/内容表达]
$a 数据源引文	8.12 已查询的参考源[个人/家族/团体]
$a 数据源引文	24.8 编目员附注[作品/内容表达/载体表现/单件]
$a 数据源引文	29.6 已查询的参考源[个人/家族/团体]
$b 已找到的信息	5.8 已查询的参考源[作品/内容表达]
$b 已找到的信息	8.12 已查询的参考源[个人/家族/团体]
$b 已找到的信息	24.7 编目员附注[作品/内容表达/载体表现/单件]
$b 已找到的信息	29.6 已查询的参考源[个人/家族/团体]
675 未找到数据源	

$a 数据源引文	5.8 已查询的参考源[作品/内容表达]
$a 数据源引文	8.12 已查询的参考源[个人/家族/团体]
$a 数据源引文	24.7 已查询的参考源[作品/内容表达/载体表现/单件]
$a 数据源引文	29.6 已查询的参考源[个人/家族/团体]
678 传记或历史数据	
$a 传记或历史数据	6.7 作品历史
$a 传记或历史数据	9.17 书目信息
$a 传记或历史数据	10.8 家族历史
$a 传记或历史数据	11.11 团体历史
$b 扩展	6.7 作品历史
$b 扩展	9.17 书目信息
$b 扩展	10.8 家族历史
$b 扩展	11.11 团体历史
$u 统一资源标识符	N/A
680 公共一般性附注	
$a 标目或复分术语	5.9 编目员附注[作品/内容表达]
$a 标目或复分术语	8.13 编目员附注[个人/家族/团体]
$i 说明文字	5.9 编目员附注[作品/内容表达]
$i 说明文字	8.13 编目员附注[个人/家族/团体]
681 主题实例根查附注	N/A
682 已删除标目的信息	
$a 替代标目	5.9 编目员附注[作品/内容表达]
$a 替代标目	8.13 编目员附注[个人/家族/团体]
$i 说明文字	5.9 编目员附注[作品/内容表达]
$i 说明文字	8.13 编目员附注[个人/家族/团体]
688 应用历史附注	
$a 应用历史附注	5.9 编目员附注[作品/内容表达]
$a 应用历史附注	8.13 编目员附注[个人/家族/团体]
标目连接款目字段（7XX）	
700 已确立标目连接款目——个人名称	N/A
710 已确立标目连接款目——团体名称	N/A
711 已确立标目连接款目——会议名称	N/A
730 已确立标目连接款目——统一题名	N/A

748 已确立标目连接款目——年代术语	N/A
750 已确立标目连接款目——论题性术语	N/A
751 已确立标目连接款目——地理名称	N/A
755 已确立标目连接款目——体裁/形式术语	N/A
780 复分连接款目——通用复分	N/A
781 复分连接款目——地理复分	N/A
782 复分连接款目——年代复分	N/A
785 复分连接款目——形式复分	N/A
788 复杂连接款目数据	N/A
馆藏地和交替图形字段（8XX）	
856 电子资源定位与访问	N/A
880 交替图形表示	N/A

1. 映射表所列 MARC 21 元素，是经过 9 次更新后，在 1999 年版中所定义的元素，还增加了被批准的 MARC 2009-01/1 和 2009-01/2 建议的元素。直至 2009 年首次发布后仍未包括在 RDA 中的元素，在对应的 RDA 元素栏中用 N/A 标识。

F

个人名称的附加说明

F.0 范围

本附录提供关于选择和记录若干特定类别的个人名称的说明，以对第 9 章所列的一般性规则进行补充。所涵盖的类别如下：

阿拉伯字母书写的名称（见 F.1）

缅甸和克伦人名称（见 F.2）

包含非中国名的中国人名称（见 F.3）

冰岛人名称（见 F.4）

印度人名称（见 F.5）

印度尼西亚人名称（见F.6）

马来人名称（见F.7）

古罗马人名称（见F.8）

包含源于父名的名字的罗马尼亚人名称（见 F.9）

泰国人名称（见F.10）

对于其他民族背景的名称的详细处理方法，见 IFLA 世界书目控制与国际机读目录计划（IFLA UBCIM Programm）个人名称的调查。[1]

本附录还简要列出了各语言中包含冠词或介词或两者组合的姓氏的常规做法（见 F.11）。

---

1. IFLA Universal Bibliographic Control and International MARC Programme, Names of Persons: National Usages for Entry in Catalogues, 4th rev. and enlarged edition (München: K.G. Saur, 1996).

F.1 阿拉伯字母书写的名称

F.1.1 阿拉伯字母书写的名称的附加规则

F.1.1.1 应用

下列说明仅应用于原来以阿拉伯字母书写的、不包含姓氏或起姓氏作用的名称的名称（不论其来源如何）。如有疑问，则假定在 20 世纪生活的个人名称包含姓氏（见 9.2.2.9–9.2.2.13），而其他名称不包含姓氏。

关于处理用阿拉伯字母书写的名称的更多规则，参见以下主要参考源（注意不同来源中音译法的不同）：

Franz Babinger, *Die Geschichtsschreiber der Osmanen und ihre Werke*, mit einem Anhang, Osmanische Zeitrechnungen von Joachim Mayr (Leipzig: Harrassowitz, 1927).

Carl Brockelmann, *Geschichte der arabischen Litteratur*, 2. den Supplementbänden angepasste Aufl. (Leiden: E.J. Brill, 1943–1949). — 1.-3. Supplementband: Leiden: E.J. Brill, 1937–1942.

Leone Caetani, *Onomasticon Arabicum, ossia, Repertorio alfabetico dei nomi di persona e di luogo contenuti nelle principali opere storiche, biografiche e geografiche, stampate e manoscritte, relative all'Islām,* compilato per cura di Leone Caetani e Giuseppe Gabrieli (Roma: Casa editrice italiana, 1915).

The Encyclopaedia of Islām: A Dictionary of the Geography, Ethnography, and Biography of the Muhammadan Peoples, prepared by a number of leading orientalists, edited by M. Th. Houtsma [et al.] (Leyden: E.J. Brill, 1913–1934). — Supplement: Leiden: E.J. Brill, 1938.

The Encyclopaedia of Islam, prepared by a number of leading orientalists, new ed., edited by an editorial committee consisting of H.A.R. Gibb [et al.] (Leiden: E.J. Brill, 1960–2002). — Supplement: Leiden: E.J. Brill, 1980–2004.

İslâm ansiklopedisi: İslâm âlemi coğrafya, etnoğrafya ve biyografya lûgati, Beynelmilel Akademiler Birliğinin yardımı ve tanınmış müsteşriklerin iştiraki ile neşredenler, M. Th. Houtsma [et al.] (İstanbul: Maarif Matbaası, 1940–1943; İstanbul: Millî Eğitim Basımevi, 1945–1952; İstanbul: Maarif Basımevi, 1954–1960; İstanbul: Millî Eğitim Basımevi, 1960–1988).

Philologiae Turcicae Fundamenta, iussu et auctoritate Unionis Universae Studiosorum Rerum Orientalium, auxilio et opera Unitarum Nationum Educationis Scientiae Culturae Ordinis, una cum praestantibus Turcologis, ediderunt Jean Deny [et al.] (Aquis Mattiacis: Steiner, 1959–).

Fuat Sezgin, *Geschichte des arabischen Schrifttums* (Leiden: E.J. Brill, 1967–1984; Frankfurt am Main: Institut für Geschichte der Arabisch-Islamischen Wissenschaften an der Johann Wolfgang Goethe-Universität, 2000–). — Gesamtindices zu Band I-IX: Frankfurt am Main: Institut für Geschichte der Arabisch-Islamischen Wissenschaften an der Johann Wolfgang Goethe-Universität, 1995.

C.A. Storey, *Persian Literature: A Bio-bibliographical Survey* (London: Luzac & Co., 1927–1971; Leiden: E.J. Brill, 1977–).

F.1.1.2 第一元素

对于由多个单元组成的姓名，将该个人广为人知的部分或部分的组合作为首选名称的第一元素予以记录。该信息根据参考源确定。当无法获取充分的证据时，将名称的第一部分作为第一元素予以记录。

如果名称的不同部分作为第一元素的形式有可能用于检索，则将该形式作为变异名称予以记录。

如果必要，则将不同的音译形式作为变异名称予以记录（见 **9.2.3.9**）。

F.1.1.3 名称的基本部分

如果第一元素不是名（ism）或源于父名的名字（通常在名之后并与 *ibn* 组合使用），则应包括这些名称，除非这些名称不在该个人的惯用名称中使用。如果视作名称一部分的附加名称、绰号或荣誉称号等信息有助于识别该个人，则将其包括在内。名称的其他部分一般予以省略，特别是源于除父亲之外任何源于父系的名字。

F.1.1.4 各部分的顺序

当名称所包括的部分确定后，将最广为人知的部分或部分的组合置于首位。其他部分按如下顺序排列：khiṭāb、kunyah、ism、源于父名的名字、任何其他名称。在第一元素后加逗号，除非它是名称的第一部分。

Khiṭāb（尊称的复合词，其最后部分通常为 *al-Dīn*）

Rashīd al-Dīn Ṭabīb

Ṣadr al-Dīn al-Qūnawī, Muḥammad ibn Isḥāq

Kunyah（通常与 *Abū* 或 *Umm* 组成的复合词作为首词）

Abū al-Barakāt Hibat Allāh ibn ʻAlī

Abū Ḥayyān al-Tawḥīdī, ʻAlī ibn Muḥammad

Abū Hurayrah

Umm Kulthūm

Ism（名）

ʻAlī ibn Abī Ṭālib, Caliph

Bashshār ibn Burd

Mālik ibn Anas

Nashwān ibn Saʻīd al-Ḥimyarī

Muḥammad Ismāʻīl Pānīpatī N

ādirah Ḵẖātūn

源于父名的名字［通常与 *Ibn* 或 *bin*（……的儿子）或 *Bint*（……的女儿）组成的复合词作为首词］

Ibn Hishām, ʻAbd al-Malik

Ibn Ḥazm, ʻAlī ibn Aḥmad

Ibn Sanāʼ al-Mulk, Hibat Allāh ibn Jaʻfar

Ibn al-Muʻtazz, ʻAbd Allāh

Ibn al-Muqaffaʻ

Bin Mālik, Aḥmad

Bint Ṭalāl, Basmah

Bint al-Ḥasan, Khadījah

其他名称：***Laqab***（描述性词语）

Jāḥiẓ

Abū Shāmah, ʻAbd al-Raḥmān ibn Ismāʻīl

Kātib al-Iṣfahānī, ʻImād al-Dīn Muḥammad ibn Muḥammad

Qāḍī al-Fāḍil, ʻAbd al-Raḥīm ibn ʻAlī

其他名称：***Nisbah***（以 *ī* 结尾的专有形容词，指示来源地、居住地或其他情况）

Bukhārī, Muḥammad ibn Ismāʻīl

Māzandarānī, ʻAbd Allāh ibn Muḥammad

ʻAbbāsī, ʻAlī Aḥmad

Hilālī, Muḥammad Khān Mīr

其他名称：*Takhalluṣ*（笔名）

Qā'ānī, Ḥabīb Allāh Shīrāzī

ʻIbrat, Ẓafar Ḥasan

Ghalib, Mirza Asadullah Khan

F.2 缅甸和克伦人名称

F.2.1 缅甸和克伦人名称的附加规则

F.2.1.1 第一元素

对于在本地语名称前含有一个西方名的缅甸或克伦人名称，将本地语名称作为第一元素予以记录。西方名称置于末尾。

Aung Din, Margaret
名称： Margaret Aung Din

F.2.1.2 称谓等

将通常伴随于缅甸或克伦人名称的称谓视为名称一个必不可少的组成部分。如果同一个人的名称有不同的称谓，则用其最高的荣誉称号。相同的词用作名称和称谓时要加以区分。

Ba U, U

Tin Tin Myint, Daw

Lha, Lū thu Ū"

Ba Han, Maung

依 9.6 所列的说明，记录与该名称相联系的任何其他区别性术语。

F.3 包含非中国名的中国人名称

F.3.1 包含非中国名的中国人名称的附加规则

如果一个华裔的名称中包含一个非中国名，且该名称的顺序是*[非中国名][姓][中国名]*，则记录该名称的顺序是*[姓]*，*[非中国名][中国名]*。依 9.2.2.9 所列的说明，记录所有其他名称。

Loh, Philip Fook Seng
名称显示为: Philip Loh Fook Seng

F.4 冰岛人名称

F.4.1 冰岛人名称的附加规则

对于冰岛人名称，将第一个名作为第一要素予以记录，其后按直序形式随以其他名（如果出现的话）、源于父名的名字、姓氏。如果名、源于父名的名字或姓氏后有一个表示地名的短语，则将其视为名称一个必不可少的组成部分。

Svava Jakobsdóttir
名: Svava
源于父名的名字: Jakobsdóttir

Halldór Laxness
名: Halldór
姓氏: Laxness

Bjarni Benediktsson frá Hofteigi
名: Bjarni
源于父名的名字: Benediktsson
指示地点的词: frá Hofteigi

Jóhannes úr Kötlum
名: Jóhannes
指示地点的词: úr Kötlum

将源于父名的名字作为第一元素的形式和姓氏作为第一元素的形式分别作为变异名称（见 **9.2.3.10**）予以记录。

F.5 印度人名称

F.5.1 印度人名称的附加规则

F.5.1.1 早期名称

对于生活在十九世纪中叶以前的印度人名称，将个人名称的第一部分作为第一元素予以记录，忽略可能出现在个人名称前的荣誉头衔或宗教称谓[例如，*Shri (Sri)*、*Swami*、*Acharya*、*Muni*、*Bhikkh*]。而对于将此类术语视为名称一个必不可少的组成部分的情况，则见如下所示。偶尔作为个人名称附加元素的附属字*-ji*（或*-jee*）不包括在内。

Kālidāsa

Pāṇini

对于用古代或中世纪梵文写作的作者或用普拉克里特文（Prakrit，古印度语）写作的作者（通常是耆那教徒），将名称的梵文形式作为首选名称予以记录。

Āryabhaṭa

Aśvaghoṣa

Bhaṭṭojī Dīkṣita

Karṇapūra

如果作为名称一个必不可少的组成部分的头衔[例如，*Shri (Sri)*、*Swami*、*Sastri*、*Acharya*、*Bhatta*、*Saraswati*、*Muni*、*Gani*]通常与该名称一起出现在参考源中，则将其包括在内。

Kārttikeyasvāmin

Śaṅkarācārya

Śrīharṣa

Śrīdharasvāmin

但是

Rāmānuja
*有时显示为：*Rāmānujācārya

对于以巴利文写作的佛教徒作者，将名称的巴利文形式作为首选名称予以记录。

Dhammakitti

Ñāṇamoli, Bhikkhu

将任何显著不同的形式作为变异名称（见 **9.2.3.10**）予以记录。

F.5.1.2 现代名称

除下列例外情况之外，对于生活在 19 世纪中叶以后的印度人名称，将其姓氏或所知该个人用作姓氏的名称作为首选名称的第一元素予以记录。如果没有姓氏，则将名称的最后部分作为第一元素予以记录。

Dutt, Romesh Chunder

Krishna Menon, V. K.

Singh, Indrajit
锡克教教徒的名称以 Singh 结尾的，见下列锡克教教徒名称的例外

Das Gupta, Hemendra Nath

Shastri, Lal Bahadur
Sastri (Shastri)有时用作姓氏，有时用作宗教头衔，有时用作个人名称的附加部分，还有时用作对作者姓氏的强化

例外

卡纳达语（Kannada）、***马拉雅拉姆语***（Malayalam）、***泰米尔语***（Tamil）***和泰卢固语***（Telugu）***的名称***。如果语言的名称中不包含姓氏或已知被个人当作姓氏使用的名称，则将其名作为首选名称

的第一元素予以记录。这些语言的名通常前置以一个地名，且有时前置以父名，其后可能随以一个种姓。

Kiruṣṇa Ayyaṅkār, Tiṭṭai
*名：*Kiruṣṇa
*种姓：*Ayyaṅkār
*地名：*Tiṭṭai

Sankaran Nair, C.
名： Sankaran
种姓： Nair
家族名： C. (Chettur)

Ranganathan, S. R.
名： Ranganathan
地名和父名的首字母缩写： S. R. (Shiyali Ramamrita)

Radhakrishnan, S.
名： Radhakrishnan
地名首字母缩写： S. (Sarvepalli)

锡克教教徒的名称。对于不用 *Singh* 或 *Kaur* 作为姓氏的锡克教教徒个人名称，将该个人名称的第一部分（名）作为首选名称的第一元素予以记录。

Surjit Kaur

Khushwant Singh

宗教名称。对于有宗教职位的现代人（无论是印度教、佛教还是耆那教），将宗教名称作为首选名称的第一元素予以记录，其后随以逗号和宗教头衔。

Chinmayananda, Swami

Ramana, Maharshi

Puṇyavijaya, Muni

Sangharakshita, Bhikshu

将任何显著不同的形式作为变异名称（见 **9.2.3.10**）予以记录。

F.6 印度尼西亚人名称

F.6.1 印度尼西亚人名称的附加规则

F.6.1.1 范围

下列说明适用于阿拉伯裔、华裔、荷兰裔、印度裔、爪哇裔、马来裔、苏门答腊裔或其他血统的印度尼西亚人名称。

F.6.1.2 第一元素

除 **F.6.1.3–F.6.1.6** 所规定的例外之外，将包含多个部分的印度尼西亚人名称中的最后一部分作为第一元素予以记录。

Hatta, Mohammad
复合名

Salim, Emil
名加姓氏

Purbatjaraka, Purnadi
名加父名

Nasution, Amir Hamzah
名加宗族名

Andika, Nyoman
包括指示孩子年资部分的巴厘语名称

Djelantik, I Gusti Ketut
巴厘语名称

Hanafie, Sitti Hawang
已婚妇女的名称；最后一部分可能是丈夫或父亲的名称

将直序形式的名称作为变异名称予以记录，除非第一部分是欧洲名称（见 **9.2.3.10**）。

F.6.1.3 名称的第一部分记录为第一元素

对于下列类别的名称，将名称的第一部分作为第一元素予以记录：

a) 由名随以一个说明子女关系的部分（例如，*bin*、*binti*、*ibni*）加上父名组成的名称

b) 书写成一个词或分写成多个词，且由下列元素之一开头的名称：*Adi*、*Budi (Boedi)*、*Joko (Djoko)*、*Karta*、*Kusuma (Koesoema)*、*Mangku (Mangkoe)*、*Noto*、*Prawira*、*Pura(Poera)*、*Sastra*、*Sri*、*Surya (Soerya, Surja, Suria)*和 *Tri*（如果某个特定个人的名称有时作为一个词、有时作为多个词显示，则用一个词的形式）

c) 包括首字母缩写或缩写作为最后元素的名称

Rohani binti Abdul Rahim

Budi Agustono

Djokomudjirahardjo

Sri Mulyono

Suman Hs.

将用名称的最后部分作为第一元素的形式作为变异名称予以记录。如果该部分是一个首字母缩写，则将用紧邻最后面部分的名称部分作为第一元素的形式作为变异名称（见 **9.2.3.10**）予以记录。

F.6.1.4 由名加印尼传统法律头衔 *Adat* 组成的名称

对于包括一个或多个术语 *gelar*（有时缩写为 *gl.*或 *glr.*）、*Daeng*、*Datuk* 或 *Sutan* 的名称，将由此类词引导的名称部分作为第一元素予以记录。

Palindih, Rustam Sutan

Matutu, Mustamin Daeng

Radjo Endah, Sjamsuddin Sutan

将直序形式名称作为变异名称（见 **9.2.3.10**）予以记录。

F.6.1.5 包含地名的人名

对于由个人名称随以地名组成的名称，将前置于地名的部分作为第一元素予以记录。将地名视为名称中一个必不可少的组成部分。

Abubakar Aceh

Daud Beureuh, Muhammad

F.6.1.6 华裔的名称

对于按正常的中文名称顺序（姓氏在最前）书写的华裔名称，将名称的第一部分作为第一元素予以记录。

Lim, Yauw Tjin
名称显示为: Lim Yauw Tjin

Oei, Hong Djien
名称显示为: Oei Hong Djien

将用名称的最后元素作为第一元素的形式作为变异名称予以记录。

F.6.1.7 头衔

依 **9.4.1.5** 所列的说明，记录头衔和敬语。[2]

Poerbatjaraka, Raden Mas Ngabei

注意区分头衔和被个人用作其名称元素的相同词。如有疑问，则将这些词作为头衔处理。

Djuanda, H.
hadji Djuanda 的名称和头衔显示为: Dr. H. Djuanda

将头衔加名称（即使头衔没有作为个人头衔记录）的直序形式作为变异名称（见 **9.2.3.10**）予以记录。

2. 关于印度尼西亚人的头衔和敬语，见附录 G。

F.7 马来人名称

F.7.1 马来人名称的附加规则

F.7.1.1 范围

下列说明适用于马来人名称，包括居住在马来西亚、新加坡或文莱的源于阿拉伯语的以元素 *al-*开头的人名。

下列说明也适用于诸如伊班族、吉打族等马来西亚其他原住民族的名称。

对于居住在马来西亚、新加坡或文莱的非马来裔的民族（例如，印度人、华人）的个人名称，应用该名称所用语言的说明。

F.7.1.2 一般性规则

将马来人名称的第一部分作为第一元素予以记录，除非已知名称的拥有者将名称的另一部分作为姓氏。在这种情况下，将姓氏作为第一元素予以记录。

A. Samad Said

Rejab F. I.

Shahnon Ahmad

H. M. Dahlan

但是

Merican, Zahara
*姓氏：*Merican

如果名称的第一部分记录为第一元素，则将用名称的最后部分作为第一元素的形式作为变异名称（见 **9.2.3.10**）予以记录。

如果姓氏被记录为第一元素，则将用名称的第一部分作为第一元素的形式作为变异名称（见 **9.2.3.10**）予以记录。

F.7.1.3 子代标识

省略下列指明子代关系的词或缩写，除非该个人一直采用它。

anak (a., ak, *或* ak.)–某人的孩子
bin (b.)–某人的儿子
binte (bte.)–某人的女儿
binti (bt.)–某人的女儿
ibni–某人（贵族）的儿子

Adibah Amin
*有时显示为：*Khalidah Adibah binti Haji Amin

但是

Abdullah Sanusi bin Ahmad
个人一直将 bin *作为名称的一部分*

如果子代关系相隔一代以上，则仅包括第一个子代标识，除非需要更多的子代标识用以区分不使用子代标识不能够区分的名称。

> Ali bin Ahmad
> *名称显示为：* Ali bin Ahmad bin Hussein

将任何显著不同的形式作为变异名称（见 9.2.3.10）予以记录。

F.7.1.4 头衔

通常与名称相联系的荣誉、等级或职位的头衔[3]依 9.4 所列的规则予以记录。

> Abdul Majid bin Zainuddin, Haji
>
> Hamzah Sendut, Tan Sri Datuk

将头衔加直序式名称的形式作为变异名称予以记录（见 9.2.3.10）。

3. 关于伊班族荣誉头衔等的列表，见附录 G。

F.8 古罗马人名称

F.8.1 古罗马人名称的附加规则

如果古典时期罗马人名称已经成为创建数据的机构首选语言的参考源中的公认形式，则选择该名称形式作为首选名称。

> Horace
> **不用** Quintus Horatius Flaccus
>
> Pliny, the Elder
> **不用** C. Plinius Secundus

对于生活在或基本上生活在公元 476 年之前的罗马人，将该个人在参考源中最常用的名称部分作为第一元素予以记录。

> Caesar, Julius
>
> Messalina, Valeria
>
> Messalla Corvinus, Marcus Valerius
>
> Antoninus Pius

如有疑问，则记录直序形式的名称。

> Martianus Capella

如果用名称的不同部分作为第一元素的形式有可能用于检索，则将其作为变异名称予以记录。

F.9 包含源于父名的名字的罗马尼亚人名称

F.9.1 包含源于父名的名字的罗马尼亚人名称的附加规则

如果罗马尼亚语的个人名称包含带有后缀 *ade* 的源于父名的名字，则将该源于父名的名字作为第一元素予以记录。

Heliade Rădulescu, Ion

F.10 泰国人名称

F.10.1 泰国人名称的附加规则

F.10.1.1 一般性规则

将泰国人名称的第一部分作为第一元素予以记录。省略称谓（例如，*Khun*、*Nai*、*Nang*、*Nangsao*），除非它是贵族头衔。如有疑问，则将其包括在内。

Dhanit Yupho

Prayut Sitthiphan

S. Kanlayanarat

Kǫ. Khaosūanlūang

将用名称最后一部分，通常是姓氏，作为第一元素的形式作为变异名称予以记录。[4]

4. 1915 年起，法律规定大多数人要有姓氏。

F.10.1.2 皇室

依 **9.4.1.4** 所列的说明，记录泰国国王或王后（以及国王或王后的配偶）的头衔。

Bhumibol Adulyadej, King of Thailand

Chulalongkorn, King of Siam

Ramphaiphannī, Queen, consort of Prajadhipok, King of Siam

Thapthim, Chaochommanda, consort of Chulalongkorn, King of Siam

对于皇室血统的个人名称，将其所用的名称或最新名称的第一部分作为第一元素予以记录。

对于身份为 *Čhaofā* 和 *Phraʻong Čhao* 者，记录为 *Prince*（王子）或 *Princess*（公主/王妃）。对于 *Mǭm Čhao*、 *Mǭm Rātchawong* 和 *Mǭm Lūang* 者，分别记录为 *M.C.*、*M.R.*和 *M.L.*。如果该个人还拥有 *krom* 的身份，则不必再添加。

Damrongrāchānuphāp, Prince

Seni Pramoj, M.R.

将该个人较早名称（见 9.2.3.7）及有关身份和头衔作为变异名称予以记录。

F.10.1.3 贵族（Khunnāng）

对于含有贵族头衔的名称，将本国语的头衔（*rātchathinanām*）作为第一元素予以记录。如果个人有多个头衔，则用最新的头衔。如果能确定名，则将名置于圆括号内。添加与头衔相关的本国语言的等级（*yot bandāsak*）。

Prachākitčhakǫnračhak (Chæm), Phrayā

Bǫrommamahāsīsuriyawong (Chūang), Somdet Čhaophrayā

Rāmrākhop (Fư̄a), Čhaophrayā

将该个人拥有的名、姓氏和其他较早头衔形式作为变异名称（见 9.2.3.10）予以记录。

对于拥有贵族头衔的男性的妻子的名称，将她自己的名称作为第一元素予以记录，如果有的话，其后随以其丈夫的头衔和其所授予的等级。

Sangīam Phrasadetsurēnthrāthibǭdī, Thānphūying

F.10.1.4 佛教僧侣、僧官和僧王

依 F.10.1.4.1–F.10.1.4.3 所列的说明，记录佛教僧侣、僧官或僧王的名称。

F.10.1.4.1 僧侣

对于佛教僧侣的名称，将巴利语的宗教名称作为第一元素予以记录，除非该僧侣以名广为人知。巴利语的宗教名称随以逗号和 *Phikkhu*。如果僧侣以名广为人知，则将其名作为第一元素予以记录，随以逗号和等级（*samanasak*）*Phra Mahā* 或 *Phra Khrū*。

Thammasārō, Phikkhu

如果名记录为第一元素，若已知则将用巴利语的宗教名称作为第一元素的形式作为变异名称予以记录。

F.10.1.4.2 僧官

对于佛教僧官的名称，将最近的头衔作为第一元素予以记录。在题名后将其名置于圆括号内。任何指示等级的词也予以记录。

Phra Thammathatsanāthǭn (Thǭngsuk)

将用头衔中区别性的词、名和姓氏作为第一元素的形式作为变异名称（见 9.2.3.10）予以记录。

F.10.1.4.3 僧王

对于平民僧王的名称，将其名作为第一元素予以记录。名后随以逗号和 *Supreme Patriarchs*（僧王）。

> Plot, Supreme Patriarch

将用姓氏（见 **9.2.3.10**）和任何用以识别该个人的较早名称（见 **9.2.3.7**）或头衔作为第一元素的形式作为变异名称予以记录。

对于皇室血统僧王的名称，将所授予的名称作为第一元素予以记录。授予名称后随以逗号，以及依次加世俗头衔和僧官头衔。

> Wachirayānawong, Prince, Supreme Patriarch

将用以识别该个人的较早名称（见 **9.2.3.7**）或头衔作为变异名称予以记录。

F.11 记录包括一个冠词和/或介词的姓氏

F.11.1 南非荷兰语

将前缀作为第一元素予以记录。

> De Wet, Reza
> Du Toit, Stefanus Jacobus
> Van der Post, C. W. H.
> Von Breitenbach, Friedrich

F.11.2 捷克语和斯洛伐克语

如果姓氏由以字母 *z* 起首的一个所有格形式的地名组成，则将前缀后面的部分作为第一元素予以记录。

> Žerotína, Karel z

F.11.3 荷兰语和佛兰德语

如果姓氏是荷兰语，则将前缀后面的部分作为第一元素予以记录，除非前缀是 *ver*。在这种情况下，将该前缀作为第一元素予以记录。

> Aa, Pieter van der
> Beeck, Jan op de
> Beijerse, Jolande uit
> Braak, Menno ter

Brink, Jan ten

Driessche, André van

Duurstede, Wijk bij

Hertog, Gerard Cornelis den

Hoff, J. H. van 't

Reve, Gerard Kornelis van het

Wijngaert, Frank van den

Winter, Adriaan de

Ver Boven, Daisy

如果姓氏不是荷兰语，则将荷兰人名称的前缀后的部分作为第一元素予以记录，且遵循关于比利时人名称语言的说明。

Faille, J.-B. de la
荷兰人

Long, Isaäc le
荷兰人

Du Jardin, Thomas
用荷兰语写作的比利时人；法文名

F.11.4 英语

将前缀作为第一元素予以记录。

À Beckett, Gilbert Abbott

D'Anvers, Knightley

De Morgan, Augustus

De la Mare, Walter

Du Maurier, Daphne

Le Gallienne, Richard

Van Buren, Martin

Van der Post, Laurens

Von Braun, Wernher

F.11.5 法语

如果前缀由一个冠词或由一个冠词和介词的缩写式组成，则将前缀作为第一元素予以记录。

Le Rouge, Gustave
La Bruyère, René
Du Méril, Édélestand
Des Granges, Charles-Marc

否则，将介词后面的名称部分作为第一元素予以记录。

Aubigné, Agrippa d'
Musset, Alfred de
La Fontaine, Jean de

F.11.6 德语

如果名称是德语的，且前缀由一个冠词或由一个冠词和介词的缩写式组成，则将前缀作为第一元素予以记录。

Am Acher, Paul
Aus'm Weerth, Ernst
Vom Ende, Erich A.
Zum Busch, J. P.
Zur Linde, Otto

对于前缀由一个冠词或由一个冠词和介词的缩写式组成的荷兰语名称，遵循相同的规则。

De Boor, Hans Otto
源自荷兰语的名称

Ten Cate, Maria
源自荷兰语的名称

对于其他德语和荷兰语名称，则将前缀后的名称部分作为第一元素予以记录。

Goethe, Johann Wolfgang von
Mayenberg, Wilhelm Anton Wolfgang von und zu
Mühll, Peter von der

对于既非德语也非荷兰语的名称，遵循该名称所属语言的说明。

Du Bois-Reymond, Emil Heinrich
Le Fort, Gertrud

F.11.7 意大利语

对于现代名称，将前缀作为第一元素予以记录。

A Prato, Giovanni
D'Arienzo, Nicola
Da Ponte, Lorenzo
De Amicis, Vincenzo
Del Lungo, Isidoro
Della Volpaia, Eufrosino
Di Costanzo, Angelo
Li Gotti, Ettore
Lo Sapio, Francesco Paolo

对于中世纪或近代早期名称，需根据参考源判定前缀是否为名称的一部分。如果有时名称中省略了介词，则将介词后面的部分作为第一元素予以记录。这一时期的名称中出现的 *De*、*de'*、*degli*、*dei* 和 *de li*，几乎都不是姓氏的一部分。

Alberti, Antonio degli
Anghiera, Pietro Martire d'
Medici, Lorenzo de'

不要将意大利语贵族头衔中用作第一元素的介词作为前缀（见 9.2.2.14–9.2.2.17）。

F.11.8 葡萄牙语

将名称中前缀后的部分作为第一元素予以记录。

Canedo, Eneida Vieira da Silva Ostria de
Fonseca, Martinho da
Santos, João Antonio Correia dos

F.11.9 罗马尼亚语

将前缀作为第一元素予以记录，除非前缀是 *de*。在这种情况下，将该前缀后的名称部分作为第一元素予以记录。

A Mariei, Vasile
Hurmuzaki, Eudoxiu de

F.11.10 斯堪的纳维亚语（丹麦语、挪威语、瑞典语）

如果前缀源自斯堪的纳维亚语、德语或荷兰语（前缀是荷兰语的 *de* 时除外），则将前缀后的名称部分作为第一元素予以记录。如果前缀是荷兰语的 *de* 或源自其他语言时，则将前缀作为第一元素予以记录。

Hällström, Gunnar af

Linné, Carl von

De Geer, Gerard

De la Gardie, Jakob

La Cour, Jørgen Karl

F.11.11 西班牙语

如果前缀仅由一个冠词组成，则将该冠词作为第一元素予以记录。

El Bravo, Pancho

La Torre Lagares, Elidio

Las Heras, José María

对于所有其他西班牙人名称，将前缀后的部分作为第一元素予以记录。

Figueroa, Francisco de

Casas, Bartolomé de las

Río, Antonio del

G

贵族头衔、等级称号等

法国

法国的等级称号如下：

MASCULINE 男性	FEMININE 女性
duc（公爵）	duchesse（公爵夫人/女公爵）
marquis（侯爵）	marquise（侯爵夫人/女侯爵）
comte（伯爵）	comtesse（伯爵夫人/女伯爵）
vicomte（子爵）	vicomtesse（子爵夫人/女子爵）
baron（男爵）	baronne（男爵夫人/女男爵）
chevalier（骑士）	
écuyer（见习骑士）	

下列头衔可用于表明个人的皇室地位：

MASCULINE 男性	FEMININE 女性
prince（王子）	princesse（公主/王妃）

伊班族

伊班族头衔为：

荣誉头衔

官职头衔

Penghulu Dalam

Pengarah

Penghulu

MandalTuai rumah

宗教头衔

印度尼西亚

下列印度尼西亚头衔和敬语并不完全，仅列出了一些常用的头衔。少数不同拼写形式也进行了标注。

adipati
anak agung (或 agoeng) gde
anak agung (或 agoeng) istri
andi
aria (arja, arya, arjo, aryo, ardjueh, arjueh)
datuk (datoek, dato, datok)
desak
dewa gde (或 gede)
gusti aju (gusti ayu, goesti ajoe)
gusti gde (goesti gede)
hadji (haji)
ide (ida)
ide aju (ide ayu, ide ajoe)
ide bagus (ide bagoes)
imam
marah
mas
ngabei (ngabehi, ngabeui)
nganten
pangeran
pedanda
raden
raden adjeng (或 ajeng)
raden aju (或 ayu)
raden aria (或 arya)
raden mas
raden nganten
raden pandji (或 panji)
raden roro radja (raja)
ratu (ratoe, ratoh)
sidi
siti
sultan (soeltan)
susuhunan (soesoehoenan)
sutan (soetan)
tengku (tungku, teuku, teungku)
tjokorde (cokorde)
tjokorde (或 cokorde) gde
tjokorde (或 cokorde) istri
tubagus (或 toebagoes)
tumenggung (toemenggoeng)
tunku (toenkoe)

Gelar，意思是“头衔为”，通常出现在印度尼西亚语头衔的前面。下列称谓不是头衔的一部分：

bung (boeng)—兄弟，用作尊称

empu (mpu)—先生

engku (ungku)—先生

entjik (encik che, entje, inche, the)—先生或夫人

ibu (boe, bu, iboe)—母亲，用作尊称

njonja (yonya)—夫人

nona—小姐

pak (pa')—父亲，用作尊称

tuan (toean)—先生

wan—先生

英国

英国贵族的等级称号如下：

MASCULINE 男性	FEMININE 女性
duke（公爵）	duchess（公爵夫人/女公爵）
marquess (marquis)（侯爵）	marchioness（侯爵夫人/女侯爵）
earl（伯爵）	countess（伯爵夫人/女伯爵）
viscount（子爵）	viscountess（子爵夫人/女子爵）
baron（男爵）	baroness（男爵夫人/女男爵）

男爵以上的英国贵族继承人通常在贵族在世时使用其最高爵位的下一级。

H
公历日期

H.0 范围

本附录提供关于记录公历日期的信息。

H.1 公元前和公元后日期

公元前日期用缩写 *B.C.*表示。将该缩写置于公元前的日期或日期范围之后。

14th century B.C.
埃及女王 Nefertiti 的活跃期

71 B.C.
Spartacus（斯巴达克斯）*的死亡年*

approximately 495 B.C.
approximately 429 B.C.
Pericles（伯里克利）*大约的生卒年*

仅在日期范围跨越纪元前后时，才用缩写 *A.D.*

63 B.C.
14 A.D.
古罗马皇帝 Augustus（奥古斯都）*的生卒年*

43 B.C.
17 or 18 A.D.
Ovid（奥维德）*的出生年和大约的死亡年*

approximately 4 B.C.
approximately 65 A.D.
Seneca（塞内卡）*大约的生卒年*

I

关系说明语：资源和与资源相关的个人、家族和团体之间的关系

I.0 范围

本附录提供关于用关系说明语指明资源和与其相关的个人、家族及团体之间关系的一般性规则，并列出用于此目标的关系说明语。

I.1 使用关系说明语的一般性规则

关系说明语用于指示资源和与其相关的个人、家族及团体之间关系的特性。

根据适用于创建数据机构目标的专指程度使用关系说明语。例如，一部电影剧本与负有责任的编剧之间的关系既可采用专指性的关系说明语*screenwriter*（编剧），也可采用更通用的关系说明语*author*（作者）予以记录。

如果本附录所列术语均不适用或不够专指，则用尽可能简洁的指示关系本质的术语。

如果用于记录关系的元素（例如，创作者）可满足创建数据机构的目标，则不必用指示专指性关系本质的关系说明语。

I.2 与作品相关的个人、家族和团体的关系说明语

I.2.1 创作者的关系说明语

将下列适用的术语与作品创作者（见 19.2）的规范检索点或标识符一起记录。应用 I.1 所列的关于使用关系说明语的一般性规则。

建筑设计师（architect）：对建筑的设计，包括用于展示建筑物等完成之后外观效果的绘画作品，负有责任的个人、家族或团体。

景观设计师（landscape architect）：对创作景观作品负有责任的建筑设计师。

美术家（artist）：通过构思并通常完成原创的图像设计、绘图、绘画等对作品的创作负有责任的个人、家族或团体。

雕塑家（sculptor）：通过制作模型、雕刻或类似技术对三维作品的创作负有责任的美术家。

作者（author）：对主要以文字表达内容的作品的创作负有责任的个人、家族或团体，不论其媒介类型（例如，印刷文本、口头表述、电子文本、触摸文字）也不论体裁（例如，诗歌、小说、影视剧剧本、博客）。也用于通过意译、改写或改编作品而创作出一部改变了原作本质和内容或改变了表达媒介的新作品的个人等。

台本作者（librettist）：歌剧、其他舞台作品或清唱剧的台本作者。

作词者（lyricist）：非戏剧性的音乐作品的词作者，清唱剧除外。

编剧（screenwriter）：影视剧剧本、脚本或舞台剧本的作者。

制图者（cartographer）：对地图、地图册、球仪或其他制图作品的创作负有责任的个人、家族或团体。

编舞者（choreographer）：对动作作品的创作负有责任的个人、家族或团体。

编纂者（compiler）：通过编纂的方式，例如选择、改编、汇聚和编辑数据、信息等，对新作品的创作（例如，书目、名录）负有责任的个人、家族或团体。对于作为贡献者的编纂者，见 **I.3.1** *汇编者（editor of compilation）*。

作曲者（composer）：对音乐作品的创作负有责任的个人、家族或团体。也用于对音乐作品进行改编而明显改变了作品[例如，自由改编曲（free transcription）]、根据另一作曲家的通常风格演绎作品或创作作品，或基于另一作曲家的作品创作作品（例如，主题变奏）的个人等。

设计者（designer）：对物体的设计负有责任的个人、家族或团体。

制定法律的行政管辖区（enacting jurisdiction）：对法律、法规、宪法、法院规章等的制定负有责任的行政管辖区。

制片人（filmmaker）：对独立的或个人的电影的创作负有责任的个人、家族或团体。制片人对该电影的构思、所有方面的执行承担个人责任。

受访者（interviewee）：通过接受记者、民意测验专家或其他信息搜集人等采访者的采访对作品的创作负有责任的个人、家族或团体。

采访者（interviewer）：以记者、民意测验专家或其他信息搜集人等采访者的身份对作品的创作负有责任的个人、家族或团体。

发明者（inventor）：对新装置或新流程的创造负有责任的个人、家族或团体。

摄影者（photographer）：对摄影作品的创作负有责任的个人、家族或团体。

评审人（praeses）：主持一场学术辩论的个人，通常提出一个论题，并参与答辩活动。

编程者（programmer）：对计算机程序的编制负有责任的个人、家族或团体。

答辩人（respondent）：在学术辩论中对评审人所提问题进行答辩的学位候选人。

I.2.2 与作品相关的其他个人、家族或团体的关系说明语

将下列适用的术语和与作品相关的其他个人、家族或团体（见 **19.3**）的规范检索点或标识符一起记录。应用 **I.1** 所列的关于使用关系说明语的一般性规则。

收件者（addressee）：收取作品或作品一部分的个人、家族或团体。

上诉者（appellant）：就下级法院的判决提出上诉的个人或团体。

被上诉者（appellee）：被提出上诉的个人或团体。

受管辖的法院（court governed）：法院规章所管辖的法院，无论规章的官方性质如何（例如，法律、行政法规）。

被题献者（dedicatee）：作品所题献给的个人、家族或团体。

题献者（dedicator）：为作品作题献的个人、家族或团体。

被告（defendant）：在刑事或民事诉讼中被控告的个人或团体。

学位授予机构（degree granting institution）：授予学位的团体。

导演（director）：对电影、广播或电视节目等的全面管理和监督负有责任的个人、家族或团体。

　　电影导演（film director）：对电影的全面管理和监督负有责任的导演。

　　广播导演（radio director）：对广播节目的全面管理和监督负有责任的导演。

　　电视导演（television director）：对电视节目的全面管理和监督负有责任的导演。

摄影指导（director of photography）：通过电子、胶片或视频存储方式捕捉影像，且经常负责灯光的选择和布置的个人、家族或团体。电影的摄影指导也称总摄影师（chief cinematographer）。该说明语也适用于视频录影师（videographers）。

被纪念者（honouree）：作品所纪念的个人、家族或团体（例如，纪念文集的被纪念者）。

主办机构（host institution）：举办活动、展览、会议等的团体，它负责发起一部作品，但对作品的内容负有很少的责任或不负有责任。

发行者（issuing body）：发行作品的个人、家族或团体，诸如一个团体的官方机构。

法官（judge）：在法庭上听取和决定法律事务的人。

受管辖的行政管辖区（jurisdiction governed）：由另一个行政管辖区所制定的法律、法规等管辖的行政管辖区。

原告（plaintiff）：在民事诉讼中提起诉讼的个人或团体。

制作人（producer）：对银幕、录音、电视、网络广播等产品的大部分商业运作负有责任的个人、家族或团体。制作人通常负责募集资金、管理生产、聘用主要人员、安排发行者等。

电影制作人（film producer）：对电影的大部分商业运作负有责任的制作人。

广播制作人（radio producer）：对广播节目的大部分商业运作负有责任的制作人。

电视制作人（television producer）：对电视节目的大部分商业运作负有责任的制作人。

制作公司（production company）：对舞台、银幕、录音、电视、网络广播等的产品的财务、技术和组织管理负有责任的团体。

赞助者（sponsoring body）：对作品的某些方面提供赞助的个人、家族或团体，例如资助研究、赞助一项活动。

I.3 与内容表达相关的个人、家族和团体的关系说明语

I.3.1 贡献者的关系说明语

将下列适用的术语与内容表达的贡献者（见 **20.2**）的规范检索点或标识符一起记录。应用 **I.1** 所列的关于使用关系说明语的一般性规则。

缩编者（abridger）：通过缩写或精简原作品、但不改变原始作品的实质和内容的方式对作品的内容表达做出贡献的个人、家族或团体。对于实质性修改而创作出一部新作品的情况，见 **I.2.1** *作者（author）*。

动画师（animator）：通过对无生命体或绘画给予貌似真实的运动，对动态图像作品或计算机程序的内容表达做出贡献的个人、家族或团体。对于用于制作动画片的绘画作品的创作者，见 **I.2.1** *美术家（artist）*。

音乐改编者（arranger of music）：通过改写作曲使其表演媒介不同于原作品的表演媒介或在使用相同的表演媒介的情况下修改了作品等，但未使原作曲的音乐实质发生重要变化，而对音乐作品的内容表达做出贡献的个人、家族或团体。对于大量修改后创作出一部新的音乐作品的情况，见 **I.2.1** *作曲者（composer）*。

艺术指导（art director）：通过对为动态图像产品制作布景的美术家或艺人进行监督，对作品的内容表达做出贡献的个人、家族或团体。

编舞者（内容表达）（choreographer (expression)）：通过提供附加的舞蹈编排或修改原来的舞谱，对作品的内容表达做出贡献的个人、家族或团体。

作曲者（内容表达）（composer(expression)）：通过对原无谱曲的作品的内容表达增加音乐部分，或是用新谱的曲子替代原曲谱，或对原来已有的乐谱进行补充的方式，对作品的内容表达做出贡献的个人、家族或团体。

服装设计者（costume designer）：通过为动态图像产品、音乐、戏剧演出或娱乐表演设计服装的方式，对作品的内容表达做出贡献的个人、家族或团体。

法院书记官（court reporter）：通过准备用于公布的法院意见，对作品的内容表达做出贡献的个

人、家族或团体。

绘图者（draftsman）：通过为建筑物、船舶、飞行器、机械装置、物体等制作详细方案或绘制草图等方式，对建筑设计师、发明者等的作品的内容表达做出贡献的个人、家族或团体。

编者（editor）：通过对内容进行修改或说明的方式，对作品的内容表达做出贡献的个人、家族或团体，例如，添加前言、注释或其他重要的内容。编者也可以为作品内容表达的制作、出版或发行方面做准备。对于重要的修订或改写等，其结果改变了原始作品的本质和内容而形成了一部新作品，见 I.2.1 *作者（author）*。

汇编者（editor of compilation）：通过选择和汇聚一个或多个创作者的多部作品或多部作品的组成部分，对所形成的作品集合做出贡献的个人、家族或团体。汇编者也可能参与汇编内容的解释，例如添加前言、注释或其他重要的内容。对汇编数据、信息等而形成一部新作品的情况，见 I.2.1 *编纂者（compiler）*。

动态图像作品的剪辑师（editor of moving image work）：对影片、视频或其他动态图像格式（包括视频和音频方面）的汇编、编排和剪辑负有责任的个人、家族或团体。

插图者（illustrator）：通过绘图、线图、照片等补充主要内容的方式，对作品的内容表达做出贡献的个人、家族和团体。如果作品主要是该实体所创作的艺术内容，见 I.2.1 *美术家（artist）*。

受访者（内容表达）（interviewee (expression)）：通过接受记者、民意测验专家或其他信息搜集人等采访者的采访，对作品的内容表达做出贡献的个人、家族或团体。

采访者（内容表达）（interviewer (expression)）：以记者、民意调查者或其他信息搜集人等采访者的身份对作品的内容表达做出贡献的个人、家族或团体。

音乐总监（musical director）：通过对电影制片或音乐、戏剧演出或表演的作曲者、音乐编辑和混声师进行协调，对作品的内容表达做出贡献的个人、家族或团体。

表演者（performer）：通常在音乐或戏剧等演出中，通过奏乐、表演、跳舞、说话等，对作品的内容表达做出贡献的个人、家族或团体。

演员（actor）：在音乐或戏剧等演出中，以角色的一员或演奏者的身份对作品的内容表达做出贡献的表演者。

解说员（commentator）：在录音、电影或其他视听媒介中，通过解说、分析或专题讨论对作品的内容表达做出贡献的表演者。

指挥（conductor）：在音乐或戏剧等演出中，通过指挥一个表演团体（交响乐团、合唱团、歌剧团等）对音乐作品的内容表达做出贡献的表演者。

舞蹈演员（dancer）：在音乐或戏剧等演出中，通过舞蹈表演对作品的内容表达做出贡献的表演者。

节目主持人（host）：通过主持一项有其他来宾、表演者等共同参与的节目（通常为广播），对作品的内容表达做出贡献的表演者（例如，脱口秀主持人）。

乐器演奏者（instrumentalist）：通过演奏乐器，对作品的内容表达做出贡献的表演者。

谈话类节目主持人（moderator）：通过主持多由相关领域专家参与的话题讨论节目（通常为广播），对作品的内容表达做出贡献的表演者。

旁白者（narrator）：通过朗读或说话的方式叙述行为、事件、事情的经过等，对作品的内容表达做出贡献的表演者。

屏幕主持人（on-screen presenter）：在非虚构类动态图像资料屏幕中或虚构类动态影图资料的介绍中出现的，通过提供情景或背景信息对作品的内容表达做出贡献的表演者。当其他术语[例如，*旁白者（narrator）*、*节目主持人（host）*]不适用或不能满足需要时使用。

访谈嘉宾（panelist）：通过参加多由相关领域专家参与的专题讨论节目（通常是广播），对作品的内容表达做出贡献的表演者。

木偶表演者（puppeteer）：在动态图像产品或音乐、戏剧演出或表演中，通过操纵、控制或

指挥木偶或牵线木偶，对作品的内容表达做出贡献的表演者。

演唱者（singer）：在有或无乐器伴奏的情况下，通过自己的嗓音产生音乐，对作品的内容表达做出贡献的表演者。演唱者的表演可包括或不包括实际的歌词。

演说者（speaker）：通过诸如讲座、讲演等发言的方式，对作品的内容表达做出贡献的表演者。

说书人（storyteller）：通过戏剧表演手段转述创作者的原始故事，对作品的内容表达做出贡献的表演者。

教师（teacher）：通过给予指导或提供示范，对作品的内容表达做出贡献的表演者。

出品人（presenter）：在动态图像资料的摄制人员名单中以"某某 出品"（X presents）的方式被提及的且与该片的制作、财务或发行等有某些联系的个人、家族或团体。在电影制作的早期，通常仅是一个虚职。

制作设计（production designer）：对动态图像产品整体视觉效果的设计负有责任的个人、家族或团体。

录制工程师（recording engineer）：通过监督声音或影像录制技术，对作品的内容表达做出贡献的个人、家族或团体。

录制者（recordist）：通过采用录制设备在录制期间捕捉声音和/或图像，包括自然声音、民俗活动、音乐等的现场录制，对作品的内容表达做出贡献的个人、家族或团体。

舞台导演（stage director）：通过全面管理和监督表演，对舞台作品的内容表达做出贡献的个人、家族或团体。

测绘者（surveyor）：通过为所描绘的地理区域提供测量或尺寸关系的方式，对地图作品的内容表达做出贡献的个人、家族或团体。

改写者（transcriber）：通过改变作品内容表达的记谱体系，对作品的内容表达做出贡献的个人、家族或团体。对于为不同乐器或表演团体的改写作品，见 I.3.1 *音乐改编者（arranger of music）*。

译者（translator）：将一种语言翻译成另一种语言，或一种语言的较古老形式翻译成现代语言形式，且这种翻译基本是遵从作品原意的，以这种方式对作品的内容表达做出贡献的个人、家族或团体。

附加评注者（writer of added commentary）：通过对原始作品提供解释或评论说明，对作品的内容表达做出贡献的个人、家族或团体。

附加文本撰写者（writer of added text）：通过为非文本的作品提供文本（例如，为照片写说明文字、为地图写描述）的方式，对以非文本为主的作品的内容表达做出贡献的个人、家族或团体。

填词者（writer of added lyrics）：为音乐作品的内容表达填写歌词的作者。对于与作曲者合作进行歌词写作而形成原创作品的情况，见 I.2.1 *作词者（lyricist）*。

I.4 与载体表现相关的个人、家族和团体的关系说明语

I.4.1 生产者的关系说明语

将下列适用的术语与载体表现的生产者（见 21.5）的规范检索点或标识符一起记录。应用 I.1 所列的关于使用关系说明语的一般性规则。

图书设计者（book designer）：通过负责图书的整体平面设计，包括字体和插图的设计、材料的选取和工艺流程的使用等，参与载体表现的生产的个人、家族或团体。

布莱叶盲文点字制作者（braille embosser）：通过使用刻写针、专门的压纹机或其他设备压印布莱叶盲文的方式，参与载体表现的生产的个人、家族或团体。

铸造者（caster）：通过将液体或融化的物质倒入模具中使其按模具固化成型的方式，参与载体表现的生产的个人、家族或团体。

珂罗版制作者（collotyper）：通过利用一面吸墨而另一面不吸墨的胶片或其他胶印材料进行影印的方式，参与载体表现的生产的个人、家族或团体。

雕版者（engraver）：通过在木版或金属版的表面上雕刻文字、图像等以用于印刷的方式，参与载体表现的生产的个人、家族或团体。

蚀刻者（etcher）：通过使用酸性或其他腐蚀性物质在金属、玻璃或其他表面上进行创作以用于印刷的方式，参与载体表现的生产的个人、家族或团体。

平版制作者（lithographer）：通过制作用于平版印刷的石头或平版的方式，参与载体表现的生产的个人、家族或团体，包括直接在用于印刷的表面进行设计的平面美术家。

制版者（platemaker）：通过准备用于制作图像和/或文字印刷平版的方式，参与载体表现的生产的个人、家族或团体。

印刷者（printer）：利用铅字或平版印刷文本、乐谱等，诸如图书、报纸、杂志、大张印刷品、乐谱等，参与载体表现的生产的个人、家族或团体。

印版制作者（printmaker）：通过制作浮雕、凹版或平版印刷的方式，参与载体表现的生产的个人、家族或团体。

I.4.2 出版者的关系说明语

将下列适用的术语与载体表现的出版者（见 21.3）的规范检索点或标识符一起记录。应用 I.1 所列的关于使用关系说明语的一般性规则。

播音者（broadcaster）：通过广播、电视、网络广播等方式，向听众播放载体表现的个人、家族或团体。

I.4.3 发行者的关系说明语

将下列适用的术语与载体表现的发行者（见 21.4）的规范检索点或标识符一起记录。应用 I.1 所列的关于使用关系说明语的一般性规则。

电影发行者（film distributor）：负责向剧院或其他发行渠道发行动态图像的载体表现的个人、家族或团体。

I.5 与单件相关的个人、家族和团体的关系说明语

I.5.1 拥有者的关系说明语

将下列适用的术语与单件拥有者（见 22.2）的规范检索点或标识符一起记录。应用 I.1 所列的关于使用关系说明语的一般性规则。

当前拥有者（current owner）：目前对单件（即资源的一个特定的复本或实例）拥有法定所有权的个人、家族或团体。

储存者（depositor）：将单件委托给另一个个人、家族或团体保管，但仍对该单件仍拥有所有权的当前拥有者。

先前拥有者（former owner）：先前对单件（即资源的一个特定的复本或实例）拥有法定所有权的个人、家族或团体。

捐赠者（donor）：将单件捐赠给另一个拥有者的先前拥有者。

出售者（seller）：将单件出售给另一个拥有者的先前拥有者。

I.5.2 与单件相关的其他个人、家族、团体的关系说明语

将下列适用的术语和与单件相关的其他个人、家族和团体（见 22.4）的规范检索点或标识符一起记录。应用

I.1 所列的关于使用关系说明语的一般性规则。

亲笔签名者（autographer）：在单件上亲笔签名的个人。

手写批注者（annotator）：在单件上手书批注的个人。

装订者（binder）：装订单件的个人。

管理者（curator）：构思、汇集和/或组织展览、收藏或其他单件的个人、家族或团体。

收藏登记者（collection registrar）：为诸如单件或作品集合汇编中的单件编制清单或目录的管理者。

收集者（collector）：将不同来源的单件集中起来，并作为一个集合进行整理、描述和编目的管理者。

单件的被题献者（dedicatee of item）：单件所题献给的个人、家族或团体。

单件的被授予者（honouree of item）：被授予某一单件的个人、家族或团体，例如受赠某一复本的个人。

装饰者（illuminator）：对特定单件用贵重的金属或色彩，通常有精心的设计和图案，进行装饰的个人。

题写者（inscriber）：在单件上书写题词或赠与文字的人。

修复者（restorationist）：为弥补单件的损毁而担负一系列技术、编辑和智力操作，使之尽可能恢复到原始状态的个人、家族或团体。

J

关系说明语：作品、内容表达、载体表现和单件之间的关系

J.0 范围

本附录提供用关系说明语指明作品、内容表达、载体表现和单件之间关系的一般性规则，并列出用于此目标的关系说明语。

J.1 使用关系说明语的一般性规则

关系说明语用于指示作品、内容表达、载体表现和单件之间关系的特性。

根据适用于创建数据机构的目标的专指程度使用关系说明语。例如，对改编作品与原作之间的关系既可采用专指性的关系说明语 *adaptation of [(作品)的改编]*，也可采用更通用的关系说明语 *based on [基于(作品)]* 予以记录。

如果本附录所列术语均不适用或不够专指，则用尽可能简洁的指示关系本质的术语。

如果用于记录关系的元素（例如，相关作品）可满足创建数据机构的目标，则不必用专指性关系本质的关系说明语。

J.2 相关作品的关系说明语

J.2.1 相关作品关系

将 **J.2.2–J.2.6** 所列的适用的术语与相关作品（见 **25.1**）的标识符、规范检索点或结构化描述一起记录。应用 **J.1** 所列的关于使用关系说明语的一般性规则。

J.2.2 衍生作品关系

基于（作品）[based on (Work)]：用作衍生作品来源的作品。*对应关系*：衍生作品（derivative work）

缩写自（作品）[abridgement of (work)]：被缩写的作品，即缩短篇幅但不改变源作品的基本含义或表现手法。*对应关系*：缩写成（作品）[abridged as(work)]

摘要自（作品）[abstract of (work)]：被编制摘要的作品，即以简洁、客观的方式进行缩写。*对应关系*：摘要（作品）[abstract (work)]

（作品）的摘要 [abstract for (work)]：被文摘和索引服务机构将其内容编制成摘要的作品。*对应关系*：被摘要于（作品）[abstracted in (work)]

改编自（作品）[adaptation of (work)]：被改编的作品，即在目的、用法或媒介上被修改成与该作品的初衷不同。*对应关系*：改编成（作品）[adapted as (work)]

戏剧改编自（作品）[dramatization of (work)]：被改编成戏剧的作品。*对应关系*：改编成戏剧（作品）[dramatized as (work)]

电影改编自（作品）[motion picture adaptation of (work)]：被改编成电影的作品。*对应关系*：改编成电影（作品）[adapted as a motion picture (work)]

小说改编自（作品）[novelization of (work)]：被改编成小说的作品。*对应关系*：改编成小说（作品）[novelization (work)]

广播节目改编自（作品）[radio adaptation of (work)]：被改编成广播节目的作品。*对应关系*：改编成广播节目（作品）[adapted as a radio program (work)]

基于（作品）的广播文稿 [radio script based on (work)]：被改编成广播节目文稿的作品。*对应关系*：改编成广播文稿（作品）[adapted as a radio script (work)]

基于（作品）的影视剧剧本 [screenplay based on (work)]：被改编成电影、电视节目或录像剧本的作品。*对应关系*：改编成影视剧剧本（作品）[adapted as a screenplay (work)]

基于（作品）的电影剧本 [motion picture screenplay based on (work)]：被改编成电影剧本的作品。*对应关系*：改编成电影剧本（作品）[adapted as a motion picture screenplay (work)]

基于（作品）的电视节目剧本 [television screenplay based on (work)]：被改编成电视节目剧本的作品。*对应关系*：改编成电视节目剧本（作品）[adapted as a television screenplay (work)]

基于（作品）的录像剧本 [video screenplay based on (work)]：被改编成录像剧本的作品。*对应关系*：改编成录像剧本（作品）[adapted as a video screenplay (work)]

电视节目改编自（作品）[television adaptation of (work)]：被改编成电视节目的作品。*对应关系*：改编成电视节目（作品）[adapted as a television program (work)]

韵文改编自（作品）[verse adaptation of (work)]：被改编成韵文形式的文学作品的作品。*对应关系*：改编成韵文（作品）[verse adaption (work)]

录像改编自（作品）[video adaptation of (work)]：被改编成录像的作品。*对应关系*：改编成录像（作品）[adapted as a video (work)]

（作品）的编舞 [choreography for (work)]：用作由舞蹈组成的衍生作品基础的作品。*对应关系*：编舞（作品）[choreography (work)]

文摘自（作品）[digest of (work)]：被编制文摘的作品，即系统地、全面地压缩。*对应关系*：文摘（作品）[digest (work)]

扩充自（作品）[expanded version of (work)]：用作扩充自源作品内容的衍生作品的基础的作品。*对应关系*：扩充成（作品）[expanded as (work)]

意译自（作品）[free translation of (work)]：被意译的作品，该翻译保持原作的精髓而未保留其语言细节。*对应关系*：意译成（作品）[freely translated as (work)]

模仿自（作品）[imitation of (work)]：风格或内容被复制到其衍生作品中的作品。*对应关系*：模仿成（作品）[imitated as (work)]

戏仿自（作品）[parody of (work)]：风格或内容被模仿用于喜剧效果的作品。*对应关系*：戏仿成（作品）[parodied as (work)]

为（作品）编制索引 [indexing for (work)]：被文摘和索引服务机构将其内容编制成索引的作品。*对应关系*：被索引于（作品）[indexed in (work)]

基于（作品）的台本 [libretto based on (work)]：用作歌剧、舞台音乐剧或清唱剧文本基础的作品。*对应关系*：台本（作品）的基础 [basis for libretto (work)]

谱曲自（作品）[musical setting of (work)]：为除清唱剧之外的非戏剧音乐作品提供文本的作品。*对应关系*：谱曲（作品）[musical setting (work)]

基于（作品）的音乐变奏曲 [musical variations based on (work)]：从其中提取旋律、主题或和声等素材、经过一次或多次的重复和后续修改而形成分立主题的原音乐作品。*对应关系*：音乐变奏曲（作品）[musical variations (work)]

重述自（作品）[paraphrase of (work)]：用作重述作品基础的作品，即用不同的形式对源作品的

内容进行重述。*对应关系*：重述成（作品）[paraphrased as (work)]

重新制作自（作品）[remake of (work)]：用作新电影、广播节目、电视节目或录像基础的作品。*对应关系*：重新制作成（作品）[remade as (work)]

概要自（作品）[summary of (work)]：用作其内容概要基础的作品。*对应关系*：概要（作品）[summary (work)]

衍生作品（derivative work）：由源作品修改而成的作品。*对应关系*：基于（作品）[based on (work)]

缩写成（作品）[abridged as (work)]：在不改变源作品基本含义或表现手法的前提下缩短篇幅而成的作品。*对应关系*：缩写自（作品）[abridgement of (work)]

摘要（作品）[abstract (work)]：以简洁、客观的方式对源作品进行缩写的作品。*对应关系*：摘要自（作品）[abstract of (work)]

被摘要于（作品）[abstracted in (work)]：对源实体的内容编制摘要后形成的作品（一种文摘和索引服务）。*对应关系*：（作品）的摘要 [abstracts for (work)]

改编成（作品）[adapted as (work)]：在目的、用法或媒介上被修改成与源作品初衷不同的作品。*对应关系*：改编自（作品）[adaptation of (work)]

改编成电影（作品）[adapted as a motion picture (work)]：基于源作品的电影。*对应关系*：电影改编自（作品）[motion picture adaptation of (work)]

改编成广播节目（作品）[adapted as a radio program (work)]：基于源作品的广播节目。*对应关系*：广播节目改编自（作品）[radio adaptation of (work)]

改编成广播文稿（作品）[adapted as a radio script (work)]：基于源作品的广播节目文稿。*对应关系*：基于（作品）的广播文稿 [radio script based on (work)]

改编成影视剧剧本（作品）[adapted as a screenplay (work)]：基于源作品的电影、电视节目或录像剧本作品。*对应关系*：基于（作品）的影视剧剧本 [screenplay based on (work)]

改编成电影剧本（作品）[adapted as a motion picture screenplay (work)]：基于源作品的电影剧本作品。*对应关系*：基于（作品）的电影剧本 [motion picture screenplay based on (work)]

改编成电视节目剧本（作品）[adapted as a television screenplay (work)]：基于源作品的电视节目剧本作品。*对应关系*：基于（作品）的电视节目剧本 [television screenplay based on (work)]

改编成录像剧本（作品）[adapted as a video screenplay (work)]：基于源作品的录像剧本作品。*对应关系*：基于（作品）的录像剧本 [video screenplay based on (work)]

改编成电视节目（作品）[adapted as a television program (work)]：基于源作品的电视节目。*对应关系*：电视节目改编自（作品）[television adaptation of (work)]

改编成录像（作品）[adapted as a video (work)]：基于源作品的录像。*对应关系*：录像改编自（作品）[video adaptation of (work)]

改编成戏剧（作品）[dramatized as (work)]：由源作品改编的戏剧作品。*对应关系*：戏剧改编自（作品）[dramatization of (work)]

改编成小说（作品）[novelization (work)]：由源作品改编的小说。*对应关系*：小说改编自（作品）[novelization of (work)]

改编成韵文（作品）[verse adaptation (work)]：由源作品改编的韵文形式的文学作品。*对应关系*：韵文改编自（作品）[verse adaptation of (work)]

台本（作品）的基础 [basis for libretto (work)]：基于源作品的歌剧、舞台音乐剧或清唱剧的文本作品。*对应关系*：基于（作品）的台本 [libretto based on (work)]

编舞（作品）[choreography (work)]：基于源作品的舞蹈作品。*对应关系*：（作品）的编舞 [choreography for (work)]

文摘（作品）[digest (work)]：将源作品系统地、全面地压缩了的作品。*对应关系*：文摘自（作品）[digest of (work)]

扩充成（作品）[expanded as (work)]：对源作品内容进行扩充的作品。*对应关系*：扩充自（作品）[expanded version of (work)]

意译成（作品）[freely translated as (work)]：通过对源作品意译成另一种语言而创作的作品，该翻译保持原作的精髓而未保留其语言细节。*对应关系*：意译自（作品）[free translation of (work)]

模仿成（作品）[imitated as (work)]：复制了源作品的风格或内容的作品。*对应关系*：模仿自（作品）[imitation of (work)]

戏仿成（作品）[prodied as (work)]：为追求喜剧效果而模仿源作品的风格或内容的作品。*对应关系*：戏仿自（作品）[parody of (work)]

被索引于（作品）[indexed in (work)]：为源作品内容编制索引而成的作品（一种文摘和索引服务）。*对应关系*：为（作品）编制索引 [indexing for (work)]

谱曲（作品）[musical setting (work)]：用源作品文本的除清唱剧之外的非戏剧音乐作品。*对应关系*：谱曲自（作品）[musical setting of (work)]

音乐变奏曲（作品）[musical veriations (work)]：旋律、主题或和声素材取自源作品、经过一次或多次的重复和后续修改而形成的分立主题的音乐作品。*对应关系*: 基于（作品）的音乐变奏曲 [musical variations based on (work)]

重述成（作品）[paraphrased as (work)]：用不同的形式对源作品的内容进行重述的作品。*对应关系*：重述自（作品）[paraphrase of (work)]

重新制作成（作品）[remade as (work)]：基于先前作品的新的电影、广播节目、电视节目或录像。*对应关系*：重新制作自（作品）[remake of (work)]

概要（作品）[summary (work)]：为源作品的内容编制概要的作品。*对应关系*：概要自（作品）[summary of (work)]

J.2.3 描述作品关系

对（作品）的描述 [description of (work)]：由描述实体所描述的作品。*对应关系*： 在（作品）中被描述 [described in (work)]

对（作品）的分析 [analysis of (work)]：对该作品的组成部分和各部分关系进行剖析。*对应关系*：在（作品）中被分析 [analysed in (work)]

对（作品）的评注 [commentary on (work)]：用作一系列注释或评注基础的作品。*对应关系*：在（作品）中的评注 [commentary in (work)]

对（作品）的批评 [critique of (work)]：用作批判性评价基础的作品。*对应关系*：在（作品）中被批评 [critiqued in (work)]

对（作品）的评价 [evaluation of (work)]：被验讫或评判的作品。*对应关系*：在（作品）中被评价 [evaluated in (work)]

对（作品）的评论 [review of (work)]：用作概要性评价基础的作品。*对应关系*：在（作品）中被评论 [reviewed in (work)]

在（作品）中被描述 [described in (work)]：描述被描述实体的作品。*对应关系*：对（作品）的描述 [description of (work)]

在（作品）中被分析 [analysed in (work)]：对作品的组成部分和各部分关系进行剖析的作品。*对应关系*：对（作品）的分析 [analysis of (work)]

在（作品）中的评注 [commentary in (work)]：包含一系列关于所描述实体的注释或评注的作品。*对应关系*：对（作品）的评注 [commentary on (work)]

在（作品）中被批评 [critiqued in (work)]：包含对所描述实体批评性评价的作品。*对应关系*：对（作品）的批评 [critique of (work)]

在（作品）中被评价 [evaluated in (work)]：对源作品进行验讫或评判的作品。*对应关系*：对（作品）的评价 [evaluation of (work)]

在（作品）中被评论 [reviewed in (work)]：包含对所描述作品概要性评价的作品。*对应关系*：对（作品）的评论 [review of (work)]

J.2.4 整体-部分作品关系

包含于（作品）[contained in (work)]：包含独立组成部分的较大作品。*对应关系*：包含（作品）[contains (work)]

在丛编（作品）中 [in series (work)]：其各部分已发行的作品；其各部分载有该较大作品的题名。*对应关系*：丛编包含（作品）[series contains (work)]

（作品）的分丛编 [subseries of (work)]：各部分始终出现于其中的作品；其分丛编各卷期或各部分均载有该较大作品的题名。*对应关系*：分丛编（作品）[subseries (work)]

包含（作品）[contains (work)]：较大作品独立组成部分的作品。*对应关系*：包含于（作品）[contained in (work)]

丛编包含（作品）[series contains (work)]：作为丛编的一部分发行的作品。*对应关系*：in series (work) 在丛编（作品）中

分丛编（作品）[subseries (work)]：在较大的作品中始终出现的连续出版物或多部分作品；分丛编的所有卷期或部分均载有较大作品的题名。*对应关系*：（作品）的分丛编 [subseries of (work)]

J.2.5 伴随作品关系

附增（作品）[augmented by (work)]：增加到主要作品内容中的作品。*对应关系*：（作品）的附 [augmentation of (work)]

补遗（作品）[addenda (work)]：由简短的附加资料组成的作品，它小于补编的分量，但对于该主要作品文本的完整性是重要的，通常加在内容的最后，但也可能单独发行。*对应关系*：（作品）的补遗 [addenda to (work)]

附录（作品）[appendix (work)]：作为另一部作品的附增部分但对于主要作品内容的完整性并非不可缺少的作品，诸如参考书目清单、统计报表和说明性资料；它可以附在主要作品内容的后面，也可以单独发行。*对应关系*：（作品）的附录 [appendix to (work)]

目录（作品）[catalogue (work)]：由被系统排列的完整款目组成的作品。*对应关系*：catalogue of (work)（作品）的目录

语词索引（作品）[concordance (work)]：由对主要作品中所有词所做的索引组成的作品。*对应关系*：（作品）的语词索引 [concordance to (work)]

勘误（作品）[errata (work)]：由已出版的主要作品中发现的错误及其更正组成的作品。*对应关系*：（作品）的勘误 [errata to (work)]

查询工具（作品）[finding aid (work)]：对档案收藏的组织、排列和内容提供指南的作品。*对应关系*：（作品）的查询工具 [finding aid for (work)]

指南（作品）[guide (work)]：用注释、学习和研究工具、练习、提问、问题与答案、教师或学生参考资料等对用户使用主要作品提供指南的作品。*对应关系*：（作品）的指南 [guide to (work)]

插图（作品）[illustrations (work)]：由专门用以诠释或装饰所附增作品的图画内容组成的作品。*对应关系*：（作品）的插图 [illustrations for (work)]

索引（作品）[index (work)]：对主要作品的内容提供系统的、按字顺排列的指南的作品，通常指引到页码或其他参考代码。*对应关系*：（作品）的索引 [index to (work)]

补编（作品）[supplement (work)]：更新或完善了主要作品的作品。*对应关系*：（作品）的补编 [supplement to (work)]

（作品）的附增 [augmentation of (work)]：其内容被另一部作品给予增补的作品。*对应关系*：附增（作品）[augmented by (work)]

（作品）的补遗 [addenda to (work)]：对其内容增加了简洁的附加资料的作品，所增加的附加资料小于补编的分量，但对于该主要作品内容的完整性是重要的，通常加在内容的最后，但也可能单独发行。*对应关系*：补遗（作品）[addenda (work)]

（作品）的附录 [appendix to (work)]：由另一部包含有对其内容的完整性并非不可缺少的资料作为其附增的作品，诸如参考书目清单、统计报表和说明性资料；它可以附在主要作品的后面，也可以单独发行。*对应关系*：附录（作品）[appendix (work)]

（作品）的目录 [catalogue of (work)]：用作目录的基础的作品，即被系统排列的完整款目。*对应关系*：目录（作品）[catalogue (work)]

（作品）的语词索引 [concordance to (work)]：用作语词索引的基础的作品，即对主要作品中所有词所做的索引。*对应关系*：语词索引（作品）[concordance (work)]

（作品）的勘误 [errata to (work)]：由主要作品的勘误表增补的作品，该勘误表包括已出版的主要作品中发现的错误及其更正。*对应关系*：勘误（作品）[errata (work)]

（作品）的查询工具 [finding aid for (work)]：查询工具中所描述的一个档案收藏，即对收藏的组织、排列和内容提供指南。*对应关系*：查询工具（作品）[finding aid (work)]

（作品）的指南 [guide to (work)]：被另一作品附增的作品，另一作品是由帮助用户使用主要作品的资料组成的，诸如注释、学习和研究工具、练习、提问、问题与答案、教师或学生参考资料等。*对应关系*：指南（作品）[guide (work)]

（作品）的插图 [illustrations for (work)]：由专门用以诠释或装饰的图画内容作为其附增的作品。*对应关系*：插图（作品）[illustrations (work)]

（作品）的索引 [index to (work)]：用作索引基础的作品，即对主要作品的内容提供系统的、按字顺排列的指南，通常指引到页码或其他参考代码。*对应关系*：索引（作品）[index(work)]

（作品）的补编 [supplement to (work)]：由增补作品对其进行更新或完善的作品。*对应关系*：补编（作品）[supplement (work)]

相互补充（作品）[complemented by (work)]：与另一部作品配套的作品，但它们之间没有主次之分。*对应关系*：相互补充（作品）[complemented by (work)]

华彩乐段（作品）[cadenza (work)]：为独奏者所作的装饰片段的音乐作品，可以添加到相同或不同作曲者创作的诸如协奏曲一类的音乐作品中。*对应关系*：（作品）的华彩乐段 [cadenza composed for (work)]

（作品）的华彩乐段 [cadenza composed for (work)]：其装饰片段是为独奏者创作的音乐作品，例如协奏曲，其作曲者相同或不同。*对应关系*：华彩乐段（作品）[cadenza (work)]

台本（作品）[libretto (work)]：为歌剧、舞台音乐剧或清唱剧提供文本的作品。*对应关系*：（作品）的台本 [libretto for (work)]

（作品）的台本 [libretto for (work)]：用与其相关作品的文本作为其台本的音乐作品，例如歌剧、舞台音乐剧或清唱剧。*对应关系*：台本（作品）[libretto (work)]

广播文稿（作品）[radio script (work)]：为广播节目提供文本的作品。*对应关系*：广播节目（作品）的文稿 [script for the radio program (work)]

影视剧剧本（作品）[screenplay (work)]：为电影、电视节目或录像提供文本的作品。*对应关系*：（作品）的影视剧剧本 [screenplay for (work)]

电影剧本（作品）[motion picture screenplay (work)]：为电影提供文本的作品。*对应关*

系：电影（作品）的剧本 [screenplay for the motion picture (work)]

电视节目剧本（作品）[television screenplay (work)]：为电视节目提供文本的作品。*对应关系*：电视节目（作品）的剧本 [screenplay for the television program (work)]

录像剧本（作品）[video screenplay (work)]：为录像提供文本的作品。*对应关系*：录像（作品）的剧本 [screenplay for the video (work)]

（作品）的影视剧剧本 [screenplay for (work)]：诸如电影、电视节目或录像等使用其文本作为剧本的作品。*对应关系*：影视剧剧本（作品）[screenplay (work)]

电影（作品）的剧本 [screenplay for the motion picture (work)]：使用其文本作为电影剧本的作品。*对应关系*：电影剧本（作品）[motion picture screenplay (work)]

电视节目（作品）的剧本 [screenplay for the television program (work)]：使用其文本作为电视节目剧本的作品。*对应关系*：电视节目剧本（作品）[television screenplay (work)]

录像（作品）的剧本 [screenplay for the video (work)]：使用其文本作为录像剧本的作品。*对应关系*：录像剧本（作品）[video program screenplay(work)]

广播节目（作品）的文稿 [script for the radio program (work)]：使用其文本作为广播节目文稿的作品。*对应关系*：广播文稿（作品）[radio script (work)]

J.2.6 连续作品关系

先前（作品）[preceded by (work)]：在后继作品之前（例如，时间较早或叙述在前）的作品。关于内容被修改的连续编号作品，见 J.2.2（衍生作品）。*对应关系*：被（作品）后继 [succeeded by (work)]

吸收（作品）[absorbed (work)]：被合并入另一部作品中的作品。*对应关系*：被（作品）吸收 [absorbed by (work)]

部分吸收（作品）[absorbed in part (work)]：被部分合并入另一部作品中的作品。*对应关系*：被（作品）部分吸收 [absorbed in part by (work)]

继承（作品）[continues (work)]：被赋予新题名的后来作品的内容所继承的作品。一般用于连续出版物。*对应关系*：被（作品）继承 [continued by (work)]

部分继承（作品）[continues in part (work)]：被分成两部或两部以上具有各自新题名的单独作品的作品。一般用于连续出版物。*对应关系*：分成（作品）[split into (work)]

（作品）的合并 [merger of (work)]：合并成一部新作品的两部或两部以上作品的一部。*对应关系*：与……合并成……（作品）[merged with…to form…(work)]

前篇（prequel）：先前作品叙述的延伸的作品，但所叙述内容的时间较先前作品早。*对应关系*：……的前篇（prequel to）

从（作品）分出 [separated from (work)]：其内容的一部分被分出后形成一部新作品的作品。*对应关系*：被（作品）部分继承 [continued in part by (work)]

……的续篇（sequel to）：其叙述被后来作品所延续的作品。*对应关系*：续篇（sequel）

替代（作品）[supersedes (work)]：其内容被较晚作品所替代的较早作品，通常是由于较晚作品包含有更新的或新的信息使得较早作品已经过时。一般适用于单一部分组成的单元、多部分专著和集成性资源。*对应关系*：被（作品）替代 [superseded by (work)]

部分替代（作品）[supersedes in part (work)]：其内容被较晚作品部分替代的较早作品，通常是由于较晚作品包含有更新的或新的信息使得较早作品已经过时。一般适用于单一部分组成的单元、多部分专著和集成性资源。*对应关系*：被（作品）部分替代 [supersedes in part by (work)]

被（作品）后继 [succeeded by (work)]：一部后继（例如，时间较晚或叙述在后）较早作品的作品。关于内容被修改的连续编号的作品，见 J.2.2（衍生作品）。*对应关系*：先前（作品）[preceded by (work)]

被（作品）吸收 [absorbed by (work)]：合并另一部作品内容的作品。*对应关系*：吸收（作品）(absorbed (work))

被（作品）部分吸收 [absorbed in part by (work)]：合并另一部作品的部分内容的作品。*对应关系*：部分吸收（作品）[absorbed in part (work)]

被（作品）继承 [continued by (work)]：其内容继承较早作品且有新题名的作品。一般用于连续性出版物。*对应关系*：继承（作品）[continues (work)]

被（作品）部分继承 [continued in part by (work)]：部分内容是从较早作品中分离出来后形成的一部新作品。一般用于连续性出版物。*对应关系*：从（作品）分出 [separated from (work)]

与……合并成……（作品）[merger with...to form...(work)]：两部或两部以上作品合并成一部新作品。*对应关系*：（作品）的合并 [merger of (work)]

……的前篇（prequel to）：其叙述被较晚作品延伸的作品，但较晚作品所叙述内容的时间比该作品早。*对应关系*：前篇（prequel）

续篇（sequel）：继续先前作品的叙述的较晚作品。相互关系：……的续篇（sequel to）

分成（作品）[split into (work)]：由较早作品分成两部或两部以上各自独立作品中的一部。*对应关系*：部分继承（作品）[continues in part (work)]

被（作品）替代 [superseded by (work)]：用以替代较早作品的较晚作品，通常是由于较晚作品包含有更新的或新的信息使得较早作品已经过时。一般适用于单一部分组成的单元、多部分专著和集成性资源。*对应关系*：替代（作品）[supersedes (work)]

被（作品）部分替代 [superseded in part by (work)]：用以部分替代较早作品的较晚作品，通常是由于较晚作品包含有更新的或新的信息使得较早作品已经过时。一般适用于单一部分组成的单元、多部分专著和集成性资源。*对应关系*：部分替代（作品）[supersedes in part (work)]

J.3 相关内容表达的关系说明语

J.3.1 相关内容表达关系

将 J.3.2–J.3.6 所列的适用的术语与相关内容表达（见 26.1）的标识符、规范检索点或结构化描述一起记录。应用 J.1 所列的关于使用关系说明语的一般性规则。

仅当相关实体是作品的一个特定内容表达时，例如一个特定版本，才用相关内容表达的关系说明语。

J.3.2 衍生内容表达关系

基于（内容表达）[Based on (expression)]：用作衍生实体的基础的内容表达。*对应关系*：衍生内容表达（derivative expression）

缩写自（内容表达）[abridgement of (expression)]：被缩写的作品的内容表达，即缩短篇幅但不改变源作品的基本含义或表现手法。*对应关系*：缩写成（内容表达）[abridged as (expression)]

摘要自（内容表达）[abstract of (expression)]：被编制摘要的作品的内容表达，即以简洁、客观的方式进行缩写。*对应关系*：摘要（内容表达）[abstract (expression)]

（内容表达）的摘要 [abstracts for (expression)]：被文摘和索引服务机构将其内容编制成摘要的作品的内容表达。*对应关系*：被摘要于（内容表达）[abstracted in (expression)]

改编自（内容表达）[adaptation of (expression)]：被改编的作品的内容表达，即在目的、用法或媒介上被修改成与该作品的初衷不同。*对应关系*：改编成（内容表达）[adapted as (expression)]

戏剧改编自（内容表达）[dramatization of (expression)]：被改编成戏剧的作品的内容表达。*对应关系*：改编成戏剧（内容表达）[dramatized as (expression)]

电影改编自（内容表达）[motion picture adaptation of (expression)]：被改编成电影的作品的内容表达。*对应关系*：改编成电影（内容表达）[adapted as motion picture (expression)]

小说改编自（内容表达）[novelization of (expression)]：被改编成小说的作品的内容表达。*对应关系*：改编成小说（内容表达）[novelization (expression)]

广播节目改编自（内容表达）[radio adaptation of (expression)]：被改编成广播节目的作品的内容表达。*对应关系*：改编成广播节目（内容表达）[adapted as a radio program (expression)]

基于（内容表达）的广播文稿 [radio script based on (expression)]：被改编成广播节目文稿的作品的内容表达。*对应关系*：改编成广播文稿（内容表达）[adapted as a radio script (expression)]

基于（内容表达）的影视剧剧本 [screenplay based on (expression)]：被改编成电影、电视节目或录像剧本的作品的内容表达。*对应关系*：改编成影视剧剧本（内容表达）[adapted as a screenplay (expression)]

基于（内容表达）的电影剧本 [motion picture screenplay based on (expression)]：被改编成电影剧本的作品的内容表达。*对应关系*：改编成电影剧本（内容表达）[adapted as a motion picture screenplay (expression)]

基于（内容表达）的电视节目剧本 [television screenplay based on (expression)]：被改编成电视节目剧本的作品的内容表达。*对应关系*：改编成电视节目剧本（内容表达）[adapted as a television screenplay (expression)]

基于（内容表达）的录像剧本 [video screenplay based on (expression)]：被改编成录像剧本的作品的内容表达。*对应关系*：改编成录像剧本（内容表达）[adapted as a video (expression)]

电视节目改编自（内容表达）[television adaptation of (expression)]：被改编成电视节目的作品的内容表达。*对应关系*：改编成电视节目（内容表达）[adapted as a television program (expression)]

韵文改编自（内容表达）[verse adaptation of (expression)]：被改编成韵文形式的文学作品的作品的内容表达。*对应关系*：改编成韵文（内容表达）[verse adaption (expression)]

录像改编自（内容表达）[video adaptation of (expression)]：被改编成录像的作品的内容表达。*对应关系*：改编成录像（内容表达）[adapted as a video (expression)]

（内容表达）的编舞 [choreography for (expression)]：用作由舞蹈组成的衍生作品基础的作品的内容表达。*对应关系*：编舞（内容表达）[choreography (expression)]

文摘自（内容表达）[digest of (Expression)]：被编制文摘的作品的内容表达，即系统地、全面地压缩。*对应关系*：文摘（内容表达）[digest (expression)]

扩充自（内容表达）[expanded version of (expression)]：用作扩充自源作品内容的衍生作品的基础的作品的内容表达。*对应关系*：扩充成（内容表达）[expanded as (expression)]

意译自（内容表达）[free translation of (expression)]：被意译的作品的内容表达，该翻译保持原作的精髓而未保留其语言细节。*对应关系*：意译成（内容表达）[freely translation as (expression)]

模仿自（内容表达）[imitation of (expression)]：风格或内容被复制到衍生作品中的作品的内容表达。*对应关系*：模仿成（内容表达）[imitated as (expression)]

戏仿自（内容表达）[parody of (expression)]：风格或内容被模仿用于喜剧效果的作品的内容表达。*对应关系*：戏仿成（内容表达）[parodied as (expression)]

为（内容表达）编制索引 [indexing for (expression)]：被文摘和索引服务机构将其内容编制成索引的作品的内容表达。*对应关系*：被索引于（内容表达）[indexed in (expression)]

基于（内容表达）的台本 [libretto based on(expression)]：用作歌剧、舞台音乐剧或清唱剧文本基础的作品的内容表达。*对应关系*：台本（内容表达）的基础 [basis for libretto (expression)]

音乐改编自（内容表达）[musical arrangement of (expression)]：被改编的作品的内容表达，即在表演媒介上被修改成与该作品的初衷不同。*对应关系*：音乐改编（musical arrangement）

谱曲自（内容表达）[musical setting of (expression)]：为除清唱剧之外的非戏剧音乐作品提供文本的作品的内容表达。*对应关系*：谱曲（内容表达）[musical setting (expression)]

基于（内容表达）的音乐变奏曲 [musical variations based on (expression)]：从其中提取旋律、主题或和声等素材、经过一次或多次的重复和后续修改而形成分立主题的原音乐作品的内容表达。*对应关系*：音乐变奏曲（内容表达）[musical variations (expression)]

重述自（内容表达）[paraphrase of (expression)]：用作重述作品基础的作品的内容表达，即用不同的形式对源作品的内容进行重述。*对应关系*：重述成（内容表达）[paraphrased as (expression)]

重新制作自（内容表达）[remake of (expression)]：用作新电影、广播节目、电视节目或录像基础的作品的内容表达。*对应关系*：重新制作成（内容表达）[remade as (expression)]

修订自（revision of）：用作更新、修改或扩充版的基础的作品的内容表达。*对应关系*： 修订成（revised as）

概要自（内容表达）[summary of (expression)]：用作其内容概要基础的作品的内容表达。*对应关系*：概要（内容表达）[summary (expression)]

译自（translation of）：被翻译的作品的内容表达，即文本被翻译成与原始作品不同语言的文本。*对应关系*：译成（translated as）

衍生内容表达（derivative expression）：由源实体修改而成的内容表达。*对应关系*：基于（内容表达）[based on (expression)]

缩写成（内容表达）[abridged as (expression)]：在不改变源实体基本含义或表现手法的前提下缩短篇幅而成的作品的内容表达。*对应关系*： 缩写自（内容表达）[abridgement of (expression)]

摘要（内容表达）[abstract (expression)]：以简洁、客观的方式对源实体进行缩写的作品的内容表达。*对应关系*： 摘要自（内容表达）[abstract of (expression)]

被摘要于（内容表达）[abstracted in (expression)]：对源实体的内容编制摘要后形成的作品的内容表达（一种文摘和索引服务）。*对应关系*：（内容表达）的摘要 [abstracts for (expression)]

改编成（内容表达）[adapted as (expression)]：在目的、用法或媒介上被修改成与源实体初衷不同的作品的内容表达。*对应关系*： 改编自（内容表达）[adaption of (expression)]

改编成电影（内容表达）[adapted as a motion picture (expression)]：基于源实体的电影。*对应关系*： 电影改编自（内容表达）[motion picture adaption of (expression)]

改编成广播节目（内容表达）[adapted as a radio program (expression)]：基于源实体的广播节目。*对应关系*： 广播节目改编自（内容表达）[radio adaption of (expression)]

改编成广播文稿（内容表达）[adapted as a radio script (expression)]：基于源作品的广播节目文稿作品的内容表达。*对应关系*：基于（内容表达）的广播文稿 [radio script based on (expression)]

改编成影视剧剧本（内容表达）[adapted as a screenplay (expression)]：基于源作品的电影、电视节目或录像剧本作品的内容表达。*对应关系*：基于（内容表达）的影视剧剧本 [screenplay based on (expression)]

改编成电影剧本（内容表达）[adapted as a motion picture screenplay (expression)]：基于源作品的电影剧本作品的内容表达。*对应关系*： 基于（内容表达）的电影剧本 [motion picture screenplay based on (expression)]

改编成电视节目剧本（内容表达）[adapted as a television screenplay(expression)]：基于源作品的电视节目剧本作品的内容表达。*对应关系*：基于（内容表达）的电视节目剧本 [television screenplay based on (expression)]

改变成录像剧本（内容表达）[adapted as a video screenplay(expression)]：基于源作品的录像剧本作品的内容表达。*对应关系*： 基于（内容表达）的录像剧本 [video screenplay based on (expression)]

改编成电视节目（内容表达）[adapted as a television program(expression)]：基于源实体的电视节目。*对应关系*： 电视节目改编自（内容表达）[television adaption of (expression)]

改编成录像（内容表达）[adapted as a video (expression)]：基于源实体的录像。*对应关系*： 录像改编自（内容表达）[video adaption of (expression)]

改编成戏剧（内容表达）[dramatized as (expression)]：由源作品改编的戏剧作品的内容表达。*对应关系*： 戏剧改编自（内容表达）[dramatization of (expression)]

改编成小说（内容表达）[novelization (expression)]：由源实体改编的小说的内容表达。*对应关系*： 小说改编自（内容表达）[novelization of (expression)]

改编成韵文（内容表达）[verse adaptation (expression)]：由源作品改编的韵文形式的文学作品的内容表达。*对应关系*：韵文改编自（内容表达）[verse adaptation of (expression)]

台本（内容表达）的基础 [basis for libretto (expression)]：基于源作品的歌剧、舞台音乐剧或清唱剧的文本作品的内容表达。*对应关系*：基于（内容表达）的台本 [libretto based on(expression)]

编舞（内容表达）[choreography (expression)]：基于源作品的舞蹈作品的内容表达。*对应关系*：（内容表达）的编舞 [choreography for (expression)]

文摘（内容表达）[digest (expression)]：将源实体系统地、全面地压缩了的作品的内容表达。*对应关系*: 文摘自（内容表达）[digest of (expression)]

扩充成（内容表达）[expanded as (expression)]：对源作品内容进行扩充的作品的内容表达。*对应关系*： 扩充自（内容表达）[expanded version of (expression)]

意译成（内容表达）[freely translated as (expression)]：通过对源作品意译成另一种语言而创作的作品的内容表达，该翻译保持原作的精髓而未保留其语言细节。*对应关系*： 意译自（内容表达）[free translation of (expression)]

模仿成（内容表达）[imitated as (expression)]：复制了源作品的风格或内容的作品的内容表达。*对应关系*： 模仿自（内容表达）[imitation of (expression)]

戏仿成（内容表达）[parodied as (expression)]：为追求喜剧效果而模仿源作品风格和内容的作品的内容表达。*对应关系*： 戏仿自（内容表达）[parody of (expression)]

被索引于（内容表达）(indexed in (expression))：为源实体内容编制索引而成的作品的内容表达（一种文摘和索引服务）。*对应关系*：为（内容表达）编制索引 [indexing for (expression)]

音乐改编（musical arrangement）：在表演媒介上被修改成与原实体初衷不同的作品的内容表达。对应关系： 音乐改编自（内容表达）[musical arrangement of (expression)]

谱曲（内容表达）[musical setting (expression)]：用源作品文本的除清唱剧之外的非戏剧音乐作品的内容表达。*对应关系*： 谱曲自（内容表达）[musical setting of (expression)]

音乐变奏曲（内容表达）[musical variations (expression)]：旋律、主题或和声素材取自源作品、经过一次或多次的重复和后续修改而形成的分立主题的音乐作品的内容表达。*对应关系*：基于（内容表达）的音乐变奏曲 [musical variations based on (expression)]

重述成（内容表达）[paraphrased as (expression)]：用不同的形式对源作品的内容进行重述的作品的内容表达。*对应关系*： 重述自（内容表达）[paraphrase of (expression)]

重新制作成（内容表达）(remade as (expression))：基于先前作品的新的电影、广播节目、电视节目或录像的内容表达。*对应关系*：重新制作自（内容表达）[remake of (expression)]

修订成（revised as）：已更新、修改或扩充的作品的内容表达。*对应关系*： 修订自（revision of）

概要（内容表达）[summary (expression)]：为源实体的内容编制概要的作品的内容表达。*对应关*

系：概要自（内容表达）[summary of (expression)]

译成（translated as）：将源实体翻译成与原始作品不同语言的文本的作品的内容表达。*对应关系*：译自（translation of）

J.3.3 描述内容表达关系

对（内容表达）的描述 [description of (expression)]：由描述实体所描述的内容表达。*对应关系*：在（内容表达）中被描述 [described in (expression)]

对（内容表达）的分析 [analysis of (expression)]：对该内容表达的组成部分和各部分关系进行剖析。*对应关系*：在（内容表达）中被分析 [analysed in (expression)]

对（内容表达）的评注 [commentary on (expression)]：用作一系列注释或评注基础的作品的内容表达。*对应关系*：在（内容表达）中的评注 [commentary in (expression)]

对（内容表达）的批评 [critique of (expression)]：用作批判性评价基础的作品的内容表达。*对应关系*：在（内容表达）中被批评 [critiqued in (expression)]

对（内容表达）的评价 [evaluation of (expression)]：被验讫或评判的作品的内容表达。*对应关系*：在（内容表达）中被评价 [evaluated in(expression)]

对（内容表达）的评论 [review of(expression)]：用作概要性评价基础的作品的内容表达。*对应关系*:在（内容表达）中被评论 [reviewed in (expression)]

在（内容表达）中被描述 [described in(expression)]：描述被描述实体的内容表达。*对应关系*：对（内容表达）的描述 [description of (expression)]

在（内容表达）中被分析 [analysed in (expression)]：对源实体的组成部分各部分关系进行剖析的作品的内容表达。*对应关系*：对（内容表达）的分析 [analysis of (expression)]

在（内容表达）中的评注 [commentary in (expression)]：包含一系列关于所描述实体的注释或评注的作品的内容表达。*对应关系*：对（内容表达）的评注 [commentary on (expression)]

在（内容表达）中被批评 [critiqued in (expression)]：包含对所描述实体的批判性评价的作品的内容表达。*对应关系*：对（内容表达）的批评 [critique of (expression)]

在（内容表达）中被评价 [evaluated in (expression)]：对所描述实体进行验讫或评判的作品的内容表达。*对应关系*：对（内容表达）的评价 [evaluation of (expression)]

在（内容表达）中被评论 [reviewed in (expression)]：包含对所描述实体的概要性评价的作品的内容表达。*对应关系*：对（内容表达）的评论 [review of (expression)]

J.3.4 整体-部分内容表达关系

包含于（内容表达）[contained in(expression)]：包含有独立组成部分的较大作品的内容表达。*对应关系*：包含（内容表达）[contains (expression)]

包含（内容表达）[contains(expression)]：较大实体独立组成部分的作品的内容表达。*对应关系*: 包含于（内容表达）[contained in (expression)]

J.3.5 伴随内容表达关系

附增（内容表达）[augmented by (expression)]：增加到主要实体内容中的作品的内容表达。*对应关系*：（内容表达）的附增 [augmentation of (expression)]

补遗（内容表达）[addenda (expression)]：由简短的附加资料组成的作品的内容表达，它小于补编的分量，但对于该主要作品文本的完整性是重要的，通常加在内容的最后，但也可能单独发行。*对应关系*：（内容表达）的补遗 [addenda to(expression)]

附录（内容表达）[appendix(expression)]：作为另一部作品的附增部分但对于主要作品内容的完整性并非不可缺少的作品的内容表达，诸如参考书目清单、统计报表和说明性资料；它可以附在主要作品内容的后面，也可以单独发行。*对应关系*：（内容表达）的附录 [appendix to (expression)]

目录（内容表达）[catalogue (expression)]：由被系统排列的完整款目组成的作品的内容表达。*对应关系*：（内容表达）的目录 [catalogue of (expression)]

语词索引（内容表达）[concordance (expression)]：由对主要实体中所有词所做的索引组成的作品的内容表达。*对应关系*：（内容表达）的语词索引 [concordance to (expression)]

勘误（内容表达）[errate (expression)]：由已出版的主要作品中发现的错误及其更正组成的作品的内容表达。*对应关系*：（内容表达）的勘误 [errata to (expression)]

查询工具（内容表达）[finding aid (expression)]：对档案收藏的组织、排列和内容提供指南的作品的内容表达。*对应关系*：（内容表达）的查询工具 [finding aid for (expression)]

指南（内容表达）[guide (expression)]：用注释、学习和研究工具、练习、提问、问题与答案、教师或学生参考资料等对用户使用主要作品提供指南的作品的内容表达。*对应关系*：（内容表达）的指南 [guide to (expression)]

插图（内容表达）[illustrations (expression)]：由专门用以诠释或装饰所附增作品的图画内容组成的作品的内容表达。*对应关系*：（内容表达）的插图 [illustrations for (expression)]

索引（内容表达）[index (expression)]：对主要实体的内容提供系统的、按字顺排列的指南的作品的内容表达，通常指引到页码或其他参考代码。*对应关系*:（内容表达）的索引 [index to (expression)]

补编（内容表达）[supplement(expression)]：更新或完善了主要实体的作品的内容表达。*对应关系*:（内容表达）的补编 [supplement to(expression)]

（内容表达）的附增 [augmentation of (expression)]：其内容被另一个实体给予增补的作品的内容表达。*对应关系*：附增（内容表达）[augmented by (expression)]

（内容表达）的补遗 [addenda to (expression)]：对其内容增加了简洁的附加资料的作品的内容表达，所增加的附加资料小于补编的分量，但对于该主要作品内容的完整性是重要的，通常加在内容的最后，但也可能单独发行。*对应关系*：补遗（内容表达）[addenda (expression)]

（内容表达）的附录 [appendix to (expression)]：由另一部包含有对其内容的完整性并非不可缺少的资料作为其附增的作品的内容表达，诸如参考书目清单、统计报表和说明性资料；它可以附在主要作品的后面，也可以单独发行行。*对应关系*：附录（内容表达）[appendix (expression)]

（内容表达）的目录 [catalogue of (expression)]：用作目录的基础的作品的内容表达，即被系统排列的完整款目。*对应关系*：目录（内容表达）[catalogue (expression)]

（内容表达）的语词索引 [concordance to (expression)]：用作语词索引的基础的作品的内容表达，即对主要实体中所有词所做的索引。*对应关系*：语词索引（内容表达）[concordance (expression)]

（内容表达）的勘误 [errata to (expression)]：由主要作品的勘误表增补的作品的内容表达，该勘误表包括已出版的主要作品中发现的错误及其更正。*对应关系*：勘误（内容表达）[errata (expression)]

（内容表达）的查询工具 [finding aid for(expression)]：用作查询工具基础的档案收藏的内容表达，即对收藏的组织、排列和内容提供指南。*对应关系*：查询工具（内容表达）[finding aid (expression)]

（内容表达）的指南 [guide to (expression)]：被另一作品附增的作品的内容表达，另一作品是由帮助用户使用主要作品的资料组成的，诸如注释、学习和研究工具、练习、提问、问题与答案、教师或学生参考资料等。*对应关系*：指南（内容表达）[guide (expression)]

（内容表达）的插图 [illustrations for (expression)]：由专门用以诠释或装饰的图画内容作为其附增的作品的内容表达。*对应关系*：插图（内容表达）[illustrations (expression)]

（内容表达）的索引 [index to (expression)]：用作索引基础的作品的内容表达，即对主要实体的内容提供系统的、按字顺排列的指南，通常指引到页码或其他参考代码。*对应关系*：索引（内容

表达）[index (expression)]

（内容表达）的补编 [supplement to (expression)]：由增补实体对其进行更新或完善的作品的内容表达。*对应关系*：补编（内容表达）[supplement (expression)]

相互补充（内容表达）[complemented by (expression)]：与另一实体配套的作品的内容表达，但它们之间没有主次之分。*对应关系*：相互补充（内容表达）[complemented by (expression)]

华彩乐段（内容表达）[cadenza (expression)]：为独奏者所作的装饰片段的音乐作品的内容表达，可以添加到相同或不同作曲者创作的诸如协奏曲一类的音乐作品中。*对应关系*：（内容表达）的华彩乐段 [candenza composed for (expression)]

（内容表达）的华彩乐段 [cadenza composed for (expression)]：其装饰片段是为独奏者创作的音乐作品的内容表达，例如协奏曲，其作曲者相同或不同。*对应关系*：华彩乐段（内容表达）[candenza (expression)]

台本（内容表达）[libretto (expression)]：为歌剧、舞台音乐剧或清唱剧提供文本的作品的内容表达。*对应关系*：（内容表达）的台本 [libretto for (expression)]

（内容表达）的台本 [libretto for (expression)]：使用与其相关的文本作为其剧本的音乐作品的内容表达，例如歌剧、其他音乐舞台剧或清唱剧。*对应关系*：台本（内容表达）[libretto (expression)]

广播文稿（内容表达）[radio script (expression)]：为广播节目提供文本的作品的内容表达。*对应关系*：广播节目（内容表达）的文稿 [script for the radio program (expression)]

影视剧剧本（内容表达）[screenplay (expression)]：为电影、电视节目或录像提供文本的作品的内容表达。*对应关系*：（内容表达）的影视剧剧本 [screenplay for (expression)]

电影剧本（内容表达）[motion picture screenplay (expression)]：为电影提供文本的作品的内容表达。*对应关系*：（内容表达）的电影剧本 [screenplay for the motion picture (expression)]

电视节目剧本（内容表达）[television screenplay (expression)]：为电视节目提供文本的作品的内容表达。*对应关系*：（内容表达）的电视节目剧本 [screenplay for the television program (expression)]

录像剧本（内容表达）[video screenplay (expression)]：为录像提供文本的作品的内容表达。*对应关系*：（内容表达）的录像剧本 [screenplay for the video (expression)]

（内容表达）的影视剧剧本 [screenplay for (expression)]：诸如电影、电视节目或录像等使用其文本作为影视剧剧本的作品的内容表达。*对应关系*：screenplay (expression) 影视剧剧本（内容表达）

电影（内容表达）的剧本 [screenplay for the motion picture(expression)]：使用其文本作为电影剧本的作品的内容表达。*对应关系*：电影剧本（内容表达）[motion picture screenplay (expression)]

电视节目（内容表达）的剧本 [screenplay for the television program (expression)]：使用其文本作为电视节目剧本的作品的内容表达。*对应关系*：电视节目剧本（内容表达）[television screenplay (expression)]

录像（内容表达）的剧本 [screenplay for the video (expression)]：使用其文本作为录像剧本的作品的内容表达。*对应关系*：录像剧本（内容表达）[video screenplay (expression)]

（内容表达）的广播节目文稿 [script for the radio program (expression)]：使用其文本作为广播节目文稿的作品的内容表达。*对应关系*：广播文稿（内容表达）[radio script (expression)]

J.3.6 连续内容表达关系

先前（内容表达）[preceded by (expression)]：在后续实体之前（例如，时间较早或叙述在前）的作品的内容表达。对于内容被修改的连续编号作品，见 **J.3.2**（衍生内容表达）。*对应关系*：被（内容表达）继承

[succeeded by (expression)]

吸收（内容表达）[absorbed (expression)]：被合并入另一实体中的作品的内容表达。*对应关系*: 被（内容表达）吸收 [absorbed by (expression)]

部分吸收（内容表达）[absorbed in part (expression)]：被部分合并入另一实体中的作品的内容表达。*对应关系*: 部分被（内容表达）吸收 [absorbed in part by (expression)]

继承（内容表达）[continues (expression)]：被赋予新题名的后来实体的内容所继承的作品的内容表达。一般用于连续出版物。*对应关系*：被（内容表达）继承 [continued by (expression)]

部分继承（内容表达）[continues in part (expression)]：被分成两个或两个以上具有各自新题名的单独实体的作品的内容表达。一般用于连续出版物。*对应关系*：分成（内容表达）[split into (expression)]

（内容表达）的合并 [merger of (expression)]：合并成一个新实体的两部或两部以上作品的一部的内容表达。*对应关系*：与……合并成……（内容表达）[merge with…to form…(expression)]

从（内容表达）分出 [separated from (expression)]：其内容的一部分被分出后形成一个新实体的作品的内容表达。*对应关系*：被（内容表达）部分继承 [continued in part by (expression)]

替代（内容表达）[supersedes (expression)]：其内容已被较晚实体所替代的较早作品的内容表达，通常是由于较晚实体包含有更新的或新的信息使得较早实体已经过时。一般适用于单一部分组成的单元、多部分专著和集成性资源。*对应关系*：被（内容表达）替代 [superseded by (expression)]

部分替代（内容表达）[supersedes in part (expression)]：其内容已被较晚实体部分替代的较早作品的内容表达，通常是由于较晚实体包含有更新的或新的信息使得较早实体已经过时。一般适用于单一部分组成的单元、多部分专著和集成性资源。*对应关系*：被（内容表达）部分替代 [superseded in part by (expression)]

被（内容表达）后继 [succeeded by (expression)]：一个后继（例如，时间较晚或叙述在后）较早实体的作品的内容表达。对于内容被修改的连续编号的内容表达，见 **J.3.2**（衍生内容表达）。*对应关系*：先前（内容表达）[preceded by (expression)]

被（内容表达）吸收 [absorbed by (expression)]：合并另一个实体的作品的内容表达。*对应关系*：吸收（内容表达）[absorbed (expression)]

被（内容表达）部分吸收 [absorbed in part by (expression)]：合并另一个实体的部分内容的作品的内容表达。*对应关系*：部分吸收（内容表达）[absorbed in part (expression)]

被（内容表达）继承 [continued by (expression)]：其内容继承较早实体且有新题名的作品的内容表达。用于连续出版物。*对应关系*：继承（内容表达）[continues (expression)]

被（内容表达）部分继承 [continued in part by (expression)]：部分内容是从较早实体中分离出来后形成的一个新实体的作品的内容表达。一般用于连续出版物。*对应关系*：从（内容表达）分出 [separated from (expression)]

与……合并成……（内容表达）[merged with…to from…(expression)]：两部或两部以上作品的内容表达合并称一个新实体。*对应关系*:（内容表达）的合并 [merge of (expression)]

分成（内容表达）[split into…(expression)]：由较早实体分成两个或两个以上各自独立实体中的一个内容表达。*对应关系*：部分继承（内容表达）[continues in part (expression)]

被（内容表达）替代 [superseded by (expression)]：用以替代较早实体的较晚实体的内容表达，通常由于较晚实体包含有更新的或新的信息使得较早实体已经过时。一般适用于单一部分组成的单元、多部分专著和集成性资源。*对应关系*：替代（内容表达）[supersedes (expression)]

被（内容表达）部分替代 [superseded in part by(expression)]：用以部分替代较早实体的较晚实体，通常由于较晚实体包含有更新的或新的信息使得较早实体已过时。一般适用于单一部分组成的单元、多部分专著和集成性资源。*对应关系*：部分替代（内容表达）[supersedes in part(expression)]

J.4 相关载体表现的关系说明语

J.4.1 相关载体表现关系

将 J.4.2–J.4.5 中所列的适用的术语与相关载体表现（见 26.1）的标识符或结构化描述一起记录。应用 J.1 中所列的关于使用关系说明的一般性规则。

J.4.2 等同载体表现关系

等同载体表现（equivalent manifestation）：体现作品同一内容表达的载体表现。*对应关系*： 等同载体表现（equivalent manifestation）

也作为……发行（also issued as）：作为不同格式发行的载体表现，该载体表现体现作为所描述资源的作品的同一内容表达。*对应关系*：也作为……发行（also issued as）

镜像站点（mirror site）：作为精确复本的、用于减少网络流量或提高原站点获取能力的网站的载体表现。*对应关系*：镜像站点（mirror site）

复制为（reproduced as）：从体现作品同一内容表达的另一载体表现复制而来的载体表现。*对应关系*：（载体表现）的复制品 [reproduction of (manifestation)]

数字化转储（digital transfer）：资源从一种数字化格式转储为另一种数字化格式而形成的载体表现。*对应关系*：（载体表现）的数字化转储 [digital transfer of (manifestation)]

电子复制品（lectronic reproduction）：通过复制模拟载体表现而获得的数字化载体表现。*对应关系*：（载体表现）的电子复制品 [electronic reproduction of (manifestation)]

摹真本（facsimile）：通过精确复制体现作品同一内容表达的另一载体表现而形成的载体表现。*对应关系*：（载体表现）的摹真本 [facsimile of (manifestation)]

保存摹真本（preservation facsimile）：由复制在诸如脱酸的永久用纸或档案纸等具有保存品质的媒介上的复制品组成的载体表现。*对应关系*：（载体表现）的保存摹真本 [preservation facsimile of(manifestation)]

重印成（reprinted as）：重新发行作为所描述印刷资源的作品同一内容表达而形成的载体表现。*对应关系* ：（载体表现）的重印 [reprint of (manifestation)]

（载体表现）的复制品 [reproduction of(manifestation)]：用作复制品的基础的载体表现。*对应关系*：复制为（reproduced as）

（载体表现）的数字化转储 [digital transfer of (manifestation)]：从一种数字格式转储为另一种数字化格式的载体表现。*对应关系*：数字化转储（digital transfer）

（载体表现）的电子复制品 [electronic reproduction of (manifestation)]：用作电子复制品的基础的模拟载体表现。*对应关系*：电子复制品（electronic production）

（载体表现）的摹真本 [facsimile of(manifestation)]：用作精确复制品的基础的载体表现。*对应关系*：摹真本（facsimile）

（载体表现）的保存摹真本 [preservation facsimile of (manifestation)]：用作复制在诸如脱酸的永久用纸或档案纸等具有保存品质的媒介上的精确复制品的基础的载体表现。*对应关系*：保存摹真本（preservation facsimile）

（载体表现）的重印 [reprint of (manifestation)]：用作与所描述资源内容相同的重新发行版本的基础的印刷型载体表现。*对应关系*：重印成（reprinted as）

J.4.3 描述载体表现关系

对（载体表现）的描述 [description of (manifestation)]：描述实体所描述的载体表现。

对（载体表现）的分析 [analysis of (manifestation)]：对该载体表现的组成部分和各部分关系进行剖析。

对（载体表现）的评注 [commentary on (manifestation)]：用作一系列注释或评注基础的载体表现。

对（载体表现）的批评 [critique of (manifestation)]：用作批判性评价基础的载体表现。

对（载体表现）的评价 [evaluation of (manifestation)]：被验讫或评判的载体表现。

对（载体表现）的评论 [review of (manifestation)]：用作概要性评价基础的载体表现。

J.4.4 整体-部分载体表现关系

包含于（载体表现）[contained in (manifestation)]：包含独立组成部分的较大载体表现。*对应关系*：包含（载体表现）[contained (manifestation)]

摹真品包含于（载体表现）[facsimile contained in (manifestation)]：其各部分均为独立的组成部分、精确复制了体现作品同一内容表达的另一载体表现的较大的载体表现。*对应关系*：包含（载体表现）的摹真品 [contains facsimile of (manifestation)]

被嵌入……中（inserted in）：被嵌入资料的载体表现，该资料不是该出版物一个必不可少的组成部分。*对应关系*：嵌入（insert）

……的特刊（special issue of）：包含有针对专门主题的、有或没有连续出版物编号的单独一期或增补部分的连续出版物或报纸，例如期刊或报纸的年刊。*对应关系*：特刊（special issue）

包含（载体表现）[contains (manifestation)]：作为较大实体独立组成部分的载体表现。*对应关系*：包含于（载体表现）[contained in (manifestation)]

包含（载体表现）的摹真品 [contains facsimile of (manifestation)]：作为较大实体组成部分的精确复制的基础的载体表现。*对应关系*：摹真品包含于（载体表现）[facsimile contained in (manifestation)]

嵌入（insert）：由单独发行资料组成的载体表现，该资料不是所嵌入的较大载体表现的一个必不可少的组成部分。*对应关系*：被嵌入……中（inserted in）

特刊（special issue）：由连续出版物或报纸中针对专门主题的单独一期或增补所组成的载体表现。*对应关系*：……的特刊（special issue of）

J.4.5 伴随载体表现关系

与（载体表现）伴随 [accompanied by (manifestation)]：与另一载体表现一起发行的载体表现，它们在内容上没有任何关系。*对应关系*：与（载体表现）伴随 [accompanied by (manifestation)]

与……一起发行（issued with）：与所描述载体表现在同一载体上发行的载体表现。*对应关系*：与……一起发行（issued with）

与（载体表现）合拍 [filmed with (manifestation)]：与所描述载体表现在同一缩微品中发行的载体表现。*对应关系*：与（载体表现）合拍 [filmed with (manifestation)]

与（载体表现）合盘 [on disc with (manifestation)]：与所描述载体表现在同一片盘中发行的载体表现。*对应关系*：与（载体表现）合盘 [on disc with (manifestation)]

J.5 相关单件的关系说明语

J.5.1 相关单件关系

将 **J.5.2–J.5.5** 所列的适用术语与相关单件（见 **28.1**）的标识符或结构性描述一起记录。应用 **J.1** 所列的关于使用关系说明语的一般性规则。

仅当相关实体是载体表现的一个特定复本时，才用相关单件的关系说明语。

J.5.2 等同单件关系

等同单件（equivalent item）：体现作品同一内容表达的单件。*对应关系*：等同单件（equivalent item）

（单件）的复制品［reproduction of (item)］：作为复制品基础的特定单件。

（单件）的数字化转储［digital transfer of (item)］：从一种数字化格式转储为另一种数字化格式的单件。

（单件）的电子复制品［electronic reproduction of (item)］：用作电子复制品的基础的模拟单件。

（单件）的摹真品［facsimile of (item)］：用作精确复制品的基础的单件。

（单件）的保存摹真品［preservation facsimile of (item)］：用作复制在永久脱酸纸或档案纸等具有保存品质的媒介上的精确复制品的基础的单件。

（单件）的重印［reprint of (item)］：用作与所描述资源内容相同的重印件的基础的单件。

J.5.3 描述单件关系

对（单件）的描述［description of(item)］：由描述实体描述的单件。

对（单件）的分析［analysis of (item)］：对该单件的组成部分和各部分关系进行剖析。

对（单件）的评注［commentary on (item)］：用作一系列注释或评注基础的单件。

对（单件）的批评［critique of (item)］：用作批判性评价基础的单件。

对（单件）的评价［evaluation of (item)］：被验讫或评判的单件。

对（单件）的评论［review of (item)］：用作概要性评价基础的单件。

J.5.4 整体-部分单件关系

包含于（单件）［contained in (item)］：包含独立组成部分的较大单件。*对应关系*：包含（单件）［contains (item)］

包含（单件）［contains (item)］：作为较大单件独立组成部分的单件。*对应关系*：包含于（单件）［contained in (item)］

J.5.5 伴随单件关系

与（单件）伴随［accompanied by (item)］：在发行之后与另一单件相伴随的单件。*对应关系*：与（单件）伴随［accompanied by (item)］

与……合订（bound with）：与所描述单件装订在一起的单件。*对应关系*：与……合订（bound with）

与（单件）合拍［filmed with (item)］：与所描述单件包含在同一缩微品中的单件。*对应关系*：与（单件）合拍［filmed with (item)］

与（单件）合盘［on disc with (item)］：与所描述单件包含在同一盘片中的单件。*对应关系*：与（单件）合盘［on disc with (item)］

K

关系说明语：个人、家族和团体之间的关系

K.0 范围

本附录提供关于使用关系说明语指明个人、家族和团体之间关系的一般性规则，并列出用于此目标的关系说明语。

本附录中所提供的关系说明语为暂定的，必要时会对其复核、修订，并在 RDA 首次发布时予以确认。

K.1 使用关系说明语的一般性规则

关系说明语用于指示个人、家族和团体之间关系的特性。

如果本附录中所列的术语均不适用或不够专指，则用尽可能简洁的指示关系本质的术语。

如果用于记录关系的元素（例如，相关个人）可满足创建数据机构的目标，则不必用指示关系特性的关系说明语。

K.2 相关个人的关系说明语

K.2.1 个人与其他个人的关系说明语

将下列适用的术语和相关个人（见 30.1）的规范检索点或标识符一起记录。应用 **K.1** 所列的关于使用关系说明语的一般性规则。

交替身份（alternate identity）：个人虚构的笔名或其他身份。

真实身份（real identity）：虚构交替身份的真实个人。

K.2.2 个人与家族的关系说明语

将下列适用的术语和相关个人（见 30.1）的规范检索点或标识符一起记录。应用 **K.1** 所列的关于使用关系说明语的一般性规则。

家族成员（family member）：作为某家族成员的个人。

祖先（progenitor）：一个家族均为其后裔的个人。

K.2.3 个人与团体的关系说明语

将下列适用的术语与相关个人（见 30.1）的规范检索点或标识符一起记录。应用 **K.1** 所列的关于使用关系说明语的一般性规则。

雇员（employee）：被团体雇佣的个人。

创建者（founder）：创建团体的个人。

团队成员（group member）：作为表演团队、探险队等成员的个人。

任职者（incumbent）：在团体中任职的个人。

赞助者（sponsor）：赞助团体的个人。

K.3 相关家族的关系说明语

K.3.1 家族与个人的关系说明语

将下列适用的术语和相关家族（见 31.1）的规范检索点或标识符一起记录。应用 K.1 所列的关于使用关系说明语的一般性规则。

后代（descendants）：由某人所繁衍的后裔家族。

K.3.2 家族与其他家族的关系说明语

将下列适用的术语和相关家族（见 31.1）的规范检索点或标识符一起记录。应用 K.1 所列的关于使用关系说明语的一般性规则。

后裔家族（descendant family）：繁衍自另一个家族的家族。

K.3.3 家族与团体的关系说明语

将下列适用的术语和相关家族（见 31.1）的规范检索点或标识符一起记录。应用 K.1 所列的关于使用关系说明语的一般性规则。

创建家族（founding family）：创建团体的家族。

赞助家族（sponsoring family）：赞助团体的家族。

K.4 相关团体的关系说明语

K.4.1 团体与个人的关系说明语

将下列适用的术语和相关团体（见 32.1）的规范检索点或标识符一起记录。应用 K.1 所列的关于使用关系说明语的一般性规则。

雇主（employer）：雇佣个人的团体。

创建的机构（founded organization）：个人创建的团体。

……的团队成员（group member of...）：个人作为其成员的团体（表演团体，探险队等）。

K.4.2 团体与家族的关系说明语

将下列适用的术语和相关团体（见 32.1）的规范检索点或标识符一起记录。应用 K.1 所列的关于使用关系说明语的一般性规则。

创建的机构（founded organization）：家族创建的团体。

赞助的机构（sponsored organization）：家族赞助的团体。

K.4.3 团体与其他团体的关系说明语

将下列适用的术语和相关团体（见 32.1）的规范检索点或标识符一起记录。应用 K.1 所列的关于使用关系说明语的一般性规则。

下级机构（hierarchical subordinate）：从属于另一个团体的团体。

上级机构（hierarchical superior）：团体的上级团体。

被合并的一方（mergee）：与另一个团体合并后形成第三方团体的团体。

团体前身（predecessor）：团体之前的团体。

合并而成的团体（product of a merger）：由两个或两个以上团体合并而成的团体。

分出的团体（product of a split）：从另一个团体中分出，或是其分支的团体。

后继团体（successor）：团体的后继或后续团体。

L

关系说明语：概念、物体、事件和地点之间的关系

[待补充]

术语表

4 开（4to）	四开；图书的一种开本，由一叶或多叶全张纸的 1/4 组成。
8 开（8vo）	八开；图书的一种开本，由一叶或多叶全张纸的 1/8 组成。
12 开（12mo）	十二开；图书的一种开本，由一叶或多叶全张纸的 1/12 组成。
16 开（16mo）	十六开；图书的一种开本，由一叶或多叶全张纸的 1/16 组成。
24 开（24mo）	二十四开；图书的一种开本，由一叶或多叶全张纸的 1/24 组成。
32 开（32mo）	三十二开；图书的一种开本，由一叶或多叶全张纸的 1/32 组成。
48 开 （48mo）	四十八开；图书的一种开本，由一叶或多叶全张纸的 1/48 组成。
64 开（64mo）	六十四开；图书的一种开本，由一叶或多叶全张纸的 1/64 组成。

A

缩略题名（Abbreviated Title）	为编制索引或识别的目的而缩写的题名。
学位（Academic Degree）	作为学术精通程度的证明而授予的等级。
检索点（Access Point）	名称、术语、代码等，在其下可找到与之有关的特定实体的信息。 *参见* 规范检索点（Authorized Access Point） *参见* 变异检索点（Variant Access Point）
无障碍内容（Accessibility Content）	有助于感官受损人士更多地理解那些由于听障或视障而阻碍他们理解的内容。

可触摸标签（Accessible Labels）	附在触摸图像、地图或线图上的可获取的触摸文本。
动作分解舞谱（Action Stroke Dance Notation）	一种用抽象的符号表示身体和四肢位置及运动的动作谱形式。它在不同的垂直谱线上分别记录上肢、下肢和躯干的表现。
游戏卡（Activity Card）	印有词、数字和/或图画的卡片，用作一个人或一群人从事特定活动的道具，通常是成套发行。 *参见* 游戏（Game）
附加比例尺信息（Additional Scale Information）	与比例尺有关的补充信息，如对比较测量的说明或对资源内容特定部分的比例尺限制。
团体地址（Additional Scale Information）	团体总部或办公室的地址、电子邮件地址或网址。
个人地址（Address of the Person）	个人居住地、办公地、就职地的地址和/或电子邮件地址或网址。
隶属机构（Affiliation）	个人通过就业、成员身份/资格、文化认同等方式所隶属或曾隶属的组织。
序列首期或第一部分的交替年代标识（Alternative Chronological Designation of First Issue or Part of Sequence）	连续出版物某一编号序列的首期或第一部分上以日期形式（例如，年，年和月，月、日和年）展现的第二种或后继编号体系。
序列末期或最后一部分的交替年代标识（Alternative Chronological Designation of Last Issue or Part of Sequence）	连续出版物某一编号序列的末期或最后一部分上以日期形式（例如，年，年和月，月、日和年）展现的第二种或后继编号体系。
序列首期或第一部分的交替数字和/或字母标识（Alternative Numeric and/or Alphabetic Designation of First Issue or Part of Sequence）	连续出版物某一编号序列的首期或第一部分上以数字和/或字母形式展现的第二种或后继编号体系。
序列末期或最后一部分的交替数字和/或字母标识（Alternative Numeric and/or Alphabetic Designation of Last Issue or Part of Sequence）	连续出版物某一编号序列的末期或最后一部分上以数字和/或字母形式展现的第二种或后继编号体系。

交替题名（Alternative Title）	由两部分（每部分都有一个独立的题名形式）组成的正题名的第二部分，两部分之间用“or”或另一种语言的对应词连接。
分析著录（Analytical Description）	对较大资源中的一部分（例如，一套三卷本传记中的一卷、一套系列地图中的一张地图）进行描述的著录。
每年（Annual）	资源的发行或更新频率为每年一次。
穿孔卡片（Aperture Card）	带有一个或多个卡住缩微胶卷外框的长方形开口或孔的卡片。
应用材料（Applied Material）	用作资源基底材料的物理或化学物质。
档案资源（Archival Resource）	在事件进行过程中由个人、家族或团体原始创作、积累和/或使用的，并由于具有连续性价值而保存的一个或多个文件。该资源可能是一个文献集合，也可能是彼此分离的单件。它还可能是由档案馆、个人或其他机构获取并汇总的集合，它们并没有一个共同的出处或来源，但却反映了一些共同的特点，例如，一个特定的主题、专题或形式。
艺术和/或技术的贡献者名单（Artistic and/or Technical Credit）	对资源的艺术和/或技术制作做出贡献的个人、家族或团体的名单。
宽高比（Aspect Ratio）	动态图像宽度和高度的比。
相关机构（Associated Institution）	通常与一个团体相联系的机构。
地图册（Atlas）	包含或不包含描述性文本的地图或其他地图内容的集册。
音频（Audio）	用于存储录音的媒介，需与唱机、录音机、CD 播放器或 MP3 播放器等播放设备配合使用，包括用于存储数码与模拟声音的媒介。
盒式录音带（Audio Cartridge）	装在单轴盒中的录音带。
录音筒（Audio Cylinder）	通过刻痕或连续的螺旋式纹槽在其上记录声波的滚筒形物体，包括蜡滚筒、金属丝滚筒等。

音频描述（Audio Description）	通过人的大声朗读或语音合成的方式表达的叙述性文本，该文本可简要阐释资源音频元素中不能显而易见的视觉细节，也称作听觉叙述、视觉描述、描述性视频、音频字幕。
录音盘（Audio Disc）	通过刻痕或连续的螺旋式纹槽在其上将声波记录为音调、节奏等的盘片。
录音资料（Audio Recording）	用机械或电子手段记录声音振动的资料，以便声音的重现。
录音卷（Audio Roll）	通过穿孔方式表示音符的纸卷，用于钢琴、风琴等时，以机械方式重现音乐，包括钢琴滚筒等。
卡式录音带（Audiocassette）	装在双轴盒中的录音带。
录音带（Audiotape）	记录电学信号，并能用录音播放设备将其转换成声音的一段磁带。
开盘录音带（Audiotape Reel）	装在开放式卷盘中的一段录音带，需与双卷盘式录音设备配合使用。
规范检索点（Authorized Access Point）	代表一个实体的标准化检索点。
奖项（Award）	颁奖或奖金发放机构对资源内容的优秀性等给予的正式认可。

B

基底材料（Base Material）	资源的基底物理材料。
缩微胶卷、缩微平片、摄影胶片和电影胶片的基底材料（Base Material for Microfilm, Microfiche, Photographic Film, and Motion Picture Film）	缩微胶卷、缩微平片、摄影胶片和电影胶片的基底物理材料。
博尚-傅叶舞谱（Beauchamp-Feuillet Notation）	一种用抽象的符号表示与一段音乐相关的脚步运动的动作谱形式。它记录舞者在地面上的足迹或跨越的轨迹。

班尼斯动作谱（Benesh Movement Notation）	一种用抽象的符号表示从背后所看到的身体和四肢位置的动作谱形式。它在五条水平谱线上记录身体的表现。
双年（Biennial）	资源的发行或更新频率为每两年一次。
双月（Bimonthly）	资源的发行或更新频率为每两月一次。
装订（Binding）	将一张或多张纸汇集在一起，并外加封面。
传记信息（Biographical Information）	与个人的生活或历史有关的信息。
双周（Biweekly）	资源的发行或更新频率为每两周一次。
图书开本（Book Format）	将一个印张折叠成书帖的结果（例如，一个印张折叠一次后形成对开，折叠两次后是四开，折叠三次后是八开等）。
布莱叶盲文编码（Braille Code）	一种文本的触摸标记形式，以六点为一个单位、采用点状的凸起记录文字。
广播标准（Broadcast Standard）	为电视播放对视频资源进行格式化的体系。

C

文首题名（Caption Title）	正文首页开始处出现的题名。对乐谱而言，文首题名出现在首页的顶部。
字幕（Captioning）	以资源音频元素的书写语言，将说话和其他音频信息显示在屏幕上的文本。通常为“隐藏式字幕”，如果变成可视状态需解码（开启）。也有“非隐藏式字幕”，总是处于可视状态，无法关闭。该定义不包括与说话内容语言不同的字幕。
卡片（Card）	非透明材料的一小张纸。

载体（Carrier）	存有数据、声音、图像等的物理媒介。对于特定资源类型，载体可包含装入塑料、金属等装置（例如，双轴盒、单轴盒）中的存储媒介（例如，磁带、胶片），该装置是资源的一个必不可少的组成部分。 *参见* 容器（Container） *参见* 媒介（Media） *参见* 存储媒介（Storage Medium）
载体类型（Carrier Type）	结合资源内容的浏览、播放、运行等所需中间设备的类型，反映存储媒介格式和载体装置的分类。
地图内容（Cartographic Content）	以任何比例反映地球、任何天体，或想象地的整体或部分的内容。
地图数据集（Cartographic Dataset）	经计算机处理的、以数字编码数据集表达的地图内容。 对于以图像或三维形式感知的地图数据， *见* 地图图像（Cartographic Image） *见* 地图的动态图像（Cartographic Moving Image） *见* 地图的触摸图像（Cartographic Tactile Image） *见* 地图的触摸三维形式（Cartographic Tactile Three-Dimensional Form） *见* 地图的三维形式（Cartographic Three-Dimensional Form）
地图图像（Cartographic Image）	以线条、形状、阴影等表达的，旨在作为一个或多个二维静态图像而通过视觉感知的地图内容。包括地图、视图、地图集、遥感图像等。
地图的动态图像（Cartographic Moving Image）	以图像表达的，旨在作为二维动态图像被感知的地图内容。包括运动中的地球或其他天体的卫星图像。
地图的触摸图像（Cartographic Tactile Image）	以线条、形状和/或其他形式表达的，旨在作为二维静态图像而通过触摸感知的地图内容。
地图的触摸三维形式（Cartographic Tactile Three-Dimensional Form）	以一种或多种形式表达的，旨在作为一个或多个三维形式而通过触摸感知的地图内容。
地图的三维形式（Cartographic Three-Dimensional Form）	以一种或多种形式表达的，旨在通过视觉感知的三维地图内容。包括球仪、地形模型等。

函 （Case）	装有装订或未装订资源的盒子。
编目员附注（Cataloguer's Note）	有助于使用或修改代表实体或关系数据的规范检索点，或有助于创建代表相关实体的规范检索点的注释。
图表（Chart）	1. 以图形或表格方式展示的二维数据（例如，一张墙上的挂图）。 2. 主要为航海、航空或航天设计的地图。
唱诗班乐谱（Choir Book）	放在唱诗班前面立架上的大型乐谱，每部分的乐谱是分开的，通常的编排为，当乐谱打开时，女高音和男高音部分在反面的页上，女低音和男低音部分在下一个正面的页上。
舞谱内容（Choreographic Content）	*见* 动作谱（Notated Movement）
合唱总谱（Chorus Score）	本身包括独唱和合唱的乐谱，但只显示合唱部分。在这部分中至少包括合唱和键盘或其他弦乐乐器的伴奏，伴奏部分也可能省略。 *参见* 声乐缩编谱（Vocal Score）
序列首期或第一部分的年代标识（Chronological Designation of First Issue or Part of Sequence）	连续出版物某一编号序列的首期或第一部分上以日期形式（例如，年，年和月，月、日和年）展现的编号。
序列末期或最后一部分的年代标识（Chronological Designation of Last Issue or Part of Sequence）	连续出版物某一编号序列的末期或最后一部分上以日期形式（例如，年，年和月，月、日和年）展现的编号。
密集谱（Close Score）	*见* 缩写谱（Condensed Score）
粗纹（Coarse Groove）	模拟盘的纹槽特征，典型的纹槽宽度为每厘米 40 条左右（每英寸 100 条）。粗纹一般是早期在虫漆载体上的声学和电学录音。
收藏（Collection）	由个人、家族或团体从各种来源汇集而成的一组资源。

总题名（Collective Title）	包含几个具有独立题名的组成部分的资源的总括性正题名。总题名可由出版者等提供，也可由编目员自拟。
色彩内容（Colour Content）	资源内容中对色彩、色调的表现。色彩内容也指资源内容所体现的特定色彩、色调等（包括黑色和白色）。
为视障者设计的资源的色彩内容（Colour Content of Resource Designed for Persons with Visual Impairments）	为视障者设计的资源中色彩、色调等的表现。为视障者设计的资源的色彩内容也指为视障者设计的资源所体现的特定色彩、色调等（但不包括黑色和白色）。
动态图像的色彩（Colour of Moving Image）	包含在资源中的动态图像的色彩、色调等的表现。动态图像色彩也指包含在资源中的动态图像所体现的特定色彩、色调等（包括黑色和白色）。
静态图像的色彩（Colour of Still Image）	包含在资源中的静态图像的色彩、色调等的表现。静态图像的色彩也指包含在资源中的静态图像所体现的特定色彩、色调等（包括黑色和白色）。
三维形式的色彩（Colour of Three-Dimensional Form）	包含在资源中的三维形式的色彩、色调等的表现。三维形式的色彩也指包含在资源中的三维形式所体现的特定色彩、色调等（包括黑色和白色）。
组成部分（Component Part）	更大资源中知识内容的离散的单元。
混合著录（Composite Description）	将识别一部作品和/或在载体表现中被具体化的内容表达的一个或多个元素与载体表现的描述结合在一起的一种著录方式。
复姓（Compound Surname）	由两个或两个以上专有名称组成的姓氏，有时含有连字符、连接词和/或介词。
综合著录（Comprehensive Description）	将资源作为一个整体（例如，一张地图，一种期刊，一个由图书馆收集的海报集，包含幻灯卷片、录音带和教师手册的配套教材）进行描述的著录。
计算机（Computer）	用于存储电子文件的媒介，需与计算机配合使用，包括诸如磁带和光盘这样的直接访问媒介，也包括通过文件服务器远程访问的媒介。

计算布莱叶盲文编码（Computing Braille Code）	一种用于计算机相关资料的触摸标记形式，它能显示符号和 ASCII 代码。也称作计算机布莱叶盲文编码（Computer Braille Code）。
计算机卡（Computer Card）	包含可供计算机使用的数字化编码数据的卡片。
盒式计算机芯片（Computer Chip Cartridge）	装在单轴盒中的小型电路半导体硅晶片。
计算机数据集（Computer Dataset）	经计算机处理的、以数字编码数据集表达的内容。包括通过应用软件计算平均值、相互关系等的数字数据、环境数据等，或通常以非原始状态显示的产品模型等。 对于以符号、图像或三维形式通过视觉感知的数据， *见* 动作谱（Notated Movement） *见* 乐谱（Notated Music） *见* 静态图像（Still Image） *见* 文本（Text） *见* 三维形式（Three-Dimensional Form） *见* 三维动态图像（Three-Dimensional Moving Image） *见* 二维动态图像（Two-Dimensional Moving Image） 对于以音频形式感知的数据， *见* 表演音乐（Performed Music） *见* 声音（Sounds） *见* 口头表述（Spoken Word） 对于地图数据， *见* 地图数据集（Cartographic Dataset）
计算机盘（Computer Disc）	包含磁存储或光存储数字编码数据的盘片。
盒式计算机盘（Computer Disc Cartridge）	装在单轴盒中的一个或多个计算机盘。
计算机文件（Computer File）	*见* 数字资源（Digital Resource）
计算机程序（Computer Program）	经计算机处理和操作的，以数字编码指令表达的内容。包括操作系统、应用软件等。
计算机磁带（Computer Tape）	记录由计算机处理的数字编码数据的一段磁带。

盒式计算机磁带 **（Computer Tape Cartridge）**	装在单轴盒中的计算机磁带。
卡式计算机磁带 **（Computer Tape Cassette）**	装在双轴盒中的计算机磁带。
开盘计算机磁带（Computer Tape Reel）	装在开放式卷盘中的一段磁带，需与计算机磁带设备配合使用。
缩写谱（Condensed Score）	五线谱的数量被缩减为两个或更少的总谱，通常按乐器演奏部分编排，并附有对各个部分的提示。代：简化谱（Reduced score）、缩编谱（Short score）。
会议（Conference）	1. 来自不同团体的个人或代表为就共同感兴趣的论题进行讨论和/或采取行动而举行的集会。 2. 来自同一团体的代表为选出该机构的立法或管理实体而举行的集会。
播放声道配置 **（Configuration of Playback Channels）**	用于制作录音的声道数量（例如，一条声道适用于单声道录音，两条声道适用于立体声录音）。
联络信息（Contact Information）	与组织等相关的信息，从该处可获取资源。
容器（Container）	物理上与所盛的资源可分开放置的器皿（例如，装光盘或录像带的盒子、装视盘的套筒）。 *参见* **载体（Carrier）**
内容类型（Content Type）	反映内容被表达的基本交流形式的类别以及被人类感知的感官类别。对于在一种或多种图像形式中表达的内容，内容类型还反映用于感知内容的空间维度数以及感知运动是否存在。
贡献者（Contributor）	通过内容表达对作品的实现做出贡献的个人、家族或团体，包括编者、译者、音乐改编者、表演者等。
惯用总题名（Conventional Collective Title）	用作一个个人、家族或团体的两部或两部以上作品，或一部作品的两个或两个以上部分的汇编（例如，全集、诗集、选集）的首选题名的题名。

惯用名称（Conventional Name）	一个非真实或非官方的名称，团体、地点或事物以该名称为人所知。
地图内容的坐标（Coordinates of Cartographic Content）	一种用于识别资源地图内容所覆盖区域的数学体系。坐标可以通过行星表面的经度和纬度来体现，对于天体图内容也可通过赤经和赤纬来体现。
版权日期（Copyright Date）	与受版权或类似制度保护的声明相联系的日期。
团体（Corporate Body）	由特定名称识别，并作为一个单位进行或可能进行活动的一个组织或一群人和/或组织。
团体历史（Corporate History）	与团体的历史有关的信息。
书信集（Correspondence）	一个个人、家族或团体所有书信汇编的惯用总题名。
与个人相关的国家（Country Associated with the Person）	用于识别个人的国家。
内容覆盖范围（Coverage of the Content）	资源内容的年代或地理覆盖的范围。
创作者（Creator）	对作品的创作负有责任的个人、家族或团体。
单件保管历史（Custodial History of Item）	关于单件以往拥有或保管情况的记录。
保管者（Custodian）	对单件（即资源的一个特定复本或实例）拥有合法保管权的个人、家族或团体。

D

每日（Daily）	资源的发行或更新频率为每天一次，通常不包括非工作日。

[萨顿] 舞谱（DanceWriting）	一种用形象的和抽象的符号表示身体和四肢位置及运动的动作谱形式。它在水平方向的五条谱线上记录身体的表现。
数据类型（Data Type）	在电子资源中用于展现地理空间信息（例如，光栅、矢量、点）的直接参考方法（例如，对象系统）。
数据集（Dataset）	以结构化方式展现的事实信息。
与团体相关的日期（Date Associated with the Corporate Body）	会议等举办的日期或日期范围，或其他与团体相联系的日期（例如，成立日期）。
与家族相关的日期（Date Associated with the Family）	与家族相联系的重要日期。
与个人相关的日期（Date Associated with the Person）	与个人相联系的重要日期（例如，出生日期、死亡日期）。
出生日期（Date of Birth）	个人的出生年。出生日期也可包括个人出生的月和日。
获取日期（Date of Capture）	与资源内容的获取（即录音、拍摄等）相联系的日期或日期范围。
会议等的日期（Date of Conference, Etc.）	会议、大会、集会、展览、博览会、节日等举办的日期或日期范围。
死亡日期（Date of Death）	个人的死亡年。死亡日期也可包括个人死亡的月和日。
发行日期（Date of Distribution）	与出版形式资源的发行相联系的日期。
成立日期（Date of Establishment）	团体成立或创建的日期。
内容表达的日期（Date of Expression）	与内容表达相联系的最早日期。
生产日期（Date of Manufacture）	与出版形式资源的印刷、复制、铸造等相联系的日期。

制作日期（Date of Production）	与非出版形式资源的镌刻、制造、构建等相联系的日期。
法律等的颁布日期（Date of Promulgation of a Law, Etc.）	法律等颁布或生效的年份。
出版日期（Date of Publication）	与资源的出版、发布或发行相联系的日期。
条约等的签署日期（Date of Signing of a Treaty, Etc.）	条约等或条约议定书等的正式签署日期。
终止日期（Date of Termination）	团体终结或解散的日期。
使用日期（Date of Usage）	与个人首选名称的使用相联系的日期或日期范围。
作品日期（Date of Work）	与作品相联系的最早日期。
十六开（Decimo-sexto）	*见* 16 开（16mo）
赤纬（Declination）	从天球赤道沿天体时圈通过 90 度向北或向南度量的角距离。
著录（Description）	记录和识别实体的数据集合。
版本标识（Designation of Edition）	识别资源所属版本的一个词、字符或一组词和/或字符。
特定修订版标识（Designation of a Named Revision of an Edition）	识别某版本的特定修订的一个词、字符或一组词和/或字符。
自拟题名（Devised Title）	由资源著录机构创建的正题名，该资源本身没有题名，且在其他来源（例如，附件资料、资源的出版说明、参考源等）中也没有相应的题名。
数字文件特征（Digital File Characteristic）	与资源中文本、图像、音频、视频和其他数据类型的数字编码相关的技术规格。

地图内容的数字化呈现（Digital Representation of Cartographic Content）	与地图资源中地理空间信息的编码有关的一套技术细节。
数字资源（Digital Resource）	为用计算机设备操作而编码的资源（数据和/或程序）。该资源可能需要使与计算机直接相连的外围设备（例如，光盘驱动器）、应用程序（例如，媒体播放器、图像浏览器）和/或与计算机网络的连接（例如，因特网）。
尺寸（Dimensions）	对资源的一个或多个载体和/或容器的测量值。
地图等的尺寸（Dimensions of Map, Etc.）	对地图等外表的测量值。
静态图像的尺寸（Dimensions of Still Image）	对静态图像画面区域的测量值。
立体布景（Diorama）	通过在二维绘画背景前放置若干物体、人物等创建的三维场景展现。
母盘（Disc Master）	录音资料的代标识，该录音资料由圆盘车床在镀漆盘上刻制而成的金属负片拷贝组成，在录制过程中原来的漆盘被破坏。母盘一词也可用于未被用以创建一个金属“父盘”的原始漆盘。
学位论文或毕业论文信息（Dissertation or Thesis Information）	作为获取学位正式要求的一部分所提交的作品的相关信息。
区别性题名（Distinctive Title）	就音乐作品而言，题名不仅包括音乐作品的体裁形式，还包括对节拍、节奏标记、一批表演者，或是一个礼拜仪式文本类型的说明。
发行说明（Distribution Statement）	识别出版形式资源的一个或多个发行地、发行者和发行日期的说明。
发行者（Distributor）	对资源发行负有责任的个人、家族或团体。
发行者名称（Distributor's Name）	对出版形式资源的发行负有责任的个人、家族或团体的名称。

双叶（Double Leaf）	对折的叶，在资源的前边或顶边处进行折叠。
持续时间（Duration）	资源内容的播放时间、运行时间等。对于包含乐谱或动作谱的资源，持续时间也包括表演时间。

E

较早正题名（Earlier Title Proper）	出现于集成性资源较早更新后的整体上的正题名，它不同于当前更新后的整体上的正题名。
早期印刷型资源（Early Printed Resources）	在机器印刷术发明（约 1825–1830）之前生产的资料。
版本说明（Edition Statement）	识别资源所属版本的说明。
元素（Element）	表达一个可识别书目信息单元的一个词、字符或一组词和/或字符。
浮凸压印（Embossed）	采用金属或塑料平版作为母版或凸版（通常要与一台计算机和专门的软件结合使用）生产布莱叶盲文和蒙恩文本的制作方法。用于平版印刷、盲文压版印刷，或是采用布莱叶设备进行盲文印刷。同时也用于点状蒙恩（蒙恩字符是作为点状线条凸起的）和泰格凸版设备。
缩微胶卷和缩微平片上的感光乳剂（Emulsion on Microfilm and Microfiche）	用作缩微胶卷或缩微平片表面感光化合物的悬浮涂层（例如，卤化银）。
编码格式（Encoding Format）	为资源的数字内容进行编码的框架、标准等。
历元（Epoch）	测量物体位置或运行轨道方位时作为参照的任意时刻。
二分点（Equinox）	当太阳的赤纬角度为 0 时，黄道和天球赤道的两个交叉点。
设备或系统要求（Equipment or System Requirement）	模拟、数字等资源在使用、播放等时所需的设备或系统。

埃什科尔-瓦克曼动作谱（Eshkol-Wachman Movement Notation）	一种用球面坐标体系指出身体和四肢位置的动作谱形式。它在一个网格上记录身体的表现。
小品文集（Essays）	一个个人所有小品文汇编的惯用总题名。
载体表现的例证（Exemplar of Manifestation）	载体表现的单个样例或实例。
关系说明（Explanation of Relationship）	详细说明或澄清由规范检索点和/或标识符所代表的实体与相关实体之间关系的信息。
说明性参照（Explanatory Reference）	详细说明在什么情况下需要参考相关规范检索点的见参照或参见参照。
内容表达（Expression）	作品的知识或艺术创作得以实现的方式，包括字母–数字、音符或舞谱、声音、图像、物体、动作等或上述形式的任何组合。
被表现的内容表达（Expression Manifested）	体现在载体表现中的内容表达。
作品的内容表达（Expression of Work）	通过字母–数字、音符或舞谱、声音、图像、物体、动作等或上述形式的任何组合对作品的实现。
数量（Extent）	组成资源的单元和/或子单元的数值和类型。
地图资源的数量（Extent of Cartographic Resource）	组成地图资源的单元和/或子单元的数量和类型。
乐谱数量（Extent of Notated Music）	组成乐谱资源的单元和/或子单元的数量和类型，附带或不附带文字或插图均可。
静态图像的数量（Extent of Still Image）	组成资源的单元和/或子单元的数量和类型，该资源包含一个或多个静态图像。

文本数量（Extent of Text）	组成资源的单元和/或子单元的数量和类型，该资源包含文本，附带或不附带插图均可。
三维形式的数量（Extent of Three-Dimensional Form）	组成资源的单元和/或子单元的数量和类型，该资源包含一个或多个三维形式。
特大字印刷（Extra Large Print）	*见* 巨大字印刷（Giant Print）

F

摹真品（Facsimile）	模拟原件物理外观且内容与原件完全一样的复制品。
家族（Family）	通过出生、婚姻、收养、民事结合或类似的法律身份发生关系的，或以一个家庭的方式呈现的两个或两个以上的人。
家族史（Family History）	与家族的历史有关的信息。
团体活动领域（Field of Activity of the Corporate Body）	团体所参与的行业领域，也是该团体管辖、负责或有司法权的领域。
个人活动领域（Field of Activity of the Person）	个人所从事/投身或曾经从事/投身的专业领域等。
文件大小（File Size）	数字文件的字节数。
文件类型（File Type）	在计算机文件中编码的数据内容的一般类型。
盒式影片（Film Cartridge）	装在单轴盒中的电影胶片。
卡式影片（Film Cassette）	装在双轴盒中的电影胶片。

开盘电影胶片（Film Reel）	装在开放式卷盘中的电影胶片，需与电影放映机配合使用。
胶卷（Film Roll）	一段卷起来的胶片。
幻灯条片（Filmslip）	一截短条片，通常硬而不易卷曲。
幻灯卷片（Filmstrip）	一段有声或无声的幻灯胶片，载有逐幅放映的连续图像。
盒式幻灯卷片（Filmstrip Cartridge）	装在单轴盒中的幻灯卷片。
查询工具（Finding Aid）	提供资源检索的描述工具。
细纹（Fine）	模拟筒的纹槽特征，纹槽宽度在每厘米 60–64 转（每英寸 150 或 160 转）之间、直径为 6 1/8 英寸的 dictation format 滚筒，或 200 TPI“4 分钟”的滚筒。
第一代（First Generation）	缩微资源的代标识，该缩微资源由载有拍摄文献图画的原始胶片组成，也称作第一代母本或保存母本。
闪视卡（Flash Card）	为迅速显示而制作的，载有词、数字或图画的卡片或其他不透明材料。
翻转图（Flipchart）	将两片或两片以上薄板用链串在一起，以便在画架上使用的铰链装置。
对开（Folio）	图书的一种开本，由一叶或多叶全张纸的 1/2 组成。
字体大小（Font Size）	用于代表资源中字符和符号的字体尺寸。
乐谱形式（Form of Musical Notation）	用于表达资源音乐内容的一套字符和/或符号。
动作谱形式（Form of Notated Movement）	用于表达资源动作内容的一套字符和/或符号。
标记形式（Form of Notation）	用于表达资源内容的一套字符和/或符号。

触摸标记形式（Form of Tactile Notation）	用于表达通过触摸感知资源内容的一套字符和/或符号。
作品形式（Form of Work）	作品所属的类别或体裁。
正式出现的（Formally Presented）	单独的在显著位置出现的，这与嵌入在文本中的情况相反。
乐谱格式（Format of Notated Music）	以乐谱形式所呈现的资源内容的音乐或物理版式。
每十四天（Fortnightly）	*见* **双周（Biweekly）**
四十八开（Forty-eightmo）	*见* **48 开（48mo）**
频率（Frequency）	连续出版物各期或各部分，或集成性资源更新的发行间隔。
完整的总谱（Full Score）	*见* **总谱（Score）**
全屏（Full Screen）	动态图像资源的宽高比小于 1.5：1。
名称的更完整形式（Fuller Form of Name）	在被选作首选名称的形式中仅以首字母缩写或缩写表示的名称一部分的完整形式，或未包括在首选名称形式中的名称的一部分。
完全确立（Fully Established）	数据完成时规范检索点的识别状态。

G

游戏（Game）	按照规定或隐含的规则进行、以娱乐或辅导为目的的资源。 *参见* **游戏卡（Activity Card）** *参见* **玩具（Toy）**
游戏谱（Game Play Notation）	在诸如下棋的游戏过程中记录战术步骤的动作谱形式。

书帖（Gathering）	折叠叶所组成的一对或多对叶，或是几个内部相互折叠而成的叶，为装订目的而汇集成一个可区分的单元。
性别（Gender）	一个人被他人所认知的性别。
代（Generation）	原始载体和原件复制品的载体之间的关系（例如，第一代照相母版、第二代印刷母版）。
录音资料的代（Generation of Audio Recording）	录音资料的原始载体和原件复制品的载体之间的关系（例如，复制母带、测试版）。
数字资源的代（Generation of Digital Resource）	数字资源的原始载体和原件复制品的载体之间的关系（例如，衍生主档）。
缩微品的代（Generation of Microform）	缩微资源的原始载体和原件复制品的载体之间的关系（例如，印刷母本）。
电影胶片的代（Generation of Motion Picture Film）	电影胶片的原始载体和原件复制品的载体之间的关系（例如，标准拷贝）。
录像带的代（Generation of Videotape）	录像资源的原始载体和原件复制品的载体之间的关系（例如，放映拷贝）。
巨大字印刷（Giant Print）	旨在帮助阅读常规或大字印本有困难的读者所采用的非常大的字号。代：特大字印刷（Extra large print），超大字印刷（Super large print）。
球仪（Globe）	在球体的表面对地球或其他天体（真实或想象的）的描述。
政府（Government）	行使管辖权的团体（行政的、立法的和司法的）的整体。
授予机构或院系（Granting Institution or Faculty）	对候选人授予学位的机构或院系。

图示标记法（Graphic Notation）	乐谱的一种形式，采用各种暗示的线条、符号和颜色等对演奏者提供提示或指导。在音乐的音高、持续时间、音质等不确定时使用，也用来描述无人演奏的电子音乐。
纹槽特征（Groove Characteristic）	模拟盘的纹槽宽度或模拟筒的纹槽间距。

H

主题对照（《圣经》）（Harmony）	1. 在《圣经》的上下文中，将同一主题的两段经文安排在平行的两栏中，以便比较二者的异同。 2. 将这些段落相互交织组成一段连续性的文字。
世袭头衔（Hereditary Title）	与家族相联系的贵族头衔等。
分级著录（Hierarchical Description）	将描述整个资源的综合著录和描述资源的一个或多个部分的分析著录相结合的著录。
高缩率（High Reduction）	缩微资源的缩率在 31–60 倍之间。
作品历史（History of the Work）	关于作品历史沿革的信息。
亲笔书写（Holograph）	由对作品负有责任的一人或多人手写的，并被包含在作品中的手稿。
地图内容的水平比例尺（Horizontal Scale of Cartographic Content）	资源地图内容的水平距离与它代表的实际距离的比例。
热点（Hot Spot）	*见* 发泡纸（Swell Paper）

I

丛编的 ISSN（ISSN of Series）	由 ISSN 注册机构分配给丛编的标识符。

分丛编的 ISSN（ISSN of Subseries）	由 ISSN 注册机构分配给分丛编的标识符。
团体标识符（Identifier for the Corporate Body）	与团体或团体的替代物（例如，一条规范记录）唯一相联系的字符串，它可将该团体与其他团体相区分。
内容表达标识符（Identifier for the Expression）	与内容表达或内容表达的替代物（例如，一条规范记录）唯一相联系的字符串，它可将该内容表达与其他内容表达相区分。
家族标识符（Identifier for the Family）	与家族或家族的替代物（例如，一条规范记录）唯一相联系的字符串，它可将该家族与其他家族相区分。
单件标识符（Identifier for the Item）	与单件相联系的字符串，它可将该单件与其他单件相区分。
载体表现标识符（Identifier for the Manifestation）	与载体表现相联系的字符串，它可将该载体表现与其他载体表现相区分。
个人标识符（Identifier for the Person）	与个人或个人的替代物（例如，一条规范记录）唯一相联系的字符串，它可将该个人与其他个人相区分。
作品标识符（Identifier for the Work）	与作品或作品的替代物（例如，一条规范记录）唯一相联系的字符串，它可将该作品与其他作品相区分。
插图性内容（Illustrative Content）	用插图说明资源主要内容的内容。
图像描述（Image Description）	触摸图像、地图或线图所附带或提供的描述性音频或触摸文本。
单件的直接获取来源（Immediate Source of Acquisition of Item）	机构直接获取单件的来源和接受该单件的条件。
集成性资源（Integrating Resource）	以更新的方式进行增补或更改的资源，更新部分与整体不是分离的而是融为一体的。集成性资源可以是有形的（例如，通过换页方式进行更新的活页手册）或无形的（例如，通过持续或循环方式进行更新的网站）。

读者对象（Intended Audience）	资源内容面向的使用者类别，或是资源适合的使用者，可按年龄（例如，儿童、青年、成人）、受教育水平（例如，小学、中学）、残疾类别或其他标准划分。
国际政府间团体（International Intergovernmental Body）	通过政府间活动创立的国际团体。
期（Issue）	连续出版物的连续的部分之一。 *参见* 部分（Part）
单件（Item）	载体表现的一个样例或实例。
特定单件的载体特征（Item-Specific Carrier Characteristic）	适用于所描述特定单件的一个或多个的载体特征，假定其不适用于同一载体表现的其他单件。
早期印刷型资源的特定单件载体特征（Item-Specific Carrier Characteristic of Early Item-Specific Carrier Characteristic of Early）	适用于所描述早期印刷品特定单件的一个或多个的载体特征，假定其不适用于同一载体表现的其他单件，包括套红印刷、彩色装饰和其他手工着色、手写内容和装订等。
更新后的整体（Iteration）	集成性资源的一个实例，无论是首次发布还是已被更新。

J

布莱叶盲文大字本（Jumbo Braille）	增大布莱叶盲文文本每个字标准尺寸点之间距离的排版方式。

K

调（Key）	一组音高之间的关系，它奠定了音乐作品的声调中心或基调中心。当是大调或小调时，调是按照其定音名称和调式设定的。
识别题名（Key Title）	由 ISSN 注册机构分配给资源的唯一性名称。

拉班书面舞谱（Kinetography Laban）	一种用抽象的符号表示从背后所看到的身体和四肢运动的动作谱形式。它在垂直的三条谱线上记录身体的表现，与拉班舞谱（Labanotation）类似。

L

拉班舞谱（Labanotation）	一种用抽象的符号表示从背后所看到的身体和四肢运动的动作谱形式。它在垂直的三条谱线上记录身体的表现，与拉班书面舞谱（Kinetography Laban）类似。
内容表达的语言（Language of Expression）	作品被表达所用的语言。
内容的语言（Language of the Content）	表达资源内容所用的语言。
团体语言（Language of the Corporate Body）	团体在交流时所用的语言。
个人语言（Language of the Person）	个人为出版、广播等进行写作时所用的语言。
大字印刷（Large Print）	旨在帮助阅读常规印本有困难的读者所采用的字号。
较晚正题名（Later Title Proper）	出现于多部分专著或连续出版物后来卷期或部分的正题名，它不同于第一或最早卷期或部分的正题名。
纬度（Latitude）	从行星或卫星的赤道向北和向南到行星或卫星上一个点的距离。
版面设计（Layout）	在资源中对文本、图像等的安排。
地图图像的版面设计（Layout of Cartographic Images）	在包含一张或多张地图的资源中对一个或多个地图图像的安排。

触摸乐谱的版面设计（Layout of Tactile Musical Notation）	资源中对触摸乐谱的安排（例如，左右小节式、逐行式）。
触摸文本的版面设计（Layout of Tactile Text）	资源中对触摸文本的安排（例如，双面）。
字母记谱法（Letter Notation）	用字母表中的字母标注音调的音乐标记法。
会议等的地点（Location of Conference, Etc.）	会议、大会、集会、展览、博览会、节日等的举办地点。
总部所在地（Location of Headquarters）	组织总部所在的国家、州、省等或地方。
逻辑单元（Logical Unit）	无形资源的组成部分，如数字文件。
经度（Longitude）	从行星或卫星的基准子午线向东和向西测得的到行星或卫星上一个点的距离。
经度和纬度（Longitude and Latitude）	地图资源所覆盖范围的标识体系，采用经度标识最西和最东的边界，采用纬度标识最北和最南的边界。

M

磁（Magnetic）	采用铁磁体电极翻转手段的录制媒介，典型的是将铁磁体的氧化粒子附着在连续的柔韧表面（磁带）或刚性圆盘（磁盘）上的记录媒介。
磁–光（Magneto-optical）	采用激光加热与变化的磁场相结合的方式在盘片上写入数据的录制媒介。索尼迷你盘（Sony MiniDisc）是最著名的格式。
男性（Male）	男人或男孩的性别标识。
载体表现（Manifestation）	作品的一个内容表达的物理体现。

被例证的载体表现（Manifestation Exemplified）	通过单件例证的载体表现。
内容表达的载体表现（Manifestation of Expression）	内容表达的物理体现。
作品的载体表现（Manifestation of Work）	作品的一个内容表达的物理体现。
生产说明（Manufacture Statement）	识别出版形式资源的一个或多个生产地、生产者和生产日期的说明。
生产者（Manufacturer）	对出版形式资源的印刷、复印、铸造等负有责任的个人、家族或团体。
生产者名称（Manufacturer's Name）	对出版形式资源的印刷、复印、铸造等负有责任的个人、家族或团体的名称。
手稿（Manuscript）	1. 一般情况下，指完全手写或手刻的文本、乐谱、地图等，或是创作者作品的手写或打字稿。 2. 就手稿的制作方法而言，指任何手工书写的文稿，可以不是亲笔书写。
地图（Map）	通常是在二维媒介上按比例绘制的对地球、其他天体或想象地表面的经选择的材料或抽象的特征的展现，或与之相关的展现。 *参见* **地图图像（Cartographic Image）** *参见* **图表（Chart）**
断面图（Map Section）	*见* **截面图 [Section (2)]**
地图丛编（Map Series）	旨在形成一组的一系列相关但物理上分离且书目数据不同的地图单元。在书目处理上，该组资源总体上由任何共同出现的统一特征或特征的组合来识别，这些特征包括共同标识（例如，总题名、编号，或两者的组合）、张识别系统（包括连续的或年代的编号系统）、比例尺、出版者、地图规格、统一格式等。
母带（Master Tape）	录音资料的代标识，该录音资料由录制在磁带上的原始版本组成，据此可制作拷贝。

数学布莱叶盲文编码（Mathematics Braille Code）	一种用于转录数学和科学信息的触摸标记形式。也称作内梅斯数学和科学布莱叶盲文编码标记法（Nemeth Braille code for mathematics and science notation）。
媒介（Media）	用以传达信息或艺术内容的方式。 *参见* **载体（Carrier）**
媒介类型（Media Type）	反映资源内容的浏览、播放、运行等所需中间设备的一般类型的分类。
表演媒介（Medium of Performance）	音乐作品最初构想所用的一个或多个乐器、一个或多个人声等。
音乐内容的表演媒介（Medium of Performance of Musical Content）	音乐内容表演所用的（或计划使用的）一个或多个乐器、一个或多个人声等。
有量记谱法（Mensural Notation）	始自公元 1260 年左右直至 1600 年为止的一种对持续时间的标记体系。采用四种基本的记录值和与之关联的休止符：长音、短音、全音符和半音符。
微胶囊纸（Microcapsule Paper）	*见* **发泡纸（Swell Paper）**
缩微平片（Microfiche）	以二维阵列承载一组缩微图像的单张胶片。
卡式缩微平片（Microfiche Cassette）	装在双轴盒中未切割的缩微平片。
缩微胶卷（Microfilm）	以线性阵列承载一组缩微照片的一个胶卷。
盒式缩微胶卷（Microfilm Cartridge）	装在单轴盒中的缩微胶卷。
卡式缩微胶卷（Microfilm Cassette）	装在双轴盒中的缩微胶卷。
开盘缩微胶卷（Microfilm Reel）	装在开放式卷盘中可供缩微阅读器使用的缩微胶卷。
缩微卷（Microfilm Roll）	一段卷绕起来的缩微胶卷。

缩微条片（Microfilm Slip）	一段从缩微胶卷上切下来的条片。
缩微（Microform）	用于存储尺寸缩小、非肉眼可读图像的媒介，需与缩微胶卷或缩微平片阅读器等设备配合使用，包括透明和不透明的缩微媒介。
不透明缩微品（Microopaque）	以二维阵列承载一组缩微图像的卡片或不透明材料。
显微镜载玻片（Microscope Slide）	一小片透明材料（有或没有保护膜），载有需用诸如显微镜等设备才能看到的微小物体。
显微（Microscopic）	用于存储微小物体的媒介，需与显微镜等设备配合使用，才能看到肉眼不可见的细部。
小总谱（Miniature Score）	*见* 研习总谱（Study Score）
美能达纸（Minolta Paper）	见 发泡纸（Swell Paper）
混合（Mixed）	在同一资源中动态图像资源包括多种宽高比。
混合代（Mixed Generation）	缩微资源的代标识，该缩微资源由各代胶片组合而成。无法用更准确的术语标识。
混合极性（Mixed Polarity）	一种极性，其中图像的色彩和色调是和肉眼所见相同的，及与肉眼所见相反的混合体。
实物大模型（Mock-up）	用于培训或分析，侧重特定部分或功能的设备或制作法的展现；通常有可移动的部分能够被操作。
发行方式（Mode of Issuance）	反映资源以一个还是以多个部分发行、更新方式以及计划终止情况的类别。
模型（Model）	1. 对真实或想象中物体的三维展现。 2. 对地球或任何天体（真实或想象的）全部或部分任何比例的三维展现。 *参见* 玩具（Toy）

专著（Monograph）	全部由一部分或已明确将由几部分组成的资源。
蒙恩编码（Moon Code）	基于简化字母形式的盲文标记形式。
母本（Mother）	录音资料的代标识，该录音资料由用于创建一个或多个压模的母盘的金属正片拷贝组成。
衬底/底座（Mount）	以支撑为目的，资源基底材料所附着的物理材料。
多层次著录（Multilevel Description）	*见* 分级著录（Hierarchical Description）
多部分专著（Multipart Monograph）	以两个或两个以上的部分（同时或陆续）发行、已经出齐或计划以有限的部分出齐的资源（例如，一部两卷本的词典、 作为一套发行的三盒卡式录音带）。
乐谱布莱叶盲文编码（Music Braille Code）	一种采用布莱叶盲文点字法的触摸乐谱形式。

N

名称（Name）	某实体为人所知的一个词、字符或一组词和/或字符。
团体名称（Name of the Corporate Body）	某团体为人所知的一个词、字符或一组词和/或字符。
家族名称（Name of the Family）	某家族为人所知的一个词、字符或一组词和/或字符。
个人名称（Name of the Person）	某个人为人所知的一个词、字符或一组词和/或字符。
地名（Name of the Place）	某地点为人所知的一个词、字符或一组词和/或字符。
内容特性（Nature of the Content）	资源主要内容（例如，法律条款、期中报告）的特征。

内廓（Neat Line）	地图或图表的外边界线，可将其细部与任何边界或边缘分开。
负片（Negative）	一种极性，其中图像的色彩和色调与肉眼所见相同。
纽姆记谱法（Neumatic Notation）	采用纽姆符的音乐记谱体系，即本质上是用图像标识表现乐章的音高和旋律。
正常缩率（Normal Reduction）	缩微资源的缩率在 16–30 倍之间。
未按比例绘制（Not Drawn to Scale）	静态或三维形式的图像未按比例绘制的比例尺标识。
未知（性别）（Not Known (Gender)）	特定性别未知时的性别标识。
动作谱（Notated Movement）	以动作标记法表达的，旨在通过视觉感知的内容。包括所有类型的动作标记法，但以触觉感知的形式除外。 *参见* **触摸动作谱（Tactile Notated Movement）**
乐谱（Notated Music）	以音符形式表达的，旨在通过视觉感知的内容。包括所有类型的音符形式，但以触觉感知的形式除外。 *参见* **触摸音乐记谱法（Tactile Notated Music）**
载体特征变化的附注（Note on Changes in Carrier Characteristics）	提供关于连续发行资源的后继卷期或部分，或集成性资源更新后的整体之间载体特征变化的信息的附注。
内容特征变化的附注（Note on Changes in Content Characteristics）	提供关于连续发行资源后继卷期或部分，或集成性资源更新后的整体之间内容特征变化的信息的附注。
版权日期的附注（Note on Copyright Date）	提供版权日期信息的附注, 该信息未作为版权日期元素一部分记录。
单件尺寸的附注（Note on Dimensions of Item）	提供所描述特定单件尺寸信息的附注，该信息未作为尺寸元素的一部分正式记录。

载体表现尺寸的附注（Note on Dimensions of Manifestation）	提供载体表现尺寸信息的附注，该信息未作为尺寸元素的一部分正式记录。
发行说明的附注（Note on Distribution Statement）	提供关于发行地、发行者或发行日期的细节，或关于发行地、发行者或发行者名称变化的信息的附注。
版本说明的附注（Note on Edition Statement）	提供关于版本说明的来源，与卷期、部分等相关的版本说明，版本说明变化的信息，或与版本说明相关的其他信息的附注。
内容表达的附注（Note on Expression）	提供与内容相关的、作为内容表达属性记录的附加信息的注释。
单件数量的附注（Note on Extent of Item）	提供所描述特定单件数量信息的附注，该信息未作为数量元素的一部分正式记录。
载体表现数量的附注（Note on Extent of Manifestation）	提供载体表现数量信息的附注，该信息未作为数量元素的一部分正式记录。
频率附注（Note on Frequency）	提供关于内容时新性、连续出版物各期或各部分的发布频率或集成性资源的更新频率，或频率变化细节的附注。
作为识别资源依据的卷期、部分或更新后的整体的附注（Note on Issue, Part, or Iteration Used as the Basis for Identification of the Resource）	识别多部分专著或连续出版物的卷期或部分，或集成性资源更新后的整体的附注，这些卷期、部分或更新后的整体曾作为识别资源的依据。
载体表现或单件的附注（Note on Manifestation or Item）	提供与载体表现或单件属性有关的附加信息的注释。
生产说明的附注（Note on Manufacture Statement）	提供关于生产地、生产者或生产日期的细节，或关于生产地、生产者或生产者名称变化的信息的附注。
连续出版物编号的附注（Note on Numbering of Serials）	提供关于首期首部分和/或末期末部分的编号，复杂的或不规则的编号（包括编号差错），或卷、期、部分等所覆盖时间段的信息的附注。

制作说明的附注 (Note on Production Statement)	提供关于制作地、制作者或制作日期的细节，或关于制作地、制作者或制作者名称变化的信息的附注。
出版说明的附注 (Note on Publication Statement)	提供关于出版地、出版者或出版日期的细节，关于出版地、出版者或出版者名称变化或暂停出版的信息的附注。
丛编说明的附注 (Note on Series Statement)	提供关于复杂的丛编说明、错误的丛编编号或丛编说明变化的信息的附注。
责任说明的附注 (Note on Statement of Responsibility)	提供关于在责任说明中未提及但对资源的知识或艺术内容负有责任的个人，家族或团体，出现于资源的名称变异形式，责任说明的变化、或关于责任说明其他细节的信息的附注。
题名附注 (Note on Title)	提供关于获取题名的来源、浏览题名的日期、题名的变化、差错、删除等信息，或与题名相关的其他信息的附注。
长篇小说集 (Novels)	一个个人、家族或团体所有长篇小说汇编的惯用总题名。
数字记谱法 (Number Notation)	用数字表示音调的乐谱体系，分配给音阶的注释、键盘的调、弦乐器的手指位置或定音的品，或管乐乐器的孔或键阀。
对象数 (Number of Objects)	在地理空间资源中呈现的点或矢量物体的数量。
会议等的届次 (Number of a Conference, Etc.)	在系列会议中对会议先后顺序所作的标识。
部分的编号 (Numbering of Part)	在较大作品中对各部分顺序的标识。部分的编号可包括附带或不附带标识性词语（卷、期等）的数字、字母、任何其他字符或前述形式的组合和/或年代标识。
连续出版物编号 (Numbering of Serials)	连续出版物各期或各部分的标识。连续出版物编号可包括附带或不附带标识性词语（卷、期等）的数字、字母、任何其他字符或前述形式的组合，和/或年代标识。

丛编编号（Numbering within Series）	丛编内一个或多个部分顺序的标识。丛编编号可包括附带或不附带标识性词语（卷、期等）的数字、字母、任何其他字符或前述形式的组合，和/或年代标识。
分丛编编号（Numbering within Subseries）	分丛编内一个或多个部分顺序的标识。分丛编编号可包括附带或不附带标识性词语（卷、期等）的数字、字母、任何其他字符或前述形式的组合和/或年代标识。
音乐作品的数字标识（Numeric Designation of a Musical Work）	由作曲者、出版者或音乐学者赋予音乐作品的系列号、作品号或主题索引号。
序列首期或第一部分的数字和/或字母标识（Numeric and/or Alphabetic Designation of First Issue or Part of Sequence）	连续出版物某一编号序列的首期或第一部分上以数字和/或字母形式展现的编号。
序列末期或最后一部分的数字和/或字母标识（Numeric and/or Alphabetic Designation of Last Issue or Part of Sequence）	连续出版物某一编号序列的末期或最后一部分上以数字和/或字母形式展现的编号。

O

物体（Object）	三维艺术品（或艺术品的复制品），或天然的物体。
物体类型（Object Type）	在电子资源中用于表现物理空间的点、光栅和/或矢量物体的类型。
八开（Octavo）	*见* 8 开（8vo）
联机资源（Online Resource）	通过硬件和软件与通讯网络连接后访问的数字资源。
光（Optical）	在透明介质上通过背面反射的方式记录二进制编码数据的记录媒介。用激光读取以二进制数据流体现的反射率的变化。

与团体相关的其他标识（Other Designation Associated with the Corporate Body）	指示团体机构为公司或表示其法律状态的词、短语或缩写，或将该团体与其他机构或个人相区分的任何术语。
与个人相关的其他标识（Other Designation Associated with the Person）	与个人名称相联系的非头衔的术语。
地图内容的其他细节（Other Details of Cartographic Content）	在比例尺、投影和坐标说明中未记录的资源地图内容的数学数据和其他特征。
内容表达的其他区别特征（Other Distinguishing Characteristic of the Expression）	除内容类型、内容表达的语言或内容表达的日期之外的，用以将一个内容表达与同一作品的另一内容表达相区分的特征。
作品的其他区别特征（Other Distinguishing Characteristic of the Work）	除作品形式、作品日期或作品原创地之外的，用以将一部作品与具有相同题名的另一部作品，或与一个个人、家族或团体的名称相区分的特征。
与载体表现相关的其他个人、家族或团体（Other Person, Family, or Corporate Body Associated with a Manifestation）	除制作者、出版者、发行者或生产者之外的与载体表现相联系的个人、家族或团体，包括图书设计者、制版者等。
与作品相关的其他个人、家族或团体（Other Person, Family, or Corporate Body Associated with a Work）	除创作者之外的与作品相联系的个人、家族或团体，包括接收通信的个人等、纪念文集的被纪念者等、导演、电影摄影师、赞助机构、制作公司，以及展览或活动等的举办机构等。
与单件相关的其他个人、家族或团体（Other Person, Family, or Corporate Body Associated with an Item）	除拥有者或保管者之外的与单件相联系的个人、家族或团体，包括管理者、装订者、修复者等。
其他题名信息（Other Title Information）	与资源正题名一同出现并附属于正题名的信息。
从编其他题名信息（Other Title Information of Series）	与从编正题名一同出现并附属于该正题名的信息。

分从编其他题名信息 （Other Title Information of Subseries）	与分丛编正题名一同出现并附属于该正题名的信息。
高射投影（Overhead Projectural）	*见*高射投影片（Overhead Transparency）
高射投影片（Overhead Transparency）	载有图像的透明材料片（有或没有保护涂层），需与高射投影仪配合使用。
拥有者（Owner）	对单件（即资源的一个特定复本或实例）拥有产权的个人、家族或团体。

P

并列版本标识 （Parallel Designation of Edition）	不同于版本标识元素中记录的语言和/或文字的版本标识。
并列特定修订版标识 （Parallel Designation of a Named Revision of an Edition）	不同于特定修订版标识元素中记录的语言和/或文字的特定修订版标识。
并列发行者名称 （Parallel Distributor's Name）	不同于发行者名称元素中记录的语言和/或文字的发行者名称。
并列生产者名称 （Parallel Manufacturer's Name）	不同于生产者名称元素中记录的语言和/或文字的生产者名称。
并列其他题名信息 （Parallel Other Title Information）	不同于其他题名信息元素中记录的语言和/或文字的其他题名信息。
从编并列其他题名信息 （Parallel Other Title Information of Series）	不同于从编其他题名信息元素中记录的语言和/或文字的从编其他题名信息。

分丛编并列其他题名信息（Parallel Other Title Information of Subseries）	不同于分丛编其他题名信息元素中记录的语言和/或文字的分丛编其他题名信息。
并列发行地（Parallel Place of Distribution）	不同于发行地元素中记录的语言和/或文字的发行地。
并列生产地（Parallel Place of Manufacture）	不同于生产地元素中记录的语言和/或文字的生产地。
并列制作地（Parallel Place of Production）	不同于制作地元素中记录的语言和/或文字的制作地。
并列出版地（Parallel Place of Publication）	不同于出版地元素中记录的语言和/或文字的出版地。
并列制作者名称（Parallel Producer's Name）	不同于制作者名称元素中记录的语言和/或文字的制作者名称。
并列出版者名称（Parallel Publisher's Name）	不同于出版者名称元素中记录的语言和/或文字的出版者名称。
与丛编相关的并列责任说明（Parallel Statement of Responsibility Relating to Series）	不同于与丛编相关的责任说明元素中记录的语言和/或文字的与丛编相关的责任说明。
与分丛编相关的并列责任说明（Parallel Statement of Responsibility Relating to Subseries）	不同于与分丛编相关的责任说明元素中记录的语言和/或文字的与分丛编相关的责任说明。
与正题名相关的并列责任说明（Parallel Statement of Responsibility Relating to Title Proper）	不同于与正题名相关的责任说明元素中记录的语言和/或文字的与正题名相关的责任说明。
与特定修订版相关的并列责任说明（Parallel Statement of Responsibility Relating to a Named Revision of an Edition）	不同于与特定修订版相关的责任说明元素中记录的语言和/或文字的与特定修订版相关的责任说明。

与版本相关的并列责任说明（Parallel Statement of Responsibility Relating to the Edition）	不同于与版本相关的责任说明元素中记录的语言和/或文字的与版本相关的责任说明。
并列正题名（Parallel Title Proper）	另一种语言和/或文字的正题名。
丛编并列正题名（Parallel Title Proper of Series）	另一种语言和/或文字的丛编正题名。
分丛编并列正题名（Parallel Title Proper of Subseries）	另一种语言和/或文字的分丛编正题名。
1. 部分；2. 分谱（Part）	1. 由出版者、生产者等对资源划分的单元。与分册（fascicle）不同，该单元是正式组成部分，而不是对资源临时性的划分。 2. 就音乐乐谱而言，指由一个或多个，但不是所有表演者使用的音乐组成的部分。 *参见* 期（Issue）
源于父名的名字（Patronymic）	来源于父名的名字。
表演音乐（Performed Music）	以可听见形式的音乐表达的内容。包括录制的音乐表演、计算机生成的音乐等。
表演者、旁白者和/或出品人（Performer, Narrator, and/or Presenter）	对作品的表演、旁白和/或出品负有责任的个人、家族或团体。
个人活跃期（Period of Activity of the Person）	标识一个人活跃在其主要业务领域的时间或时间段。
个人（Person）	一个个人或是由个人建立的识别身份（单独的或和其他一个或多个个人的合作）。
照相复制（Photocopy）	以辐射能通过接触或投影在不透明材料上直接制成的、不用放大便可阅读的照相复制品。

物理载体（Physical Carrier）	*见* 载体（Carrier）
物理单元（Physical Unit）	有形资源的构成部分，如卷、卡式录音带或开盘电影胶片。
钢琴指挥分谱（Piano Conductor Part）	在集体演奏中由钢琴演奏的部分，它对其他乐器的演奏可起到提示和指挥的作用。
钢琴总谱（Piano Score）	对器乐或声乐作品进行缩减，使之成为钢琴演奏版，可包含声乐作品的词。
图画（Picture）	肉眼可视的二维图形，一般背衬是不透明的。当更专指的术语（例如，艺术品原件、照片、学习图片等）不适用时，使用本术语。
地点（Place）	通过名称识别的位置。
与团体相关的地点（Place Associated with the Corporate Body）	与团体相联系的重要地点（例如，会议等的地点、机构总部所在地）。
与家族相关的地点（Place Associated with the Family）	家族的居住地或曾经居住地，或是有某种联系的地方。
获取的地点和日期（Place and Date of Capture）	与资源内容的获取（即录音、拍摄等）相联系的地点和日期。
出生地（Place of Birth）	个人出生的城镇、城市、省、州和/或国家。
获取地（Place of Capture）	与资源内容的获取（即录音、拍摄等）相联系的地点。
死亡地（Place of Death）	个人死亡的城镇、城市、省、州和/或国家。
发行地（Place of Distribution）	与出版形式资源的发行相联系的地点。
生产地（Place of Manufacture）	与出版形式资源的印刷、复制、铸造等相联系的地点。

作品原创地（Place of Origin of the Work）	作品原创的国家或其他属地管辖区。
制作地（Place of Production）	与非出版形式资源的镌刻、制造、构建等相联系的地点。
出版地（Place of Publication）	与资源的出版、发布或发行相联系的地点。
居住地（Place of Residence）	个人居住或曾居住的城镇、城市、省、州和/或国家。
平面图（制图学）（Plan (Cartography)）	*见* **地图（Map）**
图版（Plate）	包含插图性内容的一叶，有或没有解释文本。该叶不构成主要页码或叶码段的一部分。
乐谱版号（Plate Number for Music）	音乐作品的出版者分配给资源的编号标识，一般印在每页的底部，有时也出现在题名页上。 *参见* **乐谱出版者编号（Publisher's Number for Music）**
播放速度（Playing Speed）	音频载体为产生预期的声音所需要的运转速度。
戏剧集（Plays）	一个个人、家族或团体所有戏剧作品汇编的惯用总题名。
诗歌集（Poems）	一个个人、家族或团体所有诗歌作品汇编的惯用总题名。
极性（Polarity）	图像中色彩和色调与被复制物体的色彩和色调的关系（例如，正片、负片）。
文件夹（Portfolio）	盛有散页资料（例如，绘画、绘图、纸张、未装订的图书部分以及类似资料）的容器，通常两张封皮在背部相连。
正片（Positive）	一种极性，其中图像的色彩和色调与肉眼所见相同。
首选引文（Preferred Citation）	创作者、出版者、保管者、索引或摘要机构等首选的某一资源的引文形式。

首选名称（Preferred Name）	被选作代表一个实体的规范检索点的基础部分的名称或名称形式。
团体首选名称（Preferred Name for the Corporate Body）	被选作代表一个团体的规范检索点的基础部分的名称或名称形式。
家族首选名称（Preferred Name for the Family）	被选作代表一个家族的规范检索点的基础部分的名称或名称形式。
个人首选名称（Preferred Name for the Person）	被选作代表一个个人的规范检索点的基础部分的名称或名称形式。
首选地名（Preferred Name for the Place）	作为政府等惯用名称使用的，或作为某团体名称、会议名称或一部作品等的附加成分使用的地名或地名的名称形式；或是记录与个人、家族或团体相联系的地名时使用的地名或地名的名称形式。
作品首选题名（Preferred Title for the Work）	被选作代表某作品的规范检索点的基础部分的题名或题名形式。
呈现格式（Presentation Format）	用于制作放映图像的格式（例如，全景放映、IMAX）。
基本关系（Primary Relationships）	FRBR 中所定义的作品、内容表达、载体表现和单件这些实体之间的内在关系： a. 作品和使作品得以实现的内容表达之间的关系； b. 作品的内容表达和使内容表达具体化的载体表现之间的关系； c. 载体表现和使载体表现得以例证的单件之间的关系。
印刷母本（Printing Master）	用于制作缩微品后续代的缩微资源的代标识，也称复制母本、中间媒介、复制负片或副母本。
打印稿（Printout）	取自计算机文件、通过外围设备（打印机）打印在纸张或其他印刷材料上的文本、图像或其他数据。
非出版资源的制作者（Producer of an Unpublished Resource）	对非出版形式资源的镌刻、制造、构建等负有责任的个人、家族或团体。

制作者名称（Producer's Name）	对非出版形式资源的镌刻、制造、构建等负有责任的个人、家族或团体的名称。
制作方法（Production Method）	用于制作资源的工序。
手稿的制作方法（Production Method for Manuscript）	用于制作原始手稿或副本的工序。
触摸资源的制作方法（Production Method for Tactile Resource）	用于制作触摸资源的工序（例如，轧花、热压成型）。
制作说明（Production Statement）	识别非出版形式资源的制作地、制作者和制作日期的说明。
职业或工作（Profession or Occupation）	一个人所从事或曾经从事的职业或工作。
剖面图（Profile）	在制图学中，有比例地表示垂直表面（可能是水平的或非水平的）与地表的横断面，或有比例地表示此类垂直表面与代表连续性分布现象（例如，降雨量）的三维概念模型表面的横断面的展示图。
投影（Projected）	用于存储动态或静态图像的媒介，需与电影放映机、幻灯放映机或高射投影仪等投影设备配合使用，包括二维或三维图像的投射媒介。
电影放映特征（Projection Characteristic of Motion Picture Film）	与电影放映有关的技术规格。
放映速度（Projection Speed）	放映载体为产生预期的动态图像所需要的运转速度。
地图内容的投影（Projection of Cartographic Content）	用于在平面上表示地球或天球表面的方法或系统。
家族的著名成员（Prominent Member of the Family）	家族成员中的著名人物。

散文作品集（Prose Works）	一个个人、家族或团体所有散文作品汇编的惯用总题名。
议定书等（Protocols, etc.）	单独编目的、附属于条约等的议定书、修正案、延期协议或其他协定的其他区别特征。
临时的（Provisional）	当数据不足以确立代表一个实体的规范检索点时对检索点的识别状态。
笔名（Pseudonym）	个人（可以是单人或与他人一起）使用的、并非该个人真实的名称。
出版说明（Publication Statement）	识别资源的一个或多个出版地、出版者和出版日期的说明。
出版者（Publisher）	对资源的出版、发布或发行负有责任的个人、家族或团体。
出版者名称（Publisher's Name）	对资源的出版、发布或发行负有责任的个人、家族或团体的名称。
乐谱出版者编号（Publisher's Number for Music）	音乐作品的出版者分配给资源的编号标识，通常仅出现在音乐作品的题名页、封面和/或第一页上。 *参见* 乐谱版号（Plate Number for Music）

Q

每季度（Quarterly）	资源发行或更新的频率为每三个月一次。
四开（Quarto）	*见* 4 开（4to）

R

射线片（Radiograph）	用诸如 X 射线、伽马射线或中子流束等放射能，沿一定方向射透某一不透明物体得到的照片。
录音媒介（Recording Medium）	在音频载体上用于记录声音的媒介类型（例如，磁、光）。

简化谱（Reduced Score）	*见* 缩写谱（Condensed Score）
缩率（Reduction Ratio）	缩微图像的尺寸与其原件的关系。
参照（Reference）	从一个检索点到另一个检索点的指引。
参考源（Reference Source）	任何可以获取规范信息的来源，包括规范档、参考工具书等。
地区编码（Regional Encoding）	DVD 视盘上可识别该盘在世界范围内播放地区的编码，用于防止 DVD 在非销售区的播放器上播放。
相关团体（Related Corporate Body）	与由规范检索点和/或标识符所代表的个人、家族和团体相联系的团体（例如，某一个人所属的一个音乐组合、一个子公司）。相关团体包括由规范检索点和/或标识符所代表的团体由于更名而产生的先前或后续的团体。
相关内容表达（Related Expression）	与由标识符、规范检索点或描述所代表的内容表达相关的内容表达（例如，修订版、译本）。
相关家族（Related Family）	与由规范检索点和/或标识符所代表的个人、家族或团体相联系的家族（例如，某一个人的家族、一个对团体机构拥有控制权的家族）。
相关单件（Related Item）	与所描述资源相关的单件（例如，作为缩微复制基础的单件）。
相关载体表现（Related Manifestation）	与所描述资源相关的载体表现（例如，不同格式的载体表现）。
相关个人（Related Person）	与由规范检索点和/或标识符所代表的个人、家族或团体相联系的个人（例如，合作者、家庭成员、团体创建者）。相关个人包括由一个人所确立的不同识别身份。
相关资源（Related Resource）	与所描述资源相关的不同资源（例如，分开发行的补编）。
相关作品（Related Work）	与所描述资源相关的作品（例如，改编、评注、补编、续集、较大作品的一部分）。

关系说明语（Relationship Designator）	指示由规范检索点、描述和/或标识符所代表的实体间关系本质的标识符。
复制品（Reproduction）	以机械或电子手段制作的、资源内容的精确拷贝。
分辨率（Resolution）	数字化图像中由图像像素等的度量表达的细部清晰度或精细度。
资源（Resource）	作品、内容表达、载体表现或单件。术语不仅包括单独的实体，还包括此类实体的集合和组成部分（例如，三张地图、作为一套发行的二十张幻灯片中的一张幻灯片、学术期刊一期中的一篇文章）。它可以指有形实体（例如，一盘卡式录音带）或无形实体（例如，一个网站）。
作为独立单元发行的资源（Resource Issued as a Single Unit）*	作为独立的物理单元（例如，作为单卷本的专著），或对于无形的资源是指作为独立的逻辑单元（例如，作为网络上登载的一个 PDF 文件）发行的资源。
获取限制（Restrictions on Access）	对资源获取设置的限制。
使用限制（Restrictions on Use）	对复制、出版、展览等使用设置的限制。
赤经（Right Ascension）	天体赤道上从春分点到时圈向东度量的角距离，从 0 到 24 小时。
赤经和赤纬（Right Ascension and Declination）	用赤经和赤纬的角度标识在资源的地图内容覆盖的天空中某天体所处位置的系统。
卷（Roll）	一段卷起来的材料（纸、胶片、磁带等）。
逐页题名（Running Title）	在每页或叶的顶端或底部重复的题名或缩写题名。

*译者注：原文为“Single Unit”，经查术语定义与该术语不符，译文中采用正确的术语。

S

比例尺（Scale）	包含或嵌入在资源中的图像或三维形式的尺寸与其所代表的实体尺寸之比。
比例尺不同（Scale Differs）	资源的比例尺标识，该资源由多个具有不同比例尺的图像、地图等组成。
未标明比例尺（Scale Not Given）	比例尺无法确定时的资源的比例尺标识。
静态图像或三维形式的比例尺（Scale of Still Image or Three-Dimensional Form）	包含或嵌入在资源中的静态图像或三维形式的尺寸与其所代表的实体尺寸之比。
比例尺变化（Scale Varies）	一个资源内的比例尺有变化，且取值范围无法确定时的比例尺标识。
使用范围（Scope of Usage）	个人、家族或团体的名称作为首选名称时，与之相联系的作品的类型或形式。
总谱（Score）	表现合唱/合奏各声部、独唱/独奏表演或电子音乐作品声音的图形、符号或文字的音乐标记。不要与术语“分谱”（Part）相混淆。 *参见* **唱诗班乐谱（Choir Book）** *参见* **合唱总谱（Chorus Score）** *参见* **缩写谱（Condensed Score）** *参见* **分谱［Part (2)］** *参见* **钢琴指挥分谱（Piano Conductor Part）** *参见* **钢琴总谱（Piano Score）** *参见* **研习总谱（Study Score）** *参见* **桌谱（Table Book）** *参见* **小提琴指挥分谱（Violin Conductor Part）** *参见* **声乐缩编谱（Vocal Score）**
文字（Script）	用书面语言表达资源内容的一套字符和/或符号。

1. 分部 ；2. 截面图（Section）	1. 资源单独发行的一部分，通常代表较大资源内的一个特定主题范畴，一般通过论题标识，或字母或数字标识，或上述的组合形式的标识加以识别。 2. 就地图资源而言，指既能够展示横断某天体或概念模型表面的剖面，又能够展示其横断面基底结构的一张有比例的垂直表面（通常是一个平面）的展示图（例如，地质截面图）。
每半年（Semiannual）	资源发行或更新的频率为每年两次。
每半月（Semimonthly）	资源发行或更新的频率为每月两次。
每半周（Semiweekly）	资源发行或更新的频率为每周两次。
连续出版物（Serial）	以连续性分部方式发行的资源，通常载有编号，没有事先确定的终止期限（例如，期刊、专著丛编、报纸）；包括显示连续的卷期、编号和频率等连续出版物特征，但其持续期是有限的资源（例如，事件通报）以及连续出版物的复制品。
1. 丛编； 2. 辑（Series）	1. 一组各自分立但又相互关联的资源，除自身的正题名之外，每个资源都载有适用于整批资源的总题名。各资源可有或没有编号。 2. 丛编或连续出版物内部卷期分别编号的序列（例如，Notes and queries. 1st series. 2nd series 等）。
丛编说明（Series Statement）	识别资源所属丛编以及资源在该丛编内编号的说明。丛编说明还可包括识别所描述的资源所属的一个或多个分丛编的信息。
丛编题名页（Series Title Page）	载有丛编正题名的附加题名页，通常（但非必须）有关于该丛编的其他信息（例如，责任说明、数字标识、与出版相关的数据、丛编内资源的题名）。
服务拷贝（Service Copy）	从另一个缩微品复制而成、主要供使用的缩微资源的代标识，也称参考或使用拷贝。
十六开（Sexto-decimo）	*见* 16 开（16mo）
张（Sheet）	一片薄的材料（纸、塑料等）。

缩编谱（Short Score）	*见* 缩写谱（Condensed Score）
短篇小说集（Short Stories）	一个个人、家族或团体所有短篇小说汇编的惯用总题名。
手语（Sign Language）	就无障碍内容而言，屏幕上所显示的资源中对话的手语版本。
条约等的签署方（Signatory to a Treaty, Etc.）	已正式签署条约等，并依附于其条款和条件的政府或其他方。
无声（Silent）	不包含声轨的电影或录像的声音内容。
十六开（Sixteenmo）	*见* 16 开（16mo）
六十四开（Sixty-fourmo）	*见* 64 开（64mo）
幻灯片（Slide）	载有图像的一小张透明材料（通常有保护层），需与幻灯放映机或浏览器配合使用。 对于与显微镜配合使用的幻灯片， *见* 显微载玻片（Microscope Slide）
实点子（Solid Dot）	通过加热将坚硬的塑料小点封在质地很薄但强度很好纸上的一种制作方法。
唱名法（Solmization）	通过传统的音节而不是音名的方式标识音高。
有声（Sound）	包含声音的资源（主要由录制的声音组成的资源除外）的声音内容。
声音特征（Sound Characteristic）	与资源中声音编码有关的技术规格。
声音内容（Sound Content）	资源中的声音表达，但不包含主要为录音的资源。
唱盘（Sound Disc）	*见* 录音盘（Audio Disc）

录音（Sound Recording）	*见* 录音资料（Audio Recording）
音轨卷（Sound-Track Reel）	装在开放式卷筒中的一段记录声音的胶卷。
声音（Sounds）	除语言或音乐之外的、以可听见形式表达的内容。包括自然的声音、人工制造的声音等。
已查询的参考源（Source Consulted）	用于确定实体名称、题名或其他识别属性，或用于确定实体间关系的资源。
信息源（Source of Information）	著录数据（或是其中一部分）的来源。
特殊播放特征（Special Playback Characteristic）	用于制作录音资料的平衡系统、降噪系统等。
演讲集（Speeches）	一个个人、家族或团体所有演讲汇编的惯用总题名。
口头表述（Spoken Word）	以可听见形式的语言表达的内容。包括录制的朗读、背诵、演讲、采访、口述史等、计算机生成的演说等。
谱表记谱法（Staff Notation）	西方艺术音乐普遍采用的乐谱标识体系，将音高和音长在多条平行谱线上表达（在 15 – 21 世纪的乐谱中，通常是五条线），常与其他五线谱相结合。
压模（Stamper）	录音资料的代标识，该录音资料由母盘的硬金属负片拷贝组成，可被安装在模压机中，在制作盘片时用作压制沟纹的模板。
标准纹（Standard）	每厘米有 40 转纹槽（每英寸 100 转）模拟筒的纹槽特征。
责任说明（Statement of Responsibility）	与任何对资源的知识或艺术内容的创作负有责任或对其实现作出贡献的个人、家族或团体的识别和/或职能相关的说明。
与丛编相关的责任说明（Statement of Responsibility Relating to Series）	识别任何对丛编负有责任的个人、家族或团体的相关说明。

与分丛编相关的责任说明（Statement of Responsibility Relating to Subseries）	识别任何对分丛编负有责任的个人、家族或团体的相关说明。
与正题名相关的责任说明（Statement of Responsibility Relating to Title Proper）	与资源的正题名相联系的说明，该说明与任何对资源的知识或艺术内容的创作负有责任或对其实现作出贡献的个人、家族或团体的识别和/或职能有关。
与特定修订版相关的责任说明（Statement of Responsibility Relating to a Named Revision of an Edition）	识别任何对特定修订版负有责任的个人、家族或团体的相关说明。
与版本相关的责任说明（Statement of Responsibility Relating to the Edition）	识别任何对所描述的版本而不是对所有版本负有责任的个人、家族或团体的相关说明。
识别状态（Status of Identification）	对识别实体的数据规范化程度的认证。
斯捷潘诺夫舞谱（Stepanov Dance Notation）	一种用乐谱表示身体各部分运动的动作谱形式。它在水平方向的九条谱线上记录身体的表现。
立体卡片（Stereograph Card）	载有立体图像的卡片。
立体盘（Stereograph Disc）	装有成对静态图像、周边可打开的盘，需与立体浏览器配合使用。
立体图卷（Stereograph Reel）	*见* **立体盘（Stereograph Disc）**
立体（Stereographic）	用于存储成对静态图像的媒介，需与立体眼镜或立体浏览器等设备配合使用，以提供三维视觉效果。
静态图像（Still Image）	以线条、形状、阴影等表达的，旨在通过视觉感知的二维内容。包括绘图、绘画、线图、摄影图像（静态）等。 对于以二维图像感知的地图内容， *参见* **地图图像（Cartographic image）** 对于以触觉感知的图像， *参见* **触摸图像（Tactile image）**

存储媒介（Storage Medium）	存储信息或艺术内容的物理材料或物质。 *参见* **载体（Carrier）**
坐标对串（Strings of Coordinate Pairs）	用多边形最高点坐标识别地图资源内容所覆盖精确面积的系统。
结构化描述（Structured Description）	对相关资源的整体或部分的描述与对资源的描述采用相同的元素结构（即相同的元素顺序）。
研习总谱（Study Score）	以小尺寸出版的乐谱翻版，不是主要用于演奏的。在资源上通常出现诸如“Study score” “Miniature score” “Taschenpartitur” “Partition de poche”等描述性短语。
从属团体（Subordinate Body）	构成另一个更大团体不可分割组成部分的团体，二者间存在上下级关系。
分丛编（Subseries）	从编内的丛编（即一个丛编总是与另一个丛编连同出现，后者更具综合性，使前者作为其一个部分），分丛编题名可独立或不独立于主丛编题名。
子单元（Subunit）	在数量元素中，单元的物理或逻辑分部（例如，一卷中的一页、缩微平片的一帧、一个数字文件中的一条记录）。
内容提要（Summarization of the Content）	资源内容的文摘、摘要、大纲等。
补编内容（Supplementary Content）	旨在补充资源主体部分的内容（例如，索引、书目或附录）。
提供的题名（Supplied Title）	*见* 自拟题名（Devised Title）
姓（Surname）	用作家族名的任何名称（古罗马时期的家族名除外）。
超大字印刷（Super Large Print）	*见* 巨大字印刷（Giant Print）

发泡纸（Swell Paper）	将图像印在特殊类型的有嵌入式酒精微囊剂纸上的生产方法。当暴露在高温下时酒精囊会爆炸，使纸的表面膨胀起来。该方法用于触摸图像和蒙恩字符的嵌入式文字（线性蒙恩）。也称作美能达（商标名）、微胶囊纸、热点。
组织体系（System of Organization）	档案资源或收藏中的资料排列体系。

T

符号谱（Tablature）	1300 年或其后所采用的非传统五线谱的任何字母、数字或其他符号的记谱体系。
桌谱（Table Book）	用于放在桌上或以这种方式陈列，使得面对面或围成一圈坐着或站立的演奏者可看到他们所演奏的部分的乐谱。每个部分是分别记谱的，通常的编排为，当乐谱打开时，不同的部分相对倒置和/或相对垂直排序。
触摸图像（Tactile Image）	以线条、形状和/或其他形式表达的、旨在通过触觉感知的二维静态图像内容。
触摸动作谱（Tactile Notated Movement）	以动作记谱形式表达的、旨在通过触觉感知的内容。
触摸音乐记谱法（Tactile Notated Music）	以音乐标记法表达的、旨在通过触觉感知的内容。包括布莱叶盲文乐谱和其他触摸形式的音乐标记法。
触摸图（Tactile Graphic）	一种采用印刷图凸起版本的触摸标记形式。
触摸乐谱（Tactile Musical Notation）	一种用于乐谱的触摸标记形式。
触摸文本（Tactile Text）	以语言标记法表达的、旨在通过触觉感知的内容，包括布莱叶盲文和其他触摸形式的语言符号。
触摸三维形式（Tactile Three-Dimensional Form）	以一个或多个三维形式表达的、旨在通过触觉感知的内容。

录音带配置（Tape Configuration）	录音带上的音轨数量。
复制母带（Tape Duplication Master）	录音资料拷贝的代标识（通常是母带的第一代拷贝），用于创建内容的多个拷贝（例如，卡带）。
技术图纸（Technical Drawing）	用于工程或其他技术环境的横截面图、细部图、线图、正视图、远景图、平面图、示意图等。
获得方式（Terms of Availability）	出版者、发行者等正常提供资源的条件，或资源的价格。
测试版（Test Pressing）	录音资料的代标识，该录音资料是在全部压制前用于瑕疵检测的小批量压制品。该术语有多种含义，也用于指代最初压制送给审查者和调音师等的录音带。
文本（Text）	以视觉感知的语言符号形式表达的内容。包括除触觉感知之外的所有语言符号形式。 *参见* 触摸文本（Tactile Text）
主题索引（Thematic Index）	作曲家作品的清单，通常是按照时间排序或是按照分类编排，每首曲子或大曲目的每个部分都有主题。
热压成型（Thermoform）	在拼贴画原版上采用真空热压技术覆盖一层塑料，使之成为一个模型或图标的生产方法，也称真空成型。
三十二开（Thirty-twomo）	*见* 32 开（32mo）
三维形式（Three-Dimensional Form）	以视觉感知的一个或多个三维形式表达的内容。包括雕塑、模型、自然物体和标本、全息图等。 对于以三维形式感知的地图内容， *参见* 地图的三维形式（Cartographic Three-Dimensional Form） 对于以触觉感知的三维形式， *参见* 触摸三维形式（Tactile Three-Dimensional Form）
三维动态图像（Three-Dimensional Moving Image）	以三维动态图像表达的、旨在通过动态感知的内容。包括 3-D 电影（用真人表演和/或动画模拟）、3-D 视频游戏等。三维动态图像有无伴声均可。

每月三次（Three Times a Month）	资源发行或更新的频率为每月三次。
每周三次（Three Times a Week）	资源发行或更新的频率为每周三次。
每年三次（Three Times a Year）	资源发行或更新的频率为每年三次。
题名（Title）	为资源或资源中所包含的作品命名的一个词、字符或一组词和/或字符。 *参见* **缩略题名（Abbreviated Title）** *参见* **交替题名（Alternative Title）** *参见* **文首题名（Caption Title）** *参见* **自拟题名（Devised Title）** *参见* **并列正题名（Parallel Title Proper）** *参见* **逐页题名（Running Title）** *参见* **正题名（Title Proper）**
题名帧（Title Frame）	在胶片资源（电影、幻灯卷片等）的开始处发现的、含有识别文本信息的一帧或多帧，该文本信息不作为资源主题内容，而用作创建记录的信息源。
题名页（Title Page）	在资源开始处载有正题名的一页，通常（但非必须）有责任说明以及与出版相关的信息。如果这些信息出现在对面的页，或是后续的页中，无论信息是否重复，都将这些页整体作为题名页看待。
正题名（Title Proper）	资源的主要名称（即引用该资源时通常采用的题名）。
从编正题名（Title Proper of Series）	从编的主要名称（即引用该从编时通常采用的题名）。
分从编正题名（Title Proper of Subseries）	分从编的主要名称（即引用该分从编时通常采用的题名）。
题名屏（Title Screen）	数字资源的数据显示，包括正题名，通常（但非必须）有责任说明及与出版相关的数据。
个人头衔（Title of the Person）	指示皇室身份、贵族封号、教会职级或个人宗教职位称谓的词或短语。

作品题名（Title of the Work）	某作品为人所知的一个词、字符或一组词和/或字符。
首调唱名法（Tonic Sol-fa）	乐谱标记的体系，通过唱名音节或其缩写代替五线谱。
玩具（Toy）	为想象的游戏设计的，或是文娱活动使用的物体。 *参见* 游戏（Game） *参见* 模型（Model）
音轨配置（Track Configuration）	声道胶片上音轨的配置（例如，中央音轨）
1.誊抄本；2. 手写本（Transcript）	1. 一个原件的复本，通常是手写或打字的（例如，一份法律文件、一个官方记录）。 2. 在一场演讲、采访、广播或录音中的手写记录。
传输速度（Transmission Speed）	音频或视频流媒体所设置的播放速度。
投影片（Transparency）	*见* 高射投影片（Overhead Transparency）
每三年（Triennial）	资源发行或更新的频率为每三年一次。
三十二开（Trigesimo-secundo）	*见* 32 开（32mo）
十二开（Twelvemo）	*见* 12 开（12mo）
二十四开（Twenty-fourmo）	*见* 24 开（24mo）
二维动态图像（Two-Dimensional Moving Image）	以二维图形表达的、旨在通过动态感知的内容。包括电影（用真人表演和/或动画模拟），表演、事件等的摄影或录像，视频游戏等，但三维动态图像除外。 *参见* 三维动态图像（Three-Dimensional Moving Image） 动态图像有无伴声均可。 对于以二维动态图像感知的地图内容， *参见* 地图的动态图像（Cartographic Moving Image）

作曲类型（Type of Composition）	通常被不同的作曲家频繁采用的形式、体裁或一般术语，如随想曲（capriccio）、协奏曲（concerto）、间奏曲（intermezzo）、圣母颂歌（Magnificat）、弥撒曲（mass）、乐章（movement）、音乐（muziek）、夜曲（nocturne）、安魂曲（requiem）、乐曲（Stück）、交响曲（symphony）、组曲（suite）、感恩赞（Te Deum）、三重奏鸣曲（trio sonata）。
家族类型（Type of Family）	对家族类型的分类或通用描述词。
录音类型（Type of Recording）	用于供播放的音频内容的编码方法（例如，模拟或数字）。
打字稿（Typescript）	创作者的作品原始打字稿，或是受创作者或出版者之托制作的原始作品的打字稿，有别于手工抄写稿。

U

超高缩率（Ultra High Reduction）	缩微资源的缩率超过 90 倍。
名称未区分的指示符（Undifferentiated Name Indicator）	指明所记录的核心元素不足以区分两个或两个以上的同名个人的类别指示符。
统一资源定位符（Uniform Resource Locator）	远程访问资源的地址。
单元（Unit）	在数量元素中，资源的物理或逻辑组成部分（例如，一卷、一盒卡式录音带、一卷开盘电影胶片、一张地图、一个数字文件）。
无中介（Unmediated）	用于存储通过一种或多种人体感官无需借助中间设备的帮助直接感知的内容媒介，包括通过印刷、雕刻、平版印刷、轧花、编织等方式制作的或是通过手工书写、绘图、绘画等手段展现的视觉和/或触摸内容的媒介，也包括诸如雕塑、模型等三维形式的媒介。
非结构化描述（Unstructured Description）	用句子或段落对资源的整体或部分进行描述。

不断更新的活页出版物（Updating Loose-Leaf）	包含一个或多个基本卷的集成性资源，通过插入、剔除和/或替代个别的活页进行更新。

V

真空成型（Vacuum Form）	*见* 热压成型（Thermoform）
变异检索点（Variant Access Point）	代表一个实体的规范检索点的交替形式。
变异名称（Variant Name）	某实体为人所知但与其首选名称不同的名称或名称形式。
团体变异名称（Variant Name for the Corporate Body）	某团体为人所知但与其首选名称不同的名称或名称形式。
家族变异名称（Variant Name for the Family）	某家族为人所知但与其首选名称不同的名称或名称形式。
个人变异名称（Variant Name for the Person）	某个人为人所知但与其首选名称不同的名称或名称形式。
变异地名（Variant Name for the Place）	某地点为人所知但与其首选名称不同的名称或名称形式。
变异题名（Variant Title）	与资源相联系的题名，它不同于作为正题名记录的题名、并列正题名、其他题名信息、并列其他题名信息、较早正题名、较晚正题名、识别题名或缩略题名。
作品变异题名（Variant Title for the Work）	某作品为人所知但与其首选题名不同的题名或题名形式。
版本（Version）	*见* 内容表达的其他区别特征（Other Distinguishing Characteristic of the Expression）

地图内容的垂直比例尺（Vertical Scale of Cartographic Content）	资源地图内容的海拔或垂直维度的比例尺。
极高缩率（Very High Reduction）	缩微资源的缩率在 61–90 倍之间。
视频（Video）	用于存储动态或静态图像的媒介，需与录像带播放机或 DVD 播放机等播放设备配合使用，包括用于存储数码或模拟图像的媒介。
盒式录像带（Video Cartridge）	装在单轴盒中的录像带。
视频特征（Video Characteristic）	与资源中视频图像编码有关的技术规格。
视频格式（Video Format）	用于资源的模拟视频内容编码的标准等。
录像带（Video Tape）	一段录有电学信号并能通过录像播放设备转换成图像的磁带。
卡式录像带（Videocassette）	装在双轴盒中的录像带。
视盘（Videodisc）	记录视频信号的盘片，有无声音均可。
开盘录像带（Videotape Reel）	装在开放式卷盘中的录像带，需与双卷盘式录像设备配合使用。
视图（View）	制图学中的景观透视图，其显示的细节犹如投影在一个斜面上（例如，鸟瞰图、全景照片、全景图、仰视图等）。
二十四开（Vigesimo-quarto）	*见* 24 开（24mo）
小提琴指挥分谱（Violin Conductor Part）	在集体演奏中由小提琴演奏的部分，它对其他乐器的演奏可起到提示和指挥的作用。
声乐缩编谱（Vocal Score）	显示所有人声声部的乐谱，包括键盘或其他弦乐乐器的伴奏，伴奏部分也可能省略。 *参见* 合唱总谱（Chorus Score）

卷/册（Volume）	一张或多张合订或固定在一起构成的独立单元。

W

每周（Weekly）	资源发行或更新的频率为每周一次。
宽屏（Wide Screen）	动态图像的宽高比为 1.5:1 或更大。
作品（Work）	独特的知识或艺术创作（即知识或艺术内容）
被表达的作品（Work Expressed）	通过内容表达实现的作品。
被表现的作品（Work Manifested）	体现在载体表现中的作品。

Y

学位授予年（Year Degree Granted）	学术机构或高等学校的院系授予候选人学位的年份。

索引

本索引涵盖了《资源描述与检索》所有的说明与附录。各说明的定位符为其条款号。由于定位符是按等级排列的，因此如果索引术语的定位符是短的（高一级的）条款号，则包括其下所有说明。例如，“文本的数量，**3.4.5**”涵盖**3.4.5.1–3.4.5.22** 范围内的说明。部分附有实例的说明会延续多页，例如，**6.27.1.3**（合作作品）。在应用之前，请整节阅读。

附录 D（记录描述数据的句法）和 E（记录检索点控制的句法）未进行详细索引。通常，实例未进行索引，但对于 19.2.1.3（创作者）和 20.2.1.3（贡献者）说明中的实例，则有对各类型个人的见或参见参照。例如：

行政法规（Administrative regulations）

编纂者（compilers）

见 **20.2.1.3**[记录贡献者]中的实例（examples under **20.2.1.3** [Recording Contributors]）

已适应 RDA 术语的使用者可以通过本索引提高对具体说明的记忆。AACR2（英美编目规则）中的术语也已通过适当*见*参照列入本索引。例如：

一般资料标识（General material designation）

见 **载体类型（Carrier type）；内容类型（Content type）；媒介类型（Media type）**

方括号中的词或短语为说明注解，用以阐释或区分具有不同含义的索引术语。例如：

字幕[动态图像]（Subtitles [moving images]）

无障碍内容（accessibility content），**7.14**

与说话内容不同的语言（in language different from spoken content），**7.12**

副题名[文本]（Subtitles [texts]）

见 **其他题名信息（Other title information）**

圆括号内的词——（作品）（内容表达）（载体表现）和（单件）——对于关系说明语来讲，是元素名称的一部分。

附录 J 中相关作品的关系说明语与其对应关系一并索引，例如，基于（作品）/衍生作品 [based on (work)/derivative work]

本索引按汉语拼音顺序逐词排序。以标识符、数字、字母、省略号开头的索引条目排在索引表最前。索引条目内的子条目按同样的方式排序，但子条目中的“*见*”或“*参见*”不参与排序。连字符和其他标点符号在排序时予以忽略。

索引中使用的缩写：

App.	附录
n	脚注
[rd]	关系说明语
WEMI	作品、内容表达、载体表现或单件
PFC	个人、家族或团体

标识符

数字

字母

省略号

A

B

C

D

E

F

G

K

L

M

N

O

P

Q

R

S

T

W

X

Y

Z